上海市哲学社会科学一般项目"北朝元氏文学家族研究"结项成果
（批准号：2018BWY027)

陆路 著

北朝唐代元氏家族研究

中华典籍与国家文明研究丛书

上海古籍出版社

《中华典籍与国家文明研究丛书》编委会

主 编
查清华

编辑委员会（按姓氏笔划排列）
朱易安　李定广　李　贵
吴夏平　陈　飞　查清华
曹　旭　詹　丹　戴建国

序　一

　　四十多年前，偶读赵万里《汉魏南北朝墓志集释》，一则喜其收罗完备，唐前出土墓志几无遗漏，二则收录图版和前人题跋，俾便比读文本，参酌前修，三则喜其每可与正史相参，尤以元氏墓志，逐一记录其在宗室所属支系，凡分平文子孙、昭成子孙、道武子孙、明元子孙、太武五王、景穆十二王、文成五王、献文六王、孝文五王，诚读《魏书》者不可不知，而条流清晰，尤便读者。当时稍萌念想，金石之可补正史，学者应念及不专治金石者之需求，可将正史纪传可得金石补正纠谬者，以正史文字为目，对应录相关金石，略加考订，使学者知所取舍，亦一善事也。后读岑仲勉《元和姓纂四校记》，以洪莹校本比参，知唐时谱牒之学尚存遗风，今则公私旧谱多已不存。读其书，知中古世家大族，乃构成其时政治文化之中轴力量，全社会恰如一棵大榕树，每一世族则如树上之众多枝桠，每一个人则如树上之叶片，其所处地位及其家族势力，确定其人事关联及仕宦机缘。复读王伊同《五朝门第》，尤喜其所附七十多家显族之世系图，人事联系，家族兴衰，一目了然，颇便理解。

二十多年前，当我完成《旧五代史新辑会证》，《全唐五代诗》陷入合作僵局，进退徊徨，思及众多选题，其一即中古氏族谱系建构，其二则为唐代史事长编，其三则为金石证史，分别有所准备，惟起始容易，完成极难，开局兴奋，求索则如秋荼遍地，手忙脚乱，难以竟事，终至放弃。其间见新出石刻喷薄而出，相关研究参与者众多，更知一己贪求之未必允当也。

陆路君初从上海师范大学曹旭教授读取博士学位，所作论题为东晋南朝文学地理与文人分布，取资丰富，考订周密，力求定位，多有存疑，盖搜寻虽勤，发明亦多，惜史料或有不备，考定难臻精密，虽尽人事，终留分寸。后来复旦从我作博士后研究，选题很快确定，即以先前之体例，再作北朝文学地理与文人分布，其间用力弥勤，及期出站，成绩尚属优异。至今似又七八年矣，日常上班之馀，列年发表 cssci 刊论文亦多，知其百尺竿头，不断进步，成就可喜可庆。

陆君近即出《北朝唐代元氏家族研究》，嘱我为序，我知其家境孤寒，晋学不易，精进不已，尤应勖勉，故乐意为之介绍。何况此一选题，为我久所经心之一端，近年作《元结在道州》《元稹的两次婚姻》诸文，参考多家年谱，于二人先世皆有回顾，然孤立阅读，终隔一层。有幸先读全稿，快何如之。

北魏皇族鲜卑拓跋氏，曾托称出黄帝子昌意，实乃东胡之一枝，于汉末晋初间坐大，至东晋中后期统一北方，建都平城，国力强盛，文学尚未臻昌明。孝文帝拓跋宏英明果决，亲政后坚定执行汉化方略，迁都洛阳，改姓元氏，经营中原，雄盛一时。鲜卑诸大族亦随之改姓，自觉融入汉民族，乃中古社会变动之一大关节。至魏末、梁末大乱，江南士族摧残殆尽，而北方新晋士族，乃能存阳刚之勇气，采南方文化之瑰丽，几经变更，开有唐全新之局面。陈寅恪《隋唐制度渊源略论稿》以为隋唐制度取资于北朝，宋初编

《册府元龟》尚以南朝为闰位，是唐以来主流意识乃如此也。

孝文改易汉姓，其全部细节，古则有《魏书·官氏志》，近则有姚薇元《北朝胡姓考》，详明周备，可以考镜。若取其大端，则自立新姓，如拓跋氏改元氏，汉旧无此姓也，多数则取汉旧姓，如窦、陆等皆是。北魏平城时代，宗室大端平稳，故各宗枝繁衍茂盛，孝文以后，大乱迭起，子孙多受摧残，不能不为之浩叹。

元魏一代史，魏收《魏书》最称完足，其修史去魏未远，公私文案丰沛，作者又具史识，虽偶有残缺，占比甚微。至当时及后世之酷评，忤其为秽史、为肉谱，皆不足知《魏书》者之妄言。有关秽史，周一良《魏收之史学》一文言之详矣，明其取资旧史之渊源有据，见其议论史事之明断有识，所述可从。至谓肉谱云云，乃谓《魏书》于重要人物立传，于其后世旁支未有显赫事功者，存记太多，不免因人而存名。此端议论，就旧史学立场，或失于枝蔓，就新史学言，则某一时代曾生存之个体及其家族之兴衰，皆应予以特别关注。元氏家族昔曾君临北境，入据中原，家族鼎盛，人脉昌荣。变动遽起，大树飘零，支脉横流，各求生存，"旧时王谢堂前燕，飞入寻常百姓家"。中古家族皆面临危局，伟大人物及其文学尤期机缘与奋进。陆君本书，就旧史学言，是将肉谱发挥到极致，就新史学言，为北朝皇家经历三四百年风云变幻，仍能产生一流之楷模与文豪，展开浩瀚雄伟之长卷。我对本书尤加赞誉，原因在此。

陆君本书其实分为三编，即家族支系子孙考、家族婚姻考及文学与文化研究，所涉皆属细节，拼缀而成，则为从四世纪初至十世纪末，此一家族之盛衰繁衍史、婚姻经营史及文化承担史。如果元魏皇室谱牒得以存世，如果唐末有人作元氏盛衰史，则本书不作亦可。可惜江河淘沙，精金沉埋，不经发抉，何以理解真相，此陆君本书不能不作也。

以《魏书》卷一四至卷二二凡九卷宗室列传,与本书第一部分对读,可知神元诸子(不含嗣位之君主)后世不昌,平元及烈帝子孙繁衍至北朝之末,再无幸存。昭成子孙,以秦明王翰、常山王遵、清河王纥根及力真一支,最称大宗。其中常山王遵一支,北齐名家有元行恭,入唐名家有元希古、元庭坚、元行冲、元怀景、元彦冲等,更著名者则有诗人元结,力真一支,北魏时并无名臣,入唐则由弱枝得重名,其间六代世系不可考,自元义恭、元义端而渐显,义恭孙希声,得名于珠英学士,义端后则延景一支有诗人元积,延祚一支有女嫁诗人韦应物和权宦李辅国,其间可解释韦应物从殿前恶少退而读书的原因,也能理解与韦应物交往密切的元锡,其实是他的妻兄。其他宗支,各有精彩,此不一一列举。

本书第三章探讨家族婚姻,分北朝与唐代两节,采据数量可观的新旧墓志,补充旧史此一方面之不足,举例亦极称丰富。陆君此端之可贵,在分胡族家族和汉族大族间之婚姻,胡族家族又区分宗族十姓及勋臣八姓、内入诸姓、四方诸姓及《官氏志》外诸胡姓,揭示56个胡族间181桩婚姻,具备深入探讨之基础。与汉族大族之婚姻,则分南北世家,北方分为河朔士族、河东士族、河淮士族、关陇士族、荆楚士族五部分,北投南朝士族个案相对较少,凡此皆都有丰富案例与精准统计,结论很有说服力。相对说,入唐元氏乃一普通世族,其人物之汉化程度已高,与北朝稍有不同。韦应物娶元蘋,元稹娶韦丛、裴淑,我都写过文章,陆君全稿写定之际,乃从我处得裴淑墓志。元稹以才情名世,《莺莺传》自述艳遇写于初婚韦丛后不久,是结缘豪门而未忘旧情。《裴淑墓志》之出土,可见其因父亡而在舅家长大之孤女,具有卓越文学艺术素养,婚姻也由舅家决定,婚后感情良好,更在元稹亡殁后主家政三十余年。两次婚姻前后,元稹仍多有婚外情,此涉唐代良贱制之现实,诗人还是凡俗之身。

有关元氏家族文学，陆君卷首标列了一份文学有造诣或有诗文存世者之世系表，足使全书眉目清楚。其中所列北朝元氏文士94人，女性5人，配偶9人，调查颇充分。唐代部分，显示元氏人物更向博学融通发展，出现了许多在文学史、学术史上留下浓墨重彩之人物。陆君说明考出初盛唐31人，中晚唐51人，拙纂《唐五代诗全编》，据新罗崔致远碑知有元季方诗，据陶敏之考证知《全唐诗》周繇下诗部分为元繇所作，皆入陆君囊中，知其搜寻已近巨细无遗。

近年中古石刻奔竞出土，改变基本文献结构，家族研究更成学术热点，陇西李氏、京兆杜氏、韦氏、荥阳郑氏、博陵崔氏、吴郡张氏皆见专著，非仅关注家族世系，于其文化传承、社会组织、内部管理、政治进取皆涉及，受誉学林，是所当然。陆君本书，用力勤勉，抉发众多，是可祝贺。陆君年方壮殷，大有可为，以此为阶梯，精进不已，更上层楼，开阔眼界，饱览山河，是所望也。

乙巳仲春，慈溪陈尚君谨序

序 二

陆路君以所著《北朝唐代元氏家族研究》见示，邀我为之撰序。陆君乃文献学大家陈尚君先生高足，研究中古文学、文献与史学有年，尤以"文史互通"为治学路径，近年围绕六朝隋唐诗文、地域文化与家族史发表了多篇学术论文。本书聚焦中古元氏家族，采用出土文献与传世典籍互证之法，系统考论其世系源流、婚姻网络及文化传承，是其中古家族史研究的系统性成果。

元氏本为拓跋鲜卑之部酋家族，其先世发祥于大兴安岭北段，东汉以降不断南迁，至北魏定鼎中原，遂成首个长期统治华夏的少数民族政权。孝文帝迁都洛阳，推行汉化改革，成为元氏家族发展的转折点。孝文帝的制度改革，以儒家思想为指导，以汉晋南朝制度为蓝本，以现实社会改善为旨归，不但成功地将拓跋皇族转变为汉族元氏，也令诸多有"胡族"血统的家族加入汉族大家庭，为华夏民族的发展壮大建立了不朽功勋。孝文帝时代确立的制度文化，经两魏齐周而为隋唐大一统国家所继承，推动了大唐盛世的形成。元氏以北魏皇族之尊，历北朝至唐，由最初的草原部族蜕变为后来的文化世家，其兴衰轨迹非独一家之史，实乃中古时代民族融合、制度变迁、文化转型的缩影。纵观元氏家族的汉化历程，可以说既有政治权力的推动，亦有婚姻、教育、文学的浸润，其为胡汉合流的典范，对于中古社会之演进，意义可谓至为深远。

本书在三个领域展开研究，体现了于微观考证中求索宏观历史的学术追求。

一、对元氏家族世系脉络进行了仔细考察，以北魏诸帝为纲，分析神元平文以降至孝文帝等十馀支系，依《魏书》诸传及相关出土墓志，钩稽排比，制成了颇为精密的谱系图。每支系先明其源出，次考其成员之官宦、生卒年及著述情况，兼涉学术文化传承，并列述文士名录。如北魏平文帝高凉王孤一支、道武帝阳平王熙一支，皆穷搜典籍，参以碑刻，颇能补正史之阙，纠旧说之误。于唐代元宗简等旁支人物，据白居易、张籍交游诗及墓志文献，考其生平，论其文风，显示见微知著之功。

二、对元氏家族婚姻网络进行了仔细爬梳考辨。婚姻乃中古大族维系门第、拓展势力之要途，是家族史研究必须探究的核心问题之一。本书钩稽北朝四百四十一桩、唐代二百零一桩婚姻实例，分类考述"胡族"、北方汉族士族、南来士族及外戚权臣等婚姻对象，揭示不同时期的政治意图与文化取向：北朝前期，与"胡族"联姻占比近半，乃拓跋氏整合内部、稳固统治之策略；孝文迁洛后，与汉族士族通婚渐居主导，可以看作是汉化政策之具体实践；两魏齐周以降，元氏沦为普通世家，到了唐代，其婚姻对象以汉族士人为大宗，亦有久已汉化之"胡族"，且嫁娶比例趋平，足证其社会身份之彻底转变。

三、数据详实，论证严密，于中古家族婚姻研究别开生面，对元氏家族文学与文化的探究亦不乏独到之见。作者界定文士标准凡六，考得北朝元氏文士九十四人、唐代八十二人，其中唐代有诗作者二十五人。北朝文士多出于孝文、宣武之世，值汉化鼎盛，其清谈、赋诗、工书之风,上承汉晋,下启隋唐,填补永嘉之乱后洛阳文化之空缺;唐代元结、元稹诸人,则由贵族文学转向士大夫文学,体现家族文化的完全转型。尤可注意者,北朝墓志多夸饰宗室文才,唐代则渐趋简省,此并非其文学之衰微,而是家族地位与社会风尚变迁之故。陆君结合墓志书写策略之差异,论析其与时代变迁的关系,可谓善察微言大义。

中古史研究的推进,既不能忽略对传世文献细致入微的探究,也要充分关注相关的出土文献,本书对出土文献的运用可谓颇为用心。作者遍览北朝至唐代元氏家族及相关人物墓志,不仅纠补《唐代墓志铭汇编》《西安碑林博物馆新藏墓志续编》等书录文之误,如辨"郓州"非"郸州"、"费县"非"贲县"、"循州"非"脩州",更据墓志内容,考镜元氏家族成员之仕宦、婚姻与文学活动。尤可一提的是,陆君能将墓志置于中古社会变迁的语境中,揭示北朝宗室墓志与唐代官员墓志的叙事差异,具体来说,前者重政治身份与汉化成就,后者重个人仕宦与文化修养,诸如此类细节,凸显出历史记忆建构的复杂性。陈寅恪先生尝言"种族与文化"为认识中古史之两大关键,本书于此命题,可以说提供了比较详实的个案支撑。元氏家族之汉化,非单向度的文化输入,乃胡汉文化相互激荡之结果,其婚姻策略、文学成就,皆为民族融合的表征。本书以较为扎实的考述,揭示元氏从政治核心家族向文化世家转变的过程,既于家族史研究有所贡献,亦为认识中古社会转型提供了一定助力。

众所周知,人是历史的创造者,而从文明时代以降人们大多即生活在家庭之中,家庭则以血缘为纽带形成了家族,研究家族史也就成为历史研究的必要课题。家族势力的大小往往决定了其成员的历史地位,而家族成员的显赫地位也为其家族势力壮大开辟了道路。家庭史或家族史研究在现代历史学体系中通常被划归社会史领域，但其实要透彻地了解一个家族的历史，关涉的是政治、经济、社会、文化等多个学科领域，而能不能进行真正社会学意义上的家族史研究其实还得受制于所研究对象的资料条件。就本书所研究的中古时代而言，利用传世文献只能对一部分显赫家族的政治文化史特别是政治史做比较深入的研究，要进行系统全面的研究还是颇为困难的，而通过墓志碑刻资料的补充则有助于对其婚宦做更为全面的考察，至于一个家族的经济社会生活，只能到资料充备的晚近时代才能展开。至于对皇族作为一个家族进行研究，虽然资料比其他家族多不知凡几，但也易于与皇朝史或政治史混淆，难以厘清期间的关系。关于中古家族的专题研究不少——限于资料条件大多还是以论文形式发表，但将皇族作为家族史研究对象，本书或许是第一部。不仅如此，关于中国古代皇族的家族史研究，就笔者寡见，本书之外似乎亦无他例。果如此，则本书也算得开了家族史研究的一个先河。

陆路君潜心数载，研读文献，精心撰述，于胡汉交融大势中辨章家族源流，于文献碑刻细微处考镜史事真相，相信本书出版必能推动中古家族史研究的深化，亦望学界由此更进一层，于民族融合、文化转型等课题，作出更多新的创获。

是为序。

二〇二五年四月张金龙序

目 录

序一 ……………………………………… 陈尚君 1
序二 ……………………………………… 张金龙 6

绪言 …………………………………………………… 1

第一章　元氏家族支系详考上 …………………………… 11
　第一节　神元平文烈帝昭成诸帝子孙支系考 …………… 11
　　1. 神元帝子孙 ………………………………………… 11
　　2. 平文帝子孙 ………………………………………… 12
　　　高凉王孤一支 ……………………………………… 12
　　3. 烈帝子孙 …………………………………………… 22
　　4. 昭成帝子孙 ………………………………………… 23
　　　（1）献明帝一支 …………………………………… 24
　　　（2）秦明王翰一支 ………………………………… 24

· 1 ·

（3）常山王遵一支 …………………………………… 28
　　　（4）清河王纥根一支 ………………………………… 107
　　　（5）毗陵王顺一支 …………………………………… 115
　　　（6）昭成帝子力真一支 ……………………………… 116

　第二节　道武明元太武诸帝子孙支系考 ……………………… 151
　　5. 道武帝子孙 ……………………………………………… 151
　　　（1）阳平王熙一支 …………………………………… 151
　　　（2）广平王连一支 …………………………………… 151
　　　（3）京兆王黎一支 …………………………………… 152
　　　（4）河南王曜一支 …………………………………… 162

　　6. 明元帝子孙 ……………………………………………… 166
　　　乐安王范一支 ………………………………………… 166

　　7. 太武帝子孙 ……………………………………………… 185
　　　（1）临淮王谭一支 …………………………………… 185
　　　（2）广阳王建一支 …………………………………… 185

第二章　元氏家族各支系详考下 ………………………………… 201
　第一节　景穆子孙支系考 ………………………………………… 201
　　8. 景穆帝子孙 ……………………………………………… 201
　　　（1）阳平王新成一支 ………………………………… 201
　　　（2）广平王洛侯一支 ………………………………… 203
　　　（3）京兆王子推一支 ………………………………… 226
　　　（4）济阴王小新成一支 ……………………………… 240
　　　（5）汝阴王天赐一支 ………………………………… 244

目录

    （6）乐陵王胡儿一支 ·················· 244
    （7）任城王云一支 ······················ 256
    （8）南安王桢一支 ······················ 270
    （9）章武王太洛一支 ·················· 271
    （10）城阳王长寿一支 ················ 285
    （11）安定王休一支 ···················· 289
    （12）乐浪王万寿一支 ················ 293
  第二节 文成献文孝文诸帝子孙支系考 ······ 298
   9. 文成帝子孙 ······························· 298
    （1）安乐王长乐一支 ················ 299
    （2）广川王略一支 ···················· 302
    （3）齐郡王简一支 ···················· 303
    （4）河间王若一支 ···················· 303
    （5）安丰王猛一支 ···················· 306
   10. 献文帝子孙 ····························· 310
    （1）咸阳王禧一支 ···················· 311
    （2）赵郡王幹一支 ···················· 313
    （3）广陵王羽一支 ···················· 318
    （4）高阳王雍一支 ···················· 321
    （5）北海王详一支 ···················· 325
    （6）彭城王勰一支 ···················· 327
   11. 孝文帝子孙 ····························· 333
    （1）京兆王愉一支 ···················· 335
    （2）清河王怿一支 ···················· 339

· 3 ·

（3）广平王怀一支 …………………………………… 343
　　（4）汝南王悦一支 …………………………………… 351
　　（5）宣武帝一支 ……………………………………… 351

第三章　元氏家族婚姻研究 ……………………………… 412
第一节　北朝元氏家族婚姻考 ………………………… 412
　　北朝元氏家族婚姻表 ………………………………… 413
　　一、元氏与胡族家族间的婚姻 ……………………… 462
　　二、元氏与汉族士族间的婚姻 ……………………… 497
　　三、与外戚权臣间的婚姻 …………………………… 536
　　四、北朝元氏婚姻之族属郡望未详者 ……………… 544
第二节　唐代元氏家族婚姻考 ………………………… 550
　　唐代元氏家族婚姻表 ………………………………… 550
　　一、与汉族士族间的婚姻 …………………………… 580
　　二、与胡族间的婚姻 ………………………………… 614
　　三、唐代元氏婚姻之族属郡望未详者 ……………… 617
　　四、唐代元氏家族婚姻分析 ………………………… 622
　　五、结语 ……………………………………………… 629

第四章　元氏家族文学与学术研究 ……………………… 631
第一节　北朝元氏家族文学与学术研究 ……………… 631
　　一、北朝元氏家族文士考 …………………………… 631
　　二、北朝元氏家族文士的传承性 …………………… 640
　　三、北朝元氏家族的文学与学术活动 ……………… 641

四、馀论 ································ 668
第二节　唐代元氏家族文学与学术研究 ············ 672
　　一、唐代元氏家族的文学成就 ················ 673
　　二、唐代元氏家族的学术研究 ················ 717
　　三、唐代元氏文士统计与分析 ················ 725
　　四、结语 ································ 727

馀论 ······································ 729

参考文献 ·································· 733

后记 ······································ 747

绪 言

一、问题的提出及现有研究状况

元氏家族是中古史上较早入主中原、统一北方之胡族,经积极汉化,为汉族士族和其他少数族裔所接受,最终因其皇族地位而成为北朝最大的家族,以元氏家族为核心,形成一张各主要家族交织于其中的关系网。在研究中发现,元氏家族在北朝最兴盛,作为北朝最大的皇族,并经过积极的汉化,在失去皇族地位后,元氏家族仍能逐渐成为一个被汉族士族同等对待的家族。元氏家族的影响力一直延续到唐代,在唐代还出了元结、元稹、元宗简这样的文学大家,所以对元氏家族的研究也自然自北朝延续至唐代。对元氏家族的研究涉及北朝政治、经济、文化等各方面的探究。本课题尝试对北朝元氏家族各主要支系进行世系研究,以此为基础,对元氏家族的婚姻、学术文化等方面进行专题探究。

虽然尚缺乏专门整体研究元氏家族的著作,但已有的史学、文学等方面的研究成果为元氏家族的研究提供了一定基础和研究视角。历史方面：如，北朝史及其相关论著为元氏家族研究提供了政治社会史方面的基础，大致有：陈寅恪《隋唐制度渊源述论稿》（三联书店 2001 年）指出唐制源于孝文帝从南朝前期承袭的经过北齐发扬的礼乐、政刑、典章、文物制度，南朝前期的制度正是对汉晋旧制的发展。从陈先生的论述正可见孝文帝汉化对南朝前期制度的承袭是唐制的重要源头。在历史长河大背景下，更突显了孝文帝汉化改革的推动力，也显现了元氏家族在晋唐历史间承前启后的不可替代的意义。吕思勉《两晋南北朝史》（上海古籍出版社 2005 年）从社会制度、社会等级、经济、实业、社会生活、学术文化、宗教等方面全方位研析当时的社会生活，有助于理解该时期政治经济社会文化。姚薇元《北朝胡姓考》（中华书局 2007 年）对一百九十三个胡姓进行考辨，而研究元氏家族首要需知所涉及胡族的姓氏来源、族属性质，姚著为认识胡姓之门径。田馀庆《拓跋史探》（三联书店 2003 年）中对北魏离散贺兰和独孤两个部落的个案研究，有助于理解元氏与这两个部落间的婚姻等关系。马长寿《乌桓与鲜卑》（广西师范大学出版社 2006 年）对乌桓和鲜卑这两个东胡之裔迁徙、融合的历程专题研究，有益于理解鲜卑早期史。唐长孺《魏晋南北朝史论丛（外一种）》（河北教育出版社 2001 年）有部分章节论述北魏建国及汉化过程，唐长孺《魏晋南北朝隋唐史三论》（武汉大学出版社 1992 年）从社会经济、门阀制度、兵制、学风等多方面探讨南北朝之间的差异，帮助于明晰北朝之社会政治经济文化特点。李凭《北魏平城时代》（中国社会科学出版社 2000 年）主要论述了北魏迁都洛阳前的政治和社会。张金龙《北魏政治史》（甘肃教育出版社 2008 年）是北魏政治史的集大成之作，全书九大册，详述北魏政治史源流。这些北魏史方面的著作为本研究提供了对北魏史、北魏政治、社会变迁的基本认知。

逯耀东《从平城到洛阳：拓跋魏文化转变的历程》（中华书局

2006年)则从文化、婚姻、都城建制、外交等方面论述北魏汉化前后的文化变迁。毛汉光《中国中古社会史论》(上海书店 2002年)、《中国中古政治史论》(上海书店 2002年)两书对中古家族、士族性质的演变,对山东士族的探究,从籍贯来看北朝家族逐渐中央化的问题,北魏核心集团核心区域的演变等研究,对北魏政治研究提供了新的视角。陈爽《世家大族与北朝政治》(中国社会科学出版社 1998年)对于北朝门阀制度的形成进行总体研究,还对太原王氏、范阳卢氏、荥阳郑氏等做了个案研究,这些家族和元氏较为密切,具有参考意义。王永平《迁洛元魏皇族与士族社会文化史论》(中国社会科学出版社 2017年)的上编论述了迁都洛元魏皇族的雅化与腐化,对墓志中的相关记载有所关注。牟发松、母有江、魏俊杰《中国行政区划通史·十六国北朝卷》(复旦大学出版社 2016年)详述十六国北朝行政区划的变迁,与谭其骧《中国历史地图集》(中国地图出版社 1982年)一同为北朝研究筑牢历史地理学的基石。日本著名学者宫崎市定《九品官人法研究：科举前史》(生活·读书·新知三联书店 2020年)其中有一章涉及北朝的官制和选举制度。前田正名《平城历史地理学研究》(书目文献出版社 1994年)有助于认知北魏在平城一带的建设和布局。

文学方面：曹道衡《南朝文学与北朝文学研究》(江苏古籍出版社 1999年)有四章涉及北朝文学,以北朝政治社会地域文化为背景鸟瞰北朝文学。高人雄《北朝民族文学叙论》(中华书局 2011年)是首部有关北朝时期各民族文学的综合性论著,该著作从大文学的角度也对鲜卑元氏文学创作进行了初步的梳理论述。卢有泉《北朝诗歌研究》(山西教育出版社 2013年)是首部北朝诗歌史著作,北朝诗歌仍以汉族文士的创作为主,但在论析中也关注到部分鲜卑元氏的诗歌创作。唐代元氏家族文学还较为罕见,但对于元氏也是唐代最著名文士元稹的研究已是汗牛充栋,如,杨军《元稹集编年笺注》(三秦出版社 2002 年)、周相录《元稹集校注》(上海古籍出版社 2011 年)、吴伟斌《新编元稹集》(三秦出版社 2015 年)、卞孝萱《元稹年谱》(齐鲁书社 1980 年)等,为研究者提供了元稹诗文的可靠文本和注释解析以及元稹生平的探究等,是元稹研究的基石,元稹研究亦是理解复原唐代元氏整体文化素养的钥匙。

二、资料的准备

中古史料留存较少,记载元氏家族最详细、最主要的史料是《魏书》《北史》及相关正史(《北齐书》《周书》《隋书》)中的相关传记,尤其是正史中的本纪、诸王传、后妃传等构成了元氏世系史料的首要来源,本书中对元氏世系的梳理,没另外说明的,即来自这两部正史的相关传记。《元和姓纂》亦提供了有关元氏家族世系的部分记载。但《魏书》多有缺漏,如仅本纪和诸王传中就有这些缺漏:《孝静帝纪》《皇后纪》《神元平文诸帝子孙传》《昭成子孙传》《明元六王传》《太武五王传》《景穆十二王传上》《文成五王传》《孝文五王传》,今所见《魏书》是以《北史》相关传记补入的,但《北史》不一定全是依据北魏当时的国史档案,且对《魏书》等多有删削,虽然增补了史料,尤其是增补了西魏的纪传,但删削的更多,所以《魏书》中失传的元氏纪、传,用《北史》相关纪传增补可胜于无,但总体上应比《魏书》原有的简略。《元和姓纂》亦已非原书,虽经过前辈时贤大量考订,仍有缺失。

失去了皇族地位,又毕竟不是老牌大世族,所以唐代正史中对元氏的记载远不如北朝的正史多。因而对唐代元氏家族的研究更依赖于墓志等出土文献,一些对唐史研究大有补订作用的《唐尚书省郎官石柱题名考》《唐御史精舍题名考》《唐仆尚丞郎表》《唐尚书省右司郎官考》《唐刺史考全编》《登科记考》等书,亦多有赖于墓志。

好在如今已有一千多方北朝墓志和万馀方唐代墓志发现,这是对包括元氏在内的北朝史的极大补充、订正，俨然成了另一部北朝和唐代史。元氏家族因其为皇族，是北朝出土墓志最多的家族。大量墓志的发现，结合传世文献，为元氏家族世系的研究提供了可能。研究中穷尽阅读目前已知的元氏家族成员以及与之相关的墓志，大致见于以下墓志类书籍：《汉魏南北朝墓志集释》《汉魏六朝碑刻校注》《新出魏晋南北朝墓志疏证》《墨香阁藏北朝墓志》《大同北朝艺术研究院藏品图录：墓志》《北魏皇家墓志二十品》《隋代墓志铭汇考》《贞石可凭：新见隋代墓志铭疏证》《新见北朝墓志集释》《新见隋唐墓志集释》《邙洛碑志三百种》《河洛墓刻拾零》《隋唐五代墓志汇编》《唐代墓志汇编》《唐代墓志汇编续集》《秦晋豫新出墓志蒐佚》《秦晋豫新出墓志蒐佚续编》《秦晋豫新出墓志蒐佚三编》《新出唐墓志百品》《大唐西市博物馆藏墓志》《西安新获墓志集萃》《长安新出墓志》《陕西新见隋朝墓志》《陕西新见唐朝墓志》《长安高阳原新出隋唐墓志》《陕西省考古研究院新入藏墓志》《风引薤歌：陕西历史博物馆藏墓志萃编》《珍稀墓志百品》《西安碑林博物馆新藏墓志汇编》《西安碑林博物馆新藏墓志续编》《长安凤栖园韦氏家族墓地墓志辑考》《昭陵碑石》《洛阳流散唐代墓志汇编》《洛阳流散唐代墓志汇编续集》《洛阳流散唐代墓志汇编三集》《洛阳新获墓志续编》《洛阳新获七朝墓志》《洛阳新获墓志二〇一五》《洛阳新获墓志百品》《新中国出土墓志·陕西卷》《新中国出土墓志·河南卷》《磁县北朝墓群出土碑志集释》《文化安丰》《河间金石遗录》《汾阳市博物馆藏墓志选编》《唐代诗人墓志汇编（出土文献卷）》《西南大学新藏墓志集释》《五代十国墓志汇编》《榆阳区古代碑刻艺术博物馆藏志》等等。毛远明《汉魏六朝碑刻校注》详细校注了2007年前发现的绝大多数汉魏六朝墓志，其中占绝大多数的是北朝墓志，大大便利了北朝墓志的搜集释读。但更多的新出墓志和一些《校注》等有释文的墓志书未收录者，需要据拓片进行逐一整理，且有释文的墓志也需要结合拓片再校对下,还有些墓志散见于考古发掘报告中,也一样及时搜罗。此外,《全唐文补遗》《全唐文补编》等虽非专门的墓志书,但也提供了大量新出墓志。竭泽而渔式地搜集阅读墓志可为北朝研究提供坚实的出土文献基础。

本研究对元氏家族世系、婚姻、文化等的考索不可能仅限于元氏家族的史料,所以在查阅传世文献时几乎穷尽与元氏世系、婚姻、文化等相关的史料,对于北朝墓志更是几乎逐篇阅读,以尽量确保与元氏世系、婚姻、文化等相关史料的获取。

三、研究的主要内容

本研究大致包括以下内容:

第一,对元氏家族各支系进行系统详细的考证。对元氏家族各支系的考索,以神元、平文、烈帝、昭成、道武、明元、太武、景穆、献文、孝文等帝为纲,在帝之下以诸王及其子孙为单位再分支系,支系依据《魏书》诸帝子孙(即诸王)传之所列,如平文帝下列高凉王孤一支;昭成帝之下列献明帝一支、秦明王翰一支、常山王遵一支、清河王纥根一支、毗陵王顺一支、力真一支;道武帝之下列阳平王熙一支、广平王连一支、京兆王黎一支、河南王曜一支;明元帝之下列乐安王范一支;太武帝之下列临淮王谭一支、广阳王建一支;景穆帝之下列阳平王新成一支、广平王洛侯一支、京兆王子推一支、济阴王小新成一支、汝阴王天赐一支、乐陵王胡儿一支、任城王云一支、南安王桢一支、章武王太洛一支、城阳王长寿一支、安定王休一支、乐浪王万寿一支;文成帝之下列安乐王长乐一支、广川王略一支、齐郡王简一支、河间王若一支、安丰王猛一支;献文帝之下列咸阳王禧一支、赵郡王幹一支、广陵王羽一支、高阳王雍一支、北海王详一支、彭城王勰一支;孝文帝之下列京兆王愉一支、清河王怿一支、广平王怀一支、汝南王悦一支、宣武帝一支。此外还列出支系未详之元氏成员。每一支先列支系图，然后是对该支系成员的详细考述。在对支系成员的考述中还关注支系成员的学术文化传统，并列出该支系的文士。

第二，元氏家族婚姻考。这部分内容是在对元氏支系详尽研究的基础上进行的。通读相关正史，爬梳元氏和相关成员的墓志，尽量穷尽现可知元氏家族的婚姻关系，列出婚姻总表（以诸帝顺序排列，诸帝之下以诸王支系为序），再按婚姻对象分类考述。北朝元氏家族婚姻按婚姻对象分为胡族、北朝汉族士族、南来汉族士族、外戚权臣、族属未详等，现可知北朝时期元氏婚姻大约441桩，其中与胡族婚姻约181桩，与外戚权臣及其他皇室间婚姻约64桩，与汉族士族间婚姻约143桩，与南来士族间的婚姻约34桩。族属支系未详者约19桩。北朝前期与胡族婚姻占主要部分，婚姻是元氏家族羁縻拉拢其他胡族，整合鲜卑内部，以实现统一、巩固统治的重要途径；迁都洛阳后，与汉族士族婚姻成为主导，婚姻是元氏家族得到汉族士族支持，促进鲜卑汉化，稳固其统治的重要手段。唐代元氏家族婚姻按婚姻对象分为汉族士族、胡族、族属未详等。现可知唐代元氏家族婚姻约201桩，其中与李唐皇室约8桩，与其他汉族士族婚姻约151桩（其中1桩单知有婚姻，嫁娶情况未详），与胡族婚姻为11桩，族属支系未详者约31桩。唐代时元氏家族已成为普通世族，尤其是经过汉化后已具有较深的汉文化功底，元氏家族被汉族士族视为同类，受到汉族士族的尊重接受。因已成为普通世族，元氏家族在唐代正史中的记载并不多，对元氏家族的了解更多地靠墓志，对唐代元氏家族婚姻的梳理，更是主要来源于墓志的记载。唐代时元氏家族的婚姻已绝大部分是与汉族士族通婚，即便有11桩是与胡族嫁娶，这些胡族也早已和元氏一同汉化了。在北朝时元氏无论是与胡族还是与汉族士族通婚，都是元氏嫁远多于元氏娶，这体现了婚姻中元氏的主动性，元氏要通过婚姻巩固其统治,政治婚姻占了主要因素。而到了唐代,元氏家族婚姻嫁娶相当,体现元氏家族已成为普通世族,且受到汉族士族的平等对待。

第三,元氏家族文学与学术研究。在对元氏各支系详细研究的基础上,对北朝唐代元氏家族的文学与学术活动进行研究。要研究文学与学术活动,首先要统计元氏文士的情况,通过对正史等传世文献和墓志等出土文献的整理爬梳,现可知北朝时期元氏文士九十馀人,几乎大多数的元氏支系都出过文士,这体现元氏家族的汉化是普遍性的。文士主要出于献文、孝文、宣武时代,亦即元氏汉化的过程中,这一时段也是元氏政权和元氏家族文化的鼎盛时期。元氏家族的学术文化已有了一定的传承性,主要在父子、兄弟、叔侄间传承,其中祖孙间3例,父子间16例,伯(叔)侄间7例,兄弟间13例,从兄弟间3例。可见文化传承最多的是父子、兄弟、伯(叔)侄间。

北朝时期元氏文人及其配偶中,可知作有诗歌者约13人:元丕、文明冯太后、元澄、孝文帝元宏、元勰、孝文帝女陈留长公主、胡太后、孝明帝元诩、中山王元熙、孝庄帝元子攸、节闵帝元恭、元晖业、元行恭。元魏迁都洛阳,有意汉化,洛阳本是玄学的兴盛地,永嘉之乱大部分文士南迁,洛阳文化趋于衰弱,元氏迁都洛阳正是填补了洛阳在永嘉之乱文士南迁之后的文化空缺。元氏承汉晋之古,学南朝文化,在汉化过程中元氏文士出现了名士化的特点,这在一些元氏文士的墓志中有较多记载,如《元举墓志》载其"龀而小学,师心功倍,冥讯迅捷,卓尔殊侠,坟经于是乎宝轴,百家由此兮金箱。洞兼释氏,备练五明,六书八体,画妙超群,章勾小术,研精出俗,山水其性,左右琴诗",《元邵墓志》:"文情婉丽,琴性虚闲。射不出征,辞参辩囿……赋山咏水,辞爱三春之光;诔丧褒往,文凄九秋之色。至于西园命友,东阁延宾,怀道盈阶,专经满席,临风释卷,步月弦琴,目晒五行,指穷三调,布素之怀必尽，风流之貌悠然。"清谈、抚琴、赋诗、饮酒、工书，是洛阳元氏文士较普遍的名士风度，元举母为昌黎王冯熙女、南平王冯诞妹。元邵母，阳邑、中都二县令南阳张道始女。这也可见与汉族士族通婚对元氏汉化的促进作用。

唐代元氏家族早已失去皇族地位，成为普通世族。元氏墓志的发现远不如北朝时期，元氏地位的下降，以及墓志记载方式的变化，墓志中对元氏成员的能文情况的记述大为减少，相应可知的元氏文士亦大为削减。北朝元氏墓志多为宗室成员，而唐代元氏墓志多为普通官员，墓志对宗室成员的叙述当然与对普通官员的叙述方式和角度不一样，一些名士气不是普通官员有条件具有的，且北朝时元氏正在汉化的过程中，具有名士气、文才是汉化的显现，又多为宗室成员，墓志当然要大书特书。而在唐代时汉化早已完成，元氏已是普通的文化世族，一般的有文才之类已不是墓志要特别关注之处（很多北朝元氏文士如果离开了其在家族中的地位和当时正在汉化的元氏家族环境，其文才放在唐代不一定会被墓志夸耀记载），名士气也不是唐代的大多数元氏成员有条件具有的，且唐代时世风和士风有转变，逐渐不像六朝时那样特别以名士气为高，元氏家族地位和性质的变化、唐代社会风尚的变迁、墓志形式的变化等多种综合因素，使得唐代元氏墓志中对元氏成员有文才的记载远不如北朝的元氏墓志中多，但这并不是说元氏家族整体的文学性比北朝时期不升反降，唐代元氏已成为文化世族，整体文化水平大为提高，普通的有文才已不是墓志所要记载的。

在梳理唐代文士时，不仅依靠现可见的有元氏及其相关成员墓志的记载，还穷尽《全唐诗》《全唐文》中与元氏相关的诗文。综合多方史料，唐代元氏文士现可知约82人，其中可知有诗歌者约25人：元希声、元万顷、元兢、元季友、元福将、元挚、元德秀、元结、元季川、元子求、元戫、元季方、元衮、元诜、元昱、元淳、元稹、元宗简、元持、元锡、元鷃、元洪、元晦、元侍御、元员外等。唐代时现可知的元氏诗人就比北朝多。墓志中发现元氏文士的佚诗，如《大唐故元豹蔚墓志》中有元豹蔚父为悼念儿子而写的骚体诗"漆沮之右兮嵯峨东，霜松萧瑟兮多悲风。龟既叶兮筮复同，埋尔骨兮在此中。千秋万岁兮恨难穷"，还有河南少尹元志的舅表亲蓝田县尉王素的墓志中有王素佚诗"一夜山中雪，无人见落时"（《有唐故蓝田县尉王君（素）墓志铭》）。元稹是唐代最著名的文士之一，元宗简可知作诗近七百首，虽然皆失传，但通过其所交游诗人白居易等的唱和诗和相关诗作可部分考知元宗简的诗歌创作情况及文学风尚。元氏家族整体文化水平提高，正是孕育这些著名文士的家族文化土壤。

四、研究的价值

在尽可能掌握传世和出土文献一手资料的基础上，完成对元氏家族成员的系统研究，每个支系一张支系图，再结合具体的研究，试图让每一位可知的元氏家族成员展现在读者前面。在阅读传世和出土文献中发现，墓志对元氏族谱婚姻的记述很详尽，大可补传世文献的不足，墓志尤其是北朝墓志中元氏能文的记载是另一个突出方面，而对于元氏文学文化的研究亦正是元氏经过汉化成为文化家族之历程的显现，故在对元氏支系详考的基础上，再细致阅读传世和出土文献，以婚姻和文学文化为重点做了专题研究。凡此种种，以期尽可能展现北朝至唐代的元氏家族的整体情况。为了充分展现北朝唐代元氏家族的基本情况，本书在考索论析过程中尽可能展现史传、墓志、诗文的全貌，使研究资料更为充分，亦方便读者使用。本研究更主要的是基础性的工作，这一研究或许也可为同仁才俊们做更多有关元氏的研究提供相对可靠的凭借依据。本人亦会在此基础上做进一步的思考研究。

第一章
元氏家族支系详考上

第一节 神元平文烈帝昭成 诸帝子孙支系考

1. 神元帝子孙

烈帝第四子武卫将军拓跋谓，谓子巨鹿太守乌真，乌真子、兴都河间太守，赐爵乐城子。兴都妻娄氏，为东阳王太妃。

支系未详。

元始宗（536—571），字德伦，据《元始宗墓志》载，魏神元帝八世孙，祖鸿胪卿、光州刺史某，父楚使君某，除豫州外兵参军事，武平二年（571）四月卒于州，春秋三十六，武平五年（574）十一月窆于邺城西北，元始宗墓出土于河北磁县①。

元世伦，唐右率府中郎将，元世伦女（612—665）适赵郡李元确，《大唐故国子明经吏部常选赠赵州长史赵郡李府君（元确）墓

---

① 毛远明：《汉魏六朝碑刻校注》第十册，北京：线装书局，2008年，第61页。

志铭》:"君讳元确,字居贞,赵郡平棘人也。……曾祖希仁,北齐国子祭酒兼侍中,赠吏部尚书,谥曰文昭公;祖公源,隋离狐县令;父善愿,皇朝刑部郎中、大理正。君即正之第四子也。……(君)以麟德二年六月廿六日,终于景行里之私第,春秋六十有四。延和元年,恩制赠赵州长史。……夫人河南元氏,右率府中郎将世伦之女。力微皇帝之灵苗,开国承家之贵族。……以同年十月六日,终于私第,春秋五十有四。……以开元八年五月八日合葬于洛阳县清风乡之原,礼也。"① "力微皇帝之灵苗"则元世伦为北魏神元帝力微之后。元世伦约为隋唐之际人。

2. 平文帝子孙

高凉王孤一支

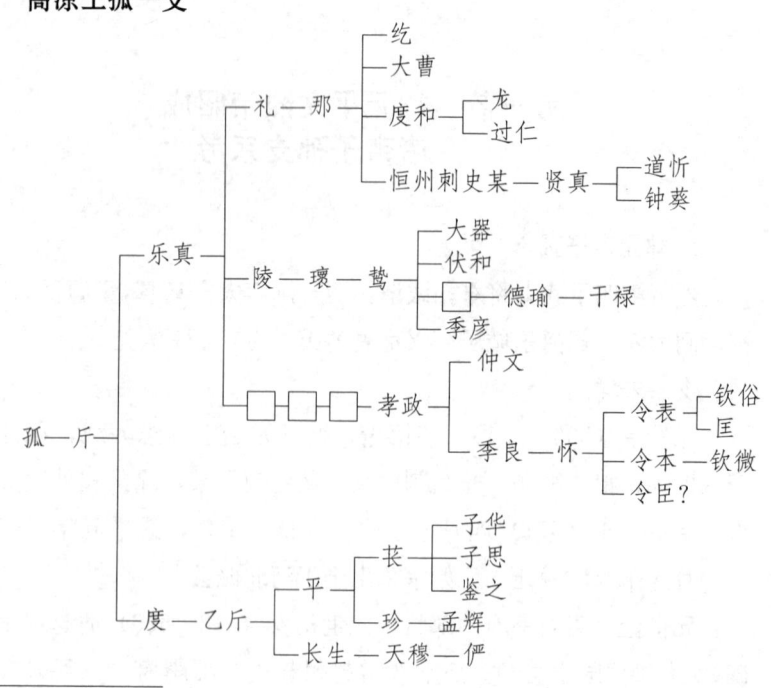

```
                     ┌─纥
                     ├─大曹
              ┌─礼─那┼─度和─┬─龙
              │      │      └─过仁
              │      └─恒州刺史某─贤真─┬─道忻
              │                        └─钟葵
              │                  ┌─大器
              │                  ├─伏和
              ├─乐真─陵─璟─鸷─┤       德瑜─干禄
              │                  │
              │                  └─季彦
              │          ┌─仲文
        孤─斤─┤─□─□─□─孝政                ┌─钦俗
              │          │           ┌─令表─┤
              │          │           │      └─匡
              │          └─季良─怀─┼─令本─钦微
              │                      │
              │                      └─令臣?
              │          ┌─子华
              │      ┌─苌┼─子思
              │      │   └─鉴之
              └─度─乙斤─平─珍─孟辉
                     │
                     └─长生─天穆─俨
```

---

① 周绍良、赵超:《唐代墓志汇编》,上海:上海古籍出版社,1992年,第1224—1225页。

第一章 元氏家族支系详考上

高凉王孤一支既有史传（《魏书》卷十四《神元平文帝子孙》、《北史》卷十五《魏诸宗室·高凉王孤》），又有墓志出土者：元鸷、元苌、元珍、元天穆。史传涉及，虽无本人墓志出土但在相关墓志中有提及者：拓跋孤、拓跋斤、拓跋礼、拓跋那、拓跋陵、拓跋瓌、拓跋度、拓跋乙斤、拓跋平。史传有提及暂无墓志出土亦无相关墓志提及者：拓跋孤、拓跋乐真、拓跋纥、元大曹、元大器、元子华、元子思、元俨。史传未提及但有墓志发现者：元贤真、元龙、元过仁、元鉴之、元伏和、元孟辉。史传未提及亦无本人墓志发现，但在相关墓志有提及者：元度和、元道忻、元钟葵。

平文帝第四子高凉王孤，多才艺。烈帝拓跋翳卒，为顾命大臣，迎立昭成帝什翼犍有功。昭成帝以半国与孤。拓跋孤子斤，卒于长安，道武帝追封高凉王，谥曰神武。拓跋斤玄孙元珍、元天穆墓志皆提及斤。《元珍墓志》记载元珍为高凉王玄孙。《元天穆墓志》亦记载元珍为高梁神武王之玄孙。

拓跋斤子乐真，袭爵，后改封平阳王。拓跋乐真子礼，袭高凉王，卒，谥曰懿王。据拓跋礼曾孙元过仁墓志，侍中、使持节、开府雍州刺史高梁（凉）王般曾孙，《魏书》卷十四本传称"礼"，《元过仁墓志》称"般"，或许是各取其名中一字。拓跋礼子那，袭爵，拜中都大官，正平初坐事伏法。据那孙元龙墓志，祖讳阿斗那，侍中、内都大官、都督河西诸军事、启府仪同三司、高梁王。则《魏书》卷十四本传中"那"为"阿斗那"之省称，少数民族名字汉语往往采用音译，如名较长则采用省称。拓跋那子纥，献文帝时命纥袭那爵绍封。拓跋那子大曹，封太原郡公，无子，国除，宣武帝以大曹从兄子洪威绍。洪威除颍川太守。拓跋那子度和，不见史传记载，据元度和子元龙墓志，父讳度和，散骑常侍、外都大官、使持节、镇北将军、度斤镇大将、平舒男。

度和子元龙（？—504），字平城，据《魏故使持节、平北将军、恒州刺史、行唐伯元使君（龙）墓志铭》所载，元龙袭爵平舒男，太和间多次参与南征，授行唐伯，拜骁骑将军，除清河内史，正始元年（504）十月十六日卒于第，谥曰武侯，墓志题中即元龙赠官，葬于首阳山，元龙墓出土于洛阳城东北平乐村北。元龙妻洛阳纥干氏，鲜卑人，祖突和，南部尚书、新城侯，父衮命，代郡尹。元龙妻下邳皮氏，祖豹，侍中、仪同三司、淮阳王，父欣，侍中、豫州刺史、广川公①。元度和子元过仁（？—527），据《魏故处士元君（过仁）墓志》，元过仁为使持节、镇北将军、度建镇都大将、平舒男度和次子。孝昌二年（527）三月廿二日卒于河阴县安仁里宅，廿七日窆于首阳山之阳。②

高凉王之后有元贤真（492—552），据《故中军将军徐州开府长史昌宁县开国男元君（贤真）墓志铭》：

君讳贤真，字洪略，河南洛阳人。……祖高梁王，以雄奇盖世，誉满寰海之中。父恒州刺史，以才标雅俗，声闻赤县之表。……（君）三易四诗，诋持王马为言。弱冠，解褐宣武挽郎，寻除南中府外兵参军，又迁符玺郎。……除通直散骑侍郎，俄迁颍川太守。……又除左将军、太中大夫、员外散骑常侍。又转中军将军、银青光禄大夫。华山王（元鸷）作牧徐土，妙选上僚，雅相钦敬，牒为开府长史。毗赞六条，大相匡益。久之府解，便尔还京。……以天保三年七月廿五日卒于京师，时年六十一。粤以来岁闰月八日，葬于（西门）豹祠西南。……妻封氏，息道忻，孙钟葵。③

墓志云"三易四诗，诋持王马之言"，以注易说诗的王弼、马融比

---

① 毛远明：《汉魏六朝碑刻校注》第四册，第33页。
② 毛远明：《汉魏六朝碑刻校注》第六册，第6页。
③ 叶炜、刘秀峰主编：《墨香阁藏北朝墓志》，上海古籍出版社，2016年，第102页。

元贤真，知其博学能文。元贤真曾为徐州刺史华山王元鸷之长史。元鸷（473—541）为元礼弟元陵之孙。元贤真墓志中所言祖高梁王约是那，父恒州刺史，未知其名。如是则元贤真为元鸷从侄。

《元和姓纂》卷四："平文帝郁律生孤。孤生斤，斤生平阳王乐真，五代孙孝政，隋衡州刺史，生仲文、季良。仲文，唐右领军将军、河南公。季良，隋雍州司马；生怀，唐恒州别驾。怀生令表、令本。令表，工部侍郎、司宾卿，生钦俗、匡。钦俗，都官郎中、京兆少尹。令本生钦微。乐真次子陵，孙华山王鸷，大司马。孙德瑜，生干禄，钟离县令。"① 孝政之父、祖、曾祖皆不可知，文献阙如，未详其所自，德瑜不知为陵何子之后。元孝政子仲文，《旧唐书》卷五十七《刘文静传》："武德九年十月，太宗始定功臣实封差第。……元仲文，洛州人，至右监门将军、河南县公。"② 则元仲文为唐初之功臣。据《唐会要》卷二十一，元仲文陪葬昭陵。③ 元仲文弟季良之曾孙钦俗（裕），苏颋《授元钦裕栎阳县令制》："门下。正议大夫、行雍州蓝田县令元钦裕，从政美才，干时良具……可行雍州栎阳县令，散官如故。"④ 元季良子唐恒州别驾元怀，元怀子工部侍郎、司宾卿元令表，约唐高宗末叶为吏部侍郎⑤。岑仲勉《郎官石柱题名新著录》户部员外郎第三行有元令表⑥。又有祠部员外郎元令臣，《唐尚书省郎官石柱题名考》将其列在永隆二年（681）祠部员外郎袁利贞后⑦，则大约是同时期人，

---

① （唐）林宝撰，陶敏校证，李德辉整理：《元和姓纂新校证》，沈阳：辽海出版社，2015年，第160页。
② （后晋）刘昫等：《旧唐书》，北京：中华书局，1975年，第2294—2295页。
③ （宋）王溥：《唐会要》，第414页。
④ （清）董诰等编，孙映逵等点校：《全唐文》卷二百五十三，太原：山西教育出版社，2002年，第1518页。
⑤ 严耕望：《唐仆尚丞郎表》，上海：上海古籍出版社，2007年，第1066页。
⑥ 岑仲勉著，向群、万毅编：《岑仲勉文集》，广州：中山大学出版社，2004年，第250页。
⑦ （清）劳格、赵钺著，徐敏霞等点校：《唐尚书省郎官石柱题名考》，北京：中华书局，1992年，第889页。

元令臣约为高宗时期人。元令表为元仲文侄孙，为高宗时期人，元令臣与之同时期，疑二人为兄弟行。

元礼弟元陵，封襄邑子，据元陵孙元鸷墓志所载，元鸷祖陵，散骑常侍、征房将军、并州刺史。据元陵曾孙元伏和墓志，元伏和曾祖陵，尚书令，司徒，高梁（凉）王。元陵子元璬，除柔玄镇司马。据元陵子元鸷墓志，父胘，散骑常侍、抚军将（军）、冀州刺史。据元璬孙元伏和墓志所载，元伏和祖璬，冀州刺史、司空。约为元璬卒后赠官。《魏书》卷十四本传、《元伏和墓志》称"璬"，《元鸷墓志》称"胘"，岑仲勉先生以为璬、胘音实相同。元伏和墓志所记元陵、元璬官职皆较高，或许是元鸷得势后为其父祖追赠。卒后赠官。① 元璬子元鸷（473—541），字孔雀，据《魏故假黄钺、侍中、尚书令、司徒公、都督定冀瀛沧四州诸军事、骠骑大将军、冀州刺史、华山王（元鸷）墓志铭》，赐爵晋阳男，建义元年尔朱荣入洛，元鸷追随尔朱荣、尔朱兆叔侄，除征北将军、护军将军、领左卫将军，封昌安县开国侯，以元鸷原爵晋阳男授鸷第三子季彦。后拜大司马、侍中，封华山王，兴和三年（541）六月九日终于邺城，春秋六十九，谥曰武烈，是年十月葬于邺县武城之北原，元鸷墓出土于河北磁县讲武城八里冢村。② 元鸷子伏和墓志载，元伏和父孔雀，录尚书、大司马、太尉、华山武王。则今取元鸷谥号中一字。元鸷妻公孙甑生（501—537），据《魏侍中、大司马、华山王（元鸷）妃故公孙氏（甑生）墓志铭》，公孙甑生祖顺，字顺孙，给事中、义平子。公孙顺夫人河南长孙氏，长孙氏父寿，字敕斤陵，散骑常侍、左光禄大夫、都督青州诸军事、青州刺史、蜀郡公，谥曰庄王。公孙甑生父同，字九略，大鸿胪、少卿、营州大中正、使持节、冠军将军、燕州刺史、义平子。公孙同夫

---

① 罗新：《新出魏晋南北朝墓志疏证》，北京：中华书局，2005年，第459页。
② 毛远明：《汉魏六朝碑刻校注》第七册，第278页。

人河南长孙氏。长孙氏父讳遐,字乐延,使持节、抚军将军、兖秦相三州刺史。妃姓公孙,字甑生,辽东襄平人,年二十七适元鸷,天平四年(537)六月十九日终于邺城敷教里,春秋三十七,是年七月葬于邺县武城之北原,公孙甑生墓出于河北磁县讲武城白道村①。元鸷子元大器,袭爵华山王,后来与元瑾谋害齐文襄王而被杀。元伏和(528—594),据《元伏和墓志》,元伏和为元鸷第二子,先后任徐州骠大府主簿,常山太守,龙骧将军、昌国县令,车骑大将军、牟平县令。入隋授汾州定阳县令。开皇十四年(594)卒于第,春秋六十七,开皇十六年十一月十六日,与夫人穆氏合葬于邙山之阳。墓志又云:"所恨才同黄绢,无赏绝妙之词;声高绿绮,罕识入神之调。"②则元伏和有些文学才能。据《元鸷墓志》,鸷第三子季彦,授鸷原爵晋阳男。

拓跋斤子度,道武帝时赐爵松滋侯,位比部尚书,卒。据拓跋度曾孙元天穆墓志,领军将军、松滋武侯之曾孙,则度曾为或赠官中有领军将军。拓跋度子,袭爵襄阳侯,拜外都大官。据乙斤孙元珍墓志,乙斤为征南将军、肆州刺史、襄阳公。据乙斤孙元天穆墓志,乙斤为太子詹事、使持节、左将军、肆州刺史、襄阳景侯,约为乙斤赠官,其谥号为景。据乙斤曾孙元鉴之墓志,乙斤为使持节、镇南大将军、定州刺史、外都大官。乙斤子拓跋平,字楚国,袭世爵松滋侯,以军功赐艾陵男。据拓跋平子元珍墓志,拓跋平为辅国将军、幽州刺史、松滋侯。据拓跋平孙元孟辉墓志,祖辅国,贞标蹇愕,领袖旧京,作牧幽州,为朝野所重。可知辅国将军、幽州刺史为拓跋平生前所任,非卒后赠官。据拓跋平孙元鉴之墓志,拓跋平为使持节、征虏将军、幽州刺史。则拓跋平还曾为征虏将军。《魏书》卷十四未言拓跋平曾为辅国将军、征虏将军、幽州刺

---

① 毛远明:《汉魏六朝碑刻校注》第七册,第177页。
② 罗新:《新出魏晋南北朝墓志疏证》,第457—458页。

史，墓志可补史志之阙。

拓跋平子元苌（458—515），字于巅，孝文帝时袭爵松滋侯，后赐艾陵伯。据《魏故侍中、镇北大将军、定州刺史、松滋成公元君（苌）墓志铭》：

> 使持节、散骑常侍、都督雍州关西诸军事、安西将军、雍州刺史、松滋公，姓元，讳苌，字于巅，河南洛阳宣平乡永智里人也。太祖平文皇帝六世孙，高凉王之玄孙，使持节、散骑常侍、征南将军、肆州刺史、襄阳公之孙，使持节、羽真、辅国将军、幽州刺史、松滋公之世子也。皇兴二年，召补大姓内三郎。自袭爵松滋公，历镇远将军。太和十二年，代都平城改侯勤曹，创立司州，拜建威将军、畿内高柳太守。俄迁辅国将军、北京代尹。十六年，蠕蠕犯塞，以本官假节征虏将军、北征西道别将。十七年，皇宇徙构迁洛之始，留公后事，镇卫代都，授持节、平北将军，摄总燕方。仍持节本将军、怀朔镇大将。廿一年，高祖孝文皇帝南讨江杨，从驾前驱。董帅前军，北讨高车，东征奚寇（即库莫奚），二道都将。景明元年，营构太极，都将、持节、镇元将军、抚冥镇都大将，持节辅国将军、都督南征梁城寿春之钟离。太中大夫兼太常卿、散骑常侍、使持节，抚慰北蒩三州七镇，新附蠕蠕。衔命北巡大使、使持节、都督恒州诸军事、征虏将军、恒州刺史、北中郎将带河内太守。永平中，河南尹河南邑中正侍中度支尚书，诠量鲜卑姓族四大中正，使持节、散骑常侍、都督关西诸军事、安西将军、雍州刺史。公历奉五帝，内任腹心，外蕃维扞，如何遘疾，台华凤掩。延昌四年（515）岁在乙未秋七月壬寅朔十有一日壬子薨于位，春秋五十有八。册赠使持节、侍中、镇北大将军、定州刺史，谥曰成公。熙平二年（517）岁次丁酉二月

壬辰朔廿九日庚申，窆于河内轵县岭山之白杨邬。

元苌墓出土于今河南济源市。元苌未葬在洛阳祖茔，却葬在了黄河北的轵县，或许与当时沙门法庆起事社会动荡有关，元苌曾任河内太守在那里本有居所，故难以归葬洛阳的情况下，即葬于北岸的轵县①。平文帝六世孙是不算平文帝本人而言的。高祖高凉王指拓跋斤，祖父襄阳公指拓跋乙斤，父松滋公指拓跋平。元苌镇守平城、抵御蠕蠕，保证了孝文帝的迁都大业，北讨高车，东征库莫奚，又随孝文帝攻南齐，宣武帝时营建洛阳太极宫，与梁战于钟离，抚慰蠕蠕，镇守边镇，又除河南尹，后出牧雍州。延昌四年（515）七月十一日薨于雍州刺史任，是时已是孝明帝时。经历文成、献文、孝文、宣武、孝明五帝。元苌承祖爵为松滋侯，但墓志却称公，则是尊号。②据元苌子元鉴之墓志，元苌为侍中、尚书、南北二京尹、使持节、散骑常侍、镇北将军、雍定恒三州刺史，则是融合了元苌身前所任和卒后赠官。元苌子元子华，字伏荣，袭爵，为齐州刺史，受民称赞。后历济州刺史、南兖州刺史。

元子华弟子思，字众念，封安定县子，孝静帝时，拜侍中。元苌子还有元鉴之，据《魏故谏议大夫元君（鉴之）墓志铭》：

> 君讳鉴之，字子镜，河南洛阳永智里人也。魏太祖平文皇帝七世孙。年廿，除员外散骑侍郎，领南台侍御史，转秘书著作佐郎、伏波将军。以正光三年九月六日卒于洛阳里第，四年岁次癸卯葬于河内轵县岭山之白杨邬，追赠谏议大夫……曾祖乙以斤，使持节、镇南大将军、定州刺史、外都大官。曾祖亲薛氏。祖平，使持节、征虏将军、幽州刺史。祖亲谷会氏。父

---

① 参见刘莲香、蔡运章：《北魏元苌墓志考略》，《中国历史文物》2006年第2期。
② 参见刘军：《北魏元苌墓志补释探究》，《郑州大学学报（哲学社会科学版）》2013年第5期。

苌，侍中、尚书、南北二京尹、使持节、散骑常侍、镇北将军、雍定恒三州刺史。内亲房氏。①

平文帝七世孙是不算平文帝本人而言的。乙以斤即乙斤，乙斤妻鲜卑谷会氏，拓跋平妻鲜卑薛氏。元苌妻鲜卑房氏。元苌、元鉴之父子俩皆葬于河内轵县岭山之白杨邬。

元苌弟元珍（468—514），字金雀，袭爵艾陵男，据《魏故尚书左仆射、骠骑大将军、冀州刺史元公（珍）墓志铭》，元珍封晋阳男，景明元年在与南齐军队作战时，破陈伯之部队，后官至尚书左仆射。延昌三年（514）五月廿二日终于洛阳笃恭里第，春秋四十七，追赠侍中、使持节、骠骑大将军、冀州刺史，是年十一月葬于洛阳长陵，元珍墓出土于洛阳城北南城庄村②。元珍子元孟辉（504—520），字子明，据《魏故给事中、晋阳男元君（孟辉）墓志铭》，元孟辉为元珍长子，袭爵晋阳男，除给事中，神龟三年（520）三月廿二日终于洛阳笃恭里第，春秋十七，是年十一月十五日窆于洛阳东垣之陵，与元珍同兆，元孟辉墓出土于洛阳城北陈庄村③。

元平弟元长生为游击将军，据元长生子天穆墓志，元长生为使持节、侍中、骠骑大将军、司空文公、都督雍州诸军事、雍州刺史，此为元天穆贵盛之后长生之赠官。元天穆，字天穆，元长生长子，据《魏故使持节、侍中、太宰、丞相、柱国、大将军、假黄钺、都督十州诸军事、雍州刺史、武昭王（元天穆）墓志》，元天穆除并州刺史，聊城县开国伯，与尔朱荣勾结，除太尉公，封上党王。后除侍中、兼领军将军、使持节、骠骑大将军、京畿大都督。以使持节、都督东北道诸军事、大都督出征，生擒葛荣，加录尚书

---

① 天津人民美术出版社编：《北魏皇家墓志二十品》，天津：天津人民美术出版社，2003年，第12页。
② 毛远明：《汉魏六朝碑刻校注》第四册，第266页。
③ 毛远明：《汉魏六朝碑刻校注》第五册，第93页。

事、世袭并州刺史,进位太宰。永安三年(530)九月二十五日,暴薨于明光殿(墓志讳言,其实为庄帝杀于明光殿,尔朱荣一同见杀),春秋四十二,谥曰武昭,墓志题中丞相、都督十州诸军事、柱国、大将军、假黄钺、雍州刺史,为卒后赠官,普泰元年(531)八月葬于洛阳西北二十里,元天穆墓出土于洛阳城东北营庄村。① 元天穆子元俨,袭爵,除都官尚书。

支系未详。

元显(469—528),字进,平文帝之后,据《魏故镇远将军、前军将军元君(显)墓志》,元显祖征虏将军、并州刺史,父建威将军、清河太守。拜镇远将军、前军宗士,兼武卫将军、北道大使,建义元年四月十三日终于洛阳(墓志讳言之,当是河阴之难中见害),春秋六十,是年八月葬于北芒。长子字子伯,假节、龙骧将军、通直散骑常侍、徐州别将。②

元贤(497—551),字景伯,据《大齐故使持节、都督扬怀颍徐兖五州刺史、骠骑大将军、太府卿、山鹿县开国伯、洛川县开国子、安次县都乡男元使君(贤)墓志铭》,元贤为平文帝之后,祖泾州刺史汶阳男吐久伐,父夏州刺史广达。曾为镇城大都督守豫州。为扬州、怀州、颍州刺史,封安次县都乡男、洛川县开国子,天保二年(551)四月八日终于家,春秋五十五,赠都督徐、兖二州诸军事,以本将军、太府卿、兖州刺史,开国如故(墓志所列赠官中无题中"山鹿县开国伯",既然所述元贤生平中亦无此封,墓志题中此封约为卒后所赠)谥曰文宣,是年十一月三日窆于邺城西漳水之阳十有二里,魏之旧陵,元贤墓出土于河北磁县双庙村西。夫人河间邢氏。长子长

---

① 毛远明:《汉魏六朝碑刻校注》第六册,第 324 页。
② 齐运通、杨建锋:《洛阳新获墓志(二〇一五)》,北京:中华书局,2017 年,第 19 页。

琳。次子子琳。第三子子琅。第四子子瓛（《磁县北朝墓群出土碑志集释》大约印刷讹误而作"子環"，对照拓片当为"子瓛"。）第五子子宝。第六子子璆。第七子子琛。第八子子珍。①

元惠（543—573），字世慈，据《元惠暨妻吴氏墓志》，元惠为北魏平文帝之后，祖建阳公业，父亳州长史连。除晋州府主簿，武平四年（573）六月四日卒于邺城，春秋三十一。夫人吴氏（538—592），怀州长史吴当时女，开皇十二年（592）六月十二日卒，春秋五十五，大业九年（613）十一月九日与元惠合葬于涡阳（今安徽蒙城东北涡河北岸刘寨村）。世子元大器（571—611），解褐文林郎，除并州大谷县主簿，大业七年（611）八月九日卒，时年四十一，葬于元惠、吴氏夫妇墓左。② 元惠与吴氏合葬于涡阳，此地正在亳州，则大约元惠福元连为亳州长史时，其支系已居于此。

高凉王孤一支可知文士有元伏和。

3. 烈帝子孙

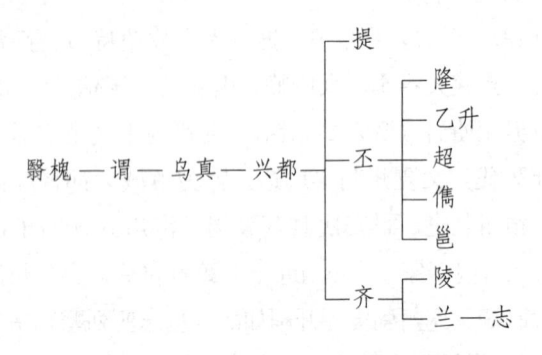

```
                      ┌─ 提
                      │    ┌─ 隆
                      │    ├─ 乙升
毉槐 — 谓 — 乌真 — 兴都 ─┼─ 丕 ─┼─ 超
                      │    ├─ 儁
                      │    └─ 邕
                      │    ┌─ 陵
                      └─ 齐 ┴─ 兰 — 志
```

烈帝拓跋毉槐第四子谓，随道武帝征伐，除武卫将军，拓跋谓子乌真，亦随道武帝征战，除巨鹿太守。拓跋乌真子兴都，文成帝

---

① 马忠理、冯小红、崔冠华：《磁县北朝墓群出土碑志集释》，北京：文物出版社，2021年，第113—116页。
② 王其祎、周晓薇：《隋代墓志铭汇考》第四册，北京：线装书局，2007年，第395页。

时为河间太守,赐爵乐城子,兴都妻娄氏为鲜卑匹娄氏改姓,献文帝时以子丕贵显,进爵乐城侯,卒赠河间公,谥曰宣。拓跋兴都子元提,袭乐城侯。元提弟元丕(422—503),献文帝时封东阳公,孝文帝时封东阳王,拜侍中、司徒公,后迁太傅、录尚书事,宣武帝时以丕为三老。景明四年卒,春秋八十二,诏赠左光禄大夫、冀州刺史,谥曰平。元丕妻段氏,《魏书》卷十四《神元平文诸帝子孙传·东阳王丕》:"及高祖还代,丕请作歌,诏许之。"① 则元丕作有诗歌。元丕子隆、乙升、超因谋反被诛。元超弟僊封新安县男,邕封泾县男。据《魏书》卷十四,烈帝曾孙兴都卒赠河间公,烈帝玄孙河间公齐,大约拓跋齐为拓跋兴都子,袭爵河间公。拓跋齐从太武帝征赫连昌,护卫太武帝,后于仇池击败南朝宋将领裴方明,拜内都大官,卒,谥曰敬。长子元陵袭爵,为乙浑所害。陵弟元兰,孝文帝初封建阳子,卒于武川镇将。元兰子元志,字猛略,历览书传,颇有文才,随孝文帝南征时,曾为孝文帝挡箭而伤己一目,先后任荆州、扬州、雍州等地刺史,多所聚敛,后拜西征都督,征讨莫折念生,为贼所害。节闵帝时追赠尚书仆射、太保。

烈帝子孙中可知的文士有元丕,元志。

4. 昭成帝子孙

昭成帝庶长子拓跋寔君,建国三十九年(376),从弟拓跋斤(叔父高凉王孤子)告知寔君,昭成帝预立慕容后所生子为嗣子,并杀寔君。寔君听信挑唆而叛乱,弑父昭成帝什翼犍及诸弟。后前秦苻坚攻破代国,拓跋寔君兵败被俘,押送长安处以车裂极刑。寔君孙定州刺史勿期,赐爵林虑侯。勿期子真定侯六状。昭成帝慕容后生拓跋阏婆,亦在为寔君所杀诸弟之列,《魏书》未载其后,现可见出土文献亦未载其后。昭成帝幼子窟咄幸免,前秦灭代时被徙长安,教以读书。淝水

---

① (北齐)魏收:《魏书》,北京:中华书局,1974年,第359页。

之战后，趁前秦衰乱，随慕容永东归，授新兴郡守。后投独孤部刘库仁子刘显，与拓跋珪争夺代国统治权，兵败投奔铁弗部刘卫辰，为卫辰所害。《魏书》未载其后，现可见出土文献亦未载其后。

昭成帝诸子中，献明帝寔及秦明王翰（二人在寔君政变前已先终）、寿鸠、纥根、地干、力真皆有后，后四人皆为寔君所害，故其子辈始封王，具体支系如下：

(1) 献明帝一支

昭成帝世子拓跋寔，其子拓跋珪即位后追尊为献明帝。

元寿（533—555），字摩耶，据《大周宜州别驾宜君郡守杜府君妻元夫人（寿）墓志铭》，元寿为魏献明帝云孙（八世孙，从自身算起为九世孙），广宗王之季女（广宗王未见史籍记载，或为西魏北周时所封），适宜君郡守杜府君，西魏恭帝二年（555）五月廿五日卒于家，春秋廿三，天和三年（568）十一月十八日窆于京兆郡山北县畴贵里，元寿墓出土于陕西西安长安区杜曲附近。墓志云"蔡氏愧其能文，曹家惭其识礼"①，则元寿有些文学才能。

(2) 秦明王翰一支

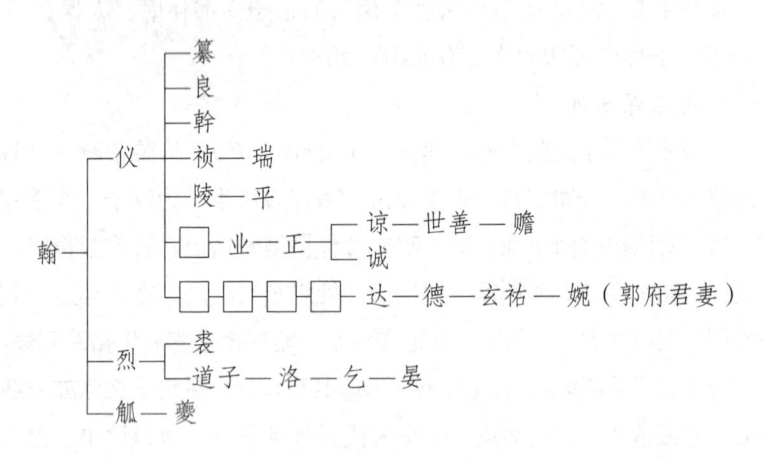

```
               ┌─ 篡
               ├─ 良
               ├─ 幹
          ┌ 仪─┼─ 祯 ─ 瑞
          │    ├─ 陵 ─ 平
          │    ├─ □ ─ 业 ─ 正 ─┬─ 谅 ─ 世善 ─ 赡
   翰 ─┤    │                    └─ 诚
          │    └─ □ ─ □ ─ □ ─ 达 ─ 德 ─ 玄祐 ─ 婉（郭府君妻）
          │
          ├ 烈─┬─ 裘
          │    └─ 道子 ─ 洛 ─ 乞 ─ 晏
          └ 觚 ─ 夔
```

---

① 胡戟：《珍稀墓志百品》，西安：陕西师范大学出版社，2016年，第22页。

秦明王翰一支史传（《魏书》卷十五《昭成子孙传》、《北史》卷十五《魏宗室传·昭成子孙》）有载而暂无墓志出土者：拓跋翰、拓跋仪、拓跋烈、拓跋觚、拓跋纂、拓跋良、拓跋幹、拓跋祯、拓跋裒、拓跋道子、拓跋夔、元端、元洛、元乞、元晏；史传无而有本人墓志出土者：元平、元诚；虽史传无，亦无本人墓志出土，但相关人士墓志中有记载者：拓跋陵、元业、元正（政）、元谅。秦明王翰一支唐代有墓志出土者：元贍、元婉；虽无本人墓志，但相关人士墓志中有记载者：元世善、元达、元德、元玄祐、元婉夫郭府君。

拓跋翰，昭成帝什翼犍第三子，有勇力，年十五即带兵出征，太祖道武帝即位，追赠秦王，谥曰明。拓跋翰子仪，赐九原公，后改封平原公，从道武帝征并州、中山、邺城、高车等，多有功勋，封卫王，拜左丞相，据拓跋仪孙元平墓志，仪还曾为骠骑大将军。仪矜功恃宠，与宜都公穆崇谋反，天赐六年道武帝使人执仪，赐死。拓跋仪子纂，太武帝时除定州刺史，封中山公，进爵为王，卒谥曰简。拓跋纂弟良，封南阳王。拓跋良弟幹，拜都官尚书，卒，谥曰昭。拓跋仪子拓跋祯，擅骑射，赐爵沛郡公，除南豫州刺史，后征为都牧尚书，卒，赠仪同三司，谥曰简公。拓跋祯第五子元瑞，字天赐，太中大夫，卒，赠太常卿。拓跋仪子陵，元陵子元平，据《大魏故宣威将军白水太守小剑戍主元公（平）墓志铭》，元平为羽真尚书、冠军将军、使持节吐京镇大都将陵次子，除宣威将军、白水太守、小剑戍主，春秋四十七，正光五年（524）三月十日窆于先陵，元平墓出土于洛阳城北姚凹村东南。①

拓跋仪弟拓跋烈，勇武有智略，迎立太宗明元帝拓跋嗣有

---

① 毛远明：《汉魏六朝碑刻校注》第五册，第251页。

功,进爵阴平王,卒谥曰熹。拓跋烈子裘袭爵。拓跋裘弟道子,位下大夫。拓跋道子元洛,位羽林幢将。元洛子元乞,中散大夫。元乞子元晏(?—537),晏好集图籍,家中藏书多于秘阁,且不吝外借,东魏孝静帝时拜吏部尚书,出为瀛州刺史,后为逆臣蒋天乐所见引,赐死。《魏书》卷十二《孝静帝纪》:天平四年(537)闰九月乙丑,卫将军、右光禄大夫蒋天乐谋反,伏诛。① 则元晏赐死亦在是时。拓跋烈弟拓跋觚,勇烈有胆气,使于慕容垂,后为慕容普驎所害。谥曰秦愍王,觚子夔,封豫章王。

《元和姓纂》卷四:"翰,秦王,生仪、觚。仪七代孙公瞻,驾部员外郎。觚十一代孙抈谦,兼御史。三从兄杭,少府少监。"② 公瞻未知为仪数子中何人之后,抈谦亦未知为觚何子之后,文献阙如,姑从疑。

唐初有驾部员外郎元赡(?—653),据《唐故朝散大夫、侍御史、驾部员外郎、冀州司马元府君(赡)墓志铭》,元赡,字博物,河南人。高祖父业,魏兰陵王;曾祖父正,吏部尚书鲁郡公;祖父谅,周襄州刺史、宣阳公;父世善,随长社令。元赡历京兆醴泉令、朝散大夫、侍御史、水部驾部员外郎,冀州长史。永徽四年(653)九月廿四日卒于冀州馆舍,归殡于京兆城北渭原,开元廿七年十月二十六日祔于曾祖鲁郡公之茔。③ 张忱石以为据墓志元赡曾为驾部郎员外郎,而元仪七代孙元公瞻正为驾部员外郎,则元赡约即元公瞻。④《周书》卷三十八《元伟传》:"太祖天纵宽仁,性罕猜忌。元氏戚属,并保全之,内外任使,

---

① (北齐)魏收:《魏书》,北京:中华书局,1974年,第301页。
② (唐)林宝撰,陶敏校证,李德辉整理:《元和姓纂新校证》,第152页。
③ 齐运通、杨建锋:《洛阳新获墓志(二〇一五)》,第195页。
④ 张忱石:《唐尚书省右司郎官考》,北京:中华书局,2020年,第453页。

布于列职。孝闵践阼,无替前绪。明、武缵业,亦遵先志。虽天厌魏德,鼎命已迁,枝叶荣茂,足以逾于前代矣。然简牍散亡,事多湮没。今录其名位可知者,附于此云。"所附者即有柱国大将军、特进、尚书令、少师、义阳王元子孝,侍中、骠骑大将军、开府仪同三司、吏部尚书、鲁郡公元正。① 此鲁郡公元正即元赡曾祖。

元诚(534—602),据《大隋故白云县令元府君(诚)之墓志铭》,元诚,字孝恭,河南洛阳人。祖□,魏使持节,骠骑大将军、开府仪同三司、侍中、登右卫大将军、尚书右仆射、青、冀、徐、兖五州诸军事、五州刺史、司徒、太□□□王。父政,魏使持节、骠骑大将军、开府仪同三司、散骑常侍、大行台左丞、侍中、著作郎、吏部尚书、大宗正卿、鲁郡公、赠徐、兖二州刺史,谥曰威。元诚周大象元年,授司土上士。隋开皇二年授梁州白云县令。仁寿二年(602)四月十二日终,春秋六十有九。以大业九年十月十四日,迁窆于大兴乡小陵原。② 《元诚墓志》中元诚之祖名字即所封王漫灭,结合《元赡墓志》可知即兰陵王元业。元诚之父鲁郡公元正,即元赡之父元政。元诚与元赡祖元谅为兄弟行。

秦明王翰之后有唐太常少卿元达,元达子唐简州司马元德,元德子唐亳州城父县令,元玄祐女元婉(680—746)适通议大夫上柱国剑州刺史晋阳县开国男郭某,据左武卫仓曹毕宏撰《大唐故通议大夫上柱国剑州刺史晋阳县开国男郭府君夫人新郑郡君河南元氏(婉)权殡墓志》:

---

① (唐)令狐德棻:《周书》,北京:中华书局,1971年,第688—689页。
② 刘文:《陕西新见隋朝墓志》,西安:三秦出版社,2018年,第93—94页。墓志中地名古今对照:白云县(治今陕西汉中市东北武乡镇)。

夫人讳婉，字婉，河南元氏。十一代祖后魏昭成帝；九代祖秦王；曾祖达，太常少卿；祖德，简州司马；父玄祐，亳州城父县令。……（夫人）年将及笄，归我府君矣。府君时为监察御史，后转著作郎，夫人授仙源县君；除主客郎中，加新郑郡君。府君历棣、泗、剑三州刺史，开元七年（719）即世，葬于河清县亲仁乡原，礼也。夫人自安厝毕，丧制终，曰：有无上道，吾将栖焉。开元十七年（729），诣天竺寺崇昭法师，受菩萨戒，持《金刚经》，转《涅槃经》，于是大昭和上通戒，得禅定旨。又于寿觉寺主惠猷禅师受具足戒，于弘正惠斡禅师皆通经焉。……以天宝五载（746）正月三日殁于洛阳里第，春秋六十七。即以二月三日权殡于府君茔东北一里北原，礼也。有子希秀等八人。[①]

元婉十一代祖为昭成，九代祖为秦王，昭成帝子翰为秦王，则元婉十代祖正为秦明王翰，其九代祖正是秦明王翰子仪，拓跋仪有子十五人，至于元婉曾祖元达为拓跋仪何子之后，则无考。夫郭府君去世后，元婉皈依佛门。

（3）常山王遵一支

常山王遵一支既有史传又有墓志发现者有拓跋忠、元德、元淑、元昭、元纶、元颢、元俸、元巇、元信、元世绪、元智、元囧、元悛、元憎；史传中有提及，虽无本人墓志发现但相关墓志中有提及者：拓跋寿鸠、拓跋遵、拓跋素、拓跋陪斤、元昺、元寁、元悝、元士贞、元士贞第二子参军某、元弼、元逸、元凝、元季

---

① 周绍良、赵超：《唐代墓志汇编续集》，上海：上海古籍出版社，2001年，第600—601页。墓志中相关地名古今对照：简州（治阳安县，今四川简阳西北绛溪河北岸），亳州（治谯县，今安徽亳州），城父县（治今安徽亳州城父镇），棣州（治厌次，今山东惠民），泗州（治临淮，今江苏盱眙西北），剑州（治普安，今四川剑阁），河清县（治今河南济源西南）。

第一章 元氏家族支系详考上

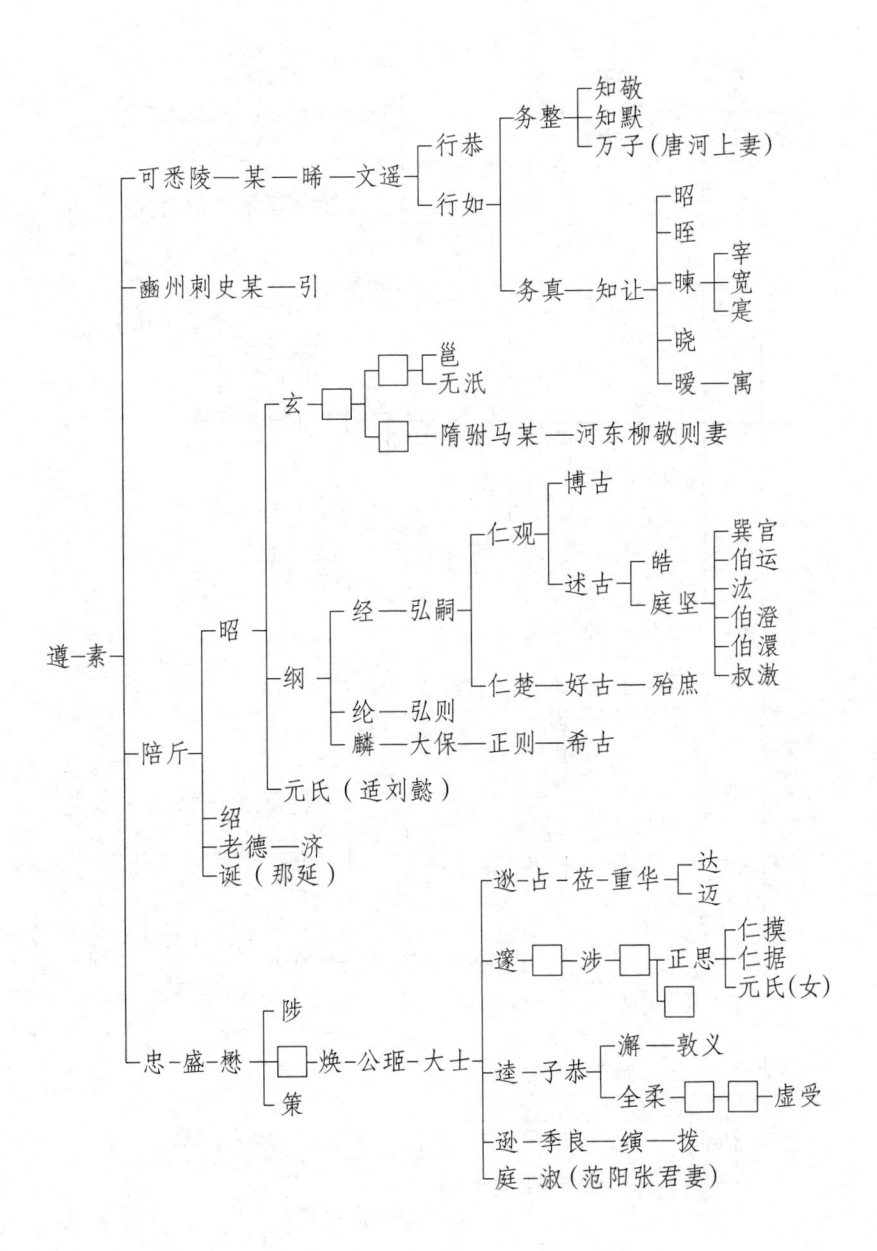

```
                                          ┌─知敬
                                    ┌─务整─┤─知默
                          ┌─行恭─────┤    └─万子(唐河上妻)
              ┌─可悉陵─某─晞─文遥─┤
              │                  └─行如─┐       ┌─昭
              │                        │       ├─晊
              │                        │       │       ┌─宰
              │                        └─务真─知让─暕─┤─宽
              ├─齒州刺史某─引                          │       └─寔
              │                                        ├─晓
              │                                        └─暖─寓
              │              ┌─□─┬─邕
              │              │   └─无泚
              │      ┌─玄─┤
              │      │    └─□─隋驸马某─河东柳敬则妻
              │      │                    ┌─博古
              │      │              ┌─仁观─┤      ┌─巽宫
              │      │              │     └─述古─┬─皓   ├─伯运
遵─素─┤─陪斤─┤─昭─┬─经─弘嗣─┤              └─庭坚─┤─汰
              │        │     │                              ├─伯澄
              │        │     │                              ├─伯澴
              │        │     └─仁楚─好古─殆庶              └─叔激
              │        ├─纲─┬─纶─弘则
              │        │    └─麟─大保─正则─希古
              │        └─元氏（适刘懿）
              │      ┌─绍
              │      ├─老德─济
              │      └─诞（那延）
              │                      ┌─遴-占-苁-重华─┬─达
              │                      │               └─迈
              │                      │                    ┌─仁摸
              │                      ├─邃─□─涉─□─正思─┤─仁据
              │              ┌─陟   │                    └─元氏(女)
              │              │     │              ┌─瀚─敦义
              └─忠-盛-懋─□─焕-公珽-大士─┬─逵─子恭─┤            
                            │     │                └─全柔─□─虚受
                            └─策  ├─逊─季良─缤─拨
                                  └─庭─淑（范阳张君妻）
```

· 29 ·

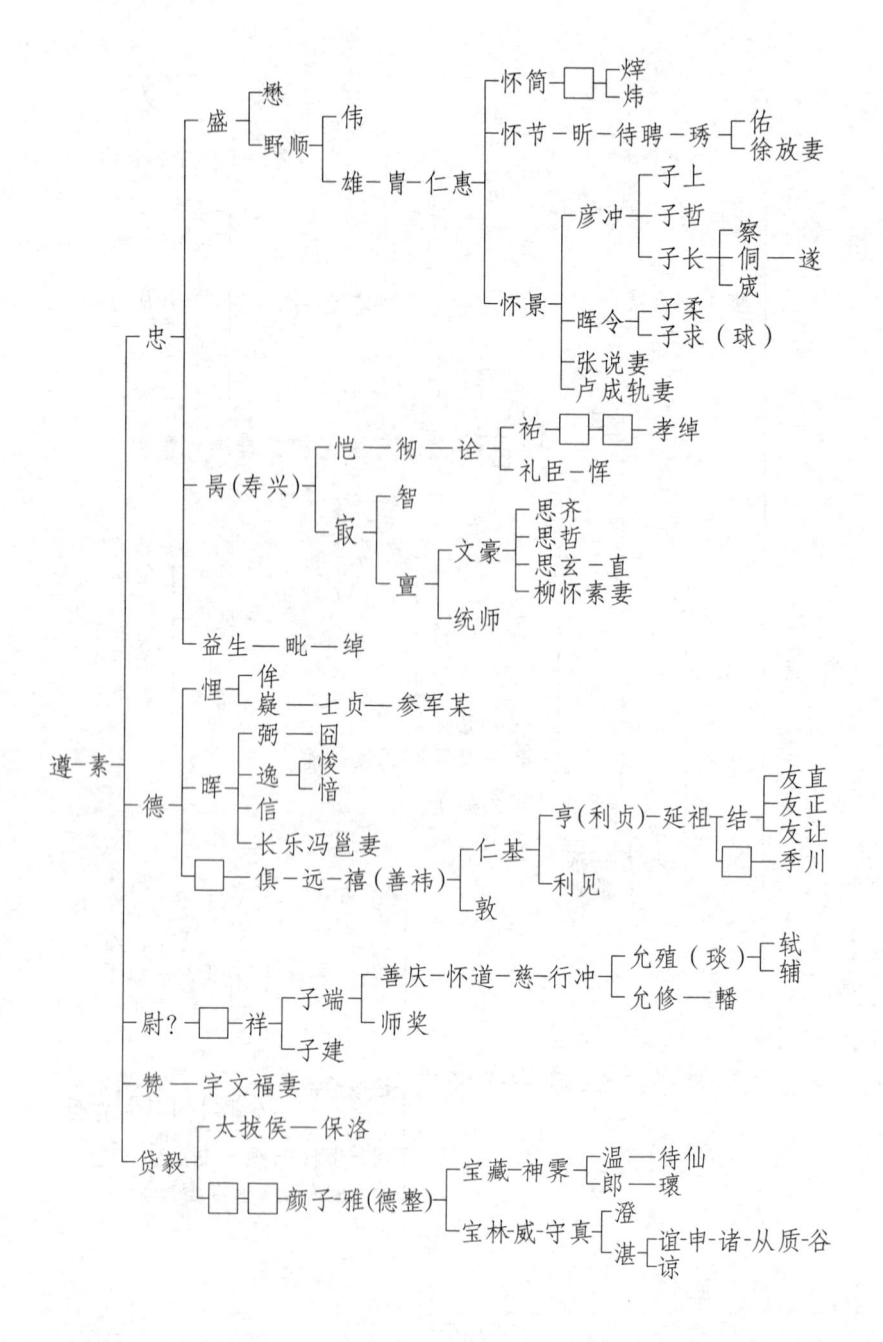

```
                              ┌─怀简─□─┬─烽
                              │        └─炜
                   ┌─盛─┬─懋   ├─怀节─昕─待聘─琇─┬─佑
                   │    │      │                  └─徐放妻
                   │    └─野顺─┬─伟              ┌─子上
                   │           └─雄─胄─仁惠      ├─子哲    ┌─察佃
                   │                   ┌─彦冲────┤         │      ─遂
                   │                   │         └─子长────┤
                   │                   │                   └─宬
                   ├─忠                ├─怀景─┬─晖令─┬─子柔
                   │                   │      │      └─子求(球)
                   │                   │      ├─张说妻
                   │                   │      └─卢成轨妻
                   │                   ├─恺─彻─诠─┬─祐─□─□─孝绰
                   │    ┌─昺(寿兴)─┬─                └─礼臣─恽
                   │    │           └─戢─┬─智      ┌─思齐
                   │    │                │         ├─思哲
                   │    │                └─亶─┬─文豪├─思玄─直
                   │    │                     │     └─柳怀素妻
                   │    │                     └─统师
                   │    └─益生─毗─绰
                   │           ┌─侔
                   │    ┌─悝─┬─巘─士贞─参军某
遵─素─┬─              │      ├─弼─囷─悛憻
      │               │      ├─逸
      ├─德─┬─晖       │      ├─信
      │    │          │      └─长乐冯邕妻
      │    │          └─俱─远─禧(善祎)─┬─仁基─亨(利贞)─延祖─结─┬─友直
      │    │                            │                        ├─友正
      │    │                            │                        ├─友让
      │    │                            │                        └─季川
      │    │                            └─敦─利见
      │    │                ┌─子端─┬─善庆─怀道─慈─行冲─┬─允殖(琰)─┬─轼
      ├─尉?─□─祥─┤          │      └─师奖              │            └─辅
      │              └─子建                              └─允修─鐇
      ├─赞─宇文福妻
      │     ┌─太拔侯─保洛
      └─贷毅─□─颜子雅(德整)─┬─宝藏─神霁─┬─温─待仙
                              │            ├─郎
                              │            └─璟
                              └─宝林─威─守真─┬─澄─谊─申─诸─从质─谷
                                               └─湛─谅
```

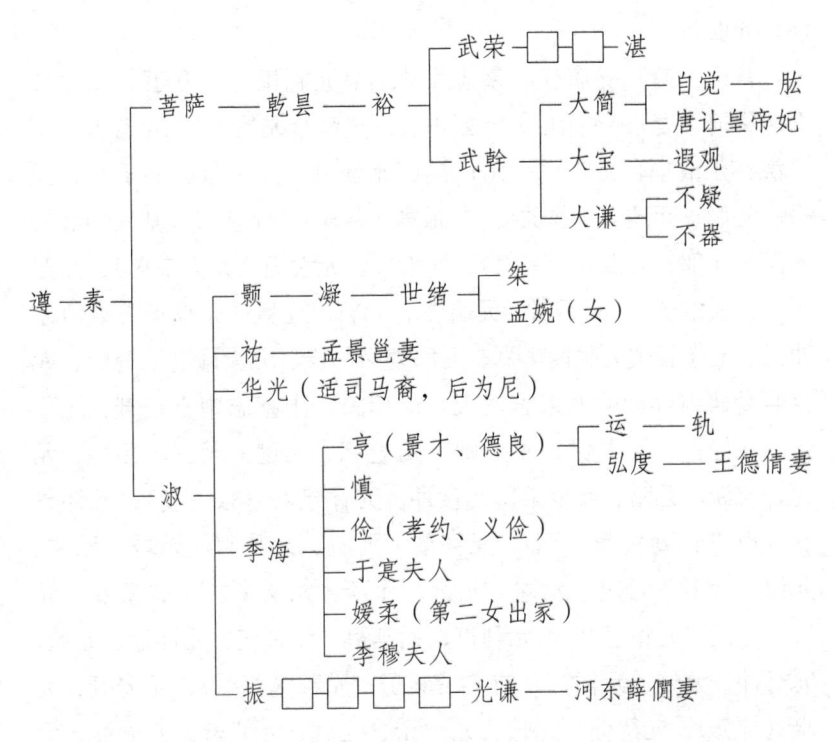

```
                                    ┌─ 武荣 ─□─□─ 湛
                                    │              ┌─ 自觉 ── 肱
         ┌─ 菩萨 ── 乾昙 ── 裕 ──┤       ┌─ 大简 ─┤
         │                          │       │      └─ 唐让皇帝妃
         │                          └─ 武幹 ─┼─ 大宝 ── 退观
         │                                  │      ┌─ 不疑
         │                                  └─ 大谦 ┤
         │                                          └─ 不器
         │                                 ┌─ 桀
         │   ┌─ 颢 ── 凝 ── 世绪 ──┤
         │   │                            └─ 孟婉（女）
         │   ├─ 祐 ── 孟景邕妻
         │   ├─ 华光（适司马裔，后为尼）
  遵──素 ┤   │         ┌─ 亨（景才、德良）─┬─ 运 ── 轨
         │   │         │                   └─ 弘度 ── 王德倩妻
         │   │         ├─ 慎
         └─ 淑┤── 季海 ─┼─ 俭（孝约、义俭）
             │         ├─ 于寔夫人
             │         ├─ 媛柔（第二女出家）
             │         └─ 李穆夫人
             └─ 振 ─□─□─□─□─ 光谦 ── 河东薛偑妻
```

海、元亨（景才、德良）；史传中有提及而暂无墓志发现，亦无相关墓志提及者：拓跋可悉陵、元文遥、元赞、元绍、元盛、元懋、元顺、元陟、元伟、元益生、元毗、元绰、元行恭、元行恕、元刚、元经、元弘嗣、元仁观。史传无而有本人墓志出土者：元引、元诞（那延）、元颢、元策、元晖女（冯邕妻）、元统师、元俭（孝约、义俭）、元智、元进、元琮、元祐女（孟景邕妻）、元华光（元淑女）、元幼娥（元淑孙女）、拓跋慎、元媛柔（元季海女）、元智妻姬氏。相关墓志提及而知其事迹者：元老德、幽州刺史某、元桀、元孟婉及元世雄、元冑、元弘则、元麟、元祐、元寂、元亶、元乾昙、元季海女（于寔妻）、元季海女（李穆夫人）、元大兴、元运、元赞女（宇文福妻）。暂无墓志出土，《元和姓纂》中提及有元

焕、元弘哲。

常山王遵一支唐代有墓志发现者：元礼臣、元万子（元务整女、唐河上妻）、元殒庶、元好古女（渤海李元雄妻）、元希古、拓跋济、元重华、元正思、元仁惠、元怀景、元子哲、元子长、元察、元侗、元琇女（徐放妻）、元禧（善祎）、元基（仁基）、元结、元温、元郎、元淑（元庭女）、元大宝、元大谦（元大宝弟）、元遐观（元大宝子）、元不器、元自觉、元轨、元盛、元重华夫人河东裴氏、元子长夫人陇西李真、元郎妻司马氏、元大谦妻罗婉顺、元克脩妻杜内仪；虽无墓志发现，但相关人士墓志中有记载：元仁楚、元好古、元大保、元正则、元老德、元逊、元占、元荏、元邃、元涉、元昭、元全柔、元彦冲、元怀景女（张说妻）、元怀景女（卢成轨妻）、元子上、元怀节、元昕、元待聘、元琇、元佑、元俯、元俱、元宬、元遂、元远、元琰、元文豪、元文豪女、元澄、元氏（元正思女）、元利贞、元延祖、元善庆、元怀道、元慈、元行冲、元蟠、元轼、元辅、元颜子、元雅（德整）、元宝藏、元卓（神霁）、元待仙、元璟、元大士、元庭、元武幹、元大简、元大简女（唐让皇帝妃）、元豫、元肱、元光谦、元善应、元崇敏、元履清、元达、元迈、元仁摸、元仁据、元不疑、元恽（元礼臣子）、元君（元克修父）、元克修（元大士六世孙）、元克修妹（崔君妻）、元虎儿（元克修子）、元金牛（元克修子）、元小虎（元克脩子）。

拓跋遵，昭成帝子拓跋寿鸠之子，平中山，拜尚书左仆射，加侍中，封常山王，后因醉酒失礼于太原公主，赐死。拓跋遵曾孙元俟墓志有对寿鸠、拓跋遵的记载：元俟五世祖第八皇子讳受久，献明皇帝之母弟。妃王氏昭成之舅女（约为平文帝王皇后兄丰女）。高祖右丞相常山王讳遵，字勒兜。妃刘氏大宗明元皇帝之姨。《魏书》作寿鸠，《元俟墓志》作受久，少数民族名字本为音译，此为不同音译。拓跋遵曾孙元昭墓志，元昭曾祖兜（勃兜之省称）使持节、抚军、征南大将军、右丞相、常山王。曾祖亲太妃刘氏。据拓跋遵五世孙元智墓志，元智六世（墓志中是以遵本人为一世）祖遵假节、侍中、（抚）军大将军、尚书左仆射、冀青兖豫徐州诸军事冀州牧、常山王。拓跋遵玄孙拓跋慎墓志，载："高祖讳遵，字伏兜，魏使持节、抚军大将军、左丞相、右丞相、常山王，赐漏刻督铜虎符，道武皇帝之功臣也。妃独孤氏。"① 伏为并母屋韵合口三等入声通摄字，勃为并母没韵合口一等入声臻摄字，古无轻唇音，二字声母相同，韵相近，《拓跋慎墓志》中之拓跋遵字伏兜即勃兜。妃独孤氏即刘氏。

拓跋遵子素，袭爵，据《魏书》卷十五本传，拜征西大将军镇统万、内官大都，居官五十载，卒，谥曰康。据拓跋素孙元昭墓志，元昭祖连使持节、侍中、征西大将军、都督河西诸军事、内都坐大官、羽真、统万突镇都大将。祖亲太妃赫连氏。② 元素孙元颢墓志，元素为征西大将军、内羽真、统万突镇大将、常山康王。③ 据元素曾孙元伴墓志，元伴曾祖侍中、使持节、征西大将军、都督河以西诸军事、常山康王讳素连。元素妃赫连氏夏主昌之妹。④ 据拓跋素曾孙元世绪墓志，曾祖讳素连，魏大将军、都督、内外二都大达官、常山王。⑤ 据拓跋素玄孙元智墓志，元智高祖素，假节征西大将军、内都大官、常山康王。⑥《魏书》本传、《元智墓志》称素，元昭墓志称连，元伴、元世绪墓志称素连，少数民

---

① 李浩：《榆阳区古代碑刻艺术博物馆藏志》，北京：中华书局，2024年，第4—5页。
② 毛远明：《汉魏六朝碑刻校注》第五册，第254页。
③ 叶炜、刘秀峰：《墨香阁藏北朝墓志》，上海古籍出版社，2016年，第44页。
④ 毛远明：《汉魏六朝碑刻校注》第四册，第175页。
⑤ 胡戟、荣新江：《大唐西市博物馆藏墓志》，北京：北京大学出版社，2012年，第17页。
⑥ 王其祎、周晓薇：《隋代墓志铭汇考》第五册，第201页。

族名字或有音译，称呼时常取其中一子，故或称素、或称连。元昭、元颢墓志中所记拓跋素官职有羽真，羽真为北魏早期鲜卑特色的官职，后废除，《魏书》已有汉化倾向，故在叙述北魏官员官职时，拓跋素孙辈的元昭、元颢墓志相对较早，还保留鲜卑官名，拓跋素曾孙辈的元伴、元世绪墓志中已无羽真这一鲜卑官名，《魏书》作于北齐，且有汉化倾向，故全书中无羽真等鲜卑官名。拓跋素连曾孙拓跋慎墓志载，"曾祖讳素连，魏使持节、征西大将军、都督河西诸军事、统万突镇大将、内外二都大达官、常山王，魏文成皇帝引内访诸治政，薨赠大将军，禭衮冕之服，谥曰康，陪葬金陵，配飨清庙。妃赫连氏。"① 则拓跋素连是文成帝的重要参谋。

拓跋素子可悉陵，参与平凉州，封暨阳子，卒于中军都将。据《元和姓纂》卷四："羽邻曾孙文遥，北齐左仆射，生行恭、行恕（如）。行恭，隋主爵侍郎。行恕（如），隋毛州司马，生务整、务真。务整，唐兵部郎中，生知敬、知默。知敬，吏部郎中。知默，主客员外。务真，工部侍郎，生知让、虞部郎中、太府少卿。让生昭、晊、陳、晓、暧。晊，侍御史。陳，尚书右丞、右常侍，生宰、宽、寔。暧生寓。"② 羽邻即可悉陵，可悉陵孙晞，晞子文遥贵，赠特进、开府仪同三司、中书监，谥曰孝。元文遥，字德远，《北史》卷五十五《元文遥传》："济阴王晖业每云：'此子王佐才也。'晖业常大会宾客，时有人将《何逊集》初入洛，诸贤皆赞赏之。河间邢卲试命文遥诵之，几遍可得。文遥一览便诵，时年始十馀岁。……武成即位，任遇转隆，历给事黄门侍郎、散骑常侍、侍中、中书监。天统二年，诏特赐姓高氏，籍属宗正，子弟依例，岁时入庙朝祀。再迁尚书左仆射，进封宁都郡公，仍侍中。……至后

---

① 李浩：《榆阳区古代碑刻艺术博物馆藏志》，第4—5页。
② （唐）林宝撰，陶敏校证，李德辉整理：《元和姓纂新校证》，第147—148页。

主嗣位，赵郡王叡、娄定远等谋出和士开，文遥亦参其议。叡见杀，文遥由是出为西兖州刺史。诣士开别，士开曰：'处得言地，使元家儿作令仆，深负朝廷。'既言而悔，仍执手慰勉之。犹虑文遥自疑，用其子行恭为尚书郎，以慰其心。士开死，自东徐州刺史征入朝，竟不用，卒。"①

元文遥子元行恭，在北齐待诏文林馆，齐亡与阳休之等十八人同入关，稍迁司勋下大夫。仕隋除尚书郎（据《元和姓纂》知还曾任主爵侍郎），坐事徙瓜州而卒。有诗二首。元行恭弟元行如（《元和姓纂》作"行恕"，《北齐书》、《北史》本传作"行如"），北齐武平间为著作佐郎，据《元和姓纂》入隋除毛州司马。元行恭有诗二首。元行如子元务整，元务整女元万子，元万子适尚衣奉御唐君，据《唐尚衣奉御唐君（河上）妻故河南县君元氏（万子）墓志铭》，元万子，河南洛阳人，曾祖隋尚书左仆射文，祖毛州刺史行如，父祥（洋）州刺史务整，显庆二年（657）十二月三日卒于万年之安仁里第，三年正月十四日殡于万年之南原。张沛以为唐无祥州，盖洋州之误。②结合《元万子墓志》，可知元行恭弟之名当为"行如"。据《大唐故殿中少监上柱国唐府君（河上）墓志铭》：

> 君讳河上，字嘉会，晋昌人也。……曾祖邕，北齐晋昌王，录尚书事；祖彻，齐中书舍人、散骑常侍，隋戚、顺二州刺史。……父俭，今朝内史侍郎、礼部尚书、天策府长史、遂州都督、鸿胪卿、户部尚书、右光禄大夫、特进、上柱国、莒国公。……（公）释褐东宫千牛，升景胄也。寻应诏射策乙第，授东宫通事舍人，又除尚书虞部员外郎，……贞观年中，

---

① （唐）李延寿：《北史》，北京：中华书局，1974年，第2004—2006页。
② 张沛：《昭陵碑石》，西安：三秦出版社，1993年，第134页。

拜交河道行军铠曹，以军功授朝散大夫、行卫州别驾，又迁豪州司马。……至廿三年，转殿中省尚衣奉御，俄授兰州司马、献陵令兼雍州三原县令。……麟德元年，授奉膳大夫，又改司禋大夫，寻出为始州长史兼玉河道行军司马。……上元三年，以公为殿中少监。……粤以大唐仪凤三年（678）正月六日薨于西都大宁里之官舍，春秋六十有五。即以其年岁次射提月旅大火二月乙丑朔十四日壬寅与夫人元氏合葬于昭陵莒公之旧茔。夫人河南人，洋州刺史务整之第二女。

《唐河上墓志》载河上贞观廿三年为殿中省尚衣奉御，而《元万子墓志》题中唐君为"尚衣奉御"，可见唐君即唐河上。① 结合两方墓志可知元万子为元务整第二女为唐河上妻。据《唐河上墓志》，亦证元务整为洋州刺史，洋州（治西乡，今陕西西乡县）初置于西魏，而祥州（治庆符县，今四川高县西北）初置于北宋政和三年（1113），《元万子墓志》中祥州显然当作洋州。唐河上父莒国公唐俭陪葬昭陵，唐河上与妻元万子合葬于其父茔边。《元万子墓志》载其曾祖隋尚书左仆射文，"隋"为北齐之误，"文"为文遥之省。《元和姓纂》所记可靠，自元务整至元暧，为初唐至盛唐初人。元务整子吏部郎中元知敬，元知敬弟主客员外郎元知默。

元务整弟司封郎中元务真。岑仲勉《郎官石柱题名新著录》吏部郎中第三行有元知敬，主客员外郎第二行有元知默，司封郎中第一行有元务真。元务真约武德、贞观中官至工部侍郎。② 元务真子虞部郎中、太府少卿元知让。陈子昂《周故内供奉学士怀州河内县尉陈君（该）石人铭》："开耀元年制举，太子舍人、司议郎、太府

---

① 张沛：《昭陵碑石》，第 195—196 页。
② 严耕望：《唐仆尚丞郎表》，上海：上海古籍出版社，2007 年，第 224 页。

少卿元知让应制，荐君于朝堂。"① 则开耀元年（681），元知让正为太子舍人、司议郎、太府少卿。元知让子元晊曾为殿中侍御史，《唐御史台精舍题名考》卷二："元光大，《容斋随笔》八：'衡山有唐开元二十年所建《南岳真君碑》，衡州司马赵颐正撰，荆府兵曹萧诚书，末云别驾、赏鱼袋、上柱国光大晊。'"《尔雅·释诂》：'晊，大也。'光大当即晊字，盖以字行，此云光大晊，或碑文未载其姓，或赵洪脱书'元'字，惜石刻已失，无从正之。"② 元晊弟元暕，司勋员外郎第五行有元暕。③ 苏颋《章怀太子良娣张氏神道碑》："粤景龙二载孟夏之月，遘疾弃养于京延康第之寝。……金紫光禄大夫行鸿胪卿赵承恩、银青光禄大夫尚书左丞元暕持节册赠曰章怀皇太子良娣，祔于陵邑，礼也。"④ 景龙二年时，元暕为银青光禄大夫尚书左丞。武平一《东门颂》，前长史尚书左丞元暕⑤。则元暕约为尚书左丞，《元和姓纂》作尚书右丞约误⑥。元暕弟东海县令元暖，《郁林观东岩壁记》（开元七年立）：朝议郎行东海县令元暖，字徽明。⑦ 徽明与光大，意义正相关，兄弟间字亦关联，亦显"光大"即元晊之字。

拓跋素子幽州刺史某，幽州刺史某子元引（447—500），字马璁，据《魏故龙骧将军元公（引）墓志铭》，引为使持节、征西大将军、幽州刺史之元子，孝文帝迁洛，除引为直阁将军、龙骧将军，太和二十四年（即景明元年 500）卒于洛阳静顺里宅，春秋四

---

① （宋）李昉等：《文苑英华》卷七百八十五，北京：中华书局，1966 年，第 4150 页。
② （清）赵钺、劳格撰：张忱石点校：《唐御史台精舍题名考》，第 41 页。
③ 岑仲勉著，向群、万毅编：《岑仲勉文集》，第 219、277、228、237 页。
④ （清）董诰等编，孙映逵等点校：《全唐文》卷二五七，第二册，第 1546—1547 页。
⑤ （清）董诰等编，孙映逵等点校：《全唐文》卷二六八，第二册，第 1618 页。
⑥ 严耕望：《唐仆尚丞郎表》，第 417 页。
⑦ （清）陆增祥：《八琼室金石补正》卷五一，《石刻史料新编》第一辑第 7 册，台北：新文丰出版公司，1982 年，第 4817—4818 页。

十三，正光四年（523）二月廿七日，葬于西陵，元引墓出土于洛阳城北姚凹村东南。①

拓跋素子陪斤，袭爵，坐事国除。据拓跋陪斤子昭墓志，陪斤为使持节、征西大将军、定州刺史，谥曰简。陪斤妃宇文氏，卒于永平三年（510）。《元和姓纂》卷四："倍（陪）斤生昭。昭生玄、纲。玄曾孙邕，江州刺史；无泯，荣州刺史。纲生经。经生弘嗣、弘则。弘嗣，隋黄门侍郎，生仁观，易州刺史、右武卫将军，生博古、述古。述古孙晧。弘嗣侄孙希古，都官员外。"②

拓跋陪斤子元昭（463—522），字幼明，据《魏故使持节、散骑常侍、车骑大将军、仪同三司、尚书左仆射、冀州刺史元公（昭）墓志铭》，元昭除员外散骑常侍、尚书右丞，兼宗正少卿，尚书左丞、加平远将军，封乐城县公，除度支尚书、本将军、河南尹公，胡国珍荐为散骑常侍本将军雍州刺史。入为镇西将军、七兵尚书。又除散骑常侍、征南将军、殿中尚书。正光三年（522）二月卒于第，春秋六十，赠使持节、散骑常侍、车骑大将军、仪同三司、尚书左仆射、冀州刺史。正光五年（524）三月窆于洛阳之西陵。元昭墓出土于洛阳城东北马坡村北。对于元昭的为人，墓志与《魏书》本传多有相左处，据墓志"诏司徒公胡国珍为雍州刺史。珍即后之父也。珍乃言曰：臣既老矣，请避贤路。遂举君为散骑常侍本将军雍州刺史。三让皇朝，固辞弗免。其训俗礼民之教，若蒙雨之膏春萌；穷奸塞暴之政，犹洪飙之坠零择。"而本传载其在雍州"在州贪虐，大为人害"，又如，墓志言其"征入为镇西将军七兵尚书。旋京首途之际，厘妇鳏夫，挟轮抱轴。昔周旦之出东都，

---

① 毛远明：《汉魏六朝碑刻校注》第五册，第193页。
② （唐）林宝撰，陶敏校证，李德辉整理：《元和姓纂新校证》，第150页。上述引文中地名古今对照：江州（治浔阳，今江西九江），荣州（治旭川，今四川荣县），易州（治易县，今河北易县）。

裁得为喻焉。"①，而本传称其"后入为尚书，谄事刘腾，进号征西将军。"据元昭孙元纶墓志，元昭为使持节、车骑大将军、仪同三司、侍中、尚书左仆射、冀、雍二州刺史、乐城景王。据《元昭墓志》，元昭生前曾为侍中、雍州刺史，这个可能是后来昭子玄、纲、纶等皆入西魏，而重新给元昭的赠官，将他生前所任官亦加进去，还封了乐城王谥号景。《刘懿墓志》称其妻常山王孙、尚书仆射元生女。② 拓跋素袭爵常山王，昭卒赠尚书左仆射，则墓志中之常山王正指拓跋素，元生约即元昭。

元昭弟元绍，字丑伦，拜尚书右丞，卒于凉州刺史任上。元昭子元玄，字彦道，除尚书左丞，孝武帝时封临淄县子，后随孝武帝入关，封陈郡王，位仪同三司，加开府，谥曰平。元玄曾孙元邕，江州刺史。《太平广记》卷一百十一："唐圣善寺僧道宪，俗姓元氏。开元中，住持于江州大云寺，法侣称之。时刺史元某，欲画观世音七铺，以宪练行，委之勾当。宪令画工持斋洁己，诸彩色悉以乳头香代胶，备极清净，元深嘉之。"③ 郁贤皓以为刺史元某即江州刺史元邕。④ 元玄曾孙隋驸马元某，隋驸马元某女适邵州刺史河东柳敬则，据《大唐故邵州诸军事邵州刺史柳府君（敬则）墓志铭》，柳敬则，字□，河东闻喜人。曾祖懿，后魏汾州刺史；祖敏，周大宗伯，本郡河东太守，随上大因，□太子太保，武德郡开国公，赠晋邵怀黎卫五州诸军事，晋州刺史，谥曰穆；父逵，随会宁公，通事舍人，谒者台丞。君即文德圣皇后之甥。贞观十年，以皇后荫调补朝散郎。历晋州司士、河州司马、朝散大夫、泉州长史等职，官终邵州诸军事、劭州刺史，以□年□月□日终于邵州官舍，

---

① 毛远明：《汉魏六朝碑刻校注》第五册，第254页。
② 毛远明：《汉魏六朝碑刻校注》第七册，第241—242页。
③ （宋）李昉等：《太平广记》，北京：中华书局，1961年，第768页。
④ 郁贤皓：《唐刺史考全编》，合肥：安徽大学出版社，2000年，第2276页。

春秋六十。夫人河南元氏，即后魏陈郡王之曾孙，随驸马府君之女。即以其年□□五日，合葬于雍州乾封县之高阳原。① 后魏陈郡王即元玄入关后所封，元玄孙为隋驸马未见史籍记载，待考。隋驸马元某，隋驸马元某女尚河东柳敬则，柳敬则为太宗文德皇后长孙氏之甥。可见唐初元氏还与皇族外戚联姻。

元昭子纲，元纲子元经，元纲又有子元纶（549—594），据《大隋大都督河州长史故元府君（纶）之墓铭》：

> 公讳纶，字买德，洛阳人也。魏昭成皇帝之后。……祖昭，使持节车骑大将军、仪同三司、侍中、尚书、左仆射、冀雍二州刺史、乐城景王。父纲，使持节、骠骑大将军、开府仪同三司、侍中、吏部尚书、浙州诸军事、浙州刺史、渔阳郡开国公。周朝改政，谥曰章公。

大约元纲与其兄弟元玄一样随孝武帝入关，在西魏时封渔阳王，北周时依例降爵为公，据元纶墓志称其为渔阳郡开国公。元经为元纲世子袭爵，故称渔阳郡公。《元纶墓志》又云：

> 公独禀英灵，偏钟秀气，青衿卓尔，黄中罕匹。襄城小童，能训黄帝；仓舒幼智，巧对曹公。坐读胝床，临书池黑，应奉五行之例，陈思七步之俦。孝与曾闵齐踪，信去兵食比德。尽善尽美，如珪如璋。保定三年（563），周晋荡公知公令问，命为东馆学士。公游此庠序，就兹艺业。专心五经，泛观三史。辩同炙輠，谈若悬河。并号无双，成言独步。天和三年（568），晋荡公又命为亲信，特沾礼遇，偏蒙优识。三年又命

---

① 胡戟：《珍稀墓志百品》，第82—83页。墓志中古今地名对照：汾州（治隰城，今山西汾阳），晋州（治临汾，今山西临汾），邵州（亳城县，今山西垣曲县东南），怀州（治河内，今河南沁阳），黎州（治黎阳，今河南浚县东），卫州（治枋头城，今河南浚县西南），河州（治枹罕，今甘肃临夏西南），乾封县（治今陕西西安市南）。

为莒国公侍读，公从容揖让，人品风流。建德二年（573），周武帝敕为蔡王侍读。五年改为学士。有类于应场，无愧于刘桢。公之才地，光乎遐迩，宣政元年（578），吏部授前秋官府治少司调上士。二年，周靖帝授大都督。公既闲五礼，又善六钧。董戎之事，深所练达。开皇元年，妙简英贤，搜扬俊义，授吏部郎。公既温其如玉，实有水镜之器。二年授柱国、行军总管府司马，无愧魏绛之贤，乃过仲由之誉。三年任京兆功曹，前导之美，闻诸杨政；主吏之德，岂愧萧何。四年出为贝州贝丘县令，政同清静，民吏肃然，道不拾遗，夜无吠犬。五年省县，还除贝州清阳县，公深明治礼，能察民心，盗即移邦，蝗无入境。八年，授河州长史，秩等千石，位并三台。……开皇十四年三月廿三日薨于大兴县之邸，春秋卅六。朝野伤惜，僚友悲嗟。夫人高氏，上党王之女也，四德具美，三从有训，以十年十二月先薨，以十五年岁次乙卯十月丙戌朔廿四日己酉合葬于大兴县之小陵原洪原乡延信里。……嗣子弘则。

元纶妻乃北齐上党王高宝严女。[①] 则元纶早年以才学闻名，十五岁时就为宇文护命为东馆学士，二十岁时为宇文护子莒国公宇文至（宇文泰兄宇文洛生封莒国公，洛生子菩提袭爵，菩提以宇文护子至为子，菩提为高欢所害。）侍读。建德二年二十五岁时又为周武帝子蔡王兑侍读（宇文兑建德六年封王，此处为追述），二十八岁时为学士。元纶早慧，墓志中以曹操子曹冲（仓舒）作比，又以曹植、应场、刘桢为喻，虽或有夸饰，但元纶确实有一定的文学和学术才能是可以肯定的，从其三十岁前基本以才学为侍读、学士即可

[①] 魏秋萍：《长安新出隋开皇十五年〈元纶墓志〉释读》，《考古与文物》2012年第6期，第100—103页。

知。宣政元年三十岁时从事政事，周时为大都督，入隋为吏部郎、行军总管司马、贝丘令、河州长史（治今甘肃临夏县）等职。据墓志题元纶官终河州长史，但其并非卒于任所，而是卒于大兴（在今陕西西安）府邸，可知卒于长安一带的居所。

元经孙魏州录事参军元仁楚，元仁楚子醴泉县尉元好古，元好古子永穆县丞元殆庶（704—754），据《大唐故通川郡永穆县丞河南元君（殆庶）墓志铭》，元殆庶，字殆庶，河南洛阳人。十二代祖即后魏昭成皇帝。五代祖渔阳王纲；高祖经，周仪同三司、袭渔阳忠公；曾祖弘则，随通事舍人，"名恭学海，德谢词林"；祖仁楚，唐魏州录事参军，"当代文儒，忠贞奉国"；父好古，醴泉尉。殆庶以明经甲科补泾州鹑觚尉，丁内艰去职，除服，选授通川郡永穆县丞，以天宝十三载（754）秋七月十七日终于通川郡馆舍，春秋五十有一。夫人河东裴氏，西公慕之后，冀州武邑主簿武臣之次女。以大历十年十月十三日合葬于少陵原先君宅垗西南、五代祖渔阳王茔域之北。① 《元殆庶墓志》所载《元和姓纂》同，以元弘则为元经子，《元纶墓志》中未记载元纶谥号，亦未言其袭渔阳公，元经作为长子，当是其袭渔阳公，故《元殆庶墓志》中提到的渔阳忠公确实是元经。《元纶墓志》中未提及元弘则官职，大约元纶去世时还未入仕。《隋书》卷七十四《酷吏传·元弘嗣》："元弘嗣，河南洛阳人也。祖刚，魏渔阳王。父经，周渔阳郡公。弘嗣少袭爵，十八为左亲卫。开皇九年，从晋王平陈，以功授上仪同。十四年，除观州总管长史，在州专以严峻任事，吏人多怨之。……及玄感作乱，逼东都，弘嗣屯兵安定。或告之谋应玄感者，代王侑遣使执之，送行在所。以无反形当释，帝疑不解，除名，徙日南，道

---

① 张永华、赵文成、赵君平：《秦晋豫新出墓志蒐佚三编》，北京：国家图书馆出版社，2020年，第734页。墓志中地名古今对照：醴泉县（治今陕西礼泉县东北）、鹑觚县（治今甘肃灵台东北），天宝初改州为郡，通川郡即通州（治通川，今四川达州）。

死,时年四十九,有子仁观。"① 则袭爵渔阳公者为元弘嗣,弘嗣当为元经长子。

元弘嗣子元仁观为易州刺史(治易县,今河北易县)。元仁观子上柱国元述古,元述古子翰林内供奉元庭坚(686—756),中散大夫检校尚书驾部郎中兼侍御史陈翊撰《□□□行义王友上柱国翰林内供奉河南元公(庭坚)墓志铭》:

>   天启有魏,安之河洛,其元氏乎。公讳庭坚,字公器,河南人。昭成皇帝十一代孙。周左仆射、渔阳章王纲五代孙;周大夫、陕州刺史、袭渔阳王经之玄孙;隋金紫光禄大夫、黄门侍郎、殿内监、渔阳郡公弘嗣之曾孙;皇翼□易三州刺史、左武卫将军、思义县开国男仁观之孙;皇正议大夫、郓州别驾、上柱国述古之子。公纂承休绪,博综多艺,明曩篇文字,工丞相古篆。以门荫褐参遂州军事,转绵州兵曹,□洋州兴道令。……迁东阳令,政不易旧而简太于旧。上嘉之,赐朱绂银印以劝能也。陶公未职,潘子闲居。天宝中,玄宗以文字舛错,诏公直翰林院。乘以厩马,供以善膳,俾刊而正之,成卅卷,传于秘阁。拜国子监丞、义王友,出入宫禁十五馀年。会奸臣弄兵,胁乃显职,公以忠告不受,乃义而免之,颙昂自负,侘傺不乐。天宝十五载秋七月廿八日疾终于京兆万年县高平之别业,享龄七十一。夫人武功苏氏,皇中书侍郎瓌之侄孙,潭府司马恪之元女。生子巽宫,绰有妇德,开元廿四年夏六月捐世。继娶太原温氏,皇礼部尚书黎国公大雅之玄孙,汉州绵竹令绍先之次女。……大历十年春,子叔激新平令,时县君就养,秋九月廿一日不终养而暝。有子七人:曰伯运,□□

---

① (唐)魏徵等:《隋书》,北京:中华书局,1973年,第1700—1701页。

州司仓掾。曰法，永寿尉。曰伯澄，扶风尉。伯澋等俱早世。贞元三年，叔激河中仓曹掾，守官以慎，承家以孝，庀葬以俭。以其年其月其日迁祔于万年县义善乡□里先茔之侧，礼也。①

墓志中"工丞相古篆"，《西安碑林博物馆新藏墓志续编》误作"承"，细看拓片为"丞"，文中指元庭坚工于秦丞相李斯所书篆字。郓州之"郓"字，《西安碑林博物馆新藏墓志续编》误作"鄆"字，唐无鄆州，仔细看拓片，当为"郓"字，汉州之"汉"字拓片中漫灭不清，《西安碑林博物馆新藏墓志续编》录文中误作"河"字，河州在今甘肃临夏一带，而绵竹县在汉中，可知此处为"汉"字。元庭坚工篆书，还曾在翰林院刊正文字，"天宝中，玄宗以文字舛错，诏公直翰林院。乘以厩马，供以善膳，俾刊而正之，成卅卷，传于秘阁"。即《新唐书》卷五十七《艺文志一》所录："《玄宗韵英》五卷，天宝十四载撰，诏集贤院写付诸道采访使，传布天下。"② 则《玄英韵英》为元庭坚撰，原有三十卷，欧阳修、宋祁撰《新唐书》时该书存五卷。可知元庭坚有一定的文化学术修养。

元仁观弟元仁楚，元仁楚子元好古，元好古女元氏（693—723）适桥陵丞渤海李元雄（677—727），据《唐故桥陵李丞（元雄）夫人元氏墓志铭》："夫人姓元氏河南人也。……曾祖弘嗣，随尚书左丞，袭封渔阳公。祖仁楚，魏州录事参军；父好古，雍州醴泉尉。夫人即醴泉之长女也。……年十七归于我。……享年不永，卅有一而终于桥陵官舍。粤开元十一年（723）二月十三日，迁窆

---

① 赵力光：《西安碑林博物馆新藏墓志续编》，西安：陕西师范大学出版社，2014年，第400—402页。墓志中地名古今对照：郓州（治须昌县，今山东东平西北），遂州（治方义，今四川遂宁），绵州（治巴西，今四川绵阳东），洋州兴道县（治今陕西洋县），东阳县（治今浙东东阳），汉州绵竹县（治今四川绵竹），新平（治今陕西彬州），永寿（治今陕西永寿西北永寿村），扶风（治今陕西扶风）。
② （宋）欧阳修、宋祁：《新唐书》，第1451页。

少陵原,礼也。"① 据《大唐故忠王府录事参军李府君(元雄)墓志铭》:

> 君讳元雄,渤海蓨县人也。本望陇西,将军拥节。后居渤海,太守称荣。……高祖纲,随左丞,武德初拜为相国府司录,迁礼部尚书,太子少师,赠开府仪同三司,袭新昌郡开国公,谥曰贞。……曾祖少植,随举贤良,武阳郡司功书佐。……祖安仁,皇给事中,吏部侍郎,恒州刺史,袭新昌郡公。……父勤道,皇扬府兵曹参军。……(君)解褐拜郑王府参军,转左武卫兵曹参军,桥陵丞,忠王府录事参军。……以开元十五年,寝疾终于都永丰里之私第,春秋五十一。……夫人河南元氏,皇醴泉尉元好古女。……享年不永,先君而终。以开元十八年十月廿八日,合祔于少陵原之先茔,礼也。嗣子况、洌、准。②

据此可知元好古女所适为渤海李元雄。桥陵为唐睿宗陵,开元四年睿宗葬于此。结合元好古女墓志所载,可知元弘嗣袭父元经爵为渔阳公,元仁楚为元弘嗣子,元好古为元仁楚子,自元仁楚至元好古,所载与元殆庶墓志同,结合《元纶墓志》等史料综合来看,元仁楚为元弘嗣子,《元殆庶墓志》误将弘嗣写成弘则,"曾祖弘则,随通事舍人,名恭学海,德谢词林"元弘嗣未尝为通事舍人,且其为酷吏,"名恭学海"云云,亦非元弘嗣的形象,则为通事舍人且有学识者似为元弘则,《元和姓纂》误以弘则为元经子,元弘则当依《元纶墓志》为元纶子。具体情况只能等待更多史料发现。

元弘嗣侄孙元希古,据《大唐故朝议大夫使持节密州诸军事守

---

① 胡戟、荣新江:《大唐西市博物馆藏墓志》,第416—417页。
② 胡戟、荣新江:《大唐西市博物馆藏墓志》,第460—461页。

密州刺史上柱国元府君（希古）墓志铭》，元希古，字希古，曾祖宇文朝骠骑将军、使持节延州刺史、谷阳县开国公麟；祖唐滑州卫南、贝州经城二县令大保；父唐苏州录事参军、安南都护府南定县令正则。元希古仪凤三年秀才擢第，授定州鼓城、彭州唐昌县尉，又授洛州司功，陆浑、咸阳□□令，拜都官员外郎，出为定州长史，迁密州刺史。开元四年六月终于沂州贲县（费县）宾馆，开元五年正月归葬于河南县平乐乡邙山之原。①《唐代墓志汇编》录文中作"沂州贲县"，但沂州无贲县，查《元希古墓志》拓片②，此处文字略有漫灭，但依稀可见为"费"字，且沂州下属诸县，县名中从贝部者，唯有费县（治今山东费县）亦证此处当为费县。元希古曾祖大约与元纶为兄弟，希古约为元弘嗣从侄孙。

陪斤子老德，老德子拓跋济，据《周故使持节、车骑大将军、仪同三司、大都督、左金紫光录（禄）大夫、赵平郡守、冀州刺史、吐故县开国侯拓跋济墓志铭》："君讳济，字肆，周恒州人也。春秋六十六，以保定二年闰月中薨，迁葬于华阴之里。祖倍斤，平原镇都大将，后除东雍州刺史，祖亲赫连昌妹。父老德，孝文帝内三郎，北秀容太守。母尔朱氏，杜真斤女。济亡妻真氏，恒州鹑武郡君。妻王氏，灵州永丰郡君。"③倍斤亦见于《元和姓纂》，即陪斤。陪为并母灰韵合口一等平声蟹摄字，倍为并母海韵开口一等上声蟹摄字，二字声母相同（今吴语犹然），韵只是开合之别，可见二字中古时期音相近，故倍斤即陪斤。《魏书》卷一百六上《地形

---

① 周绍良、赵超：《唐代墓志铭汇编》，第1185页。墓志中地名古今对照：延州（治肤施，今陕西延安东北），谷阳县（治今安徽固镇县谷阳城），滑州卫南县（治今河南滑县东），贝州经城县（治今河北威县经镇），定州鼓城县（治今河北晋县），彭州唐昌县（治今四川郫县西北唐昌镇），陆浑县（治今河南嵩县东北陆浑村），定州（治安喜，今河北定县），密州（治诸城，今山东诸城）。
② 河南文物研究所、河南洛阳地区文管所：《千唐志斋藏志》，北京：文物出版社，1983年，第586页。
③ 西安市文物稽查队：《西安新获墓志集萃》，北京：文物出版社，2016年，第19页。

志上》：" 平阳郡。晋分河东置。真君四年（443）置东雍州，太和十八年（494）罢，改置。"① 如陪斤二十岁生元昭，则陪斤生于444年，可知陪斤身前已有东雍州，其为东雍州刺史是可能的。赫连昌妹为陪斤父素妻，有可能是《拓跋济墓志》弄错了，也有可能是是时鲜卑犹存旧俗，父死娶其妃，还有可能赫连昌还有幼妹后嫁给陪斤，具体为何姑存疑。拓跋济不仅顺应西魏北周时鲜卑化的风气复姓拓跋，而且将籍贯也从河南洛阳改为北周置于长安边的恒州。《太平寰宇记》卷三十《关西道六》："盩厔县，本汉旧县也，武帝置，属右扶风。山曲曰盩，水曲曰厔，因山水之曲以名之。后汉省，晋武复立，魏因之。后周天和二年乃移于今鄠县西北三十五里，又割雍州之终南郡，于此置恒州，领周南郡。建德三年从鄠县西北移于今所，置周南郡。唐武德二年废恒州。"② 恒州本治代郡，即平城之所在，魏分东西其地属东魏北齐，北周置恒州属于备职方的侨州性质。拓跋济称自己是恒州人，也是应为恒州本为平城所在，他顺应北周鲜卑化的氛围，不认洛阳这个体现鲜卑人汉化的籍贯，而以北魏旧都平城所在的恒州为籍，因此地不在北周境内，故以北周侨置的恒州为籍贯。鄠县即今西安市鄠邑区，在西安市西南部。称周恒州人，就是有与本来的恒州相区别的意思。入关元氏居于长安，北周侨置的恒州又与元氏居住地相应。陪斤第五子元诞，据《魏故元君（诞）墓志铭》："君讳诞，字那延，河南洛阳人也。骠骑大将军、左丞相（《元昭墓志》作右丞相）、都督中外诸军事得铜虎符、冀州刺史、常山王之曾孙，征西大将军、都督河以西诸军事、仪同三司、侍中、太尉公、常山王之孙，北中郎将、华肆燕朔相五州刺史、征北大将军（《元昭墓志》作征西大将军）、定州刺史简公之第五子。……景

---

① （北齐）魏收：《魏书》，第2477页。
② （宋）乐史撰，王文楚等点校：《太平寰宇记》，北京：中华书局，2007年，第645页。

明中，辟召不就，寒萼陵居。……年卌四，奄卒于世。建义元年，岁次戊申，七月丙辰朔，十七日壬申，葬于芒山。"①

《元和姓纂》卷四："忠生盛、寿兴。盛生懃、野顺。懃，左仆射、北地王。孙焕，隋工部侍郎。焕生公琊。公琊生大士，唐吏部、中书二侍郎。大士生逖、邃、逯、逊。逊，司门郎中；生季良，比部郎中、仙州刺史。季良生缜。缜生拨，兼殿中御史。逯生子恭，潭州司仓。恭生澥、全柔。澥生敦义，潮州刺史。全柔，御史中丞、黔中观察，兼御史大夫。曾孙虚受，朗州刺史。"②

拓跋素子拓跋忠（436—480），字仙德，据《魏阳城宣王（拓跋忠）墓志》，拓跋忠拜侍中、征西大将军、尚书仆射，拓跋忠曾孙元智墓志称忠为使持节、散骑常侍、镇西大将军、相太二州刺史、侍中、尚书左仆射、城阳宣王。《魏书》本传忠封城阳公，墓志云城阳王，颇疑为卒后所赠。太和四年（480）七月十日终于外第，春秋卌五，谥曰宣。夫人河内司马氏（449—504），字妙玉，谯王司马文思孙，景明五年（504）正月卒于洛阳清明里第。春秋五十六，是年十一月六日与拓跋忠合葬于平城永固白登之阳，拓跋忠墓出土于今山西大同小南头乡东王庄村。③

拓跋忠子元盛，字始兴，袭爵，除谒者仆射。元盛子元懃，字伯邕，袭爵，后降为侯，从孝武帝入关，封北平王，卒赠尚书左仆射，谥曰贞慧。元懃子元陔，字景昇，开府仪同三司。元懃子元策（？—568），据《武城元府君（策）墓志铭》，元策，字季震，清都邺人，常山王遵之后，高祖康王素连；曾祖忠，字仙德，尚书仆射；祖盛，字始兴，城阳公；父懃，字伯邕，太府卿。策邑号神

---

① 毛远明：《汉魏六朝碑刻校注》第六册，第191页。
② （唐）林宝撰，陶敏校证，李德辉整理：《元和姓纂新校证》，第148页。
③ 大同艺术研究院：《大同艺术研究院藏品图录：墓志》，北京：文物出版社，2016年，第12、78页。

童，乡称曾子，拜武城县令。天统四年（568）七月卒。① 据元策之字，则其约为元懋季子。元氏本非中原士族，于此本无根基，故一开始就是中央化的家族，居地、葬地因之随都城而迁。东魏迁都邺城，元氏家族随迁于是，本来就没有中原旧族那样根深的郡望观念，因此部分元氏家族成员，就随实际居地而称邺人，元策就是其中之一。元懋孙焕，元焕子公珽，元公珽子元大士，岑仲勉《郎官石柱题名新著录》，考功郎中第三行有元大士，考功员外郎第一行有元大士，祠部郎中第二行有元大士②。元大士龙朔间为详刑寺（大理寺）少卿，参与讨论沙门是否拜俗（君王、父母）的问题，作有《议沙门不应拜俗状》③，表示沙门应敬君王、父母，但不需拜之。则元大士曾为详刑寺少卿。据元大士孙女元淑墓志、元淑女张氏墓志、大士曾孙元重华墓志、赵郡李希敫（娶元大士孙女）墓志，元大士还曾为西台侍郎（中书侍郎），详见下文。元大士子元庭，元庭女元淑（695—717）有墓志发现，据族兄元不器撰《唐故陇州刺史男吏部常选张君故夫人河南元氏（淑）墓志铭》：

> 夫人讳淑，字仲婉，河南洛阳人也。后魏握枢，建都河洛，昭成锡胄，分土常山，钟鼎弈承，公侯累复，十叶生乃。祖大士，皇中书侍郎。父庭，并府法佐。华宗诞秀，厥生夫人。幼而称奇，长专乎美，虽贞烈自昔，垂名图传，而方徽并懿，绝后光前，伟硕人二章，膺关雎一句。岁云笄矣，嫔归于张，即陇州刺史方城公嫡子，系之优也。清穆之范，焜耀所天，柔惠之姿，饰彰我族，可谓宫钟逸响，山玉含晖。方期保祚宜家，永贰君子，岂图天爽辅德，禀命不融。粤以开元五年

---

① 叶炜、刘秀峰：《墨香阁藏北朝墓志》，第256页。
② 岑仲勉著，向群、万毅编：《岑仲勉文集》，第240、242、271页。
③ （唐）释彦悰：《集沙门不应拜俗等事》卷五，台北：财团法人佛陀教育基金会《大正新修大藏经》第52册，1990年，第467页。

> 建丑之月廿五日，终于京师延福里第，春秋廿有三。……其元六年三月七日瘗于长安城南五里毕原，祔先茔，礼也。①

不算常山王遵在内，元淑正为常山王遵十代孙。绛州龙门县令元大谦子元不器为元淑族兄，为元淑撰写墓志，有关元不器的考证详见下文。元淑女张氏墓志亦发现，据《唐故范阳（张）氏女墓志》：

> 呜呼哀哉，张氏之女也，往随父任于蜀，春秋一十有七，唐开元一十有九年秋八月十有九日卒于彭州之官舍，粤廿有一年秋九月附葬于大父银青光禄大夫、陇州刺史季友之茔。悲夫，斯女生而聪明仁孝，酷似贤母，贤则母河南元氏，祖大士，西台侍郎；父庭，则太原府法曹之爱女。②

结合元淑女张氏墓志，可知元淑所适为范阳张君，张君之名未知，可知曾在蜀地彭州（治九陇，今四川彭州）为官，张君女即卒于彭州官舍。张君父为陇州刺史张季友。元淑父元庭曾为太原府法曹，而张氏女墓志中称元大士为西台侍郎其实就是中书侍郎。

元大士子太子家令寺丞元逊，元逊子蜀州司兵参军元占、元占子仪王府骑曹参军元苊，元苊子太谷县尉元重华（？—787）据《故太原府太谷县尉元君（重华）墓志铭》，河南元重华，字长卿，昭成帝十五代孙。高祖西台侍郎大士，曾祖太子家令寺丞逊，祖蜀州司兵参军占，父仪王府骑曹参军苊。元重华官至太谷县（治今山西太谷）尉。贞元十一年卒于潭州（治长沙，今湖南长沙市）之私馆，其年十一月十六日归葬于京兆府万年县洪原乡邑阳里少陵原。夫人河东裴氏。嗣子祝融，年方三岁。墓志由从叔之子元翱

---

① 西安市文物保护考古研究所：《西安唐代元淑墓发掘简报》，《中原文物》2020年第5期。
② 西安市文物保护考古研究所：《西安南郊唐代张夫人墓发掘简报》，《文博》2013年第1期。

撰。① 元翱为元重华撰写墓志，则有一定文才。元重华夫人河东裴氏（770—820），据征事郎前左武卫兵曹参军裴俭撰《唐故太原府太谷县尉元府君（重华）亡夫人河东裴氏墓志铭》：

> 夫人姓裴，河东闻喜人也。……曾祖讳昌，皇朝高平、弘农二郡太守。大父讳彻，历户部、刑部二司员外郎，□刑部郎中，薨位；严考讳滉，历万年县尉、试大理评事、监察御史，领转运浙东院事，……府君夫人即皇考第二女也。……不幸府君早殁，夫人蓬首灰心，虽廿馀年，未亡之叹，日深一日。府君生二子，皆在婴孩，而府君终于长沙。夫人惧攀桡他寄，竭所居之产，换其人力，得归葬于旧茔。挈孩稚归安，不离于里，躬自训导成人，旋树元氏门户，使二子崇祀。夫人尽主馈之道。……长男调补怀州修武县主簿，随其之官，因遘厉疾。呜呼！天无福善，贤而不答。以元和十五年（820）九月九日终于修武，享年五十有一。二子：长曰达，即修武县主簿；次迈，宋州文学。柴棘为癠，蓼莪致哀，泣血而言，同穴遵礼。以其年十一月廿二日，归祔于万年县洪原乡东曹赵村少陵原先太谷之茔。……外生、前乡贡明经李游道书。②

元重华早卒，重华卒时，其妻裴氏仅十八岁，估计裴氏归元重华不久，重华即卒。长子达约即祝融。墓志撰者裴俭当为裴氏族人。

元大士六代孙绛州司功参军元克脩，元克脩夫人京兆杜内仪，据叔父将仕郎守京兆府参军思立撰《唐绛州司功参军元君（克脩）夫人京兆杜氏（内仪）墓志铭》，杜内仪，京兆杜陵人。曾祖廙，郑州录事参军，赠左散骑常侍；祖兼，河南尹；父柔立，鸿胪少

---

① 周绍良、赵超：《唐代墓志汇编续集》，第 759 页。
② 周绍良、赵超：《唐代墓志汇编续集》，第 856—857 页。墓志中地名古今对照：修武县（治今河南修武），宋州（治宋城，今河南商丘南）。

卿。内仪即柔立第二女。杜柔立娶京兆韦氏，生女内仪，韦氏早卒，内仪仅二岁。柔立继娶河东裴氏，裴氏待柔立如己出。杜柔立将女儿内仪嫁给他的外甥元克脩。元克脩授绛州司功参军，内仪随之到绛州（治正平，今山西新绛）。大中二年（848）四月廿九日，内仪终于升道里之私第，享年三十五。内仪生三个儿子：虎儿、金牛、小虎。元克脩自绛州赴丧，以其年八月三日葬内仪于京兆洪源乡曹赵村少陵原元氏祖茔[1]。

元逖弟元邃，据《太平广记》卷三百六十一：永淳初为同州司功。[2] 永淳初为682年，则元邃是年为同州司功（治今陕西大荔县）。元邃曾孙雅州严道县令元昭，元昭子处士元正思（？—821），据元正思外甥宣德郎试太子正字房首温所撰《唐故处士河南元府君（正思）墓志铭》：

> 府君姓元氏，讳正思，字达夫，河南洛阳人，后魏昭成皇帝次子素连封常山王，是为十七代祖，至五代祖大士为国朝宰相，世以常山王后，为清门。自高祖父邃至王父涉，益励风规，逮皇考昭，终雅州严道令。呜呼，府君幼无所恃，艰居于蜀。兴元初，叔祖全柔，由御史中丞以直为黔中道观察使，始迎致，府君昆弟同食其禄。性仁孝，善与人交，既冠及壮，志业益健，所为平不偶，乃一切弃去，自后时为五言诗，以导情性，遂安居华之东郊。府君少时以酒败其藏，竟用是病殁于郊居，享五十□，当长庆元年四月十五日也。夫人陇西独孤氏，太子左谕德良佐之女，前府君十七年而终，以其年十一月廿七日合祔于京城之南原先茔，礼也。男子子二人：长曰仁摸，次

---

[1] 该墓志见于"黄的魏猴"的微博 https://weibo.com/5580222167/J59MOc9uJ。
[2] （宋）李昉等：《太平广记》，第2865页。

曰仁据。女子子一人。男未仕，女未嫁。①

元邃孙元涉，元邃弟元逵孙元全柔，元涉与元全柔为同曾祖的兄弟，元全柔为元涉孙元正思族叔祖，元涉子元昭为雅州严道县令，严道县为雅州治所（治今四川雅安），元昭卒于此，元正思卒年因墓志中此处漫灭而不知确切卒年，但知卒于五十几岁，即便他是卒于五十九岁，则他十几岁已丧父。元昭卒后，元正思与其兄弟即居于蜀地，兴元初（784）元全柔为黔中道观察使，才将元正思兄弟接到身边抚养。元正思性格不偶俗，遂为处士，他时常作五言诗抒发情性，则元正思善为诗，惜其诗皆佚。

元邃弟元逵，元逵长女适通直郎行巴州司法参军赵郡李希敫（？—742），据前秘书郎员俶撰《大唐故通直郎行巴州司法参军李府君（希敫）墓志铭》："君讳希敫，字待问，赵郡人也。曾祖匡义，随朝议大夫、司农丞；祖虔惠，皇兰鄯二州司马；父□□，皇卫州卫县令。……（君）以天宝元年七月廿六日终于颍川郡，天宝三载二月六日归葬于京兆府万年县龙首原，礼也。夫人河南元氏，西台侍郎大士之孙，秘书郎逵之长女。"②则元逵为秘书郎。元逵子子恭，元子恭子元瀚、元全柔。元瀚子元敦义，《旧唐书》卷一百三十七《于公异传》："及贞元中陆贽为宰相，奏公异无素行，黜之。……时中书舍人高郢荐监察御史元敦义，及睹公异谴逐，惧为所累，乃上疏首陈敦义亏于礼教，诏嘉郢之知过，俾敦义罢归。"③则元敦义仕于唐德宗时，曾为监察御史，《元和姓纂》载元敦义还曾任潮州（治海阳，今广东潮州）刺史。元全柔，《旧唐书》卷十二《德宗纪》："建中元年（780）夏四月壬戌，以御史中丞元

---

① 齐运通：《洛阳新获墓志（二〇一五）》，北京：中华书局，2017年，第282页。
② 赵君平、赵文成：《秦晋豫新出墓志蒐佚》，北京：国家图书馆出版社，2012年，第652页。
③ （后晋）刘昫等：《旧唐书》，第3768页。

全柔为杭州刺史。建中二年九月戊辰,以杭州刺史元全柔为黔中经略招讨观察等使。兴元元年(784)五月癸未,黔南元全柔加御史大夫。贞元二年(786)四月戊辰,以前黔中观察使元全柔为湖南观察使。"① 柳宗元《先君石表阴先友记》:"元全柔,河南人。气象甚伟,好以德报怨,恢然者也。为大官,有土地,入为太子宾客。"② 除了《元和姓纂》所列官职外,元全柔还曾为湖南观察使,后入朝为太子宾客,则元全柔为宦约主要在唐代宗、德宗时期。元全柔曾孙为朗州(治武陵,今湖南常德)刺史元虚受。

元逵弟司门郎中元逊,《太平寰宇记》卷二十五:"废明堂县廨,在永乐坊。总章元年分万年县置。其廨地本越王侑宅,置县后,县北有古冢十数,每夜见冢上数人,衣冠甚伟,似是贵者,来入廨内,县令元逊、于大猷相继卒官,后县令于他视事,长安二年废,还入万年县。"③ 则结合《元和姓纂》,元逊曾为司门郎中,其卒官明堂县(治今陕西西安南)令,其任县令当在长安二年(702)明堂县并入万年县前。元逊子仙州刺史元季良。《元和郡县志》卷六:"开元三年于(叶)置仙州,以汉时王乔于此得仙也。二十六年废仙州,属许州。其年,又割属汝州。"④ 则开元四至二十六年(716—738)间有仙州(治叶县,今河南叶县西南),元季良为仙州刺史在此期间。

《元和姓纂》卷四:"野顺,濮阳王,生雄。雄生胄,右卫大将军、武陵公。胄生仁惠,生怀简、怀节、怀景。怀简,吏部员外。怀节孙焠、炜。怀节孙待聘,生璘,户部侍郎、右丞;生佑,工部

---

① (后晋)刘昫等:《旧唐书》,第 325、330、345、353 页。
② (唐)柳宗元撰,尹占华、韩文奇校注:《柳宗元集校注》,北京:中华书局,2013年,第 766 页。
③ (宋)乐史撰,王文楚等点校:《太平寰宇记》,第 525 页。
④ (唐)李吉甫撰,贺次君点校:《元和郡县图志》,北京:中华书局,1983 年,第 167 页。

员外郎。怀景,尚书右丞、武陵公,生彦冲、晖令。晖令生子柔、子求。彦冲,给事中、陈留太守、采访使,生子上、子哲、子长。"①

元懋弟顺,字敬叔,从孝武帝入关,封濮阳王,善射,拜侍中,行雍州事,除秦州刺史。元野顺即元顺。元顺子元伟,字猷道(此处从《周书》卷三十八本传,《北史》卷十五本传作"子猷"),性温柔,好虚静,笃学爱文。及尉迟迥伐蜀,以伟为司录,书檄文言,皆伟所为。西魏时封南安郡王,周明帝时于麟趾殿刊正经籍,先后任成州、随州、襄州刺史,拜大将军。元顺子武陵王雄,元雄子元胄,据《隋书》卷四十《元胄传》,元胄为北周齐王宪赏识,引为僚属,多次随从宇文宪征战。官至大将军。入隋,进位上柱国,封武陵郡公,邑三千户。拜左卫将军,寻迁右卫大将军。出为豫州刺史,历亳、淅二州刺史。时突厥屡为边患,朝廷以胄素有威名,拜灵州总管,北夷甚惮焉。后复征为右卫大将军。参与废太子杨勇之事。后因与蜀王秀交通而除名。隋炀帝时坐事被杀。

元胄子元仁惠(597—669),据张说《唐故凉州长史元君(仁惠)石柱铭》:"公讳仁惠,字某,河南洛阳人也。……公即魏昭成皇帝十世孙,中书令濮阳王顺之曾孙也。大父雄,魏濮阳王,改封武陵王。……宇文朝降为武陵公、太府卿、秦州总管。……父胄,隋濠、豫二州刺史、右卫大将军,袭封武陵公。"元仁惠先后为右千牛录事,巂州法曹,循州河源、滑州灵昌、睦州雉山、雍州渭南四县令,隆州司马,朝散大夫,守凉州都督府长史。"总章二年(669),终于官舍,春秋七十有三。夫人安定梁氏,……以圣历二年(699)岁次(己亥)月朔,别卜宅于咸阳县肺浮原合葬焉。子

---

① (唐)林宝撰,陶敏校证,李德辉整理:《元和姓纂新校证》,第148—149页。

怀贞，……历官右司员外郎、太子舍人。"① 可知元胄之职，以补《元和姓纂》之阙。元仁惠为昭成帝十世孙，是包括昭成帝自身而算的。据墓志中所述官位，仁惠子怀贞约即怀景，赵钺即以为怀贞为怀景初名②。

元仁惠子吏部员外郎元怀简，元怀简弟元怀节。据守尚书驾部郎中骁骑尉元佑撰《唐故朝散大夫守衢州刺史上柱国徐君（放）墓志铭》：

> 元和十二年龙集丁酉正月十九日，朝散大夫、使持节衢州诸军事守衢州刺史、上柱国徐君终于位，享年五十二。呜呼哀哉！公讳放，字远夫，其先禹封伯益子若木于徐乡，因以授氏。远祖汉司农范次子仲长避难山阳，又为高平人。史传之中，间有名德。曾祖献，德州平昌县令，赠江州刺史。祖知仁，开元中任户部侍郎、彭相华等州刺史。考揖，检校礼部员外郎、虢州长史。公即虢州之子也。出于吴兴姚氏。外曾祖元崇，中书令。……（公）以其年十月五日，迁祔于万安山南旧茔，礼也。夫人晋陵郡君，余之女弟。……诸甥以斯文见托，故衔涕述之。……孤子朴书。

墓志由徐放子徐朴书写。元佑撰写墓志，亦有一定文才。徐放夫人元氏，据元氏外甥湖南观察推官、试秘书省校书郎杨发所撰《唐故衢州刺史徐公（放）夫人晋陵县君河南元氏墓志》：

> 元魏建都国曰昭成皇帝。其曾孙封常山曰康王素连，七世曰汝凉郡公怀节。同州司士参军昕、郑州司马待聘、尚书左丞赠太子太傅讳琇，汝凉之子之孙之曾孙也。太傅娶于高曰广陵

---

① （唐）张说著，熊飞校注：《张说集校注》，北京：中华书局，2013年，第986—988页。
② （清）劳格、赵钺著，徐敏霞等点校：《唐尚书省郎官石柱题名考》，第58页。

郡夫人，实崇玄馆学士魁女。太傅与其元子秘书，皆以内行称得贵仕。高氏复以儒学声于世，今继有达者。二姓合德，县君以生。……秘书讳佑，其元兄也。

大和八年甲寅岁（834）六月元氏病笃，大和九年乙卯岁七月与徐放合葬于洛阳之万安山，赠晋阳县君。① 可知元怀节子、元待聘之父为同州司士参军元昕，元待聘为郑州司马，《金石录》卷八录《唐郑州司马元待聘碑》刘太真撰，韩秀弼八分书，贞元二年（786）九月。② 可补《元和姓纂》之阙。

元待聘子元琇，据《唐会要》卷八十七，贞元元年元琇以御史大夫为盐铁水陆转运使③。元琇为户部侍郎、右丞、武陵公是其在《元和姓纂》编纂时代的官职，太子太傅约为卒后所赠。元琇妻高氏，为崇玄馆学士高魁女，《旧唐书》卷十二《德宗纪》："建中三年（782）三月戊戌，以容管经略使元琇为广州刺史、岭南节度使。……兴元元年（784）九月甲申，以前岭南节度使元琇为户部侍郎、判度支。……贞元元年（785）三月辛丑，户部侍郎、判度支元琇兼诸道水陆运使。……二年正月癸丑，元琇判诸道盐铁、榷酒。……甲戌，户部侍郎元琇为尚书左（右）丞，京兆少尹李竦为户部侍郎、判盐铁榷酒。……十二月庚申，贬尚书右丞、度支元琇为雷州司户，为韩滉诬奏，人以为非罪，谏官屡论之。"④ 则元琇还曾为广州刺史、岭南节度使、雷州司户等。于邵《送崔判官赴容州序》："服岭之外，列巨防者五，而容其一焉。自中原多故，邑居荡析，始则有长吏苟完之命。今年春，有诏特命元公都督十二州诸

---

① 以上两方墓志见于吴钢：《全唐文补遗（千唐志斋新藏专辑）》，西安：三秦出版社，第327—328、359—360页。
② （宋）赵明诚撰，金文明校证：《金石录校证》，上海：上海书画出版社，1985年，第159页。
③ （宋）王溥：《唐会要》，第1591页。
④ （后晋）刘昫等：《旧唐书》，第332、346、348、352页。

军事，资其庶富而宣乎教化者也。夫教之以礼，化之以仁，俾其归于王，而不隔乎荒，则书同文，车同轨。当南北数千万里而述职焉，不亦辽哉！博陵崔公，光膺副车之选，秋八月，传次于寿春安丰县之东亭。"① 该文为于邵在寿春安丰县（治今安徽寿县安丰镇）为博陵崔某赴容州（治北流，今广西北流）任判官送行而作，元琇都督包括容州在内的十二州诸军事。元琇子工部员外郎元佑，元和十五年为守尚书驾部郎中骁骑尉时曾替其妹夫上柱国徐放作墓志。元稹元和十五年作《元佑可洋州刺史制》："敕：朝散大夫守京兆尹上骑都尉元佑，风俗之薄厚，由长吏之所尚也。闻尔佑以甲乙科为校书郎，甚有名誉。……可使持节洋州刺史。"则元佑举进士，元和十五年（820）为洋州（治西乡，今陕西西乡）刺史。

　　元怀节弟元怀景（？—722），据张说《唐故左庶子赠幽州都督元府君（怀景）墓志铭》，元怀景为魏武陵王元雄曾孙，右卫大将军元胄孙，赠麟州刺史仁惠之季子。元怀景弱冠以国子进士高第。先后为太子通事舍人，直罗、温县二县令，太府主簿，太府少卿，河南府少尹，尚书省右司员外郎，太子中庶子等职。开元十年正月己未，终于东京留守之内馆。赠都督幽州诸军事、幽州刺史。明年二月葬于咸阳旧茔，夫人韦氏合葬。韦氏为逍遥公敬远玄孙，中常侍希仲之叔姊。韦氏早世。有子元彦冲。②《金石录》卷六载：唐幽州刺史元怀景碑，皇甫彬撰，开元二十八年二月。③ 正以卒后赠官称元怀景。岑仲勉《郎官石柱题名新著录》，左司员外郎第二行有元怀景，吏部郎中第七行有元怀景。吏部员外郎第二行有元怀简④。《唐会要》卷五十八，永昌元年（689），洛州司户参军元怀

---

① （清）董诰等编，孙映逵等点校：《全唐文》，第2583页。
② （唐）张说著，熊飞校注：《张说集校注》，第996—997页。
③ （宋）赵明诚撰，金文明校证：《金石录校证》，第115页。
④ 岑仲勉著，向群、万毅编：《岑仲勉文集》，第217、220、224页。

贞为右司员外郎①。上文已述，元怀贞即元怀景，则元怀景迁右司员外郎前为洛州司户参军。《新唐书·艺文志》史部正史类录元怀景《汉书议苑》卷亡。子部杂家类录元怀景《属文要义》十卷。② 前者约为研究《汉书》之著作、后者约为指导作文之文章学著作。能编为文之书，亦可见元怀景有文才。

元怀景女元氏（680—731）适张说（667—730）。据张九龄《唐故尚书左丞相燕国公赠太师张公（说）墓志铭》：

> 大唐有天下一百一十三年，开元十有八载（730）龙集庚午冬十二月戊申，开府仪同三司、尚书左丞相、燕国公薨于位，享年六十四。……廿年秋八月甲申，迁窆于万安山之阳、燕国夫人元氏祔焉。夫人故尚书右丞、武陵公怀景之女也。动为柔范，皆可师训。及公之贵，联姻帝室，虽处荣盛，若非在己。内执谦下，外睦亲疏。古之贤明，未始兼有。开元十九年三月壬戌，薨于东都康俗里第，享年五十有二。长子均，中书舍人。次曰垍，驸马都尉、卫尉卿。季曰埱，符宝郎。

墓志载工部侍郎集贤院学士族孙张九龄撰，朝散大夫中书舍人梁昇卿书，鄜州三川县丞卫灵鹤刻字。张说为张华第十三世孙，张九龄为张华第十五世孙，故张九龄言其为张说族孙。③ 张说乃元怀景之女婿，传世文献中张九龄为张说所撰墓志中称夫人元氏享年六十四岁，当从墓志实物所载为五十二岁。《太平广记》卷一百七十："燕公说之少也，元怀景知其必贵，嫁女与之。后张至宰相，其男女数人婚姻荣盛，男尚公主，女为三品夫人。"（出《定命录》）④ 则元

---

① （宋）王溥：《唐会要》，第1003页。
② （宋）欧阳修、宋祁：《新唐书》，北京：中华书局，1975年，第1457、1536页。
③ 李献奇：《唐张说墓志考释》，《文物》2000年第10期。
④ （宋）李昉等：《太平广记》，第1241页。

怀景早已器重张说。

元怀景子彦冲,据《唐尚书省郎官石柱题名考》卷三《吏部郎中》:"《会要》八十二:'开元二十年九月二十一日,中书舍人梁昇卿私忌,二十日,报给事中元彦冲,令宿卫,会已出,彦冲醉诉,往复日暮。其夜,直官不见,上大怒,出彦冲为邠州刺史。因甥张垍妻新昌公主进状申理,云"元不承报",由是出昇卿为莫州刺史。'(笔者案:元彦冲为张说妻之兄弟、张垍之舅。中书舍人梁昇卿即书张九龄所作张说墓志者。)独孤及《陈留郡文宣王庙堂碑》,称'唐天宝十有一载,岁次寿星,陈留郡守、河南道采访处置使元公彦冲'(《毗陵集》七)。万齐融《法华寺戒坛院碑》'开元二十四年,都督河南元彦冲躬请律师重光圣日'(《会稽掇英总集》十七)。《唐会稽太守题名记》'元彦冲,开元二十二年自襄州刺史授,二十六年拜卫州刺史'(《会稽掇英总集》十八,《嘉泰志》同)。孙逖《授元彦冲等诸州刺史制》:'朝议大夫、使持节都督越州诸军事、守越州刺史元彦冲等,并逾四稔,宜有递迁,令所进转,皆为限约,并须画一,无相夺伦云。'(《文苑英华》四百十)高适《陈留郡上源新驿记》:'壬辰岁,太守元公连率河南之三载。'(《高常侍集》九)"①岑仲勉《郎官石柱题名新著录》吏部郎中第九行有元彦冲②。《册府元龟》卷一百二十八《帝王部·明赏二》:开元二十三年十二月,元彦冲为越州刺史③。则元彦冲为给事中,后为邠州(治新平,今陕西彬州市)、襄州(治襄阳,今湖北襄阳市)、越州(治山阴,今浙江绍兴市)、卫州(治汲县,今河南汲县)等刺史,约天宝九载(750)为陈留郡(治浚仪县,今河南开封)守、河南

---

① (清)劳格、赵钺著,徐敏霞等点校:《唐尚书省郎官石柱题名考》,第121—122页。
② 岑仲勉著,向群、万毅校:《岑仲勉文集》,第221页。
③ (宋)王钦若等编纂,周勋初等校订:《册府元龟》(校订本),南京:凤凰出版社,2006年,第1396页。

道采访处置，至壬辰岁（天宝十一载）正三年。元彦冲还曾为侍御史、殿中侍御史和监察侍御史①。

元彦冲女适大理评事、赠易州刺史范阳卢成轨，据进士谢公实撰《唐故朝议大夫曹州刺史卢公（倕）墓志铭》，卢倕，字子重，其先范阳涿县人，五代祖思道，北齐黄门侍郎，北周大司徒。高祖兵部尚书赤松，曾祖齐州长史、赠德州刺史承泰，祖太子詹事齐卿，父大理评事、赠易州刺史成轨，母河南元氏，外祖父为河南道采访使元彦冲②。

元彦冲子元子上，元子上夫人荥阳郑氏，据《□□□州参军元子上妻荥阳郑氏（八娘）墓志铭》：郑八娘，字八娘，荥阳开封人。曾祖唐益州长史燕基；祖礼，未仕；父泗州下邳县令感。十五岁归元氏，开元廿六年二月六日卒于仁凤里私第，二月十六日权殡于洛阳县乡里北芒原③。元子上弟元子哲，颜真卿撰并书《崇仁令元子哲遗爱碑》石今亡，抚④。崇仁县（治今江西抚州市崇仁县）在唐代正属于抚州，《宝刻类编》中"抚"正指抚州。《舆地纪胜》卷二十九《抚州》载该碑在崇仁县南五步，大历五年，准尚书考功符建立，刺史颜真卿文。⑤元子哲弟元子长（735—786），据韦夏卿撰《唐故河中府户曹参军河南元府君（子长）墓志铭》：元子长，字衍，后魏昭成帝十三世孙，曾祖梁州大都督府长史，武陵公仁惠；祖尚书右丞，赠幽府都督怀景。父银青光禄大夫，陈留太守，河南道采访使彦冲。元子长先后为弘农县（治今河南灵宝）、安邑县（治今山西运城东北）、伊

---

① （清）劳格、赵钺著，张忱石点校：《唐御史台精舍题名考》，第21、46、81页。
② 毛阳光：《洛阳流散唐代墓志汇编三集》，北京：国家图书馆出版社，2023年，第518—519页。
③ 周绍良、赵超：《唐代墓志汇编》，第1477页。
④ （宋）佚名：《宝刻类编》卷二，《石刻史料新编》第一辑第24册，台北：新文丰出版社，1982年，第18426页。
⑤ （宋）王象之著，李勇先校点：《舆地纪胜》，成都：四川大学出版社，2005年，第1350页。

阙县（治今河南伊川西南）、永宁县（治今河南洛宁）、河南县（治今河南洛阳）县尉，授宁国县（治今安徽宁国）令又改授河中府（治河东县，今山西永济西南蒲州镇）户曹。任弘农县尉时，唐代宗因吐蕃陷长安而出逃陕州（治陕县，今河南三门峡市陕州区），元子长接驾有功，授安邑尉。贞元二年（786）三月二十六日，终于东都敦行里之私第，享年五十有二。是年六月三（日）葬于河南龙门乡。夫人陇西李氏。有子昭、敏等①。

元子长妻陇西李真（746—810），据李真弟守监察御史虚中撰《唐故河中府户曹元府君（子长）夫人陇西李氏（真）墓志铭》：

> 夫人讳真，号圆虚，陇西成纪人也。曾祖仲进，皇宣州司马；祖侨，皇河南府渑池县令；父恽，皇河南府温县尉。……（夫人）既笄归于元公。公承后魏帝王之裔，珪组相袭。祖怀景，尚书右丞；父彦冲，河南道采访使。公早以门荫入仕，尉王畿，宰百里，所至有闻，终河中府户曹。华冕不臻，知者永叹。夫人主匮助奠廿馀载，……有三男四女。三女适人，他族不昌，夭殁相次。男禀卜邻之训，皆知孝悌之方。洎抚育诸孤，栖心玄旨，反源复性，端默宴居。福先寺禅祖金公，亲承受记，安国寺禅德尼体融，虽为同学，亦所归依。不失正家之严，自得安心之要。享年六十五，元和五年（810）十二月八日，终于东都安业里之私第。……嗣子前试左骁卫兵曹参军察、乡贡进士侗、前乡贡明经宬。……以明年十月十二日，合祔于先人之茔，礼也。虚中从宦他邦，不遑启处。辞违间岁，每劳伯姊之思；归迟两旬，不及终天之诀。②

---

① 胡戟、荣新江：《大唐西市博物馆藏墓志》，第 664—665 页。
② 胡戟、荣新江：《大唐西市博物馆藏墓志》，第 763—764 页。墓志中地名古今对照：渑池县（治今河南渑池）、温县（治今河南温县）。

李真墓志中未言其夫元氏之名，但根据对元氏父祖及其官位记载，可知李真之夫即元子长。元子长墓志记有子昭、敏等，李真墓志载有子察、侗、宬，未知三人中哪两人分别又名昭、敏。李真有四女，皆早卒。李真笃信佛教。

元子长长子元察（765—815），据弟乡贡进士侗撰《唐故试左骁卫兵曹参军河南元府君（察）墓志铭》：

> 公讳察，字朗夫，河南洛阳人也。后魏昭成皇帝之十三代孙，濮阳王讳顺之七代孙，皇唐尚书右丞、赠幽府都督讳怀景之曾孙，皇朝银青光禄大夫、陈留郡太守兼河南道采访处置使讳彦冲之孙，皇朝河中府户曹参军讳子长之冢子。……（公）弱冠授试官，职盐铁，出纳之司四载，而功勤益著。……公少失所怙，守道独立，不与杂人交。奉养太夫人孝诚温恭，进退无违。弟妹四人，皆在童幼，掬育训导，冀遂成立。及妹有归，季弟得明经出身，乃大吁曰：'吾累岁忧勤，今稍释矣。'……元和五年，不幸丁太夫人忧，哀毁过礼。……遂退耕于野。俟知者知耳。天乎不仁，才厄于命，以元和十年（815）九月廿五日，遘疾终于寿安县之山居，享年五十一，以明年八月九日壬寅窆于河南龙门，祔先府君之兆（垗）。公终窭轼轲，力未及娶，故胤嗣泯绝。……弟侗惧陵谷之变，衔涕纪德。①

则元子长有子察、侗、宬。长子元察协助母亲，抚养弟妹，亦未娶无子嗣。元侗（779—836）墓志亦有发现，据乡贡进士崔岘撰《唐故河南元君（侗）墓志铭》：

---

① 毛阳光、余扶危：《洛阳流散唐代墓志汇编》，北京：国家图书馆出版社，2013年，第520—521页。

君讳侗，字达夫，元姓河南人，北朝魏之后也，自昭成帝昭穆十四而至于君。曾祖皇尚书右丞，赠幽府都督讳怀景。祖银青光禄大夫、陈留郡太守、河南道采访使讳彦冲。父河中府户曹参军讳子长。君，户曹之次子也。幼孤居贫，昆弟三人，伯氏察又早卒。君能与其季戚，躬苦生业，以敬尽太夫人之养。……及冠，举进士岁，将诣京师，念千里而去，违晨昏也。是不忍，辄罢焉。太夫人弃孝爱三年，乡党勉之，乃西就荐故相权文公。实为有司熟君之名，且多其素行，盖必以科甲处之。既君有疾不果会试，为文公恨焉。君之进不能与人遂，退常端道而求已，鲜鲜以廉，厚自整饬，唯畏不如古人。风俗日浇，情伪险而难知。君之度雅不合。鲧是比下第，遂困径东南往闽中，抵观察使卫侯，卫侯与君婚姻之私嫌，不得表为己从事。方媒其贤于异藩，但授假职，无文书掌理之任，而月委其禄。顷之，卫侯以失政闻，天子诏为民岭南。君前取讫见斥，姻旧之为倚又败，太息以命之然也。故归，手耒而耕于寿安之北。时种而勤耰之亩，率倍收，计口量足则转贩而易致他物，凡百事之费，与亲戚里间之吊问进醵，皆于是出焉。且日资于吾身，必劳于吾力，亦可以不愧吾心。嗟乎，其君子矣。或矫言行以苟富贵，非其有而饕有之，触死其犹未悔者，独何人。君为农四三稔，奴婢习其业。乃穿池养鱼鳖，树松篁嘉卉。吟歌钓弋，将以是为终，不眄世也。东都士大夫，多誉高之。今澧阳崔太守，尝以殿中侍御史分宪东都。闻其誉于士大夫间，会出为慈州，行过其庐，因以币请佐州之军事。君感激然诺，遂从焉。主人移硖州，又从焉，凡宾主欢七年。刺史庭有事，则恭议之。无事，私室谵言，属诗命酒，引杯案相对偃仰，为布衣交，非刺史与军事佐也。故君遗寿安之抗节，而绸缪二州。开成元年（836）春正月，君以疾求医，自硖沿于江陵。二月己丑，奄终于江陵之旅舍，享龄五十八。善人若此，其谓之天欤。始君以昆弟早有子，宗绪既成续，姑进求荣名，名得而娶，娶必娉于大家。故荏苒后良时，因不复娶。虽然有男子遂，甚立而克肖前人。天若报君，其蕃而昌于遂也，斯娶矣。君之丧既七日，遂护而北归，以其年十月癸卯将葬，祔先户曹之兆于河南龙门乡，厕伯氏之封域。其季偃师尉戚，以书具君之懿范休实，而祈勒铭于清河崔岘。①

墓志中权文公即权德舆，卫侯指福建观察使卫中行，澧阳崔太守约指崔芸。李真卒于元和五年，元察卒于元和十年，元察卒时李氏已去世。而元侗墓志中言"昆弟三人，伯氏察又早卒。君能与其季戚，躬苦生业，以敬尽太夫人之养。及冠，举进士岁，将诣京师，念千里而去，违晨昏也。是不忍，辄罢焉。"则元察卒后太夫人还在，与元察墓志和李真墓志所载有异，按元侗墓志叙述顺序，元侗冠时元察早已卒，但根据元侗和元察年龄可知，元侗冠是贞元十四年（798），是时元察在世。据李真墓志，察、侗、戚皆其所出，或许元子长还另有妻，姑存疑。太夫人在时，元侗不忍离开故乡至京师举进士，太夫人去世后，乡党勉励元侗去参加考试，并推荐到同中书门下平章事权德舆处，但由于生病，又未能参加考试，权德舆很遗憾。由于性不偶俗，此后考试多次落第。元侗至福建依观察使卫中行，因元侗与卫中行有姻亲关系（具体情况未详），卫中行不能直接任用他为僚佐，只能"但授假职，无文书掌理之任，而月委其禄"。卫中行因贪赃，被流徙播州（治遵义，今贵州遵义，据《旧唐书》卷十七《敬宗文宗纪》卫中行由国子祭酒出为福建观察

---

① 毛阳光：《洛阳流散唐代墓志汇编续集》，北京：国家图书馆出版社，2018年，第660—661页。

使在宝历二年（826）正月，大和三年卒于播州①），元侗归乡躬耕于寿安（治今河南宜阳），元察卒于此，可见寿安是他们家族的族居地。殿中侍御史崔芸分宪东都，东都一带称赞元侗德行，崔芸欣赏元侗而征招为其僚佐，随崔芸先后至慈州（治吉昌，今山西吉县）和硖州（治夷陵，今湖北宜昌），在硖中时元侗生病了，去江陵看病，开成元年正月卒于江陵。作元侗墓志时候，崔芸为澧阳太守（澧阳郡即澧州，治澧阳，今湖南澧阳东南）。元子长第三子、元侗弟元宬是时为偃师（治今河南偃师）尉。

元彦冲弟元晖令有子元子求，元子求曾为主簿与皎然交游，皎然有诗《酬元主簿子球别赠》，大约元子求远行前作诗赠别皎然（已佚），皎然作是诗酬答（详见下文"唐代元氏家族文学与学术研究"）岑仲勉即以为元子球和元子求"时代相当，当即一人"。②《文苑英华》卷五三四录元子贡《对夷攻蛮假道判》，史藏用、魏季龙、成贵、李昕、于邵、宇文赏、杨归俗（裕）同作，于邵为代宗时期人，元子贡当亦为此时期人。③元彦冲、元晖令兄弟之字皆为"子"字辈，且元子贡正与他们同时代，则元子贡约为元彦冲或晖令子，亦有可能为元彦冲从兄弟子。

《元和姓纂》卷四："寿兴（曾）孙诠，生祐、礼臣。祐曾孙孝绰，梓州刺史。礼臣，汾州刺史。寿兴少子最，司徒、乐平王，生亶。亶生文豪，太仆少卿，生思齐、思哲、思玄。思齐，郑州刺史。思哲，舒州刺史。思玄，右领军。思玄，生直，南州刺史。"④武周证圣（695）中有宣德郎、行幽州司户参军元思叡，其

---

① （后晋）刘昫等：《旧唐书》，第518、532页。
② （唐）林宝撰，陶敏校证，李德辉整理：《元和姓纂新校证》，第149页。
③ 李德辉：《全唐文作者小传正补》，沈阳：辽海出版社，2010年，第1284页。
④ （唐）林宝撰，陶敏校证，李德辉整理：《元和姓纂新校证》，第150页。文中地名古今对照：梓州（治郪县，今四川三台），汾州（治隰城，今山西汾阳），郑州（治管城，今河南郑州），舒州（治怀宁，今安徽潜山），南州（治南川，今重庆南川）。

文存有造像记一篇。① 元思叡与思齐、思哲、思玄生活于同时期，约为从兄弟族人。

《资治通鉴》卷二百《唐纪十六》："永徽六年十一月甲戌，遣丰州都督元礼臣册拜颉苾达度设为可汗。礼臣至碎叶城，沙钵罗发兵拒之，不得前。颉苾达度设部落多为沙钵罗所并，馀众寡弱，不为诸姓所附，礼臣竟不册拜而归。"② 则元礼臣为汾州刺史外，还曾为丰州（治五原，今内蒙古五原西南）都督。元礼臣卒赠凉州都督，谥曰壮。③ 据《大唐右卫将军凉州都督上柱国汝梁公元君（礼臣）墓志铭》，元礼臣，字恭诚，河南洛阳人。高祖景，魏特进、乐安王；曾祖恺，魏鸿胪、宗正二卿、青徐复三州刺史。祖彻，魏吏部尚书，周基沣虞三州刺史，随上开府仪同三司、蓬山郡开国公。父诠，周门正大夫，随左勋卫骠骑将军、兴婺濰陈四州刺史、平凉犍为二郡太守、汝梁郡开国公。元礼臣唐初拜散五品。贞观六年，授游击将军，不久奉诏策命西域突厥可汗，出使归来，除临泾府果毅都尉，不久迁勋卫郎将。又以礼臣为窦州道行军总管，参与辽东之战，授上柱国。贞观廿一年，出为燕然副都护，兼行丰州都督府长史，封汝梁县开国子，食邑四百户。永徽二年，加授银青光禄大夫，余并如故。三年，迁使持节都护燕然、金微、幽陵、龟林、卢山、昆坚、瀚海、狼山八都督府，蹛林、榆溪、鸡田、鸡鹿、烛龙、新黎、浑河、皋兰、皋阙、浚稽、祁连十一州诸军事。五年，授使持节都督胜州诸军事、胜州刺史。六年，转都督丰州诸军事、丰州刺史。显庆二年，授汾州刺史，转都督灵盐二州诸军事、二州刺史。五年，授瀚海道行军总管，其年九月十二日暴疾终

---

① （清）陆心源：《唐文续拾》,《全唐文》, 太原：山西教育出版社, 2002年, 第6678页。
② （宋）司马光：《资治通鉴》, 北京：中华书局, 1956年, 第6295—6296页。
③ （宋）王溥：《唐会要》, 北京：中华书局, 1955年, 第1465页。

于燕然，春秋六十有二。以六年正月十三日葬于雍州咸阳县奉贤乡德行里之洪渎原，谥曰壮公。元礼臣之子有嫡子越王文学恽等。① 《元和姓纂》卷四："寿兴□孙诠"，岑仲勉先生以为当为"曾"字，今结合元礼臣墓志，可知岑先生推测十分准确，寿兴（昺）即元礼臣高祖魏特进、乐安王景，唐人避高祖父之讳以景代昺。墓志载元礼臣曾祖元彻、祖父元恺，正可补《元和姓纂》之阙。元礼臣（596—657）深为太宗、高宗两朝重用，征战辽东、出使突厥，多年经营西域，对安定西北贡献颇大，最终卒于塞外之燕然，是唐初元氏家族最有影响力的人物之一，亦巩固了初盛唐时元氏家族与唐皇室的较为密切的关系。

元礼臣兄元祐之曾孙梓州刺史元孝绰，还曾为御史。② 元盛弟元昺（《北史》避唐高祖李渊父昞讳改为景，《魏书》此处约以《北史》补入，故亦作景），字寿兴，据昺子元智墓志，元昺为使持节、散骑常侍、都督徐州诸军事、平东将军、徐州刺史、宗正卿。据《北史》本传，在州贪虐，后为御史中尉王显所谮，赐死。灵太后临朝，为景昭雪，赠豫州刺史，谥曰庄。元昺子元宼，字幹，从孝武帝入关，封乐平王，据元宼子元智墓志，元宼为使持节、侍中、骠骑大将军、开府仪同三司、尚书左仆射，华敷南秦并幽晋六州诸军事、六州刺史、司徒公、乐平慎王。元智墓志所载元宼官职可能是赠官或包括赠官在内。

元宼子元智（550—613），据《大隋故朝散大夫、夷陵太守、太仆卿元公（智）之墓志铭》，元智在北周时封豫州之建宁县子，少驾部下大夫。入隋先后任益州武康郡太守，扶州、渝州刺史，夷陵太守，入为太仆卿，大业九年（613）从隋炀帝征高丽途中，卒

---

① 该墓志见于"黃的魏貅"的微博 https://weibo.com/5580222167/J59MOc9uJ。
② （清）赵钺、劳格撰；张忱石点校：《唐御史台精舍题名考》，第100、106页。

于怀远镇，春秋六十四，是年十一月葬于大兴县，元智墓出土于陕西咸宁县。《八琼室金石补正》卷二七考辨元智墓志时以为太仆少卿为元亶之官位，《元和姓纂》中误以为亶子文豪之官位。《金石续编》考辨元智墓志时以为此志讳下空一格，字下仅著一字曰智。平乐王生亶，"亶""智"义合，太仆讳，宜即亶矣（案考辨详下文）。① 《元智墓志》又云："登柏梁而赋诗，出上林而奉答。"则元智有一定的文学才能。元智妻姬氏（549—577），据《大隋故太仆卿夫人姬氏之志》，姬氏曾祖魏使持节、骠骑大将军、东郡□公懿，祖魏使持节、大将军、开府仪同三司、燕州诸军事、燕州刺史、东郡敬公亮，父周使持节、侍中、骠骑大将军、开府仪同三司、光禄大夫、东秦州诸军事、东秦州刺史、勋晋绛建四州诸军事、勋州总管、神水郡开国公肇。年十八归于元智，天和四年（569）拜建宁国夫人，建德六年（577）六月卒，时年二十九，大业十一年（615）八月与元智合葬于大兴县。墓志云："既闲习于诗书，又流连于笔砚。"② 则姬氏亦有些文学才能。

元智弟新野郡公元亶，元亶子元统师（588—616），据《大隋故馀杭郡东曹掾元府君（统师）墓志铭》，元统师字道斌，河南洛阳人，曾祖昂，散骑常侍、御史大夫、徐兖五州刺史、城阳王。祖皷，开府仪同三司、左仆射、并华等七州刺史乐平慎王。父亶，仪同三司、军正大夫、温州刺史、新野郡公。元统师起家献后挽郎，选为骁骑尉，大业八年出为馀杭县东曹掾，后历任富平（治今陕西富平）、三原（治今陕西三原）、临邛郡蒲江县（今四川蒲江）令，大业十二年（616）八月，卒于蒲江县舍，时年二十九，大业十三年（617）二月葬于大兴县洪源乡之小陵原。③ 结合元统师墓志对

---

① 王其祎、周晓薇：《隋代墓志铭汇考》第五册，第201—209页。
② 王其祎、周晓薇：《隋代墓志铭汇考》第五册，第220页。
③ 胡戟、荣新江：《大唐西市博物馆藏墓志》，北京：北京大学出版社，2012年，第59页。

元亶官职的记载，元亶并非太仆卿，元智与元亶似非同一人，《元和姓纂》并非将元亶官位误以为其子文豪官位，太仆少卿似即元文豪官位。据《大周故河东柳府君（怀素）墓志》：

> 府君讳怀素，河东虞乡人也。……鸾台检周史云：祖柳敏，出入三朝，往来八帝，魏及周隋代谢，敏已年甫期颐，三朝恒掌枢要。八帝顿居台铉。又检隋史云：敏子昂，聪颖幼彰，器干斯著，历任内史令，用事当途，与父同时光辅数帝，百察咸出其下。……父封武德公，子封文城公。后魏、周、隋三代，具载史书。爰至唐朝，不能复始。府君起家唐任左领军府录事参军，寻转陵州贵平县令。……夫人元氏，昭成帝乐平王孙，唐太仆卿、资州刺史文豪之女。……仪凤年，四子并任蜀中。夫人随室剑表。该任陵州录事，详任泸府户曹，询任梓州司法，谟任隆州参军事。……询改秩魏州，谟迁官贝郡。夫人仍随江路，便往山东，中途缠疴，奄从隙日，攀天天不救，叩地地不图，即以其年权殡于宋州宋城县。昆季不能自死，考妣远隔故乡，曩者年月未□，今岁著龟袭吉，该、谟等兄弟三人，近奉恩敕，从雍州移贯属洛州洛阳县。旧墓田先在始平，兄弟所移，□神都坟墓不可更依，旧所亦□形胜。府君夫人并迁神改葬于洛阳县清风乡张方里。……以大周延载元年（694）岁次甲午七月癸未朔廿七日己酉，府君夫人合葬于野茔，礼也。①

柳怀素曾为陵州贵平县（治今四川仁寿东北），夫人元氏卒于仪凤间（676—678），则其父元文豪为太仆卿、资州（治盘石，今四川资中）刺史约在唐初，郁贤皓以为约在贞观间②。元文豪子郑州

---

① 周绍良、赵超：《唐代墓志铭汇编续集》，第331—332页。
② 郁贤皓：《唐刺史考全编》，第3060页。

(治郑州，今河南郑州)刺史思齐、舒州（治怀宁，今安徽潜山县）刺史思哲、右领军思玄。元思玄陪葬昭陵。① 元思玄子南州（治南川，今重庆南川）刺史元直。元昺弟益生早卒。元益生子元毗，字休弼，以策划孝武帝入关有功，封魏郡王，卒，谥曰景。元毗子元绰。

乐安王元寂玄孙元氏（652—725）适天水赵知俭（634—678），据《大唐故抱德幽栖举□部常选天水赵君（知俭）墓志铭》，赵知俭，天水人，曾祖刚，字僧庆，周黄门侍郎、开府仪同三司、浮阳郡开国公，利、沙等十四州诸军事；祖峦，字秀容，隋开府仪同三司，迁、洮二州刺史，建城郡开国公；父杰，字武贵，唐千牛备身，益州归德府果毅，嶲州招慰讨击使，除左屯卫郎将，参佐军州；赵知俭举抱德幽栖科，授吴王府文学，因赵知俭没有兄弟，太夫人在堂，不能远离，而未赴任。赵知俭仪凤三年（678）正月一日终于陈仓别业，享年四十五。夫人河南元氏，后魏乐平王玄孙，□州刺史之孙。有四子，上二子还未及冠年，下二子还在襁褓中。元氏含辛茹苦将他们养大。开元八年，第二子琨玉，任果州相如县尉，第四子庭芝为简州参军，家族地位逐渐恢复。夫人跟随琨玉在相如县。元氏开元十三年（725）夏四月二十一日终于县之官舍，时年七十四。以开元十五年闰九月二十三日与赵知俭合葬于陈仓敬关乡之南原。② 因元氏祖父所任为某州刺史前文漫灭，而难以知其祖父作何州刺史，相应亦难以考知其祖父为何人。

拓跋素子元德（？—509），据元德子元晖墓志，元德为冀州刺史、河间简公，约卒后赠官。据元德孙元倖墓志，元倖祖平南将

---

① （宋）王溥：《唐会要》卷二十一，北京：中华书局，1955年，第414页。
② 周绍良、赵超：《唐代墓志汇编续集》，第511页。墓志中地名古今对照：利州（治绵谷，今四川广元），沙州（治敦煌，今甘肃敦煌西），迁州（治光迁，今湖北房县），洮州（治临潭，今甘肃临潭），嶲州（治理越嶲，今四川西昌）。

军、冀州刺史、河涧简公讳于德。元德夫人南阳张氏，龙骧将军阜城侯提之孙女。据元德曾孙元俊墓志，元俊曾祖于德，选部给事、宁西将军、冀州刺史，河间公，元俊曾祖亲南阳张氏。元德墓志非常简略，据墓志元德卒于永平二年（509）十一月，德为仆射、羽林监、遍城太守。元德墓志出土于河南洛阳城北姚凹村。① 可知《元德墓志》、《魏书》卷十五本传中的德是于德的省称。元晖、元俊墓志皆载德为冀州刺史，则《魏书》本传中"赠曹州刺史"约有误。元德子悝，卒于光州刺史，谥曰恭。据元悝子倖墓志，悝，字纯陁，镇远将军、光州刺史，元悝妻叱罗氏，仪曹尚书使持节、散骑常侍、安东将军、都督兖州诸军事、兖州刺史、带方静公兴之长女。元悝子元倖，字伯宗，据《魏故太尉府参军事元君（倖）之墓志铭》，元倖为光州刺史悝元子。除太尉府参军事。永平四年（511）五月卒于第，是年十一月葬于长陵之北邙，元倖墓出土于洛阳城北四十里陈凹村东。② 元悝子、元倖弟元巍（479—540），据《元巍墓志》：

> 公讳巍，字仲宗，河南洛阳人也。常山康王之曾孙，河间简公之孙，光州敬公之子。……释褐侍御史，转直阁将军，又除征虏将军、燕州刺史。……征拜平西将军、西中郎将、转卫尉卿。……寻授使持节、都督西兖州诸军事、抚军将军、兖州刺史，……仍拜使持节、都督冀州诸军事、本将军、冀州刺史。既而九县风回，四海麻沸，大丞相鹊起虬升，方事桓文之举，公亦袒肩接踵，恒怀刘祖之意。……太昌初，拜使持节、都督兖州诸军事、兖州刺史、将军，仪同如故。……加骠骑大将军、开府。又论佐命之勋，封濮阳县开国伯，食邑五百户。

---

① 毛远明：《汉魏六朝碑刻校注》第四册，第134页。
② 毛远明：《汉魏六朝碑刻校注》第四册，第175页。

迁尚书右仆射，转左仆射，仪形庶尹，师长具僚。……天平元年，除领军将军，转尚书令，摄吏部选。政归台阁，其来已久，居中作相，隆替是基……除使持节、都督瀛州诸军事、瀛州刺史、仪同开府如故。……以兴和二年十月廿一日薨于位，春秋六十有二。诏赠使持节都督青、冀、齐三州诸军事、骠骑大将军、青州刺史、录尚书、司徒公。……以兴和三年二月十八日葬于邺城之西漳水之北，谥曰□公。礼也。①

《魏书》卷十五《昭成子孙传·常山王遵》《北史》卷十五《魏宗室传·昭成子孙传·常山王遵》皆载元巘字子仲，而《北齐书》卷二十一《高幹传》以元仲宗称元巘②，结合《元巘墓志》可知其当字仲宗。墓志中常山康王指拓跋素，河间简公指元德，光州敬公即元悝。元巘除冀州、兖州等州刺史，因投靠大丞相高欢而官运亨通，封濮阳县伯，东魏孝静帝时拜尚书令，摄选部，出为瀛州刺史，卒官，赠司徒公。墓志中未记元巘谥号，据《魏书》本传可知谥号为靖懿。《元参军妻韩华墓志》又记元巘第二子司徒府参军事元士贞，元士贞子参军某即韩华夫，韩华为南阳赭阳人，祖父仪同三司、殿中尚书、北豫州刺史韩敬达，父侍中、特进、北豫州刺史、食怀州河内郡干、高平县开国侯、新宁王宝业。韩华北齐武平七年（576）八月十九日卒于邺城，年十九岁，其月二十四日葬于（西门）豹祠三千馀步之垄。据《北史》卷九二《恩幸传·齐诸宦者》北齐宦者韩宝业，授长秋卿，后封王。则韩华约为宦者韩宝业养女。③ 韩华墓志言其为南阳韩氏，东魏、北齐时在今郑州、巩义、荥阳周边置

---

① 张永强：《张海书法艺术馆馆藏石刻选》上册，杭州：西泠印社出版社，2023年，第282—283页。
② （北齐）魏收：《魏书》，第378页。（唐）李延寿：《北史》，第570页。（唐）李百药：《北齐书》，第290页。
③ 大同北朝艺术研究院：《北朝艺术研究院藏品：图录》，第41、183页。

北豫州，柏谷坞一带正属焉，大约韩敬业家族居于此，所以韩宝业贵后授北豫州刺史，有可能韩敬业即韩延之之后。

元悝弟元晖（465—519），字景袭，据《魏故使持节、侍中、都督中外诸军事、司空公、领雍州刺史、文宪元公（晖）墓志铭》，元晖曾任冀州刺史，拜侍中、卫大将军、尚书左仆射。神龟二年（519）九月卒于位，春秋五十五，墓志题中即元晖卒后赠官，谥曰文宪，神龟三年三月葬于洛阳长陵西北十一里，元晖墓出土于洛阳城北陈凹村西。① 《魏书》卷十五《元晖传》："晖颇爱文学，招集儒士崔鸿等撰录百家要事，以类相从，名为《科录》，凡二百七十卷，上起伏羲，迄于晋、宋，凡十四代。晖疾笃，表上之。"《隋志》著录《科录》七十卷。为元晖召集文士所编之类书。据元晖孙元俊墓志，元晖妻振威将军、义平子、北平太守辽东公孙顺女。② 元晖子元弼（？—552），字宗辅，为孝武帝舅清渊县开国司徒公陇西李延寔女婿，封广川县子，迁尚书令，历中书监、录尚书事，位特进、宗师。仕北齐除左光禄大夫，天保三年（552）卒。天保十年元弼诸子为北齐所害。元弼子元囧（？—550），据《齐故通直散骑常侍、银青光禄大夫、大丞相属、镇南将军、中山太守元君（囧）墓志铭》：

> 君讳囧，字士亮，河南洛阳人也。魏昭成皇帝七世孙。……高祖右丞相、常山康王。……祖尚书左仆射、司空文宪公。……父弼，录尚书事。……（君）弱冠辟秘书郎中，于时永安之季，国步多阻，石渠残缺，延阁榛芜。君鸠集群言，锐精坟史，补阙文之奥美，增夏五之绝篇。迁员外散骑常侍、镇南将军、银青光禄大夫。……献武皇帝居相之日，苞罗儁

---

① 毛远明：《汉魏六朝碑刻校注》第五册，第47页。
② 毛远明：《汉魏六朝碑刻校注》第六册，第183页。

异，妙简时英，辟君为丞相属。毗赞霸府，宣力戎行。……以天保元年岁次鹑火五月己酉朔十四日壬戌，终于邺都修仁里第。君孝友立身，秉忠成德，轻财好施，爱人重士。至于美景清夜，投辖成权，良朋自远，僎民满席，放畅琴酒，留连文咏，气韵秀举，冠绝当时……粤以其月十八日丙寅，窆于邺城之西北一十五里。①

可知元囧博学能文，曾整理秘阁图籍。据元晖孙元俊墓志，元俊父元逸，字仲儁，使持节、散骑常侍、都督冀州诸军事、卫将军、冀州刺史。逸妻侍中、车骑大将军、司空、武邑郡开国公顿丘李平女。据逸之字可知逸为元晖第二子、元弼弟。元逸子元俊（？—528），字士愉，据《魏故龙骧将军、太常少卿元君（俊）墓志铭》，元俊七岁为国子生，母顿丘李氏，李氏父侍中、车骑大将军、司空、武邑郡开国公平。建义元年（528）四月十三日见害于河阴之难，是年七月葬于长陵西北十里，元俊墓出土于洛阳孟津县城西陈凹村。② 元俊同母兄弟元憎（？—528），字士悌，据《魏故辅国将军、广州刺史元君（憎）墓志铭》，元憎为司空府参军事，转员外郎，建义元年四月十三日见害于河阴之难，是年七月葬于长陵西北十里，元憎墓出土于洛阳孟津县城西陈凹村。③《北史》卷十五《魏宗室传·昭成子孙》："（元）弼弟子士将，有巧思。至齐武成时，位将作大匠。"④ 结合元俊字士愉、元憎字士悌，则元逸之子中约还有一子字士将。元晖子元信（514—528），字子谅，据《魏故假节龙骧将军晋州刺史元君（信）墓志铭》，元信除司空参军事，建义元年（528）四月十三日见害于河阴之难，春秋十五，是年七

---

① 大同艺术研究院：《艺术研究院藏品图录：墓志》，第108页。
② 毛远明：《汉魏六朝碑刻校注》第六册，第183页。
③ 毛远明：《汉魏六朝碑刻校注》第六册，第185页。
④ （唐）李延寿：《北史》，第573页。

月窆于洛阳旧茔，元信墓出土于洛阳城北陈凹村西。① 元信出生时晖已五十岁，故信当为晖幼子。元晖长女元氏（485—522）适直阁将军、辅国将军长乐冯邕，据《魏直阁将军、辅国将军长乐冯邕妻元氏墓志》，元氏二十一适冯邕，"少好讽诵，颇说诗书"，可见有一定的文化才能，卒于正光三年（522）四月，春秋三十八，其年十月葬于景陵之南岗，元氏墓志出土于洛阳城西东陡沟村西。② 此地当为长乐冯氏的家族葬地。冯邕未见于史籍记载，冯太后家族多与元氏宗室通婚，冯邕当亦为冯太后家族成员。

《元和姓纂》卷四："唐都官郎中元善祎，称昭成帝后。《南宫故事》云，代居太原，著姓。祎曾孙谷神，扶州刺史。堂侄俯，宋州刺史。玄孙结，容府经略，兼中丞；生友直，为京兆少府。"③ 权德舆《贞元七年蒙恩除太常博士自江东来朝时与郡君同行西岳庙停车祝谒元和八年拜东都留守途次祠下追计前事已二十三年于兹矣时郡君以疾恙续发因代书却寄》："忆昔辛未岁，诏书下江壖。尽室赴礼官，脂车杂辎辁。行役过梁苑，淹留经圃田（郡君表姊婿元俯为宣武从事，权理宋州。郡君从婿李融，时为郑州。各淹留累日。）"④ 辛未岁正指贞元七年（791），至元和八年（813）正是二十三年，贞元七年时元俯正为宣武从事，权理宋州。

元善祎有墓志发现，据《大唐故襄州都督府长史常山县男元公（禧）墓志铭》，元禧，字善祎，河南洛阳人。高祖冀州刺史，安北将军，河间公德。曾祖魏镇南将军，兖州刺史某。父隋任鹰扬郎将，檀州刺史，檀州诸军事远。元禧隋时解褐给事郎，唐兴

---

① 毛远明：《汉魏六朝碑刻校注》第六册，第181页。
② 毛远明：《汉魏六朝碑刻校注》第五册，第157页。
③ （唐）林宝撰，陶敏校证，李德辉整理：《元和姓纂新校证》，第160—161页。引文中地名古今对照：扶州（治今四川九寨沟）、宋州（治今河南商丘睢阳区）。
④ （唐）权德舆撰，郭广伟校点：《权德舆诗文集》，上海：上海古籍出版社，2008年，第176—177页。

授朝散大夫,擢为大将军府典签,平京城,加光禄大夫,授通事舍人。武德二年,检校秦府行军支度大使。六年,授仓部郎中。八年封常山县开国男。贞观元年,命为襄州长史,正月卒于任上,春秋四十。夫人王氏,孀居三十馀载,显庆四年七月十二日,终于第,以咸亨四年十月十六日合葬于洛州伊阙县之万安原。有子覆津县令元基、郏城县令元敦。① 元善祎子元基,据《大唐元氏(基)墓志铭》:

> 公讳基,河南洛阳人也。魏武盖代天姿,雄图宏略,扬旌朔漠,奋有关河。礼乐宪章,备乎魏史。曾祖俱,后魏安北将军、定州刺史,封常山郡开国公。……祖远,北齐冀州刺史,周任车骑将军,随任左卫隆政府鹰扬郎将、檀州诸军事檀州刺史。……父祎,皇朝任通事舍、员外散骑侍郎、司门郎中、尚书都官郎中,加中散大夫、检校襄州都督府长史,诏封常山县开国男,食邑三百户。……(公)书生受召,童子明经。及乎释褐,宿卫禁闱,无疲执戟。谦卑自守,早摽岐嶷。出任郑州参军事,又授云州司户参军事。东夷群寇,不息干戈。诏公押延陀等军,殄除平壤。改授武州覆津县令。应召八科,擢参高第。其年,授夏州宁塞县令。抚道猷远,化洽蕃甿。天听遐长,特符纶旨,追公见加三阶,授豫州襃信县令。……以大唐垂拱三年闰正月廿九日,终于此邑。长子利贞,早摽仕伍,季而不实,天于霍王府参军事。次子利见。……以其年三月十一日,徙柩归于洛阳。十一月廿四日,与夫人安定张氏合殡于万安山之阳其原,礼也。②

元善祎名禧,高祖即魏河间公元德。元禧(善祎)墓志的出土,

---

① 胡戟、荣新江:《大唐西市博物馆藏墓志》,第182—183页。
② 吴钢:《全唐文补遗·千唐志斋新藏专辑》,第58—59页。

我们得以知道《元和姓纂》中列为世居太原的元善祎一支元氏实为昭成帝孙拓跋遵之孙元德之后，再结合元禧子元基墓志，可知元德子元俱封常山郡开国公，元俱子元远由北齐入周再入隋，授檀州（治燕乐，今北京密云东北）刺史。元禧仕隋为给事郎，入唐为通事舍人，封常山县开国男。大约因元祎祖俱封常山郡开国公，而仍封祎于常山。元禧子覆津县（治今甘肃武都东南）令元仁基、郏城县（治今河南郏县）令元敦。"仁基"约为元基之省称。

明白了元善祎的支系，也就知道了其玄孙唐代著名文人元结的支系来源。据颜真卿《唐故容州都督兼御史中丞本管经略使元君（结）表墓碑铭》：

> 呜呼！可惜哉！元君！君讳结，字次山，皇家忠烈义激文武之清臣也。盖后魏昭成皇帝孙曰常山王遵之十二代孙，自遵七叶，王公相继，著在惇史。高祖善祎，皇朝尚书都官郎中、常山郡公。曾祖仁基，朝散大夫、褒信令，袭常山公。祖利贞，霍王府参军，随镇改襄州。父延祖，清净恬俭，历魏成主簿、延唐丞，思闲辄自引去，以鲁县商馀山多灵药，遂家焉。及终，门人谥曰太先生，宝应元年追赠左赞善大夫。君聪悟宏达，倜傥而不羁。十七始知书，乃授学于宗兄先生德秀，常著《说楚赋》三篇，中行子苏源明骇之曰：'子居今而作真淳之语，难哉。然世自浇浮，何伤元子。'天宝十二载举进士。作《文编》……今上登极，节度使留后者例加封邑，君逊让不受，遂归养亲。特蒙褒奖，乃拜著作郎。遂家于武昌之樊口，著《自释》以见意，其略曰：少习静于商馀山，著《元子》十卷。兵起，逃难于猗玗洞，著《猗玗子》三篇。将家瀼滨，乃自称浪士，著《浪

说》七篇。及为郎，时人以浪者亦漫为官乎，遂见呼为漫郎，著《漫记》七篇。及家樊上，渔者戏谓之聱叟（阙八字）又以君漫浪于人间，或谓之漫叟。岁馀，上以君居贫，起家为道州刺史。州为西原贼所陷，人十无一，户才满千，君下车，行古人之政，二年间，归者万馀家，贼亦怀畏，不敢来犯。既受代，百姓诣阙，请立生祠，仍乞再留。观察使奏课第一，转容府都督兼侍御史、本管经略使，仍请礼部侍郎张谓作《甘棠颂》以美之。容府自艰虞以来，所管皆固拒山谷，君单车入洞，亲自抚谕，六旬而收复八州。丁陈郡太夫人忧，百姓诣使请留。大历四年夏四月，拜左金吾卫将军兼御史中丞，管使如故。君矢死陈乞者再三，优诏褒许。七年正月朝京师，上深礼重，方加位秩，不幸遇疾，中使临问者相望。夏四月庚午，薨于永崇坊之旅馆，春秋五十，朝野震悼焉。二子以方、以明，能世其业，名虽著而官未立。以其年冬十一月壬寅，虔葬君于鲁山青岭泉陂原，礼也。①

《元基墓志》中载元基为褒信县（治今河南息县包信镇）令，而《元结墓志》载曾祖仁基，褒信令，则元基即元仁基。《新唐书》卷一百四十三《元结传》："元结，后魏常山王遵十五代孙。曾祖仁基，字惟固，从太宗征辽东，以功赐宜君田二十顷，辽口并马牝牡各五十，拜宁塞令，袭常山公。祖亨，字利贞，美姿仪。尝曰：'我承王公馀烈，鹰犬声乐是习，吾当以儒学易之。'霍王元轨闻其名，辟参军事。父延祖，三岁而孤，仁基敕其母曰：'此儿且祀我。'因名而字之。逮长，不仕，年过四十，亲娅强劝之，再调舂陵丞，辄弃官去，曰'人生衣食，可适饥饱，不宜复有所须。'每

---

① （清）董诰等编，孙映逵等点校：《全唐文》卷三四四，第 2071—2072 页。

灌畦掇薪，以为'有生之役，过此吾不思也'。安禄山反，召结戒曰：'而曹逢世多故，不得自安山林，勉树名节，无近羞辱'云。卒年七十六，门人私谥曰太先生。结少不羁，十七乃折节向学，事元德秀。天宝十二载举进士，礼部侍郎阳浚见其文，曰：'一第溷子耳，有司得子是赖！'果擢上第。复举制科。"① 则元结天宝十二载（753）举进士，后又举制科。元结祖上为唐之功臣，元利贞（？—679？）开始转向文化儒学，利贞子元延祖（681？—756？）更多受到道家影响，喜爱山林，隐居于鲁县（治今山东曲阜市）商馀山。"安禄山反，召结戒曰：'而曹逢世多故，不得自安山林，勉树名节，无近羞辱'云"则元延祖仍有家国情怀，在危难时刻，不忘担当。元结（719—772）倜傥而不羁，十七始知书，乃授学于宗兄元德秀，早年居于商馀山，著《元子》十卷。天宝十二载举进士。安史之乱中，逃难于猗玗洞（即飞云洞，在今湖北大冶），著《猗玗子》三篇。此后又移家瀼滨，乃自称浪士，著《浪说》七篇。此后又有《浪说》七篇、《漫记》七篇等作品。又任道州刺史。大历四年夏四月，拜左金吾卫将军兼御史中丞，七年夏四月卒于长安。元结子友直、友正、友让。岑仲勉《郎官石柱题名新著录》卷十三"度支郎中"第八行有元友直。② 元友直大历十二年（777）进士，建中元年（780）举贤良方正能言极谏科。③《资治通鉴》卷二百三十二《唐纪四十八》："贞元三年七月，以度支员外郎元友直为河南、江、淮南句勘两税钱帛使。"④ 大约《元结墓志》中的以方即友直，以明即友正。元结现存诗歌98首，全部是古体诗。元结子元友直有《小苑春望宫池柳色》诗，元结子元友让作有《复游浯

---

① （宋）欧阳修、宋祁：《新唐书》，第4681—4682页。
② 岑仲勉著，向群、万毅编：《岑仲勉文集》，第257页。
③ （清）徐松撰，孟二冬补正：《登科记考补正》，北京：北京燕山出版社，2003年，第777页。
④ （宋）司马光：《资治通鉴》，第7492页。

溪》诗。元结从弟元季川为大历贞元间诗人，有四首留存，元结、元季川是盛唐诗人至元、白二人间的过渡。元结从子元友谅作有《汶川县唐威戎军制造天王殿记》，元友谅事迹未详。详见下文"唐代元氏家族文学与学术文化研究"。

拓跋素子、元德弟赞，好陈军国之事，除司州刺史，拜太子少师、左仆射，卒赠卫将军、仆射如故，封晋阳县伯（《北史》卷一五《魏宗室传·昭成子孙·常山王遵》）。[1] 据《宇文善墓志》，平北将军、平州刺史宇文混子散骑常侍、都官尚书、领左卫将军、金紫光禄大夫、太仆卿、车骑将军、定州刺史、贞惠侯宇文福娶尚书左仆射、卫大将军、司州牧肃公元赞女。宇文福长子字元庆早卒，乃以次子宇文善（字庆孙）为嗣，宇文善拜襄乐县开国男，卒赠使持节车骑将军、冀州刺史、都督冀州诸军事、冀州刺史。[2] 史传、墓志所记多相合，则宇文善妻正为常山王遵孙元赞之女。

《元和姓纂》卷四："常山王寿鸠生遵，遵生素连，素连生羽邻、忠、倍斤、尉、货敦、菩萨、淑。……倍斤生昭……孙祥，生子端、子建，子端生善庆、师奖。善庆孙慈，不仕；生行冲，兵部郎中、国子祭酒、左常侍、中山献公，生允殖、允修。允殖，和州刺史，生轼。货敦玄孙德整，生宝藏、宝林。宝藏，魏州总管、武阳公；生神霁，青州刺史。宝林生威，洛州总管，生守真。守真生澄、湛。澄，遂州刺史。湛生谊，饶州刺史。谊生申，右武卫将军。申生诸，兵部员外。诸生从质。质生谷。"岑仲勉指《元和姓纂》中倍斤和货敦之间未言及尉子孙情况，祥或许即是尉之孙，并以为"申生诸"约"澄生诸"之误。陶敏以为

---

[1] （唐）李延寿：《北史》，第573页。
[2] 赵文成、赵君平：《秦晋豫新出墓志蒐佚续编》，北京：国家图书馆出版社，2015年，第63页。

元谊有弟名谅,为兵部员外郎,"申生诸"约"湛生谅"之误。元谊为贞元时人,其曾孙、玄孙必不能载于《姓纂》。① 姑从此。《元和姓纂》列出的常山王素连之子七人中,拓跋尉的子孙情况似乎未言,而祥为何人之孙亦未言,恐有脱文,大约祥即尉之孙。文成帝子安乐王长乐之后亦有名元师奖者,与昭成帝子常山王遵后裔元祥孙师奖,只是同名。

元善庆孙慈,不仕。元慈子元行冲(653—729),苏颋《陕州龙兴寺碑》:"有唐神龙元年龙集丁巳,应天神龙皇帝出乎震御乎乾也。……制天下州尽置大唐龙兴寺。陕州者,以宏福寺为之。寺则唐武德中所创。……前刺史东平毕使君名构字其忠,謇士也。清心劲节,只服文艺,故其临事,天下谓之直臣。今刺史河南元使君名澹字行冲,精粹士也。正辞雅道,研机礼乐,故其著书,天下谓之良史。"② 则行冲乃其字,本名元澹。神龙元年(705)元澹(行冲)正为陕州(治陕县,今河南三门峡)刺史,前任刺史为毕构(其忠)。《唐会要》卷三十四,神龙元年正月,元行冲正为万年县令③,则大约是年元行冲由万年县令迁陕州刺史。《旧唐书》卷一百二《元行冲传》:"行冲,河南人,后魏常山王素连之后也。少孤,为外祖司农卿韦机所养。博学多通,尤善音律及诂训之书。举进士,累转通事舍人,纳言狄仁杰甚重之。行冲性不阿顺,多进规诫。……开元初,自太子詹事出为岐州刺史,又充关内道按察使。行冲自以书生不堪搏击之任,固辞按察,乃以宁州刺史崔琬代焉。俄复入为右散骑常侍、东都副留守。时嗣彭王志睞庶兄志谦被人诬

---

① (唐)林宝撰,陶敏校证,李德辉整理:《元和姓纂新校证》,第 150 页。引文中部分地名古今对照:和州(治历阳,今安徽和县),魏州(治元城,今河北大名东北),青州(治益都,今山东益都),饶州(治鄱阳,今江西鄱阳),洛州(治洛阳,今河南洛阳),遂州(治方义,今四川遂宁)。
② (清)董诰等编,孙映逵等点校:《全唐文》第 1544—1545 页。
③ (宋)王溥:《唐会要》,北京:中华书局,1955 年,第 626 页。

告谋反，考讯自诬，系狱待报，连坐十数人，行冲察其冤滥，并奏原之。四迁大理卿。时扬州长史李杰为侍御史王旭所陷，诏下大理结罪，行冲以杰历政清贞，不宜枉为谗邪所构，又奏请从轻条出之。当时虽不见从，深为时论所美。俄又固辞刑狱之官，求为散职。七年，复转左散骑常侍。九迁国子祭酒，月馀，拜太子宾客、弘文馆学士。累封常山郡公。……行冲俄又累表请致仕，制许之。十七年卒，年七十七，赠礼部尚书，谥曰献。"① 元行冲是唐代元氏家族中最著名的学者，其学术成就详见下文"唐代元氏家族文学与学术文化研究"，从《旧唐书》本传所列事迹可见元行冲为人耿介刚正。元行冲曾为通事舍人、洺州（治今河北邯郸永年区广府镇）刺史、太子宾客、弘文馆学士。陕州（治陕县，今河南三门峡）刺史、太常少卿、太子詹事、岐州（治雍县，今陕西凤翔）刺史、右散骑常侍、东都副留守、大理卿、左散骑常侍、国子祭酒，结合《旧唐书·元行冲传》和《元和姓纂》可知元行冲父慈不仕、早卒，元慈娶司农卿韦机女。

元行冲子元琰（683—748），字允殖，据《唐故朝议大夫使持节历阳郡诸军事守历阳郡太守上骑都尉袭常山郡开国公河南元府君（琰）墓志铭》：

> 公讳琰，字允殖。……高祖善庆，皇朝议大夫、绛州稷山县令；曾祖怀道，策名东宫，见危授命；大父慈，隐几南郭，居常得终，朝廷嘉焉，赠坊州刺史；皇考行冲，太子宾客、弘文馆学士、丽正修书、上柱国、常山郡公致仕，赠礼部郡公，谥曰献。……君为长胄，……补太子通事舍人，领三辅，为岐州司功曹掾，达四方，乃敕授通事舍人，改簿太常，又丞少府，贰裨陈邓，别乘平原，政能孔彰。恩旨迁

---

① （后晋）刘昫等：《旧唐书》，第3176—3182页。

拜，拜历阳郡守。……天宝七载（748）八月六日薨于平原官舍，春秋六十六。君门承素范，操禀纯贞，进得中和，退存虚静，诗书自悦，琴酒取娱。惜哉！未尽终身之才，有迫生涯之限，以其载十一月十八日，安窆洛阳县崇义乡故城东原，礼也。涂刍俭约，世奉遗仪。嗣子长曰轼，前任上党郡大都督府参军；幼曰辅，童年未仕。……侄前左羽林军录事参军辐书。①

则元善庆子怀道为东宫属官，元怀道子元慈隐居不仕，唐初由有尊崇隐居之风元慈受到朝廷的褒奖，卒赠坊州刺史。元怀道生平及元慈卒后获赠官，皆可补史书之阙。天宝初改州为郡，潞州（治上党，今山西长治）改为上党郡，和州（治历阳，今安徽和县）改为历阳郡，元琰为历阳太守，乾元间郡改为州，历阳郡重又称和州，故《元和姓纂》中称元琰（允殖）为和州刺史其实就是历阳郡守。元允殖有弟允修，允殖为字，则允修当亦为字，允修之名未详，元琰墓志书者其侄元辐即元允修之子。

元赞兄弟行还有内三郎元贷毅。据元贷毅孙元保洛墓志，元保洛曾祖侍中、羽真、使持节、征南大将军、都督河以西诸军事、吐万突镇都大将、中都内都大官、仪同三司、常山康王素连，祖内三郎贷毅，父城阳府法曹参军，迁并州铜鞮令太拔侯。元保洛出身高阳王行参军，后除恒州别驾，都护代尹郡。永平四年（511）二月葬于洛阳，元保洛（？—511？）墓出土于洛阳城北姚凹村东。② 贷毅即《元和姓纂》之货敦，字相近。货敦曾孙元颜子，元颜子之子元德整，元德整子元宝藏，《隋书》卷四

---

① 赵君平、赵文成：《秦晋豫新出墓志蒐佚》，第692页。墓志中相关地名古今对照：稷山县（治今山西稷山），坊州（治中部县，今陕西黄陵）。
② 毛远明：《汉魏六朝碑刻校注》第四册，第162页。

《炀帝纪下》："大业十三年九月，武阳郡（治贵乡，今河北大名东北）丞元宝藏以郡叛归李密，与贼帅李文相攻陷黎阳仓。"① 则元宝藏为隋唐之际人。元宝藏子青州（治益都，今山东益都）刺史元神霁，元神霁子元温（647—683），据《大唐故吏部常选元府君（温）墓志铭》，元温，字守诚，河南洛阳人。十二代祖后魏昭成皇帝，大丞相常山王遵之后。高祖颜子，西安郡王尚书令；曾祖雅，隋金紫光禄大夫、魏郡太守，浮阳郡开国公；祖宝藏，唐银青光禄大夫、魏州诸军事、魏州刺史、河北道行军大总管、武阳郡开国公，食邑二千户；父神霁，唐朝请大夫、潞州司马，袭封武阳郡公。元温任右卫亲卫。永淳二年正月（683）卒，春秋三十七，垂拱元年迁窆于河阳县东廿五里鞠政村西北平原。夫人太原王氏，高祖叡，后魏侍中、吏部尚书，除中书令，进爵中山王；曾祖匡，周任使持节凉州诸军事、凉州刺史、上柱国、眉山郡开国公；祖杰，隋娑□县令、遂安郡司马，除使持节沧州刺史始安县开国男；父炽，唐任上柱国、冀州长史。开元三年卒于私第，春秋六十六，其年十一月与元温合葬于旧茔平原。有子元待仙。② 元神霁还有子元郎，据《大唐元府君（郎）与夫人司马氏合葬墓志铭》："君讳郎，字思恭，河南人也，魏昭成皇帝之十一代孙，迄今为郡人焉。……五代祖颜子，魏尚书、安西郡王；曾祖整，随上开府仪同三司、青州司马；祖藏，皇朝魏州刺史；父卓，潞州司马。……（君）身处长男之位，摄职从政，建官惟贤。枉大才之盛德，沉下僚之卑品。解褐左卫长上，秩满，敕授随州上县丞，岁不我与，时难再得。春秋五十有九，寝疾，卒于龙门庄第也。以开元四

---

① （唐）魏徵等：《隋书》，北京：中华书局，1973年，第93页。
② 周绍良、赵超：《唐代墓志汇编》，第1178页。

年（716）十月二十八日，与夫人司马氏合葬于龙门乡平原，礼也。孝子瓛等，痛结终天，哀深擗地。"①《元和姓纂》中"货敦玄孙德整，生宝藏、宝林。宝藏，魏州总管、武阳公；生神霁，青州刺史"元温曾祖整即德整，祖藏即宝藏。《元郎墓志》中曾祖雅，雅子宝藏，可知雅与整为同一人。《元温墓志》中父神霁、《元郎墓志》中父卓，皆为潞州司马。卓即神霁，大约神霁为卓之字。元温、元郎为兄弟行。

元宝藏弟宝林之曾孙遂州（治方义，今四川遂宁市）刺史元澄，《金石萃编》卷七九《华岳题名》：尚书虞部员外郎兼殿中侍御史元澄与大理评事卢恒、华阴县丞裴言则，以唐大历八年十二月三日题②。韩愈《题合江亭寄刺史邹君》："君侯至之初，闾里自相贺"注：前刺史元澄无政，廉使杨中丞黜之，朝廷遂用邹君。孙汝听曰：杨谓御史中丞湖南观察使杨凭也。合江亭在衡州负郭，今之石鼓头。该诗作于永贞元年（805）。邹君指永贞元年时任衡州刺史的邹儒立。③ 则约贞元间，元澄曾为衡州刺史（治衡阳，今湖南衡阳市）。

元澄弟元湛子饶州刺史元谊。《册府元龟》卷一六五："贞元十年七月，昭义行军司马元谊据洺州以谋乱。谊之弟谅，时为兵部员外郎，素服待罪阙下。"《册府元龟》卷四百二十三："王虔休，为昭义军节度留后。贞元十年七月，昭义行军司马元谊据洺州以谋乱。八月，虔休统兵赴临洺以攻元谊。是月，谊除饶州刺史不行，故虔休率兵攻之。谊又上疏。请率洺州军士防秋于京西，德宗许

---

① 胡戟、荣新江：《大唐西市博物馆藏墓志》，第382—383页。
② （清）王昶：《金石萃编》，《石刻史料新编》第一辑第2册，台北：新文丰出版公司，1982年，第1347页。
③ （唐）韩愈撰，钱仲联集释：《韩昌黎诗系年集释》，上海：上海古籍出版社，1984年，第272—276页。

之，而未敢出。"①王行先作《为王大夫奏元谊防秋表》②。则元澄为昭义行军司马，除饶州（治鄱阳，今江西鄱阳县）刺史而未赴任。《新唐书》卷三九《地理志》："邢州巨鹿郡，上。本襄国郡，天宝元年更名（贞元中，刺史元谊徙漳水，自州东二十里出，至巨鹿北十里入故河。）"③则元谊贞元中曾为邢州（治龙冈，今河北邢台）刺史。《旧唐书》卷十三《德宗纪》："贞元十年秋七月壬申朔，以邕王諴为昭义军节度使，以昭义军押衙王延贵为潞府左司马，充昭义节度留后，赐名虔休。抱真别将权知洺州事元谊不悦虔休为留后，据洺州叛，阴结田绪。……十二年春正月甲午朔。庚子，元谊、李文通率洺州兵五千、民五万家东奔田绪。"据《旧唐书》卷一百四十《田承嗣传》，魏博节度使田承嗣传位从子田悦，田承嗣第六子田绪杀田悦，田绪为魏博节度使，田绪以第三子季安为世子，田季安娶元谊女，生子田怀谏④。元谊摄洺州（治永年，今河北邯郸永年区广府镇）刺史，阴结田绪，正因其结田绪，故以其女适田绪世子田季安。元谊与王建有交游，元谊为邢州刺史时，王建曾至邢州，王建作《从元太守夏宴西楼》、《元太守同游七泉寺》等诗，但王建与元谊同游而作诗，可知元谊亦能诗，惜元谊诗歌已佚。按现所见《元和姓纂》记载，元从质为元谊曾孙，据《唐会要》卷三十九，元和十三年元从质为集贤校理⑤，则元从质从年龄和生活年代上不可能是元谊曾孙，且《元和姓纂》编纂时，元谊或还没有曾孙（即便有至多为幼儿），生活年代看，元从质大约为元友谊子辈，即为元谊或从子。

---

① （宋）王钦若等编纂，周勋初等校订：《册府元龟》第二册，第1836页；第五册，第4798页。
② （清）董诰等编，孙映逵等点校：《全唐文》，第2689页。
③ （宋）欧阳修、宋祁：《新唐书》，第1013—1014页。
④ （后晋）刘昫等：《旧唐书》，第380、383、3845—3847页。
⑤ （宋）王溥：《唐会要》，北京：中华书局，1955年，第704页。

《元和姓纂》卷四："菩萨，赵郡王，孙裕，生武荣、武幹。武荣，唐汾州刺史、蕲春公；曾孙湛，试太府卿，兼河南尹、衡州刺史。武幹生大简，陕州长史，女为让帝妃，赠少师。淑生季海、振。季海，冯翊王、司空。振六代孙光谦，考功郎中、给事中。"①

《金石萃编》卷五十载《万年宫铭》永徽五年（654）五月十五日立，背阴："前汾州刺史、柱国、蕲春县开国伯臣元武荣。"② 则元武荣仕于唐高宗初期。元武荣弟元武幹之子元大谦（661—718），据《大唐故朝议郎行绛州龙门县令上护军元府君（大谦）墓志铭》（外侄孙光禄大夫行秘书监柱国汝阳郡王琎撰，侄孙豫书），元大谦，字仲和，河南洛阳人。后魏昭成帝子常山王之七代孙。曾祖魏金紫光禄大夫、御卫大将军、东雍州牧、赵平郡王乾昙；祖父隋使持节、青卫恒定四州诸军事、四州刺史、凉川郡开国公兴；父唐左监门卫中郎将、上柱国、朔方县开国子武幹。大谦即元武幹第八子。延载元年，起家拜姚州都督府录事参军。神龙二年，转陇州司仓参军。唐元年（睿宗景云元年710），特敕迁右骁卫长史。开元五年拜绛州龙门县令。开元六年（718）三月十三日遘疾终于任所，春秋五十有八。开元廿七年八月四日葬于京兆府咸阳县武安乡肺浮原先茔之侧。有儿嗣子不疑等。同时出土的还有元大谦妻罗婉顺墓志，据《大唐故朝议郎行绛州龙门县令上护军元府君（大谦）夫人罗氏（婉顺）墓志铭》（外侄孙特进上柱国汝阳郡王琎撰，长安县尉颜真卿书），罗婉顺，字严正。其先北魏穆帝叱罗皇后之苗裔，至孝文帝，改汉姓为罗氏，以河南为籍。罗氏八岁丁母忧，后适元大谦，罗氏

---

① （唐）林宝撰，陶敏校证，李德辉整理：《元和姓纂新校证》，第151页。引文中地名古今对照：汾州（治隰城，今山西汾阳市）、衡州（治衡阳，今湖南衡阳市），陕州（治陕县，今河南三门峡市）。
② （清）王昶：《金石萃编》，《石刻史料新编》第二辑第842、844页。

高祖隋开府仪同三司、使持节、灵州诸军事、灵州刺史、石保县开国公昇；曾祖唐驸马都尉、骠骑大将军、右宗卫率、平氏县开国男俨；祖父唐金明公主男福延，福延隐逸山林；父唐朝散大夫行嘉州司仓参军暕。罗氏即罗暕之第二女。以天宝五载三月五日罗氏终于义宁里之私第，春秋四百五十甲子（一甲子六十日，罗氏享年约七十五岁）。以天宝六载二月三日与元大谦合葬，有嗣子不疑等。① 武幹子元大简女为让皇帝李宪妃，元大谦为元大简弟，元大简女为元大谦侄女，李宪子李琎即元大谦、罗婉顺夫妇墓志的撰写者正为元大谦之外侄孙。

元大谦子元不器（705—734）亦有墓志发现，据《大唐故宣义郎前南郊斋郎吏部常选元府君（不器）墓志铭》(堂侄女聟前弘文生武功苏僖撰，堂侄豫书）：

> 元氏之先，其来尚矣。当霸业于后魏，光载图书。洎贻范有唐，尊崇姓氏，所以贵传百代，族茂千古者，人皆具瞻于公之门。公讳不器，字无为，河南洛阳人也。昭成皇帝子常山王之八代孙。曾祖兴，隋使持节、青卫恒定四州诸军事、四州刺史、凉川郡开国公。祖武幹，皇左监门卫中郎将、上柱国、朔方县开国子。父大谦，皇绛州龙门县令、上护军。并文武克备，清明在躬。人无闲言，位不充量。剖符分竹，禁暴戢兵。专美化于乘凫，袭馀训于移鲤。公则龙门府君之第三子也。堂姊宁王妃，地籍高门，姻通戚里。公诗礼习，性孝友。……公经明业就，荫补国子监大（太）学生。俄而南郊有制，择公为升坛行事，遂准常调。为未仕未婚，可久可大。岂期数有迍塞，天无皁白。苗而不秀，良可悲夫。殁而不朽，斯之谓也。

---

① 陕西省考古研究院：《陕西咸阳唐代元大谦、罗婉顺夫妇墓发掘简报》，张杨力铮：《唐代元大谦、罗婉顺夫妇墓志考》，二文同时发表于《考古与文物》2021 年第 2 期。

以开元廿二年（734）四月廿日遘疾，终于云阳县庄第，春秋卅。开元廿七年八月廿四日因龙门府君袭吉龟谋，增封马鬣，遂启陪坟次，卜地于咸阳县武安乡肺浮原。①

从墓志开头之描述，即可见元氏作为北朝朝族，在唐代仍受到一定的尊崇。对元氏家族元不器为元大谦第三子，未仕未婚，年甫三十早逝。墓志撰写者武功苏僖为元不器堂侄女婿，墓志撰写者元豫为元不器堂侄，则苏僖妻元氏与元豫约为元大简或元大宝子也有可能为元武幹其他儿子之孙女。常山王遵孙元盛之后太原府法曹元庭女元淑墓志《唐故陇州刺史男吏部常选张君故夫人河南元氏（淑）墓志铭》即由元不器撰，题作"族兄明经常选不器撰"，已见上文对元淑的考证中。

元大谦兄元大简子元自觉（676—729）墓志亦发现，据《大唐故游击将军左司御率元府君（自觉）墓志铭》（外甥金紫光禄大夫行太仆卿汝阳郡王淳撰，外甥李珵书）：

公讳自觉，字明，河南洛阳人也。植本芳宗，盘根固裔，灵源远派，英胤承荣。才赡通幽，智殷妙达，莫穷厥际，其惟至人。曾祖兴，隋持节，青、卫、恒、定四州诸军事、四州刺史，凉川郡公。明德在躬，为政则理，流芳海岳，播美专城。祖武幹，唐右武卫郎将，左监门卫中郎将，朔方县公。绩著克勤，职司闱禁。父大简，唐咸亨四年，初授鄜州司仓参军事。才弘位卑，自怡不佞。仪凤三年，除游击将军，右卫蓝田府，左果毅都尉。寻除左金吾卫邑阳府左果毅都尉。魁德清雄，伟量幽峻。柔乃有道，刚而复廉。垂拱元年，除朝散大夫，守豊州都督府长史，转迁陕州长史。居政莅人，怀贞训物。景云二

---

① 陕西省考古研究院：《陕西西安唐元不器墓、元自觉夫妇墓发掘简报》，《文博》2021年第4期。

年，赠使持节、都督幽州诸军事、幽州刺史。虽幽明有异，而存殁效官。先天二年，赠太子少师，自晋已来，方列其位，匡翊明两，保傅元良，公即少师之第三子也。才学弘博，词华馥烈。言必三省，行必三思。敬而惟恭，宽而以栗。谦卑自牧，礼节自拘。解褐授蒲州虞乡县主簿，虚心待贤，实腹临事。举不避怨，退不避亲。尚陶侃之风，跆刘祐之德。迁右卫率府胄曹，识用访明，咸美克著。制授尚食直长，品味咸擅，恭职是勤。尽节不渝，罄心无怠。特敕授朝散大夫，太子右赞善大夫。过则在躬，善则称主。寻除游击将军，左司御率。精果爽直，蕴晬忠良。公夙尚清虚，早称令誉。琴樽待客，舞咏求贤。乐而无荒，礼必有度。谿知物极则反，盖尔常然，日月尚犹亏盈，况于人事者也。以唐开元十七年（729）九月廿七日，遘疾薨于京兆义宁里之私第，春秋五十有四。呜呼哀哉。夫人崔氏尚书主客员外潜之第九女也。……以开元廿一年八月八日，迁祔于京兆咸阳县武安乡毕原，礼也。嗣子肱等号彻苍天，摧心厚地。①

元自觉墓志中记录了其父元大简的详细履历，可知《元和姓纂》记载元大简为陕州长史，乃其终官，元大简还曾为游击将军，右卫蓝田府，左果毅都尉，朝散大夫，守丰州都督府长史等官职，景云二年，赠使持节、都督幽州诸军事、幽州刺史先天二年，又赠太子少师。元大简两次获得赠官，与其女为让皇帝李宪妃有关，元自觉李宪妃之亲兄弟，为元大谦之侄，李宪子为元自觉外甥。元自觉妻崔氏，父尚书主客员外郎崔潜。据《新唐书·宰相世系表》博陵崔氏第二房后魏司徒、泰昌景子崔挺之后隋虞部侍

---

① 许卫红：《陕西西安唐元不器墓、元自觉夫妇墓发掘简报》，《文博》2021 年第 4 期。

郎、固安县公崔叔重，叔重曾孙主客员外郎崔濬。① 则元自觉妻为博陵崔氏。

元大谦兄元大宝，据《大唐故元公（大宝）墓志铭》，元大宝，字仲昌，河南洛阳人。后魏昭成帝九代孙，曾祖乾昙，金紫光禄大夫、御卫大将军、东雍州牧、赵平郡王；祖兴，随使持节青卫恒定四州诸军事、四州刺史、良川郡开国公；父左监门卫中郎将。大宝为中郎将第二子，春秋五十，终于华州华阴县之第，夫人陇西李氏，春秋卌有五，终于华阴县之私第。大宝侄女宁王妃为之安葬，以开元廿七年十月十四日李氏与元大宝合葬于华州华阴县琼岳乡之原。② 墓志未言元大宝父之名，据其官职"左监门卫中郎将"，可知即元武幹，大宝为武幹第二子，大谦为第八子。元大宝约为处士。

元大宝长子元遐观，据《大唐故元公（遐观）墓志铭》，元遐观，字观，河南洛阳人，后魏昭成帝十代孙，曾祖随使持节、青卫恒定四州诸军事、四州刺史、良川郡开国公兴；祖左监门卫中郎武幹；父齐王府库真大宝。遐观为元大宝长子。以疾终于华州华阴县之第，春秋三十二，夫人许氏，春秋二十八卒于华州华阴县之第。以开元廿七年十月十四日，元遐观与许氏合葬于华州华阴县琼岳乡之原。元遐观无嗣，堂妹宁王妃助其葬仪。③ 则元大宝、元遐观父子同时下葬，皆由宁王妃助葬，元遐观墓志亦证，大宝父正是左监门卫中郎将元武幹。

元大谦墓志中称其为昭成帝子常山王七代孙，元大谦子元不器墓志称不器为昭成帝子常山王遵八代孙。元大谦兄大宝墓志称元大

---

① （宋）欧阳修、宋祁：《新唐书》，第 2802、2806 页。
② 该墓志见于"黄的貔貅"的微博 https://weibo.com/5580222167/J59MOc9uJ。
③ 毛远明、李海峰：《西南大学新藏石刻拓本汇释》，北京：中华书局，2019 年，上册第 203 页；下册 220 页。

宝为昭成帝九代孙，元大宝子遐观墓志称元遐观为昭成帝十代孙。从唐代墓志看，包括自身在内算几代孙的算法用得较多。昭成帝子寿鸠之子遵封常山王。算昭成帝本人在内至元大宝正好九代，至元遐观正是十代。从昭成帝孙常山王遵算起至元大谦是七代，至元不器是八代。所以元大谦墓志和元不器墓志中的昭成帝子之"子"字为"孙"志误，分别当作元大谦为昭成帝孙常山王七代孙、元不器为昭成帝孙常山王八代孙。

又有荆王府典签元大方，元大方第二女适南阳张承敬，据《大唐故吏部常选骑都尉张府君（承敬）墓志铭记》，张承敬，南阳西鄂人，"曾祖须陁，隋开府仪同三司、蜀王府库真都督、蜀王府司法行参军，迁蜀王亲信二开府长史，加朝散大夫、荥阳郡守，见《隋史》《实录》《诚节传》。祖元备，皇朝起家任洧州扶沟县令、灵州鸣沙县令、豳州司兵参军。奉制追宿卫，授左屯卫真化府长上左果毅都尉，迁营泸二州都督府长史、检校戎州都督。父知礼，太学生明经及第，授怀州参军事、泾州鹑觚县主簿、淄州司户参军事。"张承敬为知礼长子。张承敬授骑都尉，卒于天授二年正月（691），墓志未刻其享年，张承敬娶荆王府典签元大方第二女，景云二年（711）二月二十七日元氏与张承敬合葬于虢州阌乡县桃林乡游龙岗之原。① 《隋书》卷七十一《诚节传·张须陁》称张为弘农阌乡人②，而墓志载张承敬为南阳西鄂（河南南阳北鄂城寺）人，葬于阌乡县（治今河南灵宝西北），则张承敬家族本南阳张氏大族，后迁往阌乡县，此地成为族居地，故还葬于此，《隋书》称其为阌乡人，正就其家族居住地而言。唐高祖第六子李元景贞观十年（636）封荆王，永徽四年（653）坐房遗爱谋反案被赐死，则元大方此期

---

① 毛阳光：《洛阳流散唐代墓志汇编三集》，第146—147页。
② （唐）魏徵等：《隋书》，第1645页。

间为李元景荆王府典签,元大方年龄大约与元大简、元大谦同辈而长,元大方女婿张承敬卒于天授二年,墓志未刻其享年,据合葬时间,元大方女大约卒于景云元年或二年初,元大方女当与元自觉同辈,约年龄略大。元武幹至少有八子,颇疑元大方亦元武幹子,元大方排行较前。元大方为荆王府典签,元大简女尚宁王女,可见这一支元氏与唐宗室联系较密切,这也是元大方约为元大简兄弟行的旁证。

拓跋素子、元赞弟淑(447—507),字买仁,据《元淑墓志》,元淑为常山康王素第二十五子,拜使持节、平北将军、肆朔燕三州刺史、都督(柔玄御夷怀荒三镇)二道诸军事、平城镇将,正始四年(507)十月卒于平城,春秋六十一,赠使持节、镇东将军、都督相州诸军事、相州刺史,谥曰靖。夫人乃贺浑、相州刺史、相国侯、赵郡吕金安第六女,正始五年三月卒于平城金城公馆,春秋五十六,永平元年(508)十一月元淑、吕氏夫妇合葬于白登之阳,元淑、吕氏夫妇墓出土于山西大同市小南头乡东王庄村西北。元淑墓志为太常博士青州田徽撰,相州主簿魏洽书。① 据元淑孙简墓志,祖淑,燕恒朔肆相五州刺史。这是将元淑身前所任和卒后赠官合在一起,较之《元淑墓志》和《北史》卷十五本传中多了恒州刺史,身前所任抑或追赠,姑存疑。元淑孙拓跋慎墓志中载元淑官职与此前相关墓志同,并言元淑夫人为东平侯相国吕继女,吕继当即吕金安,金安约为其字。

元淑子元颢(472—526),字神周,据《魏故使持节、都督冀州诸军事、车骑大将军、冀州刺史、司空公元公(颢)墓志铭》,元颢父安北大将军、肆朔燕相四州刺史靖公淑。墓志称元颢"迁鲁郡太守,剖厘庶政,物议攸归,共治之难,实当斯举。

---

① 毛远明:《汉魏六朝碑刻校注》第四册,第115页。

时孔迹久沦,洙风凤坠,典章坟籍,阙而无闻。公躬修道学,以训后生,文义粲然,化迹大美。"则元颢对鲁地儒学复兴贡献很大。后除持节、征房将军、鄯州刺史(治西都,今青海乐都)。孝昌二年(526)二月卒于第,春秋五十五。墓志题中即元颢卒后赠官,谥曰献武,大统六年(540)十一月窆于山北县杜陵原。① 元颢卒于鄯州,卒后未下葬,八年后魏分东西,鄯州属于西魏领地,元颢未能葬于常山王一支的族葬地洛阳,而是葬在了长安郊外的杜陵原,此地约为西魏元氏宗族的族葬地。元淑子凝,据元淑孙元世绪墓志,元凝,字庆安,魏通直散骑常侍、赠徐州刺史。元凝子元世绪(525—569),字长纶,据《大周使持节、车骑将军、仪同三司、大都督、义州刺史定公(元世绪)墓志铭》,元世绪西魏大统间授持节、(抚)军将军、大都督、加通直散骑常侍、骠骑将军、右光禄。北周保定五年,授使持节、仪同三司、大都督、弘农太守。天和四年(569)五月卒于弘农郡(治今河南灵宝市东北),春秋卅五,谥曰定,天和六年(571)三月葬于长安鸿固乡畴贵里地,元世绪墓出土于陕西西安长安区韦曲镇。墓志亦描述其能文:"公早标聪察,又挺辞令。"元世绪妻魏故度支尚书、仪同三司、南荆州刺史、彭城侯辛庆之女。元淑子荆州刺史元祐之女适孟景邕,据《魏孟氏(景邕)命妇元夫人墓志铭》:

> 夫人,河南洛阳都乡永泰里人也。照(昭)成皇帝六世孙,使持节、征西大将军、仪同三司、侍中、太尉公、常山康王素之曾孙,散骑常侍、都督定州诸军事、征北大将军、定州刺史淑之孙,使持节、散骑常侍、都督荆州诸军事、镇南将

---

① 叶炜、刘秀峰:《墨香阁藏北朝墓志》,第44页。
② 胡戟、荣新江:《大唐西市博物馆藏墓志》,第17页。

军、荆州刺史祐之女，镇西将军、金紫光禄大夫孟景邕之妻。……（夫人）年十二，来嫔孟氏。……春秋卅一，以天平二年岁次乙卯六月丙子朔一日丙子卒于邺之东南静违乡宅。以天平三年十一月廿三日庚申葬于邺都西门豹祠之西南，去城十有馀里。……夫曾祖謇，外都座大官、散骑常侍、都督幽瀛二州诸军事、镇北将军、幽州刺史、襄平侯，谥曰简。祖幹，司空长史、光禄勋卿、使持节、都督青州诸军事、抚军将军、青州刺史。父威，车骑将军、大鸿胪卿、七兵尚书、使持节、侍中、骠骑大将军、仪同三司、都督冀瀛沧三州诸军事、冀州刺史、司空公，谥曰孝景。①

墓志载元淑为定州刺史，定州（治卢奴，今河北定州）就在元淑赠官相州（治邺县，今河北临漳邺镇）刺史的北面，元淑墓志中并未言其曾为或赠官征北大将军、定州刺史，也有可能是后来又赠的官。《魏书》卷四四《孟威传》："孟威，字能重，河南洛阳人。永平中，自镇远将军、前军将军、左右直长，加龙骧将军，出使高昌。还，迁城门校尉、直合将军、沃野镇将。普泰中，除大鸿胪卿，寻加骠骑大将军、左光禄大夫。天平三年卒。赠使持节、侍中、本将军、都督冀瀛沧三州诸军事、司空公、冀州刺史。子恂嗣。"②《元和姓纂》卷九，孟氏条有河南郡望，并列举了晋之孟钦。③孟钦《晋书》有传，长于方术。孟威家族即河南孟氏。孟景邕未详是否即孟威嗣子孟恂。

元淑第三女，据《雍州等觉寺比丘尼僧华光墓志》：

尼俗姓拓拔氏，字华光，魏照成皇帝五世之孙，曾祖讳

---

① 赵文成、赵君平：《秦晋豫墓志搜佚续编》，第90页。
② （北齐）魏收：《魏书》，第1005—1006页。
③ （唐）林宝撰，陶敏校证，李德辉整理：《元和姓纂新校证》，第452页。

遵，左右二丞相、常山王，祖讳素连，大将军、镇都大将、内外二都□□官、常山康王，司朔燕相四州刺史讳淑第三女，司空公、鄗冀二州刺史颢之妹，司空公、尚书令、司州牧、冯翊简穆王季海姊，适琅琊郡公、河内司马裔，魏大统元年□诏授彭城郡公主，夫丧后，以泡沫□恒，遂入道焉。以大周天和五年岁次庚寅三月乙酉朔廿八日壬子终于道场，四月甲寅朔葬于京兆郡万年县鸿固乡吉迁里，春秋八十有一。长子市奴，琅琊郡公。次子法僧。次子康买。次子季礼。

开皇二年元华光迁葬，又有墓志《魏彭城郡公主尼元（华光）之墓志》：

公主讳华光，姓元氏，河南洛阳人也。魏昭成皇帝五世孙，高祖帝之第八子寿久可汗，曾祖魏左丞相、常山王遵，祖魏内都大官、常山王素连，父魏司朔燕相四州刺史、太尉公淑，母吕氏。公主适魏琅琊郡公司马裔，魏大统元年封徐州彭城郡公主，知苦空之无常，识涅盘之究竟，遂入道。周天和五年岁次庚寅三月廿八日薨，时年八十有一，大隋开皇二年岁次壬寅十月十三日窆于杜陵原。大兄，魏使持节、司空公、鄗州刺史讳颢字神周。弟，魏使持节、司空公、襄洛灵泾秦雍六州刺史、侍中、尚书令、司州牧、留守大都督、□冯翊王讳季海字九泉。

周晓薇、王其祎考证司马裔为琅邪王司马金龙孙、司马延宗子。司马裔长子司马市奴袭琅邪公。[①] 元颢葬于杜陵原，元华光亦迁葬杜陵原，此地约即元淑后裔在关中的族葬地。

---

① 元华光两方墓志见于周晓薇、王其祎：《贞石可凭：新见隋代墓志铭疏证》，北京：科学出版社，2019年，第7—9页。

元淑子季海（元华光弟）从孝武帝入关，封冯翊王，为中书令、雍州刺史，迁司空，卒，谥曰穆（此为《北史》卷十五所载，据元季海妻李稚华墓志及元季海子俭墓志，季海谥曰简穆）。季海妻司空陇西李冲女李稚华（498—564），孝庄帝从母，据琅耶王褒书《魏故司空、尚书令、留守大都督、冯翊简穆王（元季海）妃（李稚华）墓志铭》：

> 妃讳稚华，陇西狄道人也，姓李氏。父冲，魏孝文之世侍中、司空、尚书仆射、清渊侯、赠司徒、相州刺史，谥曰文穆。……及离衿趋戒，不及舅姑。冯翊王昆季早亡，惟姊一人，适司马琅耶公，早寡归居。妃敬以姑礼，恪勤妇事，年衰逾笃。魏废帝之在东宫，纳宇文氏为妃，大（太）祖之长女也。爰降嘉招，选为内傅。恭后若干氏，又诏为保母。……春秋六十有七，保定四年（564）六月廿七日，薨于稠贵里舍。……粤八月廿三日，瘗于小陵原，礼也。……息德良，平凉公。息义俭。大女，大将军、延寿公夫人。第二女，出家。第三女，柱国、安武公夫人。①

西魏文帝太子元钦妃宇文泰女以李稚华为内傅。后又为西魏恭帝若干后保母。李稚华适元季海时，元季海父母元淑和昌氏已卒，故墓志云"离衿趋戒，不及舅姑"，元季海兄弟亦早卒，只有一个姐姐为琅邪公夫人，姐姐即元华光，琅邪公即司马裔（见下文元华光墓志），这位姐姐早寡，李稚华像对婆婆那样侍奉她。大女适大将军、延寿公（指鲜卑于寔），二女出家（即元媛柔，墓志见下文），三女适柱国、安武公（即李穆），墓志又云"才兼四德，学苞六艺"可知李稚华具有家学渊源，有一定才学。据《北史》卷十五《魏宗室

---

① 西安市文物稽查队：《西安新获墓志集萃》，北京：文物出版社，2016年，第20页。

传》，元季海子亨，字德良，一名孝才，大统末袭爵冯翊王，累迁勋州刺史，改封平凉王。入周，例降为公。仕隋拜太常卿，出为卫州刺史，在职八年，乞骸骨还长安，卒于家，春秋六十八，谥曰宣。① 元亨又名或又字景才（见下文），《元季海妃李稚华墓志》载息德良，平凉公。元德良即元亨。弘执恭《和平凉公〈观赵郡王妓〉》，则元亨有诗才，作有《观赵郡王妓》（已佚）。元亨（景才）子直阁银青光禄大夫元运，元运子内率府长史元轨，据《唐故内率府长史赠散骑侍郎元君（轨）墓志铭》：

> □讳轨，字行谟，河南洛阳人也。……曾祖海，雍州牧、冯翊王。祖景才，卫州刺史、平凉公。道茂缁衣，积宣皂盖。父运，直阁银青光禄大夫。器高簪绂，名载旗常。大业十三年，讨贼功授正议大夫，迁右武卫武贲郎将。武德四年，翻伪雄州奉见，敕拟前齐户曹参军。五年，从征刘闼，授上骑都尉。九年，任左率府长史。（贞观）三年，奉敕为林邑使副。道阻且长，未复龙川之路；生浮世促，俄为马革之还。以五年四月十日卒于比景。有悼宸衷，乃降诏曰：'元谟远使绝域，中涂殒丧，宜加宠命，式被泉壤。'可赠员外散骑侍郎。以其年十月廿九日，葬于京城南十里。……李神植书。②

元轨曾祖冯翊王海即季海。元轨祖卫州刺史、平凉公景才，可知景才即元亨。

元亨子唐散骑常侍弘度，元弘度女元氏（617—672）适太原王德倩（600—678）。据《大唐故朝散大夫、密王咨议参军王府君（德倩）墓志铭》，王德倩，字倩，太原祁县人，曾祖回（因），后

---

① （唐）李延寿：《北史》，第 574 页。
② 西安市长安博物馆：《长安新出墓志》，北京：文物出版社，2011 年，第 34—35 页。

魏仪同三司、灵州刺史、怀德郡开国公，谥曰景；祖庆，随使持节延青宋中曹颖丹石等八州诸军事、八州刺史、平昌郡开国公，谥曰庄；父崇，随千牛、太子舍人、朝请大夫、始安县开国公。王德倩授吴王府法曹、豫州司兵兼虢王府兵曹参军事，累迁瀛洲任丘县令、徐州沛县令，又授硖州司马。又除朝散大夫、密王府咨议参军。以仪凤三年九月十九日，寝疾终于私第，春秋七十九。夫人河南元氏，曾祖魏冯翊王季海，祖平凉公、雍州牧亨，父唐散骑常侍弘度。年十九归于王德倩，以咸亨三年十月七日终于私第，春秋五十六，开元三年八月二十三日，祔于少陵原大茔。① 《周书》卷三十三《王庆传》载，王庆父王因为魏灵州刺史、怀德县公，而王德倩墓志载其祖父王因为怀德郡开国公。《周书·王庆传》载，武成元年，王庆以前后功，赐爵始安县男。王庆子王崇未见史书记载，王崇封始安县开国公，疑与其父早年赐爵始安县男相关。王德倩主要是任王府法曹、咨议参军（先后为唐太宗子吴王李恪法曹、唐高祖第十五子虢王李凤兵曹参军、唐高祖第二十一子密王李元晓咨议参军）及县令、州司马。

元季海子元俭（535—584），字孝约，据《隋故温州使君元公（俭）铭》，元俭北周时拜大都督、使持节、仪同三司，封乌水县开国侯，出为甘州刺史、蕃部大夫。入隋除洵州刺史，转温州刺史，进爵为公，开皇四年八月卒于位，春秋五十。前夫人枹罕念氏，父魏太师金城公贤。继室博陵崔氏，父周司徒公水大将军安国公宣猷。开皇五年二月与二位夫人合葬于洛阳河南县之北原。② 元俭，字孝约，可推知孝才非元亨另一名，而为其字。《元季海墓志》中

---

① 刘文、杜镇：《陕西新见唐朝墓志》，西安：三秦出版社，2022年，第154—155页。墓志中地名古今对照：任丘（治今河北任丘南），沛县（治今江苏沛县），硖州（治夷陵，今湖北宜昌）。
② 齐运通：《洛阳新获七朝墓志》，北京：中华书局，2012年，第43页。

息义俭、元义俭即元俭。

元季海妃李稚华墓志载第二女出家，第二女即元媛柔（530—582），据《魏司空公尚书令冯翊简穆王第二女比丘尼元（媛柔）之墓志》：

> 尼讳媛柔，字惠柔，姓元，河南洛阳人也。魏照成皇帝六世孙，高祖讳遵，魏左右丞相、常山王；曾祖讳素连，魏大将军、内外二都大官、常山王，谥曰康；祖，魏肆朔燕相四州刺史、太尉公，谥曰静，夫人吕氏；父讳季海，字九泉，魏使持节、侍中、兼司徒公、尚书左仆射、襄洛灵泾秦雍六州刺史、领军将军、司州牧、司空公、尚书令、留守大都督、冯翊王，薨赠本官，谥曰简穆，母陇西李氏，寻拜为妃，父讳冲，字思顺，魏司空公、尚书仆射、清渊公，谥曰文穆，母荥阳郑氏。尼兄弟二人，姊妹有三，身居第二。父母娇怜，偏蒙过庭之及；长而自悟，洞于无为之理。年十四，童子出家，知苦空而励己，惜寸影而要心。……以大隋开皇二年岁次壬寅十月六日遘疾，七日大渐于伽蓝，春秋五十有三，以其月十三日窆于杜陵原。兄，大将军、勋陇洛卫四州刺史、大御正、少司马、平凉公孝才；弟，仪同三司、甘州刺史、乌水公孝约；姊，适司空公、燕国公于寔；妹，适太师、申国公李穆。

孝才即《元俭墓志》中之"景才"即元亨。元媛柔姊燕国公于寔夫人即《李稚华墓志》中之"大女，大将军、延寿公夫人"。北周孝闵帝时于寔封延寿郡公，天和五年袭爵燕国公，是时李稚华已去世。元媛柔妹太师、申国公李穆夫人即《李稚华墓志》中之"第三女柱国、安武公夫人"，李穆在北周世宗时封安武郡公，天和二年（567）进封申国公，隋文帝即位拜太师，是时李稚华已去世。① 元媛柔与其姑元华光皆为尼，同时葬于杜陵原。

元季海第三子拓跋慎（531—555），据《周持节抚军将军大都督显亲县开国子拓跋恭君（慎）之墓志》："父讳海，字九泉，魏吏部尚书、侍中、开府仪同三司、尚书左仆射、东南道大行台大都督、司州牧襄洛灵秦泾雍七州刺史、领军将军、尚书令、司空公、左冯翊王，薨赠本官、雍州刺史，谥简穆。妃陇西人，魏尚书仆射、司空、文穆公李冲女。君讳慎，字仁恭，河南洛阳人也，魏昭成皇帝六世之孙。君兄弟五人，厥次第三。以魏大统十六年，兼符玺郎中。十七年，解给事中。前元年，兼太常少卿。二年，除持节、抚军将军、大都督、通直散骑常侍。随大将军魏安公伐蜀有功，封显亲县开国子，食邑三百户。后二年，转散骑常侍。君少好学，爱文史，为山已匮，方冀有成，而寝疾缠绵，淹历岁序。春秋廿有五，周王元年四月十四日，忽同过隙，其年岁次丁丑十月丁卯十八日甲申，窆于雍州山北小陵原，谥曰恭。"② 元海即元季海，对元季海的叙述与相关墓志基本相同。《拓跋慎墓志》言元拓跋慎有兄弟五人，而《元媛柔墓志》言元媛柔有兄弟二人，姊妹有三，身居第二。结合元季海妻李稚华墓志，言有子二人、女三人。颇疑元季海原有子五人，元亨为老大，元慎（拓跋慎）为老三，元媛柔比元慎大一岁，元俭比元慎小四岁，则五子中大约元慎与另外二子早逝，而仅剩元亨、元俭二子，在五子中，大约元慎前还有一子，故元慎排行诸子中第三，而元俭大约为三、四、五中一人。

元季海兄弟行有元振，元振六代孙元光谦，《唐御史台精舍碑题名考》有监察御史元光谦，引《通典·职官六》："开元初，置御

---

① 周晓薇、王其祎：《贞石可凭：新见隋代墓志铭疏证》，第10—12页。
② 李浩：《榆阳区古代碑刻艺术博物馆藏志》，北京：中华书局，2024年，第4—5页。

史里使及侍御史里使、殿中里使、督察里使等官,并无定员,议与里行同。穆思泰、元光谦、吕太一见户外翟章(璋)并为里使,寻省。"①《大唐故监察御史天水赵府君(陵阳)墓志铭》提及淮南道按察使元光谦。墓志立于开元二十五年(737)。②则元光谦是时为淮南道按察使。元光谦生活在高宗、玄宗时期,与货敦一支之神霁、菩萨一支之武荣大致同辈。

元光谦女适左羽林仓曹河东薛偘,薛偘女为同州司户参军事河东柳鋋(740—803)妻。据孤子方叔撰上《有唐同州司户参军事先府君(柳鋋)墓志》:

> 维唐贞元十九年(803)四月二日,前同州司户参军事柳府君违世于新安县龙涧乡之别业,享龄六十有四,孤子方叔、方贞、方明、方义,茕尔在疚,……闰十月廿六日克窆于邙山之平乐原。府君讳鋋,河东解县人。……十一代祖晋散骑常侍讳恭,讫八代祖宋中兵参军讳绢,四叶葬于八公山。七代祖隋扬州刺史讳僧习,至曾祖皇徐州刺史讳子夏,五世兆于少陵原。王父皇苏州常熟县丞讳从心,卜适于兹。烈考皇荆府仓漕参军讳固,安宅于其右。……夫人同郡薛氏,皇左羽林仓曹偘之女。给事中元君光谦之外孙。③

柳鋋祖上为东晋时南迁的河东柳氏,从十一世祖柳恭南迁至八代祖柳绢皆葬于八公山,此地约即柳氏这一支南迁的族居地。柳僧习为南齐时与裴叔业一同投北魏,孝明帝时拜颍川郡守、扬州大中正,卒官,葬于洛阳。柳僧习子柳鷟(497—532)据《魏故仪同虞昌二州刺史方与子柳君(鷟)墓志铭》,柳鷟袭爵方与子,除魏临淮王

---

① (清)赵钺、劳格撰,张忱石点校:《唐御史台精舍题名考》,第74、18页。
② 周绍良、赵超:《唐代墓志汇编续编》,第559—560页。
③ 齐运通:《洛阳新获七朝墓志》,第311页。

记室参军事，非其所好，后转豫州长史、帐内都督。太昌元年（532）六月卒于豫州之官舍，春秋三十有六，以孝昌二年（533）正月八日权窆于嵩高山。建德五年（576）五月奉迎灵柩，迁于长安，诏赠虞州刺史。建德六年（577）十月，葬于小陵原太夫人寿昌郡君墓次。① 柳鷟妻王令妫（？—568），据《魏司徒临淮王记室柳鷟夫人延寿郡君王氏（令妫）墓志铭》，王令妫，京兆霸城人，年十八归柳鷟，天和三年五月卒于长安，是年十月祔于先姑寿昌郡君墓次。②《周书》卷二十二《柳庆传》："魏孝武将西迁，除庆散骑侍郎，驰传入关……及帝西迁，庆以母老不从。独孤信之镇洛阳，乃得入关。"③ 可知柳鷟弟柳庆在独孤信帮助下携母（即柳僧习妻寿昌郡君）入关。据王令妫天和三年下葬时已祔于寿昌郡君墓志，亦证柳僧习妻随子入关，并葬于长安。柳鷟卒时葬于嵩高山，正因为其家族后随孝武帝入关，所以建德五年其后人将其灵柩迁葬关中。所以柳鋋墓志言柳僧习为隋代官员及葬于关中少陵，原是误记。柳僧习妻及子庆等始入关并葬于关中少陵原。从柳鋋祖父从心开始葬于洛阳邙山，柳鋋亦葬于此。

元淑孙女元幼娥（521—587），适北周郧襄公韦孝宽（509—580），据《大周使持节太傅上柱国雍州牧郧襄公（韦孝宽）之墓志》，韦孝宽京兆杜陵人，祖真意，历冯翊、扶风二郡守，赠泾州刺史；父旭，官至尚书右丞，幽州刺史，赠司空公，谥曰文惠。韦孝宽为北周柱国，封郧国公。先娶华阴杨氏，生长子那罹，长女长英。继娶荥阳郑氏因西魏北周有改胡姓之令，而改贺兰氏，生次子谌（出继孝宽第四弟子谦），世子总，次子寿。三娶拓跋氏，当即由元氏改，生子霁。以大象二年（580）十一月廿七日终于长安，

---
① 赵文成、赵君平：《秦晋豫墓志搜佚续编》，第157页。
② 王连龙：《新见北朝墓志集释》，北京：中国书籍出版社，2012年，第176页。
③ （唐）令狐德棻：《周书》，第370页。

春秋七十二。诏赠使持节、太傅、上柱国、怀衡黎相赵洺贝沧瀛魏冀十一州诸军事、雍州牧，谥襄公，礼也。其年十二月九日归葬于万年之寿贵里。①

韦孝宽继妻郑毗罗墓志已出土，据《魏使持节、骠骑大将军、开府仪同三司、玉璧大都督、晋州建州汾州正平诸军事、南汾州刺史、侍中、建忠公韦孝宽妻安乐郡君郑（毗罗）墓志铭》：

> （夫人）祖祖育，使持节安东将军、豫州刺史。父僧覆，仪同三司、显亲县开国男。母河南元氏，父诱，车骑大将军、开府仪同三司、安意县开国伯。郡君讳毗罗……年十七适韦氏，女德柔顺，内外咸称之。春秋廿有四，（魏废帝）二年（553）春太岁癸酉遘疾，暨乎季夏弗瘳，以六月壬辰朔廿六日丁巳薨于永康寺。以其年十一月庚申朔一日窆于洪固乡之北原也。郡君有子三人，长子奉忠，怀德县□□□。世子卢诃，小子李宜。②

墓志中长子奉忠即韦谌，因杨夫人所生之那罹早卒，而谌为长子，谌过继给韦孝宽弟韦迁。世子卢诃即总，李宜即寿。又有《周柱国大司空郧国公宇文宽夫人贺兰氏（毗罗）墓志铭》

> 夫人讳毗罗，本姓郑氏，魏末改为贺兰，荥阳开封人。……十七有行，言归郧国。……大统末授安乐郡君。……春秋廿有四，以魏废帝二年六月廿六日薨于京兆郡寿贵里第。……建德六年（577）岁次丁酉十一月庚午朔十五日甲申葬于京兆洪固乡旧茔。……亡子总，字善会。郧国世子，柱国、河南贞公。次子寿，字世龄，仪同大将军，御伯安邑伯。

---

① 戴应新：《长安凤栖园韦氏家族墓地墓志辑考》，西安：三秦出版社，2020年，第26—28页。
② 戴应新：《长安凤栖园韦氏家族墓地墓志辑考》，第44页。

>总长子圆成，次子匡伯，次子方就。寿长子宝鸷。

这方也是韦孝宽妻郑毗罗墓志，是她去世二十四年后重制，这方墓志中对郑氏的卒地与魏废帝二年郑氏去世时所载不同，郑氏去世时所制墓志时间近，记得更清晰，似这第一方郑氏墓志所载卒于永康寺较准确。大象二年韦孝宽去世后，与郑毗罗合葬，两方墓志与韦孝宽墓志同时出土。① 郑毗罗祖郑育为孝文帝时秘书监郑羲从父兄荥阳太守德玄孙，豫州刺史为其赠官，生前为太尉祭酒，父荥阳太守郑子考（《魏书》卷五十六《郑羲传》）② 郑毗罗母元氏为景穆帝子南安王桢孙安喜县开国伯元诱女，考证详见下文。韦孝宽第三位夫人元幼娥，据《大隋上柱国太傅司空公郧襄公韦府君（孝宽）夫人元氏（幼娥）墓志》：

>夫人讳幼娥，河南洛阳人也。祖魏使持节、开府仪同三司、大宗正卿、常山王淑。夫人以开皇七年（587）三月二十三日寝疾，薨于洪固乡第，春秋六十有七。以大业六年七月二十三日，迁窆于洪固乡畴贵里旧茔。③

则韦孝宽墓志中所述之夫人河南拓跋氏，即元幼娥，因隋代时已无改胡姓之令，故重又称元氏。元幼娥未与韦孝宽合葬，葬在韦孝宽墓旁。

支系未详。

元进（？—516），字进之，据《魏故符玺郎中元进墓志》，元进为常山康王素孙，除符玺郎中，熙平元年（516）十一月卒于京

---

① 戴应新：《长安凤栖园韦氏家族墓地墓志辑考》，第47—48页。
② （北齐）魏收：《魏书》，第1249页。
③ 戴应新：《长安凤栖园韦氏家族墓地墓志辑考》，第54页。

师修仁里,冬十一月迁窆于穀川之阳。① 因墓志未言元进父,不知其父为拓跋素哪个儿子。

元璨(483—524),字景珍,据《魏故伏波将军乡郡上党二郡丞元璨墓志铭》,元璨为常山王曾孙,乡郡太守第四子。熙平间除乡郡丞,神龟中迁上党丞,正光五年(524)三月终于上党,春秋卅二,是年十一月三日葬于洛阳。妻慕容氏,父散骑常侍、岐州刺史。②

常山王遵一支现可知的文士有:北朝的元颢、元晖、元囧、元晖女(冯邕妻)、元伟、元世绪、元亨、元智及元智妻姬氏、元文遥,唐代的元行恭、元行冲、元庭坚、元怀景、元不器、元佑、元翶、元侗、元子求、元结、元友直、元友让、元友谅、元季川、元谊。

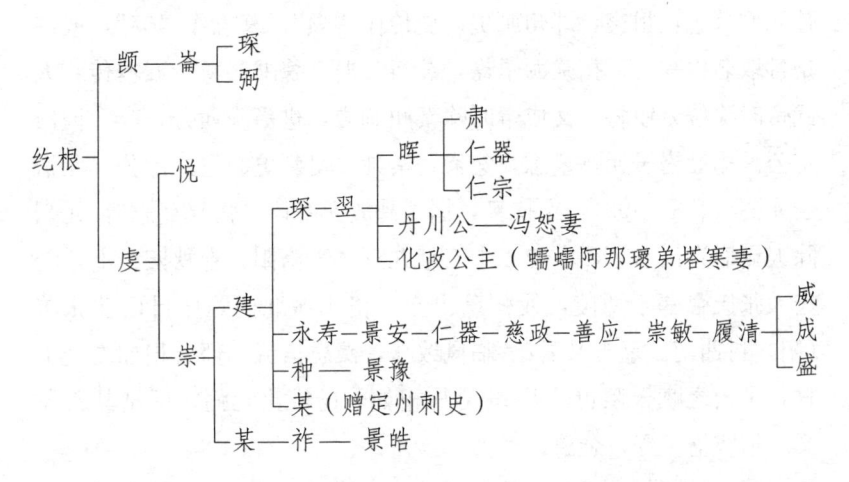

(4) 清河王绍根一支

```
绍根 ┬ 颐 ─ 崙 ┬ 琛
     │         └ 弼
     ├ 悦
     └ 虔 ┬ 崇 ┬ 琛 ─ 翌 ┬ 晖 ┬ 肃
          │                │   ├ 仁器
          │                │   └ 仁宗
          │                ├ 丹川公 ── 冯恕妻
          │                └ 化政公主(蠕蠕阿那瓌弟塔寒妻)
          ├ 建 ┬ 永寿─景安─仁器─慈政─善应─崇敏─履清 ┬ 威
          │    │                                       ├ 成
          │    │                                       └ 盛
          │    ├ 种 ── 景豫
          │    └ 某(赠定州刺史)
          └ 某 ─ 祚 ── 景皓
```

清河王绍根一支,既有史传(《魏书》卷十五《昭成子孙

---

① 齐运通:《洛阳新获七朝墓志》,第11页。
② 吴钢:《全唐文补遗·千唐志斋新藏专辑》,三秦出版社,2006年,第438页。

传·陈留王虔》、《北史》卷十五《昭成子孙传·陈留王虔》）又有墓志发现者有元弼。因墓志发现而知其事迹者：元仁宗、拓跋崇孙赠定州刺史元某。史传有提及虽无本人墓志发现，但相关墓志中有提及者：元颉、元嵩、元翌、元晖。史传有涉及而暂无本人墓志发现亦无相关墓志提及者：拓跋纥根、拓跋虔、拓跋悦、拓跋崇、元建、元琛（元建子）、元祚、元肃、元仁器、元琛（拓跋嵩子）。

清河王纥根一支唐代有墓志发现者：元履清妻穆婉、元盛、丹川公元氏之夫冯恕；有相关墓志提及者：丹川公元君（元翌子）、丹川公女、元履清、元威、元成、元盛。

昭成帝子纥根，据纥根曾孙元弼墓志，曾祖根清河桓王。根为纥根省称。《魏书》、《北史》本传皆未言纥根为清河王，谥曰桓，墓志可补史之阙。纥根子颉，从平中山，以功赐爵蒲城侯。据元颉孙元弼墓志，祖突，肆州刺史。史传作"颉"，墓志作"突"，或许是各取名中一字。拓跋颉子嵩，袭爵。据《魏书》卷十五本传，太武帝时除统万镇将，文成帝时除秦州刺史，进爵陇西公，卒，谥曰定公。据元嵩子元弼墓志，父嵩，秦雍二州刺史、陇西定公。元嵩子元弼（453—499），字扶皇，据《魏故元咨议（弼）墓志》，元弼除太尉府咨议参军，太和二十三年九月卒于洛阳，春秋四十七，与夫人张氏合葬于西陵，元弼墓出土于洛阳城北南陈庄村西北张羊（阳）村西南。墓志又云："临风致咏，藻思情流。郁若相如之美上林，子云之赋云阳也。"① 以司马相如、扬雄比元弼，可见其善属文。拓跋嵩子琛，袭爵。

《元和姓纂》卷四："纥根生虔，陈留王；孙建，生琛、永寿。琛孙晖，隋兵部尚书。晖生仁器。永寿生景安，北齐太保，赐姓

---

① 毛远明：《汉魏六朝碑刻校注》第三册，第314页。

高，周复本姓。孙慈政，唐邛州刺史；生善应，司宾卿、同州刺史。"① 拓跋颉弟虔，武力绝伦，卒，追谥陈留桓王。拓跋虔曾孙定州刺史元某（472—518）有墓志发现，据《□□□□□□骑常侍、镇北将军、定州刺史元公之墓志铭》：

> □□□□□□，河南洛阳人也。派碧浪于河源，别琼枝于崐岫。高祖根，昭成皇帝之第九（六）子。……其孤陈留桓王。……祖征南，以英明继业，燮辅万机。考镇西。……高祖光宅嵩区，博引亲望。公龙骧凤矫，楫浪乘风，一见而缨带云门，再遇而高步龙阙。景明之始，□音弥盛，迁步兵校尉，入侍帷幄，腹背是依，心膂攸托。……世宗宴驾，二圣承天。以本枝槃固，帝者所以亲宗；峻斾烟籁，非亲无以深寄。除武卫将军、散骑常侍、银青光禄大夫。俄而录保护之勋，复迁金紫，封五等伯。寻转右卫将军，馀官如故。流火而拜银青，霜降而承□□。……昔景略岁中五迁，秦史书其令迹，今公一年六转，当世以为美谈。……昊天不吊，梁木先摧，使搏霄之鹏，落翻于中汉；扶崖之照，倾光于半□。春秋卌有七，神龟二年正月八日，薨于洛阳之昭明里宅。……赠使持节、散骑常侍、镇北将军、定州刺史。考终定行，谥曰贞侯，礼也。粤三月十八日，窆于缑氏原少室□□阴廿许里。……曾祖虔，车骑大将军，陈留桓王；曾祖母慕容氏。祖崇，征南大将军，并州刺史；祖母田氏。父眷，镇西将军，高平、怀荒二镇都大将，陈留王；母盛洛郡君，雍州刺史刘归女。②

《定州刺史元某墓志》记拓跋虔为车骑将军、陈留桓王，拓跋虔娶

---

① （唐）林宝撰，陶敏校证，李德辉整理：《元和姓纂新校证》，第151—152页。文中地名古今对照：邛州（治临邛，今四川邛崃），同州（治冯翊，今陕西大荔）。
② 张永华、赵文成、赵君平：《秦晋豫新出墓志蒐佚三编》，第55页。

慕容氏。拓跋虔子悦，封朱提王，拜宗师。明元帝时，谋逆被赐死。拓跋悦弟拓跋崇，袭陈留王爵，拜并州刺史，太武帝时从征蠕蠕，卒，谥曰景王。《定州刺史元某墓志》记元某祖崇为征南大将军、并州刺史，妻田氏。拓跋崇子元建袭爵，降为公，位镇北将军、怀荒镇大将。《定州刺史元某墓志》记元某父眷，镇西将军，高平、怀朔二镇都大将、陈留王。眷妻盛洛郡君、雍州刺史刘归女。刘归在孝文帝时还曾为鸿胪①。眷、建音近，大约元眷即元建，亦有可能本名中有建和眷，墓志、《魏书》各取一字。元建子元琛，除恒肆二州刺史。《定州刺史元某墓志》记元某早年即受到孝文帝的赏识，先后仕于孝文、宣武、孝明三朝，孝明帝时拜武卫将军、散骑常侍、银青光禄大夫，曾一年六转。神龟二年（518）正月八日戊子薨于洛阳之昭明里宅，春秋四十七，赠使持节、散骑常侍、镇北将军、定州刺史，三月十八日窆于緱氏原少室，亦出土于偃师緱氏镇。因墓志右上角漫灭，而无以知其名，《魏书》中亦未记载，《魏书》载元建子元琛，位恒朔二州刺史。定州刺史元某之官职与之对不上，且墓志中亦未言元某袭爵，故元某约非元琛，据其叙述大约为元琛弟。

元琛子元翌，除尚书左仆射。据元翌孙元仁宗墓志，翌为魏尚书右仆射、晋昌王。《隋书》卷四十六、《北史》卷十五《元晖传》皆未提及元翌为晋昌王，元翌所任为尚书右仆射还是左仆射，姑存疑。普泰元年（531）正月元翌曾参与节闵帝元恭、中书舍人元翙、薛孝通等的联句②，则元翌、元翙亦能诗。元翙事迹未详，"翌（翊）"与"翙"二字皆从羽，且皆有飞之意，颇疑元翙为元翌兄弟行。《北史》卷九十八《蠕蠕传》："东、西魏竞结阿那瓌为婚好。

---

① （北齐）魏收：《魏书》卷一百一《宕昌羌传》，第2242页。
② （唐）李延寿：《北史》卷三六《薛孝通传》，第1335页。

西魏文帝乃以孝武时舍人元翌女称为化政公主，妻阿那瓌兄弟塔寒，又自纳阿那瓌女为后，加以金帛诱之。阿那瓌遂留东魏使元整，不报信命。后遂率众度河，以废后为言，文帝不得已，遂敕废后自杀。元象元年五月，阿那瓌掠幽州范阳，南至易水。九月，又掠肆州秀容，至于三堆。又杀元整，转谋侵害。"[1] 则元翌在孝武帝时亦曾为中书舍人，随孝武帝入关，西魏文帝以其女为化政公主，适蠕蠕主阿那瓌之弟塔寒。元整约卒于东魏元象元年（538），元整墓志载其葬于大业九年（613），约为迁葬墓志。[2]

元翌有子封丹川公，丹川公第二女元氏（557—639）适隋开府仪同三司长乐冯恕（544—605），据《大唐故随开府仪同三司平寇县开国公冯君（恕）墓志》：

> 公讳恕，字仁惠，北燕人。周冬官府司录、司空公、晋国公、陕州诸军事、陕州刺史、临高县开国公之第三子。……以大业元年（605）奉使修营洛邑。……春秋六十有二，以其年五月廿七日奄忽薨背，权厝于故乡陕州陕县。夫人元氏，安富郡君，晋昌王孙、丹川公之第二女。……以贞观十三年（639）寝疾私馆，春秋八十有三。其年六月四日倏然薨谢，权殡本第。……以贞观廿年十一月己丑朔十四日壬寅合葬于鄠县长乐乡灌钟里。……长子上骑都尉九成宫总监宝，第二子庆州蟠交县令麟。[3]

冯恕祖上约随孝武帝入关，遂为关中人，冯恕约在周隋之际娶元氏，大业元年参与营建洛邑中发病卒。元翌子元晖，字叔平，北周时拜武伯下大夫，出使突厥，说以利害，使突厥随献方物，拜晖仪

---

[1] （唐）李延寿：《北史》，第 3264 页。
[2] 王其祎、周晓薇：《隋代墓志铭汇考》第六册，第 161 页。
[3] 赵力光：《西安碑林博物馆新藏墓志续编》，第 72—73 页。

同三司。突厥同意和亲，周武帝聘突厥后，授晖开府、转司宪大夫。北周灭北齐，封义宁子。杨坚主政进爵为公。隋朝建，拜都官尚书，兼领太仆。迁兵部尚书，坐事免。后除魏州刺史，以疾去职，卒于长安，谥曰元。元晖子元肃，袭爵，除光禄少卿。元晖子元仁宗（564—590），据《大隋东宫右亲卫元君（仁宗）墓志》，仁宗为义宁公元晖第二子，仕隋除东宫右亲卫，开皇十年（590）十一月卒于长安归化乡弘德坊宅，春秋廿七，以其年十二月葬于大兴县洪固乡永寿里李村东。① 元晖子仁器，除日南郡丞。据《北齐书》卷四十一《元景安传》：

> 元景安，魏昭成五世孙也。高祖虔，魏陈留王。父永，少为奉朝请。自积射将军为元天穆荐之于尔朱荣，参立孝庄之谋，赐爵代郡公。加将军、太中大夫、二夏、幽三州行台左丞，持节招纳降户四千馀家。荣又启封永朝那县子，邑三百户，持节南幽州刺史，假抚军将军。天平初，高祖以为行台左丞，寻除颍州刺史，又为北扬州刺史。天保中，征拜大司农卿，迁银青光禄大夫，依例降爵为乾乡男。大宁二年，迁金紫光禄大夫。景安沉敏有干局，少工骑射，善于事人。释褐尔朱荣大将军府长流参军，加宁远将军，又转荣大丞相府长流参军。高祖平洛阳，领军娄昭荐补京畿都都督，父永启回代郡公授之，加前将军，太中大夫。随武帝西入。天平末，大军西讨，景安临阵自归，高祖嘉之，即补都督。天保初，加征西将军，别封兴势县开国伯，带定襄县令，赐姓高氏。转都官尚书，加仪同三司，食高平郡干，又拜仪同三司。乾明元年，转七兵尚书，加车骑大将军。皇建元年，又兼侍中，驰驿诣邺，慰劳百司，巡省风俗。肃宗曾与群臣于西园燕射，文武预者二

---
① 王其祎、周晓薇：《隋代墓志铭汇考》第一册，第375页。

百馀人。设侯去堂百四十馀步，中的者赐与良马及金玉锦彩等。有一人射中兽头，去鼻寸馀。唯景安最后有一矢未发，帝令景安解之，景安徐整容仪，操弓引满，正中兽鼻。帝嗟赏称善，特赉马两匹，玉帛杂物又加常等。大宁元年，加开府。二年，转右卫将军，寻转右卫大将军。天统初，判并省尚书右仆射，寻出为徐州刺史。四年，除豫州道行台仆射、豫州刺史，加开府仪同三司。武平三年，进授行台尚书令，刺史如故，封历阳郡王。景安之在边州，邻接他境，绥和边鄙，不相侵暴，人物安之。又管内蛮多华少，景安被以威恩，咸得宁辑，比至武平末，招慰生蛮输租赋者数万户。六年，征拜领军大将军。入周，以大将军、大义郡开国公率众讨稽胡，战没。子仁，武平末仪同三司、武卫，隋骠骑将军，卒于丹阳太守。初永兄祚袭爵陈留王，祚卒，子景皓嗣。天保时，诸元帝室亲近者多被诛戮。疏宗如景安之徒议欲请姓高氏，景皓云：'岂得弃本宗，逐他姓，大丈夫宁可玉碎，不能瓦全。'景安遂以此言白显祖，乃收景皓诛之，家属徙彭城。由是景安独赐姓高氏，自外听从本姓。永弟种，子豫字景豫，美姿仪，有器干。永安中，羽林监。元颢入洛，以守河内功，赐爵永安君。后为濮阳郡守。魏彭城王韶引为开府咨议参军，韶出镇定州，启为定州司马。及景安告景皓慢言，引豫言相应和。豫占云：'尔时以衣袖掩景皓口，云"兄莫妄言"'。及问景皓，与豫所列符同，获免。自外同闻语者数人，皆流配远方。豫卒于徐州刺史。①

据《北史》卷十五《魏诸宗室传·昭成子孙·陈留王虔》："建弟嫡子祚，字龙寿。宣武校艺，每于岁暮，诏令教习讲武。初，建以子罪失爵，祚欲求本封。有司奏听祚袭公，其王爵不轻，共求更议，

---

① （唐）李百药：《北齐书》，北京：中华书局，1972年，第542—544页。

诏从之。卒于河州刺史。节闵时，赠侍中、尚书仆射。"[1] 则元祚为元建从子、元永之从兄弟。结合元祚字龙寿，则永寿大约为元永之字，或者永为永寿之省称。元景安初随孝武帝入关，后在西魏、东魏交战时投东魏，北齐初赐姓高氏。其子仁武平末仪同三司、武卫，隋骠骑将军，卒于丹阳太守。景皓为景安之从兄弟，景皓坚持元氏族属，景安投靠高氏，且出卖景皓等。这样更受到高氏的重用。景安弟种之子景豫亦投靠景安而免于高氏之诛，此可见东魏时，元氏家族的政治、宗族等问题的选择。北齐肃宗孝昭帝与群臣在邺城西园燕射，元景安射中兽鼻，受到孝昭帝赏赐。元氏入洛后加速汉化，元景安之工骑射善征战，可以略知在接触了尔朱荣契胡以及高氏、宇文氏等鲜卑化的汉人或保持鲜卑传统的鲜卑族后，部分元氏家族也恢复了鲜卑传统，包括其原先的尚武之气。

元景安孙琼州刺史元慈政，元慈政子同州刺史、金紫光禄大夫、司膳卿、汝阳公元善应，元善应子集州司马元崇敏、元崇敏子处士元履清，元履清妻穆娩，据穆娩第三侄囗囗留守判官将仕郎殿中侍御史内供奉赐绯鱼袋穆员撰《河南元履清夫人同郡穆氏（娩）墓志铭》，穆氏名娩，洛阳人，十一代祖太尉宜都公崇，辅佐元魏定都洛阳；五代祖讳伽，唐殷州刺史；高祖讳弘远，进士擢第，尚书水部员外郎；曾祖固礼，秘书郎；秘书授祖讳恭，稷州录事参军、追赠光禄少卿。父元休，应制三擢甲科，仕相州安阳县令，累追赠左司郎中、秘书少监、同州刺史。穆氏为元休长女。年二十，归于同郡元履清，元履清年三十一即夭亡，元履清卒之第二年穆氏母太原郡夫人亦卒，又过一年穆氏父元休亦卒。穆氏有三子：元威、元成、元盛。穆氏侄穆员与他们一同生活近二十年。安史之乱中穆员父在吴地。大历中，元威仕洪州建昌令，后改大理评事。元

---

[1] （唐）李延寿：《北史》，第576页。

威官终南城令，元成卒官都水监丞。元威去世时有如颜子的年龄（大约四十一岁），元成又多活了十二年。穆氏以贞元三年十一月廿四日遘疠，终于二十五日，春秋七十五。贞元四年二月五日葬于首阳山北原。① 元履清年三十一早逝，子元威、元成皆早卒，第三子河南兵曹元盛（741—795），据穆员《河南兵曹元公（盛）墓志铭》，元盛，字某，河南洛阳人。魏昭成帝之十二代孙，唐金紫光禄大夫、司膳卿、汝阳公善应之曾孙，集州司马崇敏之孙，处士履清之季子。官历宪府、法寺、宰邑、掾京者十政，贞元十一年（795）六月十五日卒于京都绥福里第。享年五十有五，十月四日，归葬于偃师首阳山之北原。元盛大兄、二兄皆早逝。夫人河东柳氏，有女无子。元盛母为墓志作者穆员之伯姑，则盛母亦姓穆。② 不算昭成帝自身，从纥根算起，元盛正韦昭成帝十二代孙。

清河王纥根一支可知文士有元弼、元翌，元翙姑附于此。

(5) 毗陵王顺一支

地干—顺—永—赵光夫元某

昭成帝子地干之子顺，登国初赐爵南安公，后进爵毗陵王，位司隶校尉，道武帝好黄老，道武帝为诸王及朝臣说黄老时，元顺伸懒腰，道武帝怒而废之，后卒于家。③《魏书》未载元顺之后，据元顺孙媳南阳赵光墓志，可知顺子为冠军将军、徐州刺史元永，永子某即赵光之夫，赵光祖黄门侍郎、镇南将军、相州刺史岩，父宁远将军、盛乐太守定。赵光正光元年七月春秋三十八卒于洛阳，是年十月葬于洛阳④。

---

① "黄的貔貅"的微博 https://weibo.com/5580222167/J59MOc9uJ。
② （清）董诰等编，孙映逵等点校：《全唐文》卷七八五，第六册，第4837页。
③ （北齐）魏收：《魏书》卷一五《昭成子孙传·毗陵王顺》，第383页。
④ 毛远明：《汉魏六朝碑刻校注》第五册，第76页。

(6) 昭成帝子力真一支

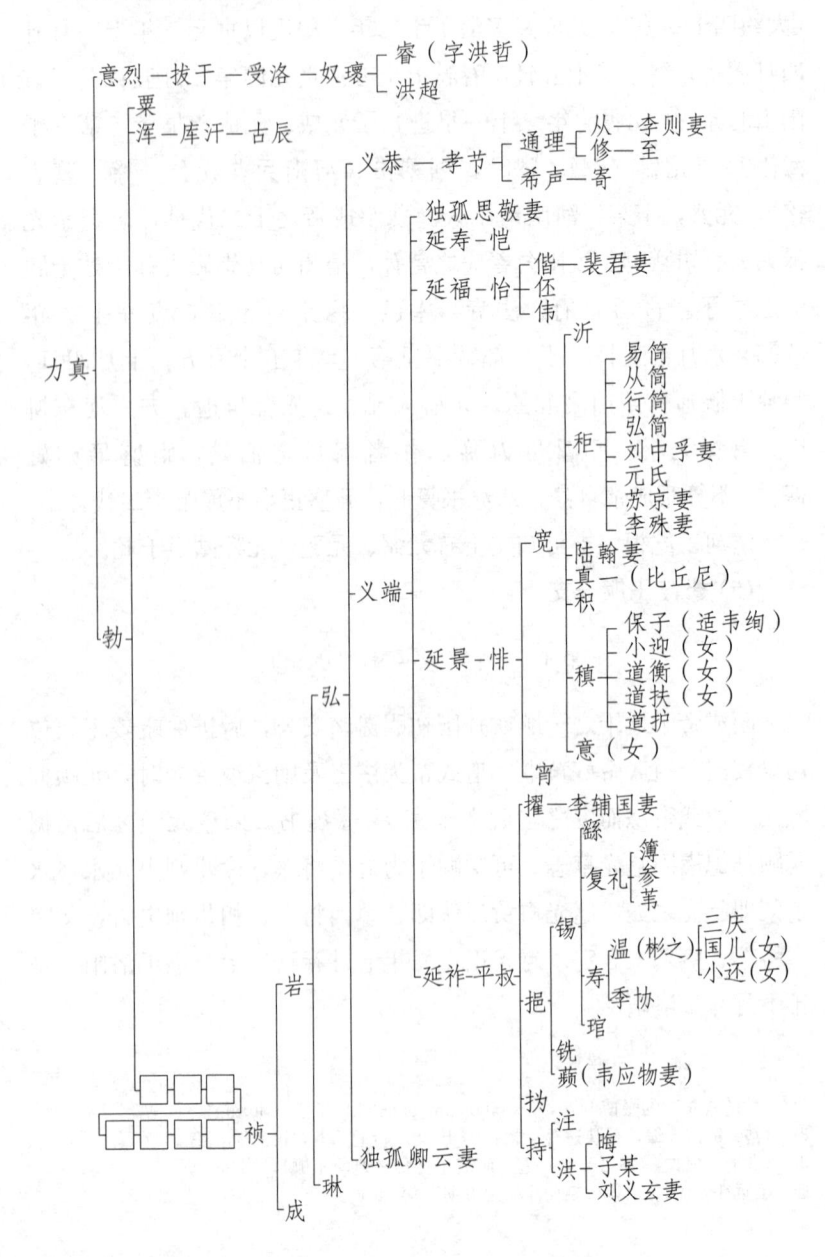

```
            意烈—拔干—受洛—奴瓌┬睿（字洪哲）
           │                   └洪超
           │粟
           ├浑—库汗—古辰                    ┌从—李则妻
           │                     ┌义恭—孝节─通理┼修—至
           │                     │          └希声—寄
           │                     │独孤思敬妻
           │                     │延寿—恺
           │                     │          ┌偕—裴君妻
           │                     │延福—怡  ┼伾
           │                     │          └伟
           │                     │                    ┌沂
           │                     │                    │  ┌易简
           │                     │                    │  ├从简
           │                     │                    │  ├行简
           │                     │                    ├柽┼弘简
           │                     │                    │  ├刘中孚妻
           │                     │                    │  ├元氏
           │                     │                    │  ├苏京妻
           │                     │                    │  └李殊妻
           │                     │                ┌宽┼陆翰妻
力真─勃─┤                     ├义端          │  ├真一（比丘尼）
           │                     │              ┌│  └积
           │                     │              ││      ┌保子（适韦绚）
           │                     │              ││      ├小迎（女）
           │                     │              │└积─┼道衡（女）
           │                     │              │        ├道扶（女）
           │                     │              │        └道护
           │                     │              └意（女）
           │                     │延景—悱
           │                     │                    ┌宵
           │                     │                ┌擢—李辅国妻
           │                     │                │繇
           │                     │                │      ┌簿
           │                     │                │复礼┼参
           │                     │                │      └荁
           │                     │                │          ┌三庆
           │                     │                │锡  温(彬之)┼国儿(女)
           │                     │                │寿        └小还(女)
           │                     │延祚—平叔┤把  ┬季协
           │                     │                │      └琯
           │                     │                │铣
           │                     │                │蘋(韦应物妻)
           ├岩                 │                │扬
           │□□□           │                │      ┌注
           │                   │祯             │持  ┬晦
           │□□              │                │洪  ┬子某
           │                   │琳             │    └刘义玄妻
           │                   │成             │独孤卿云妻
```

· 116 ·

北朝时昭成帝子力真一支中既有史传（《魏书》卷十五《昭成子孙传》、《北史》卷十五《魏宗室传·昭成子孙》）又有墓志记载者暂无，有墓志出土者：元睿。力真子勃一支之后在唐代较为兴盛，唐代时既有史传又有墓志记载者有元蕴，虽无史传但有墓志记载者：元希声、元秬、元秬妹（陆翰妻）、元偕女（裴君妻）、元复礼、元温、元洪、元意（元宽女）、元宽妻荥阳郑氏、元蕴妻韦丛。虽无史传和墓志，但他人墓志中提及者：拓跋受拔（受洛）、元奴瓌（叱奴）、元岩、元弘、元弘女（独孤卿云妻）、元义端、元义端女（独孤思敬妻）、元从、元从女（李则妻）、元宽、元沂、元积、元真一（元宽女、比丘尼）、元易简、元从简、元行简、元弘简、元道衡（元蕴女）、元道扶（元蕴女）、元道护、元小迎（元蕴女）、元保子（元蕴女）、元延祚、元平叔、元挹、元锡、元𧃍、元持、元寿、元琯、元簿、元参、元苇、元季协、元洪女（刘义玄妻）、元三庆、元国儿（元温女）、元小环（元温女）、元晦。

《元和姓纂》卷四："力真生意烈、勃。意烈生伏干（拔干），广川王；玄孙公济，济孙福果。福果生江乘。江乘生攸。勃玄孙祯，生岩、成。岩，隋兵部尚书，昌平公。生弘、琳。弘生义恭、义端。义恭生孝节，工部员外、黄州刺史，生通理、希声。通理，给事中；生从、修。从，右司员外郎、寿州刺史。修生至，河南少尹。希声，中书舍人、吏部侍郎；生寄，寿州刺史。义端，魏州刺史，生延寿、延福、延景、延祚。延寿，睦州刺史；生恺，通州刺史。延福生怡。怡生偕、伾、伟。偕，归州刺史。伟，三原尉。延景生俳（俳），南顿丞。俳（俳）生宽、霄（宵）。宽，比部郎中，生秬、积。积，监察御史。霄（宵），侍御史。延祚，司议郎；生平叔，绵州长史。生挹、扔、持。挹，吏部员外，生注、洪、锡、铣。锡生䬃。洪，饶州刺史，生晦。

挍，太常博士。持，都官郎中。"① 延寿子名"恺"、延祚子名"怡"，而延景子名"俳"，显然不合，兄弟之名因从同一部首，白居易撰《元稹墓志》（引文见下文）及《新唐书·宰相世系表》中延景子正名"悱"。元悱子宽、霄，亦不合，《宰相世系表》霄作宵，宽、宵皆从宀部，正符合兄弟之名往往从同一部首的规律，则宽弟当名"宵"。

昭成帝子力真子意烈，赐爵辽西公，除广平太守。谋袭邺行台和跋，发觉，赐死。拓跋意烈子拔干，除渤海太守，赐爵武遂子，卒，谥曰灵公。拓跋拔干子受洛袭爵，进爵武邑公。据受洛孙元睿墓志，祖受拔，侍中、太尉、武邑贞公。夫人河南穆氏，侍中、中书监、宜都王泰拔（即穆观）女。《魏书》卷十五作"受洛"，《元睿墓志》作"受拔"，大约各取名中一字，本名约为受洛拔。墓志所载约为受洛卒后赠官。其谥号为贞。夫人为宜都王穆观女。拓跋受洛子叱奴，据叱奴子元睿墓志，父奴瓌，平北将军、武川镇将、昌邑子。夫人辽东李氏，父摇，常山太守《魏书》卷十五作"叱奴"，《元睿墓志》作"奴瓌"，大约各取一个，本名为叱奴瓌。叱奴妻常山太守辽东李捶女。奴瓌子元睿（470—514），字洪哲，据《魏故平远将军洛州刺史元使君（睿）墓志铭》，元睿除给事中、羽林监，加伏波将军，出为徐州镇东司马，入为司空从事中郎，延昌三年（514）三月卒于洛阳永和里，春秋四十五，熙平元年（516）三月，葬于乾辅山之南原，去洛阳廿五里，元睿墓出土于河南偃师县杏园村。夫人赵国吕氏，父檀，恒农太守。夫人河南于氏，父

---

① （唐）林宝撰，陶敏校证，李德辉整理：《元和姓纂新校证》，第152—154页。文中地名古今对照：黄州（治黄冈，今湖北新洲），寿州（治寿春，今安徽寿县），魏州（治贵乡，今河北大名东北），睦州（治建德，今杭州建德东），通州（治通川，今四川达州市），三原县（治今陕西三原），绵州（治巴西，今四川绵阳东），饶州（鄱阳，今江西鄱阳）。

兜,恒州刺史。① 奴璝子洪超,除黄门侍郎。据元睿字洪哲,知洪超亦为字。

拓跋勃一支情况,意烈弟勃善骑射,封彭城公。长子粟袭爵,拓跋粟弟宰官尚书浑,浑子殿中给事库汗。库汗子古辰。勃玄孙祯,生岩、成。岩,隋兵部尚书、昌平公。生弘、琳。弘生义恭、义端。古辰正为拓跋勃曾孙,有可能元祯为古辰子,史料阙如,姑存疑。元岩嗣子弘,袭封昌平公。据《大周定王掾独孤公(思敬)故夫人元氏墓志铭》,元氏,河南洛阳人,魏昭成皇帝之后。曾祖岩,隋户部、兵部二尚书,蜀王府长史,昌平郡公;祖弘,隋仓部侍郎,尚书左丞、右丞,司朝谒者,北平郡守,袭昌平公;父义端,唐尚乘、尚食二奉御,唐、易、魏三州刺史。元氏年十六适独孤氏。唐仪凤二年八月三日卒于庆州司户参军第,春秋廿七,周长安三年二月十七日葬于独孤氏之旧茔。② 元弘子义端,为唐尚乘、尚食二奉御,唐(治比阳,今河南泌阳)、易(治易县,今河北易县)、魏(治贵乡,今河北大名东北)三州刺史。元义端女适独孤思敬。独孤思敬墓志亦发现,据《大唐故朝散大夫行定王府掾独孤府君(思敬)墓志铭》,独孤思敬,河南人。汉光武之后。桓灵末,刘卑为北地中郎将,镇桑乾。后率众归后魏平文帝,赐姓独孤氏。曾祖北齐直阁将军、假都督华州刺史、武安郡公、仪同大将军,隋淮州刺史子佳。祖唐大将军司兵参军、户部侍郎、太仆卿、光禄大夫义顺。父尚书主客、度支、吏部三曹郎中,给事中,大理少卿元恺。独孤思敬仪凤二年授庆州司户参军事;秩满,授宣州溧水县丞,又迁蜀州司仓参军事。秩满,授皇孙府主簿。寻授宋州楚丘县令。秩满,随牒授定王府掾。长安三年(703),恩制加朝散大夫。

---

① 毛远明:《汉魏六朝碑刻校注》第四册,第298页。
② 周绍良、赵超:《唐代墓志汇编》,第1005页。

以景龙三年（709）八月十五日终于长安之醴泉里第。故夫人河南元氏，隋兵部侍郎朝谒者弘之孙，唐魏州刺史义端之女。以其年十月廿六日合葬于雍州万年县铜人乡之旧茔。有子前雍州刺史始平尉烜等。① 独孤思敬祖上在东西魏分裂时选择东魏继而入北齐。北齐亡后入北周再入隋，从独孤思敬葬于关中来看，其家族在入北周后已成为中央化的关中士族，而元氏亦是中央化的士族。

大约元弘女为独孤卿云（600—688）妻，据《大唐故豹韬卫大将军检校左羽林军乾陵留守上柱国汝阳郡开国公赠梁州都督独孤府君（卿云）墓志铭》，独孤卿云本姓李，陇西成纪人，汉飞将军李陵之后。曾祖竹，后魏散骑常侍，袭爵永宁郡公。祖屯，周开府，隋上仪同三司、上大将军、瓜凉武三州刺史，木乘县公。父楷，隋骠骑将军、右卫大将军、原益并三州总管、三州刺史，汝阳县公，谥曰恭。独孤卿云起家宿卫，贞观二十一年（647）宿卫考满，袭爵汝南县开国男，授游击将军、守左武侯修武府左果毅都尉。永徽五年（654），授上柱国、除左领军，通乐府右果毅都尉。显庆三年（658），授右卫勋二府左郎将。五年，除定远将军、右卫翊一府中郎将。俄迁太傅，龙朔二年（662），除守右武卫将军，累加明威壮武将军，仍进爵汝阳县开国公。嗣圣元年（684），除右豹韬卫大将军、检校左羽林军，又进爵汝阳郡开国公，食邑二千户。文明元年（684），奉敕为乾陵留守。垂拱四年（688），致仕。以其年十一月二日遘疾，终于雍州明堂县永宁里之私第，春秋八十九。永昌元年（689），赠梁州都督，陪葬乾陵。夫人恒安郡君元氏，隋邠州刺史、昌平公志之女。以证圣元年（695）一月四日，与独孤卿云合葬于乾陵司马门外神道边。有子元立。② 《隋书》卷五十五《独孤楷

---

① 周绍良、赵超：《唐代墓志汇编》，第1102页。
② 张永强：《张海书法艺术馆馆藏石刻选》下册，第308—309页。

传》:"独孤楷字修则,不知何许人也,本姓李氏。父屯,从齐神武帝与周师战于沙苑,齐师败绩,因为柱国独孤信所擒,配为士伍,给使信家,渐得亲近,因赐姓独孤氏。楷少谨厚,便弄马槊,为宇文护执刀,累转车骑将军。其后数从征伐,赐爵广阿县公,邑千户,拜右侍下大夫。周末,从韦孝宽平淮南,以功赐子景云爵西河县公。……子凌云、平云、彦云,皆知名。"① 又《元和姓纂》卷十独孤氏京兆郡:

> 《隋书·独孤楷传》云,不知何许人,姓李氏,父屯,从齐神武战于沙苑,败,为柱国独孤信所擒,配为士伍,赐姓独孤氏,后居京兆。楷弟盛。楷,隋并州总管、汝阳郡公,生凌云、平云、腾云、卿云、彦云。平云,千牛将军、安丘公。彦云,历阳公。腾云,荆府长史、广武公,生奉节。奉节生琬、琰。琬,太仆卿,开元中上表,请改姓李氏,名俌。琰,司勋郎中。卿云,右屯卫大将军、汝归公,生元节。元节生祎之、琼、珍、璩。祎之,左羽材将军。珍生楚、颍、彦、卓。楚生良矩。矩生辅。颍生良佐、良弓、良器、良弼、良史、良儒。良器,通州刺史。良弼,兼御史中丞。良史生玮,进士,复姓李氏。彦生良裔。卓,少府监,生惠、愻、愿、恕、意、忩。愻生志。楷弟盛,隋右屯卫将军、纪公,生僧达。僧达生守中,唐右金吾大将军。②

综合以上史料,则独孤屯本为陇西李氏,仕于东魏,随高欢与北周征战于沙苑时为独孤信所擒,后得到独孤信亲近而赐姓独孤。因居于京兆,而成为京兆独孤氏。独孤屯子楷受到宇文护信任,独孤楷子景云赐爵西河县公,独孤卿云与凌云、平云、腾云、彦云为兄弟

---

① (唐)魏徵等:《隋书》,第1377页。
② (唐)林宝撰,陶敏校证,李德辉整理:《元和姓纂新校证》,第499—501页。

行。独孤彦云参加了武德九年六月四日玄武门之变(《旧唐书》卷六十五《长孙无忌传》)①,《全唐文》卷二百四十五李峤《为独孤氏请陪昭陵合葬母表》:"妾亡祖唐右卫大将军溧阳县公彦云,迹参缔构,功勒鼎彝。亡父唐某傅折冲都尉袭溧阳县公臣某,宠懋戎行,嗣守藩服。"② 则独孤彦云陪葬昭陵,"迹参缔构"正指其参与玄武门之变,为太宗立为太子做出贡献。独孤卿云主要仕于高宗武后时期,受到宠信,赐爵汝阳郡开国公,陪葬乾陵。彦云、卿云陪葬两代皇陵,正可见这支独孤氏(李氏)的家族的地位。独孤腾云孙琬即复姓李氏,而卿云来孙珍亦复姓李氏,可见此家族多恢复了李姓。独孤卿云有子元立、元节。独孤卿云夫人恒安郡君元氏,隋邠州刺史、昌平公志之女。元岩为昌平公,嗣子元弘袭爵昌平公,元弘子元义端唐尚乘、尚食二奉御,唐、易、魏三州刺史。从元义端女适独孤思敬,元弘女适独孤卿云,以及元义端女年龄和独孤卿云年龄,独孤卿云比独孤思敬妻元义端女长51岁,可知独孤卿云比独孤思敬在年龄是至少是两代人(他们不是一个家族,这里只是就年龄比较),独孤卿云妻元氏虽不知年龄,但可以推知比独孤思敬妻元氏也要长一代。独孤卿云妻元氏为昌平公元志女,而据独孤思敬妻墓志载,昌平公为元弘,大约独孤卿云墓志是避唐高宗子孝敬皇帝李弘(652—675)讳,而改"弘"为"志",而独孤思敬妻元氏长安三年下葬、独孤思敬景龙三年(709)与元氏合葬时对李弘的避讳已有松动,故元氏和元思敬墓志未避讳而直接写元氏祖"弘"。

元义端孙元希声(661—707),岑仲勉《郎官石柱题名新著录》"主客员外郎"第三行有元希声。③ 据《唐会要》卷七十五,圣历

---

① (后晋)刘昫:《旧唐书》,第2446页。
② (清)董诰等编,孙映逵等点校:《全唐文》,第1478页。
③ 岑仲勉著,向群、万毅编:《岑仲勉文集》,第277页。

二年（699）元希声为京兆士曹。① 据崔湜《故吏部侍郎元公（希声）碑》，元希声，字某，河南洛阳人。十三代祖魏昭成帝，曾祖隋尚书左丞弘，祖隋南郡司法义恭，父黄州刺史孝节。碑中对元希声才学有详述"三岁便善草隶书，客有闻而谬之者，公援毫立就，动有楷则，故当时目曰神童焉。七岁属文，邈有高致，十四通五经大旨，百家之言，先儒未谕，一览冰释。四方儒墨之士，由是向风矣。雅尚冲漠，脱落人事，鼎钟黼黻，罔汨其志。妙于鼓琴，尤工《幽居》《绿水》之操。常抵傲纵恣，不求闻达。兄通理，以其声华太高，谕其从事，不得已举进士，授相州内黄主簿，临下以简，人用宜之。"后为补校书郎，转右金吾兵曹、万年主簿，征为司礼博士，武后圣历中预修《三教珠英》一千二百卷，迁太子文学主客考功二员外，转太常少卿，又拜吏部侍郎。景龙元年（707）某月卒，春秋四十六。夫人李氏，故亳州刺史某之女，今主客郎中颙之从父妹。元希声与兵部侍郎南阳张说、吏部侍郎范阳卢藏用友善，该碑崔湜撰，张说作铭，卢藏用篆石。② 妻李氏之从父兄李颙所属之郡望籍贯未详。通过碑中对元希声善属文、明五经、工鼓琴、预修《三教珠英》等才学的描写，以及"雅尚冲漠"等萧散疏放之气的描绘，可见虽然失去皇族地位后，元氏家族地位降低，但家族的文化积累已逐渐加大，继承一定的家族传统，在唐初一些元氏还保有迁都洛阳、加速汉化以及与南朝文化交流中而形成的名士气。但随着元氏家族地位的变化，社会环境的变迁，此后的元氏文士中名士气逐渐衰减。亦可见家族地位与社会风尚对家族成员文化的影响。

元希声子寿州（治寿春，今安徽寿县）刺史元寄。元希声有兄

---

① （宋）王溥：《唐会要》，北京：中华书局，1955年，第1356页。
② （清）董诰等编，孙映逵等点校：《全唐文》，第1689—1690页。

通理，《宝刻丛编》卷五：《唐豫州刺史狄梁公碑》唐元通礼（理）撰，党复书，贞元三年重立（《访碑录》）。① 刘敞《双庙记》："开元中，刺史元通理始作《感德碑》载梁公之仁。"② 狄梁公即狄仁杰。元义恭孙元通理大约生活在高宗、玄宗间，开元中曾为豫州刺史，元通理有一定文才。元通理还曾为随州刺史，期间撰《大唐故左卫郎将杨府君（楚锐）墓志文》，杨楚锐卒于先天二年（713）七月八日，是年八月一日葬于雍州万年县少陵原③，则元通理先天间正为随州刺史，大约此后为豫州刺史。元通理子右司员外郎、寿州刺史元从，元从还曾为侍御史④。元从女元氏适歙州长史陇西李则，据李翱《故歙州长史陇西李府君（则）墓志铭》："府君讳则，字某，凉昭武王十三世孙。……宣歙观察使请为判官，奏未下，以疾卒，年七十四。夫人河南元氏，寿州刺史从之女，年六十八，先府君而终。……宝历三年三月，幼子克恭奉府君夫人之丧，归葬于郑州某县岗原。"⑤ 则李则卒终于宝历三年（827）三月前，而元氏先李则而卒。《新唐书·宰相世系表》中元从，右司员外郎；元修，河南少尹。⑥ 岑仲勉据《李则墓志》已指出《元和姓纂》中，"从修生至"之"从"应乙于右司员外郎前，右司员外郎、寿州刺史皆元从之官位，而《元和姓纂新校证》在引了《李则墓志》后，又云寿州刺史乃元修之官，并在《元和姓纂》引文中，云："从，右司郎中。修，寿州刺史。"⑦ 本文的《元和姓纂》引文基本引自《元

---

① （宋）陈思：《宝刻丛编》，《石刻史料新编》第一辑第 24 册，台北：新文丰出版社，1982 年，第 18157 页。
② （宋）刘敞：《公是集》卷五，《景印文渊阁四库全书》第 1095 册，台北：台湾商务印书馆，1986 年，第 709 页。
③ 刘文、杜镇：《陕西新见唐朝墓志》，西安：三秦出版社，2022 年，第 145—146 页。
④ （清）赵钺、劳格撰，张忱石点校：《唐御史精舍题名考》，第 135 页。
⑤ （清）董诰等编，孙映逵等点校：《全唐文》，第 3811 页。
⑥ （宋）欧阳修、宋祁：《新唐书》，第 3403 页。
⑦ （唐）林宝撰，陶敏校证，李德辉整理：《元和姓纂新校证》，第 152、153 页。

和姓纂新校证》，但此处或许是印刷错误，在上文的《元和姓纂》相关引文中已改。岑仲勉指出河南少尹究竟为修之位还是修子至之位，待考，没有更多史料，今仍存疑。

元义恭弟元义端，义端子元延寿，《（淳熙）严州图经》："元延寿，通天二年正月十五日自徐州刺史拜。"① 则元延寿万岁通天二年（697）正月任睦州刺史，此前为徐州刺史。唐代无严州之名，宋宣和三年（1121）改睦州为严州。义端曾孙宽及宽子元积皆有才学，元宽（？—786），比部郎中、舒王府长史。元宽妻荥阳郑氏（747—806），据白居易《唐河南元府君（宽）夫人荥阳郑氏墓志铭》：

> 有唐元和元年九月十六日，故中散大夫、尚书比部郎中、舒王府长史河南元府君讳宽夫人荥阳县太君郑氏，年六十，寝疾殁于万年县靖安里私第。越明年二月十五日，权祔于咸阳县奉贤乡洪渎原，从先姑之茔也。夫人曾祖讳远思，官至郑州刺史，赠太常卿。王父讳晊，朝散大夫、易州司马。父讳济，睦州刺史。夫人，睦州次女也。其出范阳卢氏，外祖讳平子，京兆府泾阳县令。夫人有四子二女，长曰沂，蔡州汝阳尉。次曰秬，京兆府万年县尉。次曰积，同州韦城尉。次曰稹，河南县尉。长女适吴郡陆翰，翰为监察御史。次为比丘尼，名真一。二女不幸，皆先夫人殁。府君之为比部也，夫人始封荥阳县君，从夫贵也。稹之为拾遗也，夫人进封荥阳县太君，从子贵也。……夫人为妇时，元氏世食贫，然以丰洁家祀，传为诒燕之训。……夫人为母时，府君既没，积与稹方龆龀，家贫，无师以受业。夫人亲执书，诲而不倦，四五年间，二子皆以通经入仕。稹既第，判入等，授

---

① （宋）陈公亮修，刘文富纂：《（淳熙）严州图经》，中华书局编辑部《宋元方志丛刊》，北京：中华书局，1990年，第4298页。

秘书省校书郎。属今天子始践阼，策三科以拔天下贤俊。中第者凡十八人，稹冠其首焉。由校书郎拜左拾遗，不数月，谠言直声动于朝廷，以是出为河南尉。①

据元稹《夏阳县令陆翰妻河南元氏墓志铭》：

> 陆氏姊事父母以孝闻，事姑如事母；善伯以悌，顺如事兄。睦族以惠和，煦下以慈爱。四者谓之基德，然而不寿也。呜呼！享年三十有一，殁世于夏阳县之私第，是唐之贞元二十年十二月之初五日也。冬十月十有四，葬于河南洛阳之清风乡平乐里之北邙原，从祖姑兆上。永贞之元年岁乙酉，朔旦景（丙）申，辰在己酉，须时顺也。始祖有魏昭成皇帝，后嗣失国，今称河南洛阳人焉。六代祖严，在周为内史大夫，以谏废。在隋为兵部尚书、昌平公，以忠进。古君子曰：'忠之后必复。'降五世而生皇考府君。府君讳某，以四教垂子孙：孝先之，俭次之，学次之，政成之。当乾元、广德之间，郡国多事，由云阳、昭应尉，冯翊、猗氏长，迁于殿中侍御史。或未环岁，或未浃时，而五命自天，非夫公不来则人不苏，公不迁则善不举，何是之速也！董方书奏议者凡八人，其在比部郎中也。宗人得罪，有不察夫玉与珉类而不杂者，屈我府君为虢州别驾。累迁舒王府长史，至则悬车息宴浩如也。尝著《百叶书要》，以萃群言，秘牒一开，则万卷皆废，由阙惧夫百氏之徒，一归于我囿，所不乐也，故世莫得传焉。德业至矣，不峻其位，不流其化，时哉！时哉！我外祖睦州刺史荥阳郑公讳济，官族甲天下；我太夫人圣善仪六姻，咸重焉。以悯默罚婢仆佣保，以庄厉为鞭笞，用至于儿稚不能夏楚而嚅嚅于他门。肆我

---

① （唐）白居易著，谢思炜校注：《白居易文集校注》，北京：中华书局，2011年，第224—225页。

伯姊，穆其严风，柔以慈旨，于人有肖矣。生十四年，遂归于吴郡陆翰。翰，国朝左侍极兼右相敦信之玄孙，临汝令泌之元子，魏出也。魏之先文贞，有匡君之大德。翰少孤，事亲以至行立，释褐太平主簿，我姊由是而归之。逮陆君之宰夏阳也，事姑垂二十年矣。……（元氏）辞世之日，母不获抚，夫不及决，兄不得临，弟不得侍。天乎淑善，反以为罪乎？二女曰燕曰迎，两男师道峤。夫人兄沂、兄柜、弟积、弟稹，或游远、或守官、或归养，皆不克会葬。陆君先是职于使，又不克董丧。从父季真，以二子襄事，礼也。①

陆翰妻元氏为元稹之大姐，府君即元稹父元宽，墓志中元宽仕历的叙述可补《元和姓纂》但列比部郎中一职之阙，可知元宽还曾为虢州别驾、舒王府长史。元宽还著有类书《百叶书要》。元宽子除了《元和姓纂》所载元柜、元稹还有元沂、元积。元稹有从父季真，或许即元宽弟元宵。元宽妻睦州刺史荥阳郑济女，北朝时元氏即与荥阳郑氏多有婚姻，但元氏失去皇族地位后，元氏家族地位下降，从郑氏嫁到元宽家时元家贫困，即可见，郑氏因元家原有的大族地位而与之联姻，但总体上元氏与世家大族通婚已大为减少。元宽去世时，元积、元稹尚幼，郑氏亲自教以文化，可见世家大族对女子教育亦颇为重视，且亦让其通经。在郑氏教化下"二子皆以通经入仕"即元积、元稹皆登明经科。元宽长女适夏阳（治今陕西韩城南）令吴郡陆翰，吴郡陆氏为江东大族，北朝时元氏未有可知与吴郡陆氏的婚姻，陆氏在隋唐，世家大族地位已充分降低，元氏失去皇族地位后，亦早非一流高门大族，故与吴郡陆氏的婚姻，其实已非大族间的联姻。

---

① （唐）元稹著，周相录校注：《元稹集校注》，上海：上海古籍出版社，2011年，第1375—1377页。

元宽次子元秬（753—819），据元稹《唐故朝议郎侍御史内供奉盐铁转运河阴留后河南元君（秬）墓志铭》：

> 有魏昭成皇帝十一代而生我隋朝兵部尚书府君讳某，后五代而生我比部郎中、舒王府长史府君讳某，君即府君之第二子也。讳某，字玄度，娶清河崔邻女，生四子，长曰易简，荥阳尉；次从简，曲沃尉；次行简，太乐丞；幼弘简。长女适刘中孚，中孚早卒；次婴疾室居；次适苏京，举进士；次适李殊，殊妻早夭。君始以恒王参军附太学治《春秋》，中授左清道府录事参军，历湖丞。秩罢，丁比部府君忧。服阕，调兴平、长安、万年尉。丁荥阳太君忧，服阕，除万年丞。迁监察御史知转运永丰院事，殿中侍御史留务河阴。加侍御史，赐绯鱼袋。元和十四年，以疾去职。九月二十六日，殁于季弟虢州长史稹之官舍。……先府君弃养之岁，前累月而季父侍御史府君捐馆，予伯兄由官阻于蔡，叔季皆十年而下，遗其家唯环堵之宫耳。皆曰："货是以襄二事可也。"君跪言于先太君曰："斯宇也，尚书府君受赐于隋氏，乃今传七代矣。敢有失守以贻太夫人忧，死无以见先人于地下。"由是匍匐乞以终其丧丧。……君之生六十七年矣，四十年事亲，无一日之怠；三十年养下，无一词之倦。……唐元和之己亥，惟孟年十一月十六日仲月之良辰，合葬我元君于咸阳县之洪渎川，从先太君之后域，而共闭于夫人崔之坟。[①]

比部郎中舒王府长史府君，正指元宽；第二子，正指元宽第二子元秬。元秬妻清河崔邻女，有四子四女。对照《元和姓纂》季父侍御史府君正指元宽弟元宵，则元宵卒于元宽前。"斯宇也，尚书府君

---

① 元稹著，周相录校注：《元稹集校注》，第1367—1372页。

受赐于隋氏,乃今传七代矣。"尚书府君指隋兵部尚书元岩,从元岩至元柜正是七代。元宽去世时,长子元沂正为蔡州汝阳尉,故云"由官阻于蔡",叔季指元积、元稹,皆十岁不到,故主丧者为元柜,元柜家贫(正与元宽妻郑氏墓志中,郑氏嫁到元家时元家贫困的记载相合),艰难地办完丧事,也不卖元岩留下的老宅填补空缺。元和十四年(819)九月二十六日元柜卒于季弟虢州长史元稹之官舍,春秋六十七。"季父侍御史府"结合《元和姓纂》可知正指元宵,则宵为元悱最幼子。元柜仅比郑氏小六岁,则郑氏非元柜之母,元柜为元稹异母兄弟。元宽第三子元积曾为金州刺史①,长庆二年元稹为同州刺史时作《告祀曾祖文》:"宗子积,牧民于金,复不克以上牲陪祀。"②则是时元积为金州(治西城,今陕西安康市)刺史。据《旧唐书》卷一百六十六《元稹传》,大和五年七月二十二日元稹,"稹仲兄司农少卿积,营护丧事"③,则元积后为司农少卿。

元宽第四子、元矩弟即元氏在唐代最著名的文士元稹(779—831),据白居易《唐故武昌军节度处置等使、正议大夫、检校户部尚书、鄂州刺史兼御史大夫、赐紫金鱼袋、赠尚书右仆射河南元公(稹)墓志铭》:

> 公讳稹,字微之,河南人。六代祖岩,隋兵部尚书,封平昌公。五代祖弘,隋北平太守。高祖义端,魏州刺史。曾祖延景,岐州参军。祖讳悱,南顿县丞,赠兵部员外郎。考讳宽,比部郎中,舒王府长史,赠尚书右仆射。妣荥阳郑氏,追封陈留郡太夫人。公即仆射府君第四子,后魏昭成皇

---

① 郁贤皓:《唐刺史考全编》,第2758页。
② (唐)元稹著,周相录校注:《元稹集校注》,第1393—1394页。
③ (后晋)刘昫等:《旧唐书》,第7336页。

帝十五代孙也。公受天地粹灵，生而岐然，孩而嶷然。九岁能属文，十五明经及第，二十四调判入四等，署秘省校书。二十八应制策举，入三等，拜左拾遗。即日献《教本书》，数月间上封事六七。宪宗召对，言及时政，执政者疑忌，出公为河南尉。丁陈留太夫人忧，哀毁过礼，杖不能起。服除之明日，授监察御史……长庆初，穆宗嗣位，旧闻公名以膳部员外郎征用。既至转祠部郎中，赐绯鱼袋，知制诰。制诰，王言也，近代相沿，多失于巧俗。自公下笔，俗一变至于雅，三变至于典谟，时谓得人。上嘉之，数召与语，知其有辅弼才。擢授中书舍人，赐紫金鱼袋，翰林学士承旨。寻拜工部侍郎，旋守本官，同中书门下平章事。公既得位，方将行己志，答君知。无何，有憸人以飞语构同位，诏下按验无状。上知其诬，全大体，与同位两罢之，出为同州刺史。始至，急吏缓民，省事节用。岁收羡财千万，以补亡户逋租，其余因弊制事，赡上利下者甚多。二年，改御史大夫、浙东观察使。……在越八载，政成课高。上知之，就加礼部尚书，降玺书慰谕，以示旌宠。又以尚书左丞征还，旋改户部尚书，鄂岳节度使。在鄂三载，其政如越。大和五年（831）七月二十二日，遇暴疾，一日薨于位，春秋五十三。上闻之，轸悼不视朝。赠尚书左仆射，加赗赠焉。前夫人京兆韦氏，懿淑有闻，无禄早世。生一女曰保子，适校书郎韦绚。今夫人河东裴氏，贤明知礼，有辅佐君子之劳，封河东郡君。生三女，曰小迎，未笄；道卫，道扶，韶龀。一子曰道护，三岁。仲兄司农少卿积，侄御史台主簿某等衔哀丧事。裴夫人、韦氏长女暨诸孤等号护墙翣，以六年七月十二日祔葬于咸阳县奉贤乡洪渎原，从先宅兆也。公著文一百卷，题为《元氏长庆集》。又集古今刑政之书三百卷，号

《类集》，并行于代。公凡为文，无不臻极，尤工诗。在翰林时，穆宗前后索诗数百篇，命左右讽咏，宫中呼为元才子。自六宫两都八方至南蛮东夷国皆写传之。每一章一句出，无胫而走，疾于珠玉。又观其述作，编纂之旨，岂止于文章刀笔哉。实有心在于安人活国，致君尧舜，致身伊皋耳。①

岑仲勉《郎官石柱题名新著录》"祠部郎中"第八行有元稹。② 元稹十五岁贞元九年（793）明经及第，二十四岁贞元十八年调判入四等，二十八岁元和元年（806）登制举、明于体用科。白居易指出，元稹工诗文，但他更大的抱负是经世治国。不以作文人为人生目标，而是要"致君尧舜，致身伊皋"是唐代文士较为普遍的志向。元稹母卒于元和元年九月，服丧 27 个月，则元稹最早于元和二年末或三年初为监察御史，《元和姓纂》作于元和初，是时元稹正为监察御史。

前引元稹撰《元秬墓志》："有魏昭成皇帝十一代而生我隋朝兵部尚书府君讳某，后五代而生我比部郎中、舒王府长史府君讳某，君即府君之第二子也。"昭成帝以下十一代为隋兵部尚书元岩，岩之下五代为比部郎中即元稹兄弟之父元宽，元稹兄弟为不算昭成帝自身在内的十七代孙，如果算昭成帝在内是十八代。元稹《唐故建州浦城县尉元君（莫之）墓志铭》："君讳某，字莫之。有魏昭成皇帝十七世而生某官某，君即某官之次子也。……予与君伯季之间十岁相得，师学然诺，出入宴游，无不同也。"③ 元莫之为昭成帝十七代之子，亦即昭成帝十八代孙（算昭成帝本身），正与元稹同辈，元莫之（763—820）长元稹（779—831）十六岁，正与"予与君伯

---

① （唐）白居易著，谢思炜校注：《白居易文集校注》，第 1927—1930 页。
② 岑仲勉著，向群、万毅编：《岑仲勉文集》，第 272 页。
③ （唐）元稹撰，周相禄校注：《元稹集校注》，第 1372—1373 页。

季之间十岁相得"相合,十岁是约数,二人同辈,正为伯季。元莫之是否为元宽兄弟元宵之子,姑存疑。白居易为好友元宗简文集作序时,将元宗简去世的年份长庆二年春误写作长庆三年冬(详见下文),他在为元稹撰墓志时将元稹误写为昭成帝十五代孙,也是有可能的。而《元秬墓志》《元莫之墓志》皆为元稹亲撰,可信度更高。且元稹比元莫之还小十六岁,如果他是昭成帝十五代孙,元莫之是十八代孙,那这辈分怎么也合不上。

元稹为监察御史时其妻韦丛(783—809)卒,据韩愈《监察御史元君(稹)妻京兆韦氏夫人(丛)墓志铭》:

> 夫人讳丛,字茂之,姓韦氏,其上七世祖父封龙门公,龙门之后,世率相继为显官。夫人曾祖父讳伯阳,自万年令为太原少尹副留守北都,卒赠秘书监。其大王父迢,以都官郎为岭南军司马,卒赠同州刺史。王考夏卿,以太子少保卒赠左仆射。仆射娶裴氏皋女,皋为给事中。皋父宰相耀卿。夫人于仆射为季女,爱之,选婿得今御史河南元稹。稹时始以选校书秘书省中,其后遂以能直言策第一,拜左拾遗,果直言失官。又起为御史,举职无所顾。夫人前受教于贤父母,及得其良夫,又授教于先姑氏,率所事所言,皆从仪法。年二十七,以元和四年(809)七月九日卒。卒三月,得其年之十月十三日葬咸阳,从先舅姑兆。①

元稹《遣悲怀》即为悼念韦丛而作。

继妻裴淑(字柔之)为滁州永阳县(治今安徽来安)令裴好古女。据太中大夫权知太府卿上柱国赐紫金鱼袋韦绚撰、翰林待诏朝议郎守明州长史李璟书、翰林待诏朝请郎行左春坊太子典膳柱国毛

---

① (唐)韩愈著,刘真伦、岳珍校注:《韩愈文集汇校笺注》,北京:中华书局,2010年,第1599—1600页。

知俦篆盖《唐故武昌军节度使丞相元公（稹）夫人河东郡君裴氏（淑）墓志铭》①，裴淑（795—862），字柔之，父永阳令裴好古，早卒，裴淑与其兄随母新野庾氏依舅天平军尚书庾承宣。年二十二，在庾承宣从弟左丞庾敬休的牵线下，适元稹。三十七岁时元稹去世，咸通三年（862）四月九日裴淑终于长安安仁里之私第，享年六十八，咸通五年八月六日葬于咸阳北原元稹家族墓地，未与元稹合葬，距元稹之墓数步。据铭文中之"丞相之墓，宰树悲风。韦坟旧西，裴垄新东。左右夹附，举案于中"，可知裴淑葬东，韦丛瘗西，元稹居中。墓志又云："有儿女数人，皆不育。唯一女聪慧强明，适进士李枧。琴瑟不合，迨今在家，李亦不亲迎，天使然也。……初，丞相在武昌，侍人李氏有一□，始绝伯道之叹，幼字阿□，亦曰道护。入仕名谟前家令寺丞，好诗书，壮可室矣。"则裴淑只有一个女儿成人了，另外几个都夭折了，长大的女儿本预适进士李枧，最终未能成婚。结合《元稹墓志》所载"（裴淑）生三女，曰小迎，未笄；道衡，道扶，韶龀。"则后来夭折的有可能是道衡、道扶，原本适李枧的有可能是小迎。据《裴淑墓志》方知元稹子道护为在武昌时的侍人李氏所出。由于道护生母侍人身份，白居易在《元稹墓志》中未提及，而使后世误以为道护为裴淑所出。元稹长女保子为韦丛所出，适韦执谊子校书郎韦绚，也属亲上做亲。元氏是时已衰弱，而韦氏为关陇大族，这样的婚姻也有助于维系元氏和韦氏的家族纽带。《裴淑墓志》正是韦绚所撰。

元稹先于其兄元积而逝。元稹妹元意，元意墓志多有漫灭，故不知元意为何人之妇，通过墓志所题"兄稹撰"知乃元稹之妹，元意贞元十二年十月二十八日终于陶化里之私第，其年五月十二日殡

---

① 裴淑墓志拓片见于"xhpei 的微博"https://weibo.com/n/xhpei。

于邙山，近先茔。①

元义端子延福，延福生怡。怡生偕、伾、伟。偕，归州（治秭归，今湖北秭归县）刺史。元偕女（775—799），适右卫率府胄曹裴某，据乐安县公弼撰《唐故右卫率府胄曹裴府君夫人河南元氏墓志铭》：

> 维唐贞元己卯岁粤正月廿二日，故右卫率府胄曹裴君夫人河南元氏夭于京兆之崇德里，时年廿有五。以明月四日祔于胄曹之茔，从夫也。呜呼哀哉！夫人后魏国姓，实为华宗，盛王本枝，世有明哲，高曾在父，□以显职称。烈考偕，以严直为兰台郎，以令名为赤县尹，二天三郡，终守于岳阳。……夫人岳阳之长女。……及笄而归于裴君。……七年之中，大丧者三，既而身随之。盛德无后，宁宥于是十世哉。……公弼即夫人从母兄。②

贞元己卯岁即贞元十五年（799），墓志撰者公弼为元氏从母兄。据元偕墓志，元偕曾为兰台郎，官终岳州（治巴陵，今湖南岳阳）刺史，则《元和姓纂》载元偕为归州刺史，大约为元偕二天调任三郡中之一郡。《元和姓纂》载元偕弟元伟为三原（治今陕西三原县）尉。韦应物有《酬元伟过洛阳夜燕》（元伟原诗已佚），是诗大约作于大历八年，耿沣有《荐福寺送元伟》。元伟与元宽同辈。元伟有道家著作《真门圣胄集》五卷。③

元义端子元延祚孙吏部员外郎元挹，常衮《授韦元曾吏部郎中等制》："朝请大夫、前行尚书司封员外郎、兼侍御史、护军、赐绯

---

① 赵君平、赵文成：《河洛碑刻拾零》，北京：北京图书馆出版社，2007年，第471页。
② 周绍良、赵超：《唐代墓志汇编续集》，第768—769页。
③ （宋）欧阳修、宋祁：《新唐书》卷五十九《艺文志三》，第1529页。

鱼袋元挹……可行尚书吏部员外郎，散官、勋赐如故。"① 则元挹授尚书吏部员外郎前为尚书司封员外郎、兼侍御史、护军。元挹女元蘋（750—776）为韦应物妻。据朝请郎前京兆府功曹参军韦应物撰并书《故夫人河南元氏（蘋）墓志》：

> 有唐京兆韦氏，曾祖金紫光禄大夫、尚书右仆射、同中书门下三品、扶阳郡开国公讳待价，祖银青光禄大夫、梁州都督、袭扶阳公讳令仪，父宣州司法参军讳銮，乃生小子前京兆府功曹参军曰应物。娶河南元氏夫人讳蘋，字佛力。魏昭成皇帝之后，有尚舍奉御延祚，祚生简州别驾、赠太子宾客平叔，叔生尚书吏部员外郎挹。夫人吏部之长女。动止礼则，柔嘉端懿；顺以为妇，孝于奉亲。尝修理内事之馀，则诵读诗书，玩习华墨。始以开元庚辰岁（740）三月四日诞于相之内黄，次以天宝丙申（756）八月廿二日配我于京兆之昭应，中以大历丙辰（776）九月廿四日癸时疾终于功曹东厅内院之官舍。永以即岁十一月五日祖载于太平坊假第，明日庚申巽时窆于万年县义善乡少陵原先茔外东之直南三百六十馀步。……母尝居远，永绝□恨，遗稚绕席，顾不得留。况长未适人，幼方索乳。又可悲者，有小女年始五岁，以其惠淑，偏所恩爱，尝手教书札，口授《千文》。见余哀泣，亦复涕咽。……一男两女，男生数月，名之玉斧，抱以主丧。②

元蘋卒时年仅三十七岁，有一子二女，皆幼。元氏从迁都洛阳以后，逐渐成为汉化文化世族，元蘋继承家族传统，亦有一定的文学修养。

---

① （清）董诰等编，孙映逵等点校：《全唐文》，第 2498 页。
② 胡可先、杨琼：《唐代诗人墓志汇编（出土文献卷）》，上海：上海古籍出版社，2021 年，第 243—244 页。

元锡为元藙兄弟、韦应物之内弟，韦应物有《寄李儋元锡》、《同元锡题琅琊寺》，作于建中三年（782）至兴元元年（784）韦应物为滁州刺史期间，琅邪山在滁州，《太平寰宇记》卷一百二十八《淮南道六·滁州》："琅琊山在（清流）县西南十二里，其山始因东晋元帝为琅琊王，避地此山，因名之。"①《佛祖统纪》卷四十一："（大历）六年，滁州刺史李幼卿奏，沙门法琛于琅耶山建佛刹绘图以进，帝于前一夕梦游山寺，及览图皆梦中所至者，因赐名宝应寺。"②则韦应物为滁州刺史期间，元锡曾至此探访。元锡贞元十一年（795）为山南西道节度推官将仕郎试太常寺协律郎，山南西道节度行军司马检校尚书刑部员外郎□□御□沈炯撰《蜀丞相诸葛忠武侯新庙碑铭并序》，由元锡书写。③元锡有《衢州刺史谢上表》："臣某言：伏奉九月二十一日恩旨，授臣衢州刺史，以今月十八日到州上讫。"《苏州刺史谢上表》："臣某言：伏奉十一月七日恩敕，授臣持节苏州诸军事守苏州刺史。以今月六日到州上讫……所历衢、婺两州，皆屡荒残之后。侵渔稍息，是朝廷法令之明；饥馑不生，属年岁丰稔之运。"以及《福州刺史谢上表》、《宣州刺史谢上表》。④则元锡曾为衢、婺、苏、福、宣等州刺史。元和四至五年裴垍当国时元锡在衢州刺史任上，元和六至八年在婺州刺史任，元和九年在苏州刺史任。⑤又据朝议郎守尚书考功郎中知制诰昌黎韩愈撰《衢州徐偃王庙碑》，为福州刺史元锡书，元和十年十二月九日立。⑥则元和十年时元锡正为福州刺史，元锡多次书写碑文，

---

① （宋）乐史撰，王文楚等点校：《太平寰宇记》，第 2526 页。
② （宋）释志盘：《佛祖统纪》，台北：财团法人佛陀教育基金会《大正新修大藏经》第 49 册，1990 年，第 378 页。
③ （清）王昶：《金石萃编》卷一〇三，《石刻史料新编》第一辑第 3 册，第 1724—1725 页。
④ （清）董诰等编，孙映逵等点校：《全唐文》，第 4194—4195 页。
⑤ 郁贤皓：《唐刺史考全编》，第 2066 页。
⑥ （唐）韩愈著，刘真伦、岳真校注：《韩愈文集汇校笺注》卷十七，第 1865—1867 页。

可知其为当时书法名家。《旧唐书》卷一五《宪宗纪》："元和十四年（819）六月癸丑，以福建观察使元锡为宣州刺史、宣歙池观察使。"①《册府元龟》："元锡初历衢、苏二州刺史，所至咸有声绩。及除福建观察使，移镇宣州，乃务积货财，通权势，深为公议所责。因除秘书监，分司东都，寻以赃罪，发诏监察御史宋申，锡按验得实，贬璧州刺史。"②则长庆、宝历间元锡还曾为璧州（治诺水县，今四川通江县）刺史。③《旧唐书》卷一七《敬宗纪》："宝历元年（825）秋七月丙辰，淄王傅分司元锡卒。"④《宝刻类编》卷四记《淄王傅元锡碑》李宗闵撰，开成四年（839）七月立，京兆。⑤则元锡去世十四年后，李宗闵为其撰碑，立于京兆。大约其家族已自洛阳迁居京兆。

元锡子元鯀，元鯀擅诗（详见下文"唐代元氏家族文学与学术研究"）。元锡还有子元复礼（799—847），文林郎殿中侍御史内供奉山南西道节度判官庐江何扶撰、季弟承务郎前左春坊太子内直局丞琯衔悲书《河南元愚公真宅铭》：

> 唐有男子河南氏曰元公复礼，字愚公，美厚丰白，能读书，以文为贡，累不得志于礼部。一旦悸苦，取门荫告敕于郓州节度奏支使，摄监察御史，食于莫下。明年，师迁徐州，请公随掌文奏，改里行御史。又明年，刘稹反上党，诏徐州为泽潞，印钥不至，勒银刀卒一万鞯其境。公亦以职指执砚札。在征车中，日草锋镝胜败，及方略奇正与馈辀险易，皆立奏天子。公耆耆下笔，不加驰马者一鞭。贼平，师转灵武。公次殿

---

① （后晋）刘昫等：《旧唐书》，第468页。
② （宋）王钦若等编，周勋初等整理：《册府元龟》第十一册，第10653页。
③ 郁贤皓：《唐刺史考全编》，第2859页。
④ （后晋）刘昫等：《旧唐书》，第516页。
⑤ （宋）佚名：《宝刻类编》，《石刻史料新编》第一辑第24册，第18458页。

中，改节度判官。及前年来凤翔仍职，今春移侍御史。宾主十年，驰驱辅赞于五藩府，而主人益器之。……丁卯岁（即大中元年847）以生册九，卒于五月九日，歧下人哭吊其门。夫人京兆韦氏。父瓘，楚州刺史，华族早世。三男，曰簿、参、苇，暨六女，皆未及冠笄。遵厉之日，元昆赴辟梁镇，自洛千里，如就永诀。其年祔世墓于咸阳。[1]

据相关描述，可知元复礼有文才，善于起草文书。《新唐书·宰相世系表》：淄王傅元锡字君贶生元繇、元复礼、元寿、元琯。韦氏中龙门公韦遵子上谷太守韦善嗣六代孙（不包括善嗣己身）韦瓘字茂弘[2]，根据年代推算，韦瓘即元复礼妻韦氏之父。据元复礼墓志可知元琯确为元锡幼子，为承务郎前左春坊太子内直局丞相。据元寿子元温墓志可知元寿为汉州（治雒县，今四川广汉）刺史兼御史中丞，乡贡进士路启撰《唐故进士元府君（温）墓志铭》：

元彬之讳温，缘中如此，年四十二，咸通十四年（873）四月二日，终招国里第。……以八月廿八日，归咸阳世茔。季协真期再书，谓启曰：与子重有旧，宜为石铭。余以为苟谦妻辞，谁详其实？谨序。元氏河南人，后魏昭成帝其先也，世世为大官。大王父讳抱，皇吏部员外。王父讳锡，皇淄王傅，赠司空。烈考讳寿，皇汉州刺史、兼御史中丞，继以文学德行，在清位。先中丞娶高平徐氏，实生彬之、季协。皇兵部尚书为外王父。彬之髫在首，有先夫人艰，泣慕如壮大。早以孝名，至是竟以在忧绝，非天与其至耶。诵五经书，拟班固为文，尤长于有司试诗赋。先中丞器爱甚，时时仿省中程以奇题，率夜未半，属

---

[1] 故宫博物院、陕西省考古研究院：《新中国出土墓志：陕西（肆）》，北京：文物出版社，2021年，上册第232页，下册第212页。
[2] （宋）欧阳修、宋祁：《新唐书》，第3403、3107页。

写丽谨，誉传于人。连十年举进士。喜退嗜闲，稀踵卿大夫门。然日广知，而岁增荐，不得耦命，志卒不成。先中丞自赤墀下被诬，去浈水，移江华，至郢中，留落殆一纪。庭有彬之，日怡无忧。门中法严，如古人家。彬之师卑承侍，其仪可记。与人言，辄以诚。性甚达，不以得失滑和。往往与兄弟友朋置酒大醉，殊不尚俗，所为饮，只取陶陶，真贤趣也。去年春，先中丞薨，彬之哭病已困。季协亦病，杖出于苫，拜医以祈愿，尽橐中以去兄疾。虽少间，而能曳菅屦者，岁财一二日。今年春，既葬先中丞，前病大发，医莫能为。季使驰告予，予往则目犹可视，言已不具。……今秘书监、尚书韦公绚，彬之老舅也。熟彬之幼性长操，以爱女配之，族德偕宜。生女二人，曰国儿，曰小还，皆幼。男一人，曰三庆，方三岁。①

则元寿娶高平徐氏女，生元温（彬之）、元季协。元彬之娶韦绚女，生子元三庆，女元国儿、元小还。元寿流落期间彬之陪侍身边，彬之有作诗赋的才华，"喜退嗜闲，稀踵卿大夫门"则可见彬之有名士气。元积女婿韦绚（元保子夫）熟悉彬之的才华品德，将女儿嫁给彬之。元积女元保子与元寿同辈，为元彬之族姑，大约徐氏早卒，元寿又娶韦绚妹，故彬之称韦绚为舅。墓志中"诵五经书，拟班固为文，尤长于有司试诗赋。"还可见唐人准备科举时的某些过程。据崔嘏《授元寿陆浑县令制》："敕：右补阙元寿，县令亲人之任，在昔为难，况我每念疲甿，思于共理，尔有利用，可为此官。宜辍任于谏垣，俾足才于宰邑，解牛利刃，来鹿殊祥，勉思三异之能，无忽百里之地，可陆浑县令。"② 则元寿还曾为右补阙、陆浑县（治今河南嵩县东北陆浑村）令。

---

① 故宫博物院、陕西省考古研究院：《新中国出土墓志：陕西（肆）》，上册第255页，下册第232—233页。
② （清）董诰等编，孙映逵等点校：《全唐文》第5册，第4412页。

元挹兄元擢,《旧唐书》卷一百八十四《宦官传·李辅国》:"肃宗又为辅国娶故吏部侍郎元希声侄擢女为妻。擢弟挹,时并引入台省,擢为梁州长史。"① 则元挹有兄梁州长史元擢,其女为李辅国妻。可补《元和姓纂》之阙。弟元扐,天宝三载元扐以判官除监察御史(《旧唐书》卷一百五《韦坚传》)元扐为李林甫女婿(《旧唐书》卷一百六《李林甫传》)② 唐御史精舍题名上亦载元扐为监察御史③。天宝八九载间岑参在安西幕府时作《岁暮碛外寄元扐》,元扐约有答诗(已佚),则元扐约亦有诗才。元扐弟元持,元持子元洪(765—819),据元稹《唐故京兆府盩厔县尉元府君(洪)墓志铭》:

> 唐盩厔县尉讳某,字某,姓元氏,于有魏昭成皇帝为十四世孙。曾曰尚食奉御某,祖曰绵州长史、赠太子宾客某,父曰都官郎中、岳州刺史某,母曰某望阎夫人,妻曰陇西李氏女,子曰某,曰某,女曰某。君始以荫入仕,四仕为盩厔尉。丁太夫人忧,遂不复仕。享年五十五,以疾殁于衢州。元和十五年四月某日,归祔于咸阳县之某乡某里。君少孤力学,通五经书,善鼓琴,能为五言、七言近体诗。……是月二十一日,犹子晦跪于予曰:'某日孤子震襄祔事,请铭于季父。'由是铭。④

盩厔尉某为昭成帝十四世孙,是包括昭成帝本身算起的。结合《元和姓纂》可知志主曾祖为尚食奉御元延祚,祖绵州(治巴西,今四川绵阳东)长史、赠太子宾客平叔,父都官郎中、岳州刺史持,元持妻阎氏,志主为元持子,妻陇西李氏女,有二子一女,其中一子名晦,元晦为元洪子,则墓志主约即元洪,《元和姓纂》载元洪为饶州(治鄱阳,今江西鄱阳)刺史,约为其在元和初的官位。结合

---

① (后晋)刘昫等:《旧唐书》,第4760页。
② (后晋)刘昫等:《旧唐书》,第3224、3241页。
③ (清)赵钺、劳格撰,张忱石点校:《唐御史精舍题名考》,第91页。
④ (唐)元稹著,周相录校注:《元稹集校注》,第1322页。

该墓志可知，元洪为元持子，《元和姓纂》或有倒误，"（生）洪，饶州刺史，生晦"当置于"持，都官郎中"之后。墓志载元洪"能为五言、七言近体诗"，则元洪能诗，惜其诗皆佚。元宽与元持为同高祖兄弟，元持子元洪与元稹为同族兄弟，故元洪子元晦称元稹为季父。岑仲勉《郎官石柱题名新著录》"吏部郎中"第十七行有元晦，"吏部员外郎"第十行有元特（持）、第十一行有元挹，"司封员外郎"第七行有元持①。则元持先为司封员外郎，后与兄挹皆为吏部员外郎，还曾为岳州（治巴陵，今湖南岳阳）刺史。杜甫《〈观公孙大娘弟子舞剑器行〉序》："大历二年十月十九日，夔府别驾元持宅，见临李十二娘舞剑器。"是时元持为夔府别驾，则为岳州（治巴陵，今湖南岳阳）刺史在此后，亦在大历间，盩厔尉某元和十五年葬，约生于大历初，其少孤，则父元持约卒于大历间。② 杜甫《七月三日亭午已后校热退晚加小凉稳睡有诗因论壮年乐事戏呈元二十一曹长》，是诗作于大历元年，陶敏以为元二十一曹长即元持。肃宗末、代宗初，持任夔州别驾之前，当已迁都官郎中，故呼之为曹长。元持为郎中当在李辅国掌禁兵专国事时。宝应元年六月，辅国失势，九月，裴冕、韩颖、刘烜等皆坐辅国事或贬或死，元持之贬当亦在此时。③ 元持大约曾与独孤及交游作诗（详见下文"唐代元氏家族文学与学术文化研究"）。独孤及《祭吏部元郎中文》约作于大历初独孤及为常州刺史时，不知元郎中是否即元持，元持卒于大历间，但现有资料未言元持为吏部郎中，姑存疑。

韦应物《过扶风精舍旧居简朝宗巨川兄弟》，陶敏先生以为朝宗、巨川即元注、元洪兄弟，盖名与字相应。④ 元洪为元持子，而

---

① 岑仲勉著，向群、万毅编：《岑仲勉文集》，第223、226、232页。
② 郁贤皓：《唐刺史考全编》，第2397页。
③ 陶敏：《全唐诗人名汇考》，沈阳：辽海出版社，2006年，第382页。
④ （唐）韦应物著，陶敏、王友胜校注：《韦应物集校注》，上海：上海古籍出版社，1998年，第100页。

"注"字亦为水部,大约元注亦为元持子,元注、元洪为兄弟,与元锡为从兄弟。韦应物妻乃元锡之妹,与元注、元洪为从兄妹,所以多有来往。据梁肃《送元锡赴举序》:"初元之明年,予与君贶兄洪,俱参淮南军事。"① 初元之明年指建中二年(781),可知元洪字君贶,与梁肃一同参淮南军事,是时杜佑镇淮南,元梁二人同为其幕僚。据《旧唐书》卷一百五十六《于𬱖传》,贞元末元洪为邓州(治穰县,今河南邓州)刺史,为山南东道节度观察使于𬱖所诬,流端州,又改除吉州长史。② 元洪还长于《春秋》学,并有为政才能主张对民减税(详见下文"唐代元氏家族文学与学术文化研究")郁贤皓以为元洪由吉州(治庐陵,今江西吉安)长史累迁饶州刺史,约元和七至九年为饶州刺史。③

据陕虢华州观察使将仕郎监察御史里行李莞撰、乡贡进士尚赞书《唐故陕州硖石县令刘府君(尚质)墓志铭》,刘尚质,字达夫,广平易阳人。高祖令植,唐给事中、中书舍人、礼部侍郎,赠太子太傅,谥号宪公;曾祖孺之,唐汝州刺史、京兆少尹,赠工部侍郎;祖从一,唐中书侍郎、同中书门下平章事,赠司空,谥号敬公;父唐大理少卿、太府少卿、太子詹事、密眉彭洋四州刺史义玄。母河南元氏,外祖父泗州刺史、兼御史中丞洪。刘尚质咸通七年十月二十八日寝疾,终于三原别墅,享年五十二,咸通八年(867)正月二十八日,葬于京兆府万年县洪原乡曹赵里,祔于先茔。④ 元持子元洪生于大历元年(766),刘尚质生于元和十一年

---

① (清)董诰等编,孙映逵等点校:《全唐文》第4册,第3119页。
② (后晋)刘昫等:《旧唐书》,第154页。
③ 郁贤皓:《唐刺史考全编》,第2306—2307页。
④ 李浩:《榆阳区古代碑刻艺术博物馆藏志》,北京:中华书局,2024年,第294—295页。墓志中古今地名对照:易阳县(治今河北邯郸市永年区临洺关镇),密州(治诸城,今山东诸城),眉州(治通义,今四川眉山),彭州(治九陇县,今四川彭州),洋州(治西乡,今陕西西乡),泗州(治临淮,今江苏淮安洪泽区洪泽湖西岸)。

(816)，元洪长刘尚质50岁，年龄上元洪确实是刘尚质外祖父的辈分。《元洪墓志》言其"四仕为盩厔尉"，上文已述，元洪曾为饶州刺史、邓州刺史、吉州长史，再加上《刘尚质墓志》所载泗州刺史、兼御史中丞，正好为四仕，元洪任四职而最后为盩厔县尉，则元持子元洪大约即刘尚质外祖父，元洪女适大理少卿、太府少卿、太子詹事、密眉彭洋四州刺史广平刘义玄，生刘尚质。明元帝子乐安王范之后晋州司马元莹第二女适交城县令广平刘遵素，据《唐故朝请大夫太原府交城县令刘府君（遵素）墓志铭》，刘遵素，字素，广平易阳人。曾祖吏部、中书二侍郎林甫；祖吏部郎中、秘书监应道；父吏部郎中献臣。① 刘林甫子应道，刘应道子令植。② 结合《刘遵素墓志》刘献臣亦为刘应道子，《元和姓纂》中刘应道子仅载令植一人，可补史之阙。再结合《刘尚质墓志》，可知刘令植子孺之与刘献臣子遵素为从兄弟，刘孺之子从一与刘遵素子千金为再从兄弟，刘从一子义玄，刘义玄子尚质，刘尚质为刘遵素族曾孙。据《刘尚质墓志》，刘义玄继娶郑州中牟县（今河南中牟）尉进士清河崔绚女，崔氏为墓志撰写者李尧之姨，李尧为刘尚质姨兄。则元氏先刘义玄而卒。据《大唐故朝请大夫交城县令广平刘公（遵素）夫人河南县君元氏墓志铭》，元氏曾祖邛州刺史纯；祖金、寿二州刺史玄敬；父朝议大夫、晋州司马莹。大历二年七月终于泗州临淮县，享年六十六③，而刘义玄妻元氏之父元洪曾为泗州刺史，元洪为刘义玄岳丈亦即其父辈，则元洪与刘义玄父从一、刘遵素子千金为同辈，元遵素妻元氏终于泗州临淮县，当是晚年居于此，大约此时广平刘氏有家族成员居于泗州，元洪为泗州刺史时，与刘氏家族更为熟识，将女儿许配刘义玄。

① 李浩：《榆阳区古代碑刻艺术博物馆藏志》，第180—181页。
② （唐）林宝撰，陶敏校证，李德辉整理：《元和姓纂新校证》，第244页。
③ 李浩：《榆阳区古代碑刻艺术博物馆藏志》，第188—189页。

元洪子元晦曾为吏部郎中。李德裕《授元晦谏议大夫制》："吏部郎中元晦，往在内廷，尝感先顾。奋发忠恳，不私形骸，俯伏青蒲，至于雪涕。……可谏议大夫。"① 则元晦为吏部郎中又授谏议大夫。元晦应宝历元年（825）贤良方正、能言极谏科。② 据郁贤皓考证，约开成末至会昌初元晦曾为建州刺史，会昌二年（842）至五年，元晦曾为桂管观察使，会昌五年至大中元年（845—847）元晦曾为浙东观察使。③《唐尚书省郎官石柱题名考》引《唐会稽太守题名记》：元晦大中元年五月追赴阙，中路除卫尉，分司东都。又引丁居晦《重修承旨学士壁记》：元晦，大和八年八月九日，自殿中侍御史充，九月十六日赐绯；九月二十八日加库部员外郎；九月十一日出为本官。④ 元晦有文才，现可知在桂林时元晦作有诗文（详见下文"唐代元氏家族文学与学术文化研究"）。元稹元和十五年于长安作《寒食日毛空路示侄晦及从简》："我昔孩提从我兄，我今衰白尔初成。分明寄取原头路，百世长须此路行。"元稹早年跟从其异母兄元秬，元从简为元秬之次子，为元稹之侄。元晦为元稹族兄弟元洪之子，为元稹之族侄。"原头路"指咸阳县奉贤乡洪渎原，元稹祖茔之所在。⑤

力真一支在北朝时暂无可知的文士，唐代时现可知有文士元通理、元希声、元伟、元宽、元稹、元扐、元持、元锡、元繇、元复礼、元洪、元晦。

昭成帝子孙支系未详

元祉（479—529），字显庆，据《魏故使持节、侍中、太保、司

---

① （清）董诰等编，孙映逵等点校：《全唐文》，第4229页。
② （宋）王钦若等编纂，周勋初等校订：《册府元龟（校订本）》卷六百四十五《贡举部七》，第7447页。
③ 郁贤皓：《唐刺史考全编》，第2182、3253、2012页。
④ （清）劳格、赵钺著，徐敏霞等点校：《唐尚书省郎官石柱题名考》，第184页。
⑤ （唐）元稹撰，周相禄校注：《元稹集校注》，第237—238页。

徒公、都督冀定沧瀛四州诸军事、骠骑大将军、冀州刺史、平原武昭王（元祉）墓铭》，元祉为烈祖昭成帝之远孙，释褐散骑常侍，后除东秦州刺史，转太仆卿，授华州刺史，擢镇军将军、金紫光禄大夫封城阳县开国公，除侍中、中军将军、右卫将军，监典书事，领领左右。迁卫将军、车骑大将军、左光禄大夫。参与平定元颢之乱，除骠骑大将军、仪同三司。仍侍卫，领尝食典御，改封平原郡王。卒于永安二年（529）十一月，春秋五十一，赠使持节、太保、司徒公、都督冀定沧瀛四州诸军事、冀州刺史，谥曰武昭，永安三年（530）二月窆于洛阳瀍涧之西，元祉墓出土于洛阳城北苗南村。墓志描述其监典书事"兰台金马之说，无抗撤席；东门青琐之谈，讵酬致止。滔滔乎不见善恶之源，堂堂乎宁知文质之变。"① 可见其博学。

元子均，吏部尚书、平原王，约为元祉子，元祉永安二年五月封平原王，是年十一月即卒，大约由于其子元子均袭爵平原王。元子均娶仪同三司崔楷第五女崔瑶（《崔楷墓志》）。②

步大回、元昭显、元坚、元华（510—573），据《齐故使持节、都督东徐州诸军事、骠骑大将军、东徐州使君和绍隆妻元夫人（华）墓志铭》，元华为昭成帝七世孙女，曾祖魏尚书左仆射、青冀瀛定四州诸军事、四州刺史、录尚书事、司徒公步大回，祖魏侍中、吏部尚书、护军将军、仪同三司、并恒二州刺史昭显，父魏散骑常侍、征东将军、金紫光禄大夫、太子太傅坚。元华适骠骑大将军、下邳郡太守和绍隆，武平四年六月卒于邺城宣风行广宁里，春秋六十四，是年八月与夫合葬于邺城西南十五里。③

元英，据《故颍州别驾元洪儁墓志》，元英，字洪儁，河南洛

---

① 洛阳市文物考古研究院：《洛阳北魏元祉墓发掘简报》，《洛阳考古》2017年第3期。
② 倪润安：《河北曲阳崔楷墓的年代及相关问题》，《中国国家博物馆馆刊》2013年第2期。
③ 毛远明：《汉魏六朝碑刻校注》第十册，第21页。

阳人，魏昭成帝六世孙。年十八，授奉朝请，后除颍州录事参军，年七十一，卒于黄白村。妻崔氏，父令珍、青州刺史第二女，字麝香，年十三适元英。年三十六，卒于新城。隋开皇五年七月一日合葬于嚖奚岭。① 结合崔令珍曾为青州刺史，其约为青州房的清河崔氏（具体考证见下文有关北朝元氏家族婚姻之研究）。

元渠姨（516—597），河南洛阳人，据《齐故左丞相、平原王元妃（渠姨）墓志铭》，元渠姨为魏昭成帝玄孙，定州使君蒲仁之长女，年十七适平原王武威姑臧段韶，开皇十七年卒于长安，春秋八十二，开皇十八年正月归葬旧茔。王其祎、周晓薇认为旧茔指元氏洛阳旧茔。② 笔者以为，第一，元氏并非汉魏旧族，居地葬地多随中央迁徙。第二，元渠姨归葬的旧茔当时指夫家，姑臧段氏早已离开原籍，也是中央化的家族（段韶父段荣墓志，荣葬于邺城东北③），此地当为段氏家族墓地，段韶卒后当葬于此，北齐灭亡后，北齐大族迁于长安，段氏作为北齐重要家族亦在迁徙之列，故元渠姨亦被迁往长安，并终于此。综上，元渠姨归葬之旧茔约即邺城的段氏旧茔。

元安周、元普贤、元威（538—590），据《大隋使持节、仪同三司、潞县公元使君（威）之墓志铭》，元威，字智威，代郡桑乾人，曾祖魏羽真、殿中尚书、散骑常侍、临胪公突六拔，谥曰恭王。祖平北将军、上洛太守、京兆尹安周，父镇西大将军、恒州刺史普贤，墓志又云元威"清才俊举，拟赋兰台，科释渊明，言参白虎。年始十八，膺选弹冠，为晋荡公参军事，昔班固之辞博，傅毅之才能，唯公解褐趣庭，优游幕府，寻授亲信都督，亲同心肾，信寄股肱。"则元威有一定的文才，年十八岁即为晋国公宇文护幕僚。北周时还授司媒上士，总摄蒲津关事。又授潞县开国子，邑四百户。隋开皇元年，任幽州镇

---

① 王其祎、周晓薇：《隋代墓志铭汇考》第一册，第147—151页。
② 王其祎、周晓薇：《隋代墓志铭汇考》第二册，第278—279页。
③ 张淮智：《北齐段荣墓志的史料价值》，《河北民族师范学院学报》2014年第4期。

将。又为河北道大使，寿州总管府司马，开皇十年四月终于寿州任所。春秋五十三，开皇十一年十一月葬于大兴之小陵原。元威妻于宜容（544—601），据《大隋潞县公夫人于氏（宜容）墓志铭》，于宜容，恒州善武人，为魏散骑常侍、武卫将军、开府、丹州刺史、丰川公于义之女，年十七适元威，封长平郡君，仁寿元年（601）五月卒，时年五十八，其年十月与元威合葬于咸阳洪渎川，诸人皆未见史籍记载。①

元钟（552—611），字钟葵，据《隋故冠军司录元君（钟）铭》，元钟为北魏昭成帝第十一世孙，祖魏前将军、步兵校尉庆；父北齐奉朝请、伏波将军荣，元荣入隋授兖州邹县令。元钟起家北齐襄城开府参军都护。北周灭北齐，授大将军府治司录。入隋，仕蜀王杨秀。后归乡里。大业七年（611）五月卒于河南郡河南县思顺乡之第，春秋六十，是年十月窆于洛阳北芒之阳，元钟墓出土于河南洛阳城东北拦驾沟村。②

元㽙（602—650），据《唐遂州方义县主簿河南元府君（㽙）墓志铭》，元㽙，字客子，河南洛阳人，魏昭成帝皇帝之后。祖隋骠骑将军、开府仪同三司钟。父隋密州巫山县长叡。元㽙于唐贞观十九年辟孝廉，射策上第，解褐任商州上洛尉。后改授遂州方义县主簿。以唐永徽元年（650）十月一日寝疾，终于官第，时年四十九。夫人唐汾州司户参军事南阳张公之女。以麟德元年正月四日寝疾，卒于私第。武周天授二年十月廿四日合葬于邙山之原。③辟孝廉，射策上第，则元㽙明经及第。

元冯、元言、元彦、元弘偘，据《周故元君（彦）墓志铭》，元彦，河南洛阳人，道武皇帝之裔，昭成帝之后。春秋五十五，遇

---

① 陕西省考古研究院、咸阳市文物考古研究所：《隋元威夫妇墓发掘简报》，《考古与文物》2012年第1期，第24—34页。
② 王其祎、周晓薇：《隋代墓志铭汇考》第四册，第169页。
③ 周绍良、赵超：《唐代墓志汇编》，第818—819页。

疾而终于私第。曾祖冯，祖言。元彦夫人亦为贵族（夫人之姓氏墓志未载），春秋八十二，遘疾而卒于私室。有子弘侃。长安二年（702）十月五日元彦与夫人合葬于定流村西南一里。①

元守真、元湛、元诸、元谷（782—844）、元谷女元仲光（813—844），据朝议郎侍御史内供奉上柱国分司东都柳喜撰、布衣元巁书《唐故朝散大夫使持节嘉州诸军事守嘉州刺史充本州经略使上柱国河南元公府君（谷）墓志铭》，公讳谷，字抱一，河南人，昭成帝十四代孙。曾祖守贞，唐怀州修武县尉；祖湛，唐蜀州别驾；父诸，唐兵部员外郎，赠刑部尚书。元谷为元诸第二子，举进士，后调补春坊正字，好读书，擅论道，累迁至廷评，由廷评拜监察御史，历任台院、殿院、察院三院之职，迁右司员外郎，后迁度支郎中，再迁库部，又参与修史，后授河南少尹，转左庶子，迁秘书少监，又授左庶子，出为嘉州刺史。以会昌四年（844）二月八日终于嘉州治所，春秋六十三。夫人陇西李氏，故左散骑常侍李翱第二女，先于元谷十九年而终，葬于京兆府万年县洪原乡丰仁里。有子三人，元若冲、元琳、元璆，长子、次子早逝，长女及笄之年而夭折，次女适今侍御史河东柳喜，结婚十一年，不幸在元谷卒后二十二日卒于东都里。会昌四年七月二十八日元谷与夫人合葬。②柳喜为元谷女婿，处士元巁约当为元谷族人。元谷第二女即河东柳喜妻墓志亦出土，据朝议郎侍御史内供奉上柱国分司东都柳喜撰并书《亡室河南元氏夫人（仲光）墓志铭》，元仲光字启之，年十岁丧母陇西李氏，受到舅舅李宗闵的关爱，与柳喜结婚十一年，其父元谷去世，仲光过于悲痛而成疾，会昌四年二月三十日终于馆舍，享年三十二。其年十月十八日葬于万年县瀍城乡。有子二人至至、眉儿，至至虔奉丧制，眉儿年方毁

---

① 赵力光：《西安碑林博物馆新藏墓志汇编》，北京：线装书局，2007年，第263—264页。
② 刘文、杜镇：《陕西新见唐朝墓志》，西安：三秦出版社，2022年，第374—375页。

齿即七岁。① 柳喜在同一年先后为岳父元谷和妻子元仲光撰墓志。

柳喜（798—857）墓志亦出土，据《唐故河南尹赠兵部尚书柳公（喜）墓志铭》，柳喜字蟠乐，曾祖左领军卫兵曹参军遂亮，祖晋州长史彩，父鸿胪少卿赠右散骑常侍孟，母扶风郡君扶风窦氏。柳喜为柳孟第三子，兄姊妹五人，皆早逝。柳喜年十九举进士，三十登第，三十五就宏词科，自释褐十八任而官终河南尹。前夫人崔氏，后夫人元氏。有子二人，长子弘文校书翰，娶江夏李氏，生子一人，年幼而聪慧；次子藩，年过弱冠。有女麟娘，年方十岁。"柳子平生不好诣媚，不负权贵，守道自立，无愧于心。"以大中十一年十一月十日终于东都洛阳利仁坊私第，春秋六十，以大中十二年五月十二日归葬于万年县灞城县新店原祖茔。墓志由侄进士衡添记月日，从叔进士谠书并篆盖，赵君政刻字。② 则元仲光为柳喜续娶之妻，元仲光二十一岁适柳喜。元仲光墓载有子二人，则柳喜墓志中所载子柳翰、柳藩，正是元仲光墓志中所载之至至、眉儿，二子皆元仲光所出，元仲光大和七年（833）与柳喜结婚，长子柳翰至早生于大和八年，元仲光去世时，至至十一岁，已能奉丧制，眉儿年方毁齿即七岁，其约生于开成三年（838），到柳喜去世时，至至约二十四岁，当时的婚姻年龄，正能有一幼子了，至至当即柳翰；眉儿二十岁，正与柳喜墓志中载次子藩弱冠之年相合。柳喜后元仲光十三年去世，则柳喜去世时年方十岁之女儿麟娘非元仲光所出，故元仲光墓志中未提及有女儿。

元谷岳父李翱（755—826）为唐宗室，李翱妻京兆墓志亦载第二女适元谷，据将仕郎守右拾遗集贤殿直接学士武骑尉庾敬休撰《唐尚书虞部郎中李公（翱）夫人岐阳县君京兆韦氏墓志铭》，韦氏为彭王

---

① 刘文、杜镇：《陕西新见唐朝墓志》，第372—373页。
② 刘文、杜镇：《陕西新见唐朝墓志》，第418—419页。

府司马、乐安郡录事参军起第二女,乐安郡在安史之乱中防堵叛军而受到玄宗嘉奖。韦氏长子举进士,右拾遗宗闵;次子以门子补右司御兵曹宗冉。长女适南阳樊宗宪,次女适河南元谷,小女适博陵崔蠡,三位女婿皆举进士。韦氏已元和八年五月十四日终于长安靖安里第,以其年十一月十七日窆于京兆府万年县之少陵原。① 李翱玄堂记中亦载其第二女为元谷妻,据《大唐陈留公(李翱)玄堂记》,李翱高祖为唐高祖李渊第十三子郑惠王元懿,曾祖嗣郑王敬(璥),祖大鸿胪察言,父楚州别驾赠司徒自仙,母鲁国太夫人南阳张氏。李翱在朝二十年,官至银青光禄大夫、左散骑常侍、上柱国、陈留郡开国公,食邑二千户。李翱交待身后不用请词人撰墓志铭,只要请家中子弟记录生平即可,宝历二年三月癸酉(六日)李翱终于长安静安里之私第,享年七十二,其年十一月庚寅(二十七日)与夫人歧(岐)阳县君赠冯翊郡太夫人京兆韦氏合葬于万年县之少陵原,韦氏先李翱卒十四年。长子尚书兵部侍郎、襄武侯李宗闵遵照奉行,而让外生(甥)王无悔撰玄堂记。少子前京兆府富平尉宗冉。长女适左拾遗、太常博士樊定纪,定纪终于尚书郎;次女适河南元谷;少女适博陵崔蠡,崔蠡与元谷皆任左台监察御史。② 《旧唐书》卷一百六十七《李宗闵传》载李宗闵祖父自仙,父翱。③ 而《新唐书》卷七十下《宗室世系表下·小郑王房》以及卷七十九《高祖诸子传·郑王元懿》皆以李察言为李宗闵祖父,李自仙为宗闵伯父,李翱为宗闵父。④ 据李翱玄堂记乃知《旧唐书》所载正确。《新唐书》误以李自仙为李翱兄。元谷夫人李氏为李宗闵姊(妹)。直至中晚唐间元氏仍与唐宗室联姻,可见此时的元氏家族犹有一定地位。

---

① 刘文、杜镇:《陕西新见唐朝墓志》,第 306—307 页。
② 刘文、杜镇:《陕西新见唐朝墓志》,第 338—339 页。
③ (后晋)刘昫等:《旧唐书》,第 4551 页。
④ (宋)欧阳修、宋祁:《新唐书》,第 2059—2060,3553 页。

昭成帝子孙中支系未详而有文才者有元威。

第二节　道武明元太武诸帝子孙支系考

5. 道武帝子孙

道武帝十子，长子明元帝嗣，皇子浑及聪早逝无后，其馀七子支系如下：

(1) 阳平王熙一支

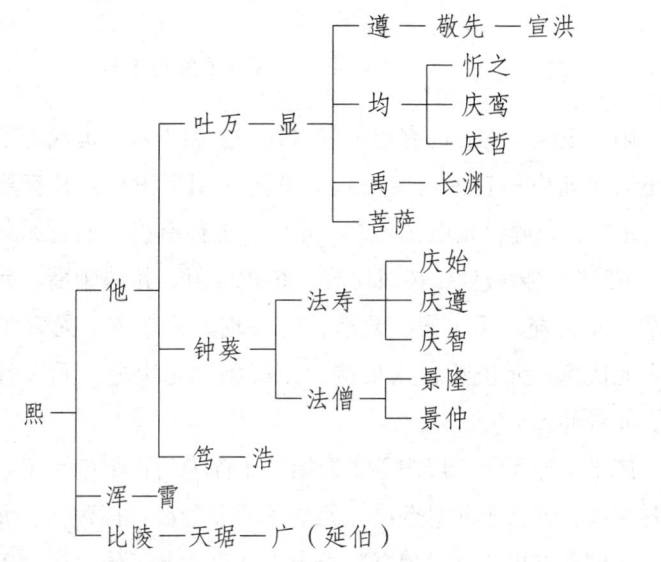

```
                      ┌─ 遵 ─ 敬先 ─ 宣洪
                      │         ┌ 忻之
                      ├─ 均 ────┼ 庆鸾
            ┌─ 吐万─显┤         └ 庆哲
            │         ├─ 禹 ─ 长渊
            │         └─ 菩萨
            │                   ┌ 庆始
       ┌─ 他┤         ┌─ 法寿 ──┼ 庆遵
       │    │         │         └ 庆智
       │    ├─ 钟葵 ──┤         ┌ 景隆
   熙──┤    │         └─ 法僧 ──┤
       │    │                   └ 景仲
       │    └─ 笃 ─ 浩
       ├─ 浑 ─ 霄
       └─ 比陵 ─ 天琚 ─ 广（延伯）
```

(2) 广平王连一支

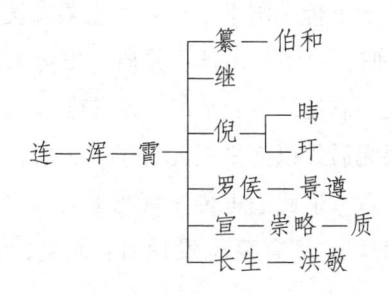

```
                ┌─ 纂 ─ 伯和
                ├─ 继
                │       ┌ 昕
                ├─ 倪 ──┤
   连─浑─霄────┤       └ 玗
                ├─ 罗侯 ─ 景遵
                ├─ 宣 ─ 崇略 ─ 质
                └─ 长生 ─ 洪敬
```

(3) 京兆王黎一支

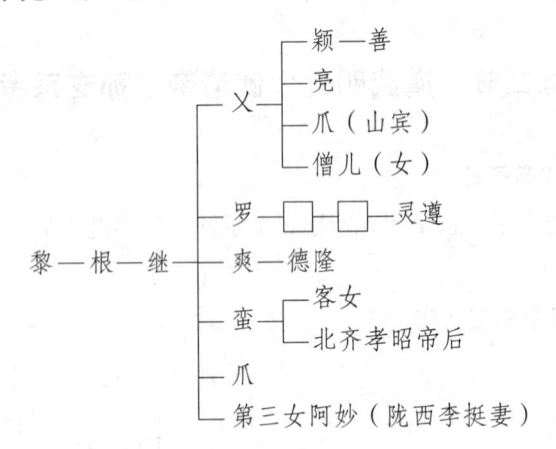

```
                    ┌── 颖 ── 善
                    │
                    ├── 亮
               ┌─ 乂 ┤
               │    ├── 爪（山宾）
               │    │
               │    └── 僧儿（女）
               │
               ├─ 罗 ─□─□── 灵遵
               │
黎 ── 根 ── 继 ─┤─ 爽 ── 德隆
               │
               │    ┌── 客女
               ├─ 蛮 ┤
               │    └── 北齐孝昭帝后
               │
               ├─ 爪
               │
               └── 第三女阿妙（陇西李挺妻）
```

阳平王熙一支，既有史传（《魏书》卷十六《道武七王传·阳平王》、《北史》卷十六《道武七王传·阳平王》）又有墓志发现者：元显、元遵、元均、元禹、元广。史传有提及而暂无墓志发现者：拓跋熙、拓跋他、拓跋比陵、拓跋吐万、拓跋钟葵、元笃、元菩萨、元法寿、元法僧、元浩、元天琚、元敬先、元宣洪、元忻之、元庆鸾、元庆哲、元长渊、元庆始、元庆遵、元庆智、元景隆、元景仲。

广平王连无子，以阳平王熙第二子浑为后，封南平王，拓跋浑子霄袭爵，元霄子元纂袭爵，元纂子伯和袭爵，拓跋浑、元霄、元纂、元伯和有史传（《魏书》卷十六《道武七王传·广平王》、《北史》卷十六《道武七王传·阳平王》）暂无墓志发现。因墓志出土而知其事迹者：元倪、元昈、元玙、元质。史传未提及亦无本人墓志出土，而有相关墓志提及者：元宣、元崇略。

京兆王黎子根无后，以南平王元霄子继为后，元继子孙既有史传（《魏书》卷十六《道武七王传·京兆王》、《北史》卷十六《道武七王传·京兆王》）又有墓志发现者：元继、元乂、元乂妻胡氏、元爽。有史传提及，虽暂无本人墓志发现但有相关墓志提及者：元颖、元亮、元僧儿、元善、元德隆、元蛮、元爪（山宾）。有史传提及，暂无本人墓志发现，亦无相关墓志提及者：元罗、元罗侯、元景遵、北齐孝昭帝后。无史传提及但有本人墓志发现者有元客女、元继妃石婉、李挺（元阿妙夫）；相关墓志提及而知其事迹者：元阿妙（元继女）。

阳平王熙（399—421），永兴五年因训练军队有功，受到明元帝奖赏，并在讨伐越勤中建功。卒于泰常六年（421），春秋二十三。熙子他袭爵，后改封临淮王，不久改封淮南王。拓跋他（416—488）亦如其父以武功胜。曾破南朝宋军队于悬瓠，除秦雍二州刺史，后拜司徒。太和十二年（488）卒，春秋七十三，谥曰靖王，追赠东平将军、定州刺史，司徒如故。拓跋他世子吐万，据《魏书》卷十六《道武七王传·京兆王》吐万早卒，赠冠军将军、并州刺史、晋阳顺侯。而拓跋吐万子元显墓志则载吐万为并州刺史、淮南王。拓跋吐万孙元遵墓志，祖晋阳侯，追赠安北将军、并州刺史。大约吐万早卒未能袭爵淮南王，最初赠晋阳顺侯，现所见《元显墓志》大约是东魏武定二年（544）元显墓迁葬邺城时重刻，所载吐万为淮南王，约是后来追赠。元显（457—500），字显，袭祖爵淮南王，据《元显墓志》，元显祖大汗，司徒淮南静王。父万，并州刺史，淮南王。元显拜散骑常侍，太和二十四年（500）卒于洛阳，春秋四十四，谥曰僖王，葬于洛阳，武定二年（544）因东魏定都邺城，而自洛阳迁葬邺城。元显墓出土于河北磁县讲武城以北申庄乡西南一带。元显有文才，详见下文"北朝元氏家族文学与学术研究"。

阳平王熙孙吐万子元显之子元遵（478—525），据《魏故使持节、散骑常侍、都督雍州诸军事、淮南王（元遵）墓志》，元遵字世顺，袭爵淮南王，先后任幽、青、豳、荆、定五州刺史，孝昌元年（525）八月，卒于定州治所中山，春秋四十八，追赠使持节、散骑常侍、征西将军、雍州刺史，是年十一月葬于洛阳西山之麓，元遵墓出土于洛阳城北后李村。①《魏书》卷十六《道武七王传·阳平王》作元世遵，谥曰康王。结合其弟均，字世平，可知《魏书》误，其名与字当依墓志。墓志未载元遵谥号。《魏书》卷十六载元遵在任荆州刺史时，曾被南梁军队打败，而墓志讳言之，但云"导抚南右，江沔臻趣"。元遵子元敬先袭爵，历谏议大夫、散骑常侍，领主衣都统。元颢入洛，庄帝北巡。敬先与叔父均等于河梁起义，为颢所害。追赠侍中、车骑大将军、太尉公、定州刺史。② 元敬先曾以雍州冯翊人田静为别将、假骁骑将军（《魏故平西将军、太中大夫田君（静）墓志铭》）。③ 元敬先子宣洪袭爵，武定中与元谨谋反，被杀国除。元世遵弟元均（478—529），字世平，据《元均墓志》，元均为关中大都督，除征虏将军、通知散骑常侍，元颢入洛，庄帝北巡。于河梁起义反对元颢，安帝反正，元均因功封安康县开国伯，寻除散骑常侍、平东将军。永安二年（529）六月卒于洛阳，春秋五十二，谥曰孝武，赠使持节、征东将军、青州刺史。出帝时，复赠骠骑大将军、仪同三司、都督冀沧幽三州诸军事、冀州刺史。夫人京兆杜氏卒于天平二年（535）七月，武定二年（544）八月与均之合葬于邺城僖王显墓旁。④ 由于元显墓东魏时迁葬邺城，元均墓亦随之迁葬于是，杜氏去世时元均墓已在邺城。元均子元忻之袭爵，除抚军将军、北徐州刺史，于赴任途中，为樊子鹄所害，谥曰文贞。元忻之弟庆鸾，东魏武定末为司徒谘议参军。元庆鸾弟元庆哲官终司农少卿，赠中军将军、济州刺史。

---

① 洛阳文物考古研究所：《北魏淮南王元遵墓志发掘简报》，《洛阳考古》2013年第2期。
② （北齐）魏收：《魏书》第392页。
③ 贾振林：《文化安丰》，郑州：大象出版社，2011年，第197页。
④ 毛远明：《汉魏六朝碑刻校注》第七册，第383页。

元均弟元禹长于佛学。元禹（487—531），据《魏故骠骑大将军、仪同三司、甄城县开国伯、青州刺史元公（禹）墓志铭》："君讳禹，字子夏，河南洛阳人也。烈祖道武皇帝之玄孙，司徒公阳平王之后，淮南僖王之叔子，康王之令弟。……（君）年十七，起家除符玺郎中。绾纷案剑，未为馀也。皇弟司徒公广平王殊礼遍知，启为户曹参军。……府解除东海太守。寻迁伏波将军、太常丞。……妖贼葛荣构乱，燕赵烽连清淇。以君为都督，讨兹奸轨。蜂寇畏威，望祈凡解。以王室多难，密怀舟泛之志。扶立长君，协谋群英。建义孝庄，克定宗社。加抚军将（军）、金紫光禄大夫、甄城县开国伯，食邑五百户。普泰中，迁骠骑将军、左光禄大夫。巡守唐晋，宣风北蕃。造物无成，玄象昼暄。普泰元年（531）四月廿日，寇盗尘集，一朝酷裂，薨于乐平郡治所，时年卅五。……及中兴，始追赠公骠骑大将军、仪同三司、都督青州诸军事、青州刺史。太昌元年十一月十九日，迁葬西陵。"[1] 司徒公阳平王指拓跋他，淮南僖王指元显，康王指元遵。皇弟司徒公广平王，指宣武帝弟元怀。东海郡（治峋峿戍，今江苏新沂南）。元禹在平叛乱、立孝庄帝等事上有贡献。元禹弟元菩萨，拜给事中，卒赠济南太守。

吐万弟钟葵早卒，葵子法寿拜光禄大夫，建义元年（528）四月河阴之难中遇害。法寿弟法僧，除徐州刺史，孝昌元年反于彭城，自称尊号，年号天启，大军讨伐，法僧携家人投奔南朝梁。初封始安郡王，后改封宋王，拜太尉，卒谥襄厉王。元法僧子景隆封彭城王，法僧卒，袭宋王，两度为梁广州刺史。元景隆弟景仲，除梁广州刺史，封枝江县公，侯景作乱，元景仲将应之，为西江都护陈霸先缢死。元钟葵弟元笃字阿成，太子右率、北中郎将、抚冥镇

---

[1] 赵文成、赵君平：《秦晋豫新出墓志蒐佚续编》，第79页。

将、光禄卿，出除平北将军、幽州刺史，卒，谥曰贞。元笃长子浩，字洪达，太尉长史。

阳平王熙子他，他弟浑（？—487）出继广平王连。浑善弓马，封南平王，据拓跋浑孙元倪墓志，浑为使持节、都督凉州及西戎诸军事、领护西域校尉、征西大将军、仪同三司、凉州刺史、南平王，谥曰康王。《魏书》本传：除平州刺史，镇和龙，徙凉州镇将，太和十一年（487）从驾方山，卒于道。则浑先任平州刺史后为凉州刺史。浑妻万年县君南安姚伯次女。浑子飞龙袭爵，赐名霄（？—493），太和十七年（493）卒，谥曰安王。据元霄子元倪墓志，元霄为左光禄大夫、吏部尚书、大宗正卿、领司宗、卫将军、定州刺史、南平王，除光禄大夫外，为赠官。元霄妻太原王氏，谥曰恭妃。王氏生元倪。据元霄曾孙元质墓志，曾祖霄，袭封为南平王，右光禄大夫。[①] 元霄子元纂（？—500）袭爵，除安北将军、平州刺史，景明元年（500）卒于平城。据冯熙第八女冯令华墓志，冯熙长女为南平王妃，鲁才全先生据冯熙长子诞与孝文帝同岁生于皇兴元年（467），元倪生于和平五年（464），倪为元霄第三子则元纂当生于此前，推知冯熙长女所适南平王为元纂。[②] 元纂子元伯和袭爵，永平三年卒，赠散骑常侍，无子，谥曰哀王，据谥号可知伯和早卒。元纂弟元倪（464—497），字世弼，据《魏故宁朔将军、敦煌镇将元君（倪）墓志铭》拜员外散骑常侍，太和二十一年（497）二月卒于洛阳照明里第，时年三十四，墓志题中为元倪卒后赠官，正光四年（523）二月迁葬于景陵东山之阳，元倪墓出土于洛阳城北张羊（阳）村西北姚凹村东。[③] 元倪子元晖（490—527），

[①] 吴钢：《全唐文补遗》第六辑，三秦出版社，1999年，第240页。
[②] 鲁才全：《长乐冯氏与北魏宗室婚姻关系考》，《魏晋南北朝隋唐史资料》第14辑（1996年），第71页。
[③] 毛远明：《汉魏六朝碑刻校注》第五册，第191页。

字仲囧,据《魏故使持节、散骑常侍、卫大将军、尚书右仆射、都督雍岐南豳三州诸军事、雍州刺史、南平王(元晫)墓志铭》,元晫拜散骑常侍,先后任光州、泾州、秦州等地刺史,孝昌三年(527)十月卒于长安,春秋三十八,墓志题中除散骑常侍外,为晫卒后赠官,武泰元年(528)三月窆于景陵东山之阳,元晫墓出土于洛阳城东北金家沟之西,墓志又云:"学涉坟史,雅好诗文,草隶之工,迈于钟索。"① 可见元晫博学有一定文学才能,以钟繇、索靖喻元晫,可知其工于书法。因伯和无子以其从弟晫袭爵南平王,《元倪墓志》未言其子情况,且倪卒时晫仅八岁,故更不可能记元晫妻,《元晫墓志》亦为提及其妻。据冯熙第八女冯令华墓志,其长姊为南平王妃,南平王元霄与景穆帝同辈,元霄子元纂、元倪与文成帝及冯熙景穆帝女博陵长公主夫妇同辈,元晫正与冯熙女同辈,结合上述史料可知冯熙长女所适南平王即元晫。

元晫弟元玗(492—535),字叔珍,据《魏故平南将军、太中大夫元君(玗)墓志铭》,元玗拜平南将军、太中大夫、武卫将军。天平二年(535)四月,卒于洛阳正始里,春秋四十四,是年七月葬于洛阳景陵东山之处,元玗出土于洛阳城北蟠龙冢村。② 元霄子元宣,壮志未展,弱龄税驾。元宣子元崇略,冠军将军。元崇略子元质(577—647),据《隋故奋武尉元君(质)墓志》:"君讳质,字文刚,河南洛阳人也。曾祖霄,袭封为南平王、右光禄大夫;祖宣,壮志未展,弱龄税驾。父崇略,周冠军将军;风业清劭,洪猷是属。……(君)隋末留守洛阳南子城,仍依□授奋武尉,非其好也。乃退保丘园,优游自养,以今大唐贞观廿一年(647)四月遘疾,卒于私第,春秋七十有一。以其年四月六日,葬于洛阳邙山之阳。"③ 元霄子通

---

① 毛远明:《汉魏六朝碑刻校注》第六册,第148页。
② 毛远明:《汉魏六朝碑刻校注》第七册,第142页。
③ 周绍良、赵超:《唐代墓志汇编》,第94页。

直散骑常侍长生，元长生子元洪敬（498—565），据《齐太尉中郎元府君（洪敬）墓志》，元洪敬高祖日连，广平王。曾祖吐谷浑，改封南平，谥康王。祖龙，袭封，谥安王。父长生，通直散骑常侍。出身宣武帝挽郎，除冀州长史，行清河郡。历拜镇远、龙骧、征虏、中军、翊军将军，及金墉等城大都督。除清河、东莱、高阳、长广、阳夏五郡太守。又累除洛州司马、中散大夫、冀州别驾，平阳、上党及太尉府从事中郎。终于河清四年（565）四月一日，春秋六十八，是年八月廿二日，葬于邺郊野马岗之朝阳。元洪敬墓志由梁尚书比部郎中谯国桓柚制序、梁侍中陈郡袁奭援笔为铭。① 桓柚、袁奭二人皆南朝人在北者。阳平王熙子浑出继广平王连，改封南平王，据墓志可知浑即吐谷浑之省称，元浑子飞龙，赐名霄，墓志中龙即飞龙之省称。墓志中载"高祖日连，广平王"，则《魏书》中广平王连为日连的省称。

京兆王黎子江阳王根无子，以南平王浑第二子元霄次子继为后，元继袭封江阳王，元继（465—528），字仁世（此处从墓志，《魏书》本传作世仁），据《大魏丞相江阳王（继）墓志铭》，元继拜太师、司州牧，永安元年（528）十月卒于位，春秋六十四，谥曰武烈，永安二年（529）八月葬于洛阳西山。元继墓出土于洛阳城北大杨树村。② 次妃石婉（？—508），渤海南皮人，魏汝阳公石馥女，据《魏尚书江阳王次妃石夫人（婉）墓志铭》，石婉永平元年（508）十一月廿三日葬于西崐，石婉墓出土于洛阳城北张羊（阳）村西。墓志又云："禀气妍华，资性聪哲，学涉九流，则靡渊不测，才关诗笔，触物能赋。又归心至圣，信慕玄宗，东被遗教，无文不揽。是以道俗瞻望，内外佥敬⋯⋯委毅徐步，望若游霞，陈王羞赋，齐女惭华。学既采玄，才亦成篇。心怀巨宝，口吐芳烟。豪端流璧，素上题琁。阮姬

---

① 毛远明：《汉魏六朝碑刻校注》第九册，第203页。
② 毛远明：《汉魏六朝碑刻校注》第六册，第273页。

格笔,昭君谢贤。"① 据描述,曹植笔下的洛神、《诗经·卫风·硕人》中的庄姜皆比不上石婉之美。"才关诗笔,触物能赋",则石婉有一定文学才能,"又归心至圣,信慕玄宗"可知石婉有儒学和佛学修养。大杨树村在张羊(阳)村东南约8公里,元继并未与石婉合葬。元继第三女适敦煌公陇西李宝子尚书昭侯李佐之子千乘县开国侯李挺(478—541),李挺为荆州刺史,元阿妙卒地穰城(今河南邓州市)正在北魏之荆州,则元阿妙卒于李挺任荆州刺史时。此后李挺入拜大司农卿,授镇军将军、行相州事。尔朱荣入朝拜散骑常侍。则李挺为荆州刺史远在建义元年(528)前。李挺卒于兴和三年(541)六月,春秋六十四(《李挺墓志》)②。元阿妙为李挺继妻,李挺元配刘芳女刘幼妃(479—507),不到一年,刘幼妃卒,刘幼妃正始四年(507)十月卒于彭城,年二十九,葬于邺城(《李挺妻刘幼妃墓志》)③。则李挺、刘幼妃年龄相近,李挺更娶元阿妙当在正始四年十一月后。元阿妙为元继第三女,则阿妙当小于元继子元义,阿妙约比李挺小约十岁及以上。

元继子义(486—526),字伯儁,尚相国、太上秦国胡国珍女、宣武灵太后妹冯翊郡君,恃宠专权,谋害清河王怿,幽禁灵太后,与刘腾一同专朝政,拜骠骑大将军、仪同三司、尚书令、侍中、领左右,孝昌二年(526)三月,被人告发谋反而赐死于洛阳,是年四十一,灵太后念义为妹夫追赠使持节侍中骠骑大将军仪同三司尚书令冀州刺史,改封江阳王。其弟爪亦同时赐死。《魏书》卷一六《道武七王传·京兆王黎》作元叉,字伯儁,小字夜叉。④ 乂有贤才之义,俊亦有才智出众之义,字与名义正合,作元叉,约为误以

---

① 毛远明:《汉魏六朝碑刻校注》第四册,第110页。
② 毛远明:《汉魏六朝碑刻校注》第七册,第304—305页。
③ 毛远明:《汉魏六朝碑刻校注》第七册,第308页。
④ (北齐)魏收:《魏书》,第403页。

其小字为名，故其名当从墓志。《魏故使持节、侍中、骠骑大将军、仪同三司、尚书令、冀州刺史、江阳王元公（乂）之墓志铭》言乂有为政之能："类公旦之相周，等霍侯之辅汉。妙识屠龙之道，深体亨鲜之术。振纲而万目理，委辔而四牡调。人无废才，官无废职，时和俗泰，远至迩安。田畴之谣既弭，羔裘之刺亦息。"又云："公临终叹曰：'夫忠贞守死，臣之节也。伊尹不免，我独何为？但恨不得辞老父，诀稚子耳。'仰药而薨。"元乂自尽前以伊尹自喻，墓志中亦以伊尹、周公比之，元乂因谋反而被赐死，其墓志能如是言，当是受到灵太后允许。据墓志孝昌二年七月葬于长陵茔内，元乂墓出土于洛阳城北前海资村东南。墓志言元乂第五弟山宾同时遇害，则山宾即元爪，山宾约为爪之字。墓志并录有元乂家谱，乂子亮，字休明，平原君开国公，是年十一，可知生于熙平元年（516），亮妻驸马都尉、太尉司马范阳卢聿（卢元聿，尚孝文帝女义阳长公主，墓志省作卢聿）女，乂子颖，字稚舒（据《魏书》本传，元乂庶长子稚，结合墓志可知稚即颖，墓志中亮虽少而列于前，可知亮为嫡长子），秘书中郎，年十五，可知生于延昌元年（512），颖妻尚书仆射清河崔休女，乂女僧儿，年十七，可知生于永平三年（510），适散骑常侍、济州刺史琅邪王翊子子建。① 稚舒后奔南朝梁。元乂能文而有谋，墓志又言其长于佛理（详见下文"北朝元氏家族文学与学术研究"）。

元乂妃胡玄辉，据《魏故使持节、侍中、骠骑大将军、领军将军、尚书令、冀州刺史、景昭王妃（胡玄辉）之铭》，胡玄辉祖侍中、司空公渊，父相国、太上秦文宣公珍，胡玄辉以灵太后妹拜女侍中、冯翊郡君，元乂被赐死后（据胡玄辉墓志题，可知元乂谥号为景昭，《元乂墓志》、《魏书》、《北史》皆未提及，可补史之阙）

---

① 毛远明：《汉魏六朝碑刻校注》第六册，第19页。

子亮袭爵江阳王，普泰元年（531），册拜胡玄辉为江阳王太妃，天保八年（557）十月卒于邺城县安明里，春秋六十六，是年十一月葬于邺西负郭廿五里。元乂死后，胡玄辉更感受到世事无常，一心向佛。① 魏分东西元乂并未迁葬邺城，故胡玄辉未与元乂合葬。

元乂弟元罗，字仲纲，东魏孝静帝时为梁州刺史，以州降南朝梁。《元和姓纂》卷四："道武帝生淮南王熙。熙曾孙继，江阳王，生乂、罗。乂，侍中、尚书令。罗曾孙灵遵，通州别驾。"② 可知元罗曾孙元灵遵，为唐通州（治通川，今四川达州市）别驾。元罗弟元爽（501—533），字景哲，据《魏故使持节、都督泾岐秦三州诸军事、卫大将军、秦州刺史、尚书左仆射元公（爽）墓志铭》，元爽除散骑常侍、金紫光禄大夫、领左右直长。永熙二年二月（533）卒于洛阳，春秋三十三，墓志题中即元爽卒后赠官，是年十一月窆于洛阳城西十五里榖水北。妻彭城文烈公顿丘李平女，子德隆，年十三，娶齐王萧宝夤女。③ 据《魏书》卷十六，元爽谥曰懿，子德隆，东魏武定间为太子中庶子。元德隆，生于正光二年（521）。元爽弟元蛮，东魏仪同三司左光禄大夫（元蛮女墓志所载蛮官职与《魏书》卷十六同），元蛮女元客女（534—567），据《元客女墓志》："郡君讳客女，河南洛阳人。魏太傅大将军江阳王继之孙，仪同三司左光禄大夫蛮之女。……（郡君）织纴蘋藻之能，无待因习；虫篆图书之业，触类冥通……天统三年岁次丁亥闰六月庚午朔八日丁丑，终于邺之安众里舍，春秋卅四。即以其年七月己亥朔廿二日庚申，安厝紫陌西武城北三里。"④ 则元客女有些文化才能。客女适河间太守司马季冲，据《司马季冲墓志》季冲为北魏司

---

① 大同艺术研究院：《北朝艺术研究院藏品图录：墓志》第 27、131 页。
② （唐）林宝撰，陶敏校证，李德辉整理《元和姓纂新校证》，第 154 页。
③ 毛远明：《汉魏六朝碑刻校注》第七册，第 69 页。
④ 大同艺术研究院：《北朝艺术研究院藏品图录：墓志》，第 158 页。

徒公龙孙，仪同三司、青州刺史纂子，司马季冲大象三年（581）八月卒于邺城，春秋六十二，大业三年（607）十一月与元客女合葬于漳水之阳。① 元蛮还有一女为北齐常山王高演妃，高演即位，立为皇后。元继弟罗侯未与宗室迁入洛阳，家于燕州昌平郡，后拜昌平太守。元罗侯子景遵除太常丞。

元浑弟比陵拜司空，赐爵牂牁公。比陵子元天琚袭爵，降为侯，除夏州刺史。天琚子元广，字延伯，据《魏故宁远将军洛州刺史元公（广）之墓志》，元广除襄威将军，袭牂柯侯，熙平元年（516）八月卒于洛阳，春秋五十，葬于孝文帝长陵之左，元广墓志出土于洛阳城北大姚凹村北，墓志云："飞文骤笔，略不载具。"② 可见其有文才。

阳平王熙一支（包括出继广平王连的拓跋浑一系和出继京兆王黎的拓跋浑孙元继一系）可知有文士元显、元昕、元广、元乂、元继妻石婉、元客女、元广等。

(4) 河南王曜一支

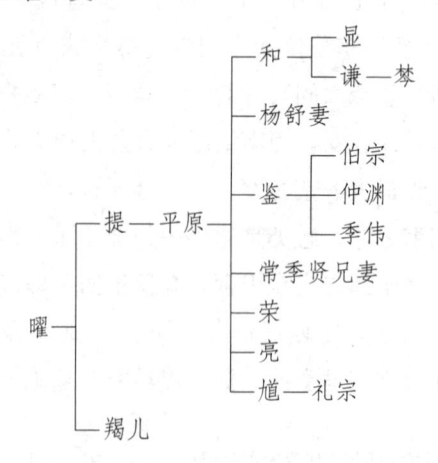

```
              ┌─ 和 ──┬─ 显
              │       └─ 谦 ── 梦
              ├─ 杨舒妻
              │        ┌─ 伯宗
              ├─ 鉴 ──┼─ 仲渊
     ┌─ 提─平原      └─ 季伟
     │        ├─ 常季贤兄妻
曜 ──┤        ├─ 荣
     │        ├─ 亮
     │        └─ 馗 ── 礼宗
     │
     └─ 羯儿
```

---

① 大同艺术研究院：《北朝艺术研究院藏品图录：墓志》，第206页。
② 毛远明：《汉魏六朝碑刻校注》第四册，第330页。

河南王曜一支目前除了史书（《魏书》卷十六《道武七王传·河南王》、《北史》卷十六《道武七王传·河南王》）中有传又有墓志发现者：元鉴、元尪。史传提及而暂无墓志发现者：拓跋曜、拓跋提、拓跋平原、元和、元显、元谦、元楚、元氏（拓跋平原女、杨舒妻，《魏书》卷五十八《杨播传》）、元伯宗、元仲渊、元季伟、元氏（拓跋平原女、常季贤兄妻，《魏书》卷九十三《恩幸传》）、元荣、元亮、元和妻曹氏。史传未提及、亦无本人墓志发现者：元礼宗。

拓跋曜（401—422），武艺绝人，泰常七年（422）卒，时年二十二，《魏书》言曜有七子，然列传者仅曜长子拓跋提一系，拓跋提（409—455）亦以武功胜，袭爵，后改封颍川王，又改封武昌王，后与淮南王他讨平吐京叛胡，拜持节、车骑大将军、统万镇都大将，太安元年（455）卒，时年四十七，谥曰成王。长子平原（？—487）袭爵，拜假节、都督齐兖二州诸军事、镇南将军、齐州刺史，先后平定司马小君、刘举叛乱，后拜雍秦梁益四州诸军事、征南大将军、开府、雍州刺史，镇长安以备蠕蠕，太和十一年（487）卒，谥曰简王。平原长子和出家，元和舍其子元显以弟鉴袭平原之爵，元鉴（464—506），字绍达，袭武昌王，曾任河南尹、齐州刺史、徐州刺史等职。正始三年（506）五月卒于第，春秋卅三（《魏书》本传作四十二），正始四年（507）三月窆于洛阳孝文帝长陵之东崖，元鉴墓出土于河南洛阳城北前海资村北。墓志描述鉴"照照鸿度，恢恢虚冲，六术内朗，五典外融。"[1]可见河南王曜一支，自曜至平原以武功胜，自平原子辈起逐渐汉化，留心文事。元鉴妹适殿中将军、司药丞常季贤兄朝请常某（《魏书》卷九

---

[1] 毛远明：《汉魏六朝碑刻校注》第四册，第79页。

十三《恩幸传》)① 元鉴长子员外郎元伯宗、次子兰陵太守元仲渊,并早卒,仲渊弟季伟,仕于东魏,为太尉中兵参军。平原长子和后还俗,元鉴卒,和与元鉴子伯崇竞求承袭,朝廷以和先鉴,鉴让还和子,而和长子显早卒,听和袭爵。元和(? —523),字善意,元鉴卒,和重新袭爵,拜辅国将军、凉州刺史,坐事免,久之除东郡太守,正光四年卒,赠安东将军、相州刺史。《魏书》卷一六《道武七王传·河南王曜》:"(元鉴)出为征虏将军、齐州刺史……高祖崩后,(元)和罢沙门归俗,弃其妻子,纳一寡妇曹氏为妻。曹氏年齿已长,携男女五人随鉴至历城,干乱政事。和与曹及五子七处受纳,鉴皆顺其意,言无不从。于是狱以贿成,取受狼籍,齐人苦之,鉴治名大损。"② 则元鉴出为齐州刺史,元和抛弃妻子,而娶曹氏,是时皆居于齐州,和与曹氏及曹氏五子皆受贿,故云齐人苦之。则元和子元谦为其前妻所出。《魏书》卷五十八《杨播传》:"(杨)昱第六叔舒妻,武昌王和之妹,舒早丧,有一男六女,及终丧而元氏频请别居。"③ 则元和妹适弘农简公杨懿子杨舒,《杨舒墓志》中未提及其妻元氏。元和子元谦(? —528),字思义,袭爵,拜前将军、征蛮都尉,建义元年(528)四月十三日河阴之难中见害。谦子琴袭爵。

  元鉴弟元荣,字瓮生,终羽林监。元荣弟元亮,字辟邪。威远将军、羽林监。卒,赠河间太守。元亮弟元馗(482—528),字道明,据《魏故使持节、征东将军、青州刺史元君(馗)墓志》,元馗除右军将军、东秦州刺史,复除安西将军、北华州刺史、当州都督(《魏书》本传载安西将军、东秦州刺史,是将两次的任命并在

---

① (北齐)魏收:《魏书》,第2002页。
② (北齐)魏收:《魏书》,第397页。
③ (北齐)魏收:《魏书》,第1292页。

一起），先后平定正光五年（524）秦州城人莫折太提及南秦州城人孙掩、张长命、韩祖香等的叛乱。建义元年（528）四月十三日河阴之难中见害，春秋四十七，永安二年（529）三月葬于洛阳，元馗墓出土于河南洛阳城北前海资村东南。有子礼宗。墓志题中所记即为馗卒后赠官。①

河南王曜弟河间王修无子，太武帝诏以河南王曜子羯儿袭河间王修爵，改封略阳王。正平初，有罪赐死，爵除。

河南王曜一支暂时没有可知的文士。元鉴、元曜墓出土于洛阳城北前海资村，在孝文帝长陵东，此地当即河南王曜一支的族葬地，前海资村与元氏墓多有发现的安驾沟村、张羊（阳）村等相邻，皆在朝阳乡。

道武帝子孙之支系未详者：

元维（503—528），字景范，据《魏故安西将军、凉州刺史元君（维）之墓志》，元维为道武帝玄孙，镇南将军、兖州刺史某第五子，建义元年（528）四月河阴之难中见害，春秋二十六，永安二年（529）三月葬于洛阳，元维墓出土于洛阳城北后海资村东。墓志又云："多闻博识，睹奥穷源，辩析秋豪，论光朝日，碎金为文，连芝成韵，器怀恬雅，志度清立，疾风未亏其节，迅雷不扰其心。"② 可见元维博学能文。据《魏书》卷十六《道武七王传·河南王》，河南王曜孙平原拜假节、都督齐兖二州诸军事、镇南将军、齐州刺史，有五子。平原之外没有可知的道武帝曾孙曾任镇南将军的记载，《元馗墓志》载馗为平原第五子，如《元维墓志》中的镇南将军亦为平原，则显然矛盾，平原不可能有两个第五子，且平原虽都督齐兖二州诸军事，似未任兖州刺史，故《元维墓志》中元维

---

① 毛远明：《汉魏六朝碑刻校注》第六册，第262页。
② 毛远明：《汉魏六朝碑刻校注》第六册，第265页。

父镇南将军、兖州刺史为谁只能存疑，相应元维属于道武帝哪一支系的子孙，亦只能姑且存疑。

6. 明元帝子孙

乐安王范一支

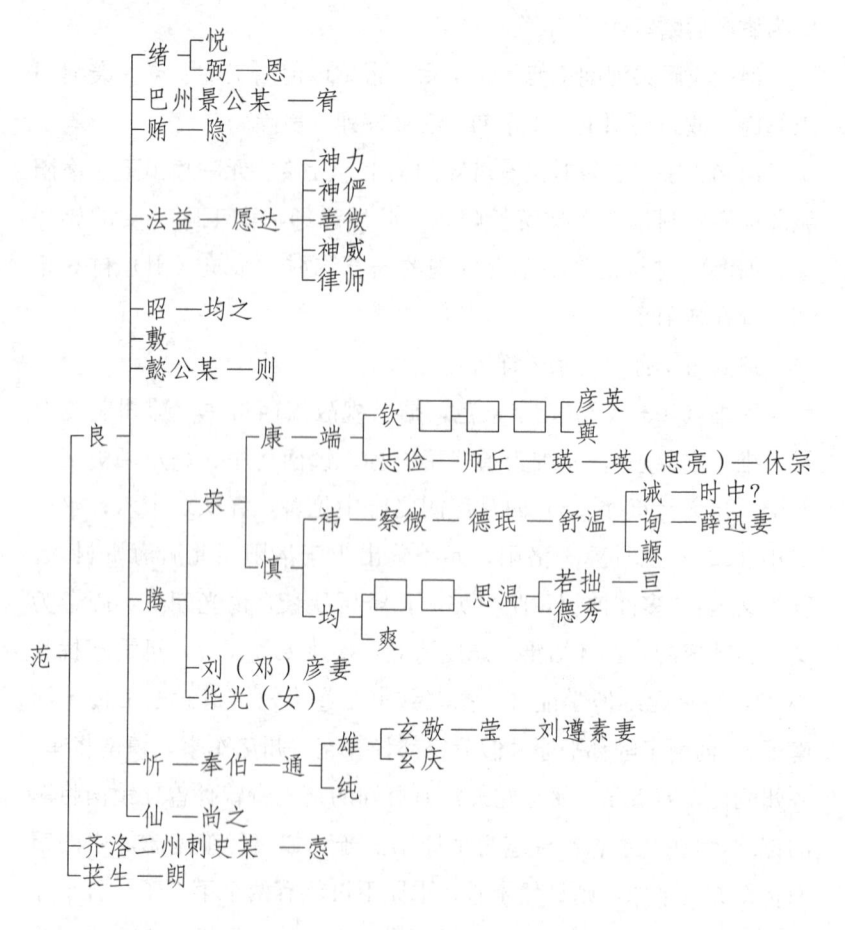

```
                ┌ 悦
          ┌ 绪 ─┤
          │     └ 弼 ─ 恩
          ├ 巴州景公某 ─ 宥
          ├ 贿 ─ 隐
          │                ┌ 神力
          │                ├ 神俨
          ├ 法益 ─ 愿达 ─┤ 善微
          │                ├ 神威
          │                └ 律师
          ├ 昭 ─ 均之
          ├ 敷
          ├ 懿公某 ─ 则
          │                      ┌ 钦 ─□─□─□─┬ 彦英
          │           ┌ 康 ─ 端 ─┤             └ 蕙
          │           │         └ 志俭 ─ 师丘 ─ 瑛 ─ 瑛（思亮）─ 休宗
          │           │                                      ┌ 诚 ─ 时中？
          │     ┌ 荣 ─┤    ┌ 祎 ─ 察微 ─ 德珉 ─ 舒温 ─┤ 询 ─ 薛迅妻
 ┌ 良 ─┤       └ 慎 ─┤                                    └ 譲
 │     │                  │    ┌─□─□─ 思温 ─┬ 若拙 ─ 亘
 │     │                  └ 均─┤             └ 德秀
 │     │                        └ 爽
 范 ─┤   ├ 腾
 │     │     ┌ 刘（邓）彦妻
 │     │     └ 华光（女）
 │     │                        ┌ 雄 ┬ 玄敬 ─ 莹 ─ 刘遵素妻
 │     ├ 忻 ─ 奉伯 ─ 通 ─┤     └ 玄庆
 │     │                        └ 纯
 │     ├ 仙 ─ 尚之
 │     ├ 齐洛二州刺史某 ─ 恚
 │     └ 芒生 ─ 朗
```

乐安王范一支，史传（《魏书》卷十七《明元六王传·乐安王》、《北史》卷十六《明元六王传·乐安王》）中只有乐安王范及其子乐安简王良的传记，由于大量墓志的出土，使我们能略知这一

166

支的情况。乐安范一支有墓志发现者：元绪、元贿、元敷、元腾、元仙、元悫、元朗、元尚之、元悦、元弼、元隐、元恩、元宥、元均之、元则、元华光（元腾女）、元祎、元悦妻冯季华，等。虽暂无本人墓志发现而相关墓志中有提及者：拓跋范、拓跋良、洛州刺史某、拓跋苌生、元荣、元慎、巴州景公某、懿公某，等。

乐安王范之后在唐代有墓志者有：元瑛（思亮）、元舒温、元询女（薛迅妻）、元德秀、元玄庆，等。虽暂无墓志发现而相关墓志中有提及者：元志俭、元瑛、元休宗、元师丘、元察微、元德珉、元诚、元询、元譔、元思温、元奉伯、元通、元雄、元玄敬、元莹、元莹女（刘遵素妻），等。

据拓跋范（？—447）孙元仙墓志，拓跋范为使持节、侍中、都督秦雍泾梁益五州诸军事、卫大将军、雍州刺史、内都大官、开府仪同三司、长安镇都大将、乐安宣王。据拓跋范曾孙元尚之墓志，乐安王范为太武皇帝第二弟，使持节、侍中、都督秦雍泾梁益五州诸军事、卫大将军、开府仪同三司、长安镇都大将、雍州刺史，又征为内都大官，薨。赠使持节、侍中、都督秦雍泾梁益五州诸军事、卫大将军、开府仪同三司、长安镇都大将、雍州刺史，谥曰宣王。拓跋范子拓跋良，据拓跋良子仙墓志，良为使持节、侍中、都督秦雍泾梁益五州诸军事、卫大将军、开府仪同三司、长安镇都大将、内都大官、使持节、侍中、都督冀定幽相四州诸军事、开府仪同三司、定州刺史乐安简王。[1] 据元良孙元尚之墓志，乐安王良为使持节、侍中、都督秦雍泾梁益五州诸军事、卫大将军、开府仪同三司、长安镇都大将、雍州刺史，又征为中都大官，薨。赠使持节、侍中、都督冀定幽相四州诸军事、开府仪同三司、卫大将

---

[1] 毛远明：《汉魏六朝碑刻校注》第五册，第188页。

军、定州刺史,谥曰简王。①

元良长子元绪(449—507),字绍宗,据《大魏征东大将军、大宗正卿、洛州刺史、乐安王(绪)墓志铭》,元绪为明元帝之后,卫大将军、简王梁嫡长子。除大宗正卿、洛州刺史,正始四年(507)正月卒于洛州州治,春秋五十九,是年四月葬于洛阳西北孝文帝长陵之东。元绪墓出土于洛阳城北安驾沟西南。② 简王梁即乐安简王良。元绪墓志中未载其谥号及赠官,据元良孙元悦墓志,悦为靖王子,靖王薨,元悦袭爵,居丧俞(愈)礼,殷忧积心,遂成结患。勉服袭王,方乃攻疗。天不吊善,历年无瘳。春秋三十六,岁在辛卯,五月丙申朔,十一日丙午薨于位。据元良孙元弼墓志,弼为张掖太守、治书侍御史静子③;据元弼子元恩墓志,恩为征虏将军、夏州刺史、静侯孙,司州牧、新兴侯弼元子④。结合元恩墓志,可知元弼墓志中的"治书侍御史静"并非人名,而是谥号。《续通志》卷一百十九《谥略》:"古'静'与'靖'通,故谥作'靖'者,皆即'静'字(晋六世靖侯宜臼,三十七世静公俱酒,盖先后同谥而字异。)又与'靓'通,周慎靓王,即慎靖王也。又或作'竫',秦文公赐太子谥竫公。"⑤ 可知靖王即静王。

元绪子元悦(476—511),字庆安,据《魏故益州刺史乐安哀王(元悦)墓志铭》:"王历尚书郎中,迁太尉属。……及靖王薨,居丧俞(愈)礼,殷忧积心,遂成结患。勉服袭王,方乃攻疗。天不吊善,历年无瘳。春秋卅六,岁在辛卯,五月丙申朔,十一日丙午薨于位。天子悼焉,追赠益州刺史,以崇盛德。冬十一月十七

---

① 毛远明:《汉魏六朝碑刻校注》第五册,第240页。
② 毛远明:《汉魏六朝碑刻校注》第四册,第94页。
③ 毛远明:《汉魏六朝碑刻校注》第六册,第329页。
④ 毛远明:《汉魏六朝碑刻校注》第六册,第294页。
⑤ (清)嵇璜:《续通志》,《景印文渊阁四库全书》,台北:台湾商务印书馆,1986年,第394页。

日，葬其考靖王陵左。"① 岁在辛卯即则永平四年（511），大约静（靖）即元绪之谥号，正始四年（507）元绪薨，悦袭爵，悦过于哀伤，因此得病，四年即去世，四年中服丧期已有 27 个月，服丧期过病仍未愈，不久即逝。元悦生于承明元年（476），年龄上正可为元绪子。元悦妻冯季华，据《魏故乐安王妃冯氏（季华）墓志铭》，冯氏为燕昭文王道鉴（弘）曾孙，宣王朗孙，扶风（此为冯季华墓志所记《魏书·外戚传》冯熙为京兆郡公）武公熙第八女，兄司徒、长乐元懿公诞（字思政），长姊为南平王妃，第二、三姊为孝文帝后，第四、五姊为孝文帝昭仪，第六姊为安丰王妃，第七姊为任城王妃。冯季华二十二岁适元悦，正光五年（524）三月卒于第，其年十一月与元悦合葬于长陵之东。元悦、冯季华夫妇墓出土于洛阳城北徐家沟村东南。② 元悦弟元弼（490—529），据《元弼墓志》，元弼，字思辅，拜侍中、使持节、征北大将军、尚书右仆射、司州牧，封新兴王，永安二年（529）七月二十一日卒于洛阳孝义里宅，春秋卌，普泰元年（531）八月葬于洛阳，元弼墓出土于洛阳城北安驾沟村。《元弼墓志》又云："志明秋月，思丽春芳。执素泉飞，举翰烟翔。文超公幹，器迈元方。敦诗悦礼，独秀陵霜。怀忠履孝，游艺依仁。辞金轻富，乐道安贫。"③ 可见元弼能属文。

元绪弟元贿（454—520）字多宝，据《魏故镇远将军、安州刺史、元使君成公（贿）墓志铭》，元贿拜威远将军、镇寿春，后除陈郡太守，神龟三年（520）四月卒，春秋六十七，谥曰成公，墓志标题所记为卒后赠官，正光元年（520）十一月葬于景陵东阿步龙之岗，元贿墓出土于洛阳城北安驾沟。④ 元贿子元隐（480—

---

① 毛远明：《汉魏六朝碑刻校注》第四册，第 185 页。
② 毛远明：《汉魏六朝碑刻校注》第五册，第 298 页。
③ 毛远明：《汉魏六朝碑刻校注》第六册，第 329 页。
④ 毛远明：《汉魏六朝碑刻校注》第五册，第 88 页。

523），字礼安，据《魏故持节、督恒州诸军事、平北将军、恒州刺史元君（隐）墓志铭》，年十五，随孝文帝南征，孝文帝第一次南征在太和十八年（494），则元隐生于太和四年（480），官终前军将军、荆洛二州刺史，春秋四十四卒于荆州刺史任上，则元隐卒于正光四年（523），谥曰庄公，墓志题中即元隐赠官，正光五年（524）三月葬于长陵旁。元隐墓出土于洛阳。① 元贿弟元敷（463—522），字普乐，乐安简王良（梁）季子，据《魏故襄威将军、汝南太守元君（敷）墓志铭》，元敷年五十五除汝南郡守，正光三年（522）二月终于治所，春秋六十，正光四年（523）二月窆于瀍涧之滨，元敷墓志出土于洛阳城北，元敷墓出土于洛阳城北徐家沟东北。② 元敷弟元仙（472—521），字延生，据《魏故镇远将军、前军将军、赠冠军将军、正平太守元君（仙）之墓志铭》，乐安简王良第四子，除员外散骑常侍、镇远将军前军将军，卒于正光二年（521）八月，春秋五十，谥曰贞，正光四年二月葬于景陵之东阿，元仙墓出土于洛阳城北徐家沟。③

《元和姓纂》卷四："乐安王范生良，良生法益、滕、忻。法益生愿达，愿达生神力、神俨、善微、神威、律师。神力，蒲州总管。神俨，右卫郎将。善微，右领军将军。神威，杭州刺史。律师，左骁卫大将军。"④《魏郑公谏录》卷一《谏听谏与贞观初不同》：（太宗）即位之初，处元律师罪死。⑤ 则元律师为北朝唐初间人。《梁书》卷三十九《元愿达传》："元愿达，亦魏之支庶也。祖

---

① 毛远明：《汉魏六朝碑刻校注》第五册，第258页。
② 毛远明：《汉魏六朝碑刻校注》第五册，第195页。
③ 毛远明：《汉魏六朝碑刻校注》第六册，第188页。
④ （唐）林宝撰，陶敏校证，李德辉整理：《元和姓纂新校证》，第155页。引文中地名古今对照：蒲州（治河东，今山西永济市蒲州镇）、杭州（治钱塘，今浙江杭州）。
⑤ （唐）王方庆：《魏郑公谏录》，《景印文渊阁四库全书》第446册，台北：台湾商务印书馆，1986年，第169页。

明元帝。父乐平王。愿达仕魏为中书令、鄞州刺史。普通中，大军北伐，攻义阳，愿达举州献款，诏封乐平公，邑千户，赐甲第女乐。仍出为使持节、散骑常侍、都督湘州诸军事、平南将军、湘州刺史。中大通二年，征侍中、太中大夫、翊左将军。大同三年，卒，时年五十七。"① 据《梁书》则元愿达（481—537）为明元帝孙，而元愿达生年比元绪子元悦还小，则《梁书》似乎有误，《元和姓纂》以元愿达为元法益子较为合理。

《元和姓纂》卷四："滕，乐安王、吏部尚书。生荣，荣生康、慎。慎（康）生端。端生钦、志俭。钦，荆州刺史，玄孙彦英、萁。志俭，苏州刺史、成安公。慎生祎、均。祎六代孙时中。均曾孙思温，鄜州刺史、平阴公，生若拙、德秀。若拙，江夏令；生亘、宣、楚等州刺史、将作监。德秀，鲁山令。均少子爽，陇州刺史。忻孙通，隋魏州刺史，生雄、纯。雄生玄敬，襄州刺史。纯，邛州刺史。"②

元腾，字金龙，据《大魏故城门校尉元腾墓志铭》乐安简王良（梁）第八子，正始四年（507）十一月卒于洛阳，夫人广平程法珠，神龟二年（519）七月卒，其年十一月，与腾合葬于洛阳长陵东北，元腾墓出土于洛阳城北徐家沟东北。③ 元腾曾孙元祎墓志中对元腾子、孙有记载，据《隋故朝散大夫、历阳太守元祎墓志铭》，元祎，字伯礼，魏神元皇帝之后。高祖明元皇帝，曾祖乐安王腾，祖东阳王荣，父周开府仪同三司、新卢楚三州诸军事、三州刺史

---

① （唐）姚思廉：《梁书》，北京，中华书局，1973年，第555页。
② （唐）林宝撰，陶敏校证，李德辉整理：《元和姓纂新校证》，第155页。引文中地方古今对照：荆州（治江陵，今湖北江陵），苏州（治吴县，今江苏苏州），鄜州（治洛交，今陕西富县），宣州刺史（治宣城，今安徽宣城），楚州（治山阳，今江苏淮安），江夏县（治今湖北武汉），鲁山县（治今河南鲁山），陇州（治汧源，今陕西陇县），魏州（治贵乡，今河北大名北），襄州（治襄阳，今湖北襄阳），邛州（治临邛，今四川邛崃）。
③ 毛远明：《汉魏六朝碑刻校注》第五册，第41页。

慎。元祎，周大冢宇文护引为亲信，宣政间除路（潞）州别驾。入隋除上党太守，隋平陈，授开府仪同三司。先后任温州、德州刺史，历阳郡守，拜朝散大夫，大业五年（609）正月卒于洛阳县邻德里，是年八月葬于河南县灵泉乡之原，元祎墓出土于洛阳城北前海资村。妻太原王氏，父周开府仪同三司、蒙都一州刺史王充。其乐安王元腾子名荣，《元和姓纂》中的乐安王滕子名荣，可知元腾即元滕，大约元悦去世时，无子袭封，而元腾已卒，以元腾子荣袭封乐安王，相应亦追封腾为乐安王。① 《魏书》卷十《孝庄帝纪》：永安二年（529）八月丁卯，封瓜州刺史元太荣为东阳王。② 元荣约为元太荣省称，元荣封东阳王已在其妹华光卒后四年，故华光墓志仅载荣为瓜州刺史。《周书》卷三十二《申徽传》："东阳王元荣为瓜州刺史，其女婿刘彦（一作邓彦）随焉。及荣死，瓜州首望表荣子康为刺史，彦遂杀康而取其位。"③ 可知元荣有子名康。其女婿刘彦（邓彦）杀之而取其瓜州刺史之位。元腾女元华光，据《魏故金城郡君（元华光）墓志铭》，元华光为乐安宣王范曾孙，城门校尉腾女，瓜州刺史荣第二妹。华光适王氏，孝昌元年（525）九月卒于第，春秋三十七，赠金城郡君，元华光墓出土于洛阳城西北安驾沟村南。④

元荣孙荆州刺史元钦，元钦玄孙元彦英、元蕢。元稹元和十五年（820）所作《元蕢等可与杭等州刺史制》载元蕢为朝散大夫守刺史，⑤ 白居易长庆三年（823）所作《冷泉亭记》中言右司郎中

---

① 王其祎、周晓薇：《隋代墓志铭汇考》第三册，第 359—361 页。
② （北齐）魏收：《魏书》，第 263 页。
③ 参见赵万里：《汉魏南北朝墓志集释》卷一一，《石刻史料新编》第三辑第三册，台北：新文丰出版公司，1986 年，第 258 页。
④ 毛远明：《汉魏六朝碑刻校注》第五册，第 337 页。
⑤ （唐）元稹著，周相禄校注：《元稹集校注》，第 1173 页。

元䕫最后作此亭，① 元䕫大约元和十五年元稹上制时由饶州刺史调任杭州刺史，白居易作该文时，元䕫正为右司郎中。《郎官石柱题名新著录》"主客员外郎"第九行有元䕫。② 元䕫约元和后期至长庆中历饶、杭二州刺史、右司郎中，此后又曾为主客员外郎。

元荣还有孙隋苏州刺史元志俭，元志俭子密王府户曹参军师丘，元师丘子左卫勋一府勋卫元瑛，元瑛子亦名瑛（字思亮），据《周故左勋卫一府勋卫上柱国元思亮墓志》，元瑛（637—703），字思亮，曾祖隋苏州刺史志俭，祖密王府户曹参军师丘，父左卫勋一府勋卫瑛。元思亮长安三年（703）五月卒于毓财里私第，春秋六十七，夫人朱氏，儒林郎通之女，圣历二年（699）腊月卒于私第，长安三年八月祔葬于北邙山合宫县平原乡之原。有子休宗。元瑛墓志称其为元思亮，大约就是为了与其父元瑛之名相区别。据《大唐故元府君（舒温）墓志铭》，元舒温曾祖隋潞州刺史祎，祖宁州别驾察微，父登州司马德珉，元舒温（670—703）未缨未组，则其未仕，长安三年（703）五月六日卒于京兆长安县私第，春秋卅四，夫人河东裴氏，天宝十二载（753）十月，与舒温合葬并迁窆于洛阳北原。长子襄阳郡司兵诫；次子高密郡安丘县丞询，此二子先亡祔于舒温之茔，少子彭城郡萧县丞譔。③《元思亮墓志》可补志俭子、曾孙之阙。《元和姓纂》算世代似好包括己身在内，如包括元祎己身在内，其六代孙时中，正好是元舒温孙辈，未知元时中是否为元舒温孙（如是又不知为舒温何子之子），抑或非元察微之玄孙，为元祎他子之玄孙，文献阙如，姑存疑。

元舒温子高密郡安丘县丞元询，元询女为密县丞薛迅夫人

---

① （唐）白居易著，谢思炜校注：《白居易文集校注》，第286—289页。
② 岑仲勉著，向群、万毅编：《岑仲勉文集》，第278页。
③ 周绍良、赵超：《唐代墓志汇编》，第1019—1020、1688—1689页。

(740—813)，据洛阳县丞杜密撰《大唐故河南府密县丞薛府君（迅）夫人河南元氏墓志铭》："维元和八年岁次甲午十月三日，夫人抱疾终于氾水县里之私第，春秋七十有四。夫人曾祖曰温，温生舒，舒生皇密州安丘县令询。……夫人即安丘之长女也。……府君先夫人而殁。以十年岁乙未八月己亥，四日壬寅，合祔于密县府君之穴。"撰者杜密为墓志主外生，墓志由外生孙乡贡进士杜景立书写。[①] 结合元舒温墓志，可知薛府君夫人元氏墓志所载曾祖、祖父有误，元氏曾祖为登州司马元德珉，祖为元舒温，墓志中误将温、舒之名写成两代人。元舒温墓志言舒温子元询为安丘县丞，薛迅妻元氏墓志言元氏父元询为安丘县令，大约元询后来由安丘县丞升为安丘县令。元氏夫薛迅（723—801）墓志亦发现，据《唐故河南府密县丞河东薛府君（迅）墓志铭》，薛迅，字迅，河东汾阴人。曾祖金紫光禄大夫、行尚书工部侍郎、内阳公；祖宫门丞孝侑；父中大夫淄川上洛淮安清河四郡太守融。薛迅为薛融第五子。天宝十三载，州举孝廉，弱冠擢第。后授许州许昌（治今河南许昌）尉、曹州成武（治今山东成武）尉、陕州芮城（治今山西芮城县东张村）尉、河南府长水（治今陕西蓝田西北）尉、密县丞。以贞元十七年（801）七月二十二日，终于东都安业里之私第，春秋七十有九。其年十一月十二日权葬于河南县平乐乡北邙山之原。夫人元氏。嗣子伟，次子条。薛迅墓志亦由外甥杜密撰，撰此墓志时杜密署登仕郎、前怀州武陟县主簿。[②] 则河南县（治今河南洛阳市西涧水东岸）平乐乡是河东薛迅家族的族葬地，元氏去世后于薛迅合葬。薛迅所任基本是县尉、县丞，元氏父元询也仅为县丞、县令，从婚姻门当户对来看，亦可见元氏此时已成为普通仕宦家族。

---

① 周绍良、赵超：《唐代墓志汇编》，第 2008—2009 页。墓志中地名古今对照：密县（治今河南密县），氾水县（治今河南荥阳西北氾水镇）。
② 周绍良、赵超：《唐代墓志汇编》，第 1913 页。

元祎弟元均之曾孙郿州刺史元思温，元思温子若拙，元若拙子元亘，亘曾为宣、楚等州刺史、将作监。刘商有诗《送元使君自楚移越》，郁贤皓据《会稽掇英总集·唐太守题名》：元亘，贞元二年十二月自楚州刺史授。以为此元使君即元亘。元亘还曾为越州刺史。① 卢迈《议元亘不受誓诫状》："臣按《礼记》：'大夫士将祭于公，既视濯而父母死，犹奉祭。'又按《唐礼》：'散斋有大功之丧，致斋有周亲丧，斋中疾病，即还家不奉祭事。'皆无忌日不受誓诫之文。虽假宁令忌日给假一日，《春秋》之义，不以家事辞王事。今（将作监元）亘以假宁常式，而违摄祭新命，酌其轻重，誓诫则祀事之严，校其礼式，忌日乃寻常之制，详求典据，事缘荐献，不宜以忌日为辞。"② 则元亘曾提出礼制上的"忌日不受誓诫"，受到卢迈（739—798）的反驳。元亘约与皎然交游，皎然有诗《早春送颜主簿游越东兼谒元中丞》，陶敏先生以为元中丞即元亘。③ 元亘为越州刺史，皎然和元亘同生活与贞元间，送颜主簿游越东所谒元中丞正可能是元亘。

元思温子鲁山县令大儒元德秀（695—753），《唐故鲁山县令元府君（德秀）墓志铭》："君讳德秀，字紫芝，河南人也。后魏明元帝九代孙，大唐延府都督第六之子。……以进士出身，授南和县尉。奉上抚下，目牛无全。为黜陟使所称，改授左龙武军录事。入卫霜白，满围风清。令尹乃命天官，授君为鲁山县宰。夫古之为政者，以政为政焉。而君之为政者，以无为为政也。呜呼！春秋六十，薨于陆浑南郭草堂之所。……天宝甲午（十三）载冬十月甲申日，葬于草堂南原之野。"④ 陆浑山在今河南嵩县东北。元德秀是

---

① 郁贤皓：《唐刺史考全编》，合肥：安徽大学出版社，2000年，第1694页。
② （清）董诰等编，孙映逵等点校：《全唐文》，第2647页。
③ 陶敏：《全唐诗人名汇考》，沈阳：辽海出版社，2006年，第1352页。
④ 吴钢：《全唐文补遗》第六辑，西安：三秦出版社，1999年，第445页。

中唐古文运动重要先驱，其文学学术活动详见下文"唐代元氏文学与学术文化研究"。结合《元和姓纂》可知，《元德秀墓志》中的明元帝九代孙，不包括明元帝己身而言的，延都督即元思温。元思温曾为鄜州（治洛交，今陕西富县）刺史，与元舒温同高祖兄弟，高祖皆元慎。

元绪、元敷、元贿、元腾是元良之子中有墓志发现者，元良另有数子，虽暂无墓志发现，但在其孙辈墓志中有提及。懿公某，据元良孙《元憼墓志》，憼为使持节、征虏将军、齐洛二州刺史之第四子。[①] 元良未尝为齐洛二州刺史，则此元憼之父约为元良之弟，史书未载，墓志亦未记其名。巴州景公，据元良孙元宥墓志，宥为巴州景公元子。昭，据元良孙元均之墓志，均之为河间太守昭中子。懿公某，据元良孙元则墓志，则为左卫将军、大宗正卿、营州刺史、懿公之第二子。还可知元良尚有子巴州景公某、静王某、昭、懿公某，史书皆未载。元敷墓志言其为良季子，元仙墓志言仙为良第四子、元仙子尚之墓志言仙为良季子，不可能元敷和元仙都是元良季子，结合生卒年可知元敷比元仙大九岁，不可能为良季子，故元敷墓志所载有误。据上述史料可知元良远非仅有四子，且元腾墓志言其为良第八子，故元仙墓志称其为良第四子或亦误。《元和姓纂》中法益排在元腾前。巴州景公长子元宥（475—528），字显恩，据《魏故征北将军、相州刺史元君（宥）之墓志铭》，元宥拜前将军、武卫将军，武泰元年（528）四月十三日河阴之难中见害，春秋五十四，谥曰孝公，是年七月窆于西陵，元宥墓出土于洛阳城北安驾沟村。[②] 元宥生于延兴五年（475）是现可知元良孙辈中生年最早者，比元绪子悦还长一岁，可推知巴州景公在元良诸

[①] 毛远明：《汉魏六朝碑刻校注》第五册，第374页。
[②] 毛远明：《汉魏六朝碑刻校注》第六册，第203页。

子中排行是靠前的，已知元绪为元良长子，有可能巴州景公为元良次子。元贿生于兴光元年（454），元敷生于和平四年（463），元腾不知生年但知其为第八子，元仙生于延兴二年（472），元昭生卒年不知，但其第二子均之生于太和十五年（491），元昭卒年当在此后，据《魏故平西将军瓜州刺史元君（均之）之墓志铭》，元均之（491—528），字仲平，河间太守昭中子，除赵郡太守，武泰元年（528）四月十三日河阴之变中被害，春秋三十八，是年七月葬于洛阳长陵之东，元均之墓出土于洛阳城北安驾沟村。①

懿公某生年未详，元懿公长子某，娶陆定国孙女陆孟晖，据《魏故大宗明皇帝之玄孙，使持节、安东将军、营幽二州刺史元懿公之元子妻陆夫人孟晖墓志铭》，（夫人）故司空公、东郡庄王之孙，著作郎之长女。②据《魏书》卷四十《陆俟传》，陆定国即东郡庄王，陆定国孙孟晖，陆定国子昕之未曾任著作郎，陆定国子保之"沉废贫贱"。③则著作郎似非陆保之，或许陆定国别有子为著作郎，故陆孟晖父名姑存疑。

懿公某次子元则，据《魏故齐州平东府中兵参军元君（则）墓志铭》，元则（495—525），字庆礼，左卫将军、大宗正卿、营州刺史、懿公第二子，除齐州平东府中兵参军，孝昌元年（525）十一月，卒于官，春秋三十一，孝昌二年（526）葬于洛阳景陵之东北，元则墓出土于洛阳城北安驾沟村。④元贿子元隐生于太和四年（480），元法益子元愿达生于太和五年（481）则元贿排行约在元法益前。元法益排行约在元昭前，懿公第二子元则生于太和十九年（495），则懿公幼于昭，故巴州景公约排第二，元贿约排第三，元

---

① 毛远明：《汉魏六朝碑刻校注》第六册，第169页。
② 毛远明：《汉魏六朝碑刻校注》第六册，第309页。
③ （北齐）魏收：《魏书》，第908—909页。
④ 毛远明：《汉魏六朝碑刻校注》第六册，第70页。

法益约排第四，元昭约排第五，元敷约第六，懿公约排第七。元腾已知为良第八子，《元和姓纂》中记载乐安王良有子腾、法益、忻，元忻为元腾弟，元忻子之名未知，元忻孙《元和姓纂》但记其名通，元通子元雄、元纯，元纯曾孙女元氏适交城县令广平刘遵素，据《唐故朝请大夫太原府交城县令刘府君（遵素）墓志铭》，刘遵素，字素，广平易阳人。曾祖吏部、中书二侍郎林甫；祖吏部郎中、秘书监应道；父吏部郎中献臣。刘遵素始以门子补左翊卫，历蒲州永乐尉、同州朝邑尉，迁京兆泾阳县尉，晋州霍邑县令，加朝散大夫，授太原府交城县令。以宝应元年五月廿二日终于太原府晋阳里之私馆，享年七十七。以宝应二年闰正月五日返葬于少陵原先茔之侧，嗣子大理千金、太原府盂县尉兼金等。① 元氏墓志亦发现，据《大唐故朝请大夫交城县令广平刘公（遵素）夫人河南县君元氏墓志铭》，元氏，河南人，曾祖邛州刺史纯；祖金、寿二州刺史玄敬；父朝议大夫、晋州司马莹，元氏为莹第二女。元氏适朝请大夫交城县令广平刘遵素，大历二年七月终于泗州临淮县，享年六十六，以大历七年七月廿三日归葬万年县少陵原。② 《元和姓纂》记元玄敬为元雄子襄州刺史元玄敬，据元氏墓志可知，元玄敬为元雄弟元纯子，元氏墓志言玄敬为金、寿二州刺史，也有可能元玄敬金、寿及襄三州刺史皆任过。《元和姓纂》未载元玄敬子情况，据元氏墓志可补充之，元玄敬有子晋州司马莹，元莹至少有二女，第二女适广平刘遵素。

元纯子襄州刺史元玄敬，元玄敬弟武义县令元玄庆有墓志发现，据《大周故朝议大夫婺州武义县令元府君（玄庆）墓志铭》，元□字玄庆（642—701），后魏明元帝十四世孙，曾祖大将军、左

---

① 李浩：《榆阳区古代碑刻艺术博物馆藏志》，第188—189页。
② 李浩：《榆阳区古代碑刻艺术博物馆藏志》，第188—189页。

光禄大夫、并州诸军事并州刺史、武功王奉伯,祖隋骠骑将军、上仪同三司、河阳县开国公通,父唐滕王府主簿雄,大足元年(701)四月卒于崇政里第,春秋六十,其年六月权殡于北芒山平乐乡。嗣子峻。① 元通为隋骠骑将军、上仪同三司、河阳郡开国公,元通之父为武功王元奉伯,可补《元和姓纂》之阙。元思亮、元舒温、元德秀、元玄庆,皆葬于洛阳,则唐初一部分元氏犹有葬回洛阳祖茔的习俗。元思亮、元舒温、元玄庆生活于武周时期。

元仙墓志言其为季子,仙生于延兴二年(472)确实最少,元仙子尚之(?—523?),字敬贤,据《魏故威烈将军元尚之墓志铭》,元尚之正光四年(523)十一月葬于景陵之东阿,铭文云:"道立未冠,德播弱岁。"则元尚之卒时未满二十。墓志言其"论经出俗,谈史惊群,属辞韵彩,彪炳摛文。"② 则元尚之能文。元仙子尚之约卒于正光四年(523),未满二十,则生于504年之后,在现可知的元良孙辈中年纪最小,此亦可证明元仙在元良诸子中最少,故仙排第九。

元良曾孙辈现可知者有元恩(505—529),字子惠,司州牧、新兴侯弼元子。拜员外散骑常侍,永安二年(529)七月三日卒于洛阳崇仁乡嘉平里,春秋廿五,是年十一月葬于洛阳长陵之左,元恩墓出土于洛阳城北安驾沟村(《元恩墓志》)。③ 元恩父元弼卒于永安二年七月廿一日,仅比元恩晚卒十八天,但并未在是年十一月与元恩同时安葬,而是在近两年后的普泰元年(531)八月方下葬。元恩墓志中记元弼为司州牧、新兴侯,而元弼墓志中记弼为新兴县开国侯,不久就迁司州牧、新兴王,父子同年同月去世,很显然元恩去世时元弼已为新兴王,为何元恩墓志仍称其为侯,如果元恩墓

---

① 周绍良、赵超:《唐代墓志汇编》,第987—988页。
② 毛远明:《汉魏六朝碑刻校注》第五册,第240页。
③ 毛远明:《汉魏六朝碑刻校注》第六册,第294页。

志所刻无误，更有可能的是元弼一度因某事被降爵为侯，到元弼去世时仍是侯，故永安二年十一月所刻之元恩墓志称其父为新兴侯。元弼墓志约刻于普泰元年（531）八月，是时朝廷已恢复元弼的王爵，故在叙述元弼生平时，其爵就是新兴王，墓志中一般为志主讳，故元弼墓志未言其被降爵之事。

元良兄弟可知者有洛州刺史某和处士苌生，据《魏故假节、中坚将军、玄州刺史元君（憨）墓志铭》，元憨，字思忠，乐安宣王范孙，使持节、征虏将军、齐洛二州刺史之第四子，除尚书祠部郎，正光五年（524）五月，任统军北征破六韩拔陵，阵亡，孝昌元年（525）十二月葬于洛阳孝文帝长陵之东。① 墓志未言憨父洛州刺史之名。据《魏故安西将军、银青光禄大夫元公（朗）之墓志铭》，元朗，字显明，为乐安宣王范孙，处士苌生仲子，拜使持节行河州刺史，兼行台尚书，节度关右，孝昌二年（526）九月，在于羌人莫折伪秦军队交战时阵亡，春秋五十一，是年闰十一月葬于洛阳景陵东垄，元朗墓出土于洛阳城北后李村北②。

乐安王范一支的葬地从当今的行政区划而言，多数在安驾沟村，元腾、元仙、元悦在徐家沟村，元敷、元朗在后李村，但这几个村是相连的，安驾沟村在徐家沟村东南，之间只有约1公里，后李村在安驾沟村西南，之间只有约3公里，在北朝时期这是一片相连的区域，都在孝文帝长陵东，这一带就是乐安王范一支的族葬地。

乐安王范一支现可知有文士元弼、元尚之以及唐代的元德秀。

明元帝七子，嫡长子太武帝焘，其馀六子中除了乐安王范一支

---

① 毛远明：《汉魏六朝碑刻校注》第五册，第374页。
② 毛远明：《汉魏六朝碑刻校注》第六册，第75页。

子孙繁盛,其他五子封王大都一两代即国除。据《魏书》卷十七《明元六王传》,明元帝庶长子乐平王丕,拜车骑大将军,谥曰戾王。拓跋丕子拔,袭爵。后坐事赐死,国除。

安定王弥,明元帝攻滑台,留守平城。薨,谥曰殇王。无子,国除。

永昌王健,善弓马,知兵法,多有战功。破秃发保周,降沮渠无讳。无疾而终,谥曰庄王。子仁,袭爵。骁勇有父风,太武帝奇之。后与濮阳王闾若文谋为不轨,被发觉而赐死,国除。

建宁王崇,拜辅国将军。从讨北虏有功。文成帝时,封崇子丽为济南王。后与京兆王杜元宝谋逆,父子并赐死。

新兴王俊,拜镇东大将军。少善骑射,多才艺。犯法,削爵为公。俊好酒色,多违越法度。又因其母犯罪而被处死,而其自身又被削爵,多有违逆之心、后事发,被赐死,国除。[①]

明元帝子孙中支系未详者

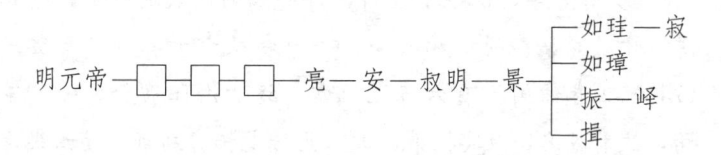

明元帝—□—□—□—亮—安—叔明—景┬如珪—寂
　　　　　　　　　　　　　　　　　├如璋
　　　　　　　　　　　　　　　　　├振—峄
　　　　　　　　　　　　　　　　　└挥

元安、元叔明、元景(635—705),据太原令裴朓撰《大唐故荆王府库真元公(景)石志铭》:

> 伊昔大名,式当天祚,从吾所王,氏其德者曰元,衣冠增有虞之象,孙子系无疆之禄。隋率都督亮,后魏明元帝五代孙;亮生安,晋陵、当涂二县令;安生叔明,皇太清府统军。……公讳景,字灵景,统军第二子。体识纯素,率性从

---

① (北齐)魏收:《魏书》,第413—416页。

道，授荆王府库真。府废宁家，游心释氏，辨色非色，悟生不生，披贝页以勤求，慕莲花而清净。身则有位，在藩邸而暂游；命也无常，与泡电二俱殁。春秋七十一，以神龙元年（705）正月廿八日，殁于私第。夫人天水赵氏，灵州司马安仁女。以天宝四载（745）二月廿一日，会葬于金谷原。长子如珪，宋王府骑曹参军而终；第二子如璋，太原府清源县尉；第三子振，绛州正平主簿；第四子揖，易州司功参军。①

则元景父子分别为高祖第六子荆王李元景、高祖第十一子宋王李元嘉之属官，可知元氏凭曾经的皇族地位，在唐初仍然受到皇室的重视。

元景第三子元振（678—744），元振子元峄，据《大唐故淮安郡桐柏县令元公（振）墓志铭》：

　　公讳振，字振，河南氏拓跋后也。曾（祖）安，晋陵、当途二县令；祖叔明，太清府统军；考龄景，荆王府库真。……（公）少游太学，以经术登科，拜武强尉，政迹鸿渐，除正平簿，才屈鸾栖。迁桐柏县令。……春秋六十七，以天宝三载（744）王春仲闰十有六日近死魄，终于淮阳官舍。……胤子峄，执射成名，应宾擢第，调京兆府龙栖府别将，迁西釐寿城府别将。……以天宝三载十一月廿六日，徙葬于河南城北金谷原。侄寂重铭曰：……。长侄寂书。②

元景，字灵景，龄景即灵景。元振墓志铭为长侄元寂作铭文并书，既为元振长侄，振又为元景第三子，则元寂有可能为元景长子元如

---

① 周绍良、赵超：《唐代墓志汇编》，第1572页。
② 周绍良、赵超：《唐代墓志汇编》，第1569—1570页。墓志中地名古今对照：晋陵县（治今江苏常州），当途县（治今安徽当途），灵州（治回乐，今陕西吴中东北），桐柏县（治今河南桐柏县东）。

珪之长子。元振"以经术登科"即明经及第，元振子崝"执射成名，应宾擢第。"则其所应为武举，大约在开元后期。①

元德艺、元福将、元豹蔚（695—717），据《大唐故元豹蔚墓志》：

> 元豹蔚，字山卿，河南洛阳人也。系于轩辕氏，魏明元帝之裔孙。曾祖晓玄，隋侍御史；祖德艺，贝州宗城县令；父福将，京兆府华原县丞。……（山卿）八岁诵《孝经》《论语》，九岁诵《周易》《老子》，十岁诵《左氏传》。年十五通两经大义。稚龄工书，风骨峻净，侪夷莫拟。每怀翰赋像，自会文意。以其明经未登，常抑其浮华，而弗许也。……以大唐开元五年（717）十月九日终于华原县之追道观，因疗疾也，春秋廿三。以其月十六日迁殡于县西宜川乡之桜栩原，礼也。乃为铭曰："漆沮之右兮嵯峨东，霜松萧瑟兮多悲风。龟既叶兮筮复同，埋尔骨兮在此中。千秋万岁兮恨难穷。"父福将撰。②

大约元豹蔚即卒于其父元福将为华原县丞时。《元豹蔚墓志》由其父元福将撰，墓志中所述元豹蔚童年时读经的经历，可知元氏家族乃至唐代一般士族家庭启蒙教育的情况。元福将在墓志中的骚体铭文，本身就是一首感人的骚体悼子之作，亦可视为唐代诗歌之佚诗。则元福将亦有一定的诗才，惜其作品皆佚。

明元帝八代孙唐金州刺史元衡，据逸人天水赵俅《大唐故游击将军姜公（义）志铭及序》，元衡第二女元氏（631—714）适唐朝散大夫、黎州长史、上柱国天水姜道子左果毅都尉姜义。调露二年（680）八月十八日，姜义在碎叶城一带与胡人战斗中阵亡，赠游击

---

① （清）徐松撰，孟二冬补正：《登科记考补正》，北京：北京燕山出版社，2003年，第1367页。
② 胡戟：《珍稀墓志百品》，第118—119页。墓志中地名古今对照：宗城县（治今河北威县东），华原县（治今陕西耀县）。

将军。元氏开元二年（714）十一月十五日终于私舍，享年八十四，开元五年二月一日，元氏与姜义合葬于长安高阳原长沙里姜氏三代坟茔之后。①

元奕之、元孝斡、元任昉、元楚运（664—737）、元茂仙，据《唐故元君（楚运）墓志铭》："君讳楚运，字永嗣，远祖后魏元明皇帝；……高祖奕之，陇州刺史；曾祖孝斡，邢州龙岗县令；祖任昉，慈州大宁主簿，父楚运，兵部常选。……春秋七十有四，开元廿五年（737）四月十三日寝疾终于家第。以开元廿五年四月廿六日葬于府城西北□里，礼也。胤子茂仙等。"②

元寅、元方劼、元子美（847—871）、元藹，据从侄应书判拔萃前崇文馆明经藹撰并书《唐故右监门卫率府录事参军河南元公（子美）墓铭》："公□□，字子美，后魏明元皇帝十三代之胤孙。□□□□□彦英，终河南府伊阳县令，累赠工部尚书。词苑宗师，儒□□□□祖府君讳寅，终京兆府华原县尉，□玩经史，薄于名□□□□府君讳方劼，禀质孤贞，临事明敏，轻财产慕缣细，登孝□□□□历官八任，终秘书丞。太夫人河东柳氏，故左庶□□□□□也。……（公）补右监门卫率府录事参军。公以职□闲散，晨夕无□，谓诸亲朋，每以为喜，问安之暇，惟离职于典政。以咸通十二祀（871）八月一日终于上都崇义里，享年廿有五。……先茔在京兆府□□县界，年月不利，归祔未期。用乾符元年季冬月廿二日权厝于万年县凤栖原李永村□祖茔之侧。"③ 元藹

---

① 李浩：《榆林区古代碑刻艺术博物馆藏志》，第116—117页。
② 赵文成、赵君平：《秦晋豫新出墓志蒐佚续编》，第660页。
③ 赵力光：《西安碑林博物馆新藏墓志续编》，第647—649页。墓志中地名古今对照：伊阳县（治今河南嵩县西南旧县镇）。拓片中"河南元"下一字漫灭，录文以为乃"氏"字，墓志题中不太可能以某氏指男性志主，且志主为官员一般称志主某公、某君、某府君，此处仅一字，且正文中以公称志主，故墓志题中漫灭之字约为"公"。

为元子美从侄,则元子美父元方劭与元蔼祖为兄弟,元蔼亦为明元帝之后。

明元帝子孙中支系未详者中有文士元福将、元豹蔚、元蔼。

7. 太武帝子孙

(1) 临淮王谭一支

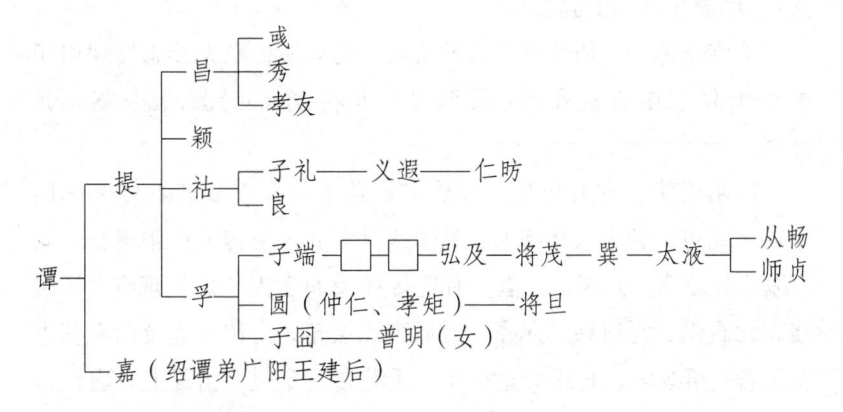

```
                    ┌ 彧
              ┌ 昌 ─┼ 秀
              │     └ 孝友
              ├ 颖
       ┌ 提 ─┤      ┌ 子礼 ── 义邈 ── 仁昉
       │     └ 祐 ─┤
       │            └ 良
谭 ─┤            ┌ 子端 ─ □ ─ □ ─ 弘及 ─ 将茂 ─ 巽 ─ 太液 ─┬ 从畅
       │     孚 ─┼ 圆(仲仁、孝矩) ── 将旦                    └ 师贞
       │            └ 子囧 ── 普明(女)
       └ 嘉(绍谭弟广阳王建后)
```

(2) 广阳王建一支

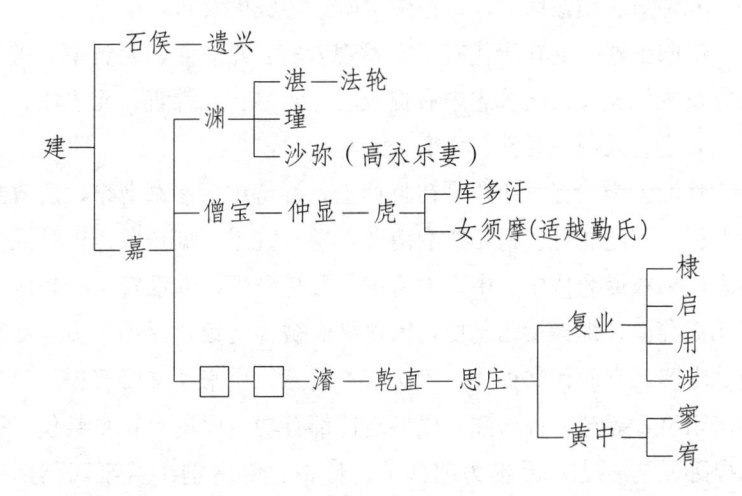

```
       ┌ 石侯 ── 遗兴
       │
       │          ┌ 湛 ── 法轮
       │    渊 ─┼ 瑾
       │          └ 沙弥(高永乐妻)
建 ─┤
       │                              ┌ 库多汗
       │    嘉 ─ 僧宝 ── 仲显 ── 虎 ─┤
       │                              └ 女须摩(适越勤氏)
       │                                                  ┌ 棣
       │                                            ┌ 复业 ─┼ 启
       │                                            │       ├ 用
       └ □ ── □ ── 濬 ── 乾直 ── 思庄 ─┤       └ 涉
                                                    │       ┌ 寋
                                                    └ 黄中 ─┤
                                                            └ 宥
```

临淮王谭一支有史传(《魏书》卷十八《太武五王传·临淮

王》、《北史》卷十六《魏书》卷十八《太武五王传·临淮王》）提及亦有墓志发现者：元彧、元祐；有史传提及而暂无墓志发现者：拓跋谭、元提、元昌、元孚、元彧、元孝友；虽史传未提及而有墓志发现者有元秀、元良、元圆；虽无墓志发现、史传亦未提及，但有相关墓志发现者：元子囧。相关墓志提及者：元普明（元子囧女）、邢援止（元子囧妻）。

临淮王谭一支唐代有墓志发现者：元太液；虽无墓志发现但相关人士墓志中有提及者：元延及、元将茂、元巽、元从畅，元师贞。

广阳王建一支有史传（《魏书》卷十八《太武五王传·广阳王》、《北史》卷十六《魏书》卷十八《太武五王传·广阳王》）又有墓志发现者：元渊、元湛；有史传提及而暂无墓志发现者：拓跋建、元石侯、元遣兴、元嘉、元瑾、元法轮；史传未提及而有墓志发现者：拓跋虎、元渊女元沙弥、元湛妻王令媛、拓跋虎妻尉迟将男；史传未提及亦墓志发现，但在相关人士墓志中有提及者：元僧宝、元仲显、拓跋库多汗、拓跋须摩（拓跋虎女）。

广阳王建一支在唐代有墓志发现者有：元复业、元黄中，虽无墓志发现但相关人士墓志中有提及者：元澹、元斡直、元思庄、元棣、元启、元用、元涉、元寮、元宥。

临淮王谭一支，拓跋谭初封燕王，拜侍中、参都曹事，后改封临淮王，曾随北魏世祖拓跋焘南征，谥号宣王。据拓跋谭曾孙元秀墓志，拓跋谭为侍中、中军大将军、参都坐事、临淮宣王。拓跋谭子元提袭爵，提为梁州刺史，因贪纵而被徙北镇，元提子员外郎元颖请求罢其官而代父徙边，孝文帝不同意，后来孝文帝召提商讨迁都洛阳事，寻卒，谥曰懿，以参定迁都有功，而追封长乡县侯。据元提孙元秀墓志，元提为使持节、侍中、都督荆梁益雍四州诸军事、征西大将军、领护羌戎校尉、雍梁二州刺史、临淮懿王。元提有子元颖外，还有子元昌，元昌字法显，好文学，世宗时，复封临淮王，未拜而薨。赠齐州刺史，谥曰康王，追封济南。据元昌子元秀墓志，元昌为持节、督齐州诸军事、冠军将军、齐州刺史、临淮康王。元昌子元彧（？—530），字文若，太武帝焘玄孙，临淮宣王谭曾孙，祖临淮懿王提，父临淮康王昌，元孚侄。曾任尚书令，建明元年（530）十二月为尔朱兆所杀。《魏书》卷十八《太武五王传·临淮王》："彧少有才学，时誉甚美……少与从兄安丰王延明、中山王熙并以宗室博古文学齐名，时人莫能定其优劣。尚书郎范阳卢道将谓吏部清河崔休曰：'三人才学虽无优劣，然安丰少于造次，中山皂白太多，未若济南风流沉雅。'时人为之语曰：'三王楚琳琅，未若济南备圆方。'彧姿制闲裕，吐发流靡，琅邪王诵有名人也，见之未尝不心醉忘疲……彧美风韵，善进止，衣冠之下，雅有容则。博览群书，不为章句。所著文藻虽多亡失，犹有传于世者。"①《魏故使持节、侍中、太保、领太尉公、录尚书事、大将军、都督定相二州诸军事、定州刺史、临淮王（元彧）墓志铭》亦有对元彧文才之描述："学海靡穷，□□不已，百家浩荡，异轸同归，万古攸缅，得门竞入，手握灵蛇之珠，口运雕龙之句，睹者□颜，闻则愈疾。信可以俾爱冬景，比质秋霜者矣。"② 墓志所记为元彧卒后之赠官。元彧弟元秀（490—522），字士彦，据《魏故假节、督洛州诸军事、龙骧将军、洛州刺史、河南元使君（秀）之墓志铭》，临淮懿王提第二子。除假节、督洛州诸军事、龙骧将军、洛州刺史。正光三年（522）八月卒于洛阳，春秋三十三，正光四年二月葬于北芒之西岗，元秀墓出土于洛阳城北乐凹村西北。墓志又云："好读书，爱文义，学该图纬，博观简牒，既精《书》《易》，

---

① （北齐）魏收：《魏书》，第419、422页。
② 毛远明：《汉魏六朝碑刻校注》，第六册，第315页。

尤善《礼》《传》，栖迟道艺之圃，游息儒术之薮。虽伯业不倦，宣光从横，无以尚也。及垂缨延阁，握兰礼闼，科篆载辉，奏记彪炳。元瑜谢其翩翩，广微惭其多识。若孝家忠国之性，友爱密慎之风，此乃凤禀生知，得之怀抱。"① 将元秀与汉末文人阮瑀（字元瑜）、西晋学者束晳（字广微）相比，可知其能文博学。元彧弟元孝友（？—551），袭爵临淮王，除沧州刺史，入北齐拜光禄大夫，降爵为临淮郡公，天保二年（551）与元晖业一同见害于晋阳。

《元和姓纂》卷四："太武帝焘生临淮王、太尉谭。谭生提、建。提生祐（祜）、孚。祐（祜）孙义遐，光禄少卿；生仁昉，工部员外。孚生子端、仲仁。子端，周纳言；玄孙将茂，主客郎中。仲仁生将旦，莒州刺史。建七代孙思庄，侍御史。"②《魏书》卷十八《太武五王传·临淮王谭》："后拜冀州刺史，孚劝课农桑，境内称为慈父，邻州号曰神君。……后为葛荣所陷，为荣所执。兄祐（祜）为防城都督，兄子子礼为录事参军，荣欲先害子礼，孚请先死以赎子礼，叩头流血，荣乃舍之。又大集将士议其死事，孚兄弟各诬己引过，争相为死。"③ 据墓志元祐当作元祜（482—537），《元祜墓志》：元祜，字保安，河南洛阳人，世祖太武皇帝之曾孙；宣王（即临淮王谭）孙；懿王（即临淮王子拓跋提）子。元祜起家为给事中，转司徒主簿，迁太尉从事中郎。先后镇守平城、冀州、关中、徐州等多地，并除宗师，是东魏皇族重要成员。终于天平四年（537）八月十六日，春秋五十六。赠使持节、太傅、司徒公、录尚书事、都督冀定沧瀛四州诸军事、本将军、冀州刺史、侍中、开国如故，谥曰孝穆。其年闰月二十二日葬于邺都城西、漳河之北

---

① 毛远明：《汉魏六朝碑刻校注》，第五册，第182页。
② （唐）林宝撰，陶敏校证，李德辉整理：《元和姓纂新校证》，第159页。
③ （北齐）魏收：《魏书》，第427页。

皇宗陵内。① 天平四年闰月为闰九月，则元祐当葬于闰九月廿二日。《魏书》卷十八《太武五王传·临淮王谭》中的元孚兄元祐子元子礼当作元孚兄元祐之子。

元祐子元良（521—553），字士良，据《魏故浮阳郡□元君（良）墓志铭》："君讳良，字士良，河南洛阳人也。魏太武皇帝之玄孙，太傅、司徒公、录尚书祐之子。……少执子政之能，幼著文休之美。清猷远□，器度难量。属太傅、咸阳王，以唐、卫之尊，当燕、周之任，园居邹、马。阁□应、刘。以君声资凤挺，高价早闻，缨带所归，冀谐金属，遂辟为开府参军事。君□□东平之廨，奉宴孝王之筵。□孙楚之高踪，似魏舒之雅量。转沧州卫府默曹参军。……迁卫军府司马。君才高端华，风标峻举，贞淳独秀，节概过人。智略之雄，追子郎而继踵；叹咏之美，望谢弈以连衡。出护浮阳郡事。……春秋卅有三。以天保四年（553）十一月四日壬午，薨于京师。粤以闰月八日丙申，迁葬于武城之西七百馀步。"元良墓出土于河北磁县城西讲武乡孟庄村南。② 墓志中将元良比为整理古籍、博学多闻的刘歆（字子政）、少即知名品评人物的许靖（字文休）、有智略劝张鲁附于曹操的李休［字子朗（郎）］，有才智受到桓温信任为谢氏家族奠定地位的谢奕（弈），可见子良博学而有才干。

元祐弟元孚拜冀州刺史，元颢入洛要拉拢元孚，授孚彭城郡王，元孚将元颢书信送给朝廷，朝廷嘉奖元孚，封他为万年县男，后随孝武帝入关。《魏书·临淮王谭》所载元孚子元端大约为子端之省称。《元和姓纂》载元子端玄孙主客郎中元将茂，元将茂孙元太液墓志已发现，据前兴元府参军于莼《唐故太子校书元府君（太

---

① 马忠理、冯小红、崔冠华：《磁县北朝墓群出土碑志集释》，第17—19页。
② 马忠理、冯小红、崔冠华：《磁县北朝墓群出土碑志集释》，第140—143页。

液）墓志》：

> 公讳太液，其先河南人。曾祖弘及，皇□府都督。祖将茂，皇金部郎中。父巽，皇都官员外郎。皆代袭簪缨，家尚儒素，人伦归镜，士林领袖。公即员外府君长子。命□于时，不登正秩。去年冬，因职务寄家东周。□疾以贞元十八年九月廿三日终于大云之佛寺，享年卌四。呜呼！有其才而不至其寿者，岂□命欤！公有长子从畅，近自京至止。妻河南于氏，即予之从祖父之姊也。生次子曰师贞，年才成童之岁。公有遗旨，令从畅等护丧归葬上京，祔于先茔。家贫不就，又属年非通便，今龟筮叶吉，用十一月二日窆于洛阳县阴平乡张村，盖从权也。①

可知元子端曾孙为□府都督元弘及，弘及子金部郎中元将茂，元将茂子都官员外郎元巽，元巽子太子校书元太液（759—802），结合《元太液墓志》及《元和姓纂》所载，大约元将茂曾为金部郎中、主客郎中。《唐会要》卷八十五：开元九年正月二十八日，监察御史宇文融奏河南府法曹元将茂充劝农判官②，则元将茂还曾为河南府法曹、劝农判官。墓志中未言世系，据元太液为元将茂孙，可知为临淮王谭之后。元太液希望归葬长安先茔，则其家族族葬关中，后来未能实现而权且葬于洛阳。元太液妻于氏为墓志作者于𬭎的从父姊。常衮作《授元巽侍御史制》，敕：朝议郎侍御史内供奉元巽，践行直方，秉心纯密，懿文经务，持法奉公，积劳既深，令闻斯洽。宜从职员之正，式光风宪之选。可侍御史，散官如故。③ 常衮（729—783）为开元至建中间人，元太液父元巽亦此期间人，大约侍御史元巽即元太液父。

---

① 毛阳光、余扶危：《洛阳流散唐代墓志汇编》，第484页。
② （宋）王溥：《唐会要》，第1562页。
③ （清）董诰等编，孙映逵等点校：《全唐文》，第2500页。

元孚还有子元圆，据《元圆墓志》：

公讳圆，字孝矩，河南洛阳人也。魏世祖太武皇帝之玄孙，使持节、侍中、□□□军、开府、参都座事、燕宣王受洛真之曾孙；使持节、都督□梁益雍四州诸军事、领互羌校尉、仇池镇大都将、车骑大将军、开府仪同三司，雍州刺史、临淮懿王步洛提之孙；使持节、侍中、都督二梁二益巴五州诸军事、骠骑大将军、沧冀徐梁四州刺史、开府仪同三司、万年县开国伯孚之第二子。昔帝以降灵长川，结媾实诞明圣。膺图受箓。故能托天启宇，创地构基。跨朔马以誓众，于中原而安宅。太武以雄姿挺出，易世重光。开廓区夏，跨制九服。宣王以地亲望重，明神秀彻。毗赞家国，缉熙治道。懿王以思见深长，风韵和雅，出莅西蕃，即叙羌戎。仪同以禀气精华，识量弘敏，秉文经武，仍世作镇。并德被笙镛，功编简策。不可俱载，略言其梗概矣。君承积善之庆，履谦恭之福，体貌瓌奇，幼而聪颖先达，表以黄中，宗家许其千里。及青衿外傅，受学师门。一说辄领，闻□再覆。究览坟籍，寻玩百氏，中霄未变。孜孜罔倦。遂能穷微尽性，精义入神。虎乃炳文，凤生五色。解褐除员外散骑常侍，曳旅阶庭，从容庙下。实有逯逯之威，□仪之美。至于五日时暇，开馆洒扫，折简召宾。倒屣迎客，纠摘文义，无非席上之珍，流连赏会，必尽当时之彦。故太尉广阳王湛，宗室秀令，与君志尚相浑，更敦管鲍之义，每至从就□难明理，日昃不食，昏后忘归。时论以广阳辞义富瞻，加之贵重，总匹君才，彼有惭德。君明于通塞，不慕当世。所居积年，安其□徒。朝廷以君文，顷加宁远将军，仍迁镇远将军，非其好也。春秋卅有一，以天保五年（566）十二月廿六日，遘疾于邺城之西，未旬而卒，六年正月壬午朔十五日丙申，窆于豹祠之西南。呜呼哀哉！泉门一掩，永夜难明，亲朋俱通。闻见同悲。惟君德量清深，器宇淹润。沉思闲雅，举措风流。既善属文，兼通义理。宽以爱人，信以交物。远迩归心，士类慕仰。至如芳春丽景，素秋佳月，邀俦命侣，置酒鸣琴，谈理致以写微，托清文而寄意。①

燕宣王受洛真即拓跋谭，可知谭本名受洛真。临淮懿王步洛提即元提，墓志中"宣王以地亲望重，明神秀彻。毗赞家国，缉熙治道。"指拓跋谭之功，"懿王以思见深长，风韵和雅，出莅西蕃，即叙羌戎。"指元提之劳，"仪同以禀气精华。识量弘敏，秉文经武，仍世作镇。"指元提之能。元圆墓志称元圆（526—566）为元孚第二子，而《元和姓纂》载元孚有子端、仲仁，仲即第二子，大约仲仁为元圆之另一字。元圆善属文、通义理，而"芳春丽景，素秋佳月，邀俦命侣，置酒鸣琴，谈理致以写微，托清文而寄意。"又可见元圆有一定的名士气。"究览坟籍，寻玩百氏，中宵未变。孜孜罔倦。遂能穷微尽性，精义入神。"则可知元氏文士继承的主要不是汉儒章句之学，而是重义理的新学。元仲仁子莒州刺史元将旦，《新唐书》卷三十八《地理志》："武德五年以沂水、新泰、莒置莒州。贞观八年州废，以莒棣密州，沂水、新泰来属。"②则唐武德五年（622）至贞观八年（634）有莒州（治沂水，今山东沂水县），元将旦为莒州刺史在此期间。

元孚子镇远将军、员外郎元子囧娶沧州刺史邢晏女邢援止，据《魏邢晏墓志》：

> （邢晏）祖颖，（字）敬宗，使持节、散骑常侍、冠军将军、定州刺史、城平子，谥康侯。祖亲渤海李（氏），父昇，燕太子

---

① 赵文成、赵君平：《秦晋豫新出墓志蒐佚续编》，第123页。
② （宋）欧阳修、宋祁：《新唐书》，第996页。

洗马。父修年，（字）延期，南河镇大将、河间太守。母赵国李氏，父祥，镇南将军、定州刺史、平棘献侯。君讳晏，字幼平，河间鄚县人也。……除使持节、都督沧州诸军事、沧州刺史。……春秋五十一，以武泰元年（528）二月十三薨于济阴郡离狐县。朝廷弛悬□□，士女解佩捐珠。乃赠左将军、济州刺史。礼命未隆，佥论称屈。追加使持节、尚书左仆射、都督瀛洲诸军事、征北将军、瀛洲刺史。谥曰文贞。越以兴和三年（541）十一月十七日葬于武垣县永贵乡慈仁里。……息女援止，适河南元子囧，镇远将军、员外郎，父孚，使持节、侍中、都督二梁二益巴州诸军事、骠骑大将军、开府仪同三司、梁州刺史、万年乡男。……援止息普明，八岁。[①]

则邢援止适元子囧，生女儿元普明。二梁大约指梁州（治南郑，今陕西汉中）、东梁州（治安康，今陕西石泉南），二益大约指益州（治晋寿，今四川广元利州区）、东益州（治武兴，今陕西略阳），巴州（治今四川巴中巴州区），元孚还曾拜都督二梁二益巴州诸军事、骠骑大将军、开府仪同三司、梁州刺史，可补史书之阙。邢晏北魏武泰元年卒于离狐县（治今菏泽西北），安葬时已是东魏兴和三年，葬于武垣县（治今河北河间南），正是河间邢氏的族居地。元孚子元囧大约未随父入关。

广阳王建，太平真君三年封楚王，后改封广阳王，谥曰简王。拓跋建子石侯，袭爵，谥曰哀王，石侯子遗兴袭爵，谥曰定王，遗兴无子。石侯弟嘉"高祖初，拜徐州刺史，甚有威惠。后封广阳王，以绍建后"[②]。元嘉拜司空，后转司徒，卒赠侍中、太保，谥懿烈王，石侯大约早卒故谥号为哀，石侯子遗兴又无子，朝廷为绍

[①] 田国福：《河间金石遗录》，石家庄：河北教育出版社，2008年，第194—195页。
[②] （北齐）魏收：《魏书》卷十八《太武五王传》，第418、428页。

建之后，从建兄弟之子中过继嘉为其后。如元嘉为石侯弟，则其本来就是拓跋建子，不存在"以绍建后"，正因嘉并非广阳王亲生子，故由其继承爵位，才说"以绍建后"。据元嘉孙湛墓志，元嘉为太保、尚书令、司徒公、冀州刺史、广阳懿烈王。嘉妻河南穆氏，宜都王寿孙女，司空亮从妹。①

元嘉子元渊（485—526），字智远，据《魏故使持节侍中骠骑大将军仪同三司吏部尚书兼尚书仆射东北道行台前君广阳王（元渊）墓志铭》，元渊祖世祖太武帝第三子楚王谭，父太保司徒公广阳懿烈王嘉。拓跋谭真君三年（442）封燕王，后改封临淮王。广阳王建真君三年封楚王，后改封广阳王。结合《元渊墓志》可知元嘉本为临淮王谭之子，因过继给广阳王建而袭封广阳王。《元渊墓志》并未因为元嘉过继给广阳王建，而称建为渊祖父，仍以渊之亲祖父谭为其祖父，所以出现了父亲和祖父封王不同的奇特记载。在叙述元谭时，又误将"楚王"这一元渊的继祖父广阳王建的封王加到了谭的身上，于是出现了"祖讳谭，世祖太武皇帝第三子楚王"的奇异记述。《北史》为避唐高祖讳而改渊为深，《魏书》非唐人所作，不必避讳，然亦称其为元深，此处显然是据《北史》补入，之所以要补入，显然是因为此部分已散佚，而补文中没有说明元嘉为谁之子，又未叙述以前的情况，故这部分历史残缺，元渊墓志的发现，才知元嘉本为临淮王谭之子。《元渊墓志》言："祖出藩为辅，登四岳以杰立；考居中为相，跖三台而上征。"《魏书》卷十八《太武五王传》："临淮王谭，真君三年封燕王，拜侍中，参都曹事。后改封临淮王。世祖南讨，授中军大将军。先是，刘义隆以邹山险固，有荣胡家，乃积粮为守御之备。谭率众攻之，获米三十万以供军储。义隆恃淮之阻，素不设备。谭造筏数十，潜军而济，贼众惊

---

① 毛远明：《汉魏六朝碑刻校注》第七册，第373—374页。

溃,遂斩其将胡崇,贼首万馀级。薨,谥宣王。……广阳王建,真君三年封楚王,后改封广阳王。薨,谥曰简王。"① 相比自然临淮王谭的生平与《元渊墓志》所记更为接近。亦证墓志中祖是指临淮王谭。《魏书》卷十八《太武五王传·广阳王建》:"及沃野镇人破六韩拔陵反叛,临淮王彧讨之,失利,诏深(渊)为北道大都督,受尚书令李崇节度。时东道都督崔暹败于白道。"校勘记云:"按卷九《肃宗纪》正光五年五月:'诏尚书令李崇为大都督,率广阳王渊等北讨。'当时李崇是大都督,元渊受他节度,不得有'大都督'之号,下文崔暹只称东道都督,可证。这里'大'字衍。"② 据《元渊墓志》:"乃以本将军(指镇南将军)都督北征诸军事,后增侍中,进号征北,除吏部尚书,兼右仆射,北道行台。即为大都督而申令靡违,树标无舛。"可知《魏书》本传言元渊为大都督不误。后又以使持节、骠骑大将军、仪同三司、尚书仆射兼东北道行台、领前将军出讨鲜于修礼(这些官职皆《魏书》本传中所失载,墓志可补史书之阙)。元渊孝昌二年(526)十月二日在平定葛荣叛乱时为荣所害,卒于高阳郡(治今河北高阳一带),赠司徒公,谥曰忠武,是年十月二日葬于洛阳。墓志有记元渊博学能文"兼都官尚书,为河南尹,始登礼合,世称武库,暂临京辅,人谓神明。后除平南将军、秘书监,金匮玉板之图,兰台石室之典,莫不辟其三豕之讹,正其五日之谬……学备金羽,文兼绮縠,风韵闲雅,神采清润。佩芳兰以高视,怀琁琰而上驰……板杞梓于丘□,引鸳鹭于江海。或握灵蛇之珠,或秉雕龙之翰。"③ 西晋杜预以博学被称武库,此处用此典故亦称元渊为武库,可见其博学,元渊又曾在秘阁校书,则对校订北魏宫廷所藏文献亦有贡献。元渊任河南尹及秘书监

---

① (北齐)魏收:《魏书》,第418—419页。
② (北齐)魏收:《魏书》,第438页。
③ 赵君平、赵文成:《秦晋豫新出墓志蒐佚》,第29页。

《魏书》本传失载。据元渊子元湛墓志，元渊为赠司徒公广阳忠武王，元渊妻尚书令、司空宣简公琅邪王肃女。

元渊子元湛（510—544），字士深，袭广阳王。据《魏故使持节、假黄钺、侍中、太傅、大司马、尚书令、定州刺史、广阳文献王（元湛）铭》，元湛博学能文："又除骠骑将军，仍侍中，俄以本官监典书事。逸文脱简，罔不捃摭，毁壁颓坟，人所穷尽……至乃北游碣石，南陟平台，风彯飞阁，草蔓中渚，宾僚率止，亲友具来，置酒陈辞，调琴痯语，思溢河水，言高太山，绣彩成文，金石起韵，耻一物之不知，总四科而备举，积珪璋于匈怀，散云雨于衿袖。"元湛与其父渊一样曾任河南尹，此外还任过胶州、冀州等地刺史，行洛州事等地方官，元渊曾在秘阁校书，元湛亦曾校勘典籍，"逸文脱简，罔不捃摭，毁壁颓坟，人所穷尽"正是对此工作的描述。拜侍中，官终太尉公。武定二年（544）五月卒于邺城，春秋卅五，追赠使持节、假黄钺、侍中、太傅、大司马、尚书令、都督定殷瀛幽四州诸军事、骠骑大将军、定州刺史，谥曰文献，是年八月葬于武城之北原。元湛墓志出土于磁县北白道村南。① 元湛妻王令媛亦有墓志出土，据《魏故假黄钺、太傅、大司马、广阳文献王（元湛）妃（王令媛）墓志铭》，王氏为南齐尚书琅琊王奂曾孙，祖南齐司徒从事中郎琛，祖母刘宋江夏文献王义恭女，父魏侍中、司空、孝献公翊，母魏任城文宣王澄女。兴和四年（542）十月卒于邺城，武定二年（544）八月与元湛合葬于武城之北原。② 元湛子法轮袭爵。元湛弟尚书祠部郎瑾，因预谋杀高澄，阖门被诛。元渊女元沙弥适高欢从兄子、东魏阳州公高永乐，据《故魏太师太尉公录尚书事元氏（沙弥）墓志铭》，沙弥十九孀居，年

---

① 马忠理、冯小红、崔冠华：《磁县北朝墓群出土碑志集释》，第48—49页。
② 毛远明：《汉魏六朝碑刻校注》第七册，第377页。

五十六卒于邺城里舍，则卒于承光元年（577），是年（即周建德六年）八月葬于际陌河北五里。① 据《高永乐墓志》，高永乐于兴和二年（540）五月九日终于济州刺史任上，春秋二十五，赠太师、太尉公、录尚书、都督冀定沧瀛殷诸军事、冀州刺史，谥武昭。兴和三年二月十八日葬于紫陌北。妻河南元氏，太师广阳王渊第三女。紫陌在古邺城西北五里。② 十九孀居，则元沙弥生于正光三年（522）。

元嘉还有子僧宝，据《周使持（节）、骠骑大将军、开府仪同三司大都督云宁县开国公故拓跋氏（虎）墓志铭》，元嘉另一子僧宝出家为僧，僧宝子仲显亦崇佛法，元仲显子虎（527—564）仕于西魏、北周。在鲜卑化的背景下，由元姓复姓拓跋。大统八年（542）随宇文泰征洛阳，十三年（547）从蜀国公尉迟迥围宜阳，西魏恭帝元年（554）从宇文护陷江陵，后封云宁县公。保定三年（563）除骠骑大将军开府持节都督，保定四年（564）三月卒于长安平定乡永贵里，春秋卅八，是月葬于石安北原。③ 墓志标题所记为拓跋虎卒后赠官。拓跋虎妻尉迟将男墓志亦出土，据《大周故开府仪同三司、云宁公拓跋虎妻邓城郡君尉迟氏（将男）墓志铭》，尉迟将男（533—569）为仪同三司武凉公右伐女，天和四年卒于长安，春秋三十七，是月与夫拓跋虎合葬。拓跋虎夫妇墓出土陕西咸阳渭城区渭城乡坡刘村西。世子库多汗，袭封云宁县开国公，长女须摩，适越勤氏（高车一支）。④

《元和姓纂》卷四："太武帝焘生临淮王、太尉谭。谭生提、建。……建七代孙思庄，侍御史。"此处有误，广阳王建为太武帝

---

① 叶炜、刘秀峰：《墨香阁藏北朝墓志》，第194页。
② 马忠理、冯小红、崔冠华：《磁县北朝墓群出土碑志集释》，第22—24页。
③ 毛远明：《汉魏六朝碑刻校注》第十册，第172页。
④ 毛远明：《汉魏六朝碑刻校注》第十册，第233页。

之子、元提弟，而非元提子。元谭有兄弟名"提"，不可能再给儿子取名"提"。元嘉绍元建之后，则思庄为元嘉之后。结合对安乐王长乐子诠五代孙师奖的考述，师奖为诠包括己身的五代孙，则《元和姓纂》大约好以包括己身的算法来记述几代孙，元思庄大约也是元建包括己身在内的七代孙。因为石侯子遗兴无后，才以元嘉绍元建之后，可见广阳王建除了石侯无他子，石侯除遗兴亦无他子，故可推知，元思庄为元嘉之后。

元思庄子元复业（681—740），据《大唐京兆府美原县丞元府君（复业）墓志铭》，元复业曾祖皇随州（治随县，今湖北随州市）刺史、左武卫将军、袭云宁公潛，祖泗州（治临淮，今江苏盱眙县北）刺史乾直，父朝散大夫、右肃政侍御史思庄。元复业"览《春秋》涵江海之浸，读《周易》达阴阳之奥。举孝廉，射策第一"。开元二十八年（740）三月卒于长安通化里私第，春秋六十。夫人权氏，屯田郎中崇基孙女，会稽令上相女。天宝十四载五月卒于美原常乐里私第。广德元年八月葬于三原县落泉乡长平原先茔旁。有子四人，长曰棣，沧州清池尉；次曰启，大理司直；次曰用，右校卫录事参军；次曰涉，丰王府户曹参军。① 从墓志记载看元复业有一定经学才能，"举孝廉，射策第一"即指元复业明经及第。复业曾祖元潛为元渊子湛或瑾之子，抑或元渊他子之子，或元僧宝子仲显子抑或僧宝他子之作，或元嘉他子之后，文献阙如，姑存疑。权崇基、权上相事迹未详。元复业弟元黄中（682—744），据《元黄中墓志》：王黄中，字黄中，河南人。曾祖云宁公、银青光禄大夫、相州刺史潛；祖朝散大夫、蒋王府典军乾直；父思庄，朝散大夫、右台侍御史。元黄中明经擢第，解褐眉州参军。历河间县丞、睢阳县录事参军、冯翊郡司户参军，所莅皆以清白进。除大理寺丞，

---

① 周绍良、赵超：《唐代墓志汇编》，第1756页。

"节比朱丝,钦恤为务。手持丹笔,小大以情。况负邹牧(枚)之文章,范张之言信。"天宝三载(744)六月十二日寝疾恒化于履信之里第,春秋六十三。以其载六月二十九日权安厝于河南县东伊水南原。黄中嗣子元寥。① 墓志中以邹阳、枚乘之文章,范雎、张仪之言辞比元黄中,则元黄中有一定的文学和论辩才能。

元谭一支可知能文者有元彧、元秀及元渊、元湛父子以及唐代的元黄中等。

今洛阳城北乐凹村一带大约是临淮王谭一支在洛阳的族葬地。东魏北齐时,随朝廷迁往邺城,临淮王谭、广阳王建子孙中有部分入关,据墓志入关后广阳建子孙约葬于今咸阳渭城、三原一带。

太武帝十一子,长子景穆帝晃,皇子小儿、猫儿、真、虎头、龙头皆早逝无后,其馀五子中,除了临淮王谭、广阳王建子孙相对繁盛外,晋王伏罗、东平王翰、南安王余等其他诸子,基本一两代即国除。据《魏书》卷十八《太武五王传》,晋王伏罗,太平真君三年封,加车骑大将军。后督高平、凉州诸军讨吐谷浑慕利延,大破之,太平真君八年薨。无子,国除。

"东平王翰,(太平)真君三年封秦王,拜侍中、中军大将军,参典都曹事。忠贞雅正,百僚惮之。太傅高允以翰年少,作《诸侯箴》以遗之,翰览之大悦。后镇枹罕,以信惠抚众,羌戎敬服。改封东平王。世祖崩,诸大臣等议欲立翰,而中常侍宗爱与翰不协,矫太后令立南安王余,遂杀翰。子道符,袭爵,中军大将军。显祖践阼,拜长安镇都大将。皇兴元年,谋反,司马段太阳讨斩之,传首京师。"

"南安王余,太平真君三年封吴王,后改封南安王。太武帝暴崩,中常侍宗爱矫皇太后令迎余而立之,然后发丧。大赦,改年为

---

① 毛阳光:《洛阳流散唐代墓志汇编续集》,第318—319页。

永平。余自以非长而立,厚赏群下,取悦于众。纵情宴乐,旬月之间,内帑将尽。余疑宗爱有二心,夺其权,爱怒,趁余至宗庙祭祀,将其杀害。文成帝葬以王礼,谥曰隐。"①

---

① (北齐)魏收:《魏书》,第417—418、434—435页。

第二章
元氏家族各支系详考下

第一节 景穆子孙支系考

8. 景穆帝子孙

景穆帝十四子,长子文成帝濬,赵王深早逝无后,其馀十二子支系如下:

(1) 阳平王新成一支

阳平王新成一支有史传(《魏书》卷十九《景穆十二王传·阳平王新成》、《北史》卷十七《景穆十二王传·阳平王新成》)而墓志暂未发现者:拓跋新成、元颐(安寿)、元宗胤、元衍、元畅、元融、元钦、元子孝、元赟;史传未提及而有墓志发现者:元同、元璨、元昂、元道隆、元飑、元钦、元崇业、元诞业、拓跋新成妃李氏、元飑妻王氏,虽无墓志发现但相关墓志提及者:元璨;史传未提及亦无墓志发现,但相关墓志有提及者:元振。

阳平王新成一支唐代有墓志或碑刻发现者:元膺、元仁师、元思忠、元瓘、元真、元贞、元襄、元衮、元濬、元衮夫人南阳张氏、元守道女、

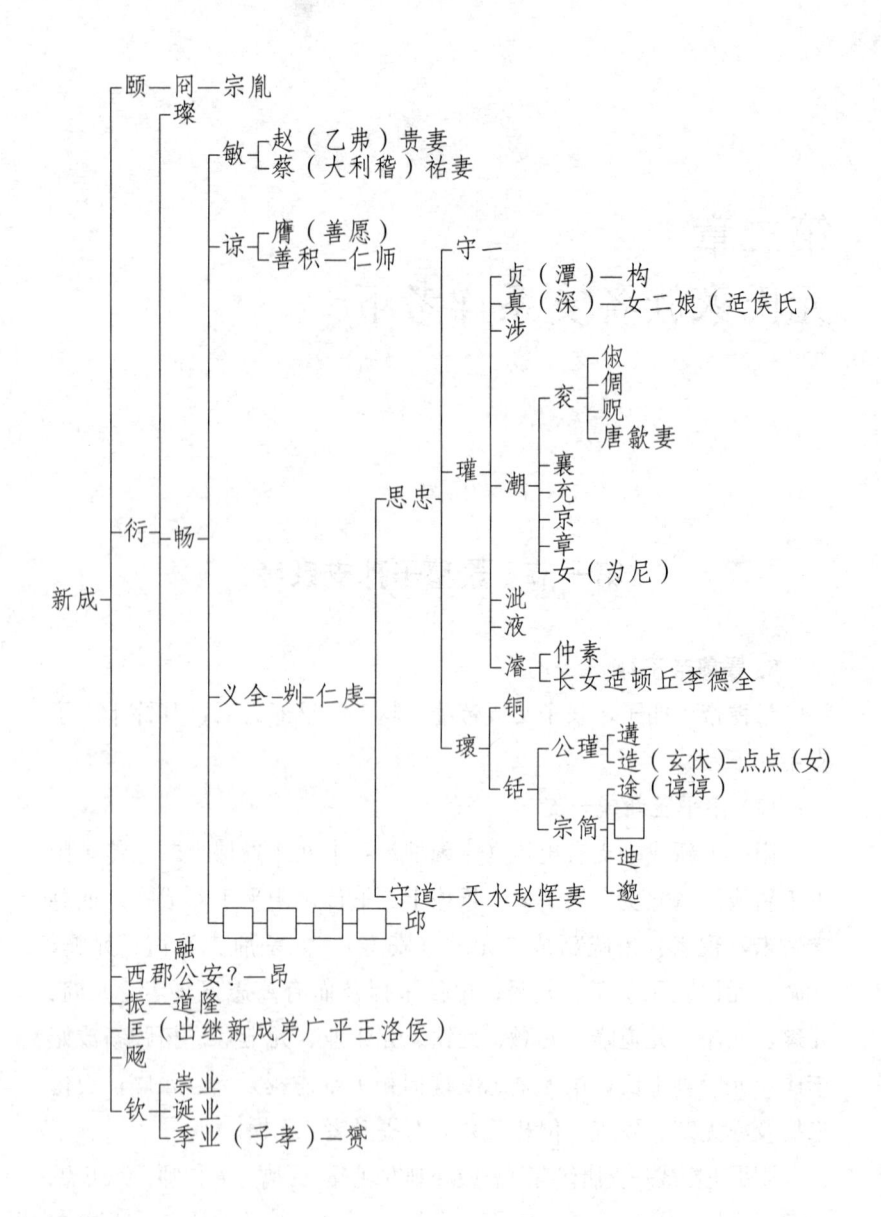

```
                         ┌─颐─冏─宗胤
                         │─璨
                         │    ┌─赵(乙弗)贵妻
                         │─敏─┤
                         │    └─蔡(大利稽)祐妻
                         │    ┌─膺(善愿)
                         │─谅─┤
                         │    └─善积─仁师
                         │                    ┌─守一
                         │                    │         ┌─贞(潭)─构
                         │                    │         │─真(深)─女二娘(适侯氏)
                         │                    │         │─涉
                         │                    │         │    ┌─俶
                         │                    │         │    │─偰
                         │                    │         │─衮─┤─贶
                         │                    │         │    └─唐欱妻
                         │                    │         │    ┌─襄
                         │         ┌─思忠─瑾─┤─潮─────┤─充
    ┌─衍─畅─┤                    │         │         │─京
    │        │                    │         │         │─章
    │        │                    │         │         └─女(为尼)
    │        │                    │         │─泚
    │        │                    │         │─液
    │        │                    │         │         ┌─仲素
    │        │                    │         └─濬─────┤
    │        │                    │                    └─长女适顿丘李德全
    │        │         ┌─义全─判仁虞        │─铜
    │        │         │                    │    ┌─公瑾  ┌─遘
新成─┤        │         │                    └─瓆─┤       │─造(玄休)─点点(女)
    │        │         │                         └─钰    │─途(谆谆)
    │        │         │                                 ├─□
    │        │         │                                 │─迪
    │        │         │                                 └─邈
    │        │         │         ┌─守道─天水赵悰妻
    │        │         └─□□□□┤
    │        │                   └─邱
    │        └─融
    │─西郡公安?─昂
    │─振─道隆
    │─匡(出继新成弟广平王洛侯)
    │─飏
    │    ┌─崇业
    └─钦─┤─诞业
         └─季业(子孝)─赟
```

元璟、元邈、元公瑾；虽无墓志发现，但相关墓志有提及者：元衍、元畅、元谅、元义全、元善积、元列、元仁虔、元守一、元守道、元潮、元充、元京、元章、元潮女（为尼）、元贶、元仲素、元俶、元倜、元铦、元宗简、元途（谆谆）、元迪、元遘、元造（玄休）、元点点（女）。

（2）广平王洛侯一支

```
洛侯—匡—献 ┬ 祖育 — 勒叉 — 买得
            └ 吐谷浑可汗夸吕妻
```

广平王洛侯一支有史传（《魏书》卷十九《景穆十二王传·广平王洛侯》、《北史》卷十七《景穆十二王传·广平王洛侯》）而墓志暂未发现者：拓跋洛侯、元匡、元献、元祖育、元勒叉、元匡孙女（吐谷浑可汗夸吕妻）；史传未提及而有墓志发现者：元买得。

《元和姓纂》卷四："阳平王新成生衍、安、匡。衍，广陵侯；生叔畅，祠部尚书；玄孙仁虔，叠州刺史。仁虔生思忠。思忠生瑾、璟。瑾，庐州刺史。瑾生涉、潮、泚、液。璟，怀州刺史，生铜、铦。铦生宗简。叔畅六代孙丘，比部员外。"[1]

据《魏书》、《北史》本传，仅知阳平王新成（？—468）为征西大将军，内都大官，据《元飏墓志》新成为侍中、内都大达官、夏州刺史。据《魏书·献文帝纪》皇兴二年（468）十二月阳平王新成薨，谥曰幽王。[2]《魏书》卷一一零《地形志》：夏州赫连屈孑所都，始光四年（427）平，为统万镇，太和十一年（487）改置。治大夏[3]，则太和十一年统万镇改置夏州时，拓跋新成早已去世，所以夏州刺史当为赠官。拓跋新成妃顿丘李氏（438—517）墓志已发现，据《拓跋新成妃李氏墓志》，李氏祖晋南顿太守贤，父宋龙

---

[1] （唐）林宝撰，陶敏校证，李德辉整理：《元和姓纂新校证》，第157页。
[2] （北齐）魏收：《魏书》，第130页。
[3] （北齐）魏收：《魏书》，第2628页。

骧将军、哲县侯超，熙平二年（517）十月卒于第，春秋八十，是年十一月窆于洛阳之西陵，李氏墓出土于洛阳城北张羊村北陵。① 拓跋新成葬于平城，李氏卒时已迁都洛阳，朝廷要求鲜卑贵族葬于洛阳，故李氏葬于洛阳，未与新成合葬于平城。

新成长子颐（？—500），据《拓跋新成妃李氏墓志》，元颐为使持节、卫大将军、青定二州刺史、阳平惠王，据《魏书》本传，元颐还曾任朔州刺史，《魏书》本传中元颐谥曰壮，赵万里先生认为"持节、卫大将军、青定二州刺史"为赠官。元颐卒于景明元年（500），比李氏早卒十六年，故李氏非元颐生母，因李氏为新成正室，故李氏墓志中称其为阳平惠王即元颐母。② 元颐第二子元冏（485—511），字昙朗，袭爵，据《阳平王（元冏）墓志》，元冏除辅国将军、汲郡太守，永平二年（511）十二月卒于汲郡，春秋廿七，谥曰恭王，追赠持节、征虏将军、□豫州刺史，窆于洛阳西陵，元冏墓志出土于河南洛阳孟津县朝阳村北。③ 元颐孙宗胤袭爵，坐杀叔父而赐死，除爵。元冏袭元颐爵，元宗胤亦有爵，则宗胤约为元冏子而袭爵。

元颐弟衍，据《北史》卷十七景穆十二王上《阳平王传》："（元衍）转徐州刺史……后所生母雷氏卒，表请解州。"④ 《魏书》卷七《孝文帝纪》："太和十八年十二月，徐州刺史元衍出钟离。"⑤ 可知新成侧室为雷氏，雷氏约卒于太和十八年（494）十二月之后，雷氏为元颐、元衍兄弟生母。《魏书》本传载元衍，字安乐，赐爵广陵侯，曾任梁徐雍等州刺史，谥曰康；《元瓛墓志》称其父衍为征北大将军、营梁徐雍定五州刺史、广陵康公，大约衍后升为公。元衍长子元瓛（482—524），字孟晖，据《元瓛墓志》，元瓛拜太中大夫，转辅国将军、太常

---

① 毛远明：《汉魏六朝碑刻校注》第四册，第365页。
② 赵万里：《汉魏南北朝墓志集释》，《石刻史料新编》第三辑第3册，第79页。
③ 毛远明：《汉魏六朝碑刻校注》第四册，第159页。
④ （唐）李延寿：《北史》，第630页。
⑤ （北齐）魏收：《魏书》，第175页。

少卿，正光五年（524）四月，卒于第，春秋四十三，谥曰文公，其年十一月葬于金谷之原。元瓘墓出土于洛阳城北张羊村。①《北史》卷十七《景穆十二王上·阳平王传》，元瓘弟元畅（？—537），字叔畅，从孝武帝入关，拜鸿胪，封博陵王。大统三年（537）东讨，没于阵。元畅子敏，嗜酒多费，家为之贫。其婿柱国乙弗贵、大将军大利稽祐家赀皆千万，每营之。敏随即散尽，而帝不之责。贵、祐后遂绝之。位仪同三司，改封南武县公，元畅弟融，字叔融，貌甚短陋，骁武过人。庄帝谋杀尔朱荣，以融为直合将军。及尔朱兆入洛，融逃人间。后从孝武入关，封魏兴王，位侍郎、殿中尚书。②则元衍子孙除元瓘卒于魏分东西前外，元畅、元融子孙投奔西魏。

元畅孙元膺（595—640），据《大唐故随益州城都广汉二县令安喜县开国公元君（膺）墓志》："君讳膺，字善愿，河南洛阳人也。魏景穆皇帝六世孙。……曾祖衍，开府仪同三司、十二卫大将军、兵部尚书。祖畅，上柱国、开府仪同三司、使持节、秦荆凉益岐雍六州诸军事、雍州牧、左卫大将军。（父）开府仪同三司、戎鄘益三州诸军事、益州刺史、鸿胪太常二大卿、左卫大将军、安喜县开国公。……（君）释褐承御上士，城都、广汉二县令，袭爵安喜县开国公。……春秋卅六薨于官舍。夫人徐令王之女。……春秋六十四，粤以贞观十四年（640）十一月九日合葬于万年县杜陵原，礼也。"毛远明认为"开府仪同三司、戎鄘益三州诸军事、益州刺史、鸿胪太常二大卿、左卫大将军、安喜县开国公"即元膺父之官职，墓志中漏刻"父"及其名。③

---

① 毛远明：《汉魏六朝碑刻校注》第五册，第290页。
② （唐）李延寿：《北史》，第631页。
③ 毛远明：《西南大学新藏墓志集释》，南京：凤凰出版社，2018年，第178—181页。墓志中古今地名对照：秦州（治成纪，今甘肃秦安西北），荆州（治江陵，今湖北荆州），凉州（治姑臧，今甘肃武威），益州（治成都，今四川成都），岐州（治雍县，今陕西凤翔），雍州（治长安，今陕西西安），戎州（治僰道，今四川宜宾），鄘州（治通义，今四川眉山），益州（治成都，今四川成都），城都县即成都县（治今四川成都），广汉县（治今四川射洪南），安喜县（治今河北定州）。

元膺侄元仁师（627—646），据《唐故朗州都督元府君（仁师）墓志铭》：

> 公讳仁师，字，河南洛阳人也。……祖谅，周益州都督、左□卫大将军、鸿胪大卿、阁内大都督、安喜公。父善积，隋同州善政府鹰扬郎将、渝州刺史、右卫将军、柱国、袭爵安善（喜）公。……武德年中，（公）释褐西府库真、长史、长上别将。……贞观元年，授左卫郎将，俄转右亲卫中郎将。……擢授嘉州刺史，又迁朗州都督，累勋上柱国，锡爵襄乡县开国伯。……春秋五十，以贞观廿年（646）十二月十六日，终于朗州之宫舍。以调露元年岁次己卯十一月戊申朔二日己酉迁神于洛州河南县金谷乡石城里，礼也。①

元仁师祖、父皆仕于周，为安喜公。据官职可知，元仁师墓志中的仁师之祖谅，即元膺墓志中的元膺之父，元膺之父即元谅。元仁师之父善积与元膺（善愿）为兄弟，元膺袭爵安喜公，大约元膺卒后元善积袭爵安喜公。元仁师贞观间任嘉州刺史（治龙游县，今四川乐山市），后迁朗州都督，赐爵襄乡县开国伯，卒于朗州（治武陵，今湖南常德市）。

元畅子元义全为隋巴州刺史，元义全子并州大都督府录事参军元矧，元矧子叠州刺史元雯（仁虔），元仁虔子元思忠（648—701），据《大唐故信安县主元府君（思忠）墓志铭》：

> 县主陇西狄道人，曾祖神尧皇帝，祖文武圣皇帝，吴王恪之第四女，今上之堂姑也。……永昌元年，降归元氏，朝恩有典，宠命是加，封信安县主，食邑一千户。元公讳思忠，字献直，河南洛阳人也，后魏景穆帝之八代孙。曾祖义全，历官至

---

① 周勋初、赵超：《唐代墓志汇编》，第656页。

巴州刺史。祖判，并州大都督府录事参军。父仁虔，累迁拜使持节叠州诸军事、叠州刺史。……公门承緻冕，德茂珪璋，志节贞坚，风仪朗润，高材博识，好学多闻，式呈丹穴之姿，请备黑衣之数。观光调选，授集州司仓参军。岁满言归，拜虢州卢氏县令，寻迁滑州灵昌县令。……以大足元年（701）四月十一日卒于洛阳之惠和里私第，时年五十四。……开元三祀，犹子承恩，先封嗣吴王，其年加实封三百户。县主以皇家懿戚，位列诸姑，特奉纶言，令分侄封，义深优厚，泽及亲亲……以开元四年十月廿三日沉痼所增，薨于河南之尚贤里第，春秋六十九。即以五年八月五日，合葬于河南县金谷乡石城里之原。……长子永康陵丞守一，次子河南府新安县尉瑾，少子邠王府掾璟。①

以元思忠为景穆帝八代孙，是不包括景穆帝而算的。《元和姓纂》但载仁虔为叠州刺史（治合川，今甘肃迭部县），结合信安县主元府君墓志，可知仁虔之祖、父。元义全为何人之子仍阙如。元仁虔子元思忠历集州（治难江，今四川南江县）司仓参军、虢州卢氏县（今河南卢氏县）令、滑州灵昌县（治今河南滑县西南）令。《元和姓纂》言元瑾为庐州刺史、元璟为怀州刺史，此大约为二人最后的官位，墓志所记为二人在开元初的官位。墓志记长子永康陵丞守一，则可补《元和姓纂》之阙。元思忠妻信安县主李氏，为神尧皇帝唐高祖李渊曾孙女，祖为文武圣皇帝唐太宗李世民，父太宗第三子吴王恪，信安县主为唐玄宗堂姑。元思忠比元仁师小二十一岁，正可见元仁师与元思忠父元仁虔同辈，二人为兄弟行。上文所引《元和姓纂》中"玄孙仁虔，叠州刺史"是就元衍而言。

元思忠子唐庐州（治合肥，今安徽合肥市）刺史元瑾（？—

---

① 周绍良、赵超：《唐代墓志汇编》，第1192—1193页。

758），王筠《新安令元瓘颂德碑记》："惟公曾祖讳，皇行都督府录事参军。祖雯，叠州刺史。考忠，滑州灵昌县令。公能继大贤，克昌厥后，解褐薛王府参军，历河南新安县尉，转济源县主簿，迁光禄寺主簿。官虽未远，名乃益隆，由是宰汝州梁县、怀州、河内三县。今镂章是式，朱绂斯皇，加朝散大夫，犹旧任也。甲子岁二月，有诏大择邑长，俾康人庶。公历试甸服，遹多颂声。"① 碑记中未言元瓘曾祖之名，但言"皇行都督府录事参军"结合《元思忠墓志》"祖꽤，并州大都督府录事参军"，可知其曾祖即元꽤。碑记中言"祖雯，叠州刺史"，结合《元思忠墓志》，元꽤之子仁虔正为叠州刺史，则"仁虔"大约为元雯之字。"考忠，滑州灵昌县令"，结合《元思忠墓志》，元思忠正为滑州灵昌县令，忠为思忠之简说，或思忠为其字。

元瓘子杭州钱唐县尉元真（718—757），据《唐故杭州钱唐县尉元公（真）墓志铭》：

> 公讳真，字深，河南人，后魏景穆帝之苗裔。曾祖仁虔，皇朝叠州刺史；王考思忠，皇朝滑州灵昌县令；考瓘，皇朝庐州刺史，皆世有令闻，凤著人望流庆后裔，钟美在公。公即庐州府君之长子也。……明经及第，调补润州参军。沉迹下察，卑以自牧。既而拜杭州钱唐县尉。……春秋四十，以至德二年（757）五月二日遇疾，终于河阴县。秀而不实，昔贤所叹，殁而无子，冥寞何依。时属艰虞，兵戈未息，乃权厝于县佛果寺果园内。贼臣思明，再侵京邑，纵暴豺虎，毒虐人神，丘垄遂平，失其处所。女二娘，适于侯氏。哀哀泣血，悲王祀之无人；眷眷幽魂，痛冥寞而无托。遂以大历四年七月八日，招魂

---

① （清）董诰等编，孙映逵等点校：《全唐文》，第9892页。

归葬于 河 南金谷乡焦古村从先茔，礼也。①

元瓘又有子元贞（717—769），据《唐故摄楚州长史元公（贞）墓志铭》：

> 公讳贞，字潭，河南人也。后魏景穆帝之苗裔，盛德大业至矣哉。曾祖仁虔，叠州刺史；王考思忠，滑州灵昌县令；考瓘，庐州刺史。……粤以大历四年（769）正月十三日寝疾，终于丹杨郡客舍，春秋五十三。呜呼！积善无徵，鞠凶斯降，嗣子构等，贞以干事，孝以克家，以大历四年七月八日，葬于河南金谷乡焦古村祔大茔，礼也。②

元瓘有子元真历润州（治丹徒，今江苏镇江市）参军、杭州钱唐县尉，瓘又有子元贞摄楚州（治山阳，今江苏淮安市）长史。可补《元和姓纂》之阙。元真墓志称其为元瓘长子，而据元贞墓志所载卒年推算，元贞长于元真，或许元贞为元瓘庶子。真字深，贞字潭可推知《元和姓纂》所载元瓘子涉、潮、泚、液皆为字，兄弟间取字用同部首之文字。

元瓘又有子河阴令元潮（？—789）。元潮次子元襄（771—801），据前郑州中牟县尉杨必复撰并书《唐故处士河南元公（襄）墓志铭》：

> 贞元十有七祀夏六月初朔之二日，处士河南元公襄殁于寿安县甘泉乡之别业，享年卅一。以其年十一月廿七日迁神于河南县金谷乡焦古原，祔于先茔，从吉兆也。呜呼！公始自魏室受氏，代生明哲，婚宦显著，焕乎中州。曾祖思忠，滑州灵昌令；祖瓘，庐州刺史；皆宏才博达，礼度详正。皇考潮，河南

---

① 周绍良、赵超：《唐代墓志汇编》，第1767页。
② 周绍良、赵超：《唐代墓志汇编》，第1768页。

> 府河阴令。含和内融，器宇弘茂，屈于时命，不登王庭，盖士君子所共叹也。公即河阴令之第二子，幼而恭敏，长习诗礼，好善不倦，居然有成。方当佩玉云衢，垂冕夔露，光我王国，昭彰后昆，岂谓未受禄于天，奄归全于地。其终也无疾，其嗣也无儿，悠悠昊穹，盖云命也。太夫人在堂，五昆弟在侧，抚几长恸，感于路人，涂刍之日，家无束帛，太夫人减常膳、节浣衣，俾营窆穸也。以时之多虞，礼亦从俭，密迩先茔，是图归祔焉。侍栉之女，始孩迹孤；同出之妹，未笄而归于释氏矣。公之嫡长弟充、次弟京遵太夫人之成命，衔天伦之至戚，躬备葬具，尽我情礼，虽古君子，何以加焉。①

则元潮虽为河阴令，但其家已趋于平民化，元襃卒时其母要节衣缩食才能为其办丧事。元潮还有子元袞（758—809），据元袞弟儒林郎前试太常寺奉礼郎仲容述《唐故鄂岳观察推官监察御史里行上柱国元公（袞）墓铭》：

> 维元和四年（809）秋七月丁卯，唐故鄂岳观察推官监察御史里行上柱国元公终于沔州官舍，享年五十二。以明年春三月庚申宁神于北邙之阳，祔□于大茔也。……公讳袞，字山甫，仲容之元兄也。……六岁入小学，读《孝经》，至哀哀□□□弃而不览。人问其故。对曰：详其义所不忍闻。七岁学《论语》，日读数篇。目所以睹必□其奥。未十岁通《左氏传》，十四擢明经第。贞元初，调补汝州参军事。时司计地官侍郎元公璙凤钦其能，辟为从事。未莅职，而元公以事左黜。梁洋连率严公震慕其为人，署观察巡官。既之府，仆射韩公全义表授试左戎卫曹参军、神策行营节度推官。贞元己巳，丁先府君

---

① 周绍良、赵超：《唐代墓志汇编》，第1915—1916页。

忧，泣血柴立，逾旬绝浆。伏以太夫人在堂，毁不敢灭。既五载，选授河中府解县尉。虽官居僚佐，而事必正中，冤诉必告于公，讴谣不称其宰。处下能理，时无比焉。秩满，寓居中部，从其宜也。今夏口廉使高平公时来牧兹郡，既至，上与公定交于□游之间，申知己之分。每立政行事，虽隶者无得闻而公与焉。无何，高平公自坊州镇黔阳，表授公监察御史里行、黔中观察支使。元和二年，高平公自黔南归阙，公亦随之，策勋上柱国。又高平公作尹□神州，诏授万年主簿。未旬日，高平公廉察江夏，又表公复授监察御史里行、鄂岳观察推官。高平公以公利用贞固，事无大小，悉以□□。公厚生惟和，处剧斯靖，故人仰其德，史称其贤。顷在黔阳及兹江夏，州牧有阙，必公领之，无言不行，无艰不济，所至有绩，又皆去思。遇疾终于汉阳，领州事也。夫人南阳张氏，故太傅卿礼部尚书献恭之次女。有二子，长曰傲，先公而终；次曰倜，未能病也。有六女：长归释氏，次适北海唐歆；三四初笄，五六方龀。呜呼！当启手足之辰，高平公深感平生，赠赙加等。夫人将权窆于鄂，而安家于荆。高平公戚之。时再从弟宗初从事夏口，高平公乃申命宗初，俾护丧归北。夫人领家卜居江陵，溯沿两分，存殁殊地，痛乎哉！……元和五年春二月戊子，宗初护灵自夏口。仲容奉太夫人之命曰，卜宅克日，称家薄葬，人固不非，乃授方石，俾纪式德。小子不敏，敢铭寿堂。①

据元衮墓志，其父元潮卒于贞元己巳（贞元五年789），元衮为墓志撰写者弟仲容之元兄，可知元衮为元潮长子。元潮有五子，长子衮，次子处士襄，三子充，四子京，幼子章（见下文）。据元襄墓志，元潮还有幼女未笄而入佛门。结合元衮墓志，充有大、长、满

---

① 周绍良、赵超：《唐代墓志铭汇编续集》，第 816—817 页。

之义，而容有盛之义，意义有关联处，大约仲容即充之字，因元襄早卒，而充成为老二，而称仲。从墓志中亦可知唐人孩童读经的顺序，《孝经》至《论语》而至《左传》。元和五年春元衮再从弟宗初送其灵柩归洛阳，元衮妻留在了江夏。据进士唐钦撰《大唐故监察侍御史河南元府君（衮）夫人南阳张氏墓志》：

> 河南府君讳衮，后魏景穆帝之后，新成王十八代孙也。祖瑾，有唐庐州刺史；父潮，河阴令。世灵帝裔；光昭史册，福庆流演，而生府君。君德被中外，才济安危，学识优深，器用弘博。恶诡名以巧进，丑世路之苟达，遂育德以俟知，每从辟于大府，皆不利其禄，不远其地，而未始不以德厚于世，才兼于众而从之。犹是兵部尚书岳鄂观察使郗公士美，一为见知，常所礼重，累授辟府，位参司宪。夫人南阳人也。祖守瑜，司农卿，赠工部尚书；父献恭，吏部尚书，节制山南西道东都留守赠尚书左仆射。呜呼！夫人富以柔德，克配名哲。睦亲立孝爱之称，字孤着慈仁之誉。春秋五十有五，遘疾终于郢之阴地。生一子六女；长适襄阳县丞唐歛，而亦克继柔顺，昭彰孝和，彼屺之怀，哀毁过礼，其饰往之器服，悉亲经于手目。侍御先夫人十有六年终于溢城，寻归葬于洛邑。嗣子贶，哀号泣血，护尊夫人丧，远就先茔，别卜吉地，以其年十一月四日合葬于邙山，礼也。①

结合元衮墓志与元衮妻占张氏墓志，元衮早年受到兵部尚书岳鄂观察使高平郗士美器重，《旧唐书》卷十四《宪宗纪》："元和五年十二月壬午，以鄂岳观察使郗士美为河南尹。"② 则郗士美在黔阳、江夏，元衮皆随行，元和四年元衮卒时，郗士美正为岳鄂观察使。

---

① 周绍良、赵超：《唐代墓志汇编》，第2539页。
② （后晋）刘昫等：《旧唐书》，第433页。

元和五年春元袞再从弟宗初是承郗士美之命送其灵柩归洛阳。元袞卒后其妻留在了江夏，后卒于此。元袞墓志载其长女出家，次女适北海唐歆；而元袞妻张氏墓志载长女适襄阳县丞唐歙，如歙或歆不是一处有误的话，也有可能长女后还俗，适唐歆，北海为其郡望。唐歙、唐歆为兄弟，元袞墓志撰者唐钦约即唐歙兄弟，歙、钦皆从欠部。元袞墓志言其为新成王十八代孙，有误，包括新成王算的话是十一代孙，不包括新成王算是十代孙。武元衡（758—815）曾与元袞唱和，武元衡作有《酬元十二》，元十二约即指元袞，元袞赠武元衡诗已佚，则元袞亦能诗，详见下文"唐代元氏文学与学术研究"。

元潮弟元潜（747—805），据《唐故处士河南元公（潜）墓志铭》：

> 维贞元廿年十二月廿九日庚午，有唐处士元公终于伊阙县神荫乡小水里之别墅，享年五十八。以明年三月四日，宁神于河南县金谷乡焦故里，从先茔也。京不天，生十岁而先公弃背，伏以太夫人在堂，毁不敢灭。五年之内，四哭诸父。未一纪，天伦中缺。又三载，谪见于公。……公讳潜，字潜长，庐州府君之十四子，京先府君之爱弟。五岁读《孝经》，至丧亲章，常恶其题，弃而不览。年十二，丁庐州府君之忧，鞠然在疚。涉旬绝浆，三年之□，曾不见齿，亲族以为难。廿通《道德经》，乃喟然叹曰：老子真吾师也。年既立，浩然有林薮之志。每探奇寻幽，途尽方返。苟有所至，人怀义风。门人亲知，常以郭有道、陈太丘为比。大历中，司徒□公辟为府寮，辞不从命。呜呼！若有皇甫士安者，其列于高士传乎。兴元中，卜筑伊川，以会真趣。食以馀税，衣其丝麻。无为自持，淡泊轩冕。故青史之下，无所得焉。当宿肉之年，而天丧所

恃。泣血三岁，长斋十旬，其大孝欤。五十而慕。夫人博陵崔氏，前京兆府兴平县令通之长女。柔范闺仪，中外为则。子一人，曰仲素。女六人，长适顿丘李德全，次归释氏，三、四未笄，五方龀，六未免怀。夫人以伤神之初，忍哀谋事。命余小子，授以方石。[①]

元潛墓志由元潛侄元京所作、侄元章所书，元京有文才。元京为元潛兄元潮第四子，元章即元潮幼子。元京十岁父元潮卒，元潮卒后五年，元潮的兄弟有四位去世，又过了三年贞元二十年元潛弟元潛卒。元潮卒于贞元五年（789），则元京生于建中元年（780），贞元五年至十七年正是一纪十二年，又过三年贞元二十年元潛卒。元潛为元瓘第十四子，则元瓘至少有十四子，元潛十二岁丁父忧，则元瓘约卒于乾元元年（758）。元潮去世后五年内又有四位兄弟去世，去世的是否即《元和姓纂》中列出的涉、沘、液，文献不足，姑存疑。元瓘一支有两位处士，元瓘子元潛、元瓘孙元襄（元潮子），元襄不得志而早逝，元潛早年居丧尽礼，颇有儒者之风，二十岁读《道德经》而宗道家，筑室伊川而归隐林薮。

元瓘弟元璟（？—760），据《唐故金紫光禄大夫颍王府司马上柱国元府君（璟）墓志铭》：

公讳璟，字弘清，河南人也。昔三皇氏往轩后亘天百□□□，有魏开国公即景穆皇帝之七代孙也。曾祖渊，皇并州录事参军；祖仁虔，皇朝议大夫、叠州刺史。父思忠，朝散大夫、滑州灵昌县令。……公即灵昌府君之第三子也。……弱冠补左千牛备身，转右卫兵□参军、宁王府友，赐绯鱼袋。又转尚衣奉御、尚乘奉御。九所履历，皆着政能，荣问□流，天鉴

[①] 吴钢：《全唐文补遗》第一辑，西安：三秦出版社，1994年，第253页。

斯属。国家右贤左威,一武一文,乃以公为右监门卫中郎将、左监门卫将军,赐紫金鱼袋,累至上柱国,拜卫尉少卿,除虢州刺史,改怀州刺史。政成虢略,去思之咏孔多;化合覃怀,来暮之歌逾建。加银青光禄大夫,除丰王府长史。……除颖王府司马、加金紫光禄大夫。方冀首登三事,时亮庶工,天命匪□,中年长早。以上元元年(760)七月八日寝疾,终于上都。夫人新平县主,式瞻贵里,仪范通门。早弃青春,久随往运。有子前婺州东阳县令铦等,周旋礼训,佩服义方,追思竭于孝思,合祔期于幽坠。以大历四年二月十日,卜宅于京兆府长安县龙首乡岐村南合葬焉,礼也。①

元渊即元㓝,元璥为元思忠第三子,思忠尚县主,璥亦尚县主,皆官运亨通,元璥授上柱国,拜卫尉少卿,加金紫光禄大夫。除虢州(治弘农,今河南灵宝市)刺史,大约未赴任而改怀州(治河内,今河南沁阳县)刺史。

元璥子王屋县(治今河南济源县王屋镇)令元铦,白居易《元宗简父铦赠尚书刑部侍郎》,作于长庆元年(821)十月至长庆二年二月间②,元宗简为京兆少尹加朝散大夫穿绯衫即尊贵后,朝廷追赠其父元铦为尚书刑部侍郎。元铦长子元公瑾贞元十四年(798)卒时其墓志已称其父为"烈考"(详见下文),则是时元铦已去世。岑仲勉《郎官石柱题名新著录》"金部员外郎"第八行有元宗简,仓部郎中第八行有元宗简。③ 元宗简字居敬,有诗近七百首,文七十五篇,诗文总七百六十九章,合三十卷(白居易《故京兆少尹文集序》)④。元宗简是元氏在唐代除元稹外最重要的文士,然而其

---

① 周绍良、赵超:《唐代墓志汇编续集》,第719页。
② (唐)白居易著,谢思炜校注:《白居易文集校注》,第571—574页。
③ 岑仲勉著,向群、万毅校:《岑仲勉文集》,第263、2675页。
④ (唐)白居易著,谢思炜校注:《白居易文集校注》,第1823—1826页。

诗歌皆佚，元宗简文学活动详见下文"唐代元氏诗人研究"。长庆元年元稹作《元宗简权知京兆少尹刘约行尚书司门员外郎制》①，则元宗简长庆元年为京兆少尹。元宗简命子元途请白居易为其文集作序。

元宗简第四子高邮县尉元邈（808—844）。据朝议郎、行尚书司勋员外郎周复撰《唐故杨州高邮县（尉）河南元君（邈）墓志铭》：

> 君讳邈，后魏兴圣皇帝之嫡裔，代习轩冕，家传礼乐。曾祖曾，皇洺州曲（周）县令。祖铦，皇河南府王屋县令。父宗简，皇京兆少尹。擢进士弟，文称居其最。诗句精丽，传咏当代。虽步台阁，播流芬芳。君即公之第四子。太夫人北平许氏，吏部尚书东都留守孟容之女。君资荫出身，调授高邮县尉。姻连甲乙之盛，族冠鼎望之崇。享年不永，缙绅所叹。会昌四年（844）六月十二日，疾终于杨州高邮县之族舍，春秋卅有七。季兄迪自淮阳护君丧，以来年二月廿九日，归葬于河南县龙门乡，祔先茔，礼也。胄曹迪，具以其事请铭于墓。②

胄曹参军元迪为元邈季兄，即元宗简第三子。元邈墓志中之太夫人许氏即元邈母、元宗简妻，许氏为吏部尚书东都留守许孟容（743—818）之女，《元和姓纂》卷六陈留郡许氏：抚州刺史鸣谦，本高阳人也，询之后，又家陈留，生孟容、仲舆、季同。孟容，兵部侍郎、河南尹。③《旧唐书》卷一百五十四《许孟容传》："许孟容，字公范，京兆长安人也。父鸣谦，究通易象，官至抚州刺史，

---

① （唐）元稹撰，周相禄校注：《元稹集校注》，第1134—1135页。
② 吴钢：《全唐文补遗·千唐志斋新藏专辑》，西安：三秦出版社，2006年，第373页。
③ （唐）林宝撰，陶敏校证，李德辉整理：《元和姓纂新校证》，第297页。

赠礼部尚书。孟容少以文词知名，举进士甲科，后究王氏易，登科授秘书省校书郎。……德宗知其才，征为礼部员外郎。……由太常卿为尚书左丞，奉诏宣慰汴宋陈许河阳行营诸军，俄拜东都留守。元和十三年四月卒，年七十六，赠太子少保，谥曰宪。"① 许孟容本为高阳许氏，元邈墓志中称许氏为北平许氏，高阳县（治今河北高阳东）、北平县（治今河北顺平），两地颇近，或许许孟容这一支祖上曾由高阳迁徙居附近的北平，其实就是高阳许氏，许孟容父许鸣谦居陈留，《旧唐书》本传中称许孟容为京兆长安人，当是由许孟容迁居长安而言。元邈曾祖为元璟，墓志中称"曾祖曾"，大约元璟又名曾。据元邈墓志，元璟还曾为曲周县令（治今河北曲周县东北），可补元邈史料之阙。

元宗简兄元公瑾（759—798）有墓志发现，据《唐故河南元府君（公瑾）墓志铭》：

唐贞元十四年（798）岁在戊寅闰五月□四日时向巽，河南元公未□未仕，享年卌而终。呜呼！占吉凶者，疑古人之书；推人事者，昧君子之道。知友惊痛，况骨肉之间乎？□于明年秋八月十三日窆于济阳旧居之北原，从宜也。公爱弟宗简，惧不克嗣，心如重孤，哀敬无文，泣志其墓曰：公讳公瑾，字如珪，河南人也。家丞帝系，世纂休德。自后魏乐平王寘，洎公大父曾，皇洺州曲周县令，凡七世官婚品氏谱牒详焉。烈考皇河南府王屋县令，公则王屋府君之冢子也。先妣武功苏氏，太子少保美阳公冰之孙，光禄大夫、岐国忠懿公震之女。公禀素德于门庆，宅纯诚于天和。修身立言，不愧前哲。□兴元初，高□弃养，公以禄不荣亲，抱终身之痛。恭训诸弟，守先人之旧庐；讨文艺之精微，探语默

---

① （后晋）刘昫等：《旧唐书》，第4099—4100、4103页。

之要妙。将试羽翼，冀攀云霄，以时重进士登科，为起家之美，于是再随郡计，皆未合榖。公消息时命，退归故山。识者谓志大途长，悬用不极。呜呼！天与公之才之德而不与公之寿，是使茹痛于骨髓者，无以决散于情理、缠哀于终古也。况宗简以兄成身，形影相恃，虽有馀息，神孤体残，抚心长号，恨不自绝。公息男二人，长曰遘，俾归释门，□奉理命；次曰造，示其诗礼，以克承家，庶能成人，用慰幽壤，其封树之地，则曩日之遗志也。保宁于斯，宜厥子孙，其铭曰：呜呼！七兄之墓。①

元和十五年十一月十六日元公瑾子元玄休迁葬元公瑾墓，又有迁葬墓志：

> 有唐河南元君公瑾贞元十四年五月二十四日终于济源别墅，权殡近里。弟宗简作文志墓后二十三年，至元和十五庚子岁，君之嗣曰玄休，释褐高邮尉，俭身节用，袟（秩）满收馀俸，将欲迁祔先茔。天不祐善，指期而玄休仓卒，令宗简追犹子孝志，卜告月日时，以其年冬十一月十六日迁神归龙门大茔之侧。宗简守尚书右司郎中，不遑躬奉哀事，遣长男谆谆专护灵驾，玄休便侍列坟次，玄休母亦移瘗阙垄之外。冀灵魂永安，与天地长毕，重刻旧石为千万志。已而！已而！谆谆书。②

元𪭢为昭成帝孙常山王遵之后，而元公瑾为景穆帝子阳平王之后，元𪭢随孝武帝入关封乐平王，为元氏最早入关者之一，大约因此溯及元𪭢。洺州曲周县令曾即元瓘，河南府王屋县令正指元铦。元公

---

① 赵君平：《邙洛碑志三百种》，北京：中华书局，2004年，第285页。
② 赵君平：《邙洛碑志三百种》，第286页。

瑾为元铦冢子。元铦妻武功苏氏，岐国忠懿公苏震女，苏震尚唐玄宗女真阳公主，真阳公主先下嫁同平章事源乾曜子源清，后下嫁苏震。苏氏即元公瑾、元宗简母。元公瑾同族排行第七，元宗简排行八，则二人年龄相近。贞元十五年（799）八月元公瑾权葬于济阳，元和十五年（820）十一月公瑾子玄休将其迁葬洛阳龙门之先茔，元公瑾共二子，长子遘，入佛门，次子造，从父元宗简教以诗文，大约玄休即元造。

元玄休（783—820）墓志亦已发现，据《唐故高邮县尉元府君（玄休）墓志铭》：

> 唐元和庚子岁秋四十三日，扬州高邮县尉元君生三十八年卒。君讳玄休，字霞美，其先河南人。系氏大魏，世挺英茂。大王父洺州曲周县令曾，生王父王屋县令、赠给事中铦。给事生皇考府君公瑾，府君大器不屈仕。君即府君第二子。生十五年，服皇考府君艰，孝讫丧终，敬事诸父，信交朋友，和御家人。君叔父右司郎中甚德君。又二十年，俾由门子试莅事于高邮，果有能。以皇考府君权厝济阳之沙沟。在□虽衣食不敢自足。既讫秩，裹所俸将觐右司公，以承教次洛。天厄善而落仓卒之祸。讣至，右司公拊膺而恸曰：今遗志，吾素志也。哭泣命长子途奉荐奠车旐，于沙沟启护。以君之柩从。以其年冬四旬又六日归于龙门先窆。呜呼！高邮之孝节全矣。君未娶，有女子名点点，而右司公子之。磻承高邮之懿友，又被右司公指泣书墓石。洛京南，龙门北。高邮君，安魂魄。平生志，没而得。堂弟乡贡进士途书。①

元玄休当即元公瑾第二子元造，卒于元和十五年庚子岁（820）秋，

---

① 毛阳光：《洛阳流散唐代墓志汇编三集》，第 522—523 页。

春秋三十八，则生于建中四年（783），元和十五年元玄休准备迁葬其父公瑾墓，还未完成迁葬，玄休先卒，元宗简在元公瑾迁葬墓志中所云"天不祐善，指期而玄休仓卒"正指玄休去世。结合元公瑾迁葬墓志中"宗简守尚书右司郎中"，可知元玄休墓志中的"叔父右司郎中"正指元宗简。据元玄休墓志可知，元途为元宗简长子，据元公瑾墓志，元谆谆为长子，则元途即元谆谆，为元玄休堂弟。结合以上材料，可知元宗简四子排行，元途为元宗简长子，元迪为第三子，元邈为第四子，元宗简第二子名字暂缺。元玄休为高邮县尉，其堂弟元邈后来亦为高邮县尉。元玄休未正式婚娶，有女点点（则点点为玄休庶女），玄休卒后，唐人嫡庶观念浓重，但元宗简不以为意，对侄儿休玄之庶女点点有如自己家的孩子，大约点点和谆谆皆为在家中的小名。

元衍墓暂未发现，元衍子元璨葬于金谷原，则元衍大约已葬于此处。元璨弟元畅、元融入关，元畅、元融及元畅子元谅墓未发现，元谅子元膺葬于关中万年县杜陵原，元膺弟元善积墓暂未发现，元善积子元仁师葬回河南县金谷乡石城里。元仁虔子元思忠葬于河南县金谷乡石城里。则河南县金谷乡为元璨家族的族葬地，元璨墓出土于洛阳城北张羊村，此地当即河南县金谷乡之所在。虽然元畅、元融及元畅子元谅墓暂未发现而不知确切葬地，但据元谅子元膺葬于关中，且元畅、元融、元谅生活在西魏、北周时，当时还不便葬回河南县金谷乡先茔，可知三人亦葬于关中。元膺侄元仁师葬回河南县金谷乡，则到元仁师这一代时可能元氏这一系开始葬回河南金谷乡先茔。元畅另一子元义全，元义全子元冽，元冽子元雯（仁虔）墓皆未发现。元义全为元谅弟、元冽为元善积从弟，元义全亦生活在北周时期，元仁师为唐初人，则其父元善积为北周隋代间人，大约元冽亦北周隋代间人，元仁虔亦为唐初人，大约元全义至元冽葬于关中，元仁虔大约亦如元仁师归葬河南县金谷乡。元仁虔子元思忠即葬于金谷乡先茔。元思忠子元瓘墓暂未发现，元瓘子元真、元贞皆归葬河南金谷先茔。元瓘子元潮墓暂未发现，元潮弟元潜、元潮子元襄皆葬于河南金谷先茔。元潮子元衮墓志言其"北邙之阳，祔□于大茔"，大茔正指先茔，结合地理方位北邙是一条狭长的山脉东起巩县（治今河南巩义东北老城）邙山头，金谷乡一带就是在北邙之阳，可见在唐初元璨之后又葬回北魏时河南金谷先茔，大约北魏时的墓还未全部被破坏，到中唐贞元、元和间犹归葬先茔。

元思忠子第三子元璨葬于京兆府长安县。元璨子元铦墓暂未发现。元铦长子元公瑾葬于洛阳龙门之先茔。元公瑾弟元宗简墓暂未发现。元宗简第三子元邈葬于河南县龙门乡先茔。既称"先茔"最起码其父葬于此，据此推测元铦、元宗简大约亦葬于洛阳龙门先茔。大约元铦起归葬洛阳不是葬于金谷乡了，而是葬到洛阳南面的龙门一带。归葬洛阳先茔，可见元宗简他们这个支系，早在北魏元衍时期已经在洛阳一带有其家族根基，所以虽然北魏分东西，元畅、元融兄弟入关后，经历了西魏、北周，但唐初元畅曾孙元仁师还归葬河南金谷先茔，此后子孙亦归葬于此，并且持续到中唐。这也是元氏家族成为世家大族的显现。文化的积淀也是世家大族的重要标志，元和间著名诗人元宗简的出现，正是家族文化传承的硕果。

元仁虔还有子宋州（治宋城，今河南商丘）司马元守道，元守道女适天水赵恽，据《唐故赵氏（恽）元夫人墓志铭》："夫人祖讳虔，字虔，河南人也，终叠州刺史。父讳守道，字守道，终宋州司马。夫〔人〕讳恽，天水人也，终江陵县丞。皆少而独步，拾介诚名，蝉联于往昔之朝。……（夫人）以天宝元载十二月十五日遘疾终于河阴别业，春秋四十有八，权殡于里之私第，天宝十三载岁次甲午闰十一月壬戌朔廿一日壬午迁窆于河洛之阳，邙山之原平乐乡旧茔。"① 元氏之祖叠州刺史元虔，即上文所提及的叠州刺史元仁虔。"天水人也，终江陵县丞。"当是指夫家，恽为元氏夫赵氏之名，"夫人讳恽"之"人"为衍文，"皆少而独步，拾介诚名，蝉联于往昔之朝。"在说元氏祖、父及夫皆有之显赫之名。《邙洛碑志三百种》因此误以"恽"为元氏之名。

考索了元衍一支，下面我们再看元衍弟西郡公某的情况。西郡公某子昂，据《魏故持节将军光州刺史元公（昂）墓志铭》，元昂父夏州刺史、西郡公。元昂（494—528），字文景，拜宁朔将军、步兵校尉，永安元年（528）卒于河梁之西，春秋三十五，赠平东将军、光州刺史。是年十一月葬于洛阳阳平王墓侧。② 则元昂乃建义元年（528）四月十三日河阴之变中被害。《元和姓纂》载新成子有衍、安、匡，唯有元安在史书和现出墓志皆无直接记载，或许元安即西郡公。

西郡公某弟元振，据振子元道隆之墓志，振为征西大将军、夏州刺史、文烈公。元道隆，字遗业，据《大魏故辅国将军、南秦州刺史元君（道隆）之神铭》，道隆为振长子，道隆年十七除夏州平西父中兵参军，府解还朝，先后任给事中、尚书南主客郎中、伏波将军、司空府录事参军等职，建义元年（528）四月十三日河阴之变中遇害，春秋三十，永安元年（528）十一月窆于北芒之西陵，元道隆墓出土于洛阳孟津县朝阳村。③ 元璨为元衍长子，元昂为西郡公子，元道隆为元振长子，璨比昂大十二岁，昂比道隆大五岁，从子辈年龄来看，西郡公某为元衍弟排行第三，元振为西郡公某弟，排行第四。

---

① 赵君平：《邙洛碑志三百种》，第 230 页。
② 叶炜、刘秀峰：《墨香阁藏北朝墓志》，第 28 页。
③ 毛远明：《汉魏六朝碑刻校注》第六册，第 245 页。

拓跋新成第六子、元匡弟元飏（470—514），字遗兴，据《魏故使持节、冠军将军、燕州刺史元使君（飏）墓志铭》，元飏拜左中郎将，加显武将军。延昌三年八月卒于第，春秋四十五，是年十一月葬于洛阳之西陵。① 墓志言元飏有名士气，详见下文"北朝元氏家族文学与学术研究"。元飏妻琅邪王氏，据《□□□左中郎将元飏妻王夫人墓志铭》，王氏延昌二年（513）卒于洛阳，是年十二月葬于洛阳，元飏王氏夫妇墓出土于洛阳城北张羊村西北、姚凹村东。②

拓跋新成季子、元飏弟元钦（470—528），字思若，据《大魏故侍中、特进、骠骑大将军、尚书左仆射、司州牧、司空公、巨平县开国侯元君（钦）之神铭》，元钦拜骠骑大将军、尚书左仆射、司州牧、司空公、开国侯。建义元年四月十三日河阴之难中被害，春秋五十九，赠侍中太师太尉尚书令骠骑大将军定州刺史，谥曰文懿。是年十一月葬于洛阳之西陵，元钦墓出土于洛阳城北张羊村北。墓志云："遂丁太妃忧，泣血消魂，哀号毁骨，水浆不入，扶杖不出，一二年间，几于灭性。"可知新成妃顿丘李氏为元钦生母。李氏生元钦时已三十四岁，元钦约非李氏所生第一子，大约元钦兄长中亦有李氏所生者。墓志又云："三坟五典之秘，卯岁已通；九流七略之文，绮年尽学……至于秋台引月，春帐来风，琴吐新声，觞流芳味，高谈天人之初，清言万物之际；虽林下七子，不足称奇；岩里四公，曷云能上。"③ 以竹林七贤等喻元钦，可见元钦亦如其兄飏，博学能文而有名士气。元飏墓志正为元钦所撰。《魏书》卷十九本传云："钦少好学，早有

---

① 毛远明：《汉魏六朝碑刻校注》第四册，第263页。
② 毛远明：《汉魏六朝碑刻校注》第四册，第294页。
③ 毛远明：《汉魏六朝碑刻校注》第六册，第239页。

令誉，时人语曰：'皇宗略略，寿安、思若。'"① 则元钦与汝阴王天赐子元修义，因能文博学而并称。元钦长子元崇业（487—524），字子建，据《魏故持节、辅国将军、平州刺史元使君（崇业）墓志铭》，元崇业拜秘书郎中，正光五年（524）三月二十七日卒于洛阳，春秋三十八，是年十一月十四日葬于洛阳。元崇业墓出土于洛阳城北安驾沟村。墓志还描述崇业能文："文彩丰艳，草丽雕华，凝辞逸韵，昭灼篇牍。"② 元钦嫡长子、元崇业弟元诞业（498—528），字子通，据《大魏故平东将军元君（诞业）之神铭》，元诞业拜襄威将军、员外散骑常侍，建义元年（528）四月卒于河阴之难，春秋三十一，是年十一月葬于洛阳。墓志又云："贞枝峻蕚，陵寒冰而独秀；湛尔渊凝，越清流而皎洁。辞翰卓荦之奇，《上林》无以比其况；毙日坠猿之能，养由无以逞其术。"③ 以《上林赋》比诞业之辞赋，可知其能文，以养由基喻崇业，则其善射。据《魏书》卷十九上《阳平王传》，元钦子子孝字季业，结合元崇业、元诞业墓志可知，兄弟间名中皆有"业"字、字中皆有"子"字，则《魏书》将季业名与字颠倒，应当是元季业，字子孝。子孝仕于西魏，并在西魏鲜卑化环境中复姓拓跋，封义阳王，拜柱国将军，后降爵为公，子赟袭爵。

拓跋新成第五子匡过继给新成弟广平王洛侯，元匡字建扶，性耿介、有气节，曾任肆州、恒州等地刺史，御史中尉，反对尚书令高肇、尚书令任城王澄专权，终因反对任城王澄被削爵除官，后为关右都督兼尚书行台，遇疾还洛阳，孝昌初卒，谥曰文

---

① （北齐）魏收：《魏书》，第443页。
② 毛远明：《汉魏六朝碑刻校注》第五册，第296页。
③ 毛远明：《汉魏六朝碑刻校注》第六册，第243页。

贞，后追复本爵，改封济南王。元匡第四子元献袭爵。入北齐，爵例降。元匡玄孙女买得墓志载匡为东阳王。元匡子献袭爵，元献有墓志盖发现，提曰"魏故济南王元献铭记"。元献子祖育袭爵，东魏武定初坠马而卒。祖育子勒叉，袭爵济南王，仕于北齐，爵例降。勒叉女元买得（554—619）适（莫）那卢氏，据《大郑上柱国、邓国公、故太夫义安郡夫人元氏（买得）墓志》，元买得以夫爵封兴世郡君，子和仕于王世充，封元氏为义安郡太夫人，王郑开明元年（619）五月卒于洛阳，春秋六十六，是月窆于洛阳城北千金乡安川里。① 《魏书》卷一百一《吐谷浑传》："兴和中，齐献武王作相，招怀荒远，蠕蠕既附于国，夸吕遣使致敬。夸吕又请婚，乃以济南王匡孙女为广乐公主以妻之。此后朝贡不绝。"② 元匡有一孙女在东魏兴和间高欢为相时封广乐公主，为吐谷浑夸吕妻。

就出土的阳平王新成一支墓葬来看，多数葬于今洛阳城北张羊（阳）村，元飔墓的出土于洛阳村北朝阳村，元崇业墓出土于洛阳城北安驾沟村，朝阳村在张羊（阳）村西南之间相距仅约1.8公里，朝阳村在安驾沟村东，之间相距仅约490米，安驾沟村与张羊村之间仅约2公里，就现在的行政区划看虽属于不同的村也是紧邻的，在北朝更就是一地了，都是在孝文帝长陵之东，可知这一带就是阳平王家族的族葬地。

在魏分东西，阳平王家族大多数成员仕于东魏，元衍子孙可知者除璨卒于魏分东西前，馀皆仕于西魏，元钦季子季业仕于西魏。

阳平王一支现可知能文者有元飔、元钦、元崇业、元诞业。可知阳平王一支汉化程度较慢，直到其第六子、第七子方能文，他们

---

① 王其祎、周晓薇：《隋代墓志铭汇考》第六册，第18页。
② （北齐）魏收：《魏书》，第2241页。

同样受到原兴盛于洛阳一带的玄学影响,四人皆有一定的名士气。唐代时有元衮、元京、元宗简、元途等文士,元宗简是元氏在唐代除元稹外作诗最多的文士。

(3) 京兆王子推一支

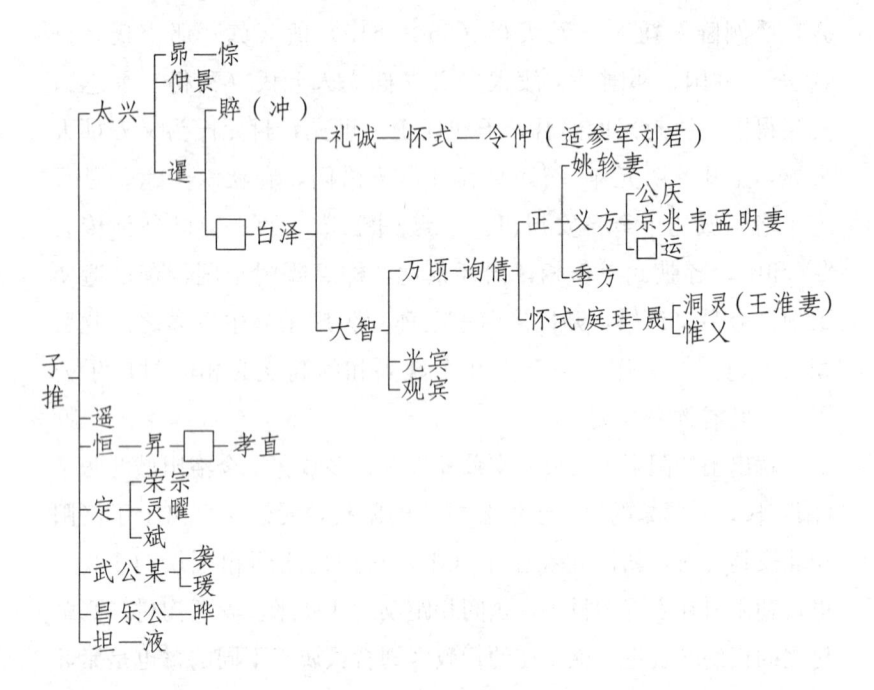

```
                ┌昂—惊
          ┌太兴┤仲景
          │    │睟(冲)
          │    │
          │    └暹─┐
          │        │        ┌礼诚—怀式—令仲(适参军刘君)
          │        │        │                   ┌姚轸妻
          │        │        │                   │    ┌公庆
          │        └白泽─┐  │              ┌正─┤京兆韦孟明妻
          │               │  │              │    │□运
          │               │  │              │    └义方
          │               │  │              │季方
          │               └大智┤万顷—询倩  │
          │                    │            │
          │                    │            └怀式-庭珪-晟 ┌洞灵(王淮妻)
          │                    │                           └惟义
  子      │                    │光宾
  推─────┤                    │观宾
          │遥
          │恒—昇─┬孝直
          │      │
          │      │   ┌荣宗
          │定─┬灵曜
          │   └斌
          │武公某┬袭瑗
          │      └晔
          │昌乐公—晔
          └坦—液
```

京兆王子推一支,既有史传(《魏书》卷十九上《景穆十二王传·京兆王》、《北史》卷十七《景穆十二王传·京兆王》)又有墓志留存者:元遥、元惊、元睟;史传中有提及,而暂无本人墓志出土者:拓跋子推、元太兴、元恒、元昂、元仲景、元暹、元遥妻安定梁氏;史传未涉及,因有墓志留存而略知其事迹者:元定、元荣宗、元灵曜、元斌、元袭、元瑗、元晔、元液;史传中未有、亦无墓志出土,但相关人士墓志中有提及者:武公某、昌乐公某、元坦。

第二章　元氏家族各支系详考下

京兆王子推一支唐代有史传提及者：元万顷、元义方、元季方；有墓志发现者：元令仲、元洞灵、元惟义、韦孟明妻（元义方女）、韦孟明；虽无墓志发现但相关墓志有提及者：元白泽、元礼诚、元怀式（元礼诚子、元令仲父）、元询倩、元正、元氏（元正女）、元义方、元季方、元晟、元□运、元怀式（元询倩子、元洞灵曾祖）、元庭珪、元正妻柳氏。

《元和姓纂》卷四：“京兆王子推生恒芝，中书监。生昇、暹。昇，江夏王；孙孝直，渝州刺史。暹生白泽，唐梁州都督、新安公，生礼诚、大智。诚生怀式，颍州刺史。大智生万顷、光宾、观宾。万顷，凤阁侍郎。光宾生询倩。倩生正，兼监察御史。正生义方、季方。义方，鄜防观察兼御史中丞。季方，兵部侍郎（郎中）。观宾，少府少监。”昇、暹皆非恒之后，此处失在恒之后以及昇、暹之父，疑有夺文。季方官职原作"兵部侍郎"，据《旧唐书》卷二百一《元万顷传》及《旧唐书》卷一百九十九《新罗传》，季方官职当为兵部郎中。①

元子推曾任长安镇将，在秦雍一带颇有威信，太和元年（477）时拜侍中、仪同三司、青州刺史，未至而卒于道。据拓跋子推孙元液墓志，子推妃浮海吴，父迁冠军将军、建宁鲁郡二郡太守、南宫子。② 浮海吴当为渤海吴（详见下文）。结合《魏书》卷十九上《景穆十二王传·京兆王》、《北史》卷十七《景穆十二王传·京兆王》，京兆王子推世子太兴（？—498）袭爵，拜长安镇大将，后改封西河王，太兴曾任夏州刺史、拜卫尉卿，据元太兴孙元晬墓志，太兴为使持节、征南大将军、雍汾二州刺史、西河王。后出家居嵩

---

① （唐）林宝撰，陶敏校证，李德辉整理：《元和姓纂新校证》，第156—157页。引文中地名古今对照：渝州（治巴县，今重庆），梁州（治南郑，今陕西汉中），颍州（治汝阴，今安徽阜阳）。

② 毛远明：《汉魏六朝碑刻校注》第六册，第305页。

山，更名僧懿。卒于太和二十二年（498），元太兴孙悰墓志称元太兴为雍州康王，则太兴谥号约亦为康。太兴子昂袭爵，昂字伯晖，据元昂子元悰墓志，昂为青州穆王，则穆为昂谥号。《元和姓纂》中之"昇"，约即"昂"。元昂子元悰（？—542），字魏庆，袭西河王爵，仕于东魏，据《元悰墓志》，元悰除北华州刺史，转骠骑大将军、金紫光禄大夫、司州牧、开府仪同三司、侍中、录尚书事，迁太尉公，又复为司州牧，后除青州刺史，兴和四年（542）十一月卒于青州，追赠使持节、侍中、太傅、司徒公、假黄钺、都督定瀛沧三州诸军事、骠骑大将军、定州刺史，谥曰文靖，武定元年（543）三月葬于邺城西北十五里，元悰墓志出土于河北磁县。① 元昂娶穆氏，生元悰，据《魏故车骑大将军、平舒文定邢公（峦）继夫人大觉寺比丘尼墓志铭》："夫人讳纯陁，法字智首，恭宗景穆皇帝之孙，任城康王之第五女也。……初笄之年，言归穆氏。……西河王魏庆，穆氏之出，即夫人外孙。"② 景穆帝子任城王云第五女元纯陁适穆君，生女穆氏，穆氏适元昂（元纯陁从侄），生元悰（字魏庆），元悰为元纯陁从侄孙、亦为其外孙。

元昂弟元仲景（据昂字伯晖，可知仲景亦当为字），除河南尹，拒绝臣服高欢。元仲景弟元遥，后仕于东魏，据元遥子元晔墓志，元遥为使持节、侍中、太师、录尚书事、都督定冀瀛殷四州诸军事、定州刺史，此当为元遥卒后赠官，封汝阳王，谥曰文献。元遥子元晔（516—545），字子冲，据《魏故散（骑）常侍汝阳王（晔）墓志》，元晔，字子冲，拜散骑侍郎，武定三年（545）闰十月卒于邺城，春秋卅，是年十一月葬于邺城西北十五里武城之阴，元晔墓志出土于河北安阳县。墓志又云："博观旧史，泛爱通儒，礼过申

---

① 毛远明：《汉魏六朝碑刻校注》第七册，第325页。
② 毛远明：《汉魏六朝碑刻校注》第六册，第276页。

穆之宾，流连枚马之客。"① 则睟博学且优待文士，睟"流连枚马之客"，好与文人交往，当亦为文士。《魏书》卷十九上《景穆十二王传·京兆王》记遥子冲袭，无子，国绝，元睟，字子冲，冲即子冲之简省。据《元和姓纂》，元遥有子白泽，唐梁州都督、新安公。《新唐书》卷二百一《文苑传·元万顷》，祖白泽，武德中，仕至梁、利十一州都督，封新安公②。岑仲勉以为元遥卒于兴和元年（539）去唐初已八十年，中间疑缺一代。陶敏以为"遥生白泽"之"生"疑为"侄"之误。③ 结合元睟墓志，其生年去唐初已百年，白泽非元睟弟明矣。则白泽当为元遥孙，元睟无子，则白泽非睟孙，而为弟某之孙。

新安公元白泽子礼诚，元礼诚子颖州刺史怀式，元怀式女元令仲（594—671）。据《□□□□□□法曹参军刘君故妻元氏（令仲）墓志铭》，元令仲，字陏利，河南洛阳人。魏景穆帝之九代孙。曾祖白泽，梁州都督、新安公白泽；祖礼诚，早卒；父颖州刺史怀式。元令仲咸亨二年（671）八月二十二日遘疾，终于官舍，享年七十八。调露元年（679）十月十四日，葬于洛州洛阳县平阴乡北芒原。④ 元令仲为景穆帝九代孙，是包括景穆帝本人计算的。元礼诚早卒而未出仕，是以《元和姓纂》未载其官位。元礼诚弟元大智，大智子元万顷，《旧唐书》卷一百五《文苑传·元万顷》："元万顷，洛阳人，后魏景穆皇帝之胤。祖白泽，武德中总管。万顷善属文。起家拜通事舍人。乾封中，从英国公李绩征高丽，为辽东道总管记室。别帅冯本以水军援裨将郭待封，船破失期。待封欲作书与绩，恐高丽知其救兵不至，乘危

---

① 毛远明：《汉魏六朝碑刻校注》第八册，第26页。
② （宋）欧阳修、宋祁：《新唐书》，第5743页。
③ （唐）林宝撰，陶敏校证，李德辉整理：《元和姓纂新校证》，第156—157页。
④ 周绍良、赵超：《唐代墓志汇编续集》，第242页。

迫之，乃作离合诗赠绩。绩不达其意，大怒曰：'军机急切，何用诗为？必斩之！'万顷为解释之，乃止。绩尝令万顷作文檄高丽，其语有讥高丽'不知守鸭绿之险'，莫离支报云'谨闻命矣'，遂移兵固守鸭绿，官军不得入，万顷坐是流于岭外。后会赦得还，拜著作郎。时天后讽高宗广召文词之士入禁中修撰，万顷与左史范履冰、苗神客，右史周思茂、胡楚宾咸预其选，前后撰《列女传》、《臣轨》、《百僚新诫》、《乐书》等凡千馀卷。朝廷疑议及百司表疏，皆密令万顷等参决，以分宰相之权，时人谓之'北门学士'。万顷属文敏速，然性疏旷，不拘细节，无儒者之风。则天临朝，迁凤阁舍人。无几，擢拜凤阁侍郎。万顷素与徐敬业兄弟友善，永昌元年为酷吏所陷，配流岭南而死。时神客、楚宾已卒，履冰、思茂相次为酷吏所杀。"① 则元万顷善属文，曾经作有离合诗，又勤于著述，有《列女传》、《臣轨》、《百僚新诫》、《乐书》等凡千馀卷，高宗、武后时期颇受重用，高宗时曾为北门学士，武后临朝又为凤阁舍人、凤阁侍郎。元万顷存诗四首《奉和〈太子纳妃太平公主出降〉》（五律）、《奉和〈春日池台〉》（五绝）、《奉和〈春日〉二首》（七绝），皆为应制之作。

《新唐书》卷二百一《文苑传·元万顷》："万顷孙正，修名节，擢明经高第，授监门卫兵曹参军。舅孙迻与谭物理，叹己不逮。肃宗初，吏部尚书崔寓典选，正以书判第一召诣京师，以父询倩老，辞疾免。河南节度使崔光远表置其府。史思明陷河、洛，辇父匿山中，贼以名购，正度事急，谓弟曰：'贼禄不可养亲，彼利吾名，难免矣，然不污身而死，吾犹生也。'贼既得，诱以高位，瞋目固拒，兄弟皆遇害，父闻，仰药死，路人为哭。事平，诏录伏节十一

---

① （后晋）刘昫等：《旧唐书》，第 5010—5011 页。

姓，而正为冠。赠秘书少监，以其子义方为华州参军。"① 元万顷孙元正及元正弟某皆有名节。

综合《新唐书·元万顷传》和元询倩曾孙女墓志，可知元询倩非元万顷弟光宾子，而是元万顷子，可正《元和姓纂》之误。元询倩为永阳郡（治清流县，今安徽滁州市）司马，元询倩子正等在安史之乱中拒不投降，元正兄弟皆遇害，元询倩闻知，自杀。朝廷赠元正秘书少监，以其子义方为华州（治郑县，今陕西华县）参军。《新唐书》卷二百一《文苑传·元万顷》："（元正子）义方，历京兆府司录，韦夏卿、李实继为尹，事必咨之。历虢商二州刺史、福建观察使。中官吐突承璀，闽人也，义方用其亲属为右职。李吉甫再当国，阴欲承璀奥助，即召义方为京兆尹。李绛恶其党，出为鄜坊观察使，一切办治，然苛刻，人多怨之。卒，赠左散骑常侍。"②《旧唐书》卷一五《宪宗纪》："元和四年夏四月庚子，以商州刺史元义方为福建观察使。……六年夏四月庚午，以福建观察使元义方为京兆尹。……七年春正月辛未，以京兆尹元义方为鄜州刺史、鄜坊丹延观察使。……八年夏四月丙戌，鄜坊观察使元义方卒。"③ 元和间元义方先后任虢州、商州（治上洛，今陕西商州市）刺史，福建观察使，京兆尹，鄜州刺史、鄜坊丹延观察使，元和八年四月卒官。

元义方为元稹宗侄，据元稹《唐故建州浦城县尉元君（莫之）墓志铭》：

> 君讳某，字莫之。有魏昭成皇帝十七世而生某官某，君即某官之次子也。少孤，母曰渤海封夫人。提捧教训。不十四

---

① （宋）欧阳修、宋祁：《新唐书》，第5745页。
② （宋）欧阳修、宋祁：《新唐书》，第5745页。
③ （后晋）刘昫等：《旧唐书》，第427、435、441、445页。

五。其心卓然。读书为文,举进士。每岁抵刺史以上,求与计去,且取衣食之资以供养,意义渐闻于朋友间。无何,宗侄义方观察福建,子幼道远,自孤其行,拜言勤求,请君俱去。太夫人曰:'吾有尔兄养吾足矣。尔其遂行。'旋授建州浦城尉。宗侄之心腹耳目之重,以至闺门之令,尽寄于君,上下无怨,诚且尽也。又无何,宗侄观察鄜坊,君亦俱去,心腹耳目之寄皆如初。宗侄殁,子公庆号骇迷谬无所据,君自始至卒任持之。公庆事公,虽及喜愠不敢专。元和中,丁封夫人丧,痛毒哽咽,结气膏肓。既免丧,遂卒不散。十五年八月二日终于京城南。享年五十八。公庆襄其事。夫人濮阳吴氏,贤善恭干,生一女,女亦惠和,夭君前累月。①

元义方为景穆帝子京兆王子推之后,为元稹宗侄,亦为元莫之宗侄。元和六年元义方为福建观察使,元莫之追随义方,为建州浦城(治今福建浦城县)尉,元和七年义方为鄜坊丹延观察使,莫之亦追随,元和八年义方卒,莫之又护祐义方子元公庆。元和十五年八月元莫之卒,其女已数月前先其而卒,夫人濮阳吴氏。

元稹、白居易诗中有元公度。白居易有诗《和新楼北园偶集从孙公度周巡官韩秀才卢秀才范处士小饮郑侍御判官周刘二从事皆先归》,此为和元稹诗,则元公度为元稹从孙,元公庆亦为元稹从孙,且名中皆有"公"字,元公庆约为公度兄弟行。长庆二年元稹为同州刺史时作《送公度之福建》:"棠阴犹在建溪矶,此去那论是与非。若见白头须尽敬,恐曾江岸识胡威。"② 长庆元年(821)白居易作《授元公度华阴令制》③,则元公度长庆初为华

---

① (唐)元稹撰,周相禄校注:《元稹集校注》,第1372—1373页。
② (唐)元稹撰,周相禄校注:《元稹集校注》,第639—640页。
③ (唐)白居易著,谢思炜校注:《白居易文集校注》,第649页。

阴令。

元义方女适京兆韦孟明，据元□运撰《唐同州澄城县主簿韦公（孟明）故夫人河南元氏墓志铭》：

> 夫人姓元氏，河南河南人也，后魏景穆帝之十代孙。高祖讳万顷，皇朝凤阁侍郎、集贤殿学士、修国史。曾祖讳询倩，皇永阳郡司马。王父讳止（正），皇大理司直、摄监察御史，赠秘书少监。……少监府君长子义方，见任京兆府奉先县令。夫人即长女也，出于河东裴氏。外曾祖耀卿，时致位丞相，简在史氏。……始龀，丁尊夫人之艰。……年二十四，归于京兆韦氏曰孟明，官历同州澄城县主簿。……（夫人）贞元廿年（804）二月十二日，遘祸于澄城县之官舍，享年廿有九。以贞元廿一年二月廿日，归祔于京兆府万年县白鹿原，从韦氏之先茔，礼也。……□运幼承伯姊之慈抚，长承夫人之训导。痛裂中肠，追攀莫逮。含涕纪述，故直而不文。①

韦孟明墓志亦已发现，据河南县尉柳涧《唐故同州澄县主簿韦府君（孟明）墓志铭》：

> 君讳孟明，字孟明，曾祖皇左屯卫录事参军讳默，录事生秦州成纪县令讳昊，成纪生阆州刺史讳澣。……君即阆州第四子也。……弱冠举明经，调补左内率府兵曹。其行已也恭，其事上也敬，次补同州澄城县主簿。……元和三年（808）正月廿八日，终于虢之逆旅，春秋卅有九。……夫人河南元氏，虢州刺史义方之女。②

可知元义方贞元末为京兆府奉先县（治今陕西蒲城）令。元义方长

---

① 吴钢：《全唐文补遗》第三辑，西安：三秦出版社，1996年，第141页。
② 周绍良、赵超：《唐代墓志汇编续集》，第813页。

女（776—804）贞元十五年（799）二十四岁时适同州澄城县（治今陕西澄县）主簿京兆韦孟明（770—808），元氏弟□运为其姊撰写墓志，则□运亦有文才。元义方元和初为虢州（治弘农，今河南灵宝市）刺史，元和三年初韦孟明终于虢之逆旅，约即卒于元义方虢州刺史之官舍。

元义方弟兵部郎中季方。《新唐书》卷二百一《文苑传·元万顷》："（义方）弟季方，举明经，调楚丘尉，历殿中侍御史。兵部尚书王绍表为度支员外郎，迁金、膳二部郎中，号能职。王叔文用事，惮季方不为用，以兵部郎中使新罗。新罗闻中国丧，不时遣，供馈乏，季方正色责之，闭户绝食待死，夷人悔谢，结欢乃还。卒，年五十一，赠同州刺史。"① 《旧唐书》卷一百九十九《东夷传·新罗国》："永贞元年，诏遣兵部郎中元季方持节册重兴为王。"② 则永贞元年（805）时元季方为兵部郎中。岑仲勉《郎官石柱题名新著录》"度支员外郎"第八行有元季方，"金部郎中"第七行有元季方③。元季方曾作诗，存残句二（详见下文"唐代元氏家族文学与学术研究"）元季方还曾为监察御史（见下文）。

元万顷孙元正（止）有女适吴兴姚铃，据《唐故怀州嘉获县令姚府君（铃）夫人河南元氏墓志铭》（第二弟监察御史季方撰），元氏为后魏景穆帝九代孙，曾祖唐凤阁侍郎、凤阁舍人、弘文馆学士万顷，祖唐滁州司马询倩，父赠秘书少监止，母河东柳氏。贞元十五年五月二十二日元氏夫获嘉县令吴兴姚铃终于官舍，元氏无子，亲自主持葬礼，送灵柩归葬旧里，贞元十五年十一月廿日，元氏终于芮城县私第，享年四十有九。贞元十六年二月十六日与姚铃合

---

① （宋）欧阳修、宋祁：《新唐书》，第5745页。
② （后晋）刘昫等：《旧唐书》，第5338页。
③ 岑仲勉著，向群、万毅编：《岑仲勉文集》第259、263页。

葬。元氏墓志存于陕县（则约出土于这一带）。① 言第二弟季方，则元氏为义方、季方之姊。元正（止）卒赠秘书少监，娶河东柳氏，生元氏（751—799）。元氏为景穆帝九代孙，则为景穆帝子京兆王子推八代孙。姚轸墓志同时出土，据《唐故怀州获嘉县令姚府君（轸）墓志铭》(侄乡贡进士崙撰并书)，姚轸，字轸，吴兴郡人，曾祖唐正议大夫、怀州别驾德威，祖唐徐州丰城县令元昭，父唐朝议大夫、晋州洪桐县令孝先。姚轸官终怀州嘉获县令，贞元十五年五月二十二日终于官舍，享年五十四。其年十月二十七日葬于陕□□原。② 姚轸元氏墓志存于陕县，结合姚轸元氏夫妇葬于陕□□原，则二人墓志约即出土于陕县。

元万顷之后有元晟，元晟子元惟义（771—827），据《唐元惟义墓志》：

> 公讳惟义，魏景穆帝京兆王之□，□□皇朝新安公、都督梁利十一州□□□阁侍郎万顷，弈世有光，至常州□□主簿讳晟而生公。公幼服儒器，宇□□□，言有清韵，习小篆，究玄象，冲退默□，□为人言之，或指必随验。从祖父季方使新罗，奏公孝谨以从，解巾授湖州参军，转陕州硖石尉，为度支山南院巡官，三川称其廉能，调补蓝田县主簿。时沈甥为湖南观察使。公辞满来游，未逾时，得风恙沉冥，复于长安开化里第，弥岁遂革。前娶范阳卢氏，早世；继夫人京兆韦氏，收子现以主嗣焉。铭曰：太和始秋五五日，半百之年奇有七，□寅□辰白露节，窆于凤栖之壤毕。③

---

① 中国文物考古研究所、河南省文物考古研究所：《新中国出土墓志（河南贰）》，北京：文物出版社，2002年，上册第289页，下册第300—301页。
② 中国文物考古研究所、河南省文物考古研究所：《新中国出土墓志（河南贰）》，上册第288页，下册第300页。
③ 张永华、赵文成、赵君平：《秦晋豫新出墓志蒐佚三编》，第937页。

据墓志元季方为元惟乂从祖，铭文中的"太和始秋五五日，半百之年奇有七"，正指元惟乂卒于太和元年（827）五月五日，享年五十七。则元惟乂生于大历六年（771）。元季方为元惟乂从祖，元晟为元惟乂父。元季方兄元义方之女京兆韦孟明妻元氏生于大历十一年（776），元晟正与元氏同辈。元义方卒于元和八年（813），元义方、元季方姊姚轸妻元氏卒于贞元十五年（799），享年四十九，则生于天宝十年（751）。元义方、元季方当生于稍后几年。元义方父元正在安史之乱史思明陷河洛后，为叛军所抓而遇害，则元正约卒于至德间（756—757），元氏和元义方、元季方为元正生命最后几年间所生。元惟乂为元义方、元季方孙辈，但生年与元义方女韦孟明妻相近，则其父元晟当长其二十岁左右，显然非元义方所生，元晟当为元正子，颇疑元正早年曾有庶子某，该子比元义方等大了至少十馀岁。据"季方"之名显然他是诸子中排行老三，义方排行老二，那位早年生的儿子大约名中后"伯"。元正伯子生元晟，元晟生元惟乂。元正有子义方、季方，则元晟约为元义方子，为元公庆兄弟行，元晟生元惟乂，如是元晟为元万顷玄孙，元义方为元惟乂祖、元季方为元惟乂从祖。

元太兴弟元遥（467—517），据《元遥墓志》，元遥字修远（《魏书》卷十九上本传误作"字太原"），京兆康王推第二子，除左卫将军，封饶阳男，后除平西将军、泾州刺史，入为七兵尚书，迁中领军，出为镇东将军、冀州刺史，延昌三年（514）为征南大将军、都督南征诸军事、镇梁楚。延昌四年沙门法庆反于冀州，除遥征北大将军、都督北征诸军事，讨平之。熙平二年（517）九月卒于第，春秋五十一，追赠使持节、车骑大将军、仪同三司、雍州刺史，谥曰宣公，葬于洛阳西陵。[①] 元遥妻安定梁氏，据《使持

---

① 毛远明：《汉魏六朝碑刻校注》第四册，第351页。

节、平西将军、都督泾州诸军事、泾州刺史、饶阳男（元遥）妻梁墓（志）》，梁氏卒于正始元年（504）八月，神龟元年（518）八月与元遥合葬于洛阳西陵，元遥、梁氏夫妇墓出土于洛阳城北后海资村南凹村。① 梁氏墓志题可知正始元年时，元遥为使持节、平西将军、都督泾州诸军事、泾州刺史，《元遥墓志》所记平西将军、泾州刺史有简省。梁氏墓志未言其籍，据《元遥墓志》可知为安定梁氏。

元遥弟元恒（即《元和姓纂》中之恒芝），字景安，初涉书史，拜侍中，建义元年四月十三日河阴之难中见害，谥曰宣穆公。元恒后裔《魏书》、《北史》皆失载，《元和姓纂》以恒生昇、暹，又载：昇，江夏王，孙孝直，渝州刺史。《魏书》卷十二《孝静帝纪》："武定元年三月戊申，齐献武王讨黑獭，战于邙山，大破之，擒宝炬兄子临洮王森，蜀郡王荣宗，江夏王昇，巨鹿王阐，谯郡王亮，骠骑大将军、仪同三司、太子詹事赵善，督将参僚等四百馀人，俘斩六万馀，甲仗牛马不可胜数。豫洛二州平。"② 则恒随孝武帝入关，封江夏王，武定元年高欢破邙山，江夏王昇等为欢所擒。则元昇大约确为元恒子，《元和姓纂》此处所载不误，上文已述暹为太兴子，则《元和姓纂》或误以暹为恒之子、或今所见版本中暹之前有夺文。开皇元年（581）改北周之楚州置渝州（治巴县，今重庆市），则元昇孙孝直为隋代渝州刺史。

元恒弟元定（？—500？），字泰安，据《元定墓志》，元定为子推第四子，则定约为遥、恒之弟。定拜广平内史，献文帝以泰安为文成帝子元若之后封河间王，孝文帝因泰安于若为从弟，非相后之

---

① 毛远明：《汉魏六朝碑刻校注》第五册，第32页。
② （北齐）魏收：《魏书》，第306页。

义，乃夺元定爵位，以文成帝子齐郡王简之子琛为若之后。景明元年（500）十一月十九日葬于洛阳，元定墓出土于洛阳城西北高家沟村。① 元定次子灵曜墓志，称元定为荆州刺史，元定子元斌墓志，称定为金紫光禄大夫、荆州刺史，大约为卒后赠官。定长子元荣宗（？—500？），《元荣宗墓志》极为简略，仅知其为定长子，景明元年（500）十一月十九日葬于洛阳。② 元荣宗弟元灵曜（487—523），字灵曜，据《魏故征虏将军、平州刺史元使君（灵曜）墓志序铭》，曾任司徒广平王怀录事参军，转轻车将军、尚书殿中郎，迁校骑将军，正光三年（523）十一月卒于宅，春秋三十七，墓志题中即元灵曜卒后赠官，正光四年三月葬于孝文帝长陵旁，元灵曜墓出土于洛阳城北后海资村西北。元灵曜妻尉氏，祖元，司徒淮阳景桓王，父诩（《魏书》卷三八《尉元传》作羽，为避孝明帝讳而改），侍中、尚书、博陵顺公。灵曜又一夫人上谷张氏，祖殿中尚书、广平简公白泽，父前将军（《魏书》卷二四《张衮传》）、司农卿伦。③ 元灵曜弟元斌（494—523），字道宝，据《魏故襄威将军、大宗正丞元君（斌）墓志铭》，元斌拜襄威将军、大宗正臣，正光四年九月二十一日卒于洛阳，其年十一月二十七日卒于洛阳，元斌墓出土于洛阳城北后海资村。④ 元斌有文才，善音乐，详见下文"北朝元氏家族文学与学术研究"。

元子推子武公某，据武公子元袭墓志，武公为洛州刺史。武公某子元袭（485—528），字子绪，拜后将军、河东太守，复转平东将军、颍川太守。永安元年（528）六月卒于洛阳，春秋四十四，太昌元年十一月陪葬长陵，元袭墓出土于洛阳城北安驾沟

---

① 毛远明：《汉魏六朝碑刻校注》第三册，第337页。
② 毛远明：《汉魏六朝碑刻校注》第三册，第334页。
③ 毛远明：《汉魏六朝碑刻校注》第五册，第200—201页。
④ 毛远明：《汉魏六朝碑刻校注》第五册，第237页。

村。元袭墓志又云："错综古今，贯穿百氏，究群言之秘要，洞六艺之精微。纂思绮合，摘文锦烂，信足方驾应徐，连横潘左。又工名理，善占谢，机转若流，酬应如响，虽郭象之辨类悬河，彦国之言如璧玉，在君见之。"① 可见其能文。以应场、徐幹、潘岳、左思比元袭，可知其有文才。元瑗墓志未刻完，但知其为景穆皇帝曾孙，祖京兆康王子推，父洛州刺史武公某。为元袭兄弟。

子推子昌乐公某，昌乐公子元晔（？—526），字孟明，据《魏故假节龙骧将军、南青州刺史元晔之墓志铭》，元晔为齐王萧宝夤骠骑大将军府从事中郎。孝昌二年（526）六月卒于洛阳孝弟里，孝昌三年（527）二月窆于洛阳，元晔墓出土于洛阳城北后海资村。②

子推子元坦，步兵校尉、城门校尉，卒赠冠军将军、沧州刺史，谥曰宣，据元坦子元液墓志，元坦妻浮海吴（浮海吴当为渤海吴，详见下文），敕赠第一女郎，北京子都将，后除昌平太守，卒赠征虏将军、清州刺史（《元液墓志》）。元坦子元液，字灵和，据《魏故使持节、镇东将军、冀州刺史、长平县开国男元公（液）墓志铭》，出身司徒外兵参军，车骑大将军李崇征蠕蠕，以元液为开府属，加征虏将军，大都督、大行台、广阳王渊以液为僚属，假液平北将军别将。建义元年（528）四月十四日卒于洛阳孝弟里，春秋卅四，永安三年（530）二月十三日窆于长陵之东崗，元液墓出土于洛阳城北瓦店村西。墓志后元液（灵和）谱牒又记：□父冯次兴，太师之子，出身内小内行，后除给事中，此约为述元灵和妻冯氏情况，冯氏为太师冯熙孙、给事中冯次

---

① 毛远明：《汉魏六朝碑刻校注》第六册，第395页。
② 毛远明：《汉魏六朝碑刻校注》第六册，第92页。

兴女。①

京兆王子推一支有文士六人，元袭、元斌、元晔以及唐代的元万顷、元季方、元□运。

(4) 济阴王小新成一支

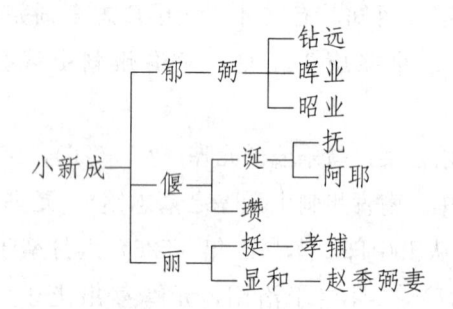

```
                    ┌─ 钻远
             ┌─ 郁 ─ 弼 ─┼─ 晖业
             │          └─ 昭业
             │          ┌─ 抚
小新成 ───┼─ 偃 ─┬─ 诞 ─┤
             │      │    └─ 阿耶
             │      └─ 瓒
             │      ┌─ 挺 ─ 孝辅
             └─ 丽 ─┤
                    └─ 显和 ─ 赵季弼妻
```

济阴王小新成一支，既有史传（《魏书》卷十九上《景穆十二王传济阴王小新成》、《北史》卷十九上《景穆十二王传济阴王小新成》）又有墓志发现者：元偃、元郁。史传未提及因墓志或与之相关人士的墓志发现而知其名与事迹者：元瓒、元钻远、元挺、元孝辅、元诞女阿耶、元显和女赵季弼妻，史传有提及而暂无墓志发现者：拓跋新成、元弼、元晖业、元昭业、元诞、元抚、元丽、元显和。

济阴王小新成，颇有武略，曾击退库莫奚侵扰，后拜外都大官，谥曰惠公。据小新成子元郁墓志，考济阴王，幼除使持节、征西大将军、五军镇都大将。迁征东大将军、都督冀相济三州诸军事、平原镇都大将、持节。据小新成孙元瓒墓志，小新成为使持节、征东大将军、都督冀相济三州诸军事、平原镇大将、济阴王。据小新成曾孙元阿耶墓志，元阿耶曾祖济阴宣王，字小新城，恭宗景穆皇帝第三子，使持节、征西大将军、济相冀兖四州诸军事。元

---

① 毛远明：《汉魏六朝碑刻校注》第六册，第304—307页。

郁墓志载新成仕宦很详尽，元瓒墓志记新成最后官职，元阿耶墓志载新成都督四州诸军事，较之元郁、元瓒墓志所记多了兖州，元阿耶墓志还记新成谥号宣，此皆可补《魏书》卷十九上小新成履历过简之憾。小新成子元郁（462—491），字伏生，袭爵，据《魏故使持节侍中徐州诸军事启府徐州刺史济阴王（元郁）墓志铭》，元郁除使持节、侍中、徐州诸军事、启府、徐州刺史，袭济阴王。太和十五年（491）六月卒于洛阳（元郁实因黩货赐死，墓志讳言），春秋三十，谥曰康，葬于沙峻之阳，元郁墓即出土于大同故平城遗址附近，王连龙以为沙峻即平城（今山西大同）之沙岭。元郁卒时北魏尚未迁都洛阳，拓跋氏亦未改籍洛阳，墓志中称元郁为河南洛阳人是子孙的追述。墓志又云其"高才富藻，挺文超世"[1]，可知元郁有文才。

元郁长子元弼（？—506），字邕明，刚正有文学，拜中散大夫。据元弼子元钻远墓志云：生五岁遭文王忧，元钻远卒于永熙二年（533）二月，享年三十有二，则元钻远生于北魏宣武帝景明三年（502），其五岁为正始三年（506），可知元弼卒于是年，谥曰文献。元弼子钻远，字永业，据《魏故使持节都督齐州诸军事平南将军齐州刺史广川县开国侯元使君（钻远）墓志铭》，元钻远封广川县开国侯，除东太原太守，转齐州东魏郡太守。永熙二年（533）二月卒于洛阳，春秋三十二，是年十一月陪葬孝文帝长陵，元钻远墓出土于洛阳城北南陈庄村。墓志云："学贯儒林，博窥文苑。九流百氏之书，莫不该揽；登高夹池之赋，下笔成章。风流间起，谈论锋出，时观鱼鸟以咏怀，望山川而卒岁。"[2] 可知元钻远博学有文才。元钻远弟元晖业，《魏书》卷十九上《景穆十二王传上·济

---

[1] 王连龙：《新见北朝墓志集释》，北京：中国书籍出版社，2012年，第3页。
[2] 毛远明：《汉魏六朝碑刻校注》第七册，第72页。

阴王》："（晖业）涉子史，亦颇属文，而慷慨有志节。历位司空、太尉，加特进，领中书监，录尚书事……又尝赋诗云：'昔居王道泰，济济富群英。今逢世路阻，狐兔郁纵横。'齐初，降封美阳县公，开府仪同三司、特进。晖业之在晋阳也，无所交通，居常闲暇，乃撰魏藩王家世，号为《辨宗室录》四十卷，行于世。"① 有诗一首（《感遇诗》）因《魏书》本传所引而存，是诗颇有慷慨悲凉之气。元晖业弟昭业颇有学尚，拜谏议大夫，后位给事黄门侍郎、卫将军、右光禄大夫。卒，谥曰文侯。

元郁弟元偃（？—498），字仲璇，据《元偃墓志》，元偃授使持节、安北将军、贺侯廷镇都大将、始平公，后加安西将军，除城门校尉，拜太中大夫，太和二十二年（498）卒，谥曰顺侯，是年十二月葬于洛阳，元偃墓出土于洛阳城西北瀍水西。② 据元偃子元瓒墓志，元偃为使持节、安西将军、西中郎将、夏州刺史、始平顺公。据元偃孙女阿耶墓志，元偃为右卫将军、太中大夫、始平侯。西中郎将、夏州刺史大约是与安西将军同时授。元偃子元诞，字昙首，申诉伯父元郁因罪国除之事，朝廷以诞袭爵，除徐州刺史，诞在徐州贪暴，为御史元纂所纠，会赦免，卒，谥曰静王。据元诞女阿耶墓志，父济阴王，幽齐冀三州刺史，薨，谥曰靖王。则元诞还赠任幽冀刺史，可补《魏书》卷十九上本传之阙。元诞子元抚，字伯懿，袭爵，孝庄帝初，因从兄元晖业诉而夺王爵。元诞女阿耶（500—529），据《（抚）军将军静境太都督散骑常侍方城子祖子硕妻元氏（阿耶）墓铭》，元阿耶年十二适范阳祖子硕，永安二年（529）七月终于西界安城中，春秋三十，兴和三年（541）二月葬于范阳县崇仁乡贞侯里，元阿耶墓出土于河北易县。③ 范阳县崇仁

---
① （北齐）魏收：《魏书》，第499页。
② 毛远明：《汉魏六朝碑刻校注》第三册，第305页。
③ 毛远明：《汉魏六朝碑刻校注》第七册，第268页。

乡贞侯里当为范阳祖氏的族葬地。元诞弟元瓒（480—516），据《魏故持节镇远将军朔州刺史元使君（瓒）墓志铭》，元瓒字宝首，景穆帝曾孙，济阴王小新成孙，使持节、安西将军、西中郎将、夏州刺史、始平顺公瓒第二子，延昌元年（512）除通直散骑侍郎，延昌四年（515）除司空从事中郎，熙平元年（516）复除司空从事中郎，春秋三十七，是年十一月卒于第。神龟二年十一月葬于洛阳长陵之左。①

元偃弟元丽，字宝掌，除秦州刺史先后平定秦州吕苟儿，泾州人陈瞻起事，后除雍州刺史、冀州刺史，入为尚书左仆射、仪同三司，卒，谥曰威。据元丽孙孝辅墓志，元丽封淮阴县开国侯。可补《魏书》、《北史》之阙。元丽子挺，据元挺子孝辅墓志，挺为光州刺史。元孝辅（511—552），字匡君，据《齐故西平将军、太子庶子元孝辅墓志铭》，元孝辅除太子中舍人，入齐拜平西将军，天保三年（552）三月十六日卒于邺城，春秋四十二，是月二十六日葬于伯阳城西漳水之南。墓志又云："学耻淳儒，文悔篆刻，一日千言，三冬足用。"②可知其博学能文。元丽子还有元显和，除司徒记室参军，建义初，赠秦州刺史。据《魏故使持节、征虏将军、岐华二州刺史、寻阳成伯天水赵使君（超宗）命妇京兆王夫人墓志铭》，元显和女适岐州刺史、寻阳伯天水赵超宗少子平东将军、太中大夫赵季弼。墓志中记载元氏，父显和，散骑常侍、肆州刺史。祖丽，侍中、尚书左仆射、仪同三司、雍冀二州刺史、淮阴县开国侯。③

济阴王小新成一支可知有文士四人：元郁、元钻远、元晖业、元孝辅。

---

① 王连龙：《新见北朝墓志集释》，第31页。
② 王连龙：《新见北朝墓志集释》，第127页。
③ 毛远明：《汉魏六朝碑刻校注》第八册，第166页。

(5) 汝阴王天赐一支

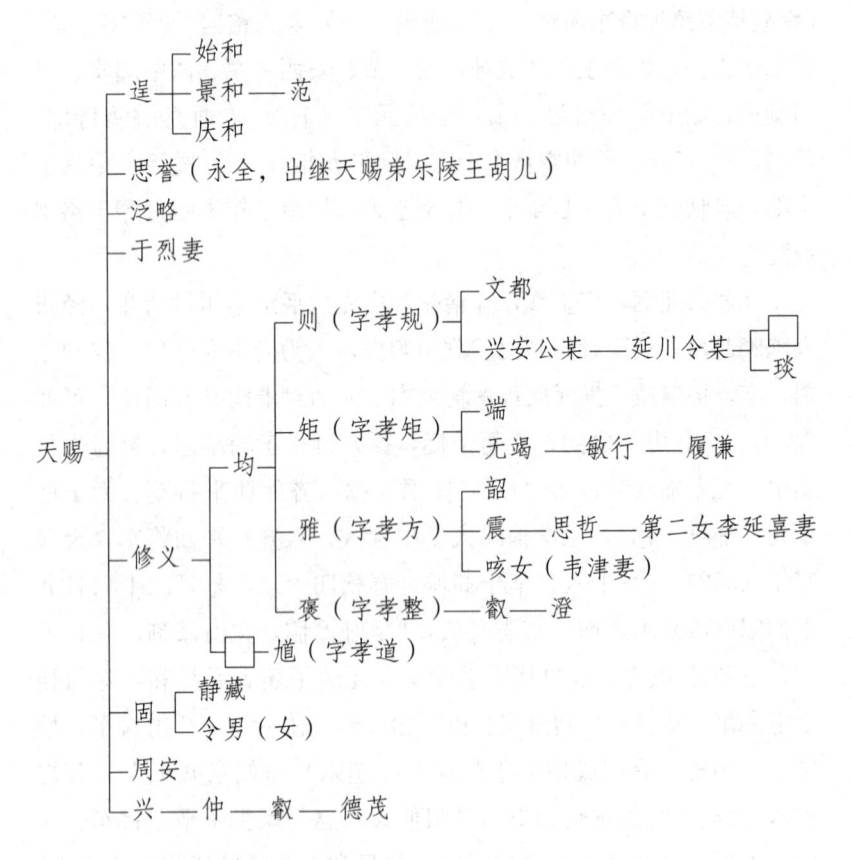

```
         ┌ 逞 ─┬ 始和
         │    ├ 景和 ── 范
         │    └ 庆和
         ├ 思誉（永全，出继天赐弟乐陵王胡儿）
         ├ 泛略
         ├ 于烈妻
         │              ┌ 文都
         │         ┌ 则（字孝规）┤
         │         │    └ 兴安公某 ── 延川令某 ─ 琰
天赐 ─┤         │
         │         │    ┌ 端
         │    ┌ 均 ┼ 矩（字孝矩）┤
         │    │    │    └ 无竭 ── 敏行 ── 履谦
         │    │    │         ┌ 韶
         ├ 修义┤    ├ 雅（字孝方）┼ 震 ── 思哲 ── 第二女李延喜妻
         │    │    │         └ 咳女（韦津妻）
         │    │    └ 襄（字孝整）── 叡 ── 澄
         │    └ 馗（字孝道）
         ├ 固 ┬ 静藏
         │    └ 令男（女）
         ├ 周安
         └ 兴 ── 仲 ── 叡 ── 德茂
```

(6) 乐陵王胡儿一支

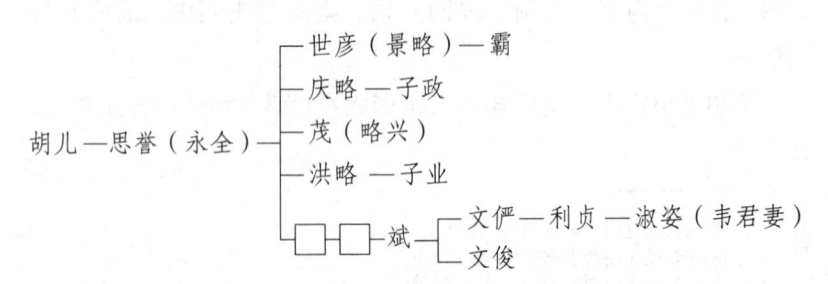

```
                    ┌ 世彦（景略）── 霸
                    ├ 庆略 ── 子政
胡儿 ── 思誉（永全）┼ 茂（略兴）
                    ├ 洪略 ── 子业
                    │              ┌ 文俨 ── 利贞 ── 淑姿（韦君妻）
                    └ ☐ ── ☐ ── 斌 ┤
                                   └ 文俊
```

第二章　元氏家族各支系详考下

汝阴王天赐一支中既有史传（《魏书》卷十九上《景穆十二王传上·汝阴王》、《北史》卷十七《景穆十二王传上·汝阴王》），又有墓志出土者：元修义、元泛略，因墓志出土而知其名与事迹者有元固、元周安、元始和、元馗、元兴、元仲、元叡、元德茂、元叡妻南阳张摩子。史传未提及而有墓志出土者：元咳女。有史传或史传中有提及而暂无墓志出土者：元天赐、元逞、元庆和、元静藏、元令男（元固女）、元均、元则、元矩、元雅、元褒、元文都、元无竭、元叡（元褒子）。史书未载而有墓志提及者：元天赐女（于烈妻）。

汝阴王天赐一支唐代有墓志者：元履谦、元释、元琰妻韦金、元澄；虽无本人墓志出土，但相关人士墓志中记载者：元敏行、元思哲、元思哲第二女（李延喜妻）、元琰。

乐陵王胡儿无子以汝阴王天赐第二子永全为后，改名思誉，乐陵王胡儿一支既有史传（《魏书》卷十九下《景穆十二王传下·乐陵王》、《北史》卷十八《景穆十二王传下·乐陵王》）又有墓志者：元思誉、元世彦（景略）、元茂、元世彦妻兰将；有史传或史传中有提及而暂无墓志出土者：元霸、元庆略、元子政、元洪略、元子业。

乐陵王胡儿一支唐代有墓志者有元淑姿（元利贞女）；虽无本人墓志出土，但相关人士墓志中记载者：元斌、元文俨、元文俊、元利贞。

《元和姓纂》卷四："太武帝生景穆帝晃，生天赐、子推、新成、云、休、桢、胡儿。天赐，汝阴王、殿中尚书；生脩义，右仆射；生均，安昌王，生孝规、孝矩、孝方、孝整。孝规，周少师；生文都，隋太府卿。孝矩，隋洛州总管、洵阳公，生端、竭。孝方，顺阳公，生韶、震。韶，唐沙州刺史。震，郑州刺史。"[①]

---

① （唐）林宝撰，陶敏校证，李德辉整理：《元和姓纂新校证》，第156页。引文中古今地名对照：洛州（治洛阳，今河南洛阳），沙州（治炖煌，今甘肃敦煌），郑州（治管城，今河南郑州）。

元天赐为内都大官，后除征北大将军，谥灵王。元天赐女适尚书令于洛拔长子钜鹿君开国公于烈，生子于景（《魏故武卫将军、征虏将军、怀荒镇大将、恒州大中正于公（景）》墓志铭）①。元天赐长子逞，字万安，齐州刺史，谥号威。据元逞子始和墓志，逞为冠军将军、骁骑将军，约为赠官。逞长子元始和（489—505），字灵光，据《元始和墓志》，正始二年（505）七月卒于洛阳，春秋十七，是年十一月葬于洛阳西陵之北岗，元始和墓出土于洛阳城北南陈庄村。墓志有云："秉文之举，才溢于扬、向。"② 将元始和与扬雄、刘向比拟，可知其能文。据天赐曾孙元范夫人郑令妃墓志，则元范为魏景穆皇帝曾孙、汝阴王、司空公之第二子，《魏书》卷七下《孝文帝纪下》："太和二十年（496）十有一月乙酉，复封前汝阴王天赐孙景和为汝阴王。"③ 元逞子名中皆有和字，则元景和约为逞之子。据《元始和墓志》，始和为逞长子，景有大之义，当亦排行较前，约为逞第二子。封景和为汝阴王时，始和尚在世，何以封景和，而不封始和，姑存疑。据《郑令妃墓志》，可知元景和为司空公。范为景和第二子。元范妻郑令妃，据《故济北府君郑夫人（令妃）铭》："夫人讳令妃，荥阳中牟人，齐州使君郑宝女。开皇九年七月卒于洛阳钦政里，春秋八十三，遗嘱其郭氏女云：合葬，非古也。汝父先葬邺都，去此遥远。吾溘尽朝露，宜窆此焉。"其年十一月郑氏葬于邙山之阳，郑令妃墓出土于洛阳马沟村东北。则元范与仕于东魏的元氏家族成员一样葬于邺城，大约北周灭北齐后，郑令妃回到洛阳，卒于是，亦葬于是。④ 元逞子庆和，除东豫州刺史，《魏书·孝明

---

① 毛远明：《汉魏六朝碑刻校注》第六册，第56页。
② 毛远明：《汉魏六朝碑刻校注》第四册，第55页。
③ （北齐）魏收：《魏书》，第180页。
④ 王其祎、周晓薇：《隋代墓志铭汇考》第一册，第330页。

帝纪》孝昌三年（527）九月辛卯，东豫州刺史元庆和以城南叛，降于萧衍。①

元逞弟元泛略（475—528），字普安。据《魏平东将军、大宗正卿元君（泛略）墓志》，元泛略解褐羽林监，转平凉太守，俄迁汲郡太守，还朝授谏议大夫、司空长史，又转太尉司马，后除使持节、都督营州诸军事、平东将军、营州刺史，还朝授平东将军、大宗正卿，建义元年（528）四月十三日遇害于河阴（墓志讳言之，但曰薨于第），春秋五十四，赠车骑大将军、司空公，是年六月葬于洛阳。②《魏书》卷十九上《景穆十二王传下·汝阴王》载普安封东燕县男，未载其曾为平凉太守、汲郡太守，亦未记其卒后赠官，墓志可补史传之阙，然墓志未言其封爵，《魏书》称其名为泛，据墓志可知为泛略之省称。

元天赐第五子元修义（？—526），字寿安（此处元氏名与字依据《魏书》本传，而墓志记载名寿安，字修义，其兄弟有元逞，字万安；泛，字普安。兄弟间的字中有一个文字相同，是当时人有此习惯，墓志所记或许有误，故此处从《魏书》本传。）《魏书》记元修义卒于雍州刺史任上，而据《魏故使持节、侍中、司空公、都督冀瀛沧三州诸军事、领冀州刺史元公（修义）墓志铭》，元修义除使特节、散骑常侍、都督雍州诸军事、卫大将军、开府、雍州刺史。墓志又云"乱离之后，饥馑荐臻，外连寇雠，内苞奸宄，图城谋叛者，十室九焉。公自己被人，推诚感物，设奇应变，化若有神。是使剽群恶子，无所施其狡算；巨猾大盗，相率投其诚款。俾六辅匪戎，三秦载底，公实有力焉。复以本官加开府仪同三司、秦州都督，兼尚书左仆射、西道行台、行秦州事。公内定不战之谋，

---

① （北齐）魏收：《魏书》第247页。
② 赵文成、赵君平：《秦晋豫新出墓志蒐佚续编》，第67页。

外有必胜之策，陈师鞠旅，指辰歼荡。军次汧城，弥留寝疾，薨于军所。"则元修义并非卒于雍州，在任雍州刺史之后又任秦州都督，任内出征，卒于汧城（治今陕西陇县），谥曰文，孝昌二年（526）十月葬于洛阳。元修义墓志出土于洛阳马坡村。① 《魏书》卷十九上《景穆十二王传上·汝阴王》："涉猎书传，颇有文才，为高祖所知。"② 可知其善属文，而墓志"弱而好学，师佚功倍，雅善斯文，率由绮发。自是藉甚之声，遐迩属望；瑚琏之器，朝野归心……学称致密，文为组绣，不肃而成，如兰之臭。"③ 对其能文有更详细的表述。

元修义子黄门给事郎元均，后入西魏，封安昌王，位开府仪同三司，谥曰平。均子元则，字孝规，除义州刺史，入北周为小冢宰、江陵总管。元则子文都仕北周为右侍上士，隋开皇初为内史舍人，隋炀帝幸江都，元文都为东都留守，隋炀帝为宇文化及所弑，文都与段达等东都留守共推越王侗为帝，文都后为王世充所害。元则曾孙元琰，元琰为其妻京兆韦金（659—683）撰墓志《大唐前安州都督府参军元琰妻韦（金）志铭》："君讳金，字千金，京兆杜陵人也。曾祖孝宽，周上柱国、大司空，隋雍州牧、相州总管、郧国襄公；祖津，皇朝太仆少卿、陵州刺史、寿光男；父琬，皇朝成州刺史，寿光男。君即公之小女，生而孝悌，幼而柔顺。行以自饰，礼以为容。年洎有行，归于我氏。即魏安昌王孝则曾孙，隋兵部侍郎兴安公之孙，延川令之第二子也。……以永淳二年（683）正月十一日，终于韦氏家第，春秋廿有五。夜月沉辉，朝云掩夕。即以其年岁次癸未正月己丑朔十八日景（丙）子，权殡于雍州明堂县之

---

① 毛远明：《汉魏六朝碑刻校注》，第六册，第43页。
② （北齐）魏收：《魏书》，第451页。
③ 毛远明：《汉魏六朝碑刻校注》，第六册，第43页。

毕原，礼也。"① 元孝则即元则，兴安公、延川令之名未详。称"前"则永淳二年撰韦金墓志时，元琰已卸任安州都督府参军。韦金为韦孝宽曾孙，亦出关陇大族。

元则弟矩，字孝矩，西魏时封南平县公，宇文护娶元矩妹为妻，及护诛，矩徙蜀，后拜司宪大夫，杨坚以矩女为房陵王妃，坚为丞相，拜矩少冢宰，封洵阳郡公，隋立，以房陵王为太子，矩女为太子妃，矩拜寿州总管，后乞骸骨，卒于泾州刺史任上，谥曰简。据《元和姓纂》孝矩有子端、竭，则元矩还有子名端，约为竭之兄，竭即元履谦墓志中之履谦祖父无竭。元矩子无竭嗣位。元无竭子绵州司马元敏行，元敏行子晋州司兵元履谦，据《大唐故晋州司兵元府君（履谦）墓志铭》，元履谦，字思俭，河南洛阳人。曾祖孝矩，魏使持节□□汝阴王，隋洛寿二州总管、洵阳郡开国公；祖无竭，隋千牛、袭封洵阳郡公，唐员外散骑侍郎；父敏行，绵州司马。元履谦释褐为太宗文皇帝挽郎，寻转给事郎，除扬州都督府参军，又转晋州司兵参军事。以乾封二年闰十二月廿三日卒，三年正月十八日葬于□城凤栖之原。②

元矩弟元雅，字孝方，仕隋为集泌二州刺史，封顺阳郡公。元孝方女元咳女（567—610），适隋朝请大夫、内史侍郎京兆韦津（561—628），据《隋朝请大夫内史侍郎河南郡赞治韦府君（津）夫人元氏（咳女）墓志铭》，元咳女，河南洛阳人。祖尚书左仆射、雍州牧、司空公、安昌平王子均；父金紫光禄大夫、集泌二州刺史、顺阳良公孝方。元氏年十六归于韦氏。以大业六年（610）三月二十五日寝疾，终于河南郡政俗里第，春秋四十有四。以其年七

---

① 周绍良、赵超：《唐代墓志汇编续集》，第262页。墓志中地名古今对照：安州（治安陆，今河北安陆），相州（治安阳，今河南安阳），陵州（治仁寿，今四川仁寿），成州（治上禄，今甘肃礼县西南），延川县（治今陕西延川）。
② 张永华、赵文成、赵君平：《秦晋豫新出墓志蒐佚三编》，第226页。

月二十三日葬于鸿固乡畤贵里旧茔。元咳女夫韦津为韦孝宽子,韦津为河南郡赞治,则曾参与东都建设。据《韦津墓志》,韦津,字悉达,京兆杜陵人也。祖旭,为司空文惠公。父宽,周太傅、郧襄公。大象二年随父孝宽讨伐尉迟迥,以勋授仪同三司、武阳郡公,邑二千五百户。开皇四年授左卫车骑将军,寻迁陇州刺史。大业元年,迁内史侍郎。五年,转河南郡赞治,曾参与东都营建。武德九年除陵州刺史,贞观二年(628)四月五日卒于州廨,春秋六十八,安厝于雍州万年县洪固之旧茔。元咳女墓志所在之鸿固乡畤贵里,即洪固之韦氏旧茔。此为韦氏家族墓。①《韦孝宽墓志》中记载韦津:"次子津,字悉达,使持节、仪同大将军、武阳郡开国公。"② 韦津不一定是韦孝宽第三位夫人元幼娥所生,但元幼娥属于韦津名义上的母亲,当时讲亲上做亲,元幼娥将族侄女元咳女许配给韦津,也是要巩固元氏家族与京兆大族韦氏间的婚姻关系。

　　元孝方子韶入唐为沙洲刺史,《新唐书》卷一《高祖纪》:"武德五年六月,以车骑将军元韶为瓜州道行军总管,以备突厥。"③ 则元韶武德五年掌瓜州(治晋昌,今甘肃安西东南锁阳城)。元孝方还有子元震入唐为郑州刺史。元震子绛州夏县令元思哲,元思哲第二女适绛州万泉县令陇西李成务子陈州司兵李延喜,据《大唐故陈州司兵李公(延喜)墓志铭》,李延喜,字光,其先陇西人。汉前将军李广孙华,于汉有功勋,封侯于蓨,因居于此,其后遂为渤海蓨人,高祖礼部尚书、太子少师纲,纳忠于时。曾祖武阳郡司功少植,祖父吏部侍郎、太子右侍庶子安仁,绛州万泉县令成务。李成务早卒,延喜由母亲郑氏一人抚养大。延喜始以门荫宿卫,调补金州参军,历任虢州湖城县丞、陈州司兵参军事。母亲

---

① 周晓薇、王其祎:《贞石可凭:新见隋代墓志铭疏证》,第429—430页。
② 戴应新:《长安凤栖园韦氏家族墓地墓志辑考》,第28页。
③ (宋)欧阳修、宋祁:《新唐书》,第14页。

生病，延喜尽心照料，他跟身边人说母亲如果不在了，他也不想活了，母亲去世后，延喜非常悲痛，开元二十二年十一月四日，终于陈州官舍（当时州改为郡，陈州即淮阳郡）。母亲郑氏之丧还未到百日的卒哭，延喜也就去世了。夫人河南元氏，曾祖随吏部尚书、顺阳公孝方，祖郑州刺史震，父绛州夏县令思哲。夫人即元思哲第二女。元氏于天宝元载七月七日于延喜合葬于凤栖原先茔之侧。①

元雅（孝方）弟褒，字孝整，赵州刺史，仕北周除赵州刺史，封河间郡公，入隋开皇间拜原州总管，隋炀帝时拜齐郡太守，后因鞭笞士族而免官。卒于家②。元孝整子隋朝散大夫、鹰扬郎将叡，元叡子唐南安县令元澄（595—649），据《唐故仪同犍州南安县令元君（澄）墓志铭》，元澄字义静，河南洛阳人。曾祖魏东南道大行台、尚书左仆射、侍中，赠司空，安昌景王均；祖随原州总管、赵州刺史、齐郡太守、河间郡开国公整；父随朝散大夫、鹰扬郎将叡。元澄"武德元年正月十一日，起家仪同。武德九年三月十五日，除犍州南安县令。制美锦于一同，享大鲜于百里。仁风与琴声并远，至教与翔鸾共高。秩满言归，攀卧盈道。君早鄙名利，幼希澹泊。虽身婴世网，而以游物外。……以贞观二十年八月十七日终于私弟，春秋五十五。……粤以今贞观二十三年岁在己酉十月壬申朔十四日己（乙）酉窆于雍州万年县之少陵原。"③《北史》中载元均谥号为平，《元澄墓志》言其为安昌景王，则谥号景，元均谥号为平还是景估存疑。元均子元叡、元叡子元澄，史皆失载，元澄武德元年（618）二十三岁时起家仪同，武德三年为犍州南安县（治今四川夹江县木城镇）令，任期一满，即选择了归隐生活。

---

① 毛远明：《西南大学新藏墓志集释》，第453—456页。墓志中地名古今对照：金州（治西城，今陕西安康），夏县（治今山西夏县西北禹王城）。
② （唐）李延寿：《北史》卷一七《景穆十二王传》，第639—643页。
③ 李浩：《榆阳区古代碑刻艺术博物馆藏志》，第38—39页。

元修义子元均之后还有元释,据《大唐故绛州司马元公(释)墓志》:

> 公讳释,字敬本,河南人也。景穆帝、安昌王之后。父,皇任沧州录事参军,相州邺县令。君濯(擢)第从幼,历官初冠。始拜韩王祭酒,制居超为稷山令。属吐蕃兴蚤,姚巂非图。弃笔从戎,坐筹帷幄,侠(浃)旬无戮,献捷陈俘。功垂不次,特授绛州司马。馀凶未殄,再策遐边。长安元年卒于南半(畔),春秋才逾强仕。官纶灵舆,递送都还。夫人陇西李氏,曾(祖)门亮,光州刺吏(史)。祖伟杰,皇洛阳令。刑部尚书乾祐之女。中书令昭德之妹。闻一知十,岂在陈乎?抚孤露,依渭阳。五女咸配于好仇,一男保期于继袭。乃颜路至哭回也,夫河(何)恨焉。方虽半子之觐,积任幽燕。以去年腊月六日,卒于易州版(板)城邑宰之官第,春秋八十五。范氏女等号吴(昊)不逮,穷壤标心。以开元廿六日四月四日,合葬于河南县张村南。①

元释投笔从戎,参加战斗,特授绛州(治正平,今山西新绛)司马,则元释在抵抗吐蕃的战争中有一定功勋。

元天赐第六子、元修义弟元固(?—528),字全安,据《魏故使持节、车骑大将军、仪同三司、雍州刺史元公(固)墓志铭》,元固曾任镇北将军、定州刺史,官终镇北将军、散骑常侍,孝昌三年(528)九月卒于位,是年十一月葬于洛阳长陵东,元固墓志出土于洛阳南陈庄东寨壕。元固妻鲜卑陆氏,父琇,散骑常侍、给事黄门侍郎、太子詹事、祠部尚书、金紫光禄大夫、司州大中正、太常卿、建

---

① 胡戟、荣新江:《大唐西市博物馆藏墓志》,第490—491页。墓志中古今地名对照:沧州(治清池,今河北沧州东南旧州镇)、邺县(治今河北临漳邺城镇)、稷山县(治今山西稷山)、姚州(治姚安,今云南姚安)、巂州(治越巂,今四川西昌)。

安公。祖拔,使持节、侍中、征西大将军、相州刺史、都督中外诸军事、太保、建安王。元固子静藏九岁,女令男十二岁。①

元天赐第九子、元固弟元周安(?—528),据《(魏)故使持节卫大将军仪同三司定州刺史俊仪县开国男(元周安)墓志铭》,元周安官终通知散骑常侍、加龙骧将军,封俊仪县开国男。结合修义,字寿安,固,字全安,可知周安亦为字。建义元年四月十三日河阴之变中见害,是年九月葬于洛阳长陵之东,元周安墓志出土于洛阳城北南陈庄。②

元馗(515—531),字孝道,景穆帝晃玄孙,汝阴灵王天赐曾孙。据《魏故司空府参军事元君(馗)墓志铭》,司空公杨津甥,津征为参军事,普泰元年(531)六月(墓志载六月,《魏书·前废帝纪》作七月)尔朱兆害太保杨椿、司空杨津等杨氏家族成员,元馗以杨氏之甥,亦见杀于华阴,春秋十七。太昌元年(532)十一月葬于洛阳。元馗墓出土于洛阳城北后海资村。墓志又云:文义早著。毛远明指出元修义子元均有四子,元则,字孝规;元矩,字孝矩;元雅,字孝方;元褒,字孝整。元馗或亦天赐之后。③可见其元馗有一定的文学才能。元馗为杨津之外甥,则其母为杨津之姊(妹)。元均入关,其子随之入关,而元馗随其杨氏母家被杀,有可能元馗为元均兄弟之子。

元天赐子兴,宗正卿、侍中、开府仪同三司、安定二州刺史,元兴子仲,使持节、骠骑将军、侍中、冀州刺史、新平懿王。元仲子元叡沂州费县令,元叡墓志称其生于永熙(532—534)之岁,卒年五十三,则元叡卒于开皇四至六年间(584—586),开皇九年十

---

① 毛远明:《汉魏六朝碑刻校注》第六册,第126页。
② 毛远明:《汉魏六朝碑刻校注》第六册,第234页。
③ 毛远明:《汉魏六朝碑刻校注》第七册,第6页。

月葬于洛阳（《元叡墓志》）①。元叡妻南阳张摩子（532—599），据《元叡妻张摩子墓志》，张氏祖魏使持节、抚军大将军、青州刺史靖，父扶风王、东阁祭酒、司徒府主簿威，张氏十四岁适元叡，开皇十九年十一月卒于洛阳，年六十八，仁寿元年十月葬于洛阳，子元德茂。墓志又云："既多人鉴，时窥宿客之谈；雅好诗书，或弄诸兄之笔。岂直谢家之女，能体抑而为诗；秦氏之妻，解持椒而作颂。"② 则张氏有一定文学才能。

元天赐第二子、元逞弟元思誉（467—506），字永全，因乐陵王天赐无子，乃以思誉为后，思誉袭封乐陵王，除使持节、镇东大将军、和龙镇都大将、营州刺史，加领护东夷校尉，转为镇北将军，行镇北大将军。据《元思墓志》，元思即元思誉终于正始三年（506）五月（《魏书》卷十九下本传载其终于正始四年，谥曰密王），春秋四十，赠镇北大将军（《魏书》卷十九下本传作"赠光州刺史"）正始四年（507）丁亥岁三月葬于洛阳，出土于洛阳城北徐家沟。③ 元思誉子元世彦（489—516），字景略（墓志作元彦，当时省略"世"字，《魏书》、《北史》本传作景略，字世彦），据《魏故持节、督幽豫二州诸军事、冠军将军、豫州刺史、乐陵王元君（世彦）墓志铭》，景略为密王思誉世子，除幽州刺史，熙平元年（516）九月卒于洛阳，春秋二十八，是年十一月葬于金陵，元世彦墓志出土于洛阳。墓志又云："文蔼游夏，策猛张韩。超然寰外，则扇翻于云峰；卓尔俗表，则志陵于星壑……携琴晓涧，命友夕诗……逍遥逸趣，散诞庄周。气秀五峰，风波四浮。"④ 以子游、子夏比之，以张良、韩信喻之，可知元世彦博学能文有谋略。元世彦妻兰将，据《魏元氏（世彦）故兰

---

① 赵君平、赵文成：《秦晋豫新出墓志蒐佚》，第88页。
② 赵君平、赵文成：《秦晋豫新出墓志蒐佚》，第96页。
③ 毛远明：《汉魏六朝碑刻校注》第四册，第77页。
④ 毛远明：《汉魏六朝碑刻校注》第四册，第315页。

夫人(将)墓志铭》,昌黎昌黎人,营州刺史、鄢陵闵侯曾孙,散骑常侍、泾营二州刺史、寿阳简公孙,赵平太守第二女,武卫将军景略妻。年十二适元景略,建义元年(528)九月卒于第,永安元年(528)十一月窆于西陵,元景略、兰将夫妇墓出土于洛阳城北南陈庄村。① 据兰将墓志,建义元年(528)时元景略正为武卫将军。元景略墓志未提及景略曾为武卫将军,兰将墓可补阙。元世彦子霸,字休邦,袭爵,东魏武定中除巨鹿太守。元世彦弟庆略,除散骑常侍。元庆略子子政,除通直散骑常侍。

元思誉第三子、元庆略弟元茂(495—525),字兴略,据《维大魏平南府功曹参军元君(茂)墓志铭》,元茂除南平府功曹参军,正光六年(525)正月卒于洛阳,春秋三十一,是年三月窆于西金山之东,元茂墓出土于洛阳城北南陈庄村。墓志由其弟元洪略所撰。墓志云:"琴诗拘意,未常荣禄[縈]心……泛水斜琴,升山命笔"②,可见有一定的文才。元茂弟元洪略,除恒农太守、中军将军、行东雍州刺史。《魏书》卷十九下本传中载洪略弟子业,平原太守。洪略兄弟名(字)中皆有"略"字,庆略子子政,此处子业亦有"子"字,颇疑子业为洪略子,"弟"为"子"之误,则子政、子业为从兄弟,姑存疑。《元和姓纂》卷四载:"乐陵王胡儿,以天赐子永全继。永全曾孙斌,生文俨、文俊。文俨生利贞,鄜州刺史。文俊,辰州刺史。"③ 未知元斌为元思誉(永全)孙辈霸、子政等何人之子,姑存疑。据《大唐前幽州参军韦君故妻元氏(淑姿)纪年铭》:"夫人讳淑姿,字英孩,河南洛阳人也。曾祖斌,皇初屯田郎中;祖文俨,太仆丞;父利贞,中大夫、韶鄜姚三州刺

---

① 毛远明:《汉魏六朝碑刻校注》第六册,第247页。
② 毛远明:《汉魏六朝碑刻校注》第五册,第318页。
③ (唐)林宝撰,陶敏校证,李德辉整理:《元和姓纂新校证》,第159页。引文中地名古今对照:鄜州(治洛交,今陕西富县),辰州(治沅陵,今湖南沅陵)。

史、定襄郡公。刘仲雄生不为翁，邓伯道殁而无子。夫人即嫡女也。……皇唐开元九年岁在辛酉十二月甲戌朔廿九日壬辰，终于兰陵里第，春秋卅有三，即以其月廿九日权殡于万年县义善乡少陵原新茔之东，礼也。嗣子阳曦，哀啼泣血，荼毒縻溃。"① 则元斌曾为屯田郎，元斌子太仆丞文俨，元文俨子中大夫、韶鄜姚三州刺史、定襄公利贞，墓志中"刘仲雄"二句，以刘毅（仲雄）、邓攸（伯道）的典故暗指元利贞无子。元利贞嫡女元淑姿（679—721）适幽州参军京兆韦某。

汝阴王天赐一支现可知能文者有元修义、元始和、元尵及过继给乐陵王胡儿的元思誉之后元世彦、元茂，元叡妻张氏亦有一定文学才能。

(7) 任城王云一支

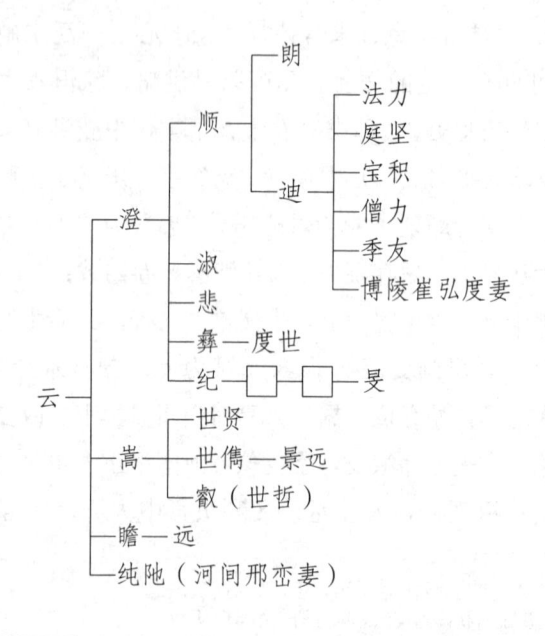

```
                    ┌─朗
              ┌─顺─┤
              │    │    ┌─法力
              │    └─迪─┤─庭坚
              │         │─宝积
         ┌─澄─┤         │─僧力
         │    │─淑       │─季友
         │    │─悲       └─博陵崔弘度妻
         │    │─彝─度世
         │    └─纪─□─□─旻
    云─┤    ┌─世贤
         │─嵩─┤─世儁─景远
         │    └─叡（世哲）
         │─瞻─远
         └─纯陁（河间邢峦妻）
```

---

① 毛远明：《西南大学新藏墓志集释》，第374—377页。

第二章　元氏家族各支系详考下

任城王一支既有史传（《魏书》卷十九中《景穆十二王传中·任城王》、《北史》卷十八《景穆十二王列传下·任城王》）又有墓志出土者：元澄、元嵩、元世儁、元叡（世哲）、元瞻、元顺、元朗。有墓志出土而史书未提及者：元纯陁（邢峦妻、邢峦墓志亦发现）、元迪、元迪妻周（赐姓宇文）宣华、元迪女鄴县公夫人。有史传或是史书有提及而墓志暂未出土者：元云、元澄、元淑、元悲、元纪、元世贤、元度世、元景远、元敦、元宝、元寿；史书未提及，亦无本人墓志出土而有相关墓志提及者：元法力、元庭坚、元宝积、元僧力、元季友、元迪女（崔弘度妻）、元万。任城王一支唐代有墓志发现者：元英（元寿女、王文楷妻，王文楷墓志亦发现）；虽无本人墓志发现，而有相关墓志提及者：元氏（元寿孙元哲之孙女、郑仲连妻）。

任城王云曾为雍州刺史，谥曰康，葬于云中之金陵。据元云孙元顺墓志，元澄为侍中、大都督、开府仪同三司。据元云曾孙、元顺子朗墓志，元云为侍中、仪同三司、冀雍二州刺史、司徒公。约为赠官。元云曾孙元迪墓志称曾祖岱，为景穆帝第八子，岱也许为云之本名或字。[①]

元云子元澄（467—519）拜尚书令助孝文帝迁都洛阳，参订国政，神龟二年（519）卒，春秋五十三，谥曰文宣王。据元澄子顺墓志，元澄为侍中、假黄钺、都督中外诸军事、太傅、太尉公，约为赠官。元澄诗已佚，元澄与孝文帝七言联句（已佚）。元澄并著有《皇诰宗制》并训诂各一卷。元澄妃李氏，据《元澄妃李氏墓志铭》，景明二年（501）九月三日，雍州刺史、任城王妃李氏薨于长安，是年十一月窆于京西。李氏墓出土于洛阳城西柿园村。墓志由

[①] 赵海燕：《新出北周拓跋迪夫妇墓志相关问题探微》，《中原文物》2019 年第 5 期。

前国大农府功曹史臣茹仲敬撰。① 长安是雍州的治所，元澄任刺史时，大约李氏随澄居于长安，后卒于此。元澄妃冯令华，长乐信都人，冯氏为李氏卒后元澄所娶。据《魏上宰、侍中、司徒公、领尚书令、太傅、领太尉公、假黄钺、九锡、任城文宣王文靖太妃（冯令华）墓志铭》，冯令华曾祖北燕昭成帝弘，祖太宰燕宣王朗，父昌黎武王熙。武定四年（546）四月卒于邺城，武定五年十一月葬于邺城西岗漳水之北。② 据元澄曾孙女邺县公夫人元氏墓志，元澄为魏任城王、侍中、吏部尚书、护军大将军、使持节、定州刺史、定州诸军事、尚书右仆射、雍州刺史、关右诸军事、尚书左仆射、尚书令、司空公、司徒公、太傅、录尚书、太师、黄越（钺）大将军，加九锡，谥文宣王。③ 因元澄本人墓志尚未发现，此处对元澄先后任职的详细罗列，有助于对元澄仕历的认识。

元澄子元顺（487—528），字子和，据《魏故侍中、骠骑大将军、司空公、领尚书令、定州刺史、东阿县开国公元公（顺）墓志铭》，元顺历迁中书侍郎、银青光禄大夫、领黄门郎，后为使持节、安北将军、都督恒州诸军事、恒州刺史，转安东将军、齐州刺史，入为黄门郎，除护军将军、加散骑常侍，迁侍中，后授中军将军、吏部尚书、兼右仆射，续加征南将军、右光禄大夫，兼左仆射，封东阿县开国公。武泰元年四月十三日见害于河阴之难，春秋四十二，赠司空公、领尚书令、定州刺史。是年七月葬于洛阳，元顺墓出土于洛阳城西柿园村西北。墓志描述元顺能文："抽华藻其如纶，当问礼而延誉，每振奇谟于琐门，登异政于层阙。"④ 墓志标题中"侍中"为元顺生前所拜，"骠骑大将军、司空公、领尚书令、定州

---

① 毛远明：《汉魏六朝碑刻校注》第三册，第345页。
② 毛远明：《汉魏六朝碑刻校注》第八册，第68页。
③ 西安市文物稽查队：《西安新获墓志集萃》，第45页。
④ 毛远明：《汉魏六朝碑刻校注》，第六册，第165页。

刺史"为赠官,"东阿县开国公"为其生前所封,元顺墓志中未有谥号,据元顺子元朗墓志,可知顺谥号为文烈。《魏书》卷十九中本传中记元顺谥赠骠骑大将军、司徒公、尚书令、定州刺史,谥曰文烈。元顺子朗墓志,记元顺为吏部仆射、齐恒定三州刺史、侍中、司徒公、尚书令、东阿文烈公。据元顺子元迪墓志,可知元顺谥号为东阿文简公。据元顺孙女邺县公夫人墓志,祖顺,魏东阿王、侍中、太常卿、使持节、恒州刺史、恒州诸军事、吏部尚书、尚书左右仆射、尚书令、司徒公、定州刺史、七州诸军事、太傅,谥文简公。将元顺身前所任与卒后追赠放在一起记述,除《元顺墓志》言其赠官之一为司空外,《元朗墓志》、《邺县公元夫人墓志》、《魏书》本传皆言元顺赠官之一为司徒公。《魏书》卷十九中《景穆王十二王传中·任城王》宣武帝时上《魏道颂》,作有《蝇赋》,撰《帝录》二十卷,诗赋表颂数十篇。据元顺生年可知其当为李氏所生。

元顺子元朗（515—538）,字士明,仕于东魏,据《魏故东阿公元君（朗）墓志》,元朗除司徒府左长史、魏郡大中正。元象元年（538）十月卒于邺城宅第,时年二十四,赠使持节、都督冀瀛二州诸军事、中军将军、冀州刺史、尚书右仆射、中正、开国公如故,谥曰文贞,是年十一月葬于武城西北之东魏元氏皇陵,元朗墓出土于河北清河。墓志又云:"自公抱诗退食,静室专经,博通六籍。雅颂既详,事副返鲁。方阅百氏,遍揽千家。明记等于三箧,聪目并于五行。能诗巧赋,九者俱善。篇什新奇,为世追范。"[1]则元朗博学有文才。

元顺第四子元迪（515—577）,字德儒,在北周时复姓拓跋,据《大周使持节、大将军故济北公（拓跋迪）墓志铭》:"普大

---

[1] 王连龙:《新出北朝墓志集释》,第91页。

（泰）元年（531）封君都县男，历位使持节、车骑大将军、开府仪同三司、大都督，封济北郡王，寻迁骠骑大将军、开府仪同三司，魏后二年表让王位，改封为公。天和六年（571），诏授使持节、大将军。至于出陪金辂，入掌虞骞壶，省号凤皇，冠名獬豸，一兼大司徒，再为小司寇，三授宗正，四除总管，两膺刺举，六增封邑，既作民部，助敷五教，乃为司宪，佐刑邦国。"建德六年（577）二月卒于第，春秋六十有三，赠金上迁罗四州诸军事、金州刺史，祭以太牢，谥曰惠公，是年七月葬于北原之洪渎川。① 拓跋迪亦有文才及学术才能，详见下文"北朝元氏家族文学与学术研究"。元顺诸子在魏分东西的大时代下有不同的选择。

元迪夫人周宣华（532—566），据《大周济北公国夫人故宇文氏（宣华）之墓志》，魏司空文安匡穆公周惠达之长女。武成元年（559）赐姓宇文，大统元年六月十五日归于元迪，时年十有二。保定二年（562）诏授汝南郡君。自公为大行台尚书兼大司徒使突厥，及为昌州刺史，夫人皆随行焉。天和三年（568）二月葬于石安之洪乡明意里。元迪、周宣华夫妇墓出土于咸阳。② 则保定二年元迪曾出使突厥。墓志未记周宣华卒年，但据其归元迪之年及享年，可知卒于天和元年（566），墓志称周宣华为汝南人，《周书》卷二二《周惠达传》："周惠达字怀文，章武文安人也。父信，少仕州郡，历乐乡、平舒、平成（成平）三县令，皆以廉能称。"③《元和姓纂》载周姓有河间文安之郡望，这一支周氏据说亦为汉汝南侯周仁之后，所举人名正是周惠达。④ 文安（治今河北文安县北）在汉时

---

① 故宫博物院、陕西省考古研究院：《新中国出土墓志：陕西（肆）》，上册第20页，下册第16页。
② 故宫博物院、陕西省考古研究院：《新中国出土墓志：陕西（肆）》，上册第9页，下册第5页。
③ （唐）令狐德棻：《周书》，第361页。
④ （唐）林宝撰，陶敏校证，李德辉整理：《元和姓纂新校证》，第237页。

是属于河间郡,晋泰始元年(265)分河间郡东部为章武国(治东平舒,今河北大成县),周惠达父信仕于本州郡,平舒、成平(治今河北沧县西)皆属章武郡,乐乡(治今河北保定市东南)属于高阳郡,高阳郡就在章武郡西,二郡皆属瀛州。此亦证周惠达就是河间即章武周氏,墓志言周宣华为汝南周氏,当是因汝南为周氏最著之郡望而伪托,授周宣华汝南郡君,大约正因其伪托汝南周氏。周宣华墓志载元迪、周宣华之世子法力,十岁,娉太师、大冢宰晋国公宇文护女;子庭坚,八岁;子宝积,七岁;子僧力,六岁;子季友,五岁。

元迪女(553—619)适鄴县公崔君,据《隋故鄴县公元夫人墓志》,元迪为周使持节、骠骑大将军、开府仪同三司、通直散骑常侍、太常卿、使持节、都督、大行台尚书、大司徒、秋官司宪、金州总管、八州诸军事、金州刺史、济北郡开国公。元氏武德二年(619)三月卒于待贤里第,春秋六十七,永徽六年十月与崔君合葬于崔氏旧茔。① 据《隋书》卷七十四《酷吏传·崔弘度》,崔弘度,博陵安平人,祖楷,魏司空。父说,周敷州刺史。弘度从周武帝灭齐,进位上开府,鄴县公。② 则元氏夫鄴县公正为崔弘度。崔弘度祖崔说已仕于北周。元氏墓志为《西安新获墓志集萃》所收录,出土于西安,可知崔氏祖茔在关中,崔弘度家族已成为关中士族,崔弘度在灭北齐上有功,遂以北齐都城鄴县为弘度封爵名。而元迪一支亦已为关中士族,二者正为关中士族的联姻。

元澄第四子元彝(506—528),字子伦,袭爵,据《魏故使持节都督青州诸军事车骑大将军仪同三司青州刺史任城王(彝)之墓志铭》,元彝母冯令华,侍中、太师、扶风开国武公熙女。元彝拜

---

① 西安市文物稽查队:《西安新获墓志集萃》,第45页。
② (唐)魏徵等:《隋书》,第1698页。

骁骑将军、通直散骑常侍，武泰元年（528）四月十三日河阴之难中见害，是年二十三，谥曰文昭，是年七月葬于洛阳西谷水之北罟，元彝墓出土于洛阳城西柿园村。元彝妻冯氏。墓志又云："性乐闲静，不趣荣利，爱黄老之术，尚恬素之志，清思参玄，高谈自远，宾延雅胜，交远游杂。"① 可见元彝有一定的玄学修养。据《魏故侍中、骠骑大将军、司空公、领尚书令、定州刺史、东阿县开国公元公（顺）墓志铭》孝昌二年有诏，任城文宣王元澄受孝文帝遗诏辅佐宣武帝有功，而追加其嗣子任城王元彝邑千室。② 元澄纳冯熙女，则与冯诞同辈，澄子元彝亦娶冯氏，元澄妻冯氏当与冯诞子冯穆、冯颢等同辈。鲁才全以为即《北史》卷十四《后妃传》之冯娘，初为任城王妃，后适尔朱隆，之后为高欢所纳，③ 今从鲁说。元彝子元世度袭爵，东魏时拜金紫光禄大夫，入北齐降爵。元顺弟淑、悲皆早卒，元彝弟元纪，字子纲，任给事黄门侍郎，后随孝武帝（出帝）入关。《元和姓纂》卷四载，任城王云，生澄。澄生淑、纪。纪，黄门侍郎；曾孙旻，左卫将军。④《隋书》卷二《高祖纪下》："开皇十一年五月乙巳，以右卫将军元旻为左卫大将军。"⑤ 开皇二十年隋文帝废太子杨勇，元旻因反对废太子而被杀。元纪入关，其曾孙自然仕于隋，元旻即元纪曾孙。

元澄弟元嵩（469—507），字道岳，据《故使持节、都督扬州诸军事、安南将军、赠车骑大将军、领军将军、扬州刺史、高平刚侯（元嵩）之墓志》较为简略，元嵩封高平县侯，正始四年（507）三月卒于州治，春秋三十九，墓志题中赠车骑大将军、领军将军、

---

① 毛远明：《汉魏六朝碑刻校注》，第六册，第171页。
② 毛远明：《汉魏六朝碑刻校注》，第六册，第165页。
③ 鲁才全：《长乐冯氏与元魏宗室婚姻关系考——以墓志为中心》，《魏晋南北朝隋唐史资料》第十四辑（1996年），第75页。
④ （唐）林宝撰，陶敏校证，李德辉整理：《元和姓纂新校证》，第158—159页。
⑤ （唐）魏徵等：《隋书》，第36页。

扬州刺史，即元嵩卒后赠官，谥曰刚侯，是年七月窆于河阴，元嵩墓出土于洛阳城西柿园村。① 据《魏书》卷十九中《景穆王十二王传中·任城王》，元嵩先后任荆州、徐州、扬州刺史，"大司马、安定王休薨，未及卒哭，嵩便游田……高祖南伐，萧宝卷将陈显达率众拒战。嵩身备三仗，免胄直前，将士从之，显达奔溃，斩获万计……后为苍头李太伯等同谋害嵩，并妻穆氏及子世贤。世宗为嵩举哀于东堂，赙绢一千匹，赠车骑将军、领军，谥曰刚侯。"② 可见与兄元澄能文尚礼不同，元嵩不为礼所限，又以武功胜，元嵩实为苍头李太伯等谋害，妻穆氏、子世贤一同被害，墓志讳言。

元嵩第二子、世贤弟元世儁（494—540），袭爵。据《元世儁墓志》，元世儁，字子逸，河南洛阳人。曾祖恭宗景穆皇帝，祖司徒、任城康王，父领军、高平刚侯。元世儁年十二丧至亲，永平中，袭爵高平侯。延昌末，解褐东宫舍人。寻转散骑常侍，袭爵卫县开国男。授冠军将军、宗正少卿，开府如故。又除安南将军、武卫将军，加散骑常侍。迁河南尹，馀官如故。迁镇东将军、青州刺史。后拜征东将军，加散骑常侍。除卫将军、左光禄大夫、御史中丞。永安中，复除河南尹、车骑大将军。普泰初，迁骠骑大将军、吏部尚书。复加封三百户、武阳县开国子。将卫县开国男授予其第三弟。未几，除仪同三司。又领右卫将军，本官如故。又以功封五百户。复兼御史中丞，俄除尚书令。春秋四十七，以兴和二年（540）九月终于晋阳府邸。以兴和三年三月十二日，窆于邺城西北十二里广原之地。诏赠使持节、侍中、都督定冀瀛殷四州诸军事、定州刺史，尚书令、太傅、武阳县开国子如故。谥曰文穆。③ 元世儁父元嵩正始四年去世时，元世儁十四岁，墓志中描述的元世儁十

---

① 毛远明：《汉魏六朝碑刻校注》第四册，第86页。
② （北齐）魏收：《魏书》，第488页。
③ 张永强：《张海书法艺术馆馆藏石刻选》上册，第283—284页。

二岁丧至亲，约指其丧母。《魏书》卷十九中《景穆十二王传·任城王》：

> 孝庄时，除卫将军、吏部尚书。尒朱兆寇京师，诏世儁以本官为都督，防守河桥。及兆至河，世儁初无拒守意，便隔岸遥拜，时论疾之。前废帝世，为骠骑将军，仍加尚书，尤为尒朱世隆所昵。出帝初，加仪同三司，改封武阳县开国子，食邑五百户。世儁居选曹，不能厉心，多所受纳，为中尉弹纠，坐免官。寻复本职。孝静初，加侍中、尚书右仆射，迁尚书令。世儁轻薄，好去就，诏送晋阳。兴和中，薨。赠侍中、都督冀定瀛殷四州诸军事、骠骑大将军、太傅、定州刺史，尚书令、开国公如故，谥曰躁戾。子景远袭，散骑侍郎。世贤弟世哲，武定，中吏部郎。①

墓志中对元世儁多有溢美之词，而据《魏书》可知，元世儁在尒朱兆攻洛阳时并未坚守，后投靠尒朱氏，掌吏部铨选时又多有受贿。《魏书》载其谥号"躁戾"，而墓志言其谥"文穆"，《魏书》所载或为后来所改。结合墓志和《魏书》所载，元世儁在永安后升官快而高，并封武阳县开国子，正与其投靠尒朱氏相关。墓志称元世儁"含豪炎藻，绮縠方丽，命管缀词，实兼沈蔚……文称晛蔚，学号致经"②，则其有一定的文才和学术水平。

元嵩子、元世儁弟元叡（506—552），字世哲，据元叡墓志可知其名，结合元叡之字，可知世贤、世俊皆为字。元叡仕于东魏，曾任东平太守、治书侍御史、尚书右丞、吏部郎中等职，天保三年（552）三月一日终于邺城修仁里，春秋四十有七。是年八月窆于邺

---

① （北齐）魏收：《魏书》，第488页。
② 张永强：《张海书法艺术馆馆藏石刻选》上册，第283—284页。

城之西西陵瘠薄之地。① 元叡博学有文才，详见下文"北朝元氏家族文学与学术研究"。元嵩所长于武功，但其子元世儁、元叡（世哲）仍继承了伯父澄以来的传统，善属文。元世儁将其原来所袭卫县开国男授予其弟，此弟大约即元世哲。

元嵩弟元瞻（《魏书》本传作"赡"），字道周，据《魏故散骑常侍、抚军将军、金紫光禄大夫、仪同三司、车骑大将军、司空公、光兖雍三州刺史元公（瞻）墓志铭》，元瞻拜金紫光禄大夫、散骑常侍、抚军将军如故，武泰元年（528）四月十三日，河阴之难中被害，春秋五十一，墓志题中车骑大将军、司空公、雍州刺史（元瞻身前为行雍州事，未正式任雍州刺史）为卒后赠官，是年七月窆于洛阳西谷水之北罩，元瞻墓出土于洛阳城西柿园村。② 《魏书》卷十九中《景穆王十二王传中·任城王》记元瞻"颇爱书史"。③ 元瞻有四子，长子元远为尚书郎。

元云第五女元纯陁（？—529）适车骑将军、平舒文定公河间邢峦（464—514），据《魏故车骑大将军、瀛州刺史、平舒邢公（峦）墓志》："祖颖，散骑常侍、冠军将军、定州刺史、城平康侯。夫人渤海李氏，父昇，太子洗马。父修年，南河镇将。夫人赵郡李氏，父祥，宁朔将军、定州刺史、平棘献子。公讳峦，字山宾，河间鄚人也。……起自博士，终乎抚军。十历清官，再膺皇华。……春秋五十一，延昌三年（514）三月九日丁巳薨于第。……追赠车骑大将军、瀛州刺史，伯如故，谥曰，礼也。粤以四年二月十一日迁窆祔于先茔（邢峦墓出土于河北河间市南冬村东）。……夫人博陵崔氏，父辩，定州刺史。后夫人河南元氏，父岱云，使持节、都

---

① 叶炜、刘秀峰：《墨香阁藏北朝墓志》，第94页。
② 毛远明：《汉魏六朝碑刻校注》第六册，第174页。
③ （北齐）魏收：《魏书》第489页。

督中外诸军事、开府征东大将军、冀雍徐三州刺史、任城康王。"① 则元云又名元岱云。据《魏故车骑大将军、平舒文定邢公（峦）继夫人大觉寺比丘尼墓志铭》：

> 夫人讳纯陀，法字智首，恭宗景穆皇帝之孙，任城康王之第五女也。……初笄之年，言归穆氏，勤事女功，备宣妇德。良人既逝，半体云庆。慨绝三从，将循一醮。思姜女之节，起黄鹄之歌。兄太傅、文宣王，违义夺情，确焉不许。文定公高门盛德，才兼将相，运属文皇，契同鱼水。名冠遂古，勋烈当时。婉然作配，来嫔君子。……子散骑常侍逊，爰以咳福，圣善遽捐，恩鞠备加，慈训兼厚，大义深仁，隆于己出。……及车骑谢世，……便舍身俗累，托身法门。……西河王魏庆，穆氏之出，即夫人外孙。宗室才英，声芳藉甚。作守近畿，帝城蒙润。夫人往彼，遘疾弥留。以冬十月己酉朔十三日辛酉薨于荥阳郡解别馆。……粤以十一月戊寅朔七日甲申卜窆于洛阳城西北一十五里芒山西南，别名马鞍小山之朝阳。②

元纯陀原配穆君，穆君卒，纯陀兄元澄将其嫁给丧妻之邢峦，邢峦原配博陵崔辩女。崔氏子邢逊，尚在襁褓中，元纯陀视如己出。延昌三年邢峦卒后，元纯陀入洛阳大觉寺为尼，后在其外孙西河王元魏庆处遘疾而卒。元纯陀为景穆帝子任城王云第五女，京兆王子推子太兴为元纯陀从兄，元太兴子元昂为元纯陀从侄，元纯陀适穆君，生女穆氏，穆氏适元昂，生元悰（字魏庆），元悰为元纯陀从侄孙、亦为其外孙。

《元和姓纂》卷四："隋内史令元寿，状称景帝后。任城王澄，

---

① 田国福：《河东金石遗录》，第186—187页。
② 毛远明：《汉魏六朝碑刻校注》第六册，第276页。

子孙避尔朱荣乱，投匿是云家，因从其姓。至隋，改姓元氏。寿孙元哲，开州刺史；元质，水部郎中，生兆、殷、畅。畅生韶，河阳节度、中丞。"①《隋书》卷六十三《元寿传》：

> 元寿字长寿，河南洛阳人也。祖敦，魏侍中、邵陵王。父宝，周凉州刺史。寿少孤，性仁孝，九岁丧父，哀毁骨立，宗族乡党咸异之。事母以孝闻。及长，方直，颇涉经史。周武成初，封隆城县侯，邑千户。保定四年，改封仪陇县侯，授仪同三司。开皇初，议伐陈，以寿有思理，奉使于淮浦监修船舰，以强济见称。四年，参督漕渠之役，授尚书主爵侍郎。八年，从晋王伐陈，除行台左丞，兼领元帅府属。及平陈，拜尚书左丞。……授太常少卿。数年，拜基州刺史，在任有公廉之称。入为太府少卿，进位开府。炀帝嗣位，汉王谅举兵反，左仆射杨素为行军元帅，寿为长史。寿每遇贼，为士卒先，以功授大将军，迁太府卿。四年，拜内史令，从帝西讨吐谷浑。寿率众屯金山，东西连营三百馀里，以围浑主。及还，拜右光禄大夫。七年，兼左翊卫将军，从征辽东。行至涿郡，遇疾卒，时年六十三。帝悼惜焉，哭之甚恸。赠尚书右仆射、光禄大夫，谥曰景。子敏，颇有才辩，而轻险多诈。寿卒后，帝追思之，擢敏为守内史舍人，而交通博徒，数漏泄省中语。化及之反也，敏创其谋，伪授内史侍郎，为沈光所杀。②

则元寿（548—611）祖敦大约已随孝武帝入关，封邵陵王，父元宝（？—556）为周凉州刺史。元寿九岁丧父，在周封隆城县侯，

---

① （唐）林宝撰，陶敏校证，李德辉整理：《元和姓纂新校证》，第161页。引文中地名古今对照：开州（治盛山，今重庆开县）。
② （唐）魏徵等：《隋书》，第1497—1498页。

后改封仪陇县侯。入隋随晋王广平陈，炀帝时有从征吐谷浑、征辽东，先后受到文帝和炀帝器重。大业七年卒于征辽途中。其子敏守内史舍人，后从宇文化及反。元寿亦涉经史，但主要以军功胜。

元寿女元英（578—649），适寿州刺史霸城王文楷，据《唐故寿州刺史王使君（文楷）夫人元氏（英）墓志铭》，元英，字姟女，河南洛阳人。高祖万，魏幽州刺史、西平简王；曾祖敦，魏相州刺史、邵陵王；祖宝，魏侍中、魏宁王，周大将军、洞城哀公；父寿，随内史令、尚书左仆射、博平景侯。年十七，适霸城王氏。贞观廿三年（649）五月十四，卒于义丰里第，享年七十二。有子法善等。以永徽二年（651）十一月十三日，合葬于王使君之旧茔。元英墓出土于西安灞桥区洪庆镇路家湾村东。① 元寿于隋封博平侯，可补史书之阙。王文楷（？—633）墓志已亦发现，据《唐故寿州刺史王府君（文楷）墓志铭》，王桃，字文楷，雍州万年人。曾祖魏太尉、尚书令、扶风忠公洪罴，随魏孝武帝入关，受到宇文泰信任；祖魏给事、黄门侍郎、东雍州刺史庆远；父随上柱国、信州总管、龙门庄公述。王桃问道上庠，选补国子生。寻而雍州牧辟为功曹从事，又授荆州总管司功参军。仁寿二年，授尚书工部员外侍郎。营建东都洛阳后，擢授怀州邢丘县令，迁华阴令。大业九年，除尚书起部郎。十一年，转殿中承，以本官检校渔阳郡通守。入唐为鄠县令、殿中承，兼万年县令、散骑常侍、守雍州治中。卒赠使持节、寿州诸军事、寿州刺史。以贞观七年十一月十日，葬于万年县美昌里之旧茔。②《隋书》卷五十四《王长述传》："王长述，

---

① 故宫博物院、陕西省考古研究院：《新中国出土墓志：陕西（肆）》，上册第71页，下册第66页。
② 故宫博物院、陕西省考古研究院：《新中国出土墓志：陕西（肆）》，上册第56页，下册第51—52页。

京兆霸城人也。祖罴，魏太尉。父庆远，周淮州刺史。……少子文楷，起部郎。"① 王文楷墓志中，曾祖洪罴即罴，父述即长述，结合墓志可知，王文楷本名桃，文楷为其字。王庆远由魏入北周，王述先后仕于北周、隋。王文楷由隋入唐，京兆王氏为大族，据《元和姓纂》为战国信陵君之后。② 元英开皇十四年（594）年十七适王桃（文楷），是时王桃约为雍州牧功曹从事。

元寿孙元哲之孙怀州刺史元韶，《旧唐书》卷十四《顺宗宪宗纪》："贞元二十一年二月辛丑朔。甲申，以河阳三城行军司马元韶为怀州刺史、河阳怀州节度使。……永贞元年九月辛未，河阳三城节度使元韶卒。"③ 据昭仪县令史方蘧撰《唐故昭仪节度衙前先锋兵马使荥阳郑府君（仲连）墓志铭》："公讳仲连，……烈考讳楚卿，杞王府司马，赠殷州刺史。公即殷州府君之长子。……遭中原俶扰，四郊多垒，乃卷废典暮，恢张策术，有归清排难之志，遂谒河东节度使、侍中马公，布愤激胸襟，陈讨除利病，一豁云雾，留之麾下，署讨击使。会尚书元公韶拜河阳节度使，乃公之有阳也，思我舅氏，日志三城，留署节度押卫。"④ 则元韶姊（妹）适杞王府司马郑楚卿，元韶乃郑楚卿子郑仲连之舅，郑仲连至河阳投奔，元韶时为河阳节度使，留仲连为节度押卫。令狐楚《白杨神新庙碑》："道太原而北，列郡数十，雁门为大。在周秦时，与山戎林胡犬牙其疆。国家以文德柔惠而驱去之，北迹距塞口犹千里而远。若内地控于通都，秩二千石者，非休勋懿德，则名王旄士。乙亥岁，今尚书陇西李公廉刺并部，选第郡政之尤异者，得昌化守南康郡王河南元韶。首表其

---

① （唐）魏徵等：《隋书》，第1361—1362页。
② （唐）林宝撰，陶敏校证，李德辉整理：《元和姓纂新校证》，第215页。
③ （后晋）刘昫等：《旧唐书》，第405、412页。
④ 周绍良、赵超：《唐代墓志汇编》，第2092—2093页。

名，遽闻于天，玺书劳勉，移理于代。惟南康以壮事老谋逮事先侍中平王，则尚书朗宁王勤于君、惠于人，而敬恭于神。由是神降之福，人怀其德，是岁夏五月，赤车彤幨至自石州。"① 大约乙亥岁即贞元十一年（795），元韶自石州（治离石，今山西离石）刺史迁任代州（治雁门，今山西代县）刺史。

任城王云一支有文士八人：元澄、元顺、元迪、元彝、元朗、元世儁、元叡（世哲）、元瞻。

(8) 南安王桢一支

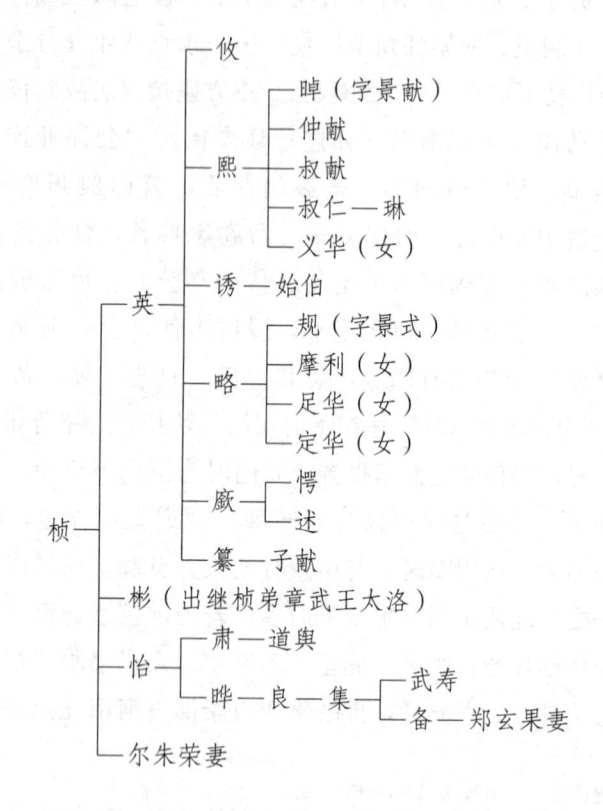

```
                  ┌攸
                  │        ┌晖（字景献）
                  │        ├仲献
                  │熙──────┤叔献
                  │        ├叔仁──琳
                  │        └义华（女）
                  │诱──始伯
           ┌英────┤        ┌规（字景式）
           │      │        ├摩利（女）
           │      │略──────┤足华（女）
           │      │        └定华（女）
           │      │        ┌愕
           │      │厥──────┤
           │      │        └述
           │      └纂──子献
    桢─────┤彬（出继桢弟章武王太洛）
           │      ┌肃──道舆
           │怡────┤                    ┌武寿
           │      └晔──良──集─────────┤
           │                            └备──郑玄果妻
           └尔朱荣妻
```

---

① （清）董诰等编，孙映逵等点校：《全唐文》，第 3258 页。

(9) 章武王太洛一支

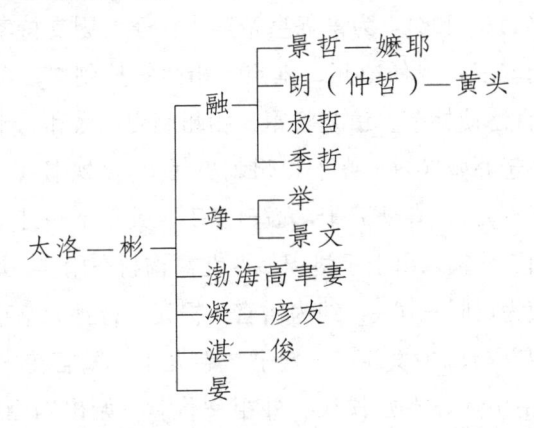

```
                    ┌─ 景哲 ─ 孃耶
              ┌─ 融 ─┼─ 朗（仲哲）─ 黄头
              │     ├─ 叔哲
              │     └─ 季哲
              │     ┌─ 举
              ├─ 峥 ─┤
              │     └─ 景文
太洛 ─ 彬 ─┼─ 渤海高聿妻
              ├─ 凝 ─ 彦友
              ├─ 湛 ─ 俊
              └─ 晏
```

南安王桢一支既有史传（《魏书》卷十九下《景穆十二王传下·南安王桢》、《北史》卷十八《景穆十二王传下·南安王桢》），又有墓志者：元桢、元英、元熙、元诱、元略、元廞、元纂；有史传而暂时无墓志发现者：元怡、元攸、元晖（景献）、元仲献、元叔献、元叔仁、元琳、元始伯、元规（景式）、元子献、元道舆、元晔、元述。虽无史传但有墓志发现者：元愕、元肃、元义华（元熙女）、元摩利（元略女）、元足华（元略女）、元定华（元略女）、元诱妻冯氏、元诱继妻薛伯徽。南安王桢一支唐代有墓志发现者：元武寿（元晔曾孙）；虽无本人墓志发现，但相关人士墓志中有记载：元良、元集。

章武王太洛无子，以弟元桢第二子元彬为后，元彬子孙既有史传（《魏书》卷十九下《景穆十二王传下·章武王》、《北史》卷十八《景穆十二王传下·章武王》）又有墓志出土者：元彬、元融、元凝、元湛；有史传而暂无墓志出土者有元朗（即北魏后废帝）；无史传而有墓志出土者：元举、元孃耶（元景哲女）、元融妻穆氏、元融妻卢贵兰、元凝妻陆顺华、元湛妻薛慧命。史传有暂无墓志出土者：元朗；史传有提及而暂无墓志出土者：元景哲、元叔哲、元季哲、元黄头、元彦友、元俊、元晏。虽无史传记载、亦无本人墓志出土，但有相关人士墓志记载者：元净、元景哲。

　　元桢（447—496），为景穆皇帝第十一子，因支持孝文帝迁都洛阳，封南安王，曾任凉州、雍州、相州等地刺史，据《元桢墓志》，元桢官终使持节、镇北将军、相州刺史，太和二十年（496）八月二日卒于邺城（当是终于相州刺史任上，《魏书》、《北史》本传误作卒于五月），春秋五十，谥曰惠王，其年十一月二十六日窆于洛阳芒山。元桢墓出土于洛阳城西北高沟村东南。① 元桢孙元熙墓志称元桢为仪同三司②，约为赠官。据元桢曾孙元举墓志，元桢妻仇氏，为冯翊仇牛女。③《魏书》卷九十《阉官传·仇洛齐》："仇洛齐，中山人，本姓侯氏。外祖父仇款，始出冯翊重泉。款，石虎末徙邺南枋头，仕慕容晔为乌丸护军、长水校尉。生二子，长曰嵩，小曰腾。嵩仕慕容垂，迁居中山，位殿中侍御史。嵩有二子，长曰广，小曰盆。洛齐生而非男，嵩养为子，因为之姓仇。……（仇洛齐）从平凉州，以功超迁散骑常侍，又加中书令、宁南将军、进爵零陵公。拜侍中、平远将军、冀州刺史，为内都大官。兴安二年卒，谥曰康。广有女孙配南安王桢，生章武王彬，即中山王英弟也。……广、盆并善营产业，家于中山，号为巨富，子孙仕进至州主簿。"④ 早在仇嵩仕慕容垂时已迁居中山，仇洛齐因功拜冀州刺史，也与他家族在冀州有关。则仇牛所作本州别驾，当为冀州别驾。则仇氏父名牛，《魏书》失载，墓志可补史书之阙，仇氏为南安王桢之妃，生章武王彬。

　　元桢子元英（？—510），字虎儿，善吹笛，微晓医术，以军功拜吏部尚书，进爵常山侯，曾镇荆州，行扬州事，多次在与梁交战

---

① 毛远明：《汉魏六朝碑刻校注》第三册，第293页。
② 毛远明：《汉魏六朝碑刻校注》第五册，第352页。
③ 毛远明：《汉魏六朝碑刻校正》第六册，第145页。
④ （北齐）魏收：《魏书》，第2013—2014页。

前线，破梁军，封中山王。《魏书》卷八《世宗纪》："（正始元年）八月丙子，元英破萧衍将马仙琕于义阳，洛阳令有大事听面敷奏。乙酉，元英攻义阳，拔之，擒送萧衍冠军将军蔡灵恩等十馀将。辛卯，英又大破衍将，仍清三关。丁酉，封元英为中山王……（永平元年）十有二月己未，邢峦克悬瓠，斩白早生，擒齐苟仁等，俘萧衍卒三千馀人，分赐王公已下。癸亥，中山王英破衍将于楚城，擒衍宁朔将军张疑等。"① 还朝拜尚书仆射。永平三年（510）十月卒，谥曰献武王。《元英墓志》有残志留存，志主名讳不存，据赵万里先生据残墓志考证，为元英墓志，并据残存文字推证元英永平四年二月丁卯朔六日壬申卜窆于洛阳之西岗。②

元英子元攸，字玄兴，除东宫洗马，早卒。元攸弟元熙（？—520），字真兴，元英世子，袭封中山王，据《魏故使持节、大将军、太尉公、中山王（熙）之墓志铭》，元熙先后除东秦州刺史、秘书监、相州刺史。正光元年（520）八月，起兵反元乂，二十四日为乂杀于邺城。与季弟司徒祭酒纂世子景献，第二子员外散骑侍郎仲献，第三子叔献同时被害。唯第四子叔仁年小得免。孝昌元年（525）追复王封，赠使持节、大将军、太尉公、都督冀定相瀛幽五州诸军事、冀州刺史，谥曰文庄王，迎丧还洛阳，孝昌元年岁次乙巳十一月壬寅朔二十日辛酉葬于旧茔，元熙墓出土于洛阳城北安驾沟村。墓志云："好学博通，善言理义，文藻富赡，雅有儁才。"③ 可知元熙博学能文。

《魏书》卷十九下《景穆十二王传·南安王》亦有对熙善属文的记载：

（熙）好学，俊爽有文才，声著于世……始熙之镇邺也，

---

① （北齐）魏收：《魏书》第 197、207 页。
② 毛远明：《汉魏六朝碑刻校注》第四册，第 154 页。
③ 毛远明：《汉魏六朝碑刻校注》第五册，第 351 页。

知友才学之士袁翻、李琰、李神儁、王诵兄弟、裴敬宪等咸饯于河梁，赋诗告别……始熙妃于氏知熙必败，不从其谋，自初哭泣不绝，至于熙死。熙临刑为五言诗，示其僚吏曰："义实动君子，主辱死忠臣。何以明是节，将解七尺身。"与知友别曰："平生方寸心，殷勤属知己。从今一销化，悲伤无极已。"熙既蕃王之贵，加有文学，好奇爱异，交结伟俊，风气甚高，名美当世，先达后进，多造其门。①

元熙与袁翻、李琰、李神儁、王诵兄弟、裴敬宪等汉族世族文士交游唱和，其中既有北朝世族文士，也有南来世族文士，可见元氏文士文学才能已受到汉族世族文士的认同。元熙妃为鲜卑于氏。

元熙世子元景献，第二子员外散骑侍郎元仲献，第三子右将军、齐州刺史元叔献皆与熙一同为元义所害，第四子元叔仁因年少得免。据《魏故青州刺史元敬公（晖）之墓志铭》，可知元晖（？—520），字景献，谥号敬，如是仲献、叔献、叔仁亦皆为字。孝昌元年（525）十月，追赠晖青州刺史，是年十一月壬寅朔二十日辛酉葬于西陵。元晖墓出土于洛阳城北安驾沟村。墓志中亦描述了元晖的风神，"君膺积善之庆，禀瑶华之质，幼而清越，雅爱琴书，孝友之至，率由而极。风情峻迈，姿制闲远，翠若寒松，爽同秋月，固已藉甚洛中，纷纶许下。"亦以松、月等描写风神。"学书学礼，闻象闻什。义圃辞林，优柔载缉"②，则元晖亦有一定的学术文化水准。叔仁后袭熙爵，建义元年四月河阴之难中见害。叔仁子元琳袭爵。《魏书》卷三十一《于栗䃅传》："（于）忠后妻中山王尼须女，微解诗书，灵太后临朝，引为女侍中，赐号范阳郡君。"③ 于忠为于烈子，宣武帝于皇后为于

---

① （北齐）魏收：《魏书》，第530页。
② 毛远明：《汉魏六朝碑刻校注》第五册，第366页。
③ （北齐）魏收：《魏书》，第746页。

烈弟于劲女，则于忠为于皇后从兄。元须尼女为于忠妻，于忠或许即元熙于妃族人。元熙子景献、仲献、叔献皆在正光元年八月元熙起兵反元乂时被杀，此三人之名其实是字，则叔仁亦为字，其本名约即尼须，叔仁正因年小未见杀而袭爵中山王，故于忠妻父之中山王元尼须约即叔仁。《魏书》卷四十一《源贺传》："时后父于劲势倾朝野，劲兄于祚与（源）怀宿昔通婚，时为沃野镇将，颇有受纳。怀将入镇，祚郊迎道左，怀不与语，即劲祚免官。怀朔镇将元尼须与怀少旧。"① 宣武帝于皇后家族与源怀家族宿昔通婚，而元熙、元尼须亦与于氏通婚，因此元尼须与源怀有旧。

元熙女元义华（？—520?），据《元义华墓志》，义华为元熙第四女，卒年四岁，孝昌元年岁次乙巳十一月壬寅朔二十日辛酉葬于旧茔，元义华墓出土于西安西郊小土门村。② 据墓志元义华与父元熙、兄景献葬日相同，当是与元熙一同葬于元氏旧茔，疑元义华大约正光元年与元熙、元晖一共被害，《元熙墓志》云葬于旧茔，《元晖墓志》云葬于西陵，此地正是旧茔所在，元熙、元晖墓皆出土于洛阳城北安驾沟村，元义华墓志亦云葬于旧茔，却出土于西安西郊小土门村，当时属雍州，有可能元义华墓有过改葬，而墓志仍是葬于旧茔是所刻。元义华何以改葬雍州，姑存疑。

元熙弟元诱（484—520），字惠兴，元诱夫人冯氏墓志云"魏吏部尚书常山侯第三子诱之命妇冯氏"，可知元诱为英第三子。据《魏故使持节、车骑大将军、仪同三司、都督秦雍二州诸军事、雍州刺史、恭惠元公（诱）墓志铭》，元诱除持节、左将军、南秦州刺史，正光元年（520）八月十四日，元熙起兵反元乂，二十四日为乂杀于邺城，元诱参与元熙之谋，是年九月三日，为元乂斩于岐

---

① （北齐）魏收：《魏书》，第921页。
② 毛远明：《汉魏六朝碑刻校注》第五册，第368页。

州，春秋三十七，追赠使持节、车骑大将军、仪同三司、都督秦雍二州诸军事、雍州刺史，谥曰恭惠公，墓志题中即元诱卒后赠官，孝昌元年（525）岁次乙巳十一月壬寅朔二十日辛酉葬于元诱墓出土于洛阳城北安驾沟村。元诱与元熙同日安葬，葬地亦同。墓志言元诱："公文辞内美，雄姿外烈。……栖息琴文，流连道术，若彼春芳，同兹秋实。"①，则元诱有一定的文学才能，且具有名士气。元诱妻冯氏，据《魏司徒参军元诱命妇冯氏志铭》，冯氏为燕宣王朗孙，冯太后兄武懿公熙女，卒于景明三年（502）十一月，春秋十八，景明四年（503）八月葬于北芒，冯氏墓志亦出土于洛阳城北安驾沟村北。② 可知此地为元诱家族墓地。元诱继妻薛伯徽（492—521），据《魏故使持节、仪同三司、车骑大将军、雍秦二州刺史、都昌侯元公夫人薛氏（伯徽）墓志铭》，薛伯徽，河东汾阴人，为尚书辩玄孙，秦雍二州刺史谨曾孙，河东府君初古拔孙，尚书三公郎中长女，墓志云："先考授以《礼》经，一闻记赏，四辩居质，瞥见必妙。及长，于吉凶礼仪，靡不观综焉。虽班氏闲通，蔡女多识，讵足比也。"以班婕妤、蔡文姬比薛伯徽，可知薛伯徽有一定的礼学和文学才能。正光二年（521）四月，卒于雍州邸馆，春秋三十，孝昌元年（525）十一月，与元诱合葬于西陵。③ 元诱子元始伯袭爵，除给事中，入北齐爵例降。元诱女适仪同三司、显亲县开国男郑僧覆，据《魏使持节、骠骑大将军、开府仪同三司、玉璧大都督、晋州建州汾州正平诸军事、南汾州刺史、侍中、建忠公韦孝宽妻安乐郡君郑（毗罗）墓志铭》："（郑毗罗）祖育，使持节、安东将军、豫州刺史。父僧覆，仪同三司、显亲县开国男。母河南元氏，父诱，车骑大将军、开府仪同三司、安憙县开国伯。郡

---

① 毛远明：《汉魏六朝碑刻校注》第五册，第355页。
② 毛远明：《汉魏六朝碑刻校注》第四册，第4页。
③ 毛远明：《汉魏六朝碑刻校注》第五册，第361页。

君年十七适韦氏,春秋廿有四,西魏废帝二年六月廿六日薨于永康寺。"① 郑育即孝文帝时秘书监郑羲从父兄荥阳太守德玄之孙,郑育父为荥阳太守郑子考(《魏书》卷五十六《郑羲传》)②。

元诱弟元略(486—528),字儁兴,据《魏故侍中、骠骑大将军、仪同三司、尚书令、徐州刺史、太保、东平王元君(略)墓志铭》,元略为元英第四子,因正光元年(520)八月兄元熙、元诱起兵反刘腾、元义兵败被杀,惧祸逃往江南,梁武帝封之为中山王,除宣城太守,孝昌元年(525)归北魏,拜侍中、骠骑大将军仪同三司、尚书令,封东平王,建义元年四月卒于河阴之难,春秋四十三,赠徐州刺史、太保,谥曰文贞王,是年七月葬于洛阳西陵,妃范阳卢氏,字真心。父尚之,出身中书义郎、皇子赵郡王咨议参军、司徒府右长史,俄转左长史,除持节、都督济州诸军事、左将军、济州刺史,后除光禄大夫,赠散骑常侍、使持节、都督青州诸军事、安东将军、青州刺史,谥曰(原刻下阙)。世子规,字景式(《魏书》未言元规字,墓志可补阙)。大女摩利,未适。次女足华,未适。次女定华,未适。元略墓出土于洛阳城北安驾沟村。《元略墓志》亦载其能文:"游志儒林,宅心仁苑,礼穷训则,义周物轨,信等脱剑,惠深赠纻,器博公琰,笔茂子云。汪汪焉量溢万顷,济济焉实怀多士。"③ 蒋琬,字公琰,拜尚书令,曾总揽蜀汉朝政,元略拜尚书令,以蒋琬喻元略正合适,以扬雄(字子云)比元略可见其能文。卢尚之为卢昶弟,尚之子卢文甫、卢文甫子卢敬舒皆能文,即卢真心生活于文才出众的家族环境中,因《元略墓志》只是以谱牒形式提起其妻,而无具体描述,故卢真心是否能文,暂不

---

① 戴应新:《长安凤栖园韦氏家族墓地墓志辑考》,第44页。
② (北齐)魏收:《魏书》,第1249页。
③ 毛远明:《汉魏六朝碑刻校注》第六册,第206页。

知。据《魏故武卫将军、征虏将军、怀荒镇大将、恒州大中正于公（景）墓志》："及正光之初，忽属权臣窃命，幽隔两宫。君自以世典禁旅，每济艰难，安魏社稷者，多在于氏，即乃雄心内发，猛气外张，遂与东平王匡（略）谋除奸丑。但以谗人罔极，语泄豺狼，事之不果，遂间排黜。"[①] 则元略、于景亦曾谋划反刘腾、元乂，而谋划泄露，且元熙、元诱兵败，于是元略惧祸而逃亡，于景被降职。元略姊饶安公主适渤海刁宣（《魏书》卷三十八《刁雍传》）[②]，详见下文"北朝元氏家族婚姻考"。

元熙异母弟元廞（486—528），字义兴，出继叔父并洛，据《魏故使持节、中军将军、征东大将军、散骑常侍、瀛州刺史元君（廞）墓志铭》，元廞为司徒公中山献武王英第四子，除辅国将军、通直散骑常侍，建义元年四月卒于河阴之难，春秋四十三，墓志题中即为元廞赠官，是年七月葬于洛阳，元廞墓出土于洛阳城北安驾沟村。[③] 但元略、元廞墓志皆言为中山献武王第四子，而元纂墓志言其为中山献武王第六子，《元熙墓志》载纂为季弟，则元纂为英最小子，如是元略、元廞中必有一人为第五子。元略与元廞皆于建义元年四月十三日河阴之难中见害，时年皆四十三，则二人同年生，廞为元熙异母弟，亦为元略异母兄弟。现可知元英有六子，但《魏书》本传言其有五子，如果以元廞过继给其叔并洛，则言英有五子亦不误。永安中追封元廞燕郡王，寻改封巨鹿王，又改封武邑王。元廞妻赵郡李氏。元廞子元述仕于东魏除通直郎，入北齐例降爵。元廞子元愕（508—534），据《元愕墓志》，元愕字奉伯，景穆帝□□，燕王继□，除平东将军、济北太守，还朝拜抚军将军、银青光禄大夫，永熙三年（534）十月卒于青州，春秋廿七，赠使持节、都督青州诸军事、车骑将军、青州

[①] 毛远明：《汉魏六朝碑刻校注》第六册，第56—57页。
[②] （北齐）魏收：《魏书》，第865、873—874页。
[③] 毛远明：《汉魏六朝碑刻校注》第六册，第213页。

刺史，更赠使持节、都督瀛沧二州诸军事、仪同三司、度支尚书、瀛州刺史、将军如故。武平二年二月窆于邺城西。《文化安丰》和《墨香阁藏北朝墓志》皆以为墓志中"景穆帝"之后漫灭处为"之孙"二字①，据元愕的岁数，不可能是景穆帝之孙，元廞永安中追封燕郡王，墓志中之燕王当即指元廞，元廞已是景穆帝曾孙，所以如果墓志中"景穆帝"后二字读为玄孙方合适。或许元廞初无子，故以元愕为继，后又生子述。

元英第六子元纂（？—520），据《魏故持节、都督恒州诸军事、安北将军、恒州刺史、安平县元公（纂）之墓志铭》，元纂字绍兴，延昌中释褐为司徒祭酒，正光元年（520）八月二十四日与兄熙同为元义所害，追赠持节、都督恒州诸军事、安北将军、恒州刺史，谥号景公。孝昌元年（525）十一月，窆于献武王之侧。元纂墓出土于洛阳城北安驾沟村。②《魏书》卷十九下《景穆十二王传·南安王桢》载元纂卒赠安北将军、恒州刺史，改封高唐县开国侯，元纂子子献徙爵，卒于泾州司马。③

元英弟怡，为鄯善镇将，延昌中卒，庄帝时因为元怡为尔朱荣妇兄，而超赠骠骑大将军、太尉公、雍州刺史、扶风王。元怡子元肃（？—533），字敬忠，据《魏故使持节、侍中、司徒公、鲁郡王（元肃）墓铭》，元肃助尔朱荣起事，拜侍中、录尚书事、太师，封鲁郡王（据《魏书》卷十九下《景穆十二王传·南安王桢》，元怡妹为尔朱荣之妻，则肃为尔朱荣之侄，故助荣，因之为荣所重用），永熙二年（533）二月窆于洛阳西陵。元肃墓亦出土于洛阳城北安驾沟村。④ 元肃子道舆袭爵，入北齐例降爵。元肃弟元晔，字华

---

① 叶炜、刘秀峰：《墨香阁藏北朝墓志》第166页；贾振林：《文化安丰》，第236页。
② 毛远明：《汉魏六朝碑刻校注》第五册，第364页。
③ （北齐）魏收：《魏书》，第507页。
④ 毛远明：《汉魏六朝碑刻校注》第七册，第46页。

兴，封长广王，尔朱隆以晔为主，建号建明，后为尔朱隆所废，节闵帝封晔为东海王，孝武帝时赐死。陆俟曾孙希质妻元氏为尔朱荣妻兄之孙，陆希质由是在尔朱世隆之乱中获免①，不知是否即元怡孙、元肃之女。《元和姓纂》卷四："南安王桢孙晔，东海王。梁武帝立之，号建安王。曾孙武寿，左武卫将军。"②

元晔子北周并恒二州刺史元良，元良子隋太仆寺丞元集，元集子唐右骁卫将军元武寿（598—670），据《唐故壮武将军守右骁卫将军上柱国河南元府君（武寿）墓志铭》："元府君讳□，字武寿，河南人，景穆帝之后。因官西迁，而为同州蒲城县人。曾祖晔，魏长广王，改封东海王，后为建明皇帝；祖良，周散骑常侍，开府仪同三司，直阁将军，金紫光禄大夫，太子仆，并恒二州诸军事，二州刺史，晋阳县开国侯；父集，随东宫奉事直长，行平武郡马盘县令，朝散大夫，太仆寺丞。元武寿，武德元年，任左亲卫队正。七年，改授左卫亲卫府旅帅。贞观十三年，兼长上。贞观十四年，任右卫长上校尉。是年奉敕差充西蕃绝域使。至贞观十九年方返回。其年三月，授左卫凉泉府左果毅都尉，其年从驾入辽。二十一年，奉敕征龟兹，充虞候总管。永徽三年十二月，授左卫勋二府郎将。六年八月，授明威将军、左卫翊一府中郎将。显庆元年二月，授上柱国。显庆三年正月，奉敕差册弥射、步真，奉敕便即吊祭龟兹王，仍册其子为王，仍便检校安西副都护。显庆五年九月，授兼太子左卫副率。其年，奉敕持节充荣州道行军大总管。龙朔二年七月，授宣威将军守太子右司御卫率。乾封元年十月，除壮武将军，官如故。十二月，改授右卫将军。总章二年二月，改授右骁卫将军，散官如故。以咸亨元年（670）九月三日遘疾，终于西京安兴

---

① （北齐）魏收：《魏书》卷四十《陆俟传》，第918页。
② （唐）林宝撰，陶敏校证，李德辉整理：《元和姓纂新校证》，第159页。

里之私第，春秋七十三。以咸亨元年十月四日，葬于雍州万年县义丰乡之原。"① 元晔在《魏书》《北史》中虽未列入帝纪，但后世亦以之为北魏皇帝。由于元晔没有庙号，墓志中以其年号"建明"称之。元良为北周并、恒二州刺史当是在北周并北齐之后。元武寿奉使西域、征龟兹，从驾入辽，为唐初西域乃至东北的安定皆做出较大贡献。据墓志乃知，《元和姓纂》中之"武寿"乃字，元武寿大约是以字行，元武寿之名因墓志此处漫灭而无以知之。

据《大唐故右卫中郎将兼右金吾将军同安郡开国公郑府君（玄果）墓志铭》："郑玄果，荥阳开封人，其先祖仕魏，祖隋平州诸军事平州刺史德通。父仁泰，除灵州都督、左武卫将军、右武卫大将军，进爵同安郡开国公，卒于凉州都督，谥曰襄。玄果除右卫亲府郎将右卫翊府中郎将，兼右金吾将军袭爵同安郡公，留守京师，垂拱元年（685）六月十九日卒于位，春秋六十有三，武后遣使临祭。夫人河南郡君河南元氏，后魏景穆皇帝第九子南安王桢七代孙、右将军寿之侄、右骁卫郎将备之女。春秋五十有三，以永淳元年（682）二月十四日寝疾，终于京师龙首里之第。以开元二年（714）十二月二十九日，与郑玄果合葬于承平里之原。"② 岑仲勉先生以为寿即武寿。据郑玄果墓志，元寿还有兄弟右骁卫郎将元备。算元桢本人在内，元备女（630—682）正为南安王桢七代孙。

元桢第二子、元英弟彬，过继给元桢弟章武王太洛，太洛卒于皇兴二年（468），追赠征北大将军、章武郡王，谥曰敬，无子以南安王桢第二子彬为后。元彬（？—499），字豹儿（此为《魏书》本传所记，元彬孙举墓志，记彬字豹仁），据《元彬墓志》，元彬为南

---

① 胡戟、荣新江：《大唐西市博物馆藏墓志》，第172—174页。墓志中古今地名对照：并州（治晋阳，今山西太原晋源镇），恒州（治平城，今山西大同东北），荣州（治旭川，今四川荣县）。
② 周绍良、赵超：《唐代墓志汇编》，第1157—1158页。

安惠王桢第二子，因章武王太洛无子而出继其后，袭章武王爵。拜使持节、征西大将军、都督东秦邠夏三州诸军事，领护西戎校尉、统万镇都大将、夏州刺史、章武王，又除持节、征房将军、汾州刺史，太和二十三年（499）五月二日终于州，春秋三十六，追赠散骑常侍，谥曰恭，其年十一月二十日附于先陵，元彬墓出土于洛阳城西北高沟村瀍水西老仓凹。①元彬子元融墓志载彬为镇西大将军、都督东秦邠夏三州诸军事、西戎校尉、统万突镇都大将、汾夏二州刺史，《元彬墓志》、《元融墓志》皆记元彬都督东秦邠夏三州诸军事（元彬墓志虽无"夏"字，但提到三州，一看便知是漏刻"夏"字），而《魏书》卷十九下本传"邠"作"豳"，《魏书》卷一百六《地形志下》太和十四年（490）定名邠州，太和二十年（496）改邠州为豳州。故墓志所记是太和十四年定的州名，《魏书》本传所记则为太和二十年所改的。据元彬孙元举墓志，元彬妻为中山郡功曹张小种女。范阳张氏为河朔大族，张小种为中山郡功曹，中山郡治卢奴（今河北定州市），可知其当为河朔人，范阳郡治涿县（今河北涿州市），则大约即范阳张氏。

元彬长子元融（481—526），字永兴，据《使持节、侍中、司徒公、都督雍华岐三州诸军事、车骑大将军、雍州刺史、章武武庄王（元融）墓志铭》，元融曾在梁城击溃梁朝军队，孝昌二年（526）在白牛逻与葛荣军队苦战时阵亡，春秋四十有六，谥曰武庄，墓志题中即元融卒后赠官，孝昌三年二月，葬于洛阳邙山，元融墓出土于洛阳城北郑凹村南地路西。②元融妃穆氏与元融合葬，据《魏章武王妃穆氏墓志铭》，穆氏永平二年（509）三月卒于洛阳之绥武里，是年四月葬于邙山之阳，附于南安王之茔。③可知南安王桢第二子彬出继章武王太洛，

---

① 毛远明：《汉魏六朝碑刻校注》第三册，第317页。
② 毛远明：《汉魏六朝碑刻校注》第六册，第95页。
③ 毛远明：《汉魏六朝碑刻校注》第四册，第123页。

融为彬长子，但元彬以下仍归葬南安王桢家族坟茔。元融继妻卢贵兰（493—546），据《魏故使持节、侍中、司徒公、都督雍华岐并扬青五州诸军事、车骑大将军、雍州刺史、章武王妃卢（贵兰）墓志铭》，卢贵兰为卢毓九世孙，祖魏建威将军、良乡子巚，祖母鲁郡孔氏；父幽州主簿延集，母赵郡李氏。所谓"继之王室"正是指卢氏为元融继妻。卢氏武定四年（546）十一月卒于邺城，春秋五十四，是月葬于漳水之北，武城之西。因元融已与穆氏合葬，且东魏迁都洛阳后，元融墓未迁葬邺城，故卢氏未与元融合葬。墓志后述卢氏所出三子情况，长子字景哲，袭章武王，拜开府仪同三司、侍中，第二子字叔哲，除员外散骑常侍、征虏将军、中散大夫，第三子字季哲，秘书郎中、中散大夫。① 元融子尚有程氏夫人所出元朗字仲哲（融第三子），即后废帝，元朗子黄头先封安定王后，改封安平王。元景哲女元孊耶（？—555）适处士马公瑾，据《齐处士马公瑾故妻元氏（孊耶）墓志》，元孊耶，河南洛阳人，魏开府章武王之元女，天保六年八月六日卒，是月十二日窆于（西门）豹祠之右。② 元景哲正为开府仪同三司、章武王。

元融弟元崝（？—511），字安兴，据元崝子元举墓志，崝拜宁远将军、青州刺史。妻冯氏，昌黎王熙女、南平王诞妹（《元举墓志》称冯氏为熙第三女，则难以凭信，鲁才全以为元崝妻之年岁，比冯熙第五女冯令华还小，当并非其第三女。③）。元崝子元举（503—527），据《员外散骑侍郎元君（举）墓志铭》，元举，字景升，除员外散骑侍郎。孝昌三年（527）三月卒于洛阳澄海乡绥武里，时年二十五，武泰元年（528）二月葬于邙山，元举墓出土于洛阳城北安驾沟村西北。元举墓志还描述其博学能文"龀而小学，

---

① 毛远明：《汉魏六朝碑刻校注》第八册，第42页。
② 叶炜、刘秀峰：《墨香阁藏北朝墓志》，第106页。
③ 鲁才全：《长乐冯氏与元魏宗室婚姻关系考——以墓志为中心》，《魏晋南北朝隋唐史资料》第14辑（1996年）。

师心功倍，冥讯迅捷，卓尔殊伕，坟经于是乎宝轴，百家由此兮金箱。洞兼释氏，备练五明，六书八体，画妙超群，章勾小术，研精出俗，山水其性，左右琴诗。"墓志载"时年九岁，频丁二忧毁泣血"①元举九岁为永平四年（511），可知元靖卒于是年。据元举墓志，举有弟名景文，事迹未详。元彬女适黄门郎、武卫将军、夏州刺史、抚军将军、金紫光禄大夫渤海高聿。高聿女又为元靖子元举之妻，即元氏为元举之姑，元举妻高氏为其表妹。

元融弟元凝（？—533），字定兴，元凝姑为尔朱荣妻，庄帝初，封东安王。除持节、安东将军、兖州刺史，转济州刺史，仍本将军。卒于永熙二年（533）。元凝妻陆顺华，据《大魏故骠骑大将军、散骑常侍、济兖二州刺史、二州诸军事东、安王太妃（陆顺华）墓志铭》，陆顺华，河南洛阳人，曾孙外都大官俟、祖建安贞王受洛跋（馛），父仪同三司建安王琇（馛第五子），可知顺华为鲜卑陆氏，武定五年（547）五月卒于邺城修正里，是年十一月窆于武城西北，陆顺华墓志出土于河南安阳。②元凝子元彦友，袭东安王爵，东魏武定中拜光禄大夫。

元凝弟元湛（491—528），字珍兴，据《魏故使持节、征东将军、仪同三司、都督青州诸军事、青州刺史元使君（湛）墓志铭》，元湛为元彬第四子，拜廷尉卿，建义元年（528）四月十三日河阴之难中见害，春秋三十八，是年七月葬于洛阳邙山，追封渔阳王。③据墓志元湛有文才，详见下文"北朝元氏家族文学与学术研究"。元湛妻薛慧命，据《魏前将军、廷尉卿元公（湛）妻薛夫人（慧命）墓志铭》，薛慧命曾祖汾阴侯法顺，祖河东康公初古拔，祖母为西河长公主，父河东敬公（慧命为其第五女），武泰元年（528）二月卒于洛阳，墓志

---

① 毛远明：《汉魏六朝碑刻校注》，第六册，第 145 页。
② 毛远明：《汉魏六朝碑刻校注》，第八册，第 72 页。
③ 毛远明：《汉魏六朝碑刻校注》，第六册，第 210 页。

未言薛慧命葬日，只言其与元湛于是年七月合葬于洛阳邙山。元湛、薛慧命夫妇墓皆出土于洛阳城北安驾沟村北。① 元湛子元俊袭渔阳王，入北齐降爵。元湛弟元晏，字俊兴，除秘书丞。

元熙、元诱、元略、元㦲、元纂、元晫、元肃墓皆出土于洛阳城北安驾沟村，元英墓未出土，但《元熙墓志》言熙葬于旧茔，则英当已葬于此地，可见此处正为元英家族的族葬地。

南安王桢一支现可知有文士：元熙、元诱、元略、元晫、元诱妻薛伯徽、元湛、元举。

(10) 城阳王长寿一支

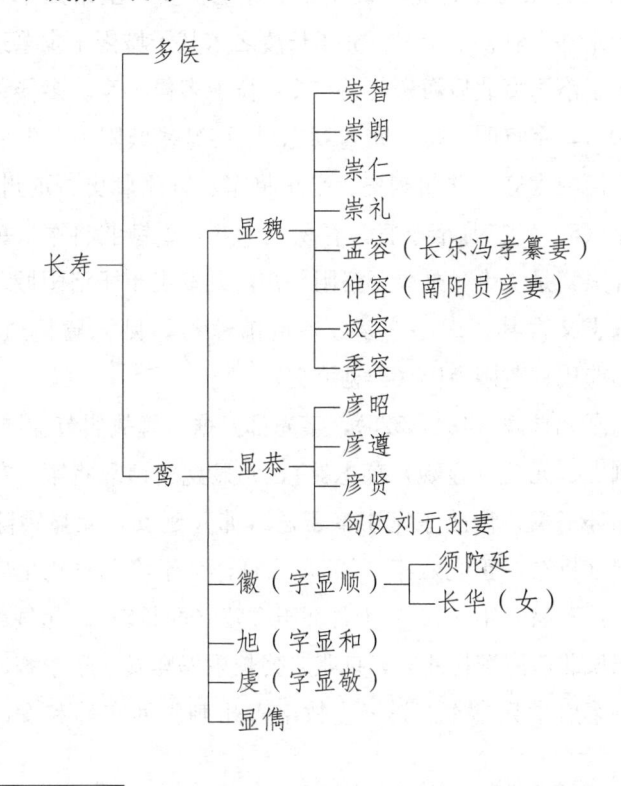

```
         ┌ 多侯
         │                  ┌ 崇智
         │                  ├ 崇朗
         │                  ├ 崇仁
         │                  ├ 崇礼
         │         ┌ 显魏 ──┼ 孟容（长乐冯孝纂妻）
         │         │        ├ 仲容（南阳员彦妻）
长寿 ────┤         │        ├ 叔容
         │         │        └ 季容
         │         │        ┌ 彦昭
         │         │        ├ 彦遵
         └ 鸾 ─────┼ 显恭 ──┼ 彦贤
                   │        └ 匈奴刘元孙妻
                   ├ 徽（字显顺）──┬ 须陀延
                   │                └ 长华（女）
                   ├ 旭（字显和）
                   ├ 虔（字显敬）
                   └ 显儁
```

---

① 毛远明：《汉魏六朝碑刻校注》第六册，第142页。

城阳王长寿一支既有墓志（《魏书》十九下《景穆十二王传·城阳王》）又有史传者有：元鸾、元显魏、元显恭、元徽；仅有史传提及而暂无墓志出土者：拓跋长寿、元多侯、元须陀延、元旭、元彦昭；因墓志出土而知其名与事迹者：元显儁、拓跋长寿妃曲氏；因同族墓志提及而知其名者：元虔、元显儁、元崇智、元崇朗、元崇仁、元崇礼、元彦昭、元彦遵、元彦贤。

城阳王长寿为沃野镇都大将，延兴五年（475）卒，谥曰康王。拓跋长寿妃曲氏（435—507），据《故城阳康王元寿妃之墓志》，曲氏为沮渠时扬烈将军、浇河太守曲宁孙之长女，正始四年（507）八月终于京师，春秋七十三，葬于长陵之东其子城阳王鸾墓边，曲氏墓出土于洛阳城北后海资村。[①] 长寿长子多侯早卒。多侯弟元鸾（468—505），字宣明，据《元鸾墓志》，元鸾袭城阳王，先后除凉州刺史、河内太守、并州刺史、平东将军、青州刺史、定州刺史，正始二年（505）三月卒于官，春秋三十八，赠镇北将军、冀州刺史，谥怀王，是年十一月葬于洛阳北芒，元鸾出土于洛阳城北前海资村。墓志又言其"虚心玄宗，妙贯佛理"[②]，则元鸾精通佛理。元鸾妻乙弗氏、范阳卢氏（详见下文）。

元鸾子元显魏（484—525），字光都，据《魏故假节辅国将军、东豫州刺史、元公（显魏）墓志铭》，元显魏父镇北将军、冀州刺史、城阳怀王鸾，母故东宫中庶子乙（弗）延女，元显魏除司徒掾，加宁远将军，正光六年（525）二月，卒于洛阳宣化里宅，春秋四十二，孝昌元年（525）十月葬于金陵（即长陵）。元显魏墓出土于洛阳城北后海资村北。妻京兆武公长乐冯熙女，子崇智，字道宗，左将军府中兵参军。崇智妻故南青州刺史河东薛和女，子崇

---

① 毛远明：《汉魏六朝碑刻校注》，第四册，第88页。
② 毛远明：《汉魏六朝碑刻校注》，第四册，第52页。

朗、崇仁、崇礼。长女孟容，适信都伯长乐冯聿子孝纂；二女仲容，适新安子南阳员㮣子彦；三女叔容；四女季容。① 冯聿为冯熙之子、冯诞之弟，而冯聿子孝纂则不见史书记载，可补史之阙。

元鸾第二子元显恭（？—530），字怀忠（此处从《魏书》本传，墓志作元恭，字显恭），据《魏故使持节、假车骑将军、都督晋建南汾三州诸军事、镇西将军、晋州刺史、大都督、节度诸军事兼尚书左仆射、西北道大行台、平阳县开国子元君（显恭）墓志》，元显恭母范阳卢氏，元显恭拜尚书左仆射、西北道大行台、大都督、节度诸军事，封平阳县开国子，永安三年（530）十二月尔朱荣弑孝庄帝，元显恭亦见害，太昌元年（532）十一月窆于洛阳。妻茹茹主曾孙、景穆帝乐平长公主孙、安固伯（郁久）闾世颖女。长子前通直散骑侍郎、宁朔将军、领尚书考功郎中彦昭；次子前秘书郎中彦遵；三子前给事中彦贤。《元显恭墓志》又云："文洞九流，义贯百氏。游仁者雾集，慕义者云从……始登台幕，徽风播宣。爰游凤沼，翰飞戾天。丝言落雨，纶绋腾烟，疏通自远，洁静穷玄。"② 则元显恭博学而有文才，还曾起草诏书。元显恭女适肆州刺史匈奴刘懿长子赠肆州刺史刘元孙（《刘懿墓志》）③。

元鸾子元徽（490—530），字显顺，据《魏故使持节、侍中、太保、大司马、录尚书事、司州牧、城阳王（元徽）墓志铭》，元徽母乙（弗）氏，则元徽与元显魏为同母兄弟。拜司州牧、领司徒，孝庄帝即位，因元徽妻为孝庄帝舅女，拜太保、大司马、宗师、录尚书事，总统内外。墓志云："蔚昺为文，铿锵成韵。"可见其有些文学才能。又云："陈群之裁定九品，杜预之损益万计，毛玠之华实必甄，山涛之官人称允。总而为言，绰有馀裕。"将元徽与定九品中正制的

---

① 毛远明：《汉魏六朝碑刻校注》，第五册，第340页。
② 毛远明：《汉魏六朝碑刻校注》，第六册，第400页。
③ 毛远明：《汉魏六朝碑刻校注》第七册，第241—242页。

魏吏部尚书陈群、为国理财平吴一统天下的晋度支尚书、镇南将军杜预、清俭公正的尚书仆射毛玠、荐举人才的晋吏部尚书仆射山涛相比附，虽然墓志有夸饰的成分，将元徽与这些人物相比附未必完全合理，但元徽作为当时的实际丞相，与这些人物在各自时代的地位是相当的。永安三年（530）十二月卒于洛阳，实际元徽为避尔朱兆迫害而潜逃，为其故吏寇弥所害，交于尔朱兆，墓志讳言之，春秋四十一，谥曰文献，太昌元年（532）十一月，窆于洛阳之榖山。元徽墓出土于墓出土于洛阳城北后海资村北。妻司空文穆公陇西李彪孙女。世子须陀延十岁（《魏书·元徽传》简称延），女长华十二岁，元徽妹适荥阳郑氏①，墓志刻于太昌元年则元须陀延生于正光四年（523），元长华生于正光二年（521）。元徽还有鲜卑于氏妃，曾为临淮王谭子元嘉所淫（《魏书》卷一八《太武五王传》）②。元徽弟元旭，字显和，征东将军、徐州刺史、襄城王（据此旭非但如《魏书》所载为显恭弟，排行还在徽之后）；弟元虔，字显敬，通直散骑常侍、安东将军、银青光禄大夫、广都县开国伯。

元鸾子、元徽弟元显儁（499—513），据《魏故处士元君（显儁）墓志》，元显儁为鸾季子，延昌二年（513）正月卒于宣化里第，时年十五，二月窆于瀍涧之滨。墓志出土于洛阳城北后海资村北。墓志云"慕学之徒，无不欲轨其操，既成之儒，无不欲会其文，以为三益之良朋也。"③，则显儁有一定文学才能。另有元理、元伯阳二人墓志皆称其为元鸾子，鲁才全、马立军已证此二人墓志为伪刻④

---

① 毛远明：《汉魏六朝碑刻校注》第七册，第2页。
② （北齐）魏收：《魏书》，第429页。
③ 毛远明：《汉魏六朝碑刻校注》，第四册，第230页。
④ 分见于鲁才全：《北魏〈元伯阳墓志〉辨伪》，《魏晋南北朝隋唐史资料》第15辑，武汉：武汉大学出版社，1997年，第141—146页；马立军：《北朝墓志与北朝文化》，北京：中国社会科学出版社，2015年，第277页。

城阳王长寿一支现可知的文士有，元恭、元徽、元显儁。

(11) 安定王休一支

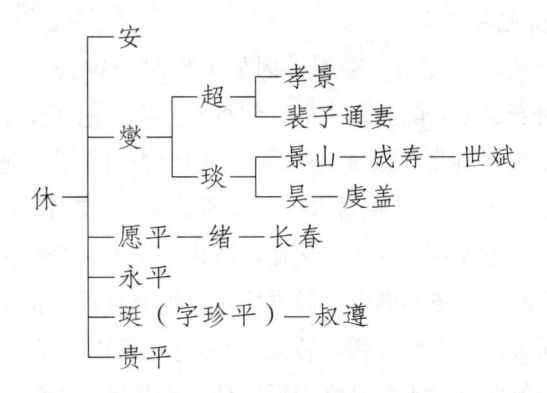

```
        ┌ 安
        │         ┌ 超 ┬ 孝景
        │         │    └ 裴子通妻
        │ 燮 ─────┤
        │         └ 琰 ┬ 景山 ─ 成寿 ─ 世斌
  休 ───┤              └ 昊 ─ 虔盖
        ├ 愿平 ─ 绪 ─ 长春
        ├ 永平
        ├ 斑（字珍平）─ 叔遵
        └ 贵平
```

安定王休一支目前既有史传（《魏书》卷十九下《景穆十二王传下·安定王》、《北史》卷十八《景穆十二王传下·安定王》）又有墓志发现者：元斑（珍平）。有史传而暂无墓志发现者：元休、元安、元燮、元超、元孝景、元愿平、元绪、元长春、元永平、元珍平、元叔遵、元贵平、元琰、元景山、元成寿；虽无史传记载但有墓志出土者：元虔盖、元世斌、元愿平妻乐浪王氏、元斑夫人穆玉容。虽无史传记载、亦无本人墓志发现，但有相关墓志提及者：元超女（裴子通妻）、元昊。

安定王元休（？—494），在孝文帝初击退蠕蠕，入为内官大都，迁太傅。后支持孝文帝迁都洛阳，并迎家于平城做出表率。太和十八年（494）卒，谥号靖王。休长子元安早卒，次子元燮（？—515）袭爵安定王，拜征虏将军，先后任华州、豳州等地刺史，延昌四年（515）卒。赠朔州刺史。《北史》卷十八本传未记元燮谥号，据元燮曾孙虔盖墓志，曾祖燮，安定恭王。[1] 元燮妻为高

---

[1] 吴钢：《全唐文补遗》第七辑，西安：三秦出版社，2005年，第248页。

肇从姊（妹）、宣武帝从母、茹皓妻高氏之姊。北海王详曾与之私通（《魏书》卷二一上《献文六王传·北海王详》、《魏书》卷九三《恩幸传·茹皓》）。①

元燮子超，字化生，袭爵，因胡国珍封安定公，超改封北平王，后复封安定王，除光禄大夫、领将作大将。超子孝景袭爵，除通直郎。元超女适北齐骠骑大将军、太中大夫河东裴子通，据《齐骠骑大将军、太中大夫裴君（子通）墓志铭》，裴子通，字叔灵，河东闻喜人。祖保欢，处士。父良，汾州诸军事、汾州刺史、散骑常侍、太府卿，赠吏部尚书、尚书仆射。裴子通武平初，拜中散大夫，为十州大使，巡察方俗，转太中大夫。后辞官归隐，居颍阴之里。开皇十年四月二十六日终于阳城乡之丰义里，春秋八十一。夫人元氏，魏安定王超之女。以开皇十一年十一月合葬于汾亘旧茔。② 裴子通大约在北齐末辞官，居于颍阴，裴子通开皇十年四月卒，十一年十一月与元氏合葬于裴氏河东旧茔，则元氏大约卒于开皇十年四月至十一年十月间。

元超弟元琰，字伏宝，入关，西魏大统中封宋安王。《北史》卷十八本传记元琰谥曰懿，据元琰孙元虔盖墓志，元琰为宋安顺王，则元琰谥号为顺，元琰谥号为懿还是顺，姑存疑。《元和姓纂》卷四："安定王休生燮；孙景山，隋安州总管、宋安公；生成寿，青州刺史。"③ 元琰子元景山（532—586），字宝岳，从北周武帝灭北齐，拜大将军、平原郡公、亳州总管。尉迟迥反杨坚，荥州刺史宇文胄与迥通谋，作书希元景山共谋，景山执使送杨坚，以是进位上大将军。迁安州总管、进位柱国。隋文帝践祚，封上柱国。后坐事免，卒于家，赠梁州总管，谥曰襄。据元景山孙元世斌墓志，世

---
① （北齐）魏收：《魏书》，第 561、2001 页。
② 王其祎、周晓薇：《隋代墓志铭汇考》第二册，第 11—14 页。
③ （唐）林宝撰，陶敏校证，李德辉整理：《元和姓纂新校证》，第 158 页。

斌为上柱国、宋安公元景山世孙,则景山袭元琰爵,大约北周建立降西魏时给元氏的封爵,而称宋安公。《隋书》卷一《高祖纪上》:"开皇元年三月乙酉,以上柱国元景山为安州总管。……丙戌,上柱国、宋安郡公元景山卒。"①据《隋书》卷三十九《元景山传》,元景山字瑶岳,河南洛阳人也。祖燮,魏安定王。父琰,宋安王。开皇二年欲侵陈,元景山为行军元帅,景山将济江,会陈宣帝卒,有诏班师。数载,坐事免,卒于家,时年五十五。赠梁州总管,赐缣千匹,谥曰襄。子成寿嗣。成寿便弓马,起家千牛备身。以上柱国世子,拜仪同。后为秦王库真车骑。炀帝嗣位,征为左亲卫郎将。杨玄感之乱,景山从刑部尚书卫玄击之,以功进位正议大夫,拜西平通守。②据《元和姓纂》元成寿为青州(治益都,今山东益都)刺史。《元世斌墓志》称元世斌(586—609)为景山世孙,成寿嗣景山位,由此可知世斌为成寿世子。世斌除朝请郎,大业五年(609)五月卒于隆政里第,春秋二十四,是月葬于大兴成西龙首乡安里之山,元世斌墓出土于西安西郊。③元琰子昊,隋涪州刺史、贵乡公。元昊子元虔盖,据《隋故万金府鹰杨郎将元君(虔盖)墓志铭》,元虔盖隋仁寿初,入参周卫,大业末加授朝散大夫,除熊耳县令,拜魏郡万金府郎将,卒年卌五。夫人京兆韦氏,逍遥公复孙,太子洗马约第三女(《北史》卷六十四《韦复传》作世约,《元虔盖墓志》省作约)。春秋五十六卒于京第。有女四人。唐贞观二十年十一月迁葬于雍州万年县小陵原。④

元燮弟员外郎元愿平,孝昌间卒。元愿平妻王氏(480—509),据《魏黄钺大将军、太傅、大司马、安定靖王第二子,给事郡王氏

---

① (唐)魏徵等:《隋书》,第14、24页。
② (唐)魏徵等:《隋书》,第1153页。
③ 王其祎、周晓薇:《隋代墓志铭汇考》第三册,第357页。
④ 吴钢:《全唐文补遗》第七辑,西安:三秦出版社,2005年,第248页。

夫人墓志》，夫人王氏，乐浪遂城人。燕仪同三司、武邑公波六世孙，魏幽营二州刺史、广阳靖侯道岷第三女，冀齐二州刺史、燕郡康公，昌黎韩麒麟外孙。永平二年（509）五月卒于洛阳，时年三十，十一月窆于长陵之东，王氏墓出土于洛阳城北徐家沟村东北。① 元愿平子绪，关右慰劳十二州大使，没于吐谷浑。元绪子长春，除员外散骑侍郎，仕于东魏，封南郡王。元愿平弟永平除征虏将军、南州刺史。

元永平弟珍平有墓志发现，据《魏故左军将军、司徒属赠持节、督豫州诸军事、龙骧将军、豫州刺史河南元君（斑）墓志铭》，元斑，字珍平，安定靖王休第五子，除司州治中，孝昌二年（526）七月终于洛阳遵让里，是年十月窆于西陵。② 由元斑墓志可知，愿平、永平、贵平皆为字，元斑夫人穆玉容墓志亦已发现，据《魏羽林监、轻车将军、太尉府中兵参军元斑字珍平妻穆夫人（玉容）墓志铭》，穆玉容曾祖宁南将军、相州刺史提，祖中坚将军、昌国子衰，父左将军、东来太守、昌国子如意，神龟二年（519）九月卒于河阴遵让里，春秋廿七，是年十月窆于长陵大堰之东，元斑、穆玉容墓志亦出土于洛阳城北南陈庄村南马沟北。③ 羽林监、轻车将军、太尉府中兵参军当是神龟二年（519）时元斑的官职，《元斑墓志》中未提到曾任这些官职，此可补《元斑墓志》之阙。元斑子员外散骑常侍元叔遵。元斑弟元贵平封东莱王，曾任南相州、青州等地刺史。元贵平女安平主适东平王陆俟玄孙、散骑常侍陆旭子清河县伯、朱衣直阁陆腾。陆腾东魏时拜征西将军，领阳城郡守。武定元年（大统九年）西魏军进犯，为西魏军所执而入关。④ 安定王元

---

① 毛远明：《汉魏六朝碑刻校注》第四册，第136页。
② 毛远明：《汉魏六朝碑刻校注》第六册，第41页。
③ 毛远明：《汉魏六朝碑刻校注》第五册，第38页。
④ （唐）令狐德棻：《周书》卷二十八《陆腾传》，第469—470页。

休一支，暂时没有可知的文士。

(12) 乐浪王万寿一支

万寿—乐平—忠

乐浪王万寿，和平三年封，拜征东大将军，镇和龙。性贪暴，征还，终于道。谥曰厉王。子康王乐平袭爵。乐平终，子长命袭爵。因杀人而赐死，国除。子忠，孝明帝时，复前爵，位太常少卿。

景穆帝子孙之支系未详者

元举（字长融，509—527），据《魏故宁朔将军、梁国镇将元君（举）墓志铭》："君讳举，字长融，河南洛阳人。景穆皇帝之玄孙也。……除散骑侍郎，在员外。……以孝昌三年（527）十一月廿九日终于宣政里舍，春秋十九。端旒有念，负扆兴嗟，褒锡之典，事加恒数。诏赠宁朔将军、梁国镇将。以武泰元年（528）三月十六日窆于西陵。"[1]

太常卿元斌女（555—627）适隋高密郡太守陇西辛谦（538—590），据《隋高密郡太守始新县开国子辛府君（谦）墓志铭》："公讳谦，字履仁，陇西狄道人。……祖伯鸾，魏使持节、柱国大将军、仪同三司、秦冀二州刺史、左光禄大夫、散骑常侍、鸿胪卿、阳城郡开国公，食邑一千二百户。父弁，西魏大将军府长史、新丰县伯，周朝赐姓宇文氏，拜使持节、骠骑大将军、开府仪同三司、大都督、华阳郡守、勋绛建三州刺史，进封绥化县开国侯，食邑二千户。……魏末，（公）解巾为蒲州总管参军，时年十七。周初，拜旷野将军，除殿中司马，俄授都督，迁帅都督、中外府铠曹。寻

---

[1] 毛远明：《汉魏六朝碑刻校注》第六册，第150页。

拜绥化国世子，进为大都督。顷之，除前门正领上士，又授前将军，转司右领上士，迁大将军府司录。随初，应诏举清平，除高密郡太守，封始新县开国子。……春秋五十有三，在开皇十年（590）岁次庚戌五月廿七日，薨于高陵下里之第也。夫人元氏，魏景穆皇帝之玄孙，太常卿□城王斌之女。四德兼备，六行允修，作嫔君子，克谐闺政。以大唐贞观元年（627）九月廿二日卒，时年七十有三。粤以显庆三年岁次戊午正月甲申朔十三日、合葬乎雍州高陵县临泾乡临泾里泾阳之原，礼也。"[1] 则辛谦为关中士族，因其家族的关中背景自然会在魏分东西时，选择入关，其父已仕于西魏。

元行敏、元行敏女适上柱国、永康公陇西李志览，据奉义郎行雍州长安县尉上柱国沛国刘谭譔《大周故朝议大夫上柱国前赵州司马李府君（志览）墓志铭》：

> 君讳志览，字□，陇西成纪人也。……曾祖崇义，字文朝，河南龙门二郡太守、雍州导驾刺史、使持节、车骑大将军、和州刺史、上仪同三司、永康公。祖诠，随车骑大将军，袭爵永康公，谥曰襄，唐六州诸军事荆州都督。父正明，唐左骁右屯左卫将军、兰夔原灵三州都督、金紫光禄大夫、上柱国、永康公、赠秦渭等四州诸军事秦州都督。……（君）累迁符宝郎、朝议大夫、行赵州司马、上柱国，袭爵永康公。……以圣历元年四月十四日终于稷州始平县界，享年六十九。……夫人河南元氏，后魏景穆皇帝之孙，有唐绵州司马行敏之女也。……以三年二月十六日合葬于长安县细柳原之旧茔，礼也。嗣子庆远等。[2]

---

[1] 赵力光：《西安碑林博物馆新藏墓志汇编》，第88—90页。
[2] 陕西历史博物馆：《风引薤歌：陕西历史博物馆藏墓志萃编》，西安：陕西师范大学出版社，2017年，第46—49页。墓志中地名古今对照：赵州（治平棘，今河北赵县），稷州（治武功，今陕西武功县西北武功镇），绵州（治巴西，今四川绵阳东）。

墓志中"后魏景穆皇帝之孙"指景穆帝之后。元行敏具体支系未详。李正明为凌烟阁功臣赐陪葬昭陵卫国公李靖之兄弟，李志览即李靖侄。可见唐初元氏仍有较大影响力，唐代功臣亦与之通婚。

元氏，据《大唐故河南元氏夫人墓志铭》："夫人河南鼎族，景穆后之灵源。父振，□雍州蓝田县令。……（夫人）春秋五十二，开元廿六年（738）三月十九日卒于洛阳。呜呼！以其年五月十七日迁厝于帝城东北邙山之南道士临茔。"[1] 墓志题中氏字上之字漫灭，根据墓志中景穆，可知氏字上为元，乃景穆帝之后。

元氏（？—765），据独孤及《唐太府少卿兼万州刺史贺若公（璿）故夫人河南郡君元氏墓志铭》："夫人讳某，魏景穆皇帝九代孙也。祖讳某，皇朝赠太子少保。父讳某，克荷前烈，不幸早世。夫人在孕而孤，鞠育于叔父相国颍川公。天机聪明，生知仁孝，被服法度，综习文史。年十四，嫁河南贺若璿。璿积功劳，剖符为郡，夫人辅佐，以副筓宜室。能睦其族，且劝以义，而风藻礼范，仪刑闺门。晚节厌离心垢，严持禅诵，而道机未弘。寿量有极。永泰元年（765）三月某日，终于渠州，享年若干。……大历二年二月二十二日反葬于京兆鄠县之某原。"[2] 渠州（治流江，今四川渠县）即在万州（治万县，即重庆万州区）西，大约元氏卒于贺若璿为万州刺史时。

元让、元师蕚、元承裕、元谏（716—779），据守京兆府蓝田县令李速撰《唐故朝散大夫守泾王府长史元府君（谏）墓志铭》：

公讳谏，字正词，姓元氏，河南人也。代禄能由礼，承家

---

[1] 陈长安：《隋唐五代墓志汇编·洛阳卷》第十册，天津：天津古籍出版社，1991年，第149页。
[2] （清）董诰等编，孙映逵等点校：《全唐文》第3册，第2356页。

无违德,帝胄也。景穆为烈祖,王胤也。弋阳之玄孙;曾祖让,正议大夫,黄州刺史;祖师薹,太中大夫,海州长史;父承裕,朝议郎,行秘书丞。三朝联荣,□□济美。当后魏者,挚皆三帛。仕随唐者,軟多两朱。……解褐补左卫率府兵曹,改汾州平遥县丞,授尚辇直长,潞仪节度□要,专知巡内馆驿。寻换卫州司马,兼陈、郑、怀、潞、仪、沁、颍等州邮驿使,赐绯鱼袋,皆节使举能也。再为大理正,监察御史,支度判官,仍邮驿使,知节度留后。又充河西陇右山南□□帅判官。怀、泽、潞邮驿使,寻加朝散大夫,大理正,殿中侍御史,摄怀泽刺史。旋检校兵部郎中,兼泽州刺史。……除泾王府长史,非其任也。(大历十四年779)代宗崩,告哀江淮,六月,南迈万蛮炎程,涉瘴疠之乡,染雾露之疾。复命无几,馀痾未平,又差成都,……达成都之明日,终于其馆,春秋六十有四。……以建中元年(780)秋八月旬有一日厝于神禾原,非先茔也。长子□□,潞府仓曹;次子仲经,□文进士。夫人陇西县君,余季妹也。[①]

元让、让子元师薹、师薹子元承裕,皆因《元谏墓志》所载而知其官职,其余事迹未详。元承裕子元谏主要在河东以及河南一带为官,曾为肃宗第七子泾王李侹长史,卒于成都。夫人陇西李氏,墓志撰写者李速为李氏之兄。

元晟,曾与萧颖士等交游,元晟作有《送萧夫子赴东府得引字》,同时赋诗还有刘太冲、郑愕、殷少野、邬载,《全唐诗》卷二

[①] 胡戟:《珍稀墓志百品》,第156—157页。墓志中地名古今对照:海州(治朐山县,在今连云港市西南海州镇),汾州平遥县(治今山西平遥),陈州(治宛丘,今河南淮阳),郑州(治管城,今河南郑州),怀州(治河内,今河南沁阳),潞州(治上党,今山西长治),仪州(治辽山,今山西左权),沁州(治沁源,今山西沁源),颍州(治汝阴,今安徽阜阳),泽州(治晋城,今山西晋城)。

百九作者小传中载四人为天宝十二载（753）进士，而元晟小传则称其为河南府进士。① 天宝十二载李林甫去世，萧颖士调河南府参军事，大约萧颖士出发前新科进士元晟、刘太冲等为之送行赋诗，既然是同时赋诗，大约元晟亦为天宝十二载进士。元惟乂父亦名元晟（元万顷之后），此元晟这一时期大约刚出生，可知与天宝十二载进士元晟定非一人。天宝十二载进士之元晟还与皇甫冉、李端等交游，元晟等赋诗详见下文"唐代元氏家族文学与文化研究"。

元晟女元洞灵（762—822），据元洞灵外甥朝议大夫守中书舍人上柱国赐紫金鱼袋沈传师撰《唐故元夫人（洞灵）墓志铭》，元氏为景穆帝之后，曾祖怀式，祖庭珪，父晟。元氏生于毗陵之阳，羡洞灵仙观，而幼以观名为字。适处州丽水令太原王淮，王淮乏才能，元氏携子还家。长庆二年（822）九月二十一日终于季舅之官舍，春秋六十一，后从其遗愿，葬于硖石县（治今河南三门峡市陕州区硖石乡）门信乡石柱里北原。② 元洞灵曾祖怀式，上文《元令仲墓志》载元令仲父颖州刺史怀式（景穆帝子京兆王子推之后），元洞灵生年（752）比元仲灵生年（594）晚一百六十八年，则元洞灵曾祖与元令仲父绝非同一人。皇甫冉作有《送元晟归潜山所居》、李端作有《送元晟归江东旧居》、皎然作《对陆迅饮天目山茶因寄元居士晟》，元晟旧居在江东，而元洞灵生于毗陵之阳在江东，从年龄上元晟也是元洞灵父辈，疑元宝十二载进士之元晟即元洞灵父。元洞灵外甥沈传师，沈传师字子言，其父即德宗时左拾遗、史馆修撰、礼部员外郎沈既济③，沈既济即《枕中记》撰者，则元晟有女适沈既济，生子沈传师（769—827）。据《元和姓纂》卷七，

---

① （清）彭定求等编：《全唐诗》，北京：中华书局，1960年，第2176—2178页。
② 中国文物考古研究所、河南省文物考古研究所：《新中国出土墓志（河南贰）》，北京：文物出版社，2002年，上册第2页，下册第1—2页。
③ （后晋）刘昫等：《旧唐书》卷一百四十九《沈傳师传》，第2034—2037页。

沈既济出自吴兴沈氏,父为婺州武义主簿沈朝宗。① 如果《旧唐书》所记沈传师卒年(大和元年卒,年五十九)不误,则沈传师仅比元洞灵小七岁,洞灵大约为元晟小女,与沈传师母年龄相差较大。

元濯,河中府参军,元濯女适京兆府美原县(治今陕西富平县薛镇乡土木坊)令上谷侯钊,据长兄登仕郎前守太常寺太祝云长撰《唐故进士侯君(云亮)墓志铭》,侯云亮,上谷人,十八代祖晃为河东太守而居于河东,祖秘书省著作郎璥节,父京兆府美原县令钊,母元氏,外祖父后魏景穆帝之裔河中府参军元濯。侯云亮终于贞元十五年八月一日,享年十八岁,元和六年十月廿四日葬于少陵原,其父墓之左。② 元濯事迹未详。元濯女当与侯钊合葬于少陵原。《元和姓纂》卷五言著作郎侯璥节生监察御史钊,侯钊生云长、云章。③ 结合《侯云亮》墓志,可知侯钊还有子、侯云长有弟云亮,大约因其早卒未进仕途而失载,墓志正可补阙。

第二节　文成献文孝文诸帝子孙支系考

9. 文成帝子孙

文成帝拓跋濬嫔耿氏墓志已发现,据《大魏高宗文成皇帝嫔耿氏墓志铭》,耿氏,巨鹿宋子人,祖燕朝使持节、镇东将军、幽州刺史诞。父魏威远将军、博陵太守乐。耿氏延昌三年六月终于洛阳,春秋七十二,是年七月葬于洛阳西岭,耿氏墓志出土于洛阳城北安驾沟村南。④

---

① (唐)林宝撰,陶敏校证,李德辉整理:《元和姓纂新校证》,第391页。
② 李浩:《榆阳区古代碑刻艺术博物馆藏志》,第220—221页。
③ (唐)林宝撰,陶敏校证,李德辉整理:《元和姓纂新校证》,第255页。
④ 毛远明:《汉魏六朝碑刻校注》第四册,第254页。

文成帝嫔耿寿姬，据《魏故高宗耿嫔（寿姬）墓志铭》，耿寿姬，定州巨鹿曲阳人，终于神龟元年三月八日。父建中将军、魏郡太守绍；母冀州渤海吴氏，父临颜（颍）、白马二县令，吴氏兄神宝，献文帝行顺（幸）定州，被旨除弥寇将军、平兴陵。父弟息世明，为郡功曹，督护本县令。明息海宾，为郡功曹，复为郡中正。耿寿姬墓志似未刻完。①

文成帝夫人于仙姬，据《魏帝先朝故于夫人（仙姬）墓志》，西域于阗国主女，孝昌二年二月卒于洛阳金墉之宫，是年四月葬于洛阳，于仙姬墓出土于洛阳城北南石山村。②

文成帝子韩哀王安平，早逝而无传。文成帝女赵郡公主适司马金龙弟司马跃③，赵郡公主具体情况现存史料阙如。司马金龙孙辈与宣武帝妹婚姻，则司马金龙弟所尚公主当为献文帝一辈，司马跃拜云中镇将，可知其居于平城，生活时代也是在迁都前，综合推知，约为文成帝女。

(1) 安乐王长乐一支

```
              ┌─ 鉴 ─ 昂
长乐 ─ 诠 ─┤
              └─ 斌之 ─ 祥 ─ 庆 ─ 师奖 ─ 大亮 ─ 扬庭
```

安乐王长乐一支既有史传（《魏书》卷二十《文成五王传·安乐王》、《北史》卷十九《文成五王传·安乐王》）又有墓志发现者有元诠。史传有提及，而无本人墓志发现者：拓跋长乐、元斌之、元昂。安乐王长乐一支唐代有墓志出土者：元师奖、元大亮；虽无本人墓志出土，但相关人士墓志中有提及者：元斌之、元祥、元庆。

---

① 毛远明：《汉魏六朝碑刻校注》第四册，第375页。
② 毛远明：《汉魏六朝碑刻校注》第六册，第9页。
③ （北齐）魏收：《魏书》卷三七，第857页。

拓跋长乐（？—479）初封建昌王，后改封安乐王，拜太尉，出为定州刺史，太和三年（479）七月与内行长乙肆虎谋为不轨，事发，赐死于家，谥曰厉。拓跋长乐子元诠（477—512）字休贤，据《魏使持节、骠骑将军、冀州刺史、尚书左仆射、安乐王（元诠）墓志铭》，元诠为文成帝孙，大司马公安乐王长乐子，少袭安乐王爵，加征西大将军，寻拜光爵，以本官领太子中庶子。正始三年（506）除使持节都督南讨诸军事平南将军，与征南将军中山王元英攻围钟离，以功除使持节、都督定州诸军事、平北将军、定州刺史。永平元年（508）京兆王愉反于冀州，元诠与李平等征愉，破愉，除侍中，后拜尚书左仆射，永平五年（512）三月卒于第，春秋三十六，赠使持节、骠骑将军、冀州刺史，谥曰武康，是年八月窆于邙山，元诠墓出土于洛阳城北伯乐凹村西北。①

元诠子元鉴，字长文，袭爵，除相州刺史、北讨大都督，讨葛荣，兼尚书右仆射、北道行台尚书令，后谋反降葛荣，为都督源子源与裴衍所杀，改其元姓。孝庄帝初，复其元姓，复王爵，赠司空。元鉴娶光禄大夫李宪女李季嫔（《李宪墓志》）。② 元鉴子元昂娶李宪子李希宗之长女李祖猗。《北史》卷七《齐文宣帝纪》："魏乐安王元昂，后之姊婿，其妻有色，帝数幸之，欲纳为昭仪。召昂令伏，以鸣镝射一百馀下，凝血垂将一石，竟至于死。后帝自往吊，哭于丧次，逼拥其妻。仍令从官脱衣助襚，兼钱彩，号为信物，一日所得，将逾巨万。后啼不食，乞让位于姊，太后又为言，帝意乃释。"③《李宪墓志》又言李宪第二子李希宗妻博陵崔氏。希宗女祖猗，适安乐（下残）。可知李祖猗为李希宗长女，为东魏安乐王元昂妃。元鉴弟斌之，字子爽，与兄鉴一同降葛荣，荣灭，得

---

① 毛远明：《汉魏六朝碑刻校注》，第四册，第214页。
② 毛远明：《汉魏六朝碑刻校注》第七册，第220页。
③ （唐）李延寿：《北史》卷七，第261页。

还。孝武帝时，封颍川郡王。孝武帝入关，斌之奔南朝梁，后入长安。

《元和姓纂》载："文成帝潛生安乐王长乐。长乐生诠。五代孙师奖，鄯州刺史。"① 五代孙到底是包括自身，还是不包括，结合墓志方有所知。据《大唐故通议大夫使持节都督鄯河兰廓缘淳丽津超罕永定等一十二州诸军事守鄯州刺史、上柱国、新蔡县开国男、河源道经略副使元府君（师奖）之墓志铭》，元师奖，字玄成，曾祖魏侍中、司空公炽；祖魏直阁将军、宗正少卿、秘书监、金紫光禄大夫、太子右率，隋使持节上大将军、洮州诸军事、洮州刺史，呼酋县开国公祥；父绛州稷山县令庆。元师奖为通议大夫、使持节、都督鄯河兰廓缘淳丽津超罕永定等一十二州诸军事、守鄯州刺史、上柱国、新蔡县开国男、河源道经略副使，垂拱二年正月卒于鄯州官舍，春秋六十六。夫人万寿县君魏郡柏氏，魏府骑曹文惠之女，以垂拱元年四月十九日终于鄯州官舍，春秋五十五。垂拱三年十月合葬於岐州岐阳县含原乡三畤原，嗣子左卫勋一府副队正大亮。②

据朝散大夫、行抚州司马清河潘行臣撰《大唐故兴教府左果毅都尉上柱国河南元公（大亮）墓志铭》，元大亮，河南洛阳人。后魏昭成帝之后。高祖斌袭后魏武昌郡王；曾祖祥（墓志未载官职），祖善庆，唐绛州稷山县令；父师奖，甘肃瓜庭四州诸军事、甘州刺史、茂州都督、鄯州都督、新蔡县开国男、上柱国。元大亮以圣历元年二月十二日有诏征求，於家中拜授。授兴教府左果毅都尉。春秋五十五，以景龙元年十一月二十日，终于京师崇化里第。夫人尉氏，祖隋左武卫大将军、鸿胪卿、左光禄大夫、吴国公之孙女，唐

---

① （唐）林宝撰，陶敏校证，李德辉整理：《元和姓纂新校证》，第159页。
② 吴钢：《全唐文补遗》第三辑，第468—469页。

朝散大夫、行右羽林军录参军之女。景龙二年八月二十四日，元大亮与尉氏合葬于岐州三畤原。嗣子扬庭。①

元大亮之高祖斌即元斌之，大亮父元师奖墓志中记载的曾祖魏侍中、司空公炽即斌，元诠爵位由元鉴所袭，大约元斌入关后，封武昌郡王。元斌子祥后入隋，元祥子庆入唐为县令，元庆子元师奖（621—686）守河西，元师奖妻魏府骑曹魏郡柏文惠女，夫妻二人垂拱初先后终于鄯州（治西都县，今青海乐都县）官舍，归葬岐阳县（治今陕西岐山县岐阳村）旧茔。元师奖子元大亮（655—707），为兴教府左果毅都尉、上柱国。夫人隋吴国公尉迟安孙女。《元和姓纂》的"五代孙师奖"是包括元诠已身而言。

(2) 广川王略一支

略—谐—灵遵—焕（赵郡王幹孙，继灵遵之后）

广川王拓跋略，太和四年（？—480）卒，谥曰庄。拓跋略子元谐，字仲和，太和十九年卒，谐子灵遵袭爵。《魏书》卷二十、《北史》卷十九之《文成五王传·广川王传》灵道（灵遵）之后失载。据《元焕墓志》，元灵遵无子，宣武帝以赵郡王幹次孙、相州刺史元谌子元焕为广川哀王灵遵后。《元焕墓志》记载了其本身即赵郡王一支的情况和其继的广川王略家族的情况。对元略家族的记载是，继曾祖贺略汗之简省，侍中、征北大将军、中都大官又加车骑大将军广川庄王贺略汗（可知元略之略为贺略汗的省称），曾祖亲上谷侯氏，侯氏父平南将军、洛州刺史上谷侯石拔女。祖散骑常侍、武卫将军、东中郎将广川刚王谐，祖亲太原王氏，王氏父侍中、吏部尚书、卫大将军、尚书令、太宰公、中山文宣王叡。拓跋略为焕继祖，拓跋略之名略为贺略汗之简省，侍中、征北大将军、

---

① 吴钢：《全唐文补遗》第三辑，第42—43页。

中都大官，又加车骑大将军广川庄王。散骑常侍、武卫将军、东中郎将广川刚王。父冠军将军、青州刺史、广川哀王灵遵。母河南宇文氏，宇文氏父镇东府长史、悬氏侯伯昇。① 《魏书》卷二十《文成五王传·广川王》灵遵作灵道，哀王作悼王。似当以墓志为准，灵遵早逝无子，故谥曰哀。

(3) 齐郡王简一支

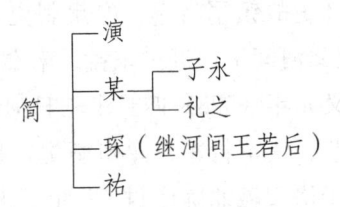

```
         ┌─ 演
         │    ┌─ 子永
    简 ──┼─ 某 ┤
         │    └─ 礼之
         ├─ 琛（继河间王若后）
         └─ 祐
```

(4) 河间王若一支

若 — 琛 — 子豫 — 孟恭

齐郡王简一支，既有史传（《魏书》卷二十《文成五王传·齐郡王》、《北史》卷十九《文成五王传·齐郡王》）记载又有墓志发现者：元简、元祐。因墓志发现而知其名与事迹者：元演、元子永、元礼之、元祐妃常季繁。

河间王一支，有墓志发现者：元子豫。相关墓志提及者：元孟恭。

元简（460—499），字叔亮，据《元简墓志》，元简祖景帝晃，父文成帝濬，母沮渠牧犍女，孝文帝第五叔，太和二十三年（499）正月卒于第，春秋四十，谥号顺，元简墓出土于洛阳城西北高沟村。② 妻常氏，燕郡公常喜女。③ 元简长子元演（479—513），字智兴，据

---

① 毛远明：《汉魏六朝碑刻校注》第五册，第343页。
② 毛远明：《汉魏六朝碑刻校注》，第三册，第308页。
③ （北齐）魏收：《魏书》，第528页。

《维皇魏故卫尉少卿、谥镇远将军、梁州刺史元君（演）墓志铭》，元演拜卫尉少卿，延昌二年（513）二月卒于位，春秋三十五，墓志题中的镇远将军、梁州刺史为赠官，其年三月葬于孝文帝墓旁，元演墓志出土于洛阳城北张羊（村）。① 元简子处士某，其子元子永、礼皆由叔父河间王琛抚养。"琛妃，世宗舅女，高皇后妹。"（《魏书》卷二十《文成五王传·河间王若》）② 元子永（504—528），字长休，据《魏故镇军将军、豫州刺史元使君（子永）墓志》，元子永曾随叔父河间王琛进讨东益、南秦二州氐羌之乱，迁员外散骑常侍，建义元年（528）四月十三日河阴之难中见害，春秋二十五，赠使持节、镇军将军、豫州刺史，是年十一月葬于洛阳，元子永墓出土于洛阳城北陈庄村。③ 元子永弟元礼之（506—528），字休（子永字长休，此处礼之字休前约有脱文），据《魏故安东将军、光州刺史元使君（礼之）墓志铭》，元礼起家给事中，叔父河间王琛引为军主，卒于建义元年（528）四月十三日，墓志中写遘疾而卒，大约是讳言河阴之变中见害，春秋二十三，赠使持节、安东将军、光州刺史，是年十一月窆于洛阳，世妇鲁国唐氏，元礼墓出土于洛阳城北陈庄村。④

元演弟元祐（488—519），字伯援，袭简爵，据《持节、都督泾州诸军事、征虏将军、荆州刺史齐郡王（祐）墓志铭》，元祐除持节、都督泾州诸军事、征虏将军、荆州刺史，神龟二年正月卒于洛阳，春秋三十二，其年二月葬于洛阳北邙，元祐墓出土于洛阳城西北高沟村西。墓志又描述元祐有文才："锐志儒门，游心文苑，访道忘食，徙义遗忧……秉笔霄墀，徽述之理惟清；珥貂霞阁，毗

---

① 毛远明：《汉魏六朝碑刻校注》，第四册，第232页。
② （北齐）魏收：《魏书》，第529页。
③ 毛远明：《汉魏六朝碑刻校注》，第六册，第251页。
④ 毛远明：《汉魏六朝碑刻校注》，第六册，第249页。

赞之功已显。"① 墓志未载元祐谥号，据《魏书》本传，元祐谥曰敬，本传未言元祐能文，墓志可补史志之阙。据元祐妃常季繁墓志，元祐卒赠征北将军、冀州刺史，谥曰敬。元祐妃常季繁（480—522），据《魏故齐郡王妃常氏（季繁）墓志铭》，常季繁为侍中太宰辽西献王澄之曾孙，辽西公冏之季女。其先河内温人。永嘉之末，乃祖避地，遂居辽西郡之肥如县。文成帝乳母常氏正位皇太后，常氏因是显达，常太后即常季繁之从姑，正光三年（522）正月卒于洛阳照洛里第，春秋四十三，正光四年（523）二月与元祐合葬，元祐夫妇墓出土于洛阳城西北高沟村西。②

元简墓及元祐、常季繁夫妇墓出土于洛阳城西北高沟村，此地紧邻孝文帝陵，元演墓出土于洛阳城北张羊（村），大约因祐为简世子，而葬于简旁，张羊（阳）村在高沟村东约五公里，元子永、元礼墓出土于（南）陈庄村，（南）陈庄村在张羊（阳）村西南，二村紧邻仅相距约800米，虽然现行政区划属于不同村，但当时来看是同一带，这一带即为齐郡王家族族葬地，大约最初是葬于今高沟村其后代逐渐向东安葬。元良因仕于东魏，故居于邺城，亦葬于是。

文成帝子若，字叔儒，未封而薨，追封河间王，谥号孝。以齐郡王子元琛为叔儒之后。元琛字昙宝，幼年聪慧，孝文帝赏爱他。元琛妃，为孝文帝高皇后之妹、宣武帝舅之女。宣武帝时，拜定州刺史。后兼都官尚书。出为秦州刺史，在州聚敛。东益、南秦二州氐人反，诏琛担任行台，仍充当都督，返回代行州中事务事。元琛总领军队形行台后，贪得无厌，祸害百姓。讨伐氐、羌，大败而归。为中尉弹劾，遇到大赦，除名籍为平民。不久恢复王爵。后来

① 毛远明：《汉魏六朝碑刻校注》，第五册，第7页。
② 毛远明：《汉魏六朝碑刻校注》，第五册，第185页。

讨伐鲜于修礼,失败,被免官爵。之后讨伐汾晋胡、蜀,卒于军中,追复王爵。元琛子元子豫(505—526),据《魏故给事中元君(子豫)墓志铭》,元子豫,字彦休,河南洛阳人。祖太保、齐王。父卫军、河间王。元子豫"爱学披文,日新方美。"年未弱冠,除给事中。春秋二十二,孝昌二年(526)十一月廿二日终于洛阳。三年三月十日葬于芒山之西岭碉硎硎之北岗。庶子孟恭年三岁。① 齐王正是齐郡王简,元简子元琛继河间王若之后,故墓志称元子豫父为河间王。元子豫有子元孟恭。

齐郡王一支现可知能文者有:元祐。

(5) 安丰王猛一支

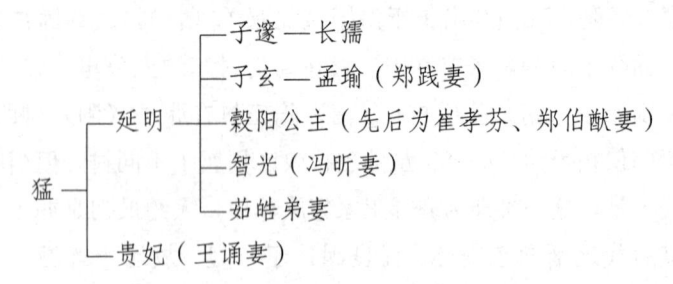

```
                  ┌─ 子邃 ─ 长孺
                  ├─ 子玄 ─ 孟瑜(郑践妻)
         ┌ 延明 ──┼─ 縠阳公主(先后为崔孝芬、郑伯猷妻)
   猛 ──┤        ├─ 智光(冯昕妻)
         │        └─ 茹皓弟妻
         └ 贵妃(王诵妻)
```

安丰王猛一支既有史传(《魏书》卷二十《文成五王传·安丰王》、《北史》卷十九《文成五王传·安丰王猛》)又有墓志发现者有元延明、元子邃。有史传记载而暂无墓志出土者:元长孺、元氏(元延明女、茹皓弟妻)。史传无记载而有本人墓志出土者:元贵妃(元猛女、琅邪王诵妻)、元智光(元延明女)、元孟瑜(元子玄女)、元延明妃冯氏、元子邃妻陇西李艳华。虽无史传亦无本人墓志发现,但相关人士墓志中有提及者:元子玄(元延明子)、縠阳公主(元延明女)。

安丰王猛,字季烈,拜侍中,后出为和龙镇都大将、营州刺

---

① 吴钢:《全唐文补遗·千唐志斋专辑》,西安:三秦出版社,2006年,第439页。

史，卒于州，赠太尉，谥曰匡（孟孙元子邃墓志、《魏书》卷二十皆载猛谥曰匡，猛女元贵妃墓志记猛谥曰圉）。元猛子元延明（484—530），先后除中书令、秘书监、平南将军、中书令、黄门侍郎，尚书右仆射，徐州刺史，两任雍州刺史，庄帝时拜尚书令，元颢入洛，延明受颢命守河桥，元颢败，延明携妻子奔南梁。《魏书》卷二十《文成五王传·安丰王》："延明既博极群书，兼有文藻，鸠集图籍万有馀卷。性清俭，不营产业。与中山王熙及弟临淮王彧等，并以才学令望有名于世。虽风流造次不及熙、彧，而稽古淳笃过之……所著诗赋赞颂铭诔三百馀篇，又撰《五经宗略》、《诗礼别义》，注《帝王世纪》及《列仙传》。又以河间人信都芳工算术，引之在馆。其撰《古今乐事》，《九章》十二图，又集《器准》九篇，芳别为之注，皆行于世。"[1] 据《魏故侍中、太保、特进、使持节、都督雍华岐三州诸军事、大将军、雍州刺史、安丰王谥曰文宣元王（延明）墓志铭》，元延明梁中大通二年即魏永安三年（530）三月卒于建康，春秋四十七，谥曰文宣王，墓志题中即为元延明赠官，太昌元年（532）七月葬于洛阳，元延明墓出土于洛阳城北小梁村西北。墓志亦有对元延明博学能文的描述：

> 自有大志，少耽文雅，肆情驰骋，锐思贯穿，强于记录，抑亦天启，必诵全碑，终识半面。故河间所不窥，陈农所未采，莫不祛疑辩惑，极奥穷微。雕虫小艺，譬诸绮縠，颇曾留意，入室升堂。实使季长谢其诗书，伯喈归其文籍……自河海不归，桑濮间起，铿枪或存，雅颂谁析。公博见多闻，朝所取访，金石之乐，受诏增损，乃详今考古，铸钟磨磬，已荩吾陵之韵，信鄁昆庭之响。属受事征罚，遂中寝成功。又以本官兼尚书右仆射。虽复暂临端右，便以声动邦国。又监校御书。时

---

[1] （北齐）魏收：《魏书》，第530页。

明皇则天，留心古学，以台阁文字，讹伪尚繁，民间遗逸，第录未谨。公以向歆之博物，固雠校之所归，杀青自理，简柒斯正……惟与故任城王澄、中山王熙、东平王略，竹林为志，艺尚相欢。故太傅崔光，太常刘芳，虽春秋异时，亦雅相推挹。其诗赋铭诔，咸颂书奏，凡三百馀篇，著《五经宗略》、《诗礼别义》，注《帝皇世纪》及《列仙传》，合一百卷，大行于世。殆五百之期运，傥一贤之斯在。方将翼此会昌，致诸制作，比尧、舜而不愧，顾汤、武而有馀。①

认为马融（字季长）的经学不如元延明，蔡邕（字伯喈）的文学不及元延明，虽然有夸饰之处，但元延明精通经学，有文学才能则是可以肯定的。元延明博学多闻曾为秘书监如刘向、刘歆般校勘整理朝廷所藏典籍。元延明著作详见下文"北朝元氏家族文学与学术研究"。墓志中又以竹林七贤比元延明、中山王熙、东平王略，可见他们有名士气。元延明妃冯氏，据《魏故使持节、侍中、太保、特进、都督雍华岐三州诸军事、大将军、雍州刺史、安丰王妃冯氏墓铭》，冯氏为孝文帝冯皇后之妹，昌黎王熙女，春秋六十四卒于义乡里，武定六年（548）葬于风义里，冯氏墓出土于河北磁县②，魏分东西冯氏居于东魏邺城，元延明未迁葬邺城，故冯氏未与元延明合葬。

元延明子元子邃（？—555），字德修，据《齐故征西将、上洛县开国男、开封男元子邃墓志铭》，元子邃从其父文宣王延明讨徐州，擒南朝帅王思远，赐爵开封男，迁东徐州刺史，进号抚军将军，改封博陵郡开国公，北齐建立，随例降爵，改封上洛县开国男，墓志云："旌贤乐善，味道求书，博极古今，洞观坟籍。"可见

---

① 毛远明：《汉魏六朝碑刻校注》第六册，第373页。
② 毛远明：《汉魏六朝碑刻校注》第八册，第88页。

元子邃受元延明影响亦有一定文化水平。天保六年（555）十月卒于邺城，是年十一月与夫人李氏迁窆于邺城西。① 元子邃妻陇西李艳华（512—541），据《魏博陵元公（子邃）故李夫人（艳华）墓志铭》，李艳华祖司农、豫州刺史蕤，父散骑常侍、济广二州刺史该（《魏书》卷三十九误作"詠"、《北史》卷一百误作"谚"），年十七适元子邃，兴和（541）三年二月卒于邺城，时年三十，是年十一月葬于邺城西。② 《北史·元延明传》言孙长孺东魏孝静帝时袭祖爵，元子邃墓志言其袭父爵，或许子邃先袭爵，后又另封，以元子邃子元长孺袭爵。元延明女为南青州刺史郑伯猷夫人。③ 《北齐书》卷十八《孙腾传》："初博陵崔孝芬养贫家子贾氏以为养女，孝芬死，其妻元更适郑伯猷，携贾于郑氏。"④ 则元延明此女本为崔孝芬妻，永熙三年（534）崔孝芬卒后，适郑伯猷。

元延明有子元子玄，元子玄女元孟瑜（527—549）有墓志发现，据《魏仪同开府行参军郑践妻元夫人（孟瑜）墓志铭》："夫人讳孟瑜，河南河阴人也。……曾祖太尉、安丰王猛，即高文成皇帝之季息。祖延明，仍绍王爵，大将军、国子祭酒，才优七步，志逾千里；出总元戎，入师国胄。父子玄，征北将军、相州刺史，闻诗闻礼，匪随堂构。……（夫人）少归夫氏。……春秋二十有三，以武定七年（549）岁次己巳四月十六日遘疾卒于邺县修仁里第宅。以武定八年岁在庚午五月己酉朔十三日辛酉窆乎荥阳旧山。……皇舅讳伯猷，骠骑大将军、护军将军、太常卿、中书监、南青兖二州刺史、阳武子。皇姑穀阳公主即夫人之（姑）也。息孝祖年二。"⑤ 则郑伯猷妻为儿子郑践娶其兄元子玄女元孟瑜为妻，郑践、

---

① 毛远明：《汉魏六朝碑刻校注》，第八册，第375页。
② 毛远明：《汉魏六朝碑刻校注》，第七册，第289页。
③ （北齐）魏收：《魏书》卷五十六，第1244页。
④ （唐）李百药：《北齐书》，第235页。
⑤ 赵君平：《邙洛碑志三百种》，第32页。

元孟瑜为表兄妹，生子郑孝祖。郑伯猷妻即元孟瑜姑妈。

元延明第三女元智光（514—555），适安东将军、银青光禄大夫冯昕，据《冯昕暨妻元智光墓志》，冯昕祖父昌黎王熙，父平北将军、相州刺史兴。天平□年五月卒于白马县春秋三十八，赠使持节都督齐州诸军事镇东将军齐州刺史。元智光天保六年（555）九月卒于邺都，春秋四十二，天保七年（556）十二月与冯昕葬于邺城西门豹祠西七里。① 元延明还有一女为吴兴寒族茹皓弟妻（《魏书》卷九三《恩幸传·茹皓》）② 详见考证见下文对元氏婚姻之分析。

元猛女元贵妃（489—517），据《魏徐州琅邪郡临沂县都乡南仁里通直散骑常侍王诵妻元氏（贵妃）志铭》，元贵妃适司空宣简公琅邪王肃从子王诵，熙平二年（517）二月卒于洛阳之学里宅，时年二十九，是年八月葬于河阴之西北山，元贵妃墓志出土于洛阳城北陈庄村东③，此地约为琅邪王氏王肃家族在北朝的族葬地。

安丰王猛一支现可知有文士二人，即元延明、元子邃父子。

10. 献文帝子孙

献文帝侯夫人（451—503）有墓志发现，据《显祖献文帝第一品嫔侯夫人墓志铭》，夫人本姓侯骨，其先朔州人，世酋部落。祖侯万斤，第一品大酋长。父伊莫汗，太武帝时为散骑常侍，封安平侯，又迁侍中、尚书，出镇临济，封日南郡公。孝文帝迁洛，侯骨氏改为侯氏。卒年五十三，景明四年（503）三月葬于洛阳，侯氏墓志出土于洛阳城北安驾沟村。④

---

① 叶炜、刘秀峰：《墨香阁藏北朝墓志》，第114页。
② （北齐）魏收：《魏书》，第2001页。
③ 毛远明：《汉魏六朝碑刻校注》第四册，第349页。
④ 毛远明：《汉魏六朝碑刻校注》第四册，第2页。

献文帝成夫人（444—515）有墓志发现，据《献文帝元弘嫔成夫人墓志》，成氏，代郡平城人，年十五，入嫔献文帝，延昌四年（515）正月卒于金墉旧宫，春秋七十二，是年二月葬于洛阳，成氏墓出土于洛阳城北南石山村。①

陈留长公主，献文帝女，孝文帝第六妹，王肃投北魏后，孝文帝以为王肃妻。公主有诗才，详见下文"北朝元氏家族文学与学术研究"。

献文帝七子，长子孝文帝宏，其馀六子支系如下：

(1) 咸阳王禧一支

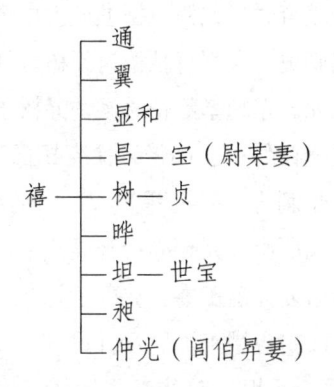

```
        ┌ 通
        ├ 翼
        ├ 显和
        ├ 昌 ─ 宝（尉某妻）
禧 ─────┼ 树 ─ 贞
        ├ 晔
        ├ 坦 ─ 世宝
        ├ 昶
        └ 仲光（间伯昇妻）
```

咸阳王禧，字思永，太和九年封，孝文帝之长弟，孝文帝为咸阳王禧聘故颍川太守陇西李辅女。授太尉公。孝文帝崩，元禧受遗诏辅政，景明二年，宣武帝拜叔父元禧太保，领太尉。元禧贪婪，见宣武帝览政，意不安，遂与妃兄黄门侍郎李伯尚谋反，赐死。元禧长子通，字昙和。窃入河内，太守陆琇初与通情，既闻禧败，遂杀之。元通弟元翼，字仲和。遇赦免，上书求葬其父元禧，宣武帝不同意，元通与弟元昌投奔梁武帝。元翼和元昌为申屠氏所生。元昌女元宝（534—569），适北齐车骑大将军尉某，据《齐尉氏故元

---

① 毛远明：《汉魏六朝碑刻校注》第四册，第273页。

夫人（宝）墓铭》（墓志盖），元宝墓志文题作《□骑大将军□□□□□元夫人（宝）墓志》："夫人讳宝，……魏献文皇帝之曾孙，咸阳王禧之孙，荆湘二州刺史昌之第二女。……春秋三十六，以大齐天统五年（569）五月十二日卒于乐陵郡官舍。武平元年（570），岁次摄提十一月庚戌朔十三日壬戌，厝于野马岗北三里。"① 则元昌曾为荆湘二州刺史，可补史书之阙。

元翼弟元显和、元昌弟元树（字秀和）后亦投奔梁武帝，元显和卒于江南。梁武帝尤器重元树，封为魏郡王，后改封邺王，以树为镇西将军、郢州刺史。尔朱荣害百官，元树闻之，请梁武帝讨荣，梁武帝给元树兵马，前废帝时，元树占据谯城。出帝初，诏御史中尉樊子鹄为行台，率徐州刺史、大都督杜德讨元树。杜德擒树送洛阳，禁于永宁佛寺，未几赐死。东魏孝静帝时候，元树子元贞自建康赴邺城请求葬父，许之。诏赠树侍中、都督青徐兖扬豫五州诸军事、太师、司徒公、尚书令、扬州刺史。元贞葬父后，回到江南。元树弟元晔，字世茂，为元禧妃李氏所出，元晔亦投奔梁武帝，封为桑乾王，拜散骑常侍。卒于秣陵。后复元禧王爵，葬以王礼。诏元晔弟元坦（一名穆，字延和）袭爵，改封敷城王，邑八百户。②

当初元禧赐死后，元坦兄弟贫乏，为从叔安丰王延明所收养，元坦凶悍粗鲁，元延明责备他会像粗劣的刘宋东海王那样被称为"驴"。庄帝初，还复本封。孝武帝初，元树被擒至洛阳，元坦见树既长且贤，恐其代己袭爵，密劝朝廷杀元树。东魏武定中，元坦为太师。齐受禅，爵例降。封新丰县公，除特进、开府仪同三司。元坦子元世宝与通直散骑侍郎彭贵平因酒醉诽谤，妄说图谶，有司奏当死。诏并宥之。元坦发配北营州，死于配所。元坦弟元昶，起家

---

① 安阳市文物考古所、安阳博物馆：《安阳出土墓志选编》，北京：科学出版社，2015年，第160—161页。
② （北齐）魏收《魏书》卷二十一，第540—541页。

通直散骑常侍、琅邪县开国公，邑五百户。庄帝初，特封太原王。累迁鸿胪卿，超拜车骑大将军、仪同三司。终于天平二年，赠太尉公。① 元禧女乐安郡公主元仲英（486—540）适茹茹闾伯昇，据《闾仪同（伯昇）墓志铭》，闾伯昇字洪达，河南洛阳人，高祖即茹茹主第二子；曾祖袭王爵，司空公，赠司徒；祖齐州刺史；父仪同三司。闾伯昇授散骑常侍，本国大中正，以兴和二年（540）五月，终于馆舍，诏赠使持节、都督冀州诸军事、骠骑大将军、冀州刺史、仪同三司，中正如故。以兴和二年十月葬于邺城西南十八里。据《魏故仪同三司闾公（伯昇）之夫人乐安郡公主元氏（仲光）墓志铭》，公主元仲光，河南洛阳人，献文帝之孙，太尉、咸阳王之女。年十五适闾伯昇，诏除女侍中，兴和二年二月十五日终于第，春秋五十五，是年十月二十八日与闾伯昇合葬。② 闾伯昇高曾祖父之名未详，荣新江以为以茹茹主第二子为高昌王，体现北魏一段时期把高昌视为柔然的一部分。③ 闾伯昇高祖当与大檀子茹茹主吴提为同一家族，未知闾伯昇高祖之父之茹茹主为何人，而难以确知其家族具体情况。

(2) 赵郡王幹一支

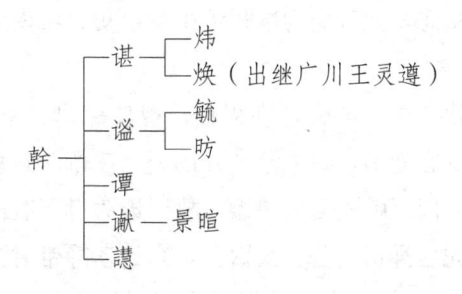

```
       ┌ 谌 ┬ 炜
       │    └ 焕（出继广川王灵遵）
       │
       ├ 谧 ┬ 毓
幹 ──┤    └ 昉
       ├ 谭
       ├ 谳 ── 景暄
       └ 譓
```

---

① （北齐）魏收《魏书》卷二十一，第541页。
② 毛远明《汉魏六朝碑刻校注》第七册，第253页。
③ 荣新江《阚氏高昌王国与柔然、西域的关系》，《历史研究》2007年第2期。

赵郡王干一支既有史传（《魏书》卷二十一上《献文六王传·赵郡王》、《北史》卷十九《献文六王传·赵郡王》），又有墓志发现者：元谧、元谭、元谳、元懿、元焕、元毓；有史传而暂无墓志发现者：元干、元谌、元炜、元景暄；无史传记载而有墓志发现者：元昉、元谧妻冯会、元谭妻司马氏、元谳妻鲜卑于氏。

赵郡王干（469—499）字思直，太和九年封河南王，迁都洛阳后改封赵郡王，据元干子元谧、元谭、元谳、元懿墓志及元干孙元谧子元毓墓志载元干官职为侍中、使持节、车骑大将军、都督中外诸军事、特进、司州牧，元干孙、元谌子元焕墓志载干官职侍中、使持节、征东大将军、都督中外诸军事、录尚书、司州牧。前者载车骑大将军，而未言为征东将军，前者言干为特进，后者载干为录尚书，馀相同。参《魏书》本传，车骑大将军为元干随孝文帝南征时所除，征东大将军为迁洛后所封，二者皆为元干实任官职，元谧、元谭、元毓墓志与元焕墓志各言其一。《魏书》本传载元干为特进，未言录尚书事。元干后因贪淫不尊法典，为御史中尉李彪所劾，免官以王还第，太和二十三年（499）卒，时年三十一，谥曰灵王，陪葬长陵。赵郡王干纳鲜卑穆明乐女。① 穆明乐事迹未详。据元干孙元焕墓志，元干妃为本州治中从事史、济南太守、南安谯厘头女。

元干子元谌（？—536），字兴伯，曾任肆州、相州等地刺史，后除宗正卿、都官尚书，封上蔡县开国公，庄帝时封魏郡王，拜侍中。谌本年长，因元干宠爱谌弟谧，故以谧为世子袭爵，庄帝复以谌为赵郡王。先后拜司空公、太尉公，东魏孝静帝时为大司马，天平三年（536）卒，谥曰孝懿。据元谌子元焕墓志，元谌为给事黄门侍郎、使持节、散骑常侍、都督相州诸军事、中军将军、相州刺

---

① （北齐）魏收：《魏书》卷二十一《献文六王传》，第535页。

史。元谌妻使持节、镇东将军、幽瀛二州刺史、卫尉卿、惠公渤海高信女。元谌子元炜，袭爵。元谌第二子、元炜弟元焕（505—525），字子昭，据《魏故龙骧将军、荆州刺史、广川孝王（元焕）墓志铭》，永平元年（508）宣武帝下旨元焕继广川哀王灵遵之后，元焕墓志记其所继广川王家族情况，已见于上文"广川王略一支"中。元焕墓志中还记录其本身即赵郡王一支的情况（已分见于上文对元幹、元谌的论述中），正光六年（525）授元焕宁朔将军、谏议大夫，孝昌元年七月（正光六年六月改元孝昌）即终，春秋二十一，追赠龙骧将军、荆州刺史，谥曰孝，其年冬十一月葬于西陵之阴，元焕墓出土于洛阳城北张羊村。元焕妃荆州长史河南穆纂女。《元焕墓志》记父谌官职不及元谌相州刺史以后官职，更未提及谌赠官，可知元焕卒时，元谌在相州刺史任上。墓志又云："味道入玄，精若垂帏，置觞出馆，欢同林下……悦文出俗，爱古入微，仪形梁孝，景行陈思。"[1] 则元焕有一定玄学修养，将其喻为梁孝王和陈思王曹植，可见他亦有文学才能。

元幹第二子元谧（？—523），字道安，本当以长子谌为世子，幹宠谌弟谧以之为世子，袭爵，除岐州刺史，后拜都官尚书加征南将军。据《大魏故使持节、征南将军、侍中、司州牧、赵郡贞景王（元谧）墓志铭》，元谧终于正光四年（523），谥曰贞景王，墓志题中为元谧卒后赠官，正光五年（524）闰二月葬于洛阳，元谧墓出土于洛阳城西东陛沟村东北李家凹村南。[2] 元谧母赵氏。[3] 元谧妻冯会（496—517），据《岐州刺史、赵郡王故妃冯（会）墓志铭》，冯会长乐信都人，太师、扶风郡开国公熙孙，尚书、东平公修女，墓志还描述冯会文学才能"善于书记，涉览文史"。年廿二卒于岐

---

[1] 毛远明：《汉魏六朝碑刻校注》第五册，第343页。
[2] 毛远明：《汉魏六朝碑刻校注》第五册，第245页。
[3] （北齐）魏收：《魏书》卷二一《献文六王传·赵郡王幹》，第543页。

州,熙平元年(517)八月窆于中乡谷城里,冯会墓出土于洛阳城西东陡沟村东北李家凹村南。①

元谧长子元毓(509—528),元毓字子春,据《魏故使持节卫大将军仪同三司冀州刺史赵郡宣恭王(元毓)墓志铭》,元毓除通直散骑常侍,建义元年(528)四月卒于河阴之难,是年七月葬于洛阳。墓志又云:"垂帘百帙,方丈千经。萧散而居,弗窥华薄之观;韵致渊凝,性以儒素为高……器越生知,文伻先识,武决韩张,文兼曹植。"② 可知元毓博学而通儒学,以韩信、张良比其武,以曹植喻其文,可见元毓兼具武略和文才。元谧少子、元毓弟元昉(510—528),字子胐,据《魏故使持节抚军将军光州刺史元懿公(昉)墓志铭》,元昉除给事中。建义元年四月十三日河阴之变中见害,春秋十九,谥曰懿公,墓志题中为元昉卒后赠官,是年七月葬于洛阳西陵,元昉墓出土于洛阳城北安驾沟村。③

元幹第三子元谭(488—528),字延思,据《魏故使持节卫大将军仪同三司青州刺史城安县开国侯贞惠元公(谭)墓志铭》,元谭除太仆、大宗正卿,后任泾州、秦州等地刺史,行徐州事、行兖州事、幽州大都督,封城安县开国侯,建义元年(528)四月卒于河阴之难,春秋四十一,墓志题中为元谭卒后赠官,谥曰贞惠,是年七月葬于洛阳,元谭墓出土于洛阳城北安驾沟村。墓志又描述元谭能文云:"出言而可雕虫,下笔而成雾縠。"④ 元谭妻司马氏(499—522),据《大魏元宗正(谭)夫人司马氏墓志铭》,司马氏为司徒、扬州刺史、琅琊贞王楚之曾孙,司空、冀州刺史、琅邪康王金龙孙,镇远将军、南青州刺史纂长女。年二十四适元谭,正光

---

① 毛远明:《汉魏六朝碑刻校注》第四册,第303页。
② 毛远明:《汉魏六朝碑刻校注》第六册,第221页。
③ 毛远明:《汉魏六朝碑刻校注》第六册,第219页。
④ 毛远明:《汉魏六朝碑刻校注》第六册,第178页。

三年（522）六月卒于第，正光四年（523）三月葬于洛阳西山，元谭、司马氏夫妇墓出土于洛阳城北安驾沟村。① 据司马氏墓志可知元谭正光三、四年正为大宗正卿。

元幹第四子、元谭弟元谳（489—528），字宁国，据《魏故使持节、车骑大将军、仪同三司、定州刺史、平乡县开国男孝惠元公（谳）墓志铭》，元谳拜左将军、太中大夫、散骑常侍，封平乡县开国男，建义元年四月十三日河阴之难中见害，春秋四十，是年七月葬于洛阳，墓志云："曹殖（植）谢气，刘章丑誉"可见元谳有一定的文学才能。夫人河南于氏，祖定州刺史、赠司空公、太原恭庄公劲，祖母燕司徒公陈留程氏女；父中书侍郎、直阁将军、辅国将军、通直散骑常侍，赠使持节、征房将军、恒州刺史略，母定州治中、赠立忠将军、中山太守、钟陵王、城阳孟陵女。② 元谳妻鲜卑于氏（495—550），据《魏故骠骑大将军、仪同三司、定州刺史元谳妻于墓志铭》，于氏祖侍中、领军将军、征北大将军、司徒公、太原郡开国公劲，父都官尚书、仪同三司、恒州刺史略，《魏书》卷八十三下《外戚传下·于劲》记于劲子仅及于晖，据于氏墓志可知于劲尚有子略，墓志可补史之阙。于劲女为宣武帝后，则于后为元谳妻于氏之姑。天保元年（550）八月卒于邺城，春秋五十六，是年十二月葬于邺西济水之南。③ 元谳子景暄，直阁将军，后随出帝入关，仕于西魏。

元幹第五子、元谳弟元譿（490—520），字安国，据《大魏故假节镇远将军恒州刺史谥曰宣公元使君（譿）墓志铭》，元譿历官羽林监、直阁将军，神龟三年（520）三月卒于洛阳，春秋卅一，谥曰宣公，墓志题中为元譿卒后赠官，是年十一月葬于洛阳之西

---

① 毛远明：《汉魏六朝碑刻校注》第五册，第197页。
② 毛远明：《汉魏六朝碑刻校注》第六册，第197页。
③ 大同北朝艺术研究院：《北朝艺术研究院藏品图录：墓志》，第20、112页。

山，元譓墓出土于洛阳城北安驾沟村西。①《元和姓纂》卷四载赵郡王幹玄孙元景，左卫率。② 具体情况未详。

据以上墓志赵郡王幹一支的族葬地约在今洛阳城北安驾沟村一带。

赵郡王幹一支有文士元谭、元谳、元焕、元毓四人，据墓志记载元焕还很有名士气。

(3) 广陵王羽一支

```
          ┌欣─孝遵─岩─┬德操─智威
羽────┼恭              └隋华阳王杨楷妃
          └永业
```

广陵王羽一支既有史传（《魏书》卷二十一上《献文六王传·广陵王》、《北史》卷十九《献文六王传·广陵王》），又有墓志发现者：元羽；史传记载而暂无墓志发现者：元欣、元恭、元永业、元岩、元岩女（隋华阳王杨楷妃）；无史传记载而有墓志发现者：元羽妻郑太妃；虽无本人墓志发现，但相关人士墓志中有记载者：元孝遵。广陵王羽一支唐代有墓志发现者：元智威；虽无本人墓志发现，但相关人士墓志中有记载者：元德操。

元羽（470—501），字叔翻，元羽除太子太保、录尚书事，封广陵王，孝文帝南侵，元羽安抚六镇，拜廷尉卿，迁都洛阳过程中，元羽镇抚平城，后除青州刺史、散骑常侍、车骑大将军，宣武帝时除司州牧。据《侍中、司徒、广陵王（元羽）墓志铭》，元羽景明二年（501）五月卒于洛阳，春秋三十二，是年七月窆于洛阳孝文帝长陵东崐，元羽墓出土于洛阳城北南陈庄村西。③ 墓志题中

---

① 毛远明：《汉魏六朝碑刻校注》第五册，第91页。
② （唐）林宝撰，陶敏校证，李德辉整理：《元和姓纂新校证》，第161页。
③ 毛远明：《汉魏六朝碑刻校注》第三册，第339页。

即元羽赠官，墓志讳言元羽死因，据《魏书》卷二十一上《献文六王传·广陵王》，元羽淫冯俊兴妻，为俊兴所击，藏匿数日，卒于府中。元羽赠官为使持节、骠骑大将军、司徒公、冀州刺史，谥曰惠王。元羽妻郑始容（479—564），荥阳开封人，据《魏故司空广陵王元羽妻郑太妃（始容）之铭》，郑始容祖中书博士小白，父南青州刺史平城，母姑臧穆侯陇西李承女，第一弟南青州刺史伯猷，第二弟平原太守仲衡，第三弟司空长史、赠豫州刺史辑之，第四弟河间太守怀考。第二妹适范阳卢□，第三妹适陇西李瑛，第四妹适清河张珉。普泰间出家，河清三年正月卒于寺，春秋八十六，是月窆于邺城西南柏枉地，郑始容墓出土于河北临漳县。①"次弟广陵王羽可娉骠骑咨议参军荥阳郑平城女"（《魏书》卷二一《献文六王传》）②这桩婚配是孝文帝安排的。

元羽子元欣，字庆乐，曾先后任荆州、齐州刺史，太仆卿，孝庄帝时封沛郡王，后改封淮阳王，孝武帝（出帝）时复封广陵王，拜太傅、司州牧、大司马，元欣太昌元年（532）曾聘博陵崔孝芬子崔宣靖为记室参军。据《魏故秘书郎中崔宣靖墓志铭》："君姓崔，讳宣靖，博陵安平人也。幽州使君景侯挺之孙，仪同、仆射、太昌公孝芬之幼子。……年十五，释褐秘书郎中。大司马、广陵王忻（欣）亲贵懿重，幕府肇开，缙绅引领，辟为记室参军事。……时年十七，永熙三年（534）九月十七日卒于晋阳。无时有志，感伤行路。粤以周大象元年龙集晢陬十月己未朔廿六日甲申窆于陵山之阳。"③元欣后随孝武帝入关，西魏大统间拜柱国大将军、太傅，后拜司徒，西魏恭帝时迁大丞相。卒谥容。元欣孙岩，隋龙涸

---

① 毛远明：《汉魏六朝碑刻校注》第九册，第136页。
② （北齐）魏收：《魏书》，第535页。
③ 叶炜、刘秀峰：《墨香阁藏北朝墓志》，第198页。

公。① 《隋书》卷八十《列女传·华阳王楷妃》："华阳王楷妃者，河南元氏之女也。父岩，性明敏，有气干。仁寿中，为黄门侍郎，封龙涸县公。炀帝嗣位，坐与柳述连事，除名为民，徙南海。后会赦，还长安。有人谮岩逃归，收而杀之。"②元欣弟元恭，字修业，即节闵帝，母王氏。有诗二首（详见第四章第一节"北朝元氏家族文学与文化研究"）。元恭即位封弟元永业为高密王。

元欣子北周尚书左仆射元孝遵（详见下文），元孝遵子北周龙涸县公元岩，元岩子唐中山男元德操，元德操子唐韩王府记室参军元智威（630—687），据《大唐韩王府记室参军元君（智威）墓志铭》："君讳智威，字景略，河南洛阳人，魏广陵王羽之后也。……曾祖孝遵，周使持节侍中、骠骑大将军、开府仪同三司、尚书左仆射；祖岩，周开府仪同三司，隋给事黄门侍郎龙涸县公；父德操，皇朝中大夫、普润二州司马，中山男。……（君）闻诗闻礼，游于六艺之间；非隐非吏，齐于万物之表。属邓王分珪树屏，市骨招贤，君以显庆三年（658）为邓（王）府执仗。虽解褐资其滥觞，而屈迹实为绊骥。永淳元年，调补王府记室参军。……以垂拱三年（687）五月廿八日遘疾，终于绛州之官舍，春秋五十有八。粤以载初（689）元年岁次己丑十一月庚辰朔五日甲申葬于洛州洛阳县平阴乡崔知温墓东北一百步邙山，礼也。……夫人薛氏。"③据元智威墓志，可知元欣子、元岩父为北周使持节侍中、骠骑大将军、开府仪同三司、尚书左仆射元孝遵，可补史书之阙。

据墓志可知广陵王羽一支葬于邙山魏孝文帝陵东，至唐初犹葬于邙山一带。

---

① （唐）林宝撰，陶敏校证，李德辉整理：《元和姓纂新校证》，第160页。
② （唐）魏徵等：《隋书》，第1800页。
③ 周绍良、赵超：《唐代墓志汇编》，第787页。

广陵王羽一支可知有文士元恭即节闵帝。

(4) 高阳王雍一支

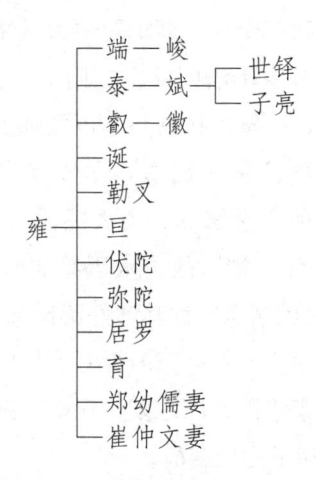

```
        ┌ 端―峻
        ├ 泰―斌―┬ 世铎
        │       └ 子亮
        ├ 叡―徽
        ├ 诞
        ├ 勒叉
   雍 ――┼ 亘
        ├ 伏陀
        ├ 弥陀
        ├ 居罗
        ├ 育
        ├ 郑幼儒妻
        └ 崔仲文妻
```

高阳王雍一支既有史传（《魏书》卷二十一上《献文六王传·高阳王》、《北史》卷十九《献文六王传·高阳王》）又有墓志出土者元端、元泰、元诞、元育（育后入关，复姓拓跋）。史传记载而暂无墓志发现者：元雍、元斌、元峻、元子亮、元叡、元徽、元勒叉、元亘、元伏陀、元弥陀、元居罗；史传无而有墓志发现：元端夫人冯氏；虽无本人墓志发现，但相关人士墓志中有记载者：元世铎。

高阳王雍（？—528），字思穆，初封颍川王，后改封高阳王，曾任冀州刺史、司州牧、侍中、太师录尚书事，后拜丞相。建义元年（528）四月十三日遇害于河阴，谥号文穆王。元雍妃中书博士卢神宝女，神宝为范阳子卢度世从祖弟。① 元雍子元端（493—528），字宣雅，据《魏故使持节、仪同三司、都督相州诸军事、车骑大将军、相州刺史元公（端）墓志铭》，元端除抚军将军、都督

---

① （唐）李延寿：《北史》卷三十《卢玄传》，第1087页。

兖州诸军事，兖州刺史，击退南朝梁军队，后拜散骑常侍、镇军将军、金紫光禄大夫、安德邑开国公。武泰元年（528）四月十三日河阴之难中见害，春秋三十六，墓志题中为元端赠官，后又赠司空公，谥曰文，是年七月窆于洛阳邙山之阳。墓志云："及五典六经之籍，国策子集之书，一览则执其归，再闻则悟其致。所以远迩服其风流，朝野钦其意气。"①《魏书》本传言其端美容貌，颇涉书史，可见元端有一定的文学修养。夫人冯氏（496—529），据《魏故车骑将军、司空公元（端）故夫人冯墓志》，冯氏为燕王朗孙，燕州使君第二女，《冯氏墓志》称其"好读诸义，巧于辞令"，则冯氏有一定文学才能。永安二年（529）闰六月卒于第，春秋三十四，是年八月与元端合葬于洛阳北邙之阳，元端、冯氏夫妇墓出土于洛阳东北后沟村。② 元端子元峻袭爵。

元雍嫡子元泰（？—528），字昌（此为《魏书》卷二一《献文六王传·高阳王雍》，墓志中载泰字达磨），除太常卿，武泰元年（528）四月十三日河阴之难中见害，谥曰文孝，追赠武州刺史、高阳王。据《魏故使持节、侍中、太尉公、骠骑大将军、定州刺史元公（泰）墓志铭》：

> 公讳泰，字达磨，河南洛阳人也。……祖献文皇帝，体圣居宸，缵戎昌业；考丞相、高阳王，风猷藉甚，惟允作辅。公禀天地之英灵，挺自然之妙质，厥初怀抱，爰及志学，岐嶷韶亮，宽容都雅，搞文锦烂，谈谑泉涌，虽钟氏英童、曹家才子，语其先后，讵或前斯。天子以宗戚俊义，特加钦遇，乃引以内侍，除通直散骑常侍。虽释巾居此，而官人之举未允金望，转散骑常侍。其在省闼，文义谘策，粲然可观。太妃崔氏

---

① 毛远明：《汉魏六朝碑刻校注》第六册，第194页。
② 毛远明：《汉魏六朝碑刻校注》第六册，第271页。

薨，寝苫食粥，率由导体，婴号孺慕，感切行人。服阕，太常卿。位居元棘，秩亚三槐，敷赞九旒，兼司律礼。公乃搜求古文，广访儒学，必欲刊定钟吕，为一代准的。俄迁使持节、都督光州诸军事、镇东将军、光州刺史，固辞不受。属天统绝嗣，中兴革命，人欣更始，候跸盟津。谓仁者寿，报施之徒语，春秋廿有五，以建义元年岁次戊申四月乙酉朔十三日己丑，于首阳山之阴奄同大祸。天子愍悼，策赠使持节、侍中、太尉公、骠骑大将军、定州刺史，谥曰（原刻下阙）王，祀以太牢。粤永安三年岁次庚戌二月丁未朔十四日庚申，迁窆于北邙之下。①

"摛文锦烂，谈谑泉涌……其在省闼，文义诰策，粲然客观……公乃搜求古文，广访儒学，必欲刊定钟吕，为一代准的"则元泰擅属文，长于学术。《魏书》卷二一《献文六王传·高阳王雍》："元妃卢氏薨后，更纳博陵崔显妹，甚有色宠，欲以为妃。"② 则元泰母即博陵崔显妹。元泰子斌，字善集，袭爵，东魏时除尚书右仆射（此为《魏书》本传，《北史》本传作尚书左仆射），入齐降为高阳县公，拜右光禄大夫，后以罪见杀。元斌子元世铎妻为光禄大夫李宪之孙李祖牧之女（《齐故大鸿胪卿、赵州刺史李君（祖牧）墓志铭》)③。

元泰弟元叡（？—528），字子哲，除光禄少卿，封济南郡王，武泰元年（528）四月十三日河阴之难中见害，赠车骑大将军、司空公、雍州刺史。《魏书》本传称元叡轻忽荣利，爱玩琴书，则元叡亦有名士气。元叡子元徽（？—547）袭爵，起家通直郎，武定

---

① 齐运通：《洛阳新获墓志百品》，北京：国家图书馆出版社，2020年，第13页。
② （北齐）魏收：《魏书》，第557页。
③ 毛远明：《汉魏六朝碑刻校注》第十册，第67页。

五年（547）与元瑾等谋反，伏诛。

元雍第四子、元叡弟元诞（515—536），字子发（此处据墓志，《魏书》本传作字文发；元诞兄元叡，字子哲，兄弟间的字中有一个文字相关，当时有此习惯，可知墓志所载为是。）据《魏故使持节、侍中、太保、领司徒公、尚书令、司州牧、文献王（元诞）墓志铭》，元诞封新阳县开国伯，后加龙骧将军，封昌乐郡王，东魏孝静帝时拜侍中、车骑将军、仪同三司、司州牧，天平三年（536）四月卒于邺城，春秋三十二，谥曰文献王，墓志题中为诞卒后赠官，是年八月葬于邺城，元诞墓出于河北省磁县双庙乡东小屋村。其地在漳河北岸，讲武城附近，此处为元氏到邺城后的族葬地。元诞妃郑氏，秘书著作郎、持节、都督豫州诸军事、平东将军、豫州刺史郑敬祖女。墓志又描述元诞能文："学不章句，涉猎经史；笔非潭（覃）思，吟咏成文。"①《魏书》卷二十一《文献文六王传·高阳王》未言元诞能文，墓志可补史之阙。元诞无子，侄元斌第二子元子亮为后。

元雍子元育（？—558），字僧会，适应鲜卑化的环境，复姓拓跋，据《周故淮安公拓跋育墓志》，拓跋育，高阳文穆王雍之弟（第）十子，后废帝元恭二年，改封淮安公，为十二大将军之一，仕于西魏北周，周明帝二年（558）二月卒，谥曰思，是年十月葬于长安小陵原，拓跋育墓出土于陕西长安县大兆乡。②据墓志拓跋育为元雍第十子，据《魏书》卷二十一上《献文六王传上·高阳王》："诞弟勒叉，勒叉弟亘，亘弟伏陀，伏陀弟弥陀，弥陀弟僧育，僧育弟居罗。出帝初，勒叉封阳平县，亘封濮阳县，伏陀封武阳县，弥陀封新阳县，僧育封顿丘县，居罗封卫县，并开国伯，食

---

① 毛远明：《汉魏六朝碑刻校注》第七册，第164页。
② 毛远明：《汉魏六朝碑刻校注》第十册，第142页。

邑四百户。天平中，并除镇远将军、散骑侍郎。僧育走关西，国除。其余齐受禅，爵例降。"①则《魏书》以为拓跋育（大约《魏书》将育，字僧会，混杂而有僧育之名）为元雍第九子，居罗为第十子，未必墓志所记一定正确，该墓志所记极其简略，毕竟最初元氏入关者不多，关内人弄不清元（拓跋）氏世系，误写亦不无可能，此处姑存疑。元雍一女适司空长史郑胤伯子司州别驾幼儒。②另一女适北齐散骑常侍崔仲文，生崔曜华（《齐故并州刺史吏部尚书王公（基）妻崔夫人（曜华）墓志铭》）③，崔仲文为魏七兵尚书崔休子、北齐侍中崔㥄弟。

高阳王雍一支现可知为文士者有：元端、元端妃冯氏、元叡、元诞。

(5) 北海王详一支

```
        ┌─ 颢 ─ 冠受
   详 ──┤
        └─ 顼 ─ 衍
```

北海王详一支既有史传（《魏书》卷二十一上《献文六王传·北海王》、《北史》卷十九《献文六王传·北海王》），又有墓志发现者有元详、元颢、元顼。史传有而暂无本人墓志发现者：元衍、元冠受；史传无而有墓志发现者：元颢妃梁国（顿丘）李元姜。

元详（476—504），字季豫，为高肇谮而暴卒，据《元详墓志》，元详为献文帝弘第七子，孝文帝季弟，拜侍中、太傅、领司徒公、录尚书事，封北海王，正始元年（504）六月卒，春秋二十九，谥平王，永平元年（508）十一月葬于洛阳孝文帝长陵北山，元详墓出土于洛阳城北后海资村北④。元详妻荥阳郑氏，祖秘书监

---
① （北齐）魏收：《魏书》，第558页。
② （唐）李延寿：《北史》卷三十五《郑羲传》，第1309页。
③ 马忠理、冯小红、崔民华：《磁县北朝墓群出土碑志集释》，第204—207页。
④ 毛远明：《汉魏六朝碑刻校注》第四册，第104页。

郑羲，父吏部郎中郑懿，元详还以刘宋文帝子刘昶女为妃（《魏书》卷二一《献文六王传》）[1]。元详子元颢（495—530），字子明，武泰初，元颢以骠骑大将军相州刺史进击葛荣，尔朱荣陷洛阳，滥杀王公大臣，颢惧祸携子元冠受南投梁朝，梁武帝以为魏主，将兵北入，颢攻入洛阳，孝庄帝、尔朱荣还师讨颢，据《魏故北海王（元颢）墓志铭》，元颢永安三年（530）七月二十一日终于临颍县，（此处元颢卒年从墓志，《魏书·孝庄帝纪》作永安二年，墓志讳言元颢叛乱而为临颍卒江丰所杀，但言"薨于颍川临颍县"），时年三十六，太昌元年（532）八月葬于洛阳旧茔。[2] 元颢妃李元姜，据《魏北海王妃故李氏（元姜）志铭》，李元姜为太宰宣王顿丘李峻孙、顿丘公李奇女，李峻妹即文成帝元皇后李氏，李元姜延昌元年（512）五月卒于洛阳，是年八月葬于长陵北山，元颢、李元姜夫妇墓出土于洛阳城北南陈庄村西后海资村北。[3]

元颢弟元颃（502—530），字幼明（此处从墓志，《魏书》本传作字宝意，或许元颃有两个字），据《魏故使持节、侍中、太尉公、尚书令、骠骑大将军、都督雍华岐三州诸军事、雍州刺史、东海王（元颃）墓志铭》，元颃除相州刺史，封乐平县开国公，后改封汝阳郡王，又更封东海郡王，拜侍中、尚书左仆射。元颃兄颢叛乱，攻入洛阳，颃得意忘形，颢为孝庄帝、尔朱荣所败，颢败，颃潜逃，为人所执，永安三年（530）七月二十七日见杀（墓志讳言元颃是助兄叛乱被杀，但言"薨于位"此处元颃卒年从墓志，《魏书·孝庄纪》作永安二年），春秋二十九，墓志题中为元颃卒后赠官，太昌元年（532）八月与妃胡氏合葬于洛阳。墓志又云："明帝春秋方富，敦悦坟典，命为侍学……裴楷

---

[1] （北齐）魏收：《魏书》，第535、561页。
[2] 毛远明：《汉魏六朝碑刻校注》第六册，第380页。
[3] 毛远明：《汉魏六朝碑刻校注》第四册，第217页。

阮咸，兹焉蔑尔。移中书郎。润色丝纶，丽则涣汗，飘飘视草，翩翩苦风……经业贵于金籯，文采重于玉屑。"① 因元顼博学，宣武帝以之为太子元诩（即孝明帝）侍读，以裴楷、阮咸比元顼，可见其有名士气，"润色丝纶"云云可见其能文。元顼子元衍，东魏武定间除通直散骑常侍。

北海王详一支可知能文者有元顼。

（6）彭城王勰一支

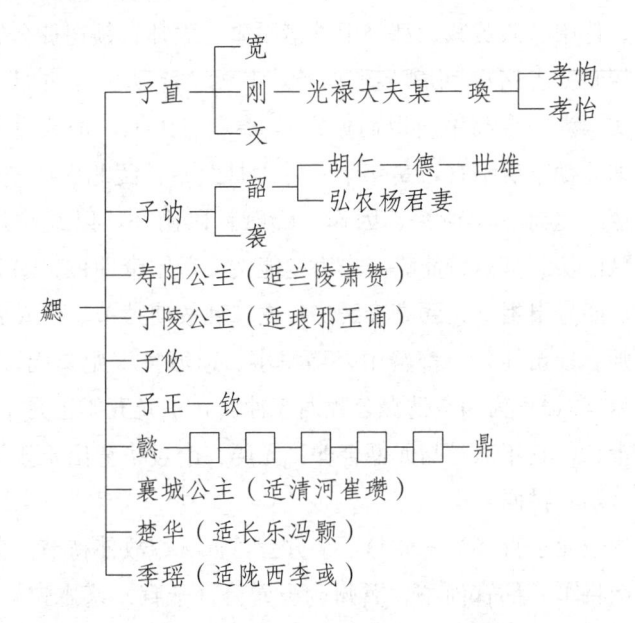

```
          ┌ 宽
      ┌ 子直 ─┼ 刚 ─ 光禄大夫某 ─ 瑛 ─┬ 孝恂
      │     └ 文                  └ 孝怡
      │        ┌ 韶 ─┬ 胡仁 ─ 德 ─ 世雄
      ├ 子讷 ─┤     └ 弘农杨君妻
      │        └ 袭
      ├ 寿阳公主（适兰陵萧赞）
      ├ 宁陵公主（适琅邪王诵）
  勰 ─┼ 子攸
      ├ 子正 ─ 钦
      ├ 懿 ─□─□─□─□─□─ 鼎
      ├ 襄城公主（适清河崔瓒）
      ├ 楚华（适长乐冯颢）
      └ 季瑶（适陇西李彧）
```

彭城王勰一支既有史传（《魏书》卷二十一下《献文六王传·彭城王》、《北史》卷十九《献文六王传·彭城王》）又有墓志发现者：元勰、元子直、元子正、元勰妻陇西李媛华；史传中有提及，而暂无墓志发现者：元宽、元刚、元子讷（劭）、元韶、元袭、元子攸、元钦；史传无而有墓志发现者：元文、元瑛、元

---

① 毛远明：《汉魏六朝碑刻校注》第六册，第378页。

韶女（适杨君）、元世雄；虽史传无、亦无本人墓志出土，但有相关人士墓志记载者：光禄大夫某、元胡仁、元德、元孝徇、元孝怡、元楚华（元勰女）、元季瑶（元勰女）、寿阳公主（元勰女）、宁陵公主（元勰女）。

彭城王元勰（473—508），字彦和，北魏献文帝第六子，母长乐潘氏（祖青州治中、东来广川二郡太守猛，父平原乐安二郡太守弥），孝文帝弟，封彭城王，拜侍中、司徒、太子太傅。据《魏故使持节、侍中、假黄钺、都督中外诸军事、太师、领司徒公、彭城宣王（勰）墓志铭》，元勰卒于永平元年（508）九月十九日（墓志讳言，实因尚书令高肇所谮而见害），春秋三十六，谥武宣王，墓志题中即元勰卒后赠官，是年十一月六日窆于长陵北山。① 元勰为咸阳王禧、北海王详所谮，因作《蝇赋》以谕怀，以蝇喻进谗言者，是赋已佚。墓志较简略，未言勰能文。孝庄帝即位，追尊勰为文穆帝，庙号肃祖。元勰妻李媛华，据《魏故使持节、假黄钺、侍中、太师、领司徒公、都督中外诸军事、彭城宣王妃李氏（媛华）墓志铭》，李媛华为司空清渊公陇西李冲女，正光五年正月卒于第，春秋四十二，其年八月与元勰合葬，元勰、李媛华墓出土于洛阳城北张羊（阳）村西。②

元勰子元子直（？—524），字方言，据《魏故使持节、散骑常侍、安南将军、都官尚书、冀州刺史元公（子直）墓志铭》，元子直封真定县开国公，拜黄门侍郎，出为梁州刺史，正光五年（524）四月卒于第，谥曰穆公，墓志题中即元子直卒后赠官，元子直墓出土于洛阳城北南陈庄村南。③ 孝庄帝追封元子直为陈留王，追赠假黄钺、侍中、太师、大司马、太尉公。元子直为彭城王庶长子，非

---

① 毛远明：《汉魏六朝碑刻校注》第四册，第106页。
② 毛远明：《汉魏六朝碑刻校注》第五册，第280页。
③ 毛远明：《汉魏六朝碑刻校注》第五册，第283页。

元勰妃李媛华所出。元子直子元宽（？—530），字思猛，袭陈留王爵，永安三年（530）为尔朱兆杀于晋阳，无后，国除。元宽弟元刚，字金明，封浮阳王，拜宗正少卿，入北齐爵例降。元刚弟元文（521—529），字思质，据《魏故车骑大将军、仪同三司、林虑哀王（元文）墓志铭》，元文为献文帝弘曾孙，文穆帝（即彭城武宣王勰）孙，黄门侍郎赠冀州刺史陈留王子直第三子，《魏书》卷二十一下《献文六王传·彭城王》载元子直第三子名质，可知为思质之省，又误以之为名。永安二年（529）封林虑郡王，九岁卒于第，赠车骑将军、左光禄大夫、仪同三司，谥曰哀王。太昌元年（532）十一月窆于洛阳西陵，元文墓出土于洛阳城北后海资村北南陈村西。①

元子直曾孙元瑛，字宝显，据《大周故车骑将军元君（瑛）墓志之铭》，元瑛曾祖泰州刺史、陈留王，《元子直墓志》及《魏书》、《北史》本传，皆未言元子直曾任泰州刺史，赠官中亦无此职，姑存疑。墓志未载元瑛之祖，元子直三子中元宽无后，元文卒时仅九岁，则只有元刚有子，元瑛当为元刚孙。元瑛父光禄大夫某。墓志又云："（元瑛）起家为奉朝请，来游青□，出入丹墀，迹简帝心，誉流民口。转前将军，大（太）中大夫奉车骑大将军。属魏道沦湑，□洸且及，君遂便却扫，□□养性。夫人费氏，即右中郎将洛州刺史女……粤以□□二年三月廿一日卒于家。夫人以周建德六年二月廿六日终于邯郸之城。即以其年十一月十五日窆于漳河之南，邺城之西廿里。二子孝恂、孝怡等。痛风树无待，□复长□。"《北朝艺术研究院藏品目录》"墓志"一卷以为元子直在追封陈留王时已有三子，应在二十多岁，当生于景明年间（503），子直三子中林虑王九岁卒，当生于521年。其次兄元刚若生于518年，则元瑛父

---

① 毛远明：《汉魏六朝碑刻校注》第六册，第398页。

光禄大夫某生年在536年左右，元瑍墓志中志主卒年漫漶，唯馀"二年三月二十一日卒于家"，其妻费氏，"周建德六年二月二十六日终于邯郸之城"可读出，如果元瑍是其父二十岁生，则其生于555年，卒于建德二年即573年，是十九岁。有二子孝恂、孝怡，这在惯于早婚早育的元氏宗族是可能的。至于元瑍的官职是北魏后期的事，"魏道沦湑"高齐大肆杀戮元氏宗族，他在州归田就是求之不得的了。①

元瑍墓志是先述元瑍卒年，再载费氏卒年，如果元瑍是卒于建德二年，何以之前不出现"以周"二字，却写在建德六年前，且以当时惯例，在叙述时，如果年号相同只是年份不同，后几处常常不再出现相同年号。故元瑍卒年定非建德二年，且非卒于北周时，因费氏卒时北齐已为北周所灭，故使用北周国号及年号。细审"二年三月"前二字，二字左偏旁皆有三点水，可知北魏后期、东魏、西魏、北齐、北周时唯有河清年号，两个字都是水部，可知元瑍约卒于河清二年（563）三月。这样元子直去世时远非二十岁。即便仍用《大同艺术研究院藏品图录：墓志》的思路，进行重新考述也较该书原来的考证似要合理，元子直约生于太和间（490?），元子直为元鳃庶长子，第三子子攸生于正始四年（507），是年元鳃三十五岁，则其约十八岁生长子元子直，与当时的一般生子年龄正合，如果以元子直生于503年，则元鳃已三十一岁，三十一岁方生长子，不合当时的一般生育年龄，在早婚早育的鲜卑贵族中更罕见。如是也无法解释何以元鳃生育长子已三十多岁，而他的子孙二十岁已有二、三子。元刚约生于509年，光禄大夫某约生于518年，元瑍约生于537年，元瑍卒于二十馀岁。二十馀岁有二子比十九岁有二子似乎更合常理些，且元瑍任

---

① 大同北朝艺术研究院：《北朝艺术研究院藏品图录：墓志》，第192、30页。

过不少官，不是二十岁不到的少年能做到的。所谓"痛风树无待"，说明二子至少一子已十几岁，在当时是可以侍奉长辈了，才会有"痛风树无待"的感慨。如上考证元瑛卒时至少一子已十几岁。如果元瑛卒时，才十九岁，那二子才五六岁，远非侍奉长辈的年龄，也就谈不上"痛风树无待"的感慨。元瑛官职当任于东魏时，而非北魏时。墓志刻于费氏卒后，此时北周已灭，刻墓志者以元瑛为周故车骑将军。元瑛子孝恂、孝怡。

元勰嫡长子、元子直弟元子讷（？—528），字令言（据其母李媛华墓志），《魏书》卷二十一《献文六王传·彭城王勰》作元劭，字子讷。子讷袭勰爵，善武艺，除青州刺史，后入为御史中尉，孝庄帝即位尊为无上王。建义元年（528）四月十三日河阴之难中见害，追谥孝宣帝。据子讷母彭城王勰妃李媛华墓志，子讷妃陇西李氏为李媛华亡弟太子舍人李休纂女，亦即元子讷妃为其表妹。元子讷子韶，字世胄，袭爵，东魏武定间拜司州牧。元韶长女（567—607）适杨君，据《隋温州刺史杨使君夫人元氏墓志》："（杨使君）夫人元氏，河南洛阳人也。魏陇西王之孙，开府仪同三司、陇西王韶之长女也。……周建德四年，封隋州光化郡君。方期松竹，遽凋兰蕙。开皇元年五月二十日薨于长安，春秋卌有一。粤以大业三年（607）十一月四日，合葬于华阴东原。"[1] 华阴正是弘农杨氏的族葬地，可见杨某为弘农杨氏。元子讷袭元勰爵为彭城王，孝庄帝元子攸即位，永安元年十一月戊午以其长兄元子讷子元韶为彭城王（《魏书》卷十《孝庄帝纪》）[2]，元氏墓志中称元子讷、元韶为陇西王，不知是否为后来改封。元韶子黄门侍郎元胡仁，元胡仁子岐州刺史元德，元德子安定县子

---

[1] 胡戟、荣新江：《大唐西市博物馆藏墓志》，第48—49页。
[2] （北齐）魏收：《魏书》，第261页。

元世雄（530—565），据《齐故仪同三司安定县子元世雄墓志铭》，元世雄曾祖彭城文懿王，大约即元韶的谥号，祖黄门侍郎胡仁，父岐州使君德。元世雄北齐时拜广德将军，授泾州安定县子，天统元年（565）六月卒于晋阳，年三十六，武平二年十月诏赠仪同三司，是年十一月葬于邺城西。① 元韶弟元袭，字世绍，东魏武定间封武安王，拜中书侍郎。

元飂第三子、元劭弟元子攸（507—531），据其母李媛华墓志，元子攸字彦达，正光间为中书侍郎，封武城郡开国公。子攸后即帝位，即孝庄帝，元子攸在被尔朱兆缢杀前作《临终诗》。李媛华卒于正光五年（524），墓志中未载元子攸妻，可知是时子攸（十八岁）尚未婚配。

元飂少子元子正（508—528），字休度，孝庄帝母弟，据《魏故始平王（子正）墓志铭》，元子正初封霸城县开国公，孝庄帝即位拜侍中、骠骑大将军、司徒公、领尚书令，封始平王，建义元年（528）四月十三日河阴之难中见害，春秋二十一，谥曰文贞，是年八月葬于洛阳城西东陉沟村。墓志云："雅好文章，尤爱宾客，属辞摛藻，怡情无倦，礼贤接士，终醼忘疲。"② 可见子正能文。子正母李媛华卒于正光五年（524），墓志中未载元子正妻，可知是时子正（十七岁）尚未婚配。元子正子元钦，字世道，袭爵，东魏武定中拜散骑常侍。据《元和姓纂》卷四，元飂有子名懿，七代孙鼎，唐司州刺史。③

据元飂妃李媛华墓志，元飂、李媛华女元楚华封光城县主，适故光禄大夫、长乐郡开国公长乐冯颢，父诞，故使持节、侍中、司徒长乐元公。元楚华妹季瑶封安阳郡主，适员外散骑侍郎、清渊世

---

① 叶炜、刘秀峰：《墨香阁藏北朝墓志》，第172页。
② 毛远明：《汉魏六朝碑刻校注》第六册，第226页。
③ （唐）林宝撰，陶敏校证，李德辉整理：《元和姓纂新校证》，第160页。

子陇西李彧，父清渊县开国侯李延寔，李延寔为李媛华兄，则李彧为元楚华表兄。①李楚华卒于正光五年正月，墓志中冯诞、冯颢父子皆称故，则父子二人皆已卒。

元勰女、元子攸姊寿阳公主适兰陵萧宝卷之子萧赞（《魏书》卷五九《萧宝夤传》）②，元勰女、元子攸姊宁陵公主适琅邪王肃长兄王融之子王诵（《魏故宁陵公主墓志铭》）③。元勰女、孝庄帝妹襄城公主适瀛州刺史清河崔逞子崔瓒（《魏书》卷八九《酷吏传·崔暹》）。④

据墓志彭城王勰一支约族葬于今洛阳城北后海资村一带，近孝文帝陵。

彭城王勰一支，可知能文者有元勰、元子攸、元子正。

11. 孝文帝子孙

北魏高祖孝文帝元宏。有诗二首。《隋书》卷三十五《经籍志四》著录《后魏孝文帝集》三十九卷。⑤

孝文帝贵人高照容（469—496），宣武帝母，高肇妹。《魏文昭皇太后山陵志》："皇太后高氏，讳照容，冀州渤海蓨人。高祖孝文皇帝之贵人，世宗宣武皇帝之母也。遥源绵绪，□□□□，方载史册，岂寄略陈。……曾未龙飞，遄弃万寿，以太和廿年□□□□□□四更时，薨乎洛宫。悼轸皇闱，慕切储禁。□□□□□□□武皇系运，乃追尊曰皇太后。……以神龟二年□□□□□□□□祔高祖长陵之右。"⑥高照容父高飏，母盖氏，四男三女皆生于东夷，高飏家族为高丽高氏，称渤海蓨人是贵后所攀附。高照容十

---

① 毛远明：《汉魏六朝碑刻校注》第五册，第280页。
② （北齐）魏收：《魏书》卷五九《萧宝夤传》，第1315、1324、1325页。
③ 毛远明：《汉魏六朝碑刻校注》第四册，第139页。
④ （北齐）魏收：《魏书》卷八九《酷吏传·崔暹》，第1924—1925页。
⑤ （唐）魏徵等：《隋书》，北京：中华书局，1973年，第1079页。
⑥ 毛远明：《汉魏六朝碑刻校注》第五册，第43页。

三岁入宫，太和七年（483）生元恪即宣武帝，继而生广平王怀、长乐公主瑛，冯昭仪（即幽皇后）见孝文帝喜爱元恪，有母养元恪之意，太和廿年（496），高照容自代至洛阳途中，暴薨于汲郡共县（今河南辉县），大约为冯昭仪所害，墓志讳言称"薨乎洛宫"，谥曰文昭贵人。高照容葬于城西孝文帝长陵东南处，称终宁陵。宣武帝即位追尊文昭皇太后，神龟二年迁葬文昭皇太后于长陵之右。

孝文帝嫔卒赠充华南阳赵氏（467—514），《大魏高祖九嫔赵充华墓志》："充华，南阳白水人也。高祖孝文皇帝之九嫔，卢氏义阳公主之母。谦光柔顺，播凤声于素宗。英清玉粹，登椒华而俞馥。福庆无征，春秋四十有八，以延昌三年（514）岁在甲午八月丁丑朔十三日己丑寝疾而薨。皇上震悼，六宫哀恸。使兼大鸿胪奉策即柩，追赠充华焉。九月廿八日癸酉，葬于山陵之域。"赵充华墓出土于洛阳城北北陈庄村。① "山陵之域"正指孝文帝长陵，赵充华附葬长陵。其墓出土地正在长陵附近。

孝文帝季女元瑛（489—525），北魏孝文帝季女长乐长公主，据《魏故司空、渤海郡开国公高猛夫人长乐长公主（元瑛）墓志铭》，（元瑛）适渤海郡开国公高猛。孝昌元年（525）十二月二十日卒于洛阳，春秋三十七，孝昌二年（526）三月七日葬于洛阳，元瑛墓出土于洛阳城东北小李村西。墓志又云："披图问史，好学罔倦，该柱下之妙说，核七篇之幽旨。驰法轮于金陌，开灵光于宝树。绡縠风靡，斧藻川流，所著辞诔，有闻于世。兰芝之雕篆富丽，远未相拟；曹家之謦欬淹通，将何以匹。"② 可知其有文才。

孝文帝七子，长子恂立为太子，后废为庶人，赐死，无子。皇

---

① 毛远明：《汉魏六朝碑刻校注》第四册，第257页。
② 毛远明：《汉魏六朝碑刻校注》第六册，第2页。

子恌，早夭，未封。其馀五子支系如下：
(1) 京兆王愉一支

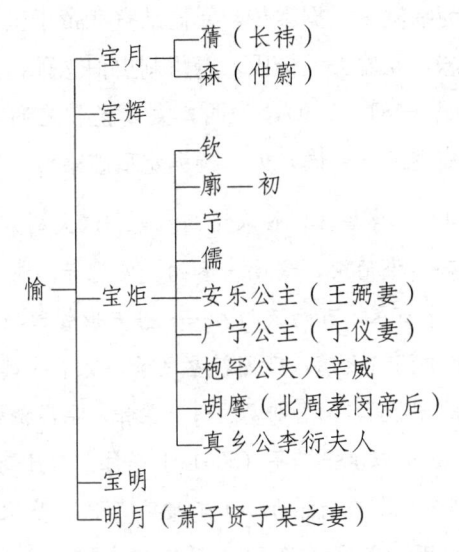

```
            ┌─ 宝月 ─┬─ 蒨（长祎）
            │       └─ 森（仲蔚）
            ├─ 宝辉
            │       ┌─ 钦
            │       ├─ 廓 ─ 初
            │       ├─ 宁
            │       ├─ 儒
愉 ─────────┼─ 宝炬 ─┼─ 安乐公主（王弼妻）
            │       ├─ 广宁公主（于仪妻）
            │       ├─ 枹罕公夫人辛威
            │       ├─ 胡摩（北周孝闵帝后）
            │       └─ 真乡公李衍夫人
            ├─ 宝明
            └─ 明月（萧子贤子某之妻）
```

京兆王愉一支有史传（《魏书》卷二十二、《北史》卷十九《孝文五王传·京兆王》）亦有墓志发现者有元宝月。史传有提及而暂无墓志发现者有元愉、元宝炬、元钦、元廓。史传未提及，而有墓志出土者：元儒、元宝炬女安乐公主（适王弼）、元宝炬第三女广宁公主（适于仪）、拓跋宁、拓跋初、元愉妻杨奥妃、元宝炬妃席氏。无本人墓志而有相关墓志提及者：元宝辉、元宝明、元明月（元愉女）、元蒨、元森、元宝炬女（辛威夫人）、元宝炬女（李衍夫人）。

元愉（488—508），字宣德，孝文帝子，封京兆王。先后除徐州、冀州刺史，永平元年八月在冀州谋反，建号建平，是年九月兵败被擒，气绝而亡，一说高肇令人杀之，时年二十一。《魏书》卷二十二《孝文五王传·京兆王愉》："京兆王愉，字宣德。太和二十一年封……愉好文章，颇著诗赋。时引才人宋世景、李神儁、祖莹、邢晏、王遵业、张始均等共申宴喜，招四方儒学宾客严怀真等数十人，馆而礼之。所得谷帛，率多散施。"① 可知元愉能文，其诗文已佚。元愉子元宝炬入关即西魏帝位，追尊元愉为文景帝。灵太后追封元愉为临洮王。据本传，元愉纳宣武帝于皇后妹为妃。据元愉子宝月墓志，元愉夫人杨氏，秦州刺史伯念孙，兰陵太守弘农次德女。杨奥妃（481—509），为西晋太傅杨骏之后，十八岁归元愉，据《魏故临洮王（元愉）夫人杨奥妃墓志铭》：

> 妃讳奥妃，字婉㜇，恒农华阴人也。汉太尉震之裔，晋太保骏之□世孙。祖伯念，安南、秦州、安邑子。考深德，兰陵太守。……年十有八，百两云归。……若夫彤管箴戒之篇，母仪妇容之典，顾史问诗之诲，开图镜鉴之录，莫不寻读玩诵，谈说如流。……王既遇祸，幽居别室。四子蒙稚，半离襁褓。一女遗育，甫及将年。……以永平二年（509）十一月十二日薨于第，春秋廿有九。苍梧不从，盖祔非古。正光四年（523）岁次癸卯四月丁巳朔廿九日乙酉，窆穸于洛阳之西陵东南培塿之阳先王神茔之内。……息宝月，年廿二。宝辉，年廿一。宝炬，年十七。宝明，年十六。息女明月，年十五。月嫔萧氏，曾祖伪齐高皇帝。祖映，齐司空临川献王。父子贤，齐太子詹事、平乐侯。妣□□氏，□皇太后再从侄。祖洪仪，冯翊太守。父曰□平□□□。明月适侯民□□□□皇太后姨弟少□。月息男朔沙，年二。②

杨奥妃"彤管箴戒之篇，母仪妇容之典，顾史问诗之诲，开图镜鉴之录，莫不寻读玩诵，谈说如流"，有一定才学。正光四年二月元愉被追封为临洮王③，则杨氏卒时元愉尚无临洮王之封，葬年二月正有追封，故墓志及之。正光四年时，元愉与杨奥妃子元宝月廿二

---

① （北齐）魏收：《魏书》，第590页。
② 大同北朝艺术研究院：《北朝艺术研究院藏品图录：墓志》，第84—85页。
③ （北齐）魏收：《魏书》卷九《孝文帝纪》，第234页。

岁，则生于景明三年（502）；子元宝辉年二十一，则生于景明四年（503）；子元宝炬年十七，则生于正始四年（507）；子元宝明年十六，则生于永平元年（508）；女元明月年十五，则生于永平二年（509）。元宝月为元愉长子有墓志发现（见下文），元宝辉、元宝明史书未载，可补阙，西魏文帝元宝炬为元愉第四子。元愉与杨奥妃之女明月适齐太子詹事、平乐侯子贤子，萧氏为齐高帝萧道成曾孙、齐司空临川献王萧映孙。萧映为萧道成第三子，终于永明七年，萧映九子，史书提及者有长子子晋和第二子子游，皆梁初被杀（《南齐书》卷三十五《高祖十二王传·临川献王映》）①，大约子贤即梁初武帝杀齐室子孙时逃往北魏的。

元愉子元宝月（502—524），字子焕，杨氏所出，袭爵，据《魏故持节、都督秦州诸军事、平西将军、秦州刺史、孝王（元宝月）墓志》，京兆王愉谋反被废王爵，后灵太后追封愉为临洮王，以愉子宝月袭爵。元愉卒时，元宝月只有七岁，八岁时母亲杨氏卒，由清河王怿抚养。以正光五年五月二十五日卒于洛阳，时年二十三，墓志题中即元宝月卒后赠官，谥号孝王，孝昌元年十二月三日祔葬于愉之陵，元宝月墓出土于洛阳城东北马坡村。墓志中又载元宝月母亲及妻儿情况：皇妣杨氏，恒农人，父次德，兰陵太守；祖伯念，秦州刺史。嫔南兰陵萧氏，齐太祖高皇帝曾孙，父子贤，齐太子詹事、平乐侯。息蒨，长祎，年四。蒨弟森，仲蔚，年二。墓志还记载元宝月有一定文学才能："摛文爽丽，风调闲远，清襟外彻，黄中内润"。② 则元愉子女与萧子贤子女分别结为婚姻。

元宝月弟元宝炬（507—551），孝庄帝时封南阳王，魏封东西，以宝炬随出帝入关，出帝为宇文泰所害，泰以宝炬为帝，即西魏文帝。

---

① （南朝梁）萧子显：《南齐书》，北京：中华书局，1972年，第621—623页。
② 毛远明：《汉魏六朝碑刻校注》第五册，第377页。

元宝炬妻郁久闾氏，蠕蠕主阿那瓌长女。元宝炬长子元钦（525—554），即西魏废帝，元钦妻为宇文泰女。元宝炬第四子廓（537—557），即西魏恭帝，拓跋廓妻为长乐正公若干惠女。拓跋廓长子拓跋初（555—557），据《周故拓跋初墓志》："拓跋初，河南洛阳人。魏文皇帝之孙，恭皇帝之长子。元年（557）二月卒，时年三岁。二年（558）九月卅日窆于小陵原。山谷不常，爰立兹志，令知墓焉。周二年九月卅日。"① 元宝炬第五子拓跋宁（？—557），据《周故魏郡公拓跋宁墓志》："公讳宁，字子堪，河南洛阳人。魏文皇帝第五子。魏后三年正月封魏郡公。元年二月十八日薨，谥曰定。二年九月廿二日窆于小陵原。陵谷不常，爰立兹志，令知公墓焉。周二年九月廿二日。"② 元宝炬第九子，据《燕郡公（元儒）墓志》，元儒，字子仁，西魏恭帝三年封燕郡公，北周明帝元年（557）二月十八日卒，北周明帝二年（558）九月三十日窆于小陵原。③《北史》卷六十一《王盟传》："王盟字仵，明德皇后之兄也，其先乐浪人……子励，字丑兴，性忠果有材干。年十七，从周文入关。及平秦陇，定关中……子弼袭爵，尚魏安乐公主，位大都督、通直散骑常侍。"④ 北周建立后追尊宇文肱为德皇帝，相应追尊王氏为明德皇后。王盟为宇文肱妻王氏兄，则盟子励与宇文泰为表兄弟，西魏文帝元宝炬与宇文泰同年生，则王励子弼比元宝炬小一辈，可知王弼所尚安乐公主为西魏文帝女。元宝炬第三女广宁公主（543—590），据《大隋使持节、大将军、赵州诸军事、赵州刺史、安平郡开国谥曰平公并夫人广宁公主元氏合葬墓志铭》，广宁公主为元宝炬第三女，适安平郡公于仪（柱国于谨子），开皇十年四月二十五日卒于第，春秋四十有八，是年四月二十七日与夫合葬于华池之阳渠

---

① 齐运通：《洛阳新获墓志百品》，第 18—19 页。
② 赵力光：《西安碑林博物馆新藏墓志续编》，第 7—8 页。
③ 西安市文物稽查队：《西安新获墓志集萃》，第 17 页。
④ （唐）李延寿：《北史》，第 2164 页。

里。① 则广宁公主生于大统九年（543）。

元宝炬妃席晖华，据《魏文帝嫔席晖华墓志》，席晖华，河南緱氏人。祖岐州刺史某，父秦州刺史器，席氏年十四入元宝炬宫。子开府燕王儒、长女柱国枹罕公辛威夫人、第二女周憨帝皇后、第三女上大将军真乡公李衍夫人。开皇四年四月二十六日终于靖安里宅，以其年七月十三日葬于大兴县小陵原。② 元儒墓志称儒为元宝炬第九子，是指元宝炬诸子中排行第九，而席晖华墓志称元儒为长子，则是指元儒为席晖华所生子中排行第一。《北史》卷一四《后妃传下》载元宝炬第五女胡摩为周闵帝宇文觉夫人，大业十二年卒。③ 是指元宝炬所有女儿中此女排第五，而席晖华墓志中言第二女为元宝炬夫人，则是指席晖华所生女儿中此女居第二。

京兆王愉一支现可知的文士有元愉、元宝月。

(2) 清河王怿一支

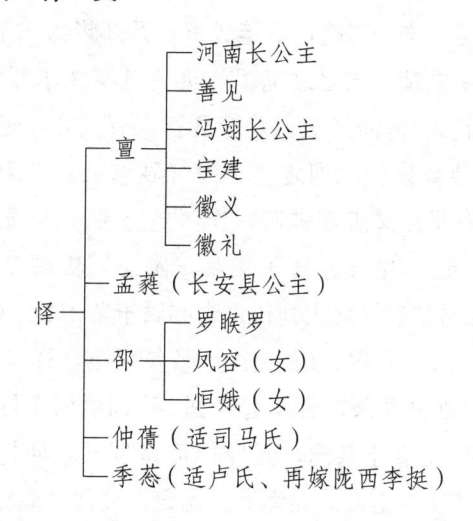

```
         ┌─ 河南长公主
         ├─ 善见
      ┌─ 亶 ├─ 冯翊长公主
      │  ├─ 宝建
      │  ├─ 徽义
      │  └─ 徽礼
      ├─ 孟蕤（长安县公主）
  怿 ─┤      ┌─ 罗睺罗
      ├─ 邵 ─┼─ 凤容（女）
      │      └─ 恒娥（女）
      ├─ 仲蒨（适司马氏）
      └─ 季苾（适卢氏、再嫁陇西李挺）
```

---

① 胡戟：《珍稀墓志百品》，第 27 页。
② "黄的貔貅"的微博 https://weibo.com/5580222167/J59MOc9uJ。
③ 李延寿：《北史》，第 527 页。

清河王怿一支有史传（《魏书》卷二十二《孝文五王传·清河王》、《北史》卷十九《孝文五王传·清河王》）亦有墓志发现者有元怿；史传无但有本人墓志出土者：元宝建、元邵、元季聪；史传无，亦无本人墓志出土，但相关人士墓志中有记载者：元亶、河南长公主、冯翊长公主、元徽义、元徽礼、元孟蕤、元罗睺罗、元凤容、元恒娥、元仲倩。

元怿，字宣仁（487—520），据《魏故使持节、侍中、假黄钺、太师、丞相、大将军、都督中外诸军事、录尚书事、太尉公、清河文献王（元怿）墓志铭》，元怿为孝文帝第四子，封清河王，为元乂所害，拜特进、左光禄大夫、侍中、司徒公、太子太师、太傅、太尉公，神龟三年（520）七月三日卒于洛阳，春秋三十四，谥曰文献，墓志题中即元怿卒后赠官。孝昌元年（525）十一月二十日改窆瀍西邙阜之阳。元怿葬于洛阳城北盘龙村。墓志又云："百氏无遗，群言毕览。文华绮赡，下笔成章。升高睹物，在兴而作。虽食时之敏，七步之精，未之过也。"① 亦言其有文才。《魏书》卷二十二《清河王传》：博涉经史，兼综群言，有文才，善谈理……怿以忠而获谤，乃鸠集昔忠烈之士，为《显忠录》二十卷，以见意焉。② 元怿因得罪元乂忠而被谤，作《显忠录》，梁元帝作有杂传类著作《显忠录》，见《金楼子》及《隋志》史部杂传类，元怿《显忠录》大约是替忠义之士列传，当亦属于杂传类。《魏书》卷三十二《封伟伯传》：太尉、清河王怿辟参军事，怿亲为《孝经解诂》，命伟伯为难例九条，皆发起隐漏。③ 则清河王怿亦长于孝经之学。据元怿孙元宝建墓志，元怿妃河南罗氏，使持节、抚军将军、济衮二州刺史罗盖女。元怿世子元亶，袭爵，谥曰文宣王。元

---

① 毛远明：《汉魏六朝碑刻校注》第五册，第357页。
② （北齐）魏收：《魏书》，第591页。
③ （北齐）魏收：《魏书》，第766页。

亶弟元邵墓志载，王兄亶，字子亮，侍中、车骑将军、清河王。据元亶子元宝建墓志，元亶妃安定胡氏，使持节、散骑常侍、右将军、都督岐泾雍三州诸军事、雍州刺史、临泾孝穆公女。孝穆公指胡国珍兄真子宁，胡氏为孝静帝母。

元亶子元善见（534—550），即东魏孝静帝，孝文帝曾孙，相国、清河王怿孙，相国、清河王亶世子。元善见妻为高欢第二女。《魏书》卷十二《静帝纪》："帝好文学，美容仪。力能挟石师子以逾墙，射无不中。嘉辰宴会，多命群臣赋诗，从容沉雅，有孝文风。"[1] 元善见母弟元宝建，字景植，据《元宝建墓志》，元宝建除光禄勋、开府仪同三司，封宜阳郡王，兴和三年（541）七月卒于位，赠使持节、侍中、假黄钺、相国、太保、司徒公、录书事、都督雍秦泾渭华五州诸军事、雍州刺史，王如故，谥曰孝武，是年八月祔于文宣王亶陵之右，元宝建墓出土于河北磁县。墓志中有元宝建谱牒，元宝建姊河南长公主，适颍川崔祖昂，散骑常侍、光禄勋、武津县开国公。妹冯翊长公主，适侍中、尚书令、领军、开府仪同三司、勃海王世子渤海高澄。弟徽义，骠骑大将军、仪同三司、清河王。弟徽礼，骠骑大将军、仪同三司、颍川王。妻武城崔氏，骠骑大将军、徐州刺史㥄女。[2]

元怿第二子元邵（506—528），字子开，据《魏故侍中、司徒公、骠骑大将军、使持节、定州刺史、常山文恭王（元邵）墓志铭》，元邵封广川县开国公，进封常山郡王，官终卫将军、河南尹，建义元年（528）四月卒于河阴之难，是年七月葬于洛阳。元邵墓出土于洛阳城北盘龙村。墓志云："文情婉丽，琴性虚闲。射不出征，辞参辩囿……赋山咏水，辞爱三春之光；诔丧襃往，文凄九秋

---

[1] （北齐）魏收：《魏书》，第313页。
[2] 毛远明：《汉魏六朝碑刻校注》第七册，第275页。

之色。至于西园命友，东阁延宾，怀道盈阶，专经满席，临风释卷，步月弦琴，目晒五行，指穷三调，布素之怀必尽，风流之貌悠然。"元邵母南阳张氏，阳邑、中都二县令道始之女。元邵王兄亶，字子亮，侍中、车骑将军、清河王。元邵姊字孟蕤，长安长公主，适胡氏；元邵妹字仲蒨，适河内司马氏；元邵妹字季荙，适范阳卢氏；元邵妻侍中、车骑将军、仪同三司、濮阳县开国公僧洸女，僧洸为胡国珍兄真之子（初国珍无子，养以为子），子罗睺罗时年五岁，女凤容年五岁，女恒娥年三岁。① 可见其有文才，且有名士气。元邵母南阳张氏，阳邑、中都二县令道始之女。结合《魏书》卷八三《外戚传·胡国珍传》，可知元邵姊长安长公主字孟蕤所适胡氏为司徒胡国珍子平凉郡公祥。② 李挺（478—541）二婚娶江阳王继第三女阿妙，阿妙卒，又娶清河王怿第三女即元善见三姑妈元季聪（510—530），据《魏故侍中、司徒、千乘李公命妇高密长公主（元季聪）墓志铭》：

> 公主姓元，讳季聪，小字舍利，河南洛阳人也。高祖孝文皇帝之孙，太傅、清河文献王之女，今上本生之第三姑。……永安二年，除女侍中。……以永安三载（530），八月廿一日，薨于洛阳都乡显德里第。春秋廿一，仍殡于覆舟山之南麓。粤兴和三年（541）岁次辛酉十二月廿三日迁祔于皇壁司徒李公神茔，于邺西豹祠东南二里半。有诏，追赠高密长公主。③

荙、聪同音，元怿不大可能有两个女儿皆名中有体现排行的"季"字，据《元季聪墓志》其正是元怿第三女，《元邵墓志》中所载其姊妹情况看，季荙正是排在第三，大约季荙即季聪，季聪先适卢

---

① 毛远明：《汉魏六朝碑刻校注》第六册，第161页。
② （北齐）魏收：《魏书》，第1834页。
③ 毛远明：《汉魏六朝碑刻校注》第七册，第310页。

氏，卢氏卒，更嫁李挺。大约建义元年元邵卒时，季聪尚未适李挺。

清河王怿一支可知有文士二人：元怿、元邵。
(3) 广平王怀一支

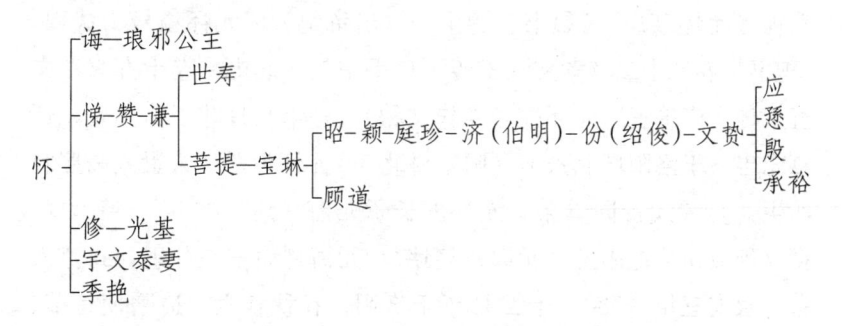

```
      ┌诲—琅邪公主
      │       ┌世寿                                    ┌应
      ├悌—赞—谦                                        ├懿
怀—┤        └菩提—宝琳┬昭—颖—庭珍—济(伯明)—份(绍俊)—文赞┤
      │                └顾道                            ├殷
      ├修—光基                                          └承裕
      ├宇文泰妻
      └季艳
```

广平王怀一支《魏书》的《孝文五王传》、《北史》的《孝文六王传》中缺其支系的完整记录，其他史传中提到的有：元修妹冯翊公主、元诲女琅邪公主，有墓志发现者：元怀、元诲、元悌、元光基、元世寿。广平王怀一支唐代有墓志、碑刻发现者：元昭、元庭珍、元修妹元季艳、元建妻颍川陈氏；虽无本人墓志发现，但有相关人士墓志发现者：元谦、元菩提、元宝琳、元颖、元济、元建。

《元和姓纂》卷四："孝文帝宏生广平王怀。五代孙宝琳，随州刺史、韩公；生顾道，明堂令。"① 《新唐书·宰相世系表》："怀，广平文穆王，生广平文懿王悌；悌生侍中、骠骑大将军、广平王赞；赞生谦，后周韩国公；谦生菩提，周袭公；菩提生宝琳，绥州刺史、袭公；宝琳生昭及明堂令顾道；昭生颖；颖生庭珍；庭珍生伯明，陈王府咨议参军，袭韩公；伯明生绍俊，袭公；绍俊生文赞，袭公；文赞生应，襄城尉，汴州文学懿，新井令殷，沂阳主簿

---

① （唐）林宝撰，陶敏校证，李德辉整理：《元和姓纂新校证》，第160页。

承裕。"①

元怀（487—516），字宣义，河南洛阳人，孝文帝第四子，封广平王，熙平二年（516）三月卒于洛阳，春秋三十，追崇使持节、假黄钺、都督中外诸军事、太师、领太尉公、侍中，王如故。谥曰武穆（元怀墓志、《魏书》卷十一《出帝纪》记元怀谥号为武穆，《魏书》卷二十二《孝文五王传·广平王》、《北史》卷十九《孝文五王传·广平王》元怀谥号误作文穆），是年八月葬于洛阳，元怀墓志出土于洛阳城北张羊（阳）村北。② 元怀为孝文帝贵人高照容所生，乃宣武帝同母弟。元怀庶长子元诲（505—530），字孝规，据《魏故司徒范阳王（元诲）墓铭》，元诲拜尚书左仆射，封范阳王。永安三年（530）十二月卒于洛阳，春秋廿六，追赠使持节、骠骑大将军、司徒公、冀州刺史，侍中、王如故，谥曰文景。普泰元年（531）三月，窆于洛阳西郊，元诲墓出土于洛阳城北张羊（阳）村北。墓志又云："含咏雕篆，涉猎油素，同北宫之爱士，齐东苑之好贤。"③ 可见元诲有一定的文学才能，且尊重文士。《北史》卷九十八《蠕蠕传》："太昌元年六月，阿那瓌遣乌勾兰树升伐等朝贡，并为长子请尚公主。永熙二年四月，孝武诏以范阳王诲之长女琅邪公主许之，未及成婚，帝入关。"④ 则元诲长女琅邪公主本适蠕蠕主阿那瓌长子，约以孝武帝入关，而未及成婚。

元怀世子元悌（？—528），袭爵，据《魏故侍中、太尉公、冀州刺史、广平王（元悌）墓铭》，元悌祖高祖孝文皇帝。父讳怀，字宣义，侍中、使持节、都督中外诸军事、司州牧、太尉公、黄钺大将军、广平武穆王。元悌字孝睦，除河南尹，拜护军将军，武泰

---

① 欧阳修、宋祁：《新唐书》，第 3401 页。
② 毛远明：《汉魏六朝碑刻校注》第四册，第 346 页。
③ 毛远明：《汉魏六朝碑刻校注》第六册，第 319 页。
④ （唐）李延寿：《北史》，第 3264 页。

元年（528）四月十三日河阴之难中见害，谥曰文懿王，墓志题中即元悌卒后赠官，是年六月葬于洛阳西郊，元悌墓出土于洛阳城北张羊（阳）村北。墓志又云："博览文史，学冠书林，妙善音艺，尤好八体……文敏曹杨，业隆陈郑，从横无准，菴郁独映。学鄙三冬，问嘉知十，优游书圃，敖翔子集。"① 可见元悌博学，以曹植、杨修加以比附，可知元悌亦有一定的文学才能。《新唐书·宰相世系表》载"悌生侍中、骠骑大将军、广平王赞；赞生谦，后周韩国公"②《北史》卷五十六《魏收传》："久之，除帝兄子广平王赞开府从事中郎，收不敢辞，乃为《庭竹赋》以致己意。"③《北史》卷十五《魏宗室传》："及武帝崩，秘未发丧，诸人多举广平王为嗣。顺于别室垂涕谓周文曰：'广平虽亲，年德并茂，不宜居大宝。'"④《大隋广平公世子元公子（世寿）之墓志》称其祖使持节、大将军、侍中、小司徒、广平王赞为宣武帝母弟，《周书》卷三十八《元伟传》记元赞官职，大将军、尚书令、少保、小司徒、广平郡公元赞。⑤ 墓志所记正合。北周建立后，元氏降爵为公，故元赞降为广平公。《元世寿墓志》刻于隋代，所以记元赞降爵前爵位广平公亦可。广平王怀方为宣武帝母弟，疑此处墓志误刻。元悌袭爵广平王，悌在河阴之难中见害，大约元赞袭爵广平王，后随孝武帝入关。元赞为孝武帝兄子，因此可以说亲说年德并茂。《周书》卷五《武帝记》：天和四年（569）五月己丑，封魏广平公子元谦为韩国公，以绍魏后。⑥ 是时北周已建立十二年，在封为韩国公前，元谦袭爵广平公。元世寿（578—594）为元谦冢子，开皇十四年

---

① 毛远明：《汉魏六朝碑刻校注》第六册，第 158 页。
② （宋）欧阳修、宋祁：《新唐书》卷七十五下，第 3401 页。
③ （唐）李延寿：《北史》，第 2027 页。
④ （唐）李延寿：《北史》，第 568 页。
⑤ （唐）令狐德棻：《周书》，第 689 页。
⑥ （北齐）魏收：《魏书》，第 76 页。

（594）十一月二十二日卒于大兴县私第（大兴县治今陕西西安），时年十七，同月葬于大兴县。元世寿墓志又云："诗书璀璨，文翰纵横。"① 可见其能文。

元悌孙元谦还有子元菩提袭韩国公爵，元菩提子绥州（治上县，今陕西绥德）刺史元宝琳袭爵，元宝琳长子泾州司户参军元昭（623—683）袭爵，据《大唐故泾州司户参军元君（昭）墓志铭》，元昭，字仁明，河南金谷乡人。曾祖谦，周封韩国公；祖菩提，随袭韩国公；父宝琳，随袭韩国公，唐绥州刺史。元昭为宝琳长子。贞观十七年授左卫率翊卫，俄迁太子右虞侯，又转左武卫录事参军，又授雍州新丰县尉，寻转益州蜀县丞，又迁泾州司户参军，以咸亨四年（673）秩满归第，永淳二年（683）正月一日终于常乐里第，春秋六十一，即以其月十八日葬于明堂县洪原乡先茔。② 元昭子曹州成武县丞元颖，元颖子鲁郡金乡县丞元庭珍（682？—742？），据《大唐故鲁郡金乡县丞元府君（庭珍）墓志铭》，元庭珍，字瑊，河南人。曾祖宝琳，唐上郡太守、韩国公，"文章峻雄，道德清素"；祖昭，唐安定郡司户参军；父颖，唐曹州成武县丞，元庭珍为嗣子。庭珍以孝廉擢第，历广平郡洺水尉、桑泉尉。后授鲁郡金乡县丞。未几，丁太夫人忧。不久庭珍病重，春秋六十有一，终于任所。以天宝元年（742）十一月二十九日，迁厝于京兆万年县少陵乡之原。有子元济等。③ 天宝初改州为郡，绥州改为上郡（治上县，今陕西绥德），故元庭珍墓志中载宝琳为上郡太守，与《新唐书·宰相世系表》载元宝琳为绥州刺史是一回

---

① 齐运通：《洛阳新获七朝墓志》，第49页。
② 齐运通：《洛阳新获墓志（2015）》，第108页。
③ 毛远明：《西南大学新藏墓志集释》，第459—460页。墓志中地名古今对照：成武县（治今山东成武），广平郡即洺州（治永年，今河北永年东南城关镇）洺水县（治今河北曲周南），桑泉县（治今山西临猗西南临晋镇），鲁郡即兖州金乡县（治今山东金乡）。

事。安定郡即泾州（治安定，今甘肃泾川），故《元昭墓志》载其为泾州司户参军，《元庭珍墓志》记元昭为安定郡司户参军，是一回事。《新唐书宰相世系表》载元庭珍子伯明，陈王府咨议参军，袭韩公，大约元庭珍墓志中之济即伯明，伯明约为其字。《元庭珍墓志》中称元宝琳"文章峻雄"，则元宝琳文章在当时有一定知名度。

元伯明子元份（745—808）袭韩公，据乡贡进士崔埴撰《唐故袭三恪嗣韩国公食邑三千户元公（份）墓志铭》：

> 公讳份，字份，河南人也。后魏孝文皇帝之十一代孙。……曾祖颖，皇朝曹州城武县令。祖庭珍，皇朝兖州金乡县丞。……烈考伯明，挺生伟才，杰出人表。特禀降神之秀，肇纂开国之荣。天宝初，玄宗皇帝甄举坠典，立为三恪，袭封韩国公，食邑三千户。公即韩公之元子也。……统承前绪，作宾王家。每献岁会朝，泰坛昭报，必执介圭而从事，服衮冕以展礼。庆赐光于里巷，官爵及于子孙。荣耀所钟，时无与二。元和三年十月十七日薨于青门里之私第，享年六十四。有诏赐布帛一百段，粟一百石，具牢醴之奠，就第吊祠，备饰终之礼焉。夫人太原王氏，先公九载而终，即以其年十一月六日合祔于万年县凤栖原，礼也。嗣子右内率府兵曹参军文赟，痛深栾棘，哀甚蓼莪。①

《元和姓纂》载"伯明生绍俊，袭公；绍俊生文赟，袭公"，结合元份墓志，则绍俊即份，大约元份，字绍俊。墓志言元份为孝文帝十一代孙，是不算孝文帝自身而言。《旧唐书》卷九《玄宗纪下》："天宝十二载夏五月乙酉，以魏、周、隋依旧为三恪及二王后，复

---

① 陕西历史博物馆：《风引薤歌：陕西历史博物馆藏墓志萃编》，第 111—113 页。

封韩、介、酅等公。"① 则墓志所载有误，玄宗因三恪制度绍封北魏之后在天宝十二载，并非天宝初，元伯明正是此时复封韩国公。伯明子元份袭爵韩国公，因可以参加朝会是荣耀之事，而墓志特别予以记载。亦可见见在盛中唐间，元氏因曾经的皇族地位，仍有一定影响力。

元谦之后有元建，据乡贡进士李鸾撰《河南府偃师县令元建故夫人颍川陈氏墓志铭》：

> 唐咸通叁年（862）岁次壬午季秋月拾有贰日有颍川陈氏夫人年三十告逝于东都履信坊之私第。六姻涕泗，九族悽恻。夫人绂冕之后，荣贵之门。合锡其年，以遐其福。易州刺史、检校工部尚书、赠右仆，讳恒之曾孙。东都留守、检校司空、赠司徒，讳楚之孙。易定节度使、检校右仆射、赠太保，讳君赏之长女也。……年二十九归妹于元氏之门，即魏韩国公之后也。元宰恪宾于国，嗣续其风。少履宦途，长荣甸服。前娶陆氏夫人，令族清规，罕有伦匹。有一男三女，不幸少孤。再娶张氏夫人，未逾周星，已先朝露。良人士曹，秩满东府。旋逼调集，将赴西秦。顾盈室之孤遗，虑蘋藻之有阙，遂复娶于陈氏之门。不逾旬朔，授宰偃师。携手赴官，才历炎凉。夫人理家有敬上接下之礼，抚孤有徙居分甘之仁。方期荣耀中闺，恢覃行义。岂意昊天不祐，积善无征。凶讣既钟，其冤何极。三女一子皆荷慈育之仁，中外姻联尽感宽柔之德，遂护丧归于偃师县之□□□。是岁拾壹月捌日归葬于洛城之北河南县界□杨□□□□□远祖宣武帝陵之西，礼也。②

---

① （后晋）刘昫等：《旧唐书》，第227页。
② 毛阳光：《洛阳流散唐代墓志汇编续集》，第744—745页。

第二章 元氏家族各支系详考下

元建为广平王怀之后，广平王怀为孝文帝子，宣武帝为广平王怀兄，元建祖上元赞随孝武帝入关，元赞之后约葬于关中，而元建一支又葬回洛阳宣武帝陵旁（此地或即广平王怀一支原葬地），称宣武帝为其远祖亦可。可推知元建妻陆氏、张氏亦葬于此。

元怀第三子元修（510—535），即孝武帝（出帝），始封汝阳县开国公，永安三年（530）封平阳王，中兴二年（531）即位，永熙三年（534）入关投宇文泰，是年十二月为宇文泰所害。元修母李氏。① 元修第四子光基，字昭德，光基未随父修入关，据《魏故侍中、征西将军、雍州刺史、司空公、吴郡王（元光基）墓志铭》，元光基武定三年（545）二月卒于第，时年十九，墓志题中、征西将军、雍州刺史、司空公、吴郡王约为元光基赠官，是年六月窆于洛阳西陵。②

元修妹（？—551）"初封平原公主，适开府张欢。欢性贪残，遇后无礼。帝杀欢，改封后为冯翊公主，以配周文帝。生孝闵帝。魏大统十七年（551），薨。恭帝三年（556）十二月，合葬成陵。孝闵践阼，追尊为王后。武成初，又追尊为皇后。"③

元修妹元季艳（？—534）封华阳长公主适高欢弟高琛，生太尉高叡。贺铸《庆湖遗老集》卷第二《题华阳公主碑》，按碑：公主名季艳，魏孝文帝之孙。年十四降高欢弟琛，主与琛皆早死。齐建国，琛追王赵郡，主为王妃，碑表其墓。卢思道文，姚淑书，在滏阳之南七里。④ 从公主名可推知大约为元怀最小女，据《北齐书》卷十三《赵郡王传》：赵郡王琛，字永宝，高祖之弟，高琛嗣

---

① （唐）李延寿：《北史》卷五《魏孝武帝纪》，第170页。
② 毛远明：《汉魏六朝碑刻校注》第八册，第13页。
③ （唐）李延寿《北史》卷十四《后妃传》，第527页。
④ （宋）贺铸：《庆湖遗老诗集》卷二，《景印文渊阁四库全书》第1123册，台北：台湾商务印书馆，1986年，第212页。

· 349 ·

子高叡十岁丧母，叡卒年三十六。① 《北史》卷八《齐本纪·后主》：天统五年（569）正月，杀太尉、赵郡王叡。② 则高叡生于北魏孝武帝永熙三年（534），其母元季艳卒于东魏孝静帝武定元年（543）。据《魏故使持节侍中太师假黄钺录尚书事都督冀相沧瀛殷定六州中外诸军事大将军冀州刺史勃海高王（树生）墓志铭》：

> （高树生）祖讳湖，燕散骑常侍、征虏将军、燕郡太守，归国为凉州镇将、河东侯。祖亲辽东慕容氏，父度，燕司徒公、乐良王。父讳谧，使持节、侍中、骠骑大将军、太尉公、都督青徐齐济兖五州诸军事、青州刺史，谥曰武贞。母陈留郡君，河南叔孙氏，父崇，给事中。长息欢，使持节、侍中、大丞相、都督中外诸军事、勃海王。妻代郡娄氏，父内干，使持节、都督恒云朔燕显五州诸军事、骠骑大将军、恒州刺史、司徒公。次息永宝，骠骑大将军、开府仪同三司、左光禄大夫、南赵郡开国公。妻华阳郡公主，河南元氏，父广平武穆王。王讳树生，勃海蓨人也。……孝昌在运，天步多阻。王室如毁，国家若缀……乃以王为镇远将军、北征都督。……王乃逡巡谢病，揖让辞荣。不纳绵上之田，岂卖卢龙之塞，而寒暑易流，昼夜难息，奄如行客，遽同逝水。其子欢，位登上宰，任居外相。……乃赠使持节、假黄钺、侍中、录尚书、都督中外诸军事、大将军、冀州刺史、勃海王，谥曰文穆，加后部羽葆鼓吹。粤以永熙二年岁在癸丑四月己未朔廿七日乙酉窆于嵩岳之北原。③

缪钺先生已指出"盖高湖、高谧乃渤海高氏，入仕魏朝，高谧或本

---

① （唐）李百药：《北齐书》，第169—170、173页。
② （唐）李延寿：《北史》，第291页。
③ 赵文成、赵君平：《秦晋豫墓志搜佚续编》，第81页。

无子嗣，高欢乃塞上鲜卑或汉人久居塞上而鲜卑化，既贵之后，伪造世系，冒认高谧为祖，谓其父树生为谧之长子，以附于渤海高氏之名族。"[1] 墓志中所载高树生祖高湖、父高谧伪托渤海高氏，高树生为鲜卑化的高氏，高树生下葬于永熙三年，是时高欢已掌握朝政，需要攀附高门，故墓志的发现可知，早在北魏末高欢初掌朝政已开始将其家族攀附为渤海高氏。

元怀一支现可知有文士约四人即北朝元诲、元悌、元世寿，唐代元宝琳。

(4) 汝南王悦一支

悦 — 颖

汝南王悦为孝文帝罗夫人所出，元悦好读佛经，览书史。悦妃闾氏，即东海公之女。元悦兄清河王怿为元叉所害，悦了无仇恨之意，且以桑落酒候伺之。叉大喜，以悦为侍中、太尉。尔朱荣攻洛阳，元悦奔南朝梁，梁武厚相资待。庄帝崩，遂立为魏主，号年更兴。节闵初，遣兵送悦，置于境上，以觊侵逼。高欢诛尔朱荣，以元悦孝文子，宜承大业，乃令人示意。元悦清狂如故，乃止。后元悦为孝武帝所杀。元悦子元颖，随之到江东，卒于是。

(5) 宣武帝一支

宣武帝元恪贵华王普贤（487—513）墓志已发现，据《魏故贵华恭夫人（王普贤）墓志》，王普贤，琅琊临沂人，祖奂，齐故尚书左仆射、使持节、镇北大将军、雍州刺史，夫人陈郡殷氏。父道矜，太中大夫。父肃，为故侍中、司空、昌国宣简公，夫人陈郡谢氏，父庄，侍中、右光禄大夫、宪侯，肃后尚献文帝女陈留长公

---

[1] 缪钺：《东魏北齐政治上汉人与鲜卑之冲突》，《读史存稿》，北京：三联书店，1963年，第81页。

主。魏延昌二年（513）四月卒于金墉城，春秋二十七，是年六月葬于洛阳西乡里，王普贤墓出土于洛阳城北郑家凹村。墓志又描述其能文"妙闲草隶，雅好篇什，春登秋泛，每缉辞藻，抽情挥翰，触韵飞瑛"①。

宣武帝嫔司马显姿（491—520）墓志亦已发现，据《魏故世宗宣武皇帝第一贵嫔夫人司马氏（显姿）墓志铭》，司马显姿为司徒琅邪贞王荣期曾孙，司空琅邪康王金龙孙，豫郢豫青四州刺史烈公悦第三女。显姿正光元年（520）十二月卒于金墉，春秋三十，正光二年（521）二月陪葬景陵，司马显姿墓出土于洛阳城西北偃师县水泉村。②

宣武帝嫔李氏（？—526？），据《魏故世宗宣武皇帝嫔（李氏）墓志》，李氏为使持节、冠军将军、安州刺史、固安侯、赵郡李静孙，殿中将军、领斋师主马左右续宝女。孝昌二年（526）八月葬于洛阳景陵垣，李氏墓出土于洛阳城北南石山村南。③

元翊（510—528），即孝明帝，祖孝文帝，父宣武帝，有诗一首。

孝文帝子孙世系未详者：

元挺、元道。元道（585—644），据《唐故扬州江都县令元君（道）墓志铭》："君讳道，字玄敏，河南洛阳人也，其先即魏孝文皇帝之苗裔。……祖挺，周雍州刺史、雍州诸军事。父道。……（君）起家随丞奉郎、左千牛，后转任扬州江都县令。……以贞观十八年（644）十月十八日，卒于洛阳绥福之第，春秋六十。有夫人南阳张氏。……即以乾封元年（666）岁次丙寅八月甲午朔廿七

---

① 毛远明：《汉魏六朝碑刻校注》第四册，第238页。
② 毛远明：《汉魏六朝碑刻校注》第五册，第106页。
③ 毛远明：《汉魏六朝碑刻校注》第六册，第26页。

日庚申,合葬于河南乐平乡之礼也。"① 父子同名,唐代元氏还有其他例子,墓志中未载元道(玄敏)父官职,约为处士。

元和、元深、元仁、元彪,据《唐故元家(彪)墓志》:"君讳彪,名奴,潞州壶关人也。本基北地,望在雁门,帝孝文之裔流,住兹食封。(曾)祖和,路(潞)州太守。祖深,相州刺史。……父仁,并州祇(祁)县主簿。君器宇沉凝,□才挺秀,精神开朗,体质透迤,不就缙绅,丘蕑养志。……春秋七十有三卒于私第,……粤以麟德元年(664),岁在降娄,月居南吕(八月),甲申令日(九日),合葬同坟,墓所在壶关城南十一里。"② 元彪为孝文帝后裔,祖上居于壶关(今山西壶关西),元彪为处士。

元氏(585—649),孝文帝之后,适燕明,据《大唐故燕君(明)墓志铭》,燕明,字肆朗,祖绍曾为朝官,燕明与父胡皆处士,燕明皈依佛法,元氏终于贞观二十三年八月,春秋六十四。③

元守鹭(658—730),夫人平阳霍氏(672—731),据《大唐故宁王府记室上柱国元府君(守鹭)墓志铭》:

> 君(讳)守鹭,河南郡京兆府万年县人也。尔其先后魏孝文皇帝之远胄。拓天而生,拔地而长,迁都洛阳,赫澄晋祚。祖莹,左骠骑大将军;……父泰,朝散大夫守果州朗池县令。……(君)起家左卫翊,……解褐任越州山阴县尉。……授宁王府记室,西园飞盖,宴公子之清谈;东阁延宾,接王侯之雅论。……以开元十八年(730)十月廿日遘疾,终于私第,春秋七十有三。……夫人平阳郡霍氏,……以开元十九年正月

---

① 中国文物研究所、千唐志斋博物馆:《新中国出土墓志(河南叁·千唐志斋)》,北京:文物出版社,2008年,上册第32页,下册第21页。
② 赵力光:《西安碑林博物馆新藏墓志汇编》,第115—116页。墓志中地名古今对照:祁县(治今山西祁县),潞州(治上党,今山西长治),相州(治邺阳,今河南安阳)。
③ 周绍良、赵超:《唐代墓志汇编续集》,第48—49页。

廿□日卒于家阁，春秋六十。即以开元廿二日合葬于偃师县□□□□邙山平原。嗣子澄等。①

宁王指睿宗长子、唐玄宗长兄李宪，墓志中以曹丕和其侍从邺城西园游宴赋诗比喻宁王府的游宴活动，大约元守鹭作为记室亦参与宁王府的游宴清谈赋诗等活动。河南为元氏汉化后郡望所在，京兆府万年县，大约为元守鹭祖上入关后居住地，墓志误将二者杂糅，而出现"河南郡京兆府万年县人"的表述。

附：支系未详之元氏家族成员

拓跋氏，宋文帝郎朱修之守滑台为安颉所擒，太武帝以宗室女妻之（拓跋氏支系未详），为云中镇将，投冯弘（文通），文通送之至江南。②《宋书》卷七六《朱修之传》载朱修之为义阳平氏（今河南桐柏县西北）人。③

元拔，洛州刺史，元拔女适殿中将军常季贤（《魏书》卷九三《恩幸传》）④，文成帝乳母常氏兄常英孙女常季繁适齐郡王简子元祐（《常季繁墓志》）⑤，常季贤约为季繁之兄。明元帝子乐平王丕子元拔，袭爵，后坐事赐死，国除。则此元拔非乐平王元丕子元拔。

苌乐王元拔、白石成主元某、元某女元妙（字辉英），据《魏尧遵墓志》，尧遵上党长子人，祖显，魏故振威将军、上党太守；父暄，散骑常侍、镇南将军、中护军将军、南部尚书、司农太仆二寺卿、平阳公，赠使持节、安北将军、相州刺史，谥曰敬公。太和十年，孝文帝特召尧遵内小。后转中散，迁骑都尉，领右尚书。景

---

① 赵文成、赵君平：《秦晋豫新出墓志蒐佚续编》，第647页。墓志中地名古今对照：果州（治今四川南充北）朗池县（治今四川营山北），越州山阴县（治今浙江绍兴）。
② （北齐）魏收：《魏书》卷四三《毛修之传》，第962页。
③ 沈约：《宋书》，第1969页。
④ （北齐）魏收：《魏书》，第2002页。
⑤ 毛远明：《汉魏六朝碑刻校注》，第五册，第185页。

明二年，宣武帝授之河州龙骧府长史，加伏波将军、冠军府长史，带临洮太守。以熙平二年二月，终于洛阳笃恭里，赠龙骧将军。以熙平三年二月窆于西陵之北岗。① 据《魏故尧氏元夫人（妙）墓志铭》，元茂为长乐王拔孙、襄威将军、白石戍主之女，元妙年十七适临洮太守赠龙骧将军尧遵长子某，元妙以神龟二年五月廿日卒于笃恭里，春秋廿有八，是年十月窆于临王城北十里。② 尧遵墓志未载其子之名，元妙墓志亦未言其夫名，故元妙之夫即尧遵长子之名阙如。尧遵和元妙皆终于洛阳笃恭里，可知此地为尧氏祖居，尧遵深得宣武帝信任，身后葬于西陵北岗，元妙卒时其夫大约还在世，则元妙当即葬于尧氏祖茔。

元氏，适东平毕少宾，生二子，祖荣、祖晖。元氏支系未详。毕少宾与父众敬随刘宋徐州刺史薛安都投魏，众敬、少宾先后为兖州刺史。③

元衡，正光四年七月十三日刻石中提及中书元衡，字司文，南阳人。④ 元衡事迹未详，不知何以元氏而称南阳人，或许此事据其居住地而言。

元宁（464—524），据《魏故轻车将军元府君（宁）墓志铭》："君讳宁，字阿安，河南洛阳人也。其先唐尧苗裔，汉高之胤胄，孝章帝之后。君故使持节、龙骧将军、雍州刺史、外都大官、贺延镇都督、武阳侯、渴洛侯曾孙，故平远将军、散骑常侍、殿中尚书、冠军将军、始平公侯尼须之孙，故岐州刺史之子。君托岁怀经，罗年好袭，孝弟之称，朝野明闻。旨补骑官之任，释褐殿中将军。稍加位号，迁授轻车将军。……春秋六十有壹，以正光五年

---

① 齐运通：《洛阳新获七朝墓志》，第12页。
② 赵君平、赵文成：《秦晋豫墓志搜佚》，第20页。
③ （北齐）魏收：《魏书》卷六一《毕众敬传》，第1361页。
④ 毛远明：《汉魏六朝碑刻校注》，第五册，第209页。

（524）薨于京师。……至其年十一月十五日岁次甲辰迁兆于大陵东北黄岗之阳。"① 渴洛侯、俟尼须生平支系及元宁支系未详。

元伏生，娶舆龙姬，舆龙姬孝昌三年（527）十二月葬于洛阳（《元伏生妻舆龙姬转志》）②，元伏生妻舆龙姬事迹未详。

元洛神（506—528），司空公、冀州刺史元君之长女，适穆彦，据《穆彦妻元洛神墓志》："魏故侍中、司徒公、太子太傅、宜都宰王穆君之曾孙，故冠军将军、散骑常侍、驸马都尉、恭侯孙，故司徒左长史、桑乾太守之元子，伏波将军、尚书北主客郎中、大司农丞之命妇元氏墓志铭。夫人讳洛神，河南邑人也。故使持节、散骑常侍、都督雍州诸军事、骠骑大将军、仪同三司、西道行台、尚书左仆射、行秦州事、开府雍州刺史、后迁侍中、都督沧瀛冀三州诸军事、司空公、冀州刺史之长女。……时年十四，言归穆氏。……春秋廿有三，四月戊子朔，十八日乙巳（即建义元年四月十八日）卒于洛阳。窆于芒山之阳。"③ 穆彦（499—529）亦有墓志发现，据《魏兖州刺史故长史穆君墓志铭》，穆彦，字世略，河南洛阳人。侍中、太尉公、黄钺大将军、宜都贞公穆崇之后，曾祖侍中、司徒公、太子太傅、驸马都尉、宜都文宣王寿，祖使持节、宁西将军、秦州刺史国，父中山太守仁。神龟中，司州牧、高阳王辟穆彦为主簿。正光初，解褐员外散骑侍郎。俄而迁大司农丞，加伏波将军。建义中，拜中坚将军，行洛阳令。永安中，元颢入洛，穆彦避难东游。嘱兖州刺史、司空公从兄绍代行辅国将军，彦为长史。永安二年（529）六月二十三日暴卒于兖州，春秋三十一，即年十二月二十六日窆于芒山。④ 元洛神卒时穆彦正为大司农丞，加伏波将军。

---

① 毛远明：《汉魏六朝碑刻校注》第五册，第301—302页。
② 毛远明：《汉魏六朝碑刻校注》第六册，第136页。
③ 毛远明：《汉魏六朝碑刻校注》第六册，第153页。
④ 毛远明：《汉魏六朝碑刻校注》第六册，第300页。

元颢入洛，穆彦避地兖州，为从兄兖州刺史、司空公穆绍之长史，不久永安二年六月暴卒于兖州。

元氏，司空公元孟和女，适光禄大夫李宪庶长子李长钧（《李宪墓志》）①，元孟和、元氏皆事迹支系未详。

元氏，适束州侯、定州刺史尉古真弟诺孙多侯，尉多侯为元氏所害。②

元道康，《太平广记》卷四百六十一载："后魏元道康，字景怡，居林虑山。云栖幽谷，静掩衡茅，不下人间，逾二十载。服饵芝朮，以娱其志。高欢为丞相，前后三辟不就。道康以时方乱，不欲应之。至高洋，又征，亦不起。道康终年八十一。"③ 元道康约为北魏末至东魏北齐时人。

元志，东魏兴和二年（540）禅静寺《敬显儁碑》碑阴录都督元志，该碑位于河南长葛县。④ 元志事迹未详，约为迁邺之元氏宗室成员。

元韶□，元稚英，《西门豹祠堂碑》碑阴录骠骑大将军、开府仪同三司、尚书左仆射、彭城县开国公州都魏郡元韶□、西曹书佐魏郡元稚英。⑤ 当是迁邺之元氏宗室，而以居住地魏郡为籍。

元贡义，北齐大宁二年（562）四月十七日范阳郡所立《义慈惠石柱颂》（石柱在河北定兴县西石柱村）中提及葬于此者十人中有元贡义⑥，具体事迹未详，约亦为随孝静帝迁邺之元氏宗室成员。

元凤皇，临虑侯；元凤皇女元氏（479—549），适华阴杨泰（保元），据《魏故平西将军、汾州刺史、华阴伯杨保元妻华山郡主

---

① 毛远明：《汉魏六朝碑刻校注》第七册，第220页。
② （北齐）魏收：《魏书》卷二六《尉古真传》，第658页。
③ （宋）李昉等：《太平广记》，第3776—3777页。
④ 毛远明：《汉魏六朝碑刻校注》第七册，第262页。
⑤ 毛远明：《汉魏六朝碑刻校注》第八册，第345页。
⑥ 毛远明：《汉魏六朝碑刻校注》第九册，第103页。

元氏志铭》："夫人姓元，河南洛阳人。高柳府君临虑侯凤皇之长女也。……朝廷乃拜（夫人）郡君，以万年为夫人汤沐邑。后迁敷西县主。长子熙之，位大鸿胪卿。次子叡景，凤年零落。……春秋七十一，以大统之十五年（549）薨于长安，册赠华山郡主，礼也。粤十七年三月廿八日同窆于华阴潼乡。合葬非古，始自周公。"① 元凤皇生平、支系未详。

元坦，平东将军、西荆州刺史，娶昌黎孙氏（482—559），昌平太守昌黎孙僎女，据《故平东将军、西荆州刺史元坦夫人孙氏墓志铭》，孙氏为魏昌平太守昌黎孙僎女，元坦早卒，孙氏养育四子，孙氏天保十年六月十二日卒于家，春秋七十八。② 京兆王子推子元坦为步兵校尉、城门校尉，卒赠冠军将军、沧州刺史，谥曰宣，元坦妻为浮（渤）海吴氏（《元液墓志》）③，元液建义元年卒时，其父元坦已去世，如其父曾为或卒赠平东将军、西荆州刺史当有记载。二元坦生平官职生平了不相涉，则此元坦非京兆王子推子元坦。此元坦支系未详。孙僎事迹亦未详。

元德（孝宝，536—565），据《贞哀世子（元德）之墓志》："君讳德，字孝宝，河南洛阳人，散骑侍郎、太中大夫元公之世子也。其基绪所由来，即与魏氏同出。……春秋三十，粤以天统元年十二月己未朔十六日甲子，卒于归义里。其月廿四日窆于野马墶。"④

元仁，开府，娶左相斛律光女，斛律氏本为北齐后主后，北齐亡，改嫁元仁。⑤ 元仁事迹支系未详。

元士亮，梁州刺史，娶崔挺子孝直（崔孝芬弟）之女（《崔孝

---

① 毛远明：《汉魏六朝碑刻校注》第八册，第219页。
② 叶炜、刘秀峰：《墨香阁藏北朝墓志》，第246页。
③ 毛远明：《汉魏六朝碑刻校注》第六册，第304—307页。
④ 安阳市文物考古研究所、安阳博物馆：《安阳墓志选编》，第4、160页。
⑤ 李延寿：《北史》卷一四《后妃传》，第524页。

直墓志》）。①

拓跋氏，常乐郡公主，适襄乐县开国男宇文善（字庆孙）从子桑乾公宇文瑞（字叔鸾），宇文瑞为使持节、中军将军、瀛豫二州刺史宇文福孙、宇文善弟冠军将军、营州刺史宇文延（字庆寿）子（《宇文瑞墓志》）。②

拓跋昇，据《大周光州刺史拓跋君（昇）墓志》，拓跋昇祖通直散骑常侍某，父上洛郡守某，拓跋昇随孝武帝入关，受金紫光录大夫，卒赠光州刺史，拓跋昇娶尉迟氏，拓跋昇卒年五十一，天和二年（567）三月一日葬于京兆郡山北县小崚原，子庆集、何师，女婆女。③ 元昇当是随西魏北周鲜卑化风俗而复姓拓跋。拓跋昇祖、父之名及事迹未详，尉迟氏生平亦未详。

拓跋君、拓跋君，分别娶宇文泰外甥西魏骠骑大将军贺兰祥长女、第四女（《周故使持节太师柱国大将军大都督大司马十二州诸军事同州刺史凉国景公贺兰祥墓志》）。④

元氏，宗室元晟女，为北周宣帝宇文赟后。⑤

元会、元察、元茂，元茂祖魏散骑常侍、光禄大夫会，父齐奉朝请、振威将军察，据未见史书记载，元茂开皇十四年为隋循州总管司士参军。循州治归善县（今广东惠东县西北），岭南瘴地，未宜名士，开皇十七年正月卒于循州，年五十四，其年六月还葬洛阳，元茂妻南阳张氏（《元茂墓志》）⑥。洛阳正为元氏家族墓地所在。

---

① 大同艺术研究院《大同艺术研究院藏品图录：墓志》，第133页。
② 张永华、赵文成、赵君平《秦晋豫新出墓志蒐佚三编》，第85页。
③ 张永华、赵文成、赵君平《秦晋豫新出墓志蒐佚三编》，第102页。
④ 毛远明：《汉魏六朝碑刻校注》第十册，第161—162页。
⑤ 李延寿：《北史》卷一四《后妃传下》，第531页。
⑥ 王连龙：《新见隋唐墓志集释》，第23—24页。在录《元茂墓志》时将循州误读为脩州（第24页），考释时作修州（第25页），并无脩州（修州）这一地名，仔细看拓片当为循州，大约是脩、循相近而误读。就墓志所载，元茂正是在岭南，循州就是在岭南之地。

元业、元连、元惠（543—573），据《元惠墓志》："君讳惠，字世慈，河南洛阳人也。魏平文皇帝之后，弱水玄方，爰开田祖之命；神洲赤县，实启当途之箓。祖业，建阳公，父连，亳州长史。……（君）出身东安王府行参军，迁晋州府主簿。武平四年（573）六月四日终于邺，春秋三十有一。夫人吴氏，怀州长史吴当时之女。开皇十二年（592）六月十二日卒，时年五十五，以大隋大业九年（613）岁次癸酉十一月辛丑朔九日己酉合葬于涡阳。世子大器，解褐文林郎，除并州大谷县主簿，大业七年八月九日卒。时年卌一，爰窆墓左。"①

元氏，高柳府君临虑侯元凤皇长女，适南秦州刺史杨逸子华阳伯弘农杨泰（字保元），大统十五年终于长安，春秋七十一，册赠华山郡主大统十七年三月廿八日，与杨保元合葬于华阴潼乡（《魏故平西将军、汾州刺史、华阴伯杨保元妻华山郡主元氏志铭》）②。

元某，据《淮南化明县丞夫人故崔氏（邅）墓志铭》："夫人姓崔，讳邅，北海益都人也。其远祖齐太公之苗裔。曾祖，南青州刺史。祖，乐安郡太守。父，年才弱冠，□从风烛。夫人四德总理，始备家门；三从合义，终归他族。年十七出嫁元氏。……元氏为淮南县丞，夫人同往赴任，桑榆之年未迫，风雨之病忽侵，膏肓之疾，和缓不救。以仁寿二年岁次壬戌廿六日卒于县所。夫人存亡无子，丧主是阙。赞府亲护丧事，哀恸过礼。……粤以大业三年岁次丁卯十一月丙午朔廿七日壬申窆于隋兴县孝信乡。"③ 墓志题元君为魏郡元氏，元氏本为中央化家族，随都城而迁徙，东魏北齐时迁到邺城的元氏，有部分就称己为魏郡人，且这方墓志本以实际居住

---

① 王其祎、周采薇：《隋代墓志铭汇考》第四册，第394—396页。
② 毛远明：《汉魏六朝碑刻校注》第八册，第219页。
③ 王其祎、周采薇：《隋代墓志铭汇考》第三册，第305—309页。墓志中古今地名对照：化明县（治今安徽明光东南），隋兴县（治今河南卫辉北）。

地为籍。崔暹这一支崔氏居于北海益都而直接称其北海益都人，称元君为魏郡人，也是一样的规律。据居住地可知崔暹约属于青州房清河崔氏。

元宫人（655—607），据《隋故宫人内副监元氏墓志铭》："宫人姓元氏，魏郡人也。善长肇于命族，河朔世其桑梓。袭传芳而弈叶，派导绪以分源。家谍懋其韶穆，史载详乎冠冕。而生逢昌运，早奉□□宫闱。……以大业三年（607）十一月十二日遘疾，卒于景华□□宫所，春秋五十有一。粤以其年太岁丁卯十一月丙午朔十九日甲子，葬于河南郡河南县千金乡北芒之山。"① 此元宫人与上文之元某一样，已以家族所徙之魏郡为其籍。

元君，隋尚书起部郎，大业五年六月十五日薨于第，以十一月二十一日殡于泾阳县奉贤乡，元君妻崔氏（《隋尚书起部郎元君妻崔氏墓志》）。② 元君名以及崔氏之籍贯未详。

元宫人（546—609），据《隋故宫人归义乡君元氏墓志铭》："归义乡君元氏，河南洛阳人也。……君，魏之宗室，世传凡蒋，载纂衣簪，氏胄攸兴，光乎史策。……都尉女弟，止因歌舞入宫；常从良家，或以妖妍充选。……拜司玺。大业五年（609）十月六日卒于河南郡河南县清化里。春秋六十四。即以其年十月廿七日葬于河南县千金乡北邙之山。诏赠归义乡君。"③

元宫人（586—614），据《隋故宫人元氏墓志铭》："宫人元氏，魏郡安阳县人也。……春秋廿九，大业十年（614）二月十四日遘疾于掖庭宫。粤以二月廿三日葬于河南郡河南县老子乡邙山之北原，礼也。"④

---

① 王其祎、周采薇：《隋代墓志铭汇考》第三册，第302—304页。
② 陕西省考古研究院：《陕西省考古研究院新入藏墓志》，上海：上海古籍出版社，2019年，第234页。
③ 王其祎、周采薇：《隋代墓志铭汇考》第三册，第370—372页。
④ 王其祎、周采薇：《隋代墓志铭汇考》第五册，第27—29页。

元修义，贞观二年（628）至四年元修义曾为台州（治临海，今浙江临海市）刺史。①

元仲景，尚书司门郎中，娶通义县开国公郑海女郑德范（574—652），据《大唐故尚书司门郎中元君（仲景）夫人郑氏（德范）墓志铭》，郑夫人讳德范，字令仪，荥阳中牟人。曾祖魏豫州刺史颖，祖周泾幽二州刺史规，父隋襄国郡守、开府仪同三司、通义县开国公海，夫人为郑海第三女。郑德范适"帝者之胤"司门郎中元仲景，元仲景中年早逝，"夫人守义为心，徙居成学，既同孟子之母，又若恭伯之妻，以今方古，异代同归"，郑氏以永徽三年（652）三月六日终于雍州万年县义里第，春秋七十九，以其年十月二十五日，葬于万年县少陵乡泉原里②。墓志中称元仲景为"帝者之胤"，正指其为元魏之后，仲景事迹、支系未详。墓志以孟母及恭伯妻比郑德范，则元仲景中年早逝，郑德范抚育孩子未再嫁。则元仲景去世时孩子大约还未达行冠礼成年之岁，结合郑德范生年，其与元仲景婚姻当在隋代，根据一般婚姻习惯元仲景与郑氏年龄相当而略长，元仲景为尚书司门郎中约在唐初，大约不久就去世了。

元惊，为户部员外郎，《唐尚书省郎官石柱题名考》卷十二元惊列于贞观间户部员外郎赵郡李素立前③，则元惊大约亦贞观间人。

元某，娶高齐皇族，据《大唐右戎卫将军元君故妻渤海郡夫人高氏墓志铭》：

> 夫人讳，字，河南洛阳人也。……曾祖岳，后魏侍中、尚书右仆射、太尉公；（祖励）齐开府仪同三司、尚书右仆射、

---

① （宋）陈耆卿：《（嘉定）赤城志》，中华书局编辑部：《宋元方志丛刊》，北京：中华书局，1990年，第7337页。
② 李浩：《榆阳区古代碑刻艺术博物馆藏志》，第40—41页。
③ （清）劳格、赵钺著，徐敏霞等点校：《唐尚书省郎官石柱题名考》，第603页。

北邦道大行台尚书令、乐安王，随光楚洮杨四州刺史，皇朝赠定恒赵并四州诸军事、定州刺史。……父士宁，使持节、卫州诸军事、卫州刺史，封义兴郡开国公。……（夫人）年甫卅二，归乎元氏。……贞观廿二年（648）十二月廿四日诏封临淄郡君，顷之改封渤海郡君，从本望也。又以乾封元年（666）五月四日进封渤海郡夫人。……奄以乾封二年九月五日遘疾终于平康坊第，时年六十有二，即以其年岁次丁卯十一月丁巳朔五日辛酉迁窆于雍州万年县洪原乡邑阳里少陵之原。[①]

高氏为北齐皇族之后。墓志中遗漏高氏祖之名，高氏曾祖高岳为高欢从父弟，封清河王，高岳之高励七岁袭清河王，后改封乐安王，则高氏祖即高励，《隋书》卷五五《高励传》载励为乐安王[②]，《北史》卷五一《齐宗室诸王传》载励为安乐侯[③]，结合该高氏墓志，可知高励所封为乐安王。墓志中称高氏为河南洛阳人，则至少这一支高氏已中央化以洛阳为籍。

元孝通，隋殿中侍御改并州刺史，元孝通子唐西河郡开国公元玄德，元玄德子贵敬，元贵敬子元希仙，两代皆不仕，自元玄德始居于太原文水县。元希仙子元子建（769—837），试忻州高城府别将，开成二年（837）十月十三日终于文水武劳私第，享年六十九，是年十一月十二日葬于文水县孝义村西南二里。有子六人，长子贞，次子河清，三子汾州唐□寺僧居静，四子子端，五子国昌，六子国城。夫人渤海高氏（《唐故河南元府君（子建）墓志铭》）[④]。

元子建弟元眣（775—834），历伊川、平皋、崇儒、丰川等府，一任别将，三任果毅都尉。太和八年（834）十月七日终于武劳私

---

① 赵力光：《西安碑林博物馆新藏墓志续编》，第136—138页。
② （唐）魏徵等：《隋书》，第1372页。
③ （唐）李延寿：《北史》，第1849页。
④ 王仲璋：《汾阳市博物馆藏墓志选编》，太原：三晋出版社，2010年，第72—73页。

第，享年六十。先娶张氏，早逝；后娶武氏于高惟城。有子名翁，有女竟空寺尼常用。开成二年十一月十二日与兄元子建同时葬于文水县孝义村西南二里(《唐故河南元府君(子建)墓志铭》)①。

元粲、元华、元勇(589—655)，据《大唐故朝散大夫元府君(勇)墓志之铭》："君讳勇，字世武，洛阳人也，……祖粲，齐封渤海公；父华，隋任邺县主簿；……粤以永徽六年(655)正月廿一日终于景行里第，春秋六十有七。即以其年二月卅日葬于邙山之阳。"②

元惠□、元大通、元则(601—657)，据《大唐故岗州录事参军元府君(则)墓志铭》："君讳则，字注详，河南洛阳人也。自凤举阴山，振威中县，英贤踵武，冠盖连衡，家牒国史，可略详矣。祖惠□，周梁州别驾、豫州长史；贰职专城，驰声千里，誉高杞梓，操等松筠。父大通，隋吴郡昆山县令。……(君)射策兰台，特挺甲科，蒙授贝州漳南县尉，俄迁渝州南平县令。……又除岗州录事参军事。……以大唐显庆二年(657)岁次丁巳二月廿九日卒于私第，春秋五十有七。即以其年岁次丁巳三月八日殡于洛北邙平乐乡之里。"③ "射策兰台，特挺甲科"则元则进士及第。昆山县(治今上海松江小昆山)，渝州南平县(治今重庆东南)。

元华，隋相国。元华女元氏(598—661)，适永嘉府队正太原王敏。据《大唐故王君(敏)墓志铭》，王敏，字宝达，太原郡人，魏太尉王晃后裔。祖多，齐宋城令；父穆，隋恒安府鹰扬郎将。王敏释褐永嘉府队正。夫人元氏，隋相国华之□□。春秋六十四，终于洛阳敦厚里第。以显庆六年(661)二月十九日葬于邙岭之阳。④

---

① 王仲璋：《汾阳市博物馆藏墓志选编》，第72—73页。
② 周绍良、赵超：《唐代墓志汇编》，第212页。
③ 周绍良、赵超：《唐代墓志汇编》，第250页。
④ 周绍良、赵超：《唐代墓志汇编》，第335页。

元绍（《唐会要》卷三十九作"元诏"①），《元和姓纂》卷四："后魏献帝与邻长兄匹麟为纥骨氏，十七代孙绍，右司员外，天授中，诏改姓元氏。"② 纥骨氏（改汉姓时改姓胡）既然为后魏献帝之长兄，则其本姓拓跋，十七代孙改姓元，其实是回其本姓。岑仲勉《郎官石柱题名新著录》"左司员外郎"第一行有元绍。③《册府元龟》卷六一二《刑法部》："永徽元年，敕太尉长孙无忌、大理寺丞元绍等选定律令格式。"④《新唐书》卷五八《艺文志二》史部刑法类录《留本司行格》十八卷，太尉无忌等奉诏撰定。⑤ 元绍长于刑法。

　　元氏，适西河任绪，据《唐太谷令任绪墓志》："君讳绪，字胤，西河隰城人也。……祖敬，齐西河郡州都护西河郡别驾。父托，齐郡功曹，诏授冯乘县令。……（君）授轻车都尉太州太谷县令。……以贞观廿一年（647）三月疾卒于私第，春秋七十有五。粤以大唐麟德元年（664）十一月廿八日与夫人元氏葬于西河城南十里先人之茔，礼也。"⑥

　　元㮣（602—668），其墓志失题，墓志文言："君讳㮣，字德汪，魏朝之贵族也。以总章元年（668）十一月三日殒于私第，春秋六十有七。其月十四日殡于邙山之阳，通四平也。"⑦

　　元兢，字思敬，龙朔元年（661）为周王（李显）府参军，与文学刘祎（祎）之、典签范履冰在王府十馀年，总章中为协律郎，

----

① （宋）王溥：《唐会要》，第702页。
② （唐）林宝撰，陶敏校证，李德辉整理：《元和姓纂新校证》，第161页。
③ 岑仲勉著，向群、万毅校：《岑仲勉文集》，第217页。
④ （宋）王钦若等编纂，周勋初等校订：《册府元龟（校订本）》，第7067页。
⑤ （宋）欧阳修、宋祁：《新唐书》，第1495页。
⑥ 王仲璋：《汾阳市博物馆藏墓志选编》，第15页。墓志中地名古今对照：西河郡（治隰城，今山西汾阳），太谷县（治今山西太谷）。
⑦ 周绍良、赵超：《唐代墓志汇编》，第493页。

预修《芳林要览》，又撰《诗人秀句》两卷，传于世。坐事贬蓬州，疑卒于贬所。《旧唐书》卷一百九十《文苑传》中有传。《日本国见在书名》有《元思敬集》一卷，已佚。① 《□唐故秘书少监刘府君（应道）墓志铭》中提及"弘文馆学士临淮刘祎"②，可见正以作祎之为是。详见下文"唐代元氏家族文学与学术研究"。

元氏（？—680），适陇西李俭（628—683），据《大唐故容州都督李府君（俭）墓志铭》，李俭，字孝廉，陇西狄道人。唐太祖景皇帝曾孙；周上士左侍、上柱国、随宁岐二州刺史、秘书监、建兴郡公、赠郑王之孙；淮安王第八子。李俭解褐授济州平阴县令，历任益州大都督府司马，都督齐州诸军事、齐州刺史，都督苏州诸军事、苏州刺史，都督越婺台括温五州诸军事、越州刺史，都督新州诸军事、新州刺史，都督容等十三诸军事、容州刺史等职，以永淳二年（683）三月七日终于容州之官舍，春秋五十有六。夫人元氏，以调露二年（680）六月十七日，权殡于松蒿，以光宅元年（684）十一月十九日合葬于洛州河南县之龙门乡华苑原。长男珽，第三男琮。③ 太祖景皇帝即西魏太尉李虎，郑王即隋海州刺史李亮，武德初追赠郑王。淮安王即唐高祖李渊从弟李神通，李俭为李神通第八子。元氏调露二年先李俭而卒，生平未详。

元求仁，永淳二年（683）乡贡进士④，具体事迹及支系未详。

元雍，《旧唐书》卷一百八十八《孝友传》："元让，雍州武功

---

① 孙猛：《日本国见在书目录详考》，上海：上海古籍出版社，2015 年，第 1969—1970 页。
② 西安长安博物馆：《长安新出墓志》，第 114 页。
③ 毛阳光、余扶危：《洛阳流散唐代墓志汇编》，第 68—69 页。墓志中古今地名对照：平阴县（治今山东平阴），益州（治成都，今四川成都），济州（治卢县，今山东茌平县西南），苏州（治吴县，今江苏苏州），越州（治山阴，今浙江绍兴），新州（治新兴，今广东新兴），容州（治北流，今广西北流）。
④ （清）徐松撰，孟二冬补正：《登科记考补正》，第 88 页。

人也。弱冠明经擢第。以母疾，遂不求仕，躬亲药膳，承侍致养，不出闾里者数十馀年。及母终，庐于墓侧，蓬发不栉沐，菜食饮水而已。咸亨中，孝敬监国，下令表其门闾。永淳元年，巡察使奏让孝悌殊异，擢拜太子右内率府长史。后以岁满还乡里。乡人有所争讼，不诣州县，皆就让决焉。圣历中，中宗居春宫，召拜太子司议郎。及谒见，则天谓曰：'卿既能孝于家，必能忠于国。今授此职，须知朕意。宜以孝道辅弼我儿。'寻卒。"[1] 载元雍为雍州武功（治今陕西武功西北武功镇）人，大约是元氏家族成员居于关中者，有些即以所居地为籍。元雍明经擢第，其孝行大约正是其通经学而践行之的显现。

元志、元乾、元洪则、元妃娘（644—686），据《大唐故朝散大夫行洛州偃师县令高安期故妻千乘县君元氏（妃娘）墓志》：

> 夫人讳妃娘，河南人也。……高祖志，周尚书左仆射、建昌王；（曾）祖乾，隋袭；祖广陵王徐州诸军事、徐州刺史；父洪则，皇朝陵州贵平县（治今四川仁寿东北）令。……（夫人）以垂拱二年正月廿九日终于道化里之私第，春秋卅有三。即以其年二月十四日，殡于洛州洛阳县平阴乡北邙山。[2]

元志大约为西魏时的建昌王，北周时，元氏例降爵，由王降为公。元志子乾，袭爵。隋无广陵王，唐代有玄宗孙、仪王之子封倕封广陵王，李纯（唐宪宗）在被顺宗立为太子前初封广陵王，元乾之子显然不是生活在玄宗或顺宗时期，所以此处墓志所刻"祖乾，隋袭；祖广陵王徐州诸军事、徐州刺史"，约有误。"广陵"约为元乾子之名，"王"约为"皇"，志为高祖，广陵为祖，则乾约为曾祖，

---

[1] （后晋）刘昫：《旧唐书》，第4923页。
[2] 陈长安：《隋唐五代墓志汇编·洛阳卷》第六册，第129页。

约漏刻"曾"字，约为"祖广陵，皇徐州诸军事、徐州刺史"（唐代墓志中以"皇"或"皇朝"称本朝）。广陵子元洪则为唐灵州贵平县（治今四川仁寿东北）令，元洪则女元妃娘适朝散大夫、偃师县令高安期，封千乘（今山东高青县东南高城镇北）县君，高安期（638—684）墓志亦已发现，据《唐故朝散大夫行洛州偃师县令高君（安期）墓志铭》：

> 君讳安期，字嗣宗，渤海人也。……曾祖颎，隋尚书左仆射、上柱国、齐国公；皇朝赠礼部尚书上柱国郯国公。祖表仁，隋大宁公主驸马都尉，渤海郡开国公；皇朝尚书右丞，鸿胪卿，□、泾、延、榖四州刺史，上柱国，郯国公。父昱，前中大夫守梁州刺史，上骑都尉，安德县开国男。……（公）起家梓州参军。初泳龙津，始登鸿陆，虽居下□，克播英徽。秩满，迁赵州司兵参军事。……寻迁大理寺司直。……俄授朝散大夫，行洛州偃师县令。……以文明元年四月□日卒于道化里，春秋四十有七。即以光宅元年十一月十九日葬于北邙之山金谷之乡，礼也。①

《北史》卷七十二《高颎传》："高颎字昭玄，一名敏，自言勃海蓨人也。其先因官北边，没于辽左。曾祖暠，以太和中自辽东归魏，官至卫尉卿。祖孝安，位兖州刺史。父宾，仕东魏，位谏议大夫。大统六年，避逸弃官奔西魏，独孤信引宾为僚佐，赐姓独孤氏。"② "自言勃海蓨人，其先因官北边，没于辽左。"（《隋书》卷四十一《高颎传》所载同）正可见李延寿、魏徵等对高颎言其祖上为渤海高氏表示怀疑，高颎祖上并非渤海高氏，当如姚薇元先生所

---

① 陈长安：《隋唐五代墓志汇编·洛阳卷》第六册，第110页。
② （唐）李延寿：《北史》，第2487页。

推测的，高颎祖上为高丽高氏①，高暠由辽东归魏，正是由高丽一带而来的显现。高颎子高表仁尚隋文帝太子杨勇女大宁公主，封渤海郡开国公，入唐封郯国公；表仁子昱，封安德县开国男。高表仁还有子高叡，《旧唐书》卷一百八十七上《忠义传上·高叡》："高叡，雍州万年人，隋尚书左仆射颎孙也。父表仁，毂州刺史。叡少以明经累除桂州都督，寻加银青光禄大夫，转赵州刺史，封平昌县子。圣历初，突厥默啜来寇，叡婴城固守。长史唐波若见城围甚急，遂潜谋应贼。叡觉之，将自杀，不死，俄而城陷被擒，更令招喻诸县未降者，叡竟不从，遂为所杀。……子仲舒，博通经史，尤明三礼及诂训之书。神龙中，为相王府文学，王甚敬重之。开元中，累授中书舍人，侍中宋璟、中书侍郎苏颋每询访故事焉。"②高叡在突厥入侵时拒降而被害。称高叡为雍州万年人，当是以其家族所居地而言。高叡子仲舒博学通礼学及训诂之学，并多闻知故事。可见高颎作为隋代重臣，虽然后来被文帝废为民，又为炀帝所杀，但高颎之后在唐初还是有一定地位。高昱子高安期娶元妃娘，亦可见唐初世元氏亦为高门世族。高仲舒葬地暂不知，但通过元妃娘与高安期合葬于洛阳北邙山，可知高颎家族作为山东世族其后人还是葬于中原。

元氏，适伊州刺史衡义整，据《大周朝议大夫、使持节、伊州诸军事、伊州刺史、上柱国衡府君（义整）墓志铭》："公讳义整，字义整，齐州全节人也。汉儒林大夫咸之后，晋相国参军凯之九代孙。曾祖则，周大将军；祖生，隋莱州别驾、本州大中正；父长孙，唐岚、朔、翼、渭四州刺史、左监门将军、长山县开国公。……（公）恩制授朝散大夫，使持节伊州诸军事、伊州刺史。

---

① 姚薇元：《北朝胡姓考》，第272页。
② （后晋）刘昫等：《旧唐书》，第4877页。

以永昌元年（689）四月廿一日薨于官舍。嗣子守直等。……以天授二年（691）二月十八日与夫人元氏河南郡君合葬于洛阳县清风乡之原，礼也。"①

元氏（？—695?），适武周扬州大都督府法曹参军陇西李知玄（594—642），据《大周故扬州大都督府法曹参军李君（知玄）墓志铭》：

> 公讳知玄，字知玄，陇西狄道人也。曾祖胄，魏康成二州刺史、狄道县开国公。……祖景贤，周使持节、大将军、开府仪同三司、大都督、散骑常侍、黄门侍郎、同安县开国公。……父操，周永康令，随信州都督府仓曹。……（公）唐起家左亲侍、右监门直长。贞观元年，任鄯州司法曹参军。因官徙属，故今为郡人矣。六年，授大理司直。……十三年，任扬州大都督府法曹参军。……以贞观十六年五月廿三日，卒于官舍，春秋卌有九。夫人河南元氏。……以万岁通天元年伍月廿日，合葬于偃师县首阳乡之西原，礼也。胤子徐州符离县令明泰。②

李知玄为鄯州（治西都，今青海乐都）司法参军而徙居于此，因李知玄武周万岁通天元年（696）与夫人元氏合葬于偃师首阳乡，元氏大约卒于证圣元年（695）或万岁通天初，故墓志题中称其为"大周故扬州大都督府法曹参军"，实则李知玄早在贞观十六年五月卒于扬州大都督府法曹参军任上，非武周时期人。从葬地来看，李知玄并未葬在他徙居的鄯州，而是归葬其家族的族葬地偃师首阳乡，则其家族主体大约还是在偃师一带。

---

① 周绍良、赵超：《唐代墓志汇编》，第802页。
② 中国文物研究所、千唐志斋博物馆：《新中国出土墓志（河南·千唐志斋）》，北京：文物出版社，2008年，上册第62页，下册第44—45页。

第二章　元氏家族各支系详考下

元君，武骑尉许王府参军，显庆三年（658）十一月廿三日殡于雍州万年县崇义乡浐水东原之里（《元君墓志》）[1]。元君为唐高祖子许王李元祥参军，具体实际未详。

元氏，适蔚州刺史公孙道育（629—705），据《大唐故银青光禄大夫、蔚州刺史公孙府君（道）墓志铭》，公孙道育，其先辽西人。祖康，随冠军将军、渭州刺史；父武达，唐镇军大将军、行右卫大将军、并州大都督、沔阳县开国公，食邑三千户，上柱国，谥曰庄。公孙道育应制举及第，转授卫州共城、冀州武强、（冀）州堂阳、邢州沙河等四县令，改授晋州安信、洛州轵城、洛汭等三府果毅，授太中大夫、蔚州刺史，制加银青光禄大夫、行蔚州诸军事、蔚州刺史、乂川县开国男，赐金鱼袋、紫袍。以神龙元年二月廿二日寝疾终于私第，春秋七十七。夫人元氏。以神龙元年十一月九日合葬于□□□东南、□□村东北一里。有男前开光县令场。[2] 公孙道育神龙元年（705）二月卒，十一月及与夫人元氏合葬，大约元氏先公孙道育而卒，元氏生平未详。本为辽西人后移居雍州栎阳（治今陕西西安临潼区北），遂为此地人。公孙武达陪葬昭陵，两《唐书》有传。

元氏，适隆州新政县（今四川仪陇西南新政镇）尉陇西李匪躬，据《大唐故隆州新政县尉李府君（匪躬）墓志铭》，李匪躬，字謇臣，陇西狄道人，载初二年（690）终于官舍，春秋廿有六，旋窆于雍州长安县高阳原。夫人河南元氏不久终于永安县（垂拱二年改华原县置，治今陕西铜川耀州区，神龙元年复名华原县）私第。李匪躬长兄，前杭州盐官县（治今浙江海宁盐官镇）尉争臣迁

---

[1] 周绍良、赵超：《唐代墓志汇编续集》，第104页。
[2] 毛阳光、余扶危：《洛阳流散唐代墓志汇编》，第130—131页。墓志中地名古今对照：渭州（治襄武，今甘肃陇西），并州（治晋阳，今山西太原南），共城县（治今河南辉县），武强县（治今河北武强东南），堂阳（治今河北新河西北），沙河县（今河北沙河南），蔚州（治安边，今山西蔚县）。

· 371 ·

匪躬及其夫人灵柩,于神龙二年(706)十一月九日合葬于成周邙山上。① 则李匪躬家族族葬地在洛阳邙山。

元氏,适太原郭仁,据《大唐故郭府君(仁)墓志铭》:"君讳仁,字玄谨,太原人也。远祖因官上党郡,故孙往斯焉,即潞州长子人也。祖岳。父举,随任募团校尉。……(君)禀性丘林,弃轩面棘,情缠涧岫,背伞南槐。……七十有九卒于里弟。夫人梁氏,少闲婉志,璧碎荆图,珠沉汉浦。新妇元氏□□□慈,曹家羞诚,休仁温㜸。于景云三年(712)正月三日合葬于长子城东八里平原,礼也。嗣子宗猛等。"② 处士太原郭仁先娶梁氏,梁氏卒,又娶元氏。

唐初有元素履,据李峤《授元素履临江县令制》,敕:奉议郎行涪州隆化县(阙。)元素履,绾铜两穴,游刃三巴,府推其能,人便其政,宾寮恋仰,蛮汉讴吟。宜遂所祈,以终美绩。可忠州临江县令。③ 元履素多年在巴地为政,故推为忠州治所临江县(治今重庆忠县)令。

元尚客、元彝宪、元有邻、元乘宝(?—707)、元孟宽、元氏(元有邻女、李鹍妻728—808),《大唐故处士河南元府君(乘宝)墓志铭》:

> 府君讳乘宝,字宝,左卫长史君尚客之孙,洺州(治永年,今河北永年东南)司马君彝宪之子。自后魏昭成皇帝历周随,洎盛唐,衣冠礼乐,世为遐范。君系中庸之元休,膺上德纯祉。……以景龙元载(707)十一月十五日终于立行里之私第。……夫人太原郭氏,潘阳太守怀仁公之孙,临邛县令袭志

---

① 毛阳光:《洛阳流散唐代墓志汇编三集》,第132—133页。
② 赵力光:《西安碑林博物馆新藏墓志汇编》,第294—295页。
③ (清)董诰等编,孙映逵等点校:《全唐文》,第1457页。

之女。……侄孟宽以仁崇敬，感乎窀穸。以天宝三载（744）七月十二日从是龟兆，同窆于平乐原，礼也。①

据秘书省校书郎北海王弼撰并书《大唐濮阳郡临濮县令元有邻夫人韩氏墓志》："夫人颍川人也，高祖永兴，北齐尚书令、昌黎王，生东环州刺史翙，翙生弘农郡司马处玄，处玄生会稽郡剡县（治今浙江嵊州）主簿友直，友直生夫人。……（夫人）及笄归元公。……开元廿七年遘疾，终于私第，春秋卅九。天宝元年（742）七月四日，葬于平阴之原。……长子孟宽等。"② 元有邻为临濮县（治今山东鄄城县临濮镇。）令。《元和姓纂》卷四韩姓之昌黎棘成县支系："都生普贤，后魏昌黎王。普贤生永兴，高密公。高密公生长鸾、列东。列东，环州刺史；生处约，主客员外。"③ 则元有邻妻韩氏墓志中，误将韩列东名中之"东"写到了环州之前，这样一来其名成了"列"，而又造出东环州这一地名，其实本无东环州之地名，只有环州（治正平，今广西环江西北）。则元有邻娶韩氏生元孟宽，《元乘宝墓志》中称"侄孟宽"，可知元乘宝为元有邻弟。

元彝宪女适范阳右威将军兼朔州刺史、大同军使范阳张待问（667—726），据《唐故右威卫将军兼朔州刺史大同军使张君（待问）墓志铭》，张待问，字待问，晋司空张华之后，家本范阳，迁河东，复徙河清。曾祖齐州长史明，祖安定令昂，父丰州司马凑。张待问官终右威卫将军兼朔州刺史、大同军使，进封范阳县伯。开元十四年（726）十二月八日终于兴艺里第，春秋六十。夫人河南元氏，洺州司马彝宪女。后夫人河东郡君裴氏，抚州长史匡石之

---

① 毛阳光：《洛阳流散唐代墓志汇编续集》，第320—321页。
② 周绍良、赵超：《唐代墓志汇编续集》，第582页。
③ （唐）林宝撰，陶敏校证，李德辉整理：《元和姓纂新校证》，第182页。

女。以开元十五年三月二十九日合葬于邙山之旧茔。① 则元彝宪女先张待问而卒，作为张待问初婚夫人，年龄大约与之相近。张待问妻为元乘宝姊（妹）。

元有邻有女元氏适李鹓，据奉义郎太子舍人谭峰撰《唐故太中大夫守泽州刺史李公府君（鹓）夫人河南元氏墓志铭》：

> 有唐故泽州刺史李公讳鹓夫人元氏，皇朝左卫长史、袭莒国公讳尚客曾孙，洺州司马讳彝宪之孙，濮州临濮县令讳有邻府君之女。其先后魏之裔，自迁都迁居河南，子孙因之，今为河南人也。夫人孝慈柔明，温惠贞俭。……有子五人：长曰周，虢州阌乡丞。次曰尚，台州临海令。之二子不幸早世。次曰迥，河南府仓曹参军。次曰恬，湖州长城令。次曰怡，吏部常选。皆履道居中，诚明有裕。故时人谓之善导、善教所至焉。初迥之掾河南，迎安舆自吴至洛。方以荣禄为养，采兰其欢。君子曰：李氏之孝欤。天乎不惠。福善斯昧。彼苍苍者，其正色耶！呜呼！夫人享寿八十有一，元和三年冬十一月廿二日，终于东都之仁和里。洎明年岁次己丑，迥等号奉灵座，将从周制，龟筮不协，以其年八月十七日，权窆于河南县伊汭乡万安乡之南原，从宜也。合祔之礼，俟于他年。②

据李鹓宗人前剑南西川节度巡官、试秘书书省校书郎李助撰《唐故中大夫泽州刺史赠光禄卿工部尚书太子少傅李府君（鹓）墓志铭》，李鹓为唐宗室，四代祖神符为唐景皇帝李虎之孙、郑孝王亮之子、高祖从父弟。李神符封襄邑王，先后授并州总管、大宗伯、开府仪

---

① 毛阳光：《洛阳流散唐代墓志汇编三集》，第196—197页。墓志中地名古今对照：河清（治今河南济源西南），齐州（治历城，今山东济南），丰州（治五原，今内蒙古五原西南），洺州（治永年，今河北永年东南城关镇），抚州（治临川，今江西临川西）。
② 中国文物研究所、千唐志斋博物馆：《新中国出土墓志（河南叁·千唐志斋）》，北京：文物出版社，2008年，上册第255页，下册第188页。

同三司等，陪葬高祖献陵。曾祖父文㻋，累迁至宣越怀等州刺史、幽州都督，进封魏郡公。祖父挺，殿中监，袭魏郡公。父柏，银青光禄大夫、太府卿，赠司空。李鹓为李柏第二子，为白马、武义、襄城三县令。安史之乱中，李鹓坚守地方，克复长安后，授鄂州刺史。后为泽州刺史，建中间泾原兵变，唐德宗幸奉天（今陕西乾县），李鹓欲赴行在，为兵乱所阻，间道归怀州，以兴元元年四月二十六日，遘疾终于家，前夫人扶风窦氏，生一子曰周，虢州阌乡丞。后夫人赠陇西郡太君河南元氏，后魏圣武皇帝之后，唐故城门郎有邻之女，以元和三年十一月二十一日后李鹓而卒。有子四人：台州临海令尚、前鄂州刺史逈、前道州刺史恬、大理评事摄监察御史怡，周、尚、怡皆早逝。李鹓殁权殡怀州，大和八年甲寅（834）五月十六日归祔东周伊芮乡万安山南原先茔。2002年2月李鹓墓志与元氏墓志同时出土于河南伊川县彭婆东牛庄村东北。① 结合元氏墓志可知，大和八年李鹓归祔河南万安乡祖茔是与元氏合葬。元氏为李鹓继妻，原配扶风窦氏生子周，则子尚、逈、恬、怡为元氏所出。元氏墓志言李逈为河南府仓曹将元氏自吴地接到洛阳，大约元氏原依子台州临海令尚，李尚早逝而李逈将母接至洛阳，元氏后终于洛阳。

元氏（？—715？），适武州司马博陵崔景训（631—707），据《武州司马博陵崔府君（景训）墓志铭》："公讳景训，涿郡安平人。其先周太师尚父之后。曾祖谦，魏署作□平东将军、尚书右丞、骠骑将军、荆州刺史，谥曰庄公；祖彭，周兵部尚书、开府仪同三司、左领军将军，谥曰肃公；父知德，皇朝岚、沔、巴、果四州司马。……公则司马之第四子也。解褐密王府祭酒，授带、武二州司

---

① 中国文物研究所、千唐志斋博物馆：《新中国出土墓志（河南叁·千唐志斋）》，下册第217—218页，上册第293页。

马。……景龙元年（707）八月十六日，终于私第，年七十有七。夫人河南元氏。……以开元三年（715）十月廿五日合葬于河南府洛阳之北原，礼也。嗣子义之。"① 元氏约卒于开元十三年，元氏生平未详。

元膺，《元和郡县志》卷三二载神龙三年隽州都督元膺，请废黎州。② 隽州（治越隽，今四川西昌），黎州（治黎阳，今河南浚县）。

元道（659—695），曾任河内司马，据元道撰《唐故处士陇西李君（延祯）墓志铭》：

> 君讳延祯，陇西成纪人。随工部侍郎道丘之曾孙，殷州司马宗默之孙，唐宁州录事参军嗣本之第四子也。……（君）不求荣利，唯安淡寂，工草隶，好弹琴，善围棋，士流之中，共称至妙。……君第六姊夫文明年任润州延陵县令。因此俱游江表。蘅皋梓泽，未旋于故居。茂苑长洲，且谐于赏托。……以唐垂拱元年（685）三月七日终于延陵县之官舍，春秋廿有七。君第三兄右台监察御史延祥，念姜被之斯空，痛陈星之已陨，不惮艰险，宁辞栉沐。其年自洛入吴，亲领灵榇，迁殡于东都邙山尚书谷之北。王烈返葬，克遂于遗言。温序有归，且传于旅梦。第二兄朝议郎行洛州汜水县令上柱国延祖，士林伟望，邦国良材，既等南陔之孝，式备西阶之礼。而天伦义重，同气情深，遂乃访旧塞于北邙，祔新茔于西亳。……粤以大唐景龙三年（709）岁次己酉十二月景申，招魂于偃师县西十三里武陵原大茔，礼

---

① 齐运通：《洛阳新获七朝墓志》，第160页。墓志中地名古今对照：岚州（治宜芳，今山西岚县北岚城镇），沔州（治汉阳，今武汉汉阳区），巴州（治化成，今四川巴中），果州（治南充，今四川南充），带州（治昌平，今北京昌平西），武州（治将利，今甘肃武都东南）。
② （唐）林宝撰，陶敏校证，李德辉整理：《元和姓纂新校证》，第3125—3126页。

也。……未展三周之仪，终无伯道之嗣。外甥河内司马元道惭卫玠之容，寡魏舒之相，酷似高誉，已增愧于前贤，如存永逝，几缠哀于孺慕，恐陵谷迁徙，懿迹淹沉，挥涕弹毫，用旌泉户。①

"外甥河内司马元道惭卫玠之容"以卫玠自比，以卫玠舅王济比李延祯，可知李延祯为元道之舅，元道母为陇西李氏。元道为其舅陇西李延祯撰墓志铭，元道有一定文才。

元鸾，元乐，元扬，据《唐故元君（扬）墓志之铭》："君讳扬，字君，东周洛阳人也。……曾祖鸾，隋洛阳令。……祖乐，隋温县丞。……父□。属随皇失镜，高厚陵迟。摺牍沦湑，崇墉兹构。春秋八十，卒于私第。……夫人宋氏，禀精无邑，濯质洛川。皎星背以流霞，映站台而闻馥。春秋六十八，终于内闱。男智方，年卌有馀，降年不永。妻郭，年登四八，中夭沉泥。以景云二年（711）岁次辛亥十一月十四日乙酉，合葬于元村西北一里之平原，礼也。"② 元智方与妻郭氏皆早卒，与父母元扬、宋氏合葬于洛阳元村西。

元莹，据洺州永昌县尉河南元莹撰、金城县开国男陇西李敖书《唐斛律都水夫人范阳县君卢氏（廉贞）墓志》，卢氏神龙三年（707）六月二十五日卒，景龙三年（709）十月二十六日葬于河南万安山先茔。③ 据朝议郎行京兆府万年县主簿河南元莹撰《大唐故朝散大夫并州大都督府榆次县令上柱国萧公（祎）墓志铭》："大夫讳祎，字令臣，南兰陵人也。开元三年（715）岁次乙卯十二月己酉朔廿九日丁丑，遘疾卒于官舍，春秋六十。"④ 两方墓志撰写时间相近，估计洺州永昌县尉河南元莹与朝议郎行京兆府万年县主簿河南元莹是同一

---

① 陈尚君：《全唐文补编》，北京：中华书局，2005年，第276—277页。
② 胡戟、荣新江：《大唐西市博物馆藏墓志》，第360—361页。
③ 中国文物研究所、千唐志斋博物馆：《新中国出土墓志（河南叁·千唐志斋）》，北京：文物出版社，2008年，上册第86页，下册第63—64页。
④ 胡戟、荣新江：《大唐西市博物馆藏墓志》，第384—385页。

人，则元莹约为初、盛唐间人，有文才，生平未详。

元玄贵、元玄藏、元玄瓒兄弟三人神龙三年（707）四月二日为母亲朱氏造药师佛石像，有石像记，出土于陕西铜川市耀州区柳林镇柏树塬村。①

元道宪，江州刺史元君，《太平广记》卷一百十一："唐圣善寺僧道宪，俗姓元氏。开元中，住持于江州大云寺，法侣称之。时刺史元某，欲画观世音七铺，以宪练行，委之勾当。宪令画工持斋洁己，诸彩色悉以乳头香代胶，备极清净，元深嘉之。"② 则唐代元氏中有江州圣善寺僧道宪，元道宪善画，道宪具体支系、事迹未详。此时的江州刺史亦姓元，名及事迹未详。

元自虚，《太平广记》卷三百六十一载，开元中，元自虚为汀州（治长汀，今福建长汀县）刺史（出《会昌解颐录》）。③ 元自虚事迹及直系未详。

开元中有元承征，作《上符瑞封事》。④

开元、天宝间有元环，曾为右监门卫将军，孙逖有《授元环右监门卫将军制度》。⑤

元泳，《新唐书》卷五十八《艺文志二》史部刑法类录元泳《式苑》四卷⑥，该书列于裴光庭《唐开元格令科要》一卷前，则元泳大约与裴光庭同时期亦开元间人。

元海，《新唐书》卷六十《艺文志四》集部别集类录《元海集》十卷注："字休则，开元临河尉。"⑦ 则元海为开元间人，曾为临河

---

① 吴敏霞、党斌：《铜川碑刻》，西安：三秦出版社，2019年，第30页。
② 李昉等：《太平广记》，第768页。
③ 李昉等：《太平广记》，第2870—2871页。
④ （清）董诰等编，孙映逵等点校：《全唐文》，第1836页。
⑤ （清）董诰等编，孙映逵等点校：《全唐文》，第1867页。
⑥ （宋）欧阳修、宋祁：《新唐书》，第1497页。
⑦ （宋）欧阳修、宋祁：《新唐书》，第1602页。

县（治今河南浚县东北）尉，其作品皆佚，具体事迹未详。

元承先，开元时擢书判拔萃科，元承先作《对无夫修堤堰判》。① 元承征、元承先或为兄弟行。

元景超，元孝绪，元师本，元素（646—719），元谷愚，据《大唐故朝议郎前行魏州司法参军事上柱国元府君（素）墓志铭》："公讳素，字素，其先轩辕昌意之后也。自黄神命子，即王幽都；帝女降嫔，封于北岳。虽刻木为政，窥巢纪时，以其人居无恒，属厌沙漠，乃迁平城，始国为魏，至孝文帝受禅，服衮冕，都洛阳，改姓元氏，于今三百廿四年，今为河南洛阳人也。夫事兼中外功倅造化者，不可以区宇格物，曾祖景超，隋大将军叠、扶、芳、旭、岷、宕、洮七州诸军事，叠州刺史，武阳郡开国公；……祖孝绪，皇朝元氏、酒泉、陈留三县令；……父师本，雍州参军、绛州录事参军、资州银山令；……公即银山府君之元子。解褐绛州万泉主簿。……转蒲州河东尉，……寻调雍州始平尉，……又转魏州司法参军事。……以开元七年三月廿二日，终于东都正俗里，春秋七十四。越以其年闰七月廿八日甲申，永葬于梓泽乡之北原。夫人颍川陈氏，后主叔宝曾孙，蒲州录事参军寿义之女。……先以长寿三年六月九日，终于河南官舍。……嗣子兖州金乡尉谷愚。"② 墓志中称元氏为黄帝子之封于幽都者之裔，是继承了北魏皇室自己的说法。

元君，娶朝请大夫、詹事府主簿、泾州司马于克诚女，据《杭州于潜县主簿元氏于夫人墓志铭》："夫人相门重贵，勋府增封，伟哉玉林，焕然皆宝。祖辩机，银青光禄大夫，皇唐旧宠。出镇唯杨，行大都督府长史，除太仆卿、鸿胪二少卿。父克诚，朝请大

---

① （清）董诰等编，孙映逵等点校：《全唐文》，第2404页。
② 周绍良、赵超：《唐代墓志汇编》，第1215页。墓志中地名古今对照：元氏县（治今河北元氏县西北），酒泉县（治今甘肃酒泉），陈留县（河南开封市陈留镇），银山县（治今四川资中东南银山镇），河东县（治今江西永济蒲州镇），始平县（治今陕西兴平）。

夫、詹事府主簿、泾州司马。……弱笄适杭州于潜县主簿河南元氏。……春秋时年廿有七,以大唐开元十三年七月十日葬于京南少陵原,礼也。"①

元君,谯郡参军,李白《忆旧游寄谯郡元参军》:"君家严君勇貔虎,作尹并州遏戎虏。五月相呼度太行,摧轮不道羊肠苦。"李白约开元二十年与元演同游太原。② 元参军某约为元演子,玄宗天宝初改州为郡,元某为谯郡参军约在天宝间。

元君娶前郑县令渤海李居心女李娀,据《大唐故渤海郡李夫人(娀)墓志铭》:"(夫人)讳娀,字少容,渤海蓨人也。曾祖裕,楚州刺史。祖敬,宣州长史。父居心,前郑县令。自轩皇绕枢之后,伯阳指树因姓。世为豪宗,天下籍甚。盛德钟庆,克生才贤。夫人年甫十八,归于元氏。……元公少无恃怙,严事兄嫂。……以开元廿九年(741)十月九日,终于(东)都教业里第,春秋廿有一。其月十七日,权窆于首阳原,礼也。……须岁已来,留心释典,是非得丧,曾不介怀,又非常伦所及也。幼女孩提,日呱呱泣,元氏之子,自然伤神。"③

元君娶卫县丞南阳来贞女来香儿,生元昺,据《大唐元府君故夫人来氏(香儿)墓志铭》:"夫人讳香儿,南阳人也。曾祖志,隋州刺史;祖处,简州长史;父贞,卫州卫县丞。夫人即卫县府君之元女也。……以四德著,故归我元公。……春秋卅四,以天宝五载(746)四月廿八日,终于洛阳时邕里。六载四月四日,迁窆于邙山南原,礼也。有子昺。"④ 元昺母来氏生于长安三年(703),则元

---

① 赵力光:《西安碑林博物馆新藏墓志续编》,第267—268页。墓志中地名古今对照:于潜县(治今浙江临安西于潜镇)。
② 郁贤皓:《唐刺史考全编》,第1290页。
③ 乔栋、李献奇、史家珍:《洛阳新获墓志续编》,北京:科学出版社,2008年,第404—405页。
④ 周绍良、赵超:《唐代墓志汇编》,第1607页。

晷约生于开元间。

元君娶荥阳郑谌女，生宁王东阁祭酒元光济，据朝请郎行右金吾卫兵曹参军事杨宗撰、外孙前宁王东阁祭酒元光济衔哀书丹《唐故大中大夫使持节青州诸军事青州刺史上柱国荥阳郑公（谌）墓志铭》："以公之仁，年才八十四；以公之德，官止二千石。……公讳谌，字叔信，荥阳开封人也。五代祖先护德，授右仆射，勋封襄城公；子伟，仕魏，官至开府仪同三司、华州刺史，加少傅；伟子大仕，隋开府仪同三司、渠州刺史；并袭爵襄城公。大仕子仁基，隋通事舍人；仁基子敞，皇朝洛阳宰。公即洛阳之中子也。……公历齐、泾、定王、洛州四掾，廉察使重其名，引为判官，转安邑、尉氏、江都、伊阙四宰，入为符玺郎；佐徐、曹、许三州，守归、楚、莱三郡，……拜青州刺史，仍听致仕，尊德崇年也，居数岁，以开元廿二年十一月十五日寝疾，薨于河南洛阳审教里之第。……公之夫人，宗之祖姑也。实有内则，先公而终，闺范家声，志在磐石……以开元廿三年二月廿三日权窆于洛阳县平阴乡之原，礼也。……朝请郎行右金吾卫兵曹参军事杨宗撰，外孙前宁王东合祭酒元光济衔哀书丹。"[1] 郑谌（651—734）夫人杨氏为墓志撰写者杨宗之祖姑，青州刺史荥阳郑谌女适元某，生元光济，元光济即郑谌之外孙，为郑谌书写墓志书，元光济生平未详。

元君，应开元九年（721）知合孙吴，可以运筹决胜科，杜甫作《送元二适江左》注"元常应孙吴科举"，所应当即开元九年制科。[2] 据诗题可知元某排行第二，名及事迹未详。

元氏，彭州录事元恂女，适银青光禄大夫行盛王府长史上柱国

---

[1] 周绍良、赵超：《唐代墓志汇编》，第1440—1441页。
[2] （清）徐松撰，孟二冬补正：《登科记考补正》，第1354页。

赵郡李琼（674—754），据朝请大夫行国子博士吴郡齐光又撰《唐故银青光禄大夫行盛王府长史上柱国赵郡李府君（琼）墓志铭》，李琼，字伯玉，赵郡高邑人。曾祖隋太谷县令、雁门府车骑将军顺，祖父宋州襄邑县令策，父虞部员外郎、颍利二州刺史思礼，李琼为思礼长子。李琼为玄宗第二十一子盛王李琦长史，天宝十三载七月一日终于安业里之私第，春秋八十一。以天宝十三载十月二十九日葬于洛阳龙门山之北。前夫人河南元氏，彭州录事恂之女，生长子锬，金城县尉；生一女。元氏早卒。后夫人范阳郡夫人卢氏，父江陵县尉模，卢氏生次子太庙斋郎鋑，次子锱（早卒），幼子左领军卫长上鍫，女一人适晋城县主簿荥阳郑锜。①

元氏，旌德县（治今安徽旌德）丞元彬女，适文水县（治今山西文水东）尉裴誼。据弟朝散郎前左监门卫曹参军简述《唐故朝请郎行太原府文水县尉裴府君（誼）墓志铭》："公讳誼，字誼，河东人也。……曾祖仲将，皇贝州刺史；祖迥，皇河南尹赠工部尚书；考曰胜，皇河南县□赐绯鱼袋。公则简之第五兄也。……（公）大和二年，选授太原府文水县尉，……以大和三年（829）六月十六日倾逝于文水县官舍，享年六十七。……以其年十二月九日葬于河南府河南县梓泽乡宣武里，祔曾大父之茔东北，从宜也。夫人河南元氏，皇旌德县丞彬之女。有子二人，名郑邑，非元氏所出，年十五，□血号天，天性也。"② 裴誼生于广德元年（763），元氏年龄大致相当，则元氏父元彬约开元、天宝间人。

元卓，天宝间乡贡进士，孙女婿前乡贡进士元卓撰、季子琪书并篆盖《大唐故兴州刺史李公（守宗）夫人范阳卢氏墓志铭》。李守宗，陇西人，兴州刺史，终于开元二十七年四月六日，夫人范阳

---

① 毛阳光：《洛阳流散唐代墓志汇编三集》，第356—357页。
② 周绍良、赵超：《唐代墓志汇编》，第2113—2114页。

卢氏天宝十三载正月十一日终于河阴官舍，享年六十九，嗣子前河阳县尉璠，次子前河阴县尉璘，季子前颍阳县尉瑛。① 元卓为陇西李守宗与夫人范阳卢氏之孙女婿，则李守宗有一子（未知三子中何人）之女适元卓。

元牟，据《大唐故苏州长洲县令孙府君夫人吴郡张氏墓志铭》，元牟女适江陵节度巡官吴郡张玠，张玠女大中四年（830）夏四月没于荆州之官舍，享年六十一②，则张氏生于大历五年（770），张氏外祖父元牟约为开元间人。

元氏，适太原郭思谟，据进士吴郡孙翌撰《大唐故苏州常熟县令孝子太原郭府君（思谟）墓志铭》，郭思谟，太原平阳人。曾王父异，周朝东平将军；祖父则，隋银青光禄大夫、尚书度支郎中、淮陵郡守、陇右巡农使；父敬同，举唐幽素科之高第，养亲而不仕。郭敬同有三子，思谟为第三子。解褐拜定州安平县丞，转江阳县丞，擢武功尉，秩满，迁常熟令，开元九年正月二日寝疾，终于官舍。以其年十一月十七日祔葬于洛阳东门平川。初娶彭城刘氏，无子而卒；再娶河南元氏，有二女，亦先思谟而卒。又娶清河张氏，故江州刺史嘉言之孙，奉礼郎慎思之女。③ 则元氏为郭思谟第二任妻，亦早逝，元氏生平未详。

元氏，适申屠公（666—722），为其继妻。据《唐故申屠府君（公）墓志之铭》："君讳公，字卿，申屠备之后。……先娶常氏，宿因薄福，遂早亡，春秋卅有三，光宅元年（684）十月十八日，卒于家第。次娶元氏，并以贞媛仙□溢俗，椒房兰室，帐雅志于云心，拟絮篇成，讵方□于昔调。春秋五十有七，以开元十年（722）八月□日没于私室。哀子山僧等。……以开元十年九月十六日迁奉

---

① 毛阳光：《洛阳流散唐代墓志汇编三集》，第360—361页。
② 周绍良、赵超：《唐代墓志汇编》，第2280—2281页。
③ 周绍良、赵超：《唐代墓志汇编》，第1250—1251页。

于崇道村北百步之原,礼也。"①

元氏(645?—724?),适明堂县丞纪茂重,据《大唐故雍州明堂县丞纪君(茂重)墓志铭》,纪茂重,其先丹阳郡人。曾祖融,北周车骑大将军、仪同三司、陇西太守;祖弘整,隋太府少卿、吏部侍郎;父仁卿,隋朝散大夫、永州长史。纪茂重以永淳二年七月患病,终于雍州明堂县(治今陕西西安南)丞任上,享年六十二。夫人河南元氏,春秋八十,卒于家园。以开元十二年十一月二十八日,合葬于河南府洛阳县清风乡故都城北十一里平原。② 元氏卒年未详述,结合葬年,约卒于开元十二年(724),则约生于贞观十九年(645)。元氏生平未详。

元善,据《大唐慈州□□□元善妻公孙氏墓志》:

> 夫人公孙氏,辽东人也。……曾祖□茂,隋仪同三司、散骑常侍、伊道息淄四州刺史;……祖善政,隋灌阳令、东莱郡丞;……父虞,皇朝东南道行台左丞、库部郎中□□二州刺史。……咸亨初年,岁有饥乏,家有馀俸,薄得□□,夫人轻于货财,重于亲属,拯养贫匮,收拾孤遗,共同糜啜,欣然不怠。……夫人以仪凤三年四月八日终于慈州之官舍,春秋五十二,即以四年四月十一日迁窆于洛阳县清风乡北邙之原,礼也。夫人年□□□,□归此室,已逾苫席卅八年,贞柔听从,靡涉私事,训罚仆妾,不贱其名,楷模□□,□过常道。元善既鲜兄弟,傍无近属,琴瑟相合,二人而已。自阖棺之后,每想音容,□恨平生,触途摧咽。一男三女,偏露于兹,抚事辛酸,再深悲恸,虑陵谷迁贸,桑□□易,用纪德音,以旌魂

---

① 周绍良、赵超:《唐代墓志汇编》,第1262—1263页。
② 周绍良、赵超:《唐代墓志汇编》,第1301页。

爽，援笔拊心，悲端□极。①

元善夫人公孙氏（627—678）仪凤三年卒时，已归元善三十八年，则公孙氏贞观十四年（640）十四岁时归元善，公孙氏卒时元善还在世，墓志为元善亲自为妻公孙氏所撰，则元善有文才。元善缺乏亲属，生平未详。

河内侯元为，元为女元氏（600—682）适齐王府队正冯琼（595—656），据《大唐故齐王府队正冯公（琼）及夫人元氏墓志》："公讳琼，字才幹，冯翊人也。……祖轨，齐任通州司户参军；父菁，隋任兖州别驾。……公齐王府队正。……以显庆元年（656）七月五日，终于甲第，春秋六十有二。以宅兆未窆，权殡随时。夫人元氏，河内侯为之令胤。……以永隆元年（680）版授绵田乡君。神标迥振，精质爽灵，延及二年，加授沁阳郡君。……以永淳元年（682）四月十日终于本第，春秋八十有三。粤以其年岁次壬午十月庚申朔十四日癸酉，像数言良，方员同吉，合葬于黎城东南八里之原。孤子上骑都尉义玄、季子义方。"② 元氏父为河内侯，沁阳即河内（今河南沁阳），元氏所封为沁阳郡君大约与此相关。元氏与冯琼合葬潞州之黎城（今山西黎城西北），墓志未言此为冯氏先茔，此地既非元氏族葬地，亦非冯氏之冯翊族居地，或许冯琼一支祖后来居于此，姑存疑。

元氏，据《大唐京兆府好畤县尉裴故夫人河南元氏权殡墓铭》："（元氏）开元廿六年九月十一日掩坎。"③ 该墓志仅一句话，无以知元氏事迹未向。

元氏（629—713），适隰州司马董师（628—715），据《唐故隰

---

① 周绍良、赵超：《唐代墓志汇编》，第 648 页。
② 周绍良、赵超：《唐代墓志汇编续集》，第 257、258 页。墓志中地名古今对照：通州（治通川，今四川达州），兖州（治瑕丘，今山东兖州），黎城县（治今山西黎城北）。
③ 周绍良、赵超：《唐代墓志汇编》，第 1482 页。

州司马董君（师）志铭》："君讳师，字善，陇西成纪人也。汉尚书太尉公卓之后。……祖显；父才；州党权豪，闾阎首望。……（君）前授高平县令，后擢隰州司马。……春秋八十八，开元三年（715）八月四日，终于家第。夫人元氏。……春秋八十五，授郡君。先天二年（713）十一月五日，掩捐官舍。以开元三年岁次乙卯十二月十八日，葬于州城南廿里平原。"① 元氏生平未详。

元氏，适淄川县主簿汲奉一（694—740），据《大唐故淄州淄川县主簿汲府君（奉一）墓志铭》："君讳奉一，字奉一，西郡人也。汉都尉黯，君之远祖矣。……高祖邃，朝请郎、陈州司马；……大父道师，左台监察御史；……显考无隐，壮武将会府振冲都尉。……（君）解褐拜淄川簿。……开元廿八载（740）冬十一月一日，卒于河南永丰坊客舍，春秋卅有七。哲人其萎，邦国殄瘁。十九日，将迁神于北邙南原终矣。太夫人在堂，垂老泣送。元夫人先世，同穴未偕。嗣子㸅。"② 元氏先汲奉一而卒，生平未详。汲奉一为汲黯之后，则其先本为濮阳（治今河南濮阳南）人，汲奉一为西郡（治湟水，今青海乐都）人，约其先后来迁徙至此。

元氏，适清河宋曜，据《唐故宋府君（曜）墓志铭》："府君讳曜，清河人也。倾因避地，越去乡关，旅舍潞川，偏居壶县。曾祖失讳，次祖讳宽，并不仕。公性禀□和，安神阅道。遗营贱禄，悦性丘菌。……以开元七年终于私第。夫人元氏，……年居天命，溢然痾瘵缠身，药饵无效。去开元九年五月廿日，俄归逝川。……以元和三年四月廿日，卜其宅兆，安措堃域。遂于潞州城东南卅七里之原，礼也。"③ 宋曜本清河宋氏，祖上徙居潞州壶关县（今山西

---

① 周绍良、赵超：《唐代墓志汇编续集》，第460—461页。墓志中地名古今对照：高平县（治今山西高平），隰州（治隰川，今山西隰县）。
② 周绍良、赵超：《唐代墓志汇编续集》，第576—577页。墓志中地名古今对照：陈州（治宛丘，今河南淮阳），淄川县（治今山东淄博淄川区）。
③ 赵力光：《西安碑林博物馆新藏墓志汇编》，第621—622页。

壶关县北故驿村），曾祖祖父皆不仕，父失载。宋曜与夫人元氏开元七年、九年相继去世直到元和三年方葬于潞州城。

元客师、元守节、元知古、元知古女（699—744），元知古女适吴郡陆思本，据《大唐故太中大夫邕府都督陆府君（思本）故夫人河南元氏墓志铭》："夫人轩辕之远宗，拓跋之苗裔，后魏皇始元年昌炽也。衣冠纂牒，铭列帝图，钟鼎相辉，传诸史册，既英华于异代，复昕眸于当时。故夫吴郡陆府君讳思本，文才优赡，武艺标能，作牧南征。……（夫人）曾祖讳客师，皇中大夫、泽州刺史；……祖讳守节，皇通议大夫、莱州别驾；……父讳知古，皇朝议郎、资州录事参军。……夫人则府君之第三女也。外祖郝讳处俊，皇开府仪同三司、中书令、甄山公。……以今载五月廿二日终于河南县界道光里之私第也，春秋卅有六。……以天宝三载（744）八月十二日吉辰于河南县平洛乡之北原，礼葬也。"① 元客师、元知古具体事迹未详。元氏外祖父为开府仪同三司、中书令、甄山公郝处俊，则元氏父知古娶郝处俊女（详见下文"唐代元氏家族婚姻研究"）

元份，据河南元份书《大唐通事舍人邓君故夫人衡氏（喜）墓志铭》，邓君夫人衡喜，字喜。其先汝南人。唐伊州刺史□□之孙，□州刺史守直之女。母河南元夫人，为作者元份之表姨。开元十一年□月五日，终于长安私第。开元十二年十二月五日祔窆于先茔。② 则元份约为初唐至开元间人，生平未详。汝南衡守直娶河南元氏生女儿衡喜，衡喜适通事舍人邓某，衡氏母元夫人为墓志撰写者之表姨。元份撰《大唐故汴州尉氏县令衡公前夫人范阳卢氏墓志铭》，有文才。孝文帝子广平王怀之后韩国公元伯明子元份（745—

---

① 周绍良、赵超：《唐代墓志汇编》，第 1566 页。墓志中古今地名对照：泽州（治晋城，今山西晋城市），莱州（治掖县，今山东掖县），资州（治盘石，今四川资中县）。
② 赵文成、赵君平：《秦晋豫新出墓志蒐佚续编》，第 576 页。

808），天宝四载刚出生（元份墓志及考证已经上文），则此元份非书《邓君夫人衡喜墓志》之元份。

元俌，据朝散郎行梁王府骑曹外甥元份文《大唐故汴州尉氏县令衡公前夫人范阳卢氏墓志铭》："夫人范阳卢氏。浚仪令文机之孙。郾城尉玄晏之女。阳翟令永之姊也。夫人始笄，适于尉氏令衡公。公则夫人后母之子也。……以□年一日终于渭南之官舍。春秋廿有九。粤以天宝九载二月廿五日祔葬于衡府君之茔。徵古礼无合葬，同茔异穴则府君之理命也。夫人无子，有三女：长女适前国子明经昌黎慕容敞，不幸短命，夫妻凋殒；次女适前乡贡进士河东柳森，福善无徵，所□□□；次女适前广平郡邯郸尉河南元俌，即衡府君之生也。"衡君妻卢氏墓志出土于洛阳孟津西山头①，衡喜之母为元份之表姨，元份、元俌据名，像兄弟行，元俌娶衡君女衡氏，衡喜墓志由元份书，衡氏母卢氏墓志为元份撰，大约衡喜、衡氏本同族姊妹。尉氏县（治今河南尉氏县）。

元氏，适陇州司仓参军京兆韦銮（674—731），据《大唐故陇州司仓参军京兆韦公（銮）墓志铭》，韦銮，字伯明，京兆杜陵人，四世祖北周逍遥公夐，高祖随民部尚书世冲；曾祖唐御史大夫兼刑部尚书，赠润州刺史挺；祖唐吏部尚书、右丞相，赠扬州大都督、扶阳元公待价；父唐银青光禄大夫、少府监、宗正卿、褒州刺史、扶阳肃公令仪。韦銮曾作为薛讷（薛仁贵子）参谋参与开元二年（714）在临洮一带对吐蕃的战争，获胜而未获得大的封赏。仅授邠州参军。开元十九年八月廿九日，终于万年县兰陵坊里第，春秋五十八。开元二十年正月十七日，葬于城南少陵原，从先茔。韦銮夫人元氏，生子韦阳曦。② 元氏具体事迹未详。

---

① 该墓志拓片见于310国道孟津考古队：《洛阳孟津西山头唐墓发掘报告》，《华夏考古》1993年第1期。
② 毛远明：《西南大学新藏墓志集释》，第396—400页。

第二章　元氏家族各支系详考下

元氏，适安富郡开国公晋昌唐思慎，据《唐安富郡开国公唐公（思慎）墓砖志》，唐思慎，晋昌人，父历为追随唐高祖晋阳起兵之二等功臣，授散骑常侍、安富郡食邑二千户。唐思慎授安富郡开国公。唐思慎卒后权殡于蒲州河东县南界，夫人河南元氏，卒后权殡陕州上阳府内，以开元二十七年十月十四日迁合葬于陕州硖石县西界□义乡□柱里。①《新唐书·宰相世系表》载唐宪字茂彝，云麾将军、安富县公。唐宪子思育（慎），左千牛。②唐宪当即唐历，彝有常道、常法之意，正与宪相同，约作唐宪为是。唐思慎妻元氏事迹支系未详。

元明，作有《为宁王谢亡兄赠太子太师表》，让皇帝宁王李宪子李琳嗣宁王，李琳兄汝阳王李琎为宁王长子，天宝初加特进，天宝九载（750）卒，赠太子太师。元明为李琳作谢表。安史之乱李琳从玄宗幸蜀，卒于至德二年（757）。元明不可能如《全唐文》所言为唐德宗时人，元明约为玄宗、肃宗时人。③

元季友，据国子进士淳于贺撰、进士河南元季友书《故清化郡恩阳县令安定皇甫府君（札）墓志铭》，天宝三载六月七日安定皇甫君卒，春秋五十有七，是月二十三日窆于河南县。④则元季友约为开元、天宝间人，生平未详。

元习，蜀州唐安县尉，有文才，曾撰《大唐故朝议郎行白水军兵曹参军段君（俊之）志铭》，段俊之天宝六载三月十一日卒于白水军之私第，享年五十九，天宝十二载正月二十五日与夫人南阳韩氏合葬于洛阳北邙。⑤则元习亦开元天宝间人，天宝十二载时正为

---

① 中国文物考古研究所、河南省文物考古研究所：《新中国出土墓志（河南贰）》，北京：文物出版社，2002年，上册第370页，下册第375页。
② （宋）欧阳修、宋祁：《新唐书》，第3218页。
③ 李德辉：《全唐文作者小传正补》，沈阳：辽海出版社，2010年，第672—673页。
④ 赵文成、赵君平：《秦晋豫新出墓志蒐佚续编》，第727页。
⑤ 周绍良、赵超：《唐代墓志汇编续集》，第644页。

蜀州唐安县（治今四川崇州东南江源镇）尉，具体生平未详。

元君，与左补阙、集贤殿待制杨冲第二女杨娥（735—754）订婚，五礼已备，婚礼前杨娥于天宝十三载十一月十二日病逝于长安宣阳里，享年二十，其年闰十一月十一日权葬于长安延兴门外龙首原。杨娥曾祖霍王府司马行敦，祖滕王府户曹参军师丘（《大唐弘农杨氏女（娥）之墓志铭》）①，杨娥祖辈杨献（656—720）有墓志出土，据卫尉少卿兼修国史弘文馆学士长垣县开国男陈留吴兢撰《大唐故右威卫将军、银青光禄大夫、定州刺史、上柱国杨公（献）墓志铭》，杨献，字贞己，曾祖初，隋宗正卿，唐左光禄大夫华山郡公；祖善会，隋清河郡通守，大业末率兵讨捕窦建德，兵败被执，遇害，事迹见于《隋书·诚节传》；父行敦，唐洺州司马、太中大夫、霍王府司马。杨献开元八年二月二十九日终于定州官舍，享年六十五，其年十一月二十三日窆于华阴仙坛乡之灵仙原。② 杨献曾祖初为隋宗正卿，宗正卿一般由宗室担任，故可知杨初一支为杨隋宗室。杨娥父师丘与杨献皆杨行敦子，则杨献为杨娥伯祖或叔祖。

元察，《太平广记》卷二百二十，大历中元察为邛州（治临邛，今四川邛崃市）刺史。③

元镜远，元镜远夫人郑氏（707—769），据陆浑县丞郑滦撰《唐故武卫郎将河南元府君（镜远）夫人荥阳郑氏墓志铭》："夫人郑氏，荥阳人也，左卫兵曹敬爱之孙，陕州平陆县令岳之长女，世承官族，时谓盛门。年十八适河南元镜远。……以大历四年（769）八月十六日遇疾，终于缑氏之别业。春秋六十三。有子三人：长曰

---

① 刘文、杜镇：《陕西新见唐朝墓志》，第207—208页。
② 胡戟、荣新江：《大唐西市博物馆藏墓志》，第399页。
③ 李昉等：《太平广记》，第1691页。

溥，次曰涣，季曰鸿。……以其年十一月廿一日安厝于龙门东山南原。"①

元淳一，开元、天宝至大历间女道士，据《故上都至德观主女道士元尊师（淳一）墓志文》可知其为元魏之后，祖上曾为河内县（治今河南沁阳）丞。又有女道士元淳，今存诗七首，二人生活时间相近，元淳约即元淳一（详见下文"唐代元氏家族文学与学术研究"）。

元诜，大历间诗人，与韩翃、郎士元交游作诗，后辞官归润州，其诗皆佚，详见下文"唐代元氏家族文学与学术研究"。

元昱，大历间诗人，与卢纶、李端交游作诗，曾为义兴县尉，其诗皆佚，详见下文"唐代元氏家族文学与学术研究"。

大历间有元歊，曾与独孤播交游，详见"唐代元氏家族文学与学术研究"。

元克己，曾为侍御史，后谪居永州，与柳宗元有交游，柳宗元《钴鉧潭西小丘记》提及与元克己同游，柳宗元《零陵赠李卿元侍御简吴武陵》中元侍御即元克己。②

元利济《文苑英华》卷五百三十八："岳州人王怀俊幼丧二亲，庐于墓侧，负土成坟，至孝潜通，屡呈祥瑞，其地内生芝草兼白兔，刺史元利济仁明训俗，善绩著闻，廉使以为由刺史录奏，怀俊不伏。"③则元利济曾为岳州刺史，具体事迹未详。

元仲宣、元季宏、元叔言、元怀晖、元怀英、元有名、元用浦、元用塞，据《大唐故朔方左厢副兵马使前中受降城使□节度副使开府仪同三司试秘书监临洮郡开国公上柱国元府君（怀晖）之墓志铭》：

公姓元，讳怀晖，朔方郡人也。后魏始自阴山之胤，累世

---

① 周绍良、赵超：《唐代墓志汇编》，第1770页。
② （唐）柳宗元撰，尹占华、韩文奇校注：《柳宗元集校注》，第1904、2745—2746页。
③ （宋）李昉等：《文苑英华》，第2748页。

赫弈，于今四百年矣。于是光崇相继，不坠衣冠。曾祖仲宣，皇果州刺史；祖季宏，皇滑州司仓参军；考叔言，皇汾州开远府折冲，赠贝州刺史。轩冕传家，捡身入仕，皆文武卓耳，才器孤然。妣长乐贾君之女也，……赠郡君夫人。……开元中，（公）授绛州汾阳府别将。……（安史之乱中）公为将，随汾阳王郭公收燕赵数城，后收复两京，下河北，扫除三逆之凶寇，战敌不可计其数。从此迁特腾班秩，累历官阶，至秘书监、开府。……大历四年（769），汾阳王举公之贤，特奏本道中受降城使。……大历十一年追赴豳州，知节度右虞候，转充左衙副兵马使。禀禀军幕，愕愕公府。悲夫！何嗜厥疾缠怀，倏然一岁，秋八月终。与清河郡君夫人张氏合祔，卜兆得其地豳州泾北原，礼也。季弟怀英，丧事备矣。丕承厥嗣，乃三子焉。长曰有名，次曰用浦，幼曰用塞，为继先好，复其后矣。汭，微士，敢即其述焉。……建中元年（780）十月十九日。

《元怀晖墓志》出土于今陕西彬县。[①] 开元十三年（725）豳州改称邠州，墓志中作豳州是仍用旧称。元仲宣、元季宏、元叔言以及元怀晖、元怀英，皆支系未详。墓志中言元怀晖为元魏之后，正因墓志称"后魏始自阴山之胤"而言元怀晖为朔方郡人，天宝元载改夏州为朔方郡（治岩禄县，今陕西靖边县东北白城子古城）。

元志，据友人安定梁宁撰、从父兄质书《有唐故蓝田县尉王君（素）墓志铭》：

> 君讳素，字素，琅耶人也。同州长史崇古之孙，吏部郎中仙之子。代弈簪组，晋魏尤盛。春秋卅五，寝疾经时。贞元元

[①] 中国文物研究所、陕西省古籍整理办公室：《新中国出土墓志（陕西壹）》，北京：文物出版社，2000年，上册第128页，下册第135—136页。墓志中古今地名对照：梁州（治南郑，今陕西汉中东），滑州（治白马，今河南滑县东滑县旧城），汾州（治隰城，今山西汾阳市）。

年秋八月九日寂然跌坐，终于洛阳审教里之所第，以其月廿二日旋葬于洛阳三川嘉禾里之原，近其先茔，礼也。……君筮仕河南府参军，尔后多于东洛，与河南元志有中外之旧。复性情颇同，优游晤言，余在其间。比君避地襄汉，而元公时为河南少尹。君有《陆浑即事诗》云："一夜山中雪，无人见落时。"元公每咏此清句，与余思人。今语元公既殁，君又次之。逝川不息，何痛如是！①

元志曾为河南少尹，生平未详，贞元元年（785）八月王素卒时，元志已去世。中外之旧，大约指元志、王素为舅表亲。墓志中索引王素《陆浑即事诗》为唐诗之佚诗。

元礼，据唐宪宗《罚卢坦元义方立戟违式俸料敕》："立戟官中大夫守京兆尹上柱国临淄县开国男赐紫金鱼袋元义方、朝议大夫守尚书户部侍郎判度支护军赐紫金鱼袋卢坦。立戟虽令式所著，似有阙文，而台阁相承，久为定制。卢坦、元义方如有所见，即合上闻，造次而行，殊乖审慎。宜各罚一月俸料，其戟仍令所司收纳。左司郎中陆则，勾简之任，发付不精。礼部员外郎崔备、工部员外郎元礼等，或以礼许人，或守官假器，此于申请，其过尤深，各罚一季俸料。"② 则元礼为工部员外郎，与淄县开国男赐紫金鱼袋元义方同时，约为贞元间人。

元氏，适莫州长丰县令陇西李丕，据《故莫州长丰县令李君（丕）墓志铭》，李丕，陇西人。曾祖知礼，宣州司功参军；祖怀璧，汴州陈留县丞；父□，许州鄢陵县令。李丕征辟为潞县丞。改任莫州司法参军，迁莫州长丰县令。贞元三年（787）五月，终于幽州潞县私第，春秋六十三。夫人元氏。长女适河东柳岘，试太常寺奉礼郎。

---

① 毛阳光：《洛阳流散唐代墓志汇编续集》，第454—455页。
② （清）董诰等编，孙映逵等点校：《全唐文》，第398页。

贞元三年建子月（十一月）葬于县之南三里潞水之右。①

元系，系女元选，据堂舅太常寺协律郎式中述《唐元氏亡幼女墓铭》："元氏幼女名选，年十七，以贞元廿年七月十三日遇疾，夭于河清县之官舍，以其年八月十八日迁祔于石桥之先茔。幼女厥父名系，行纯秩卑。……幼女郑氏之出也，外祖悛，荥阳望族。余为幼女继母之兄也，怀悲轸念为之志。"②

元伯通、元思礼，据《（正德）袁州府志》卷六，二人为唐代袁州（治宜春，今江西宜春县）刺史。③

元易，贞元四年应贤良方正、能言极谏科④，具体事迹及支系未详。

元侍御，曾与韦应物唱和，其诗皆佚，名与事迹未详，详见下文"唐代元氏家族文学与学术研究"。

元晊（？—781）授郑州参军，娶京兆杜氏（755—824），据京兆府盩厔县尉房直温撰《唐故元府君（晊）夫人杜氏墓志铭》，郑州参军元晊夫人京兆杜氏，五代祖正伦，中书令；祖损，大理少卿；父寙，为郑州录事参军时抵抗史思明之乱而殉难，特赠吏部郎中。杜氏二十多岁，元晊就去世了，是时建中二年，元晊殡于太原，杜氏将才四岁的儿子行殷抚养大，行殷授京兆府奉先尉，正要报答母亲养育之恩，杜氏以长庆四年（824年）六月三日终于长安永宁里之私第，春秋七十，以其年八月十四日葬于元氏少陵原曹赵村祖茔，元晊随后亦将迁葬祖茔而与杜氏合葬。⑤ 元晊年龄大约与

---

① 周绍良、赵超：《唐代墓志汇编》，第1847—1848页。墓志中地名古今对照：幽州潞县（治今北京通州东），汴州陈留县（治今河南开封陈留镇），许州鄢陵县（治今河南鄢陵），宣州（治宣城，今安徽宣城），莫州长丰县（治今河北任丘东北长丰镇）。
② 赵文成、赵君平：《秦晋豫新出墓志蒐佚续编》，第996页。
③ 郁贤皓：《唐刺史考全编》，第2371页。
④ （清）徐松撰，孟二冬补正：《登科记考补正》，第517页。
⑤ 该墓志见于"黄的貔貅"的微博 https://weibo.com/5580222167/J59MOc9uJ。

杜氏相仿而略大，元晊去世时杜氏二十六岁，则元晊卒时亦年轻，元知让子元晊殿中侍御史元晊为开元间人，是时此郑州参军元晊或未出生或方少年，所以并非同一人。

元仁表授随县尉，娶上柱国陇西李鼎（785—826）长女。据从弟河南府洛阳县尉李行方撰《唐故朝散大夫临晋县令上柱国李府君（鼎）墓志》，李鼎，字鼎，其先陇西成纪人。宝历二年（826）正月一日寝疾，终于临晋县（治今山西临猗县临晋镇）通达之精舍，享年六十七。长女适随县（治今湖北随州）尉元仁表。① 李鼎生于贞元元年（785），元仁表为其女婿，则仁表约为贞元元和间人。

元氏，适唐景帝六代孙太中大夫李怡（724—797），据博陵崔茂实撰《大唐故皇五从曾叔祖太中大夫虔王府长史府君（怡）墓志铭》，李怡，陇西狄道人。唐景皇帝李虎六代孙，五代祖郑王亮，四代祖襄邑王神府，曾祖刑部尚书德懋，祖右监门大将军思温；父仪王府咨议芳。李怡先后历官十任，以贞元十三年（797）正月二十八日终于长安县崇化里第，春秋七十四。夫人乐安县君元氏、夫人逍遥韦氏，皆早卒，权厝于原，以贞元十四年十一月四日合葬于长安县高阳原。有曾、寂、宰、密、宥五子。②

元昭肃、元杰，元和十一年丙申岁（816）作有《浈阳果业寺开东岭洞谷铭并序》。③ 据序文元杰处困境而寓居浈阳县（治今广东英德）果业寺，则元杰曾至岭南浈阳一带，据文中可知元杰再从兄元昭肃是时亦在浈阳一带。该文颇有文采，铭文就是一首骚体诗，可知元杰有文才。元昭肃、元杰具体事迹及支系未详。

元公瑾，与柳宗元（773—819）交游，此元公瑾非元宗简兄之元公瑾，详见下文"唐代元氏家族文学与学术研究"。

————————
① 周绍良、赵超：《唐代墓志铭汇编》，第2098页。
② 齐运通：《洛阳新获七朝墓志》，第305页。
③ （清）董诰等编，孙映逵等点校：《全唐文》卷七百十七，第4346页。

元集虚，与白居易、韩愈、柳宗元等交游，元集虚诗已佚。详见下文"唐代元氏家族文学与学术研究"。

元君，澧州刺史，刘禹锡《早春对雪奉寄澧州元郎中》、《朗州窦员外见示与澧州元郎中郡斋赠答长句二篇因而继和》，二诗元和九年春作于朗州（治武陵，今湖南常德），元郎中名未详，当于元和九年自郎中出为澧州刺史，澧州（治澧阳，今湖南澧县），窦员外即窦常，刘禹锡《窦朗州见示与澧州元郎中早秋赠答命同作》，该诗元和九年七月作于朗州，窦朗州即朗州刺史窦常。窦常与澧州刺史元某的赠答诗皆佚。①

元君（740—804），适敦煌张季巩（717—805），据《有唐故敦煌张公（季巩）并夫人河南元氏墓志》，张季巩，汜人，五代祖亮，唐初朝臣；祖公谨，襄州刺史；父协，扬州海陵县令。季巩为张协第二子，未出仕，琴书自娱。以永贞元年（805）终于汜川别业，享年八十九。夫人元氏，以贞元二十年（804）终于故里，享年六十有五。有子诜。元和十五年十一月四日迁葬于汜川之阳，夫人祔葬。② 葬于汜川之阳即葬于汜水县一带。称敦煌张季巩，则其郡望为敦煌，居于汜，而称汜人。元氏生平未详。

元从实，博士，李愬父李晟谥号已有"武"字（李晟谥号忠武），认为李愬谥号不当再有"武"字，而元从实坚持给李愬定谥号为武③。参定谥号，当为太常博士，李愬卒于长庆元年（821），则元从实约为元和长庆间人。

元氏，适江夏李正卿（771—844），李正卿为李善曾孙，据朝散大夫、使持节、郑州诸军事、守郑州刺史、上柱国赐紫金鱼袋李

---

① （唐）刘禹锡撰，陶敏、陶红雨校注：《刘禹锡全集编年校注》，北京：中华书局，2019年，第244—249页。
② 周绍良、赵超：《唐代墓志汇编》，第2056页。墓志中地名古今对照：襄州（治襄阳，今湖北襄阳），海陵县（治今江苏泰州），汜水县（治今河南荥阳西北汜水镇）。
③ （宋）王溥：《唐会要》卷七十九，第1456页。

褒撰，外甥前义武军节度、掌书记、儒林郎、监察御史里行窦存辞书《唐故绵州刺史江夏李公（正卿）墓志铭》：

> 有唐会昌四年四月十一日，左绵守李公殁于位。……公实赵人，其先食菜武昌，子孙因家焉，今为江夏李氏。曾祖善，贯通坟史，注《文选》六十卷，用经籍引证，研精而该，博学者开卷自得，如授师说，官至秘书郎弘文馆学士沛王侍读；祖邕，文学优宏，以风概然诺自任，落落有大节，为一时伟人，官至北海太守赠秘书监；考翘，履道葆光，绰有馀裕，皇任大理评事赠太常少卿。公讳正卿，字肱生，……始以文行举进士，未第，为泾原节度使段祐强置□府，试左武卫兵曹掾，转大理评事兼监察御史，赐章绂。酬知用直，赞画有闻。元和初，天雨嘉谷，公因献赋，既美且讽，制授松滋令。秩满，迁氾水令。……（后）拜成都令，迁陵、阆二州刺史，入为少府少监。文宗思共理者，复用为邛州刺史。廷谢日，面赐金紫，后自江陵少尹拜安州刺史，益义仓粟万斛，年饥辄以禄廪济贫乏，优诏征入拜司农少卿，历卫尉少卿，复为淄州刺史。……卒岁，拜绵州刺史。……未几，寝疾而殁，享年七十有四。公先娶河南元夫人，生子潜，有词艺声华，登进士上第。元夫人早卒，今夫人卢氏，以公贵，封范阳郡君。其年十二月十九日，嗣子潜奉理命启先夫人之窆合祔于河南县金谷原，礼也。公平生所制述文章四十卷，撰《中权略》四十卷，注《管氏指要》两卷，勤励不息，而志行在焉。①

---

① 周绍良、赵超：《唐代墓志汇编》，第2239—2240页。墓志中地名古今对照：松滋县（治今湖北松滋北），氾水县（治今河南荥阳汜水镇），成都县（治今四川成都），陵州（治仁寿，今四川仁寿），阆州（治阆中，今四川阆中），邛州（治临邛，今四川邛崃），安州（治安陆，今湖北安陆），淄州（治淄川，今山东淄博南），绵州（治巴西，今四川绵阳）。

元氏早卒，有子李潜，李正卿卒后，李潜将父正卿与母元氏合葬。李正卿生于大历六年（771），元氏为其发妻，大约年龄相仿，则元氏约为大历至贞元或元和间人。李正卿为李善曾孙，传其家学，善属文，有学问，墓志中所列李正卿文集四十卷及所撰《中权略》四十卷、注《管氏指要》两卷，《旧唐书·经籍志》《新唐书·艺文志》皆失载，墓志可补史书之阙。

元苊莱，苊莱从侄元祐之，据从侄乡贡进士祐之纂《唐故右领军卫大将军元苊莱妻杨氏墓志铭》，元苊莱妻弘农杨氏，元苊莱先杨氏而终，元和十四年十一月杨氏与葬于京兆之南十八里地。杨氏曾祖进，祖父工部尚书赠司空休明，父安陆郡守杨淬。元苊莱一女适河南房氏。① 元祐之乡贡进士，当有一定文才。

元修，元和元年（806）登制举才识兼茂、明于体用科，与元稹、白居易等同时及第。② 元希声（661—707）兄元通理子元修，元通理年龄不可考但可知略长于元希声，应制举之元修少元通理近百岁，则可知应制举之元修与元通理子非同一人。此元修支系及具体事迹未详。

元氏，适潞州大都督府、上党府折冲都尉彭城刘晖子刘公赏，据《唐故彭城刘都尉（晖）墓志铭》，刘晖彭城人，宋武帝之后，潞州大都督府、上党府折冲都尉、员外置同正员、上柱国，元和四年六月十七日终于陕州大都督府陕县招上乡邵南坊招贤里私第，享年七十四，其年七月八日权窆于陕府东门之外瑕城南古长城北原。夫人弘农杨氏。其幼子公赏，娶元氏。③ 则彭城刘氏中央化后，部分支系约葬于陕州一带。刘公赏具体事迹未详。

---

① 赵文成、赵君平：《秦晋豫新出墓志蒐佚续编》，第1073页。
② （宋）王钦若等编纂，周勋初等校订：《册府元龟（校订本）》卷六百四十五《贡举部·科目七》，第7447页。
③ 中国文物考古研究所、河南省文物考古研究所：《新中国出土墓志（河南贰）》，北京：文物出版社，2002年，上册第291页，下册第302—303页。

元雄，鲁王府长史，元雄女适陇西李鼎（797—856），据从侄乡贡进士容撰《唐故李府君（鼎）墓志铭》，李鼎，字国器，祖常州江阴县尉藏用，父兴、宿二州长史诚，鼎为李诚之长子，大中十年七月十日，终于滑州钦政里之私第，享年六十。以其年十二月廿八日葬于河南府洛阳县三川乡杨魏村，祔先茔。夫人河南元氏，鲁王府长史元雄女。① 元雄及其女事迹未详。

元氏，适濠州录事参军杨遗直，家世为儒，遗直客于苏州，讲学为事，因家于吴。元氏生苏州刺史杨发、常州刺史杨假（《旧唐书》卷一百七十七《杨收传》）。②

元志宽，涿州范阳县丞，元志宽，其女元氏适检校光禄卿康志达（768—821），据《唐故幽州卢龙军节度衙前兵马使朝散大夫检校光禄卿兼监察御史赠莫州刺史会稽康公（志达）墓志铭》，康志达，字志达，本为会稽人。自曾祖唐左威卫大将军延庆，徙居关中而为京兆长安人。祖万安府折冲孝义，累赠户部尚书孝义；父兵部尚书、左威卫上将军，赠尚书左仆射日知，"建中三年将赵州，拔成赴阙，拜晋、慈、隰等州节度使。"康志达为日知第四子。贞元末，侍中范阳刘济推荐康志达于朝廷，拜检校光禄卿。长庆元年（821）五月十一日终于长安永乐里官舍，春秋五十四，诏赠莫州刺史，其年其月廿五日葬于长安县龙首乡兴台里先代茔之东北。妻河南元氏，涿州范阳县丞元志宽之女。元氏早逝，有一子名元质；一女适陇西李继宗。③ 康日知原为成德军节度使李宝臣子李惟岳部下，李惟岳要求袭父位，朝廷未批准。而叛乱，《新唐书》卷七《德宗纪》："建中三年正月丙寅，朱滔、成德军节度使张孝忠及李

---

① 毛阳光：《洛阳流散唐代墓志汇编三集》，第636—637页。
② （后晋）刘昫等：《旧唐书》，第4595、4597页。
③ 周绍良、赵超：《唐代墓志汇编续集》，第859页。墓志中古今地名对照：赵州（治平棘，今河北赵县），晋州（治临汾，今山西临汾），慈州（治吉昌，今山西吉县），隰州（治隰川，今山西隰县），莫州（治莫县，今河北任丘鄚州镇）。

惟岳战于束鹿，败之。……闰月乙未，李惟岳将康日知以赵州降。甲辰，惟岳伏诛，其将杨荣国以深州降。"①《旧唐书》卷十二《德宗纪》："建中三年二月戊午，康日知为赵州刺史、深赵都团练观察使。"② 结合墓志可知，康日知因降唐有功，而拜赵州刺史，晋、慈、隰等州节度使。志达祖上本会稽人，曾祖延庆徙居长安，而为关中人。康日知为成德节度使李惟岳部下，则生活于河北，元志宽为涿州范阳县（治今河北涿州）丞，具体生平未详，则元志宽大约因在河朔地区为官而与康日知熟知，将女儿嫁给康日知子康志达。元氏父亲名中有"志"，而夫婿名中亦有"志"字者，可见唐人避家讳也不一定处处皆严。

元顺通，据将仕郎试太子通事舍人张摸述并书《唐故朝议大夫内侍省内府局丞员外置同正员上柱国武府君（自和）墓志铭》，宝历二年（826）元顺通为监军。③ 元顺通生平事迹未详。

元员外，名与事迹未详，元员外诗已佚，但通过齐己与其交游的存诗，知其亦能诗，详见下文"唐代元氏家族文学与学术文化研究"。

元氏，适上柱国安定梁澄清，据《唐使宅副将云麾将军上柱国安定故梁公（澄清）墓志铭》，梁澄清，咸阳人，大和七年（833）十月十七日卒，年九十一，夫人河南元氏，先梁澄清而卒，继室南阳韩氏，享年七十二，大和九年（835）二月二十七日梁澄清与二夫人合葬。④ 梁澄清祖上为安定梁氏，先世徙居咸阳而为关中人。

元氏，适处士广平程金，祖、父皆为处士，据乡贡五经皇甫儒撰《唐故广平程府君及夫人墓志铭》，程金，处士。祖上三代不仕。

---

① （宋）欧阳修、宋祁：《新唐书》，第187页。
② （后晋）刘昫等：《旧唐书》，第332页。
③ 周绍良、赵超：《唐代墓志汇编续集》，第947页。
④ 赵君平、赵文成：《秦晋豫新出墓志蒐佚》，第950—951页。

金卒于不惑之年。嗣子数人。夫人元氏，孀居数年，享年八十五，终于石桥之私第。以大中六年孟冬十月二十八日，程金与元氏合葬于邺县东南芳林乡石桥村内平原。[①] 广平郡即洺州治永年（今河北永年东南），而邺县（治今河北临漳西南邺城镇）就在永年南，可见程金家族三代处士，他们就居于故乡一带。

元璐，据河南元璐述《唐故乡贡进士博陵崔君（文龟）墓志铭》：

> 大中十二年（858）冬，君始被疾，不果与计偕。明年三月□极，四日谓璐曰：'予之疾不可为也。前十一月时，赋咏题诗云："惆怅春烟暮，流波亦暗随。"'是日咳血，盖有徵焉。又曰：'予平生为文匜一笥矣，没后为我编辑之，用此为记。'后三日，启足于长安新昌里僦第，年二十七。以其年四月十一日，葬于京兆府万年县洪原乡曹村少陵原，从先榇，礼也。将窆之日，璐恸于寝门，既出而君之季弟凡，哭谓璐曰：'子之于予，实姑之子也。吾兄之文，惟子知之；吾兄之行，惟子知之；吾兄之志，未迹于时者，惟子知之，今卜有日矣，子其志焉。'璐辞，凡益恳，曰不以愚言陋，而熟君之行是取，则何敢不从，遂刻其墓。崔氏世为著姓，为名家，其先博陵人。君讳文龟，字昌九。曾大父太子洗马讳荟。大父湖州司马，赠亳州刺史讳昶。显考尚书都官员外郎、处州刺史讳周衡。我舅处州府君以茂德懿行，弈世流辉，娶京兆韦夫人，即故翰林学士、尚书户部侍郎讳表微之女。君，处州冢子也，生八岁即失所恃，逮十三而孤，与其姊弟妹相鞠（鞠）于季父。及免丧，姊归于他，而君能以孝爱恭信之道，克基于地。而又不从训，不从师，自知读圣贤书，发为文章。大中丙子，始举

[①] 毛远明：《西南大学新藏墓志集释》，第642—643页。

进士，词华俊秀，后生惮之。……读浮图书，雅得其奥，每自咏曰：'莲花虽在水，元不湿莲花。但使存真性，何须厌俗家。'旨哉斯言，可以味于人矣。君生平所为古文七十首，赋十首，歌诗八百二十首，书启文志杂述共五十三首。又作《玄居志》十八篇，拟诗人之讽十篇，尚未绝笔。……铭曰：子之行，子之文，不第不宜，不后不婚。而天为羁魂，已而已而。苍苍有知耶，无知耶。①

崔文龟（832—858）之父处州刺史崔周衡为元璐之舅，崔周衡姊（妹）适元某，生元璐，元璐母为崔文龟之姑，元璐与崔文龟为表兄弟。崔文龟善属文，崔文龟临终将整理文集的事交给元璐，崔文龟季弟又请元璐撰写崔文龟墓志，这篇墓志又不像通常墓志那样只是叙述志主之生平，而是将自己带入其中，记叙了崔文龟生平诸多细节，写得深情感人，颇受中唐古文影响，凡此种种皆可见元璐亦有文才。《崔文龟墓志》载其曾祖崔翁、祖父崔昶、父崔周衡，而《新唐书·宰相世系表》言崔先事生崔昶，崔昶生崔瑜、崔瑜生崔周衡。②墓志可补史书之讹。

元氏，适广平宋仏进，据《唐故宋府君（仏进）墓志铭记》，宋仏进为宋荣曾孙，天祐三年（906）九月八日卒，年七十二，先娶王氏，王氏卒，又娶元氏，元氏天祐三年十月十日卒，年四十九。天祐三年十月廿九日，合祔于禅窟村西南一里本营前。③

河南县尉元君（？—842），娶陈国陈恭和（795—844），元君侄元绘。据乡贡进士元绘撰《唐故河南元府君夫人陈国陈氏（恭

---

① 胡戟、荣新江：《大唐西市博物馆藏墓志》，第948—949页。墓志中地名古今对照：湖州（治乌程，今浙江湖州），亳州（治谯县，今安徽亳州），处州（治括苍，今浙江丽水东南）。
② （宋）欧阳修、宋祁：《新唐书》，第2806页。
③ 赵力光：《西安碑林博物馆新藏墓志汇编》，第927—928页。

和)墓之志铭》：

> 夫人姓陈氏，号恭和，其本陈国人也。……叔父河南县尉府君有嫡嗣皆幼，前嫡夫人早没，誓不复娶，又以其幼无恃，府君曰：忍此孩提遽失慈亲之爱，我将为求恃焉。乃命媒氏访之，必慈惠温良而付我之数子，得陈夫人焉。……府君掌职之郑州及政任襄县尉及偃师，夫人皆从焉。暨府君去春授河南县尉，就京师遇疾而归。……府君祸叠，（夫人）痛忍忘生，蓬发面垢，哀啼泣血，昼不绝音，才历中祥，以会昌甲子岁五月十六日被疾而终，享年五十。亦有子四人、女二人，男曰绂、曰起、曰合、曰本。……女曰越，凤禀孝敬，有婉淑之仪，其幼女生无铅华之好，出学浮图法，法名妙峻，去年秋末参礼安国寺。……以会昌四年九月二十日奉裳帷葬于龙门乡南王庄祔府君之茔，合其礼也。①

元绘为河南县尉元君之侄，有文才。元君有子元绂、元起、元合、元本。墓志中去年指撰写墓志之会昌四年前一年即会昌三年。元君去世，才过中祥，会昌甲子即会昌四年（844）陈夫人亦卒，中祥指两年祭②，则元君卒于会昌二年。

元氏，适贾令宗，贾令宗母陇西李氏为李唐宗室，据《唐故陇西李氏夫人墓志铭》："夫人雁绪第十一，祖代轩皇之裔，感皇为氏，姓□李君之后，唐之宗叶。夫人笄岁之年，娉于贾氏。……以大中十三年（859）己卯岁四月廿八日殁于室，享年七十三。……有嗣，一子令宗，……新妇元氏。……以其年九月廿一日于庄北一里祖茔后柏椁砖堂安之，礼也。"③贾令宗籍贯未详，元氏支系未详。

---

① 齐运通：《洛阳新获七朝墓志》，北京：中华书局，2012年，第342页。
② 刘安志：《大祥、中祥、小祥》，《文献》1992年第2期。
③ 赵力光：《西安碑林博物馆新藏墓志汇编》，第800—801页。

元氏，适陆逺，从侄乡贡进士洸撰并书《唐前德州刺史陆公（逺）逆修墓志铭》：

> 公讳逺，字逺夫，其先吴郡人也。曾祖谅，资州刺史；祖师贡，越州别驾；父畅，池州石埭县令、赠水部员外。……故相国王公超常亦器重，贤待异于门客焉。以荫第入仕，释褐为杭州富阳尉，次遂州蓬溪令，转大理评事、安南招讨判官，……前进士冯涯素与公睦，因□边客□熟其善，著《遗功录》一篇行于朝。……（官终）德州刺史，郡罢，退居延康里。……有子鐖，斋郎出身，释褐三皇五帝庙丞。女妻前五经孙氏玄之。……亡夫人河南元氏，封河南郡君，以咸通二年七月十一日丧，葬于京兆府长安县义阳乡平原里，公期祔焉。噫！翠柏阴合，荒郊思深，存亡既知，宠辱何有。以咸通七年五月廿日逆修其铭，用志身后。洸恭奉尊旨感而序之。……以其年九月十三抱疾，信宿而薨于延康私第。以咸通八年岁次丁亥正月壬寅朔廿九日庚午祔旧营（茔）。

陆逺墓志出土时，墓志盖为"唐故河南郡君夫人元氏墓志"，而盖下墓志为陆逺墓志，陆逺墓志盖无存，亦未见元氏墓志，可见原本有陆逺和元氏两方墓志。[①] 则吴郡陆逺夫人河南郡君元氏，咸通二年（861）先逺而卒，陆逺咸通七年五月即预修墓志，欲与元氏合葬，九月陆逺卒，八年正月陆逺与元氏合葬。因元氏墓志无存，元氏生平无从考证。

元纠、元针、元运、元郓（826—869），据《唐故河阳节度押衙泽州高平镇遏兵马使银青光禄大夫检校太子宾客兼监察御史上柱

---

① 李明等：《长安高阳原新出隋唐墓志》，北京：文物出版社，第275—277页。墓志中地名古今对照：资州（治盘石，今四川资中），越州（治山阴，今浙江会稽），石埭县（治今安徽石台广阳镇），富阳县（治今浙江富阳），蓬溪县（治今四川蓬溪）。

第二章　元氏家族各支系详考下

国元公（郁）墓志》："公讳郁，字慕周，河南郡人也。近世迁乡关，和门显达。先考讳运，皇任将仕郎、守潞州司仓参军；祖讳鋮，皇任朝散大夫、检校国子祭酒，守洺州长史。曾祖讳纠，皇任朝议郎、守河南府巩县令。……（公）以咸通己丑岁（十年）七月十二日，疾终于泽州高平县镇廨署之所，享年卌四。令弟节度先锋兵马使银青光禄大夫检校太子宾客齐，孑然色养，痛惜连枝，奔泣赴丧，欲求罢秩。……公娶太原王氏夫人，亦将门之子。……丧□在公前。是岁同殡于泽州晋城县五门之私第。嗣子三：长曰翔，次曰恕，季曰台儿；女曰端娘子。衔恤蓼莪，才终丧纪。以咸通十二年龙集辛卯七月乙巳朔廿日，自彼发引，以廿九日盖祔葬于孟州河阳县丰平乡赵村北原，礼也。"①

元氏（805—881）适李君，生泽州刺史柱国赐绯鱼袋李愉，据子婿前湖南团练判官检校尚书户部郎中兼侍御史赐绯鱼袋卢陟撰《唐朝议郎使持节泽州诸军事前守泽州刺史柱国赐绯鱼袋李愉太夫人河南元氏墓志铭》："有唐朝议郎、使持节泽州诸军事、前守泽州刺史、柱国、赐绯鱼袋李愉太夫人河南元氏，以中和元年（881）十月九日，寝疾终于孟州济源县临济乡王寨村别墅，享年七十有七。有男二人、女三人。……（夫人）笄年归我外舅府君。……中外荣观，垂二十年。福寿既臻，则又何叹。前泽州使君即夫人长子也。长女适前湖南团练判官、检校尚书户部郎、兼侍御史、赐绯鱼袋范阳卢陟。次女适河中节度掌书记、试秘书省校书郎上谷侯潜。次子与侯氏妇及幼女，皆十年先夫人而下。以明年二月十七日，龟筮叶吉。使君匍匐泣血，号奉帷裳，归窆于洛阳县清风乡大阳里。"②

---

① 周绍良、赵超：《唐代墓志汇编续集》，第 1095 页。墓志中地名古今对照：潞州（治上党，今山西长治），洺州（治永年，今河北永年东南城关镇），泽州（治晋城，今山西晋城），高平县（治今山西高平）。
② 乔栋、李献奇、史家珍：《洛阳新获墓志续编》，第 278、525 页。

· 405 ·

元氏，适同州雷况。据《唐故雷府君墓志铭》，雷况，同州冯翊郡人，祖讳行。雷况为处士，咸通十一年庚寅（870）十月十三日卒于山阳乡柳村别业。夫人元氏，以光启三年丁未（887）四月十一日卒。生五子，墓志中列出名者有：长子从晖（亦为处士）以及彦愠等。以乾宁三年丙寅（896）十一月八日合葬于县北长原（墓志出土于陕西韩城苏东赵村西）。[①]

元泰，范坰《吴越备史》："（陈）儒本黄巢之党，寻降，朝廷授以饶州。光启三年（887），率其部伍自饶厅事直指衙门而出，人无预知者。既而径趋衢州，知州泰迎于郊。"则光启间元泰曾为衢州刺史。[②]

元氏，适阶州（治皋兰，今甘肃康县西）军事判官、正太子少傅王实，《（后）周通议大夫守太子少保上柱国太原县开国伯食邑七百户赐紫金鱼袋赠太子少师王公（仁裕）墓志铭》："公讳仁裕，字德辇。其先太原人，后世徙家秦陇，今为天水人也。洋州录事参军讳约，公之大王父也。成州军事判官、赠尚书屯田员外郎讳议甫，公之王父也。阶州军事判官、赠太子少傅讳实，公之皇考也。追封河南郡太夫人元氏，公之皇妣也。……周祖即位，除太子少保，尊名贤而宠素德也。以周显德三年（956）七月十九日寝疾终于东京宝积坊私第，享年七十有七。辍朝赗赠，悉从优礼，赠太子少师。卜其年八月一日权窆于开封县持中村。以大宋开宝七年闰十月十七日归葬于秦州长道县汉阳里。"[③] 王仁裕终于后周显德三年（956），享年七十七，生于唐广明元年（880），则王仁裕父王实与其母元氏之婚姻在唐代。封河南郡太夫人，则其为河南元氏。

---

① 故宫博物院、陕西省古籍整理办公室：《新中国出土墓志（陕西叁）》，北京：文物出版社，2015年，上册第105页，下册第70—71页。
② 郁贤皓：《唐刺史考全编》，第2088页。
③ 仇鹿鸣、夏婧：《五代十国墓志汇编》，上海：上海古籍出版社，2022年，第708—710页。

第二章　元氏家族各支系详考下

元沛，元沛子元固、元察，元察子元潾、元充，《因话录》卷三："刑部郎中元沛妻刘氏，全白之妹，贤而有文学。著《女仪》一篇，亦曰《直训》。夫人既寡居，奉玄元之教，受道箓于吴筠先生，精苦寿考。长子固，早有名，官历省郎刺史、国子司业；次子察，进士及第，累佐使府，后高卧庐山。察之长子潾，好道不仕；次子充，进士及第，亦尚灵玄矣。"① 元固作有《为郑相请朝觐表》，详见下文"唐代元氏家族文学与学术研究"。《（乾隆）连州府志》载唐代连州刺史有元充，郁贤皓指出不知是否即《因话录》中所提及的刑部郎中元沛次子进士元充。②

元惠进、元璋（842—889），据《唐故元府君（璋）墓志铭》："夫元氏之宗，裔苗托拔（拓跋），上望河南，累代英贤，备书史册。其后胤绪，逐任分流，至于潞州大都督府上党县永丰乡，子孙兴焉。曾祖讳，祖讳惠进。府君讳璋，名传百行，学赡九流，高卧云烟，遨游不仕。享年卅有八，已（以）龙纪元年（889）九月三日寝于永夕。夫人尹氏，……享年七十有二，已（以）天祐十五年（918）十二月九日奄于斯室。嗣子弘审，廉节守身，谦恭入仕，处众而信行无爽。在公而文物有谈，充节度衙前十将、兼通判官。次男弘实，小男弘绍，右静胜军。并绝浆泣血，五内分崩，叩地号天，无所逮及。新妇吴氏、陈氏、孙氏。……孙男延勋，次男延晖，充涿州随使讨击使。次男留留、僧留等。……已（以）天祐十六年己卯岁十月廿七日辛酉合葬于府城西南五里大营之野。"③ 天祐四年唐亡，此处记天祐十五年，是在后梁时仍用唐年号。潞州上党县（今山西长治）。元璋祖上徙居潞州上党县。

---

① （唐）赵璘撰，陶敏整理：《因话录》，陶敏主编《全唐五代笔记》，西安：三秦出版社，2012 年，第 1919 页。
② 郁贤皓：《唐刺史考全编》，第 2464—2465 页。
③ 仇鹿鸣、夏婧：《五代十国墓志汇编》，第 81—82 页。

· 407 ·

元氏适上党秦君，据《（后）唐故秦府君（进举）墓志铭》："府君□同州合阳郡人也。……贯居上党县，乡号雄山，湖泐之里西火村，土居庄东，鸡鸣岭下。先祖茔内祔葬。……公讳进举。王母元氏。父讳君捷。夫人杜氏。府君享年六十有二。夫人志已从心，不幸俱丧人世。……以长兴元年（930）十一月七日祔祔于本茔甲地。"[①] 元氏为秦进举祖母，元氏与秦君之婚姻在唐代。

元氏（871—950），适朔州石金俊，据朝散大夫行左拾遗直石馆赵逢撰《大周故北京飞胜五军都指挥使银青光禄大夫检校司空兼御史大夫上柱国赠左骁卫将军石公（金俊）妻河南郡太夫人元氏合祔墓志铭》：

> 夫人姓元氏，怀州成怀人。自垂髫值唐季离乱，家没于兵革，遂养于叔舅，叔舅复早逝，孤养于舅母。族谱世系，与家俱丧，故莫得详焉。太夫人及笄之岁，柔明之誉，盈于乡里，将军府君闻其贤淑，乃纳徵而授室焉。府君名金俊，朔州神武川上方城人也。幼善骑射，习司马兵法，长与豪侠游，牛马谷量，世为强族。初委质事唐代祖武皇帝，以勇干主卫兵，甚见亲用。洎庄宗皇帝复雠于梁室，按兵于孟津，积军旅之劳，累迁银青光禄大夫、检校尚书左仆射、兼御史大夫、上柱国、充北京飞胜五军都指挥使。……明宗皇帝以府君魏貅良将、丰沛故人，制授资州刺史。对曰："臣生于朔漠，本以弓马自效。夫人性少则剽果，遂衽金革，历事三帝，幸蠲败军失律之愆。今已老矣，支体获全，矧不达为政，岂敢以方州为累乎？愿复丘园，守先人坟垄为乐矣。"上不夺其志，锡赉加等，优诏许之。以长兴七年六月二十一日，遘疾卒于太原私第，享年五十八。天福四年，赠检校司空。八年，赠左骁卫将军。嗣子今义

[①] 赵力光：《西安碑林博物馆新藏墓志汇编》，第948—949页。

州太守仁赟,以天福三年十一月七日,卜迁于西京河南县平洛乡朱阳里,从吉兆也。……广顺三年正月三日太夫人薨于义州官舍,享年八十三。太守茹荼衔疚,护丧归洛。以显德二年三月三日祔葬于先将军司空之茔,礼也。初,太夫人之养于外氏,伤幼丁荼毒,洎至成人,言无先唱,容常惨如,针缕肇囊是绩,夙夜自勤。洎归将军府君,彰内助之风,繄克昌之胤。虽太守建隼列郡,太夫人常以严正训之,太守亦如童孺增畏。是故天子降玺书,始封乐安县太君,进封河南郡太君,改封河南郡夫人,从子贵也。①

墓志载元氏为怀州(治野王,今河南沁阳)人,是据所居地而言,此地离洛阳不远。元氏被封为河南郡夫人,正是据其郡望河南元氏而来。长兴七年即清泰三年(936),享年五十八,则生于乾符六年(879)。元氏卒于广顺三年(953),春秋八十三,则生于咸通十二年(871),及笄之年约光启元年(885)或稍后归于石金俊,则元氏与石氏婚姻在唐代。石金俊为朔州神武川人,幼善骑射,世为强族,早年投与沙陀人李克用(后唐建立遵为武皇帝),后参与李克用子李存勖建立后唐,后唐庄宗李存勖养子明宗李嗣源称石金俊为丰沛故人,综合来看可知石金俊亦为沙陀人。经过唐末丧乱,元氏家族亦进一步没落,"族谱世系,与家俱丧",其他世族也是如此。

元昭碬,《诗话总龟》卷二十一:"巴蜀三纪以来,艺能之士,精于书画者众矣。沙门昙或学李阳冰篆,昙或则神大师门人也。道士张昭嗣效柳公权书,昭嗣则传直天师杜光庭门人也。工部元员外昭碬仿韩择八分书,昭碬亦光庭门人。"②杜光庭唐懿宗时,考进士未中,

---
① 仇鹿鸣、夏婧:《五代十国墓志汇编》,第406—408页。
② (宋)阮阅编,周本淳校点:《诗话总龟》,北京:人民文学出版社,1987年,第229页。

后于天台山入道。僖宗时,为供奉麟德殿文章应制。随僖宗入蜀,后追随前蜀王建,官至户部侍郎。赐号传真天师。晚年辞官隐居青城山。元昭皴为杜光庭门人,当亦仕于前蜀,授工部员外郎,《诗话总龟》将昭皴归为巴蜀艺能之士,正因其仕于前蜀,长于书法。

另有:元延宾、元昇进、元惟弁,《唐故陇州防御同十将宁远将军守左威卫慈州平昌府左果毅都尉员外置同正员元府君(昇进)墓志铭》:"公讳昇进,其先陇州汧源人也,祖失讳不书。考讳延宾,皇任本州防御讨击副使、特进、兼试殿中监、上柱国。公即监子也,践履宦途仅卅载,受卑散不求进班。……会昌五年二月九日,终于沐道里私第,春秋七十六。即以其年七月廿七日,祔于先茔善化乡西北原,礼也。厥嫔刘氏,先君而逝,权窆于□□。生一男曰惟弁,又孝行可称也。后娶张氏,又育一女,适李氏。元昇进墓出土于陕西陇县塬子头村。"[1] 不知是否为河南元氏之后,姑存疑。

东海元宏,据宣义郎前行河南府洛阳县尉程勉撰《唐故监察御史赐绯鱼袋陇西李府君亡妻渤海高夫人墓志铭》,元宏女适齐州历城县丞博陵崔峻,崔峻为高夫人外祖父、元宏女为高夫人外祖母,高夫人长庆三年(823)七月二十八日殁于东都富教里,享年五十有四[2],则高氏生于大历五年(770),其外祖父母约为开元、天宝间人。东海元宏是否为河南元氏之后,姑存疑。

元凛,先侍马楚(即南楚),后仕南唐,据陈致雍《司农卿元凛谥议》,元凛在官二十任,莅职五十年,官至司农卿。存诗二首《九日对酒》《中秋夜不见月》。[3] 未详是否为元魏之后。

---

[1] 故宫博物院、陕西省古籍整理办公室:《新中国出土墓志(陕西叁)》,北京:文物出版社,2015年,上册第97页,下册第63页。
[2] 周绍良、赵超:《唐代墓志汇编》,第2074页。
[3] 陈尚君:《唐五代诗全编》第四十册,上海:上海古籍出版社,2024年,第526页。

第二章　元氏家族各支系详考下

支系未详之元氏家族成员中有文士：元兢、元求仁、元善、元道、元莹、元泳、元海、元承徽、元承先、元明、元份、元习、元卓，元诜、元季友、元淳、元歆、元子贡、元杰、元集虚、元公瑾（与柳宗元交游）、元侍御（与韦应物唱和）、元祐之、元修、元璐、元绘、元洸、元固、元察（元固弟）、元充（元察子），元员外（与齐己唱和）。

冒姓元氏

元载，据《唐故监察御史太原王公（永）墓志铭》："公讳永，字广途，其先太原人也。祖忠嗣，天宝中御□□□□□东河西陇右节度使赠太子太师，子婿故相国元公□□□□□剋石颂美，志于渭南之路隅。"[①] 则元载为河西陇右节度使赠太子太师太原王忠嗣之女婿。

---

① 周绍良、赵超：《唐代墓志汇编》，第 1909 页。

第三章
元氏家族婚姻研究

第一节　北朝元氏家族婚姻考

元氏作为北魏、东魏、西魏的皇族，因其皇族地位而成为北朝最大的家族，元氏（拓跋氏）在统一北方的进程中多与胡人通婚，以加强与鲜卑各部落及其他民族的交融。在统一北方后，元氏就逐步开始了汉化进程，为了获得汉族士族的支持，不仅延揽汉族士族文士入朝，且与汉族士族通婚，元氏与绝大多数的胡汉家族有过婚姻关系。婚姻关系的研究是元氏家族研究的重要部分，而对元氏家族婚姻的探究，亦有助于相关家族的研究，亦可见当时的社会政治情况。目前尚缺乏对元氏家族婚姻关系的全面考述，弄清现可知元氏家族婚姻的基本情况，是婚姻研究的基础，下面结合出土文献与传世文献对北朝时期元氏婚姻关系试做系统考索。

北朝元氏家族婚姻表

姓　名	支系	配偶	配偶所出	出　处	备　注
拓跋力微	神元帝	鲜卑窦氏	没鹿回部大人宾女	《魏书》卷十三《皇后传》	
拓跋沙漠汗	文帝	鲜卑封氏			
		鲜卑兰氏			生思帝弗立
拓跋绰	平帝	鲜卑贺氏		《魏书》卷一《序纪》	平文帝子烈帝炀帝三年时曾居舅家贺兰部，可知平文帝娶贺兰氏女
拓跋氏	平帝拓跋绰女	宇文丘不勤	宇文部大人普拨子		
拓跋氏	昭帝禄官长女	宇文逊昵延	宇文丘不勤子莫廆子	《魏书》卷一《序纪》	
拓跋猗㐌	桓帝	乌桓祁氏		《魏书》卷十三《皇后传》	
拓跋郁律	平文帝	乌桓广宁王氏		《魏书》卷十三《皇后传》	
拓跋氏	平文帝女	匈奴贺纥		《魏书》卷八十三《外戚传》	
拓跋氏	平文帝女	匈奴刘路孤	铁弗部刘虎从弟	《魏书》卷一《序纪》	

续 表

姓 名	支 系	配偶	配偶所出	出 处	备 注
拓跋乙斤	平文帝子高凉王孤曾孙	鲜卑薛氏		《元鉴之墓志》	元鉴之为拓跋乙斤曾孙
拓跋平	平文帝子高凉王孤玄孙	鲜卑谷会氏			元鉴之为拓跋平孙
元苌	拓跋平子	鲜卑房氏			
元鸷	平文帝子高凉王孤五世孙	辽东公孙甄生	父义平子公孙冏	《元鸷妃公孙曾孙墓志》	与元氏合葬于邺县
元龙	高凉王孤六世孙	鲜卑纥干氏	祖新城侯突和,父代郡尹苌命	《元龙墓志》	
		下邳皮氏	广川公欣女	《元龙墓志》	
元贤真	高凉王孤之后	封氏		《元贤真墓志》	
元贤	平文帝之后	河间邢氏		《元贤墓志》	
元惠	平文帝之后建阳公元业孙、亳州刺史元连子	吴氏	怀州长史吴当时女	《元惠墓志》	
拓跋氏	烈帝女	鲜卑慕容皝		《魏书》卷一《序纪》	昭成帝姊(妹)

第三章 元氏家族婚姻研究

续　表

姓　名	支系	配偶	配偶所出	出　处	备　注
拓跋兴真	烈帝曾孙	鲜卑娄氏		《魏书》卷十四《神元平文诸帝子孙传》	元丕母
元丕	兴真子	鲜卑段氏			元丕封东阳王，段氏谥号恭妃
拓跋什翼犍	昭成帝	鲜卑慕容氏	前燕王慕容皝妹	《魏书》卷十三《皇后传》	
		鲜卑慕容氏	前燕王慕容皝女		
拓跋氏	昭成帝女辽西公主	匈奴贺野干	父贺纥，尚平文帝女	《魏书》卷八十三《外戚传》	
拓跋氏	昭成帝女	纥奚部嵇根	率众归北魏	《北史》卷三十四《嵇根传》	
拓跋氏	昭成帝女	匈奴刘务桓	铁弗部刘虎子	《魏书》卷一《序纪》	
拓跋氏	昭成帝女	匈奴刘卫辰	铁弗部刘虎子、刘务桓弟	《魏书》卷九五《铁弗刘虎传》	
拓跋氏	昭成帝女	匈奴刘亢埿	刘显弟	《魏书》卷十三《皇后传》	
拓跋寿鸠	昭成帝子	乌桓广宁王氏	昭成帝舅女，约为平文帝王皇后兄丰女。	《元伴墓志》	
拓跋氏	昭成帝时宗室女	匈奴刘库仁	刘路孤子	《魏书》卷二十三《刘库仁传》	

续 表

姓 名	支 系	配偶	配偶所出	出 处	备 注
拓跋仪	昭成帝孙	鲜卑周氏		《魏书》卷一五《昭成子孙传·秦明王翰》	周氏原为慕容详（普驎）妻，详为慕容皝曾孙，拓跋仪为昭成帝子秦明王翰之子
元渠姨	昭成帝玄孙、定州使君蒲仁长女	武威段韶	北齐文宣帝高洋段昭仪兄	《北史》卷十四《后妃传》、《段韶妻元渠姨墓志》	段韶为北齐左丞相、平原王
元英（洪俨）	昭成帝六代孙	青州清河崔麝香	青州刺史崔令珍第二女	《故颍州刺史元洪俨墓志》	
元华	昭成帝七世孙女	鲜卑和绍隆	父魏太子太傅坚	《和绍隆墓志》《和绍隆妻元华墓志》	和绍隆为骠骑大将军、下邳郡太守
元子均	昭成帝之后平原王、吏部尚书	博陵崔瑶	仪同三司崔楷第五女	《元祉墓志》《崔楷墓志》	元子均约为昭成帝之后平原武昭王元祉子，元祉墓志已出土
元威	昭成帝后裔	鲜卑于宜容	魏丰川公乂女	《元威妻于宜容墓志》	元威为隋仪同三司、潞县公
拓跋遵	寿鸠子常山王	鲜卑独孤部刘氏	匈奴刘眷女	《元俨墓志》	道武帝刘皇后之妹、明元皇帝之姨
拓跋素	拓跋遵子	赫连氏	夏主赫连昌妹		拓跋遵子

续 表

姓 名	支 系	配 偶	配偶所出	出 处	备 注
拓跋陪斤	拓跋素子	鲜卑宇文氏		《元昭墓志》	元昭为陪斤子
拓跋忠	拓跋素子	河内温县司马妙玉	谯王司马文思孙	《拓跋忠墓志》	
元德	拓跋素子	南阳张氏	龙骧将军阜城侯提孙女	《元倬墓志》	拓跋素子
元淑	拓跋素子	赵郡吕乃贺浑	相州刺史、相国侯、赵郡吕金安女	《元淑墓志》	
元悝	元德子	鲜卑叱罗氏	带方静公兴长女	《元倬墓志》	
元晖	元德子	辽东公孙氏	义平子公孙顺女	《元晖墓志》	
元氏	常山王遵孙司州牧肃公元赞之女	鲜卑宇文福	平北将军、平州刺史宇文混子	《宇文善墓志》	宇文善袭爵襄乐县开国男，光禄大夫。元赞为元德弟
元某	元悝子巎之孙	南阳韩华	北齐新宁王韩宝业女	《元参军妻韩华墓志》	据《北史》卷九二《恩幸传·齐诸宦者》，宝业为宦者，则韩华约为其养女。具体考证详见下文对韩氏与元氏婚姻之研究

417

续　表

姓　名	支　系	配偶	配偶所出	出　处	备　注
元弼	元晖子	陇西李氏	孝庄帝舅清渊县开国司徒公李延寔女	《北史》卷十五《魏宗室·常山王传》	
元逸	元晖子	顿丘李氏	文成李皇后弟嶷子武邑郡开国公李平女	《元悛墓志》	
元氏	元晖女	长乐冯邕		《冯邕妻元氏墓志》	冯邕为直阁将军、辅国将军，属于冯氏何支系未详
元氏	陪斤子昭（生）女	匈奴刘懿	赠肆州刺史刘乾子	《刘懿墓志》	刘懿亦为肆州刺史
元老德	拓跋陪斤子	契胡尔朱氏	杜斤真女	《拓跋济墓志》	
拓跋济	元老德子	真氏	恒州鹈武郡君	《拓跋济墓志》	
		王氏	灵州永丰郡君		
元智	拓跋忠曾孙	姬氏	祖魏东郡敬公亮，父周神水郡开国公肇	《元智妻姬氏墓志》	
元氏	元淑女	河内司马裔	司马金龙长子琅邪公司马延宗子	《魏彭城郡公主尼元（华光）之墓志》	元氏为元季海姊封彭城郡公主，司马裔早卒，后元氏为尼

续 表

姓 名	支 系	配偶	配偶所出	出 处	备 注
元季海	元淑子	陇西李稚华	司空陇西李冲女,孝庄帝从母	《北史》卷十五《常山王传》、《元季海妃李稚华墓志》	
元氏	元季海长女	鲜卑于寔	北周燕国公于谨子	《元季海女元媛柔墓志》	北周封于寔延寿郡公,元氏为元媛柔姊
元氏	元季海三女	陇西李穆	北周河西公李贤弟	《元季海妃李稚华墓志》	李穆北周封安武公
元世绪	元淑孙	陇西辛氏	彭城侯辛庆之女	《元世绪墓志》	元淑孙
元俭	元季海子	鲜卑金城枹罕念氏	父魏太师金城公贤	《元俭墓志》	元淑孙
		博陵崔氏	父周安国公宣猷		
元氏	元淑子荆州刺史元祐女	河南孟景邕	荆州刺史孟威子	《魏孟氏(景邑)命妇元夫人墓志》	《魏书》卷四四《孟威传》云:孟威,河南洛阳人,知孟威一支为河南孟氏
元幼娥	元淑孙女	京兆韦孝宽	尚书右丞韦旭	《韦孝宽墓志》《韦孝宽夫人元幼娥墓志》	
元璟	常山王遵之后	鲜卑慕容氏	父散骑常侍、岐州刺史	《元璟墓志》	

续 表

姓 名	支 系	配偶	配偶所出	出 处	备 注
元纶	常山王遵玄孙北周渔阳郡开国公元纲子	北齐皇族高氏	北齐上党王高宝严女	《元纶墓志》	
元君	昭成帝孙常山王遵之后西魏陈郡王元玄曾孙	隋公主杨氏		《大唐故邠州诸军事邠州刺史柳府君（敬则）墓志铭》	柳敬则妻元氏即隋驸马元君之女
拓跋虔	昭成帝子清河王纥根子	鲜卑慕容氏			元某为拓跋虔曾孙
拓跋崇	拓跋虔子	匈奴田氏		《定州刺史元某墓志》	元某为拓跋崇孙
拓跋眷（建）	拓跋崇子	鲜卑刘氏	雍州刺史刘归女		元某为拓跋眷子，刘氏封盛洛郡君
元弼	昭成帝子清河王纥根曾孙	张氏		《谘议参军元弼墓志》	
元氏	昭成帝子清河王纥根之后晋昌王元翌女	蠕蠕塔寒	蠕蠕主阿那瓌弟	《北史》卷九十八《蠕蠕传》	西魏文帝封元氏为化政公主
元氏	昭成帝子清河王纥根之后晋昌王元翌孙女	长乐冯恕	周临高县开国公第三子	《大唐故随开府仪同三司平寇县开国公冯君（恕）墓志》	

续 表

姓 名	支系	配偶	配偶所出	出 处	备 注
拓跋受洛	昭成帝孙辽西公意烈子	鲜卑穆氏	宜都王穆观女	《元睿墓志》	
元奴璝	受洛子	辽东李氏	常山太守李捶女		奴璝,《魏书》作叱奴。元睿为奴璝子
元睿	奴璝子	赵郡吕氏	恒农太守檀		
元君	昭成帝孙毗陵王顺之孙	南阳赵光（字容妃）	盛乐太守赵定女	《元某妻赵光墓志》	
拓跋寔	献明帝	匈奴贺氏	父野干，东部大人	《魏书》卷十三《皇后传》	
元寿	献明帝之后	宜君郡守杜府君		《杜府君妻元寿（摩耶）墓志》	魏献明帝云孙、广宗王之季女，字摩耶。未知杜府君为独孤浑氏改姓之杜氏还是京兆杜氏
拓跋珪	道武帝	鲜卑慕容氏	后燕惠愍帝慕容宝季女	《魏书》卷十三《皇后传》	
		匈奴刘氏	北部大人刘眷女		生明元帝
		匈奴贺氏		《魏书》卷十六《道武七王传》	生清河王绍
		乌桓王氏			生阳平王熙

续 表

姓 名	支 系	配 偶	配偶所出	出 处	备 注
拓跋珪	道武帝	乌桓王氏		《魏书》卷十六《道武七王传》	生河南王曜
		鲜卑段氏			生广平王连、京兆王黎
元氏	道武帝女华阴公主	鲜卑嵇拔	尚书令嵇根子	《北史》卷三十四《嵇根传》	
元氏	道武帝女华阳公主	蠕蠕闾大肥	闾大肥与弟大埿倍颐率宗族归北魏	《北史》卷二十《闾大肥传》	
元氏	道武帝女濩泽公主	蠕蠕闾大肥	闾大肥与弟大埿倍颐率宗族归北魏		华阳公主卒,闾大肥又尚濩泽公主
元和	道武帝玄孙	曹氏		《魏书》卷一六《道武七王传·河南王曜》	河南王曜曾孙、武昌王提孙
元氏	道武帝玄孙武昌王和妹	弘农杨舒	弘农简公杨懿子	《魏书》卷五十八《杨播传》	武昌王和
元氏	元鉴妹	常某	殿中将军常季贤兄	《魏书》卷九三《恩幸传》	元鉴为元和弟
拓跋浑	道武帝子阳平王熙子	羌人姚氏	万年县君南安姚伯次女	《元倪墓志》	元倪为拓跋浑孙,南安姚氏为羌人姚兴之后
拓跋氏	阳平王熙子淮安王他女	南阳韩延之		《魏书》卷三十八《韩延之传》	

续 表

姓 名	支 系	配偶	配偶所出	出 处	备 注
元霄	拓跋浑子	太原王氏		《元倪墓志》	元倪为霄子
元纂	元霄子	长乐冯氏	京兆武公长乐冯熙女	鲁才全《长乐冯氏与北魏宗室婚姻关系考》	
元晖	元纂弟倪之子袭爵南平王	长乐冯氏	京兆武公长乐冯熙长女	《冯季华墓志》	南平王而与冯熙女同辈者正是元晖
元继	元霄子江阳王	渤海南皮石婉	汝阳公石馥女	《元继墓志》	拓跋霄子
元阿妙	元继第三女	陇西李挺	李宝孙、尚书昭侯子	《李挺墓志》	
元均	拓跋浑兄他曾孙	京兆杜氏		《元均墓志》	
元乂	元继子	安定胡玄辉	相国胡国珍女	《元乂妃胡玄辉墓志》	胡太后妹冯翊郡君
元亮	元乂子	范阳卢氏	太尉司马范阳卢(元)聿女	《元乂墓志》	
元颖	元乂子	清河崔氏	尚书仆射清河崔休女	《元乂墓志》	
元爽	元乂弟	顿丘李氏	文成李皇后弟嶷子彭城文烈公顿丘李平女	《元爽墓志》	
元德隆	元爽子	兰陵萧氏	齐王萧宝夤女		

续　表

姓　名	支　系	配偶	配偶所出	出　处	备　注
元客女	元爽弟蛮女	河内温县司马季冲	北魏司徒公龙孙,青州刺史篡子	《元客女墓志》	
元氏	元蛮女	渤海高演	高欢第六子	《北史》卷十四《后妃传》	
拓跋嗣	明元帝	羌人姚氏	后秦姚兴女	《魏书》卷十三《皇后传》	
		鲜卑杜氏	阳平王超妹		生太武帝
		鲜卑慕容氏		《魏书》卷十七《明元六王传》	生乐平庚王丕
		鲜卑慕容氏			生乐安宣王范
		尹氏			生永昌庄王健
元氏	明元帝女武威公主	卢水胡河西王沮渠牧犍	沮渠蒙逊子	《魏书》卷九十九《沮渠蒙逊传》	太武帝妹
		中山李盖	南郡公	《魏书》卷八十三《外戚传》	武威公主后下嫁李盖
拓跋氏	明元帝女阳翟公主	羌人姚黄眉	姚兴子、明元帝姚皇后弟	《魏书》卷八十三《外戚传》	刘裕灭后秦,姚黄眉归北魏
拓跋氏	明元帝女陇西公主	羌人姚和都	父后秦武昭帝姚苌,兄后秦桓文帝姚兴	《宇文绍义(字忠之)妻姚洪姿墓志》	

424

续 表

姓 名	支 系	配偶	配偶所出	出 处	备 注
拓跋氏	明元帝女南安公主	鲜卑杜超	明元帝杜皇后兄	《魏书》卷八十三《外戚传》	南安公主为太武帝姊其女适卢统，统父太保鲁元
拓跋氏	明元帝女宜阳公主	鲜卑穆观	宜都公穆崇子	《魏书》卷二十七《穆崇传》	
拓跋氏	明元帝女始平公主	匈奴赫连昌	赫连勃勃子	《北史》卷九十三《赫连氏传》	
元氏	明元帝曾孙女	常季贤		《魏书》卷九三《恩幸传》	元氏为明元帝孙洛州刺史元拔女，常季贤为宣武帝时殿中将军
元某	明元帝玄孙、懿公某长子	鲜卑陆孟晖	东平王陆定国孙	《元君妻陆孟晖墓志》	
元腾	明元帝子乐安王范孙	广平程法珠		《元腾墓志》	
元悦	元腾从子	长乐信都冯季华	扶风武公熙第八女	《元悦妃冯季华墓志》	
		蠕蠕郁久闾氏	东海公女	《魏书》卷二十二《孝文五王传·汝南王悦》	东海公未详
元氏	明元帝子乐安王范玄孙女、北周东阳王元荣女	刘彦		《北史》卷六九《申徽传》	元荣为瓜州刺史，彦卒，瓜州首望表荣子康为刺史，刘彦杀元康而取其位

425

续　表

姓　名	支　系	配偶	配偶所出	出　处	备　注
元祎	元腾曾孙、周开府仪同三司元慎子	太原王氏	北周开府仪同三司、蒙都二州刺史王充女	《元祎墓志》	
拓跋焘	太武帝	匈奴赫连氏	赫连勃勃女	《魏书》卷十三《皇后传》	
		匈奴赫连氏	赫连后妹，封贵人		
		匈奴赫连氏	赫连后另一妹，封贵人		
		匈奴贺氏			生景穆帝
		长乐冯氏	北燕王冯弘（字文通）女		
		鲜卑越氏		《魏书》卷十八《太武五王传》	生晋王伏罗
		舒氏			生东平王翰
		匈奴弗氏			生临淮王谭
		鲜卑伏氏			生楚王建
		郁久闾氏			生南安王余
		匈奴沮渠氏	沮渠蒙逊女、沮渠牧犍妹	《魏书》卷九十九《沮渠蒙逊传》	

续表

姓　名	支系	配偶	配偶所出	出　处	备　注
拓跋氏	太武帝女西海公主	茹茹吴提	大檀子	《北史》卷九十八《蠕蠕传》	
拓跋氏	太武帝女上谷公主	鲜卑乙瓌	父匹派瓌归北魏	《魏书》卷四十四《乙瓌传》	
		朔方宿石	赫连昌侄孙	《魏书》卷三十《宿石传》	本姓赫连，乙瓌卒，后宿石尚上谷公主
拓跋氏	太武帝女长城公主	鲜卑穆真	宜都公穆观孙、零陵公穆遂留子	《魏书》卷二十七《穆崇传》	
拓跋氏	太武帝女乐陵公主	鲜卑穆寿	宜都公穆观子		
元嘉	太武帝子临淮王谭子	鲜卑穆氏	宜都王寿孙女，司空亮从妹	《元湛墓志》	元湛为元嘉孙
元渊	元嘉子	琅邪王氏	司空宣简公琅邪王肃女		元湛为元渊子
元湛	元渊子	琅邪王令媛	祖南齐司徒从事中郎琛，父魏孝献公翊		
元沙弥	元渊第三女	渤海高永乐	高欢从兄子	《高永乐墓志》、《高永乐妻元沙弥墓志》	

续 表

姓 名	支 系	配偶	配偶所出	出 处	备 注
拓跋虎	元嘉曾孙	鲜卑尉迟将男	仪同三司平凉公右伐女	《拓跋虎妻尉迟将男墓志》	
拓跋须摩	拓跋虎长女	高车越勤氏			
元子囧	临淮王谭子万年县男元孚子	河间邢援止	沧州刺史邢晏女	《邢晏墓志》	
拓跋晃	景穆帝	蠕蠕郁久闾氏	河东王郁久闾毗妹	《魏书》卷十三《皇后传》	
		袁氏（约为袁纥氏）		《魏书》卷一九《景穆十二王传》	生阳平幽王新成
		鲜卑尉氏		《魏书》卷一九《景穆十二王传》	生京兆康王子推、济阴王小新成
		鲜卑阳氏			生汝阴灵王天赐
		巨鹿孟氏			生任城康王云
		匈奴刘氏			生南安惠王桢、城阳康王长寿
		鲜卑慕容氏			生章武敬王太洛
		鲜卑尉氏			生乐陵康王胡儿

续 表

姓　名	支　系	配偶	配偶所出	出　处	备　注
拓跋晃	景穆帝	巨鹿孟氏			生安定靖王休
		长乐冯氏	冯弘（文通）女	《魏书》卷一三《皇后传》	冯朗妹、冯太后姑
		羯胡盖氏		《北史》一八《景穆十二王传·任城王云》	
拓跋新成	景穆帝子阳平王	顿丘李氏	晋南顿太守贤，父宋龙骧将军、哲县侯超	《拓跋新成妃李氏墓志》	
		雷氏		《北史》卷十七《景穆十二王上·阳平王传》	元颐、元衍生母
元飏	阳平王新成子	琅邪王氏		《元飏妻王夫人墓志》	
元氏	阳平王新成孙博陵王元畅之子元敏之女	天水赵贵	武川镇将赵仁子	《北史》卷十七《景穆十二王上·阳平王传》	赵贵为西魏八柱国之一，赐姓乙弗氏
元氏	元敏女	陈留蔡祐	平舒县伯蔡袭子	《周书》卷十六《赵贵传》《北史》卷十七《景穆十二王上·阳平王传》	蔡祐西魏时以骠骑大将军、开府仪同三司，赐姓大利稽，进爵怀宁郡公。大利稽又作大洛稽

· 429 ·

续表

姓　名	支系	配偶	配偶所出	出　处	备　注
元氏	阳平王新成曾孙女广乐公主	吐谷浑可汗夸吕		《魏书》卷一百一《吐谷浑传》	阳新王新成子济南王匡孙女
元买得	阳平王新成五世孙女	鲜卑那卢氏		《元买得墓志》	那卢（娄）氏为莫那娄氏之省称
元膺	阳平王新成曾孙北周安喜公元谅子	徐氏	徐令王女	《大唐故随益州城都广汉二县令安喜县开国公元君（膺）墓志》	
拓跋子推	景穆帝子京兆王	渤海吴氏	父南宫子	《元液墓志》	
元遥	京兆王子推子	安定梁氏		《元遥妻梁氏墓志》	
元坦	京兆王子推子	渤海吴氏	父昌平太守丑	《元液墓志》	元液为元坦子
元灵曜	京兆王子推孙	鲜卑尉氏	祖司徒淮阳景桓王元，父侍中、尚书、博陵顺公诩	《元灵曜墓志》	
		上谷张氏	祖殿中尚书、广平简公白泽，父前将军、司农卿伦		

第三章 元氏家族婚姻研究

续 表

姓 名	支 系	配 偶	配偶所出	出 处	备 注
元液	京兆王子推孙	长乐冯氏	太师冯熙孙、给事中冯次兴女	《元液墓志》	
元昂	京兆王子推孙	鲜卑穆氏		《元纯陁墓志》《元惊墓志》	景穆帝子任城王云第五女元纯陁适穆君,生女穆氏,穆氏适景穆帝子京兆王子推孙元昂(元纯陁从侄),生元惊(字魏庆),元惊为元纯陁从侄孙,亦为其外孙
元新成	景穆帝子济阴王小新成	氐人苻氏	约为前秦苻坚弟河南公苻双之后	《元郁墓志》	从王连龙说
元郁	小新成子	鲜卑慕容氏	后燕惠愍帝慕容宝兄弟赵王驎曾孙女		
元丽	小新成子	崔氏		《魏书》卷十九《景穆十二王传·阳平王新成》	
元阿耶	小新成曾孙女	范阳祖子硕		《祖子硕妻元阿耶墓志》	小新成曾孙女

· 431 ·

续　表

姓　名	支　系	配偶	配偶所出	出　处	备　注
元氏	小新成曾孙女	天水赵季弼	父岐州刺史、寻阳伯天水赵超宗	《赵超宗妻王氏墓志》	元显和女
元固	景穆帝子汝阴王天赐子	鲜卑陆氏	祖太保、建安王拔，太常卿、建安公琇	《元固墓志》	
元氏	汝阴王天赐女东阳公主	鲜卑于烈	尚书令于洛拔子	《于景墓志》	于景为于烈子
元世彦	汝阴王天赐孙	鲜卑兰将	寿阳简公孙，赵平太守第二女	《元世彦妻兰将墓志》	
元范	天赐孙	荥阳郑令妃	齐州使君郑宝女	《元范妻郑令妃墓志》	
元君	天赐孙	弘农杨氏	司空杨津姊（妹）	《元馗墓志》	元馗为汝阴王天赐曾孙、杨津外甥
元叡	天赐曾孙	南阳张摩子	扶风王、东阁祭酒、司徒府主簿张威女	《元叡妻张摩子墓志》	元叡祖兴，宗正卿、侍中、开府仪同三司、安定二州刺史；父仲，使持节、骠骑将军、侍中、冀州刺史、新平懿王。元叡为费县令

第三章 元氏家族婚姻研究

续 表

姓 名	支 系	配偶	配偶所出	出 处	备 注
元氏	天赐曾孙女	鲜卑宇文护	西魏宇文颢子，北周晋公	《北史》卷十七《汝阴王传》	天赐曾孙元矩妹
元氏	天赐玄孙女	隋房陵王杨勇	隋文帝杨坚子	《隋书》卷五十《元孝矩传》	天赐曾孙元矩女
元咳女	天赐曾孙隋集泌二州刺史、顺阳郡公雅（孝方）女	京兆韦津	北周大司空、郧国公韦孝宽子	《隋韦津妻元咳女墓志》	
元云	景穆帝子任城王	巨鹿孟氏		《魏书》卷十九《任城王云传》	元澄母
元澄	任城王云子	李氏		《元澄妃李氏墓志》	约为陇西李氏
		长乐信都冯令华	祖太宰燕宣王朗，父昌黎武王熙	《元澄妃冯令华墓志》	冯令华为冯诞妹
元嵩	元澄弟	穆氏		《魏书》卷十九《任城王云传》	
元彝	元澄	长乐冯氏		《元彝墓志》	元彝为冯令华所出，元彝妻当与冯诞子冯颢等同辈，为冯令华侄女

433

续 表

姓 名	支 系	配偶	配偶所出	出 处	备 注
元纯陁	元云第五女	河间邢峦	父州主簿，车骑将军、平舒文定公河间邢峦	《邢峦墓志》《邢峦妻元纯陁墓志》	邢峦初娶博陵崔辩女，元氏为邢峦继夫人，峦卒后纯陁入洛阳大觉寺为尼
元氏	元澄女	侍中、司空、孝献公琅邪王翊	南齐司徒从事中郎王琛	《王令媛墓志》	元湛妻王令媛母
元迪	元澄孙	河间（章武）周宣华	魏司空文安匡穆公惠达长女	《元迪妻周（宇文）华墓志》	元迪为东阿公元顺子北周济北郡开国公，北周时复姓拓跋，周宣华被赐姓宇文
元法力	元澄曾孙、元迪子	鲜卑宇文氏	北周晋国公宇文护女		
元氏	元澄赠孙女、元迪女	隋邺县公博陵崔弘度	祖楷，魏司空。父说，周敷州刺史	《邺县公夫人元氏墓志》	
元英	任城王元澄之后隋内史令、博平侯元寿女	京兆王桃（字文楷）	隋上柱国、信州总管、龙门公京兆王述子	《唐故寿州刺史王使君（文楷）夫人元氏（英）墓志铭》《唐故寿州刺史王府君（文楷）墓志铭》	元英开皇十四年（594）年十七适王文楷，是时王文楷约为雍州牧功曹从事

续表

姓　名	支　系	配偶	配偶所出	出　处	备　注
元桢	景穆帝子南安王	冯翊仇氏	祖广、父州别驾牛	《元举墓志》、《魏书》卷九十《阉官传·仇洛齐》	元举为元桢曾孙。仇是为章武王彬母
元彬	元桢子	范阳张氏	父中山功曹张小种	《元举墓志》	
元熙	元彬侄	鲜卑于氏		《魏书》卷十九下《景穆十二王·南安王桢》	南安王子英封中山王，元熙袭爵中山王
元氏	元尼须女	鲜卑于忠	于烈子、宣武帝于后从兄	《魏书》卷三十一《于栗䃅传》	元尼须为中山王，元熙子叔仁袭爵中山王，叔仁为其字，大约本名尼须。胡太后赐元氏范阳郡君
元氏	南安王桢女	契胡尔朱荣		《魏书》卷十九下《景穆十二王·南安王桢》	元氏为南安王桢女，元氏为北乡郡长公主
元氏	南安王桢孙女饶安公主	渤海刁宣	洛州刺史杜遵子	《魏书》卷三十八《刁雍传》	南安王桢孙元略姊
元诱	南安王桢孙	长乐信都冯氏	燕宣王朗孙，冯太后兄武懿公熙女	《元诱妻冯氏墓志》	
		河东薛伯徽	河东府君初古拔孙，尚书三公郎中长女	《元诱妻薛伯徽墓志》	

续表

姓　名	支　系	配偶	配偶所出	出　处	备　注
元氏	元诱女	荥阳郑僧覆	太尉祭酒赠豫州刺史郑育子	《韦孝宽妻安乐郡君郑毗罗墓志》《魏书》卷五十六《郑羲传》	郑育为孝文帝时秘书监郑羲从父兄德玄孙
元略	南安王桢孙	范阳卢真心	光禄大夫尚之女	《元略墓志》	
元廞	元略弟	赵郡李氏		《魏书》卷十九下《南安王桢》	
元融	南安王桢孙	鲜卑穆氏		《元融妻穆氏墓志》	
元融	南安王桢孙	范阳卢贵兰	祖魏建威将军、良乡子巚，父幽州主簿延集	《元融妻卢贵兰墓志》	元融继妻
元融	南安王桢孙	程氏		《魏书》卷十一《后废帝纪》	程氏为后废帝元朗母
元凝	元融弟	鲜卑陆顺华	祖建安贞王受洛跋（馺），父仪同三司建安王琇	《元凝妻陆顺华墓志》	
元湛	元融弟	河东薛慧命	祖河东康公初古拔，父河东敬公胤	《元湛妻薛慧命墓志》	
元爭	元融子	长乐冯氏	昌黎王熙女、南平王诞妹	《元举墓志》	

续 表

姓 名	支 系	配偶	配偶所出	出 处	备 注
元氏	元桢曾孙女	鲜卑陆希质	陆俟曾孙	《魏书》卷四十《陆俟传》	元氏为尔朱荣妻兄之孙女
元氏	元彬女	渤海高聿	金紫光禄大夫	《元举墓志》	
元举	元㣛子	渤海高氏	高聿女		元举与高氏为表兄妹
元嬷耶	元融孙女	处士马公瑾		《元嬷耶墓志》	元嬷耶为元融长子景哲女
拓跋长寿	景穆帝子城阳王	匈奴曲氏（即沮渠氏）	沮渠时扬烈将军、浇河太守曲宁孙之长女	《拓跋长寿妃曲氏墓志》	
元鸾	长寿子	鲜卑乙弗氏	东宫中庶子乙（弗）延女	《元显魏墓志》、《元徽墓志》	元徽、元显魏皆乙弗氏所出
		范阳卢氏		《元显恭墓志》	元显恭为卢氏子
元显魏	长寿孙	长乐信都冯氏	京兆武公长乐冯熙女	《元显魏墓志》	
元崇智	元显魏子	河东薛氏	南青州刺史河东薛和女		
元孟容	元显魏长女	长乐冯孝纂	父冯诞弟聿		
元仲容	元显魏次女	南阳员彦	父新安子南阳员榭		

续　表

姓　名	支　系	配偶	配偶所出	出　处	备　注
元显恭	元显魏弟	蠕蠕郁久闾氏	茹茹主曾孙、景穆帝乐平长公主孙、安固伯（郁久）闾世颖女	《元显恭墓志》	
元徽	长寿子	鲜卑于氏		《魏书》卷一八《太武五王传》	
		陇西李氏	司空文穆公李冲孙女、李延寔女	《元徽墓志》	李氏为孝庄帝舅女
元氏	元鸾长女	鲜卑房纂	父青朔二州刺史房菩萨，母景穆帝女章武长公主	《房纂妻元氏墓志》	辈分上房纂为元氏表叔
元氏	元显恭女	鲜卑刘元孙	刘懿子	《刘懿墓志》	刘元孙早卒赠肆州刺史
元氏	元徽妹	荥阳郑氏		《元徽墓志》	
元燮	景穆帝子安定王休次子	高丽高氏	高肇从姊（妹）	《魏书》卷二一《献文六王》《魏书》卷九三《恩幸传·茹皓》	
元愿平	安定王休子	乐浪王氏	魏幽营二州刺史、广阳靖侯道岷第三女	《元愿平墓志》	高丽人

续 表

姓 名	支 系	配偶	配偶所出	出 处	备 注
元斑	安定王休子	鲜卑穆玉容	祖昌国子袁，父昌国子如意	《元斑妻穆玉容墓志》	
元虔盖	安定王休玄孙	京兆韦氏	逍遥公夐孙，太子洗马(世)约第三女	《元虔盖墓志》	
元氏	安定王休孙元超女	河东裴子通	魏汾州刺史裴良子	《齐骠骑大将军、太中大夫裴君(子通)墓志铭》	
元氏	景穆帝长女章武公主	鲜卑穆泰	穆泰为南部尚书穆真子	《魏书》卷二十七《穆崇传》	
		鲜卑房菩萨	房菩萨为襄阳公房吐万子	《房纂及妻元氏墓志铭》	穆泰谋反被杀，章武公主改嫁房菩萨
元氏	景穆帝女高阳长公主	鲜卑万振	敦煌公万真子	《魏书》卷三十四《万安国传》	
元氏	景穆帝女博陵长公主	长乐信都冯熙	父西城郡公冯朗	《魏书》卷八十三《外戚传》	
元氏	景穆帝女安乐长公主	鲜卑乙乾归	乙瑗子	《魏书》卷四十四《乙瑗传》	
拓跋氏	景穆帝女乐平长公主	蠕蠕郁久闾氏	蠕蠕主孙、景穆帝郁久闾后侄	《元显恭墓志》	

续 表

姓　名	支　系	配偶	配偶所出	出　处	备　注
拓跋氏	景穆帝女城阳长公主	穆平国	宜都王穆寿子	《魏书》卷二十七《穆崇传》	
元氏	景穆帝之后太常卿元斌女	陇西辛谦	北周绥化县开国侯辛弁子	《隋高密郡太守始新县开国子辛府君（谦）墓志铭》	
拓跋濬	文成帝	长乐信都冯氏	西城郡公冯朗女	《魏书》卷十三《皇后传》	太武帝冯昭仪侄女，冯弘（文通）孙女
		顿丘李氏	顿丘王李峻妹		
		李氏		《魏书》卷二十《文成五王传》	生安乐厉王长乐
		匈奴曹氏			生广川庄王略
		鲜卑乙弗氏			生河间孝王若
		鲜卑悦氏			生安丰匡王猛
		鲜卑玄氏			生韩哀王安平，安平早卒
		匈奴沮渠氏	沮渠牧犍女	《魏书》卷二十《文成五王·齐郡王简》《元简墓志》	生齐郡顺王简
		巨鹿耿氏	博陵太守乐子	《文成帝嫔耿氏墓志》	

第三章 元氏家族婚姻研究

续 表

姓 名	支 系	配偶	配偶所出	出 处	备 注
拓跋濬	文成帝	巨鹿耿氏	魏郡太守耿绍女	《文成帝嫔寿姬墓志铭》	
		西域于氏	西域于阗国主女	《文成帝于夫人墓志》	
拓跋氏	文成帝女西河长公主	河东薛初古拔	汾阴侯谨子	《北史》卷三十八《薛辩传》	
拓跋氏	文成帝女河南公主	鲜卑万安国	冯翊公万振子	《魏书》卷三十四《万安国传》	
拓跋氏	文成帝女武邑公主	彭城刘昶	刘宋文帝子	《魏书》卷五十九《刘昶传》	刘昶惧刘宋前废帝迫害而投北魏封丹阳王,三公主先后下嫁刘昶
拓跋氏	文成帝女建兴公主				
拓跋氏	文成帝女平阳公主				
拓跋氏	文成帝女长乐公主	鲜卑穆正国	中书监穆平国弟	《魏书》卷二十七《穆崇传》	
拓跋氏	文成帝女济北公主	鲜卑穆伏干	中书监穆平国子		
拓跋氏	文成帝女新平长公主	鲜卑穆罴	驸马都尉穆伏干弟		
拓跋氏	文成帝女中山长公主	鲜卑穆亮	魏郡开国公穆罴弟		
拓跋氏	阳平长公主	鲜卑乙弗贰虎	乙弗乾归子	《乙弗贰虎妻阳平公主铭记砖》	阳平长公主约为文成帝女

· 441 ·

续 表

姓　名	支系	配偶	配偶所出	出　处	备　注
拓跋氏	赵郡公主	河内司马跃	朔州刺史司马楚之子、司马金龙弟	《北史》卷二十九《司马楚之传》	司马金龙孙尚宣武帝妹，则其弟司马跃所尚赵郡公主约为文成帝女、献文帝姊妹
元略	文成帝子广川王	上谷侯氏	洛州刺史侯石拔女	《元焕墓志》	
元谐	广川王略子	太原王氏	中山文宣王叡女	《元焕墓志》	元焕为元谐继孙
元灵遵	元谐子	鲜卑宇文氏	悬氏侯伯昇女		元焕为元灵遵继子
元简	文成帝子齐郡王简	辽西常氏	燕郡公常喜女	《元简墓志》	常太后侄女
元祐	元简子	辽西常季繁	辽西献王澄曾孙，辽西公囧之季女	《元祐墓志》	常太后侄孙女
元琛	元简子	高丽高氏	宣武帝高皇后妹	《魏书》卷二十《文成五王传河间王若》	
元礼之	元简孙	鲁国唐氏		《元礼之墓志》	
元延明	文成帝子安丰王猛子	长乐信都冯氏	昌黎王熙女	《元延明妻冯氏墓志》	
元贵妃	元延明妹	琅邪王诵	司空宣简公琅邪王肃从子	《元贵妃墓志》	王诵原配彭城王勰女宁陵公主卒，继娶元贵妃

第三章 元氏家族婚姻研究

续 表

姓 名	支 系	配偶	配偶所出	出 处	备 注
元子遒	元延明子	陇西李艳华	父济广二州刺史该	《元子遒妻李艳华墓志》	
元智光	元延明女	长乐信都冯昕	昌黎王熙孙,相州刺史兴子	《冯昕暨妻元智光墓志》	
元氏	元延明女	博陵崔孝芬	光州刺史崔挺子	《北齐书》卷十八《孙腾传》	
		荥阳郑伯猷	郑羲从孙、太尉咨议平城子	《魏书》卷五十六《郑羲传》	
元氏	元延明女	吴兴茹氏	茹皓弟	《魏书》卷九十三《恩幸传·茹皓》	茹皓自言其本出雁门,则茹皓先为蠕蠕人
元孟瑜	元延明子元子玄女	荥阳郑践	南青州刺史郑伯猷子		元子玄为郑伯猷妻兄,郑践与元孟瑜为表兄妹
元鉴	文成帝子安乐王长乐之孙	赵郡李季嫔	光禄大夫李宪女	《李宪墓志》、《安乐王妃李季嫔墓志》	
元昂	元鉴子	赵郡李祖猗	李宪子李希宗之长女	《李宪墓志》、《北史》卷七《齐文宣帝纪》	
拓跋弘	献文帝	中山李氏	南郡公李盖孙南郡王李惠女	《魏书》卷十三《皇后传》	

443

续 表

姓 名	支 系	配偶	配偶所出	出 处	备 注
拓跋弘	献文帝	鲜卑封氏		《魏书》卷二一《献文六王传》	生咸阳王禧
		匈奴韩氏			生赵郡灵王幹、高阳文穆王雍
		巨鹿孟氏			生广陵惠王羽
		长乐潘氏	祖青州治中、东来广川二郡太守猛，父平原乐安二郡太守弥	《魏书》卷二十一下《献文六王·彭城王》《元飙墓志》	潘氏为彭城王勰母
		高氏		《魏书》卷二十一下《献文六王·北海王》	高氏为北海王详母，有可能是渤海高氏
		鲜卑侯氏	祖俟万斤，第一品大酋长。父日南郡公伊莫汗	《献文帝嫔侯夫人墓志》	
		上谷张氏	祖临渭侯、中都大官张度孙女	《魏书》卷二一《张衮传》	曾祖临渭侯张衮，父殿中曹给事中张白泽
		匈奴成氏		《献文帝嫔成夫人墓志》	
元氏	献文帝女乐浪公主	范阳卢道裕	固安伯卢渊子	《魏书》卷四十七《卢玄传》	

续 表

姓 名	支 系	配偶	配偶所出	出 处	备 注
元氏	献文帝女彭城公主	彭城刘承绪	刘昶子	《魏书》卷五十九《刘昶传》	
		琅邪王肃	父南齐尚书左仆射奂	《魏书》卷六十三《王肃传》	刘承绪早卒，公主后嫁王肃
元氏	献文帝女琅邪长公主	鲜卑穆绍	尚书令穆亮子	《魏书》卷二十七《穆崇传》	
元氏	献文帝女乐安长公主	长乐冯诞	冯熙子	《魏书》卷八十三《外戚传》	
元氏	献文帝女平阳公主	高丽高肇	渤海公高飏女、孝文帝高皇后兄	《魏书》卷八十二《常景传》	
元氏	献文帝女高平公主		渤海公高飏女、孝文帝高皇后兄	《魏书》卷八十三《外戚传》	
元氏	献文帝女常山公主	鲜卑陆昕之	东郡王陆定国子	《魏书》卷二十八《陆俟传》	
元氏	献文帝女始平公主	鲜卑穆平城	驸马都尉穆正国子	《魏书》卷二十七《穆崇传》	平城早卒，与始平公主冥婚合葬
元禧	献文帝子咸阳王	陇西李氏	敦煌宣公李宝孙女、颍川太守李辅女	《北史》卷一百《凉武昭王传》	

续表

姓　名	支系	配偶	配偶所出	出　处	备　注
元禧	献文帝子咸阳王	申屠氏		《魏书》卷二一《献文六王传·咸阳王禧》	申屠氏出自梁国，元禧所娶约即梁国申屠氏，生元翼、元昌
元氏	献文帝子咸阳王禧女上庸公主	鲜卑陆子彰	东郡公陆昕之无子，以从弟希道第四子子彰为后	《北史》卷二十八《陆俟传》	初封蓝田公主
元仲英	咸阳王禧女乐安郡公主	茹茹郁久闾伯昇	仪同郁久闾君子	《闾伯昇墓志》《闾伯昇妻元仲英墓志》	
元宝	咸阳王禧孙、荆湘二州刺史元昌女	鲜卑尉某		《齐尉氏故元夫人（宝）墓铭》	
元幹	献文帝子赵郡王	鲜卑穆氏	穆明乐女	《魏书》卷二十一《献文六王传》	
		匈奴赵氏			元谧母
		南安谯氏	父济南太守、南安谯厘头		
元谧	元幹子	高丽高氏	惠公高信女	《元焕墓志》	
元焕	元谧子	鲜卑穆氏	荆州长史河南穆蓦女		

续 表

姓 名	支 系	配偶	配偶所出	出 处	备 注
元谧	元幹世子	长乐信都冯会	扶风公熙孙，东平公修女	《元谧妻冯会墓志》	
		安定胡氏	灵太后从女	《魏书》卷二十一《献文六王传·赵郡王幹》	
元谭	元谧弟	河内温县司马氏	琅邪康王金龙孙，南青州刺史纂长女	《元谭妻司马氏墓志》	
元谳	元谭弟	鲜卑于氏	父恒州刺史略	《元谳墓志》	于氏为宣武帝于皇后侄女
元羽	献文帝子广陵王	荥阳郑始容	父南青州刺史平城	《元羽妻郑始容墓志》	
		王氏		《北史》卷五《魏本纪·节闵帝》	节闵帝元恭母
元氏	龙涸县公元岩女	隋华阳王杨楷	隋文帝孙	《隋书》卷八十《列女传》	元岩为献文帝子广陵王羽子欣之孙
元雍	献文帝子高阳王	范阳卢神宝女	范阳子卢度世从祖弟	《北史》卷三十《卢玄传》	
		博陵崔氏	博陵崔显妹	《魏书》卷二一《献文六王传·高阳王雍》、《元泰墓志》	卢妃卒，元雍纳博陵崔氏，生嫡子元泰

续　表

姓　名	支　系	配偶	配偶所出	出　处	备　注
元端	元雍子	长乐信都冯氏	燕王朗孙，燕州使君第二女	《元端墓志》	
		博陵崔氏	博陵崔显女	《魏书》卷二一《献文六王传·高阳王雍》	为东崔
元氏	高阳王雍女	荥阳郑幼儒	郑胤伯子	《魏书》卷五十六《郑羲传》	
元氏	高阳王雍女	清河崔仲文	魏七兵尚书崔休子	《齐王基妻崔曜华墓志》	崔曜华为仲文与元氏女。崔仲文北齐时拜散骑常侍，为侍中崔㥄弟
元诞	元端弟	荥阳郑氏	豫州刺史郑敬祖女	《元诞墓志》	
元世铎	高阳王雍曾孙	赵郡李氏	光禄大夫李宪孙李祖牧之长女	《李祖牧墓志》	颍川王元鉴子
元详	献文帝子北海王	荥阳郑氏	郑羲孙，吏部郎中荥阳郑懿女	《魏书》卷二十一《献文六王传》	
		彭城刘氏	丹阳王刘昶女	《魏书》卷二一《献文六王传·北海王详》	
		范氏			

第三章　元氏家族婚姻研究

续　表

姓　名	支　系	配偶	配偶所出	出　处	备　注
元颢	元详子	梁国（顿丘）李元姜	顿丘公李奇女	《元颢妻李元姜墓志》	文成帝李后兄太宰宣王顿丘李峻孙
元项	元颢弟	胡氏		《元项墓志》	胡氏大约为胡太后家族女
元勰	献文帝子彭城王勰	陇西李媛华	敦煌公李宝孙女、司空李冲女司空清渊公李冲女		
元子讷	彭城王勰子	陇西李氏	彭城王勰妃李媛华弟休纂女	《元勰妻李媛华墓志》	
元楚华	彭城王勰女光城县主	长乐冯颢	长乐郡公冯诞子		
元季瑶	彭城王勰女安阳乡主	陇西李彧	彭城王勰妃李媛华兄延寔子		
元氏	彭城王勰女、孝庄帝姊寿阳公主	兰陵萧赞	萧宝夤兄宝卷子	《魏书》卷五十九《萧宝夤传》	
元氏	彭城王勰、孝庄帝姊女宁陵公主	琅邪王诵	王肃兄王融之子	《王诵妻宁陵公主墓志》	
元氏	彭城王勰女、孝庄帝妹襄城公主	清河崔瓒	瀛州刺史崔逞子	《魏书》卷八九《酷吏传·崔逞》	崔瓒为尚书左丞

· 449 ·

续 表

姓 名	支 系	配偶	配偶所出	出 处	备 注
元韶	彭城王勰子子讷之子	鲜卑化高氏	高欢长女	《北史》卷十三《后妃传》	高氏本为孝武帝元修后，元修入关，高氏改适彭城王韶
元氏	彭城王元韶长女	弘农杨君		《隋温州刺史杨使君夫人元氏墓志》	杨君、元氏合葬于华阴东原，此为弘农杨氏族葬地，知杨君为弘农杨氏
元瑛	元勰玄孙	匈奴费氏		《元瑛墓志》	
元宏	孝文帝	鲜卑林氏	平凉太守胜女	《魏书》卷十三《皇后传》	生废太子恂
		长乐信都冯氏	太师冯熙女		
		长乐信都冯氏	太师冯熙女		
		高丽高照容	司徒高肇妹	《孝文帝贵人高照容墓志》、《北史》卷十三《后妃传》	约为高丽人，生宣武帝、广平文穆王怀、长乐公主瑛
		袁氏（约袁纥氏）		《魏书》卷二十二《孝文五王传》	生京兆王愉
		鲜卑罗氏			生清河文献王怿、汝南文宣王悦
		荥阳郑氏	秘书监郑羲女	《魏书》卷五十六《郑羲传》	
		荥阳郑氏	东徐州刺史郑胤伯女		郑羲侄孙女
		清河崔氏	崔休妹	《魏书》卷六十九《崔休传》	孝文帝嫔

450

续　表

姓　名	支　系	配偶	配偶所出	出　处	备　注
元宏	孝文帝	博陵崔氏	崔挺女	《魏书》卷五七《崔挺传》	
		范阳卢氏	卢渊弟议郎卢敏女	《魏书》卷四七《卢玄传》	
		太原王氏	王慧龙子王琼长女	《魏书》卷三八《王慧龙传》	
		京兆韦氏	南颍州刺史韦崇女	《魏书》卷四五《韦阆传》	
		南阳赵氏		《孝文帝赵充华墓志》	生义阳公主
元氏	孝文帝女长乐公主	鲜卑穆正国	宜都王穆寿子、中书监穆平国弟	《魏书》卷二十七《穆崇传》	高皇后所出
元氏	孝文帝女淮阳公主	鲜卑乙瑗	乙瑗曾孙	《魏书》卷四十四《乙瑗传》	
元氏	孝文帝女华阳公主	司马朏	朔州刺史司马金龙孙	《魏书》卷三十七《司马楚之传》	
元氏	孝文帝女济南长公主	范阳卢道虔	中书侍郎卢道裕弟	《魏书》卷四七《卢玄传》	
元氏	孝文帝女义阳长公主	范阳卢元聿	父太常卿昶	《北史》卷三十《卢玄传》	

· 451 ·

续 表

姓 名	支 系	配偶	配偶所出	出 处	备 注
元氏	孝文帝女南阳公主	兰陵萧宝夤	南齐明帝子,俱为萧衍所害而投北魏,封梁郡开国公	《魏书》卷五十九《孝宝夤传》	
元氏	孝文帝女兰陵公主、宣武帝第二姊	彭城刘辉	驸马都尉刘承绪次子	《魏书》卷五十九《刘昶传》	
元氏	孝文帝女沧水公主	赵郡李安世	中书侍郎李祥子	《魏书》卷五十三《李孝伯传》	
元瑛	孝文帝女长乐长公主	高丽高猛	高肇兄勃海郡公琨子	《高猛妻元瑛墓志》	高猛为渤海郡开国公
元恂	孝文帝废太子	彭城刘氏	刘芳族子长文女	《魏书》卷五十五《刘芳传》	
		荥阳郑氏	吏部郎中荥阳郑懿女	《魏书》卷二十二《孝文五王传》	
元愉	孝文帝子京兆王	鲜卑于氏	宣武帝于皇后妹		
		弘农杨奥妃	兰陵太守次德女	《元宝月墓志》、《元愉妻杨奥妃墓志》	杨奥妃生元宝月、元宝炬、元明月等
元宝月	元愉子	兰陵萧氏	南齐高皇帝萧道成太子詹事、平乐侯萧子贤女	《元宝月墓志》	

续表

姓　名	支　系	配偶	配偶所出	出　处	备　注
元明月	元愉女	兰陵萧君	南齐高皇帝萧道成曾孙、临川王萧映孙、平乐侯萧子贤子	《元愉夫人杨奥妃墓志》	
元宝炬	元愉子	鲜卑乙弗氏	西兖州刺史乙弗瑗女	《北史》卷十三《后妃传》	西魏文帝
		蠕蠕郁久闾氏	蠕蠕主阿那瓌长女		
		河南席晖华	秦州刺史席器女	《魏文帝嫔席晖华墓志》	
元钦	元宝炬子	鲜卑宇文氏	宇文泰女	《北史》卷十三《后妃传》	西魏废帝
元氏	元宝炬女安乐公主	高丽乐浪王勰	宇文泰表兄弟王劢子	《北史》卷六十一《王盟传》	
元氏	元宝炬第三女	鲜卑于仪	北周太傅于谨子	《于仪及妻广宁公祖墓志》	
元氏	元宝炬女	陇西辛威	西魏赠大将军陇西辛生子	《魏文帝嫔席晖华墓志》	元氏为元宝炬与席晖华所生之长女，辛威进爵枹罕郡公
元胡摩	元宝炬第五女	鲜卑宇文觉	宇文泰子	《北史》卷十四《后妃传》《魏文帝嫔席晖华墓志》	元胡摩为元宝炬与席晖华所生第二女

续 表

姓 名	支 系	配偶	配偶所出	出 处	备 注
元氏	元宝炬女	辽东李衍	北周太傅李弼子	《魏文帝嫔席晖华墓志》	元氏为元宝炬与席晖华所生第三女,李衍封真乡郡公
拓跋廓	元钦弟	鲜卑若干氏	长乐正公若干惠女		西魏恭帝
元怿	孝文帝子清河王	鲜卑罗氏	济衮二州刺史盖女	《元宝建墓志》	
		南阳张氏	阳邑、中都二县令道始	《元妃墓志》	生元妃
元氏	元怿女长安县公主	安定胡祥	胡国珍子封平凉郡公	《魏书》卷八三《外戚传·胡国珍》、《元妃墓志》	清河王怿女长安县公主,适胡国珍子平凉郡公祥,元氏字孟蕤
元亶	元怿子	安定胡氏	临泾孝穆公宁女	《元宝建墓志》	胡宁为胡国珍兄真之子
元妃	元亶弟	安定胡氏	濮阳县开国公僧洸女	《元妃墓志》	僧洸为胡国珍兄真之子,初国珍无子,养以为子
元仲蒨	元妃妹	河内司马氏			字仲蒨
元季苊(聪)	元妃妹	范阳卢氏			字季苊
		陇西李挺	敦煌公李宝孙、尚书昭侯子	《李挺墓志》、《李挺妻元季聪墓志》	李挺先娶江阳王继第三女阿妙,阿妙卒更娶清河王怿第三女季聪,大约季聪夫卢某卒,季聪更嫁李挺

续　表

姓　名	支　系	配偶	配偶所出	出　处	备　注
元宝建	元亶子	清河崔氏	徐州刺史㥄女	《元宝建墓志》	
元善见	元亶世子	鲜卑化高氏	高欢第二女	《魏书》卷十三《皇后传》	东魏孝静帝
		吐谷浑	吐谷浑可汗夸吕从妹	《魏书》卷一百一《吐谷浑传》	吐谷浑本为鲜卑慕容庶兄
		赵郡李氏	李宪族兄弟李叔让女	《北史》卷十四《后妃传下》、《新唐书·宰相世系表》	
元氏	元宝建姊	颍川崔祖昂			河南长公主
元氏	元宝建妹	渤海高澄	渤海王高欢子	《元宝建墓志》	冯翊长公主，北魏孝武帝元修女、东魏孝静帝元善见姊
元怀	孝文帝子广平王	李氏		《北史》卷五《魏孝武帝纪》	
		荥阳郑大车	郑道昭孙、郑严祖女	《北史》卷十四《后妃传》、卷三十五《郑羲传》	郑氏初为广平王怀妃，后为高欢妃
元修	元怀子	渤海高氏	高欢长女	《北史》卷十三《后妃传上》	元修即孝武帝

续 表

姓 名	支 系	配偶	配偶所出	出 处	备 注
元氏	元怀女	鲜卑宇文泰	宇文肱子	《北史》卷十四《后妃传下》	生北周孝闵帝宇文觉
元氏	平阳公主	荥阳郑文宽		《北史》卷三十五《郑羲传》	宇文泰妻妹
元季艳	华阳公主	渤海高琛	高欢弟	《高树生墓志》、贺铸《题华阳公主碑》	孝武帝元修妹
元氏	广平王元怀女、孝武帝妹新丰公主	鲜卑乙虬	西平王乙瓌子	《京兆杜子达妻乙休墓志》	乙休为乙虬与新丰公主之女
		京兆杜瓒		《周书》卷三十九《杜杲传》	
元恪	宣武帝	鲜卑于氏	太尉于烈弟劲女	《魏书》卷十三《皇后传》	
		高丽高氏	孝文帝文昭高后弟偃女		
		安定临泾胡氏	司徒胡国珍女		生孝明帝
		长乐潘氏		《元翙墓志》	生彭城王翙
		琅邪王普贤	昌国宣简公肃女	《宣武帝贵华夫人王普贤墓志》	
		河南温县司马显姿	琅邪康王金龙孙，烈公楚之第三女	《宣武帝第一贵嫔司马显姿墓志》	

续 表

姓 名	支 系	配偶	配偶所出	出 处	备 注
元恪	宣武帝	赵郡李氏	固安侯、赵郡李静孙，殿中将军、领斋师主马左右续宝女	《宣武帝嫔李氏墓志》	
		顿丘李氏	御史中尉李彪女	《魏书》卷六十二《李彪传》	始为婕妤，宣武帝崩，出为尼
		青州清河崔氏	太常卿崔亮女	《魏书》卷六六《崔亮传》	
元诩	孝明帝	安定临泾胡氏	宣武帝胡后从兄冀州刺史胡盛女	《魏书》卷十三《皇后传》	宣武帝子
		琅邪王氏	王肃之子王绍之女	《魏书》卷六三《王肃传》	
		尔朱氏	尔朱荣女	《北史》卷四八《尔朱荣传》	
元氏	宣武帝女建德公主	兰陵萧烈	萧宝夤长子	《魏书》卷五十九《萧宝夤传》	
元氏	宣武帝女太原公主	河东裴询	闻喜侯裴骏孙、祠部曹事裴修子	《魏书》卷五十四《裴骏传》	
		鲜卑尉显业	束州侯、定州刺史尉古真弟诺玄孙	《魏书》卷二十六《尉古真传》	生子尉彦，东魏武定中为卫将军、南营州刺史

续 表

姓 名	支 系	配偶	配偶所出	出 处	备 注
元氏	诸王女河内公主	河内司马楚之	东晋益州刺史司马荣期子	《北史》卷二十九《司马楚之传》	司马金龙母
元氏	赵郡公主（支系未详）	河内司马跃	朔州刺史司马楚之子、司马金龙弟		
元氏	支系未详	鲜卑宇文赟	即北周宣帝，北周武帝宇文邕长子	《北史》卷十四《后妃传》	宗室元晟女
元氏	支系未详临虑侯凤皇长女	弘农杨泰	弘农简公杨懿曾孙，南秦州刺史杨逸子	《杨泰妻元氏墓志》	
元坦	支系未详	昌黎孙氏	魏昌平太守孙儁女	《元坦妻孙氏墓志铭》	元坦为平东将军、西荆州刺史。此元坦非京兆王子推子元坦
元氏	支系未详司空公元孟和女	赵郡李长钧	光禄大夫李宪庶长子	《李宪墓志》	
元洛神	支系未详司空公、冀州刺史某之长女	鲜卑穆彦	穆寿曾孙	《穆彦妻元洛神墓志》、《穆彦墓志》	
元氏	洛州刺史元拔女，支系未详	殿中将军常季贤		《魏书》卷九三《恩幸传》	此元拔非赐死国除之明元帝乐平王丕子元拔

续 表

姓 名	支 系	配偶	配偶所出	出 处	备 注
元氏	支系未详	尉多侯	尉古真弟诺孙	《魏书》卷二六《尉古真传》	
拓跋氏	常乐郡公主支系未详	鲜卑宇文瑞	宇文福孙、宇文善弟延(字庆寿)子	《宇文瑞墓志》	
拓跋氏	支系未详	义阳朱修之		《魏书》卷四三《毛修之传》《宋书》卷七六《朱修之传》	宋文帝从事中郎,守滑台,为安颉所擒,太武帝以宗室女妻之
元妙	长乐王拔孙、襄威将军、白石戍主之女,支系未详	上党尧君	临洮太守赠龙骧将军上党尧遵长子	《尧遵墓志》《魏故尧氏元夫人(妙)墓志铭》	
元君	支系未详	青州清河崔暹	乐安郡太守崔君女	《元君妻崔暹墓志》	
元氏	支系未详	东平毕少宾	兖州刺史毕众敬子,继众敬为兖州刺史	《魏书》卷六一《毕众敬传》	毕少宾与父众敬随刘宋徐州刺史薛安都投魏
元伏生	支系未详	鲜卑舆龙姬		《元伏生妻舆龙姬砖志》	
元仁	支系未详	高车斛律氏	北齐左丞相斛律光女	《北史》卷十四《后妃传》	初为北齐后主皇后,北齐亡,嫁为开府元仁妻

· 459 ·

续 表

姓 名	支 系	配偶	配偶所出	出 处	备 注
元士亮	支系未详梁州刺史	博陵崔氏	中书侍郎崔挺子、右光禄大夫崔孝直女	《崔孝直墓志》	崔孝直为仪同三司崔孝芬弟
拓跋昇	支系未详北周金紫光录大夫	鲜卑尉迟氏	祖通直散骑常侍某，父上洛郡守某	《拓跋昇墓志》	拓跋昇随孝武帝入关，授金紫光录大夫，卒赠光州刺史
拓跋君	支系未详	鲜卑贺兰氏	凉国公贺兰祥长女	《贺兰祥墓志》	约为西魏皇室或宗室成员
拓跋君	支系未详	鲜卑贺兰氏	凉国公贺兰祥第四女		
元茂	支系未详	南阳张氏	齐奉朝请、振威将军张察女	《元茂墓志》	元茂为隋循州总管司士参军
元君	支系未详	崔氏		《隋尚书起部郎元君妻崔氏墓志》	元君为隋尚书起部郎
元仲景	支系未详	荥阳郑德范	通义县开国公郑海第三女	《大唐故尚书司门郎中元君（仲景）夫人郑氏（德范）墓志铭》	元仲景中岁早逝，据郑德范生年，元仲景娶郑德范约在隋代，元仲景约唐武德初为尚书司门郎中，不久就去世了

第三章 元氏家族婚姻研究

从元氏支系来看，北朝元氏婚姻中，神元帝一支1桩；文成帝2桩；平帝1桩，平帝之后1桩；昭帝1桩；桓帝1桩；平文帝1桩，平文帝之后4桩，平文帝子高凉王孤之后7桩；烈帝之后3桩；昭成帝2桩，昭成帝之后13桩，昭成帝孙常山王遵之后30桩，昭成帝子清河王纥根之后6桩，昭成帝孙辽西公意烈之后3桩，昭成帝孙毗陵王顺之后1桩；献明帝1桩，献明帝之后1桩；道武帝6桩，道武帝之后6桩，道武帝子阳平王熙之后15桩；明元帝5桩，明元帝之后9桩；明元帝子乐安王范之后5桩；太武帝11桩，太武帝之后5桩，太武帝子临淮王谭之后7桩；景穆帝11桩，景穆帝之后8桩，景穆帝子阳平王新成之后8桩，景穆帝子京兆王子推之后7桩，景穆帝子济阴王小新成5桩，景穆帝子汝阴王天赐之后7桩，景穆帝子任城王云之后11桩，景穆帝子南安王桢之后21桩，景穆帝子城阳王长寿之后13桩，景穆帝子安定王休之后5桩；文成帝11桩，文成帝之后11桩，文成帝子广川王略3桩，文成帝子齐郡王简3桩，文成帝子安丰王猛8桩，文成帝子安乐王长乐之后2桩；献文帝9桩，献文帝之后9桩，献文帝子咸阳王禧4桩，献文帝子赵郡王幹之后9桩，献文帝子广陵王羽之后3桩，献文帝子高阳王雍之后8桩，献文帝子彭城王勰之后10桩；孝文帝16桩，孝文帝之后11桩，孝文帝子京兆王愉之后14桩，孝文帝子清河王怿之后14桩，孝文帝子广平王怀之后8桩；宣武帝9桩，孝明帝3桩，宣武帝之后3桩；支系未详23桩。

通婚较多的有：昭成帝一支55桩，尤以常山王遵之后30桩为多；景穆帝一支96桩，尤以南安王桢之后21桩、城阳王长寿之后13桩为多；献文帝一支52桩，尤以高阳王雍之后8桩、彭城王勰之后10桩为多；孝文帝一支63桩，尤以京兆王愉之后14桩、清河王怿之后14桩、广平王怀之后8桩为多。与各支系中人物之多寡相合。

通过对相关正史为代表的传世文献和墓志为主体的出土文献的全面梳理考索，现可知北朝元氏家族婚姻约441桩，其中与胡族婚姻约181桩，与外戚权臣婚姻约64桩，与北朝士族间婚姻约143桩，与南来士族婚姻与34桩，族属郡望未详者约19桩。[①] 下面按类婚姻类别，对北朝元氏婚姻一一考索（姓氏后括中为该家族与元氏通婚数）。

一、元氏与胡族家族间的婚姻[②]

在民族融合的过程中，胡族也在汉化，改汉姓就是其中的一个重要举措。"胡俗本无姓氏，以部落为号，因以为氏。凡一部为一氏，故胡姓多即其部名"[③]，胡族姓氏源于其部落，在汉化过程中需改汉姓，改汉姓时往往取胡姓之汉译名之一字。

（一）与宗族十姓及勋臣八姓

1. 普氏（1桩）：普氏改为周氏。现可知与鲜卑周氏婚约一例：昭成帝孙、秦明王翰子拓跋仪妻鲜卑周氏。周氏原为慕容详（普驎）妻详为慕容觥（元真）曾孙。[④]

2. 丘穆陵氏（24桩）：丘穆陵氏改称穆氏。穆崇追随道武帝为重要功臣，其子穆遂留和穆观两支有不少子孙与北魏皇室为婚姻。《魏书》中几乎未记载与穆氏家族为婚姻的北魏公主的父亲，但通过史料的比对可以推知。

[①] 笔者对北朝元氏婚姻的研究成果曾以论文形势发表：陆路《北朝元氏家族与胡族婚姻考》，《吉林大学社会科学学报》2024年第6期；陆路《北朝元氏家族与汉族士族婚姻考》，《陕西师范大学学报（哲学社会科学版）》2023年第4期；陆路《北朝元氏家族与外戚婚姻考》，《江汉论坛》2024年第4期，三文发表后陆续又有新的婚姻发现，有关北朝元氏家族婚姻的研究如三文中与本书有不同处或本书有而三文无者，以本书为准。

[②] 对胡族的排序和所属民族的认定，主要依据姚薇元：《北朝胡姓考（修订本）》，北京：中华书局，2007年。

[③] 姚薇元：《北朝胡姓考（修订本）》，第1页。

[④] （北齐）魏收：《魏书》卷一五《昭成子孙传·秦明王翰》，第371页。

第三章　元氏家族婚姻研究

穆遂留一支：(1) 穆遂留子穆真尚长城公主，拜驸马都尉。后敕离婚，纳文明太后姊，(2) 穆真子穆泰尚章武长公主，(3) 穆泰子智伯尚饶阳公主，早卒。① 据《魏故征西将军员外散骑常侍襄阳侯房君之墓志铭》："（房纂）父菩萨，青朔二州刺史、北中郎将、安北将军、驸马都尉。母景穆皇帝之长女。妻大司马、录尚书、司州牧、城阳王之元姊"②。据《魏故征西将军员外散骑常侍襄阳侯房君妻元氏之墓志铭》："（元氏）曾祖景穆皇帝，祖城阳康王，父城阳怀王，长女，母卢。上天降祸，殃罚所钟。忽以二月十四日丧逝，奄从物化，春秋五十有八。殡于豹寺之阳，野马岗东五里。平存之日，奉侍先姑章武长公主，孝敬之行，夙彰于宗亲，九族叹悦，娣姒无怨，久而弥密，同于孔怀。"③ 可知章武公主为景穆帝长女，先嫁穆泰，后穆泰反对迁都洛阳谋反被杀，章武公主改嫁河南房菩萨，此房氏由鲜卑屋引氏改汉姓而来。生子房纂，房纂妻元氏，为景穆帝曾孙女、城阳康王长寿孙女、城阳怀王鸾之女，可见元氏是房纂的表外甥女，章武长公主既是元氏的姑婆，也是她的婆婆。章武为文成帝姐，文成帝即位后追尊父景穆太子为帝，则文成帝姐妹称为长公主。文成帝因穆泰为功臣子孙而让泰尚其姐章武长公主。穆真是穆泰父，可以

---

① （北齐）魏收：《魏书》卷二十七《穆崇传》，第663页。
② 赵文成、赵君平：《秦晋豫新出墓志蒐佚续编》，第114页。
③ 这方墓志见于百度百科章武太后条 https://baike.baidu.com/item/%E7%AB%A0%E6%AD%A6%E5%85%AC%E4%B8%BB/15556124?fr=ge_ala，未见拓片，核对史实皆符合。《秦晋豫新出墓志蒐佚续编》（以下简称《续编》）第104页所录《房纂妻元氏墓志》，没有首题，所录内容比百度百科所录这一方少，未提及元氏奉侍章武公主之事，部分文字顺序也略有不同。关于元氏卒年，百度百科所录元夫人墓志为"武定二年岁次甲子二月丙辰朔廿五日庚辰"，《续编》所录元夫人墓志作"武定二年岁次甲子二月丙辰朔十五日巳亥"，武定二年二月二十五日的干支是庚辰，《续编》之元夫人墓志作"巳亥"干支错误。《续编》所录元夫人墓志题房纂为镇东将军，而百度百科所录元夫人墓志题房纂为征西将军，结合房纂墓志，房纂为征西将军是在其晚年，元夫人卒于武定二年（544），房纂卒于武定七年，则可见《续编》所录元夫人墓志刻得早，是时房纂还未为征西将军。疑《续编》所录之元夫人墓志为武定二年元夫人下葬时所刻，百度百科所录元夫人墓志为武定七年房纂下葬时重刻，即房纂下葬时刻了房纂墓志也重刻了元夫人墓志。

推知其所尚长城公主为太武帝女。穆泰子伯智早卒,则其尚饶阳公主当在文成帝时期,称公主,可知为文成帝女。

穆观一支:(1)穆观为道武帝器重,明元帝时尚宜阳公主①,称公主显然是指明元帝女儿。(2)穆观子寿,以父任选侍东宫,尚乐陵公主②,此东宫当指太武帝,到了穆寿婚娶年龄时,已是太武帝在位,因寿在太武帝为太子时曾随侍且有穆观之风,故太武帝将女儿乐陵公主嫁给他。(3)穆寿子平国尚城阳长公主③,穆观尚明元帝女、穆寿尚太武帝女,辈分亦相合。比照辈分穆寿子平国应尚景穆帝女,文成帝即位后追尊其父景穆太子为景穆帝,穆平国卒于正平元年(451),是时文成帝还未即位,可见平国结婚时其妻尚为太子女,文成帝追尊景穆后,其姊妹亦即景穆帝女,自然称长公主,所以穆平国所尚城阳长公主为景穆帝女。(4)穆平国子伏干尚济北公主④,穆伏干卒于文成帝和平二年(461),伏干早卒,其婚娶是在文成帝时,称公主可知为文成帝女。城阳、济北差一辈,平国、伏干间辈分亦合。(5)穆伏干弟穆罴尚新平长公主⑤,新平亦为文成帝女,但穆罴婚娶时已在献文帝时,新平为献文帝姐妹,故称长公主。(6)穆罴弟亮尚中山长公主,亦为文成帝女,婚娶时已在献文帝时,故称中山长公主。(7)穆亮从妹适广阳王元嘉(《元湛墓志》,元湛为元嘉孙)⑥。(8)穆亮子绍领京兆王愉文学,尚琅邪长公主⑦,京兆王愉为孝文帝子,可知其尚公主是在孝文帝时,于孝文帝称长公主,可知琅邪为献文帝女、孝文帝姊妹。与其父亮

---

① (北齐)魏收:《魏书》卷二十七《穆崇传》,第664页。
② (北齐)魏收:《魏书》卷二十七《穆崇传》,第665页。
③ (北齐)魏收:《魏书》卷二十七《穆崇传》,第666页。
④ (北齐)魏收:《魏书》卷二十七《穆崇传》,第666页。
⑤ (北齐)魏收:《魏书》卷二十七《穆崇传》,第666页。
⑥ 毛远明:《汉魏六朝碑刻校注》第7册,第373—374页。
⑦ (北齐)魏收:《魏书》卷二十七《穆崇传》,第671页。

尚文成帝女，辈分上亦合。（9）穆平国弟正国尚长乐公主[①]，穆平国弟穆相国、穆相国弟穆正国。穆平国与文成帝大约年龄类似，正国较平国年龄小些，但并非最小弟，其婚配不可能迟至献文帝时，则其婚配当在文成帝时，长乐于文成帝时称公主，可知为文成帝女，穆正国年龄大约比文成帝女略大，这也反过来证明正国婚配不可能在献文帝时，如果在献文帝时当称长乐长公主。（10）穆正国子平城早卒，平城与始平公主冥婚合葬，追赠平城驸马都尉，始平公主卒于孝文帝时[②]，穆正国尚文成帝女，即与献文帝同辈，则正国子穆平城冥婚之始平公主约为献文帝女。（11）昭成帝孙辽西公意烈（力真子）之孙受洛（受拔）纳穆观女（《元睿墓志》，元睿为受洛孙）[③]。（12）穆寿曾孙穆彦娶元洛神，元洛神为司空公、冀州刺史某之长女（《穆彦妻元洛神墓志》、《穆彦墓志》）[④]。

穆氏与元氏间婚姻，另有（1）献文帝子赵郡王幹纳穆明乐女[⑤]。（2）南安王元桢孙融妃穆氏（《魏章武王妃穆氏墓志铭》）[⑥]。（3）景穆帝纳穆氏女，生章武王太洛[⑦]。（4）景穆帝子安定王休子元斑纳穆崇同宗丑善玄孙女穆玉容，据《元斑夫人穆玉容墓志铭》，穆玉容曾祖宁南将军、相州刺史提，祖中坚将军、昌国子衰，父左将军、东来太守、昌国子如意[⑧]。穆提即《魏书》卷二十七《穆崇传》中之假阳陵侯莫提，莫提父穆丑善与穆崇同宗，率部归道武帝。《魏书》中莫提子辈、孙辈分别仅提及穆吐、穆敦[⑨]，《穆玉容

[①] （北齐）魏收：《魏书》卷二十七《穆崇传》，第673页。
[②] （北齐）魏收：《魏书》卷二十七《穆崇传》，第673页。
[③] 毛远明：《汉魏六朝碑刻校注》第四册，第298页。
[④] 毛远明：《汉魏六朝碑刻校注》第六册，第153、300页。
[⑤] （北齐）魏收：《魏书》卷二十一《献文六王传》，第535页。
[⑥] 毛远明：《汉魏六朝碑刻校注》第四册，第123页。
[⑦] （北齐）魏收：《魏书》卷一九《景穆十二王传》，第441页。
[⑧] 毛远明：《汉魏六朝碑刻校注》第五册，第38页。
[⑨] （北齐）魏收：《魏书》卷二十七《穆崇传》，第677页。

墓志》所提及玉容祖父穆袁、父穆如意，可补史之阙。（5）景穆帝子任城王云第五女元纯陁适穆君（穆君卒再适车骑将军、平舒文定公河间邢峦），生女穆氏（《邢峦妻元纯陁墓志》）①。（6）元纯陁女穆氏适景穆帝子京兆王子推孙元昺（元纯陁从侄），生元惊字魏庆（《元惊墓志》）②。元惊为元纯陁从侄孙、亦为其外孙。（7）任城王元澄弟元嵩纳穆氏。《魏书》卷十九中《景穆王十二王传中·任城王》："后为苍头李太伯等同谋害（元）嵩，并妻穆氏及子世贤。世宗为嵩举哀于东堂，赙绢一千匹，赠车骑将军、领军，谥曰刚侯。"③ 元嵩妻穆氏具体世系未详。（8）献文帝子赵郡王幹孙元焕纳荆州长史河南穆纂女（《元焕墓志》）④，当亦为穆崇或穆丑善之后，具体支系未详。（9）《元伏和墓志》平文帝之后高凉王孤曾孙、元鸷子元伏和娶穆氏（《元伏和墓志》）⑤ 以上三位穆氏女支系未详。穆遂留、穆观一支皆有祖至孙连续三代尚公主，穆观一支还有兄弟间多人尚公主，可知穆氏作为勋臣八姓之一与元魏皇室的密切关系。

3. 步六孤氏（7桩）：鲜卑陆氏本姓步六孤，是勋臣八姓之一，陆突在道武帝时归北魏，赐爵关内侯。陆突子俟随道武帝南征北战，奠定了鲜卑陆氏的勋臣地位。（1）陆俟曾孙昕之尚献文帝女常山公主。陆昕之（陆俟子丽孙）无子，以从兄希道第四子子彰为后。（2）陆希道兄希质妻元氏为尔朱荣妻之兄孙，希质因此在尔朱世隆之乱中获免⑥。尔朱荣妻为南安王桢女，其兄怡因妹为尔朱荣

---

① 毛远明：《汉魏六朝碑刻校注》第六册，第276页。
② 毛远明：《汉魏六朝碑刻校注》第七册，第325页。
③ （北齐）魏收：《魏书》，第488页。
④ 毛远明：《汉魏六朝碑刻校注》第五册，第343页。
⑤ 王其祎、周晓薇：《隋代墓志铭汇考》第二册，第223页。
⑥ （北齐）魏收：《魏书》卷四十《陆俟传》，第909、915页。

妻而超赠骠骑将军,大将军、太尉公、雍州刺史、扶风王。① 怡子肃助尔朱荣起事,封鲁郡王(《元肃墓志》)②,陆希质妻抑或即元怡孙、元肃女。(3)陆子彰尚上庸公主,公主本献文帝子咸阳王禧女,为彭城王勰子子攸从姊,禧被杀,其女养于彭城王勰第,故子攸以亲姐视之,即子攸为帝,封之为蓝田公主,后改封上庸公主③。(4)景穆帝子汝阴王天赐之子元固娶陆馛子陆琇之女(《元固墓志》)。④(5)景穆帝子南安王桢之孙元凝纳仪同三司建安王陆琇女陆顺华(《元融妻陆顺华墓志》)。⑤ 陆馛为陆俟长子,则顺华为俟曾孙。陆顺华与陆昕之间为再从兄妹。(6)明元帝子乐安王范孙懿公某长子某娶东平王陆定国孙女陆孟晖(《元君妻陆孟晖墓志》)⑥。(7)陆俟玄孙、散骑常侍陆旭子清河县伯、朱衣直阁陆腾尚景穆帝子安定王休之子东莱王元贵平女安平主。陆腾东魏时拜征西将军,领阳城郡守。武定元年(大统九年543)西魏军进犯,为西魏军所执而入关。⑦

4. 贺赖(贺兰)氏(8桩):贺赖氏改姓贺。贺兰部早年扶持拓跋氏,在贺兰部帮助下平文帝长子烈帝拓跋翳槐成为拓跋部首领,北魏建立后,贺兰部主力在贺纥孙贺讷的率领下投归北魏。⑧ 贺兰氏后改姓贺氏,为勋臣八姓之一,贺兰部对代开国有大功。(1)平文帝娶贺兰氏女,生烈帝翳槐。田馀庆先生据《魏书》卷一《序纪》炀帝三年载"时烈帝居于舅贺兰部"指出烈帝

---

① (北齐)魏收:《魏书》卷一九下《景穆十二王传·南安王桢》,第508页。
② 毛远明:《汉魏六朝碑刻校注》第七册,第46页。
③ (唐)李延寿:《北史》卷二八《陆俟传》,第1018页。
④ 毛远明:《汉魏六朝碑刻校注》第六册,第126页。
⑤ 毛远明:《汉魏六朝碑刻校注》,第八册,第72页。
⑥ 毛远明:《汉魏六朝碑刻校注》第六册,第309页。
⑦ (唐)令狐德棻:《周书》卷二十八《陆腾传》,第469—470页。
⑧ 参见胡玉春:《贺兰部考略》,《内蒙古社会科学》2015年第5期。

舅家贺兰部即其母家，可知平文帝娶贺兰氏①（2）平文帝女嫁贺纥。（3）昭成帝女辽西公主适贺纥子野干②。（4）献明帝娶野干女。③ 昭成帝为平文帝子，贺纥妻为昭成女之姑，昭成为贺野干之舅，则昭成帝女与夫贺野干为表兄妹。献明帝为昭成帝子，则献明帝为野干之内弟，野干女为献明帝之外甥女。（5）道武帝纳贺夫人，生清河王绍。④（6）太武帝贺夫人生景穆帝。⑤ 文成帝即位追尊为敬哀皇后，贺氏为代人，大约亦为贺纥之后。（7）北周柱国大将军凉国公贺兰祥长女适拓跋氏，（8）北周柱国大将军凉国公贺兰祥第四女适拓跋氏。贺兰祥父常山郡公贺兰初真娶宇文泰姊建安郡大长公主，贺兰祥为宇文泰外甥（《周故使持节太师柱国大将军大都督大司马十二州诸军事同州刺史凉国景公贺兰祥墓志》）⑥。贺兰祥为宇文氏的亲属关系，又是西魏重臣，他们自然也要与西魏皇室通婚，进一步巩固其地位，亦帮助宇文氏巩固对西魏的事迹掌控权，所以贺兰祥二女所嫁拓跋氏当是西魏皇室或宗室。

5. 独孤氏（11桩）：独孤氏改姓刘。铁弗部刘虎从弟刘路孤归北魏，后刘虎子务桓亦归北魏。匈奴刘氏成为勋臣。（1）平文帝女适匈奴铁弗部刘虎从弟刘路孤。⑦（2）昭成帝以宗室女适刘路孤子南部大人刘库仁，刘库仁为昭成帝之外甥，刘眷为刘库仁弟，刘库仁子刘显，刘显杀刘眷。⑧ 刘眷为刘虎从侄。（3）昭成帝女适刘虎

---

① 田馀庆：《拓跋史探》，北京：三联书店，第64页。
② （北齐）魏收：《魏书》卷八三《外戚传》，第1812页。
③ （北齐）魏收：《魏书》卷一三《皇后传》，第324页。
④ （北齐）魏收：《魏书》卷一六《道武七王传》，第389页。
⑤ （北齐）魏收：《魏书》卷一三《皇后传》，第327页。
⑥ 毛远明：《汉魏六朝碑刻校注》第十册，第161—162页。
⑦ （北齐）魏收：《魏书》卷一《序纪》，第9页。
⑧ （北齐）魏收：《魏书》卷二三《刘库仁传》，第604页。

子务桓。①（4）昭成帝另一女适务桓弟卫辰。②（5）刘显弟刘亢埿娶献明帝姊（妹）即昭成帝女、道武帝之姑。（6）道武帝以刘眷女为后，生华阴公主与明元帝。③ 刘显为刘眷从子，则刘显与刘眷女为从兄妹。（7）昭成帝孙常山王遵纳道武帝刘皇后妹（刘眷女）为妃（《元伴墓志》、《元昭墓志》）。④ 常山王遵与道武帝为从兄弟。（8）景穆帝刘椒房生安惠王桢、城阳康王长寿。⑤（9）陈留王拓跋眷（建）妻盛洛郡君刘氏，雍州刺史刘归女，拓跋眷为昭成帝玄孙、清河王纥根曾孙、陈留王虔孙、陈留王崇子（《定州刺史元某墓志》，元某为拓跋眷子）。⑥ 刘归在孝文帝时还曾为鸿胪（《魏书》卷一百一《宕昌羌传》）。⑦（10）刘懿（字贵珍）娶常山王孙尚书左仆射元生之女。（11）刘懿长子刘元孙娶骠骑大将军、司徒公元恭女（《刘懿墓志》）。⑧ 墓志中称刘懿为弘农人，《北齐书》《北史》之《刘贵传》称其为秀容阳曲人，刘懿父乾赠肆州刺史，刘懿为肆州刺史、肆州大中正，其子刘元孙早卒赠肆州刺史，肆州（治九原城，今山西忻州市）。秀容（治今山西忻州市西北）正属肆州，正因其为肆州人，故祖孙三代赠或担任肆州刺史，懿且后为州中正，可见刘懿正为秀容人，匈奴刘渊、刘曜正为晋之新兴人（今山西忻州），亦可知刘懿为胡姓独孤氏之刘。墓志中之弘农人为其伪托。昭成帝子寿鸠之子遵封常山王，遵子素袭爵，拓跋素子陪斤之子昭卒赠尚书左仆射。⑨ 元昭约即元生。景穆帝子城阳王长寿之子元鸾

---

① （北齐）魏收：《魏书》卷一《序纪》，第9、12页。
② （北齐）魏收：《魏书》卷九五《铁弗刘虎传》，第2055页。
③ （北齐）魏收：《魏书》卷一三《皇后传》，第324、325页。
④ 毛远明：《汉魏六朝碑刻校注》第四册，第175页；第五册，第254页。
⑤ （北齐）魏收：《魏书》卷一九《景穆十二王传》，第441页。
⑥ 张永华、赵文成、赵君平：《秦晋豫新出墓志蒐佚三编》，第55页。
⑦ （北齐）魏收：《魏书》卷一百一《宕昌羌传》，第2242页。
⑧ 毛远明：《汉魏六朝碑刻校注》第七册，第241—242页。
⑨ （北齐）魏收：《魏书》卷十五《昭成子孙传·常山王遵》，第374—376页。

子元恭（字显恭），刘元孙妻父元恭约即元显恭。

6. 勿忸于氏（10桩）：勿忸于氏改为于氏，是勋臣八姓之一，于栗碑早在登国年间已随道武帝征战。（1）景穆帝子城阳王长寿子元徽纳鲜卑于氏，于氏曾为广阳王元嘉子袭爵广阳王元深所淫，于氏具体事迹未详。① （2）景穆帝子南安王桢孙中山王元熙纳鲜卑于氏。② （3）景穆帝子汝阴王天赐女东阳公主适尚书令于洛拔长子钜鹿君开国公于烈（《于景墓志》，于景为于烈子）。③ （4）宣武帝纳太尉于烈弟劲女（于栗碑曾孙女）为后。④ （5）孝文帝子京兆王元愉纳宣武帝于皇后妹为妃。⑤ （6）于烈子于忠娶中山王元尼须女，元尼须约即元熙子叔仁，叔仁为其字。《魏书》卷三十一《于栗碑传》："（于）忠后妻中山王尼须女，微解诗书，灵太后临朝，引为女侍中，赐号范阳郡君。"⑥ 于忠为于烈子，宣武帝于皇后为于烈弟于劲之女，则于忠为于皇后从兄。元须尼女为于忠妻，于忠或许即元熙于妃族人。（7）献文帝孙、赵郡王幹第四子元谌纳于氏为夫人，于氏为宣武帝于皇后侄女，祖太原恭庄公劲、父恒州刺史略（《元谌妻于氏墓志》）。⑦ （8）北周燕国公于寔纳常山王遵曾孙元季海长女为夫人（《魏司空公尚书令冯翊简穆王第二女比丘尼元（媛柔）之墓志》）⑧，元氏为元媛柔姊。（9）北周安平郡公于仪（太傅于谨子）尚西魏文帝元宝炬第三女广宁公主（《于仪夫人广宁公主元氏墓志》）。⑨ （10）昭成帝后裔隋仪同三司、潞县公元威纳于宜

---

① （北齐）魏收：《魏书》卷一八《太武五王传·广阳王建》，第429页。
② （北齐）魏收：《魏书》卷一九《景穆十二王传·南安王桢》，第504页。
③ 毛远明：《汉魏六朝碑刻校注》第六册，第56页。
④ （北齐）魏收：《魏书》卷一三《皇后传》，第336页。
⑤ （北齐）魏收：《魏书》卷二二《孝文五王传》，第589页。
⑥ （北齐）魏收：《魏书》，第746页。
⑦ 大同北朝艺术研究院：《北朝艺术研究院藏品图录：墓志》，第20、112页。
⑧ 周晓薇、王其祎：《贞石可凭：新见隋代墓志铭疏证》，第10—12页。
⑨ 胡戟：《珍稀墓志百品》，第27页。

容为妻。于宜容父魏散骑常侍、武卫将军、开府、丹州刺史、丰川公义（《元威墓志》《元威妻于宜容墓志》）。①

从现可知的材料看，勋臣八姓中与穆氏婚姻持续时间最长，差不多贯穿北魏前后期。与刘氏婚姻以平文至太武帝时期为多，与陆氏婚姻以北魏中后期较多。与贺氏婚姻主要在太武帝、道武帝时期。与于氏婚姻则主要起自宣武帝时期延续至西魏北周（因为于谨是西魏八柱国之一，奠定于氏在关内的地位）。

（二）与内入诸姓间的婚姻

1. 若干氏改苟氏（1桩）。西魏文帝元宝炬第四子西魏恭帝廓以长乐正公若干惠女为后。②

2. 叱罗氏改姓罗（4桩）。（1）穆帝以叱罗氏为后（《唐元大谦夫人罗婉顺墓志》）。③（2）常山王遵（昭成帝孙）曾孙元恎妻叱罗氏，仪曹尚书使持节、散骑常侍、安东将军、都督兖州诸军事、兖州刺史、带方静公兴之长女（《元侔墓志》）。④（3）孝文帝夫人罗氏生清河文献王怿、汝南文宣王悦。⑤罗氏父使持节、侍中、镇东将军、青州刺史罗云（《元宝建墓志》）。（4）孝文帝女清河王元怿妃河南罗氏，使持节、抚军将军、济衮二州刺史盖女（《元宝建墓志》）。⑥罗盖为罗云子。⑦罗盖为元怿舅，元怿与罗盖女为表兄妹。

3. 是贲氏改姓封氏（2桩）。（1）文帝拓跋沙漠汗纳封氏。⑧

---

① 陕西省考古研究院、咸阳市文物考古研究所：《隋元威夫妇墓发掘简报》，《考古与文物》2012年第1期，第24—34页。
② （唐）李延寿：《北史》卷一三《后妃传》，第508页。
③ 陕西省考古研究院：《陕西咸阳唐代元大谦、罗婉顺夫妇墓发掘简报》，《考古与文物》2021年第2期。
④ 毛远明：《汉魏六朝碑刻校注》第四册，第175页。
⑤ （北齐）魏收：《魏书》卷二十二《孝文五王传》，第587页。
⑥ 毛远明：《汉魏六朝碑刻校注》第七册，第275页。
⑦ （北齐）魏收：《魏书》卷四四《罗结传》，第989页。
⑧ （北齐）魏收：《魏书》卷一三《皇后传》，第322页。

(2)献文帝封昭仪生咸阳王禧。①

4.素和氏改姓和（1桩）。昭成帝七世孙元华适魏尚书令、定陵公和跋玄孙北齐下邳郡太守和绍隆（《和绍隆墓志》《和绍隆妻元华墓志》）。②

5.吐谷浑（2桩）。吐谷浑本为鲜卑慕容廆兄，因与慕容廆不谐而西迁。(1)东魏兴和间吐谷浑可汗夸吕尚济南王匡（阳平王新成子匡出继广平王连，匡卒后改封济南王）孙女广乐公主。(2)孝静帝元善见以夸吕从妹为嫔。③

6.古（胡）口引氏（或省作古引氏、胡引氏，又作侯伏侯、侯骨）改姓侯（1桩）。献文帝嫔侯氏，祖俟万斤，第一品大酋长，父曰南郡公伊莫汗（《献文帝侯夫人墓志铭》）。④

7.匹娄氏改姓娄（1桩）。烈帝曾孙拓跋兴都妻娄氏。⑤娄氏事迹未详。

8.莫那娄氏改姓莫（1桩）。景穆帝子阳平王五世孙女元买得适鲜卑莫那娄氏，墓志中作那娄氏，为莫那娄氏的省称，其子和仕王世充（《元买得墓志》）。⑥

9.步大汗氏（破六韩）改姓韩（1桩）。献文帝韩贵人生赵郡灵王幹、高阳文穆王雍。⑦

10.莫（慕）舆氏改姓舆（1桩）。元伏生妻舆龙姬葬于孝昌三年（527）十二月，出土于洛阳（《元伏生妻舆龙姬墓志》）。⑧元

---

① （北齐）魏收：《魏书》卷二一《献文六王传》，533页。
② 毛远明：《汉魏六朝碑刻校注》第九册，第289页；第十册，第21页。
③ （北齐）魏收：《魏书》卷一百一《吐谷浑传》，2241页。
④ 赵文成、赵君平：《秦晋豫新出墓志蒐佚续编》，第114、104页。
⑤ （北齐）魏收：《魏书》卷一四《神元平文诸帝子孙》，第357页。
⑥ 王其祎、周晓薇：《隋代墓志铭汇考》第六册，第18页。
⑦ （北齐）魏收：《魏书》卷一六《献文六王传》，533页。
⑧ 毛远明：《汉魏六朝碑刻校注》第六册，第136页。

伏生妻舆龙姬事迹未详。

11. 纥干氏改姓干（1桩）。平文帝之后、高凉王孤六世孙元龙纳鲜卑纥干氏，祖新城侯和突，父代郡尹苌命（《元龙墓志》）。①

12. 俟伏斤氏改姓伏（1桩）。太武帝伏椒房生楚王建。②

13. 丘林氏改姓林（1桩）。孝文帝以平凉太守林胜女为后。③

14. 盖娄氏改姓盖（1桩）。景穆帝纳盖氏。④

15. 屋引氏改姓房氏（3桩）。（1）即上文提到的，章武公主改嫁河南房菩萨，生子房纂，（2）房纂纳景穆帝曾孙女、城阳怀王鸾女（《房纂墓志》）⑤。（3）平文帝子高凉王孤玄孙拓跋平子元苌娶房氏（《元鉴之墓志》）。⑥

16. 乙弗氏改姓乙氏（8桩）。乙弗氏在太武帝时归北魏。（1）乙瑰尚太武帝女上谷公主。（2）乙瑰子乙乾归尚景穆帝女安乐公主。（3）文成帝夫人乙弗氏，生广川河间孝王若。乙弗氏大约亦为乙瑰家族之人，乙乾归之妻为文成帝姊（妹），文成帝夫人乙弗氏可能是乙乾归姊（妹）。（4）乙瑰与上谷公主子太原太守乙虬尚孝文帝子广平王怀女、孝武帝妹新丰公主（《骠骑大将军都水使者京兆杜君（子达）妻齐故乙夫人（休）墓志之铭》，志主乙休为乙虬与新丰公主之女，适京兆杜子达)⑦；（5）乙乾归长子贰虎尚阳平长公主（《乙弗贰虎妻阳平公主铭记砖》，砖铭所载日期为太和九年（485）正月二日），所记时代在孝文帝时期，称长公主，则阳平公主至少是献文帝女，但就年龄看，献文帝（454—476）去世时只有

---

① 毛远明：《汉魏六朝碑刻校注》第四册，第33页。
② （北齐）魏收：《魏书》卷一八《太武五王传》，第417页。
③ （北齐）魏收：《魏书》卷一三《皇后传》，第332页。
④ （北齐）魏收：《魏书》一九中《景穆十二王传中·任城王云》，第462页。
⑤ 赵文成、赵君平：《秦晋豫新出墓志蒐佚续编》，第114页。
⑥ 天津人民美术出版社编：《北魏皇家墓志二十品》，天津：天津人民美术出版社，2003年，第12页。
⑦ 贾振林：《文化安丰》，第305页。

二十三岁（古人用虚龄，下同），即便他十八岁生阳平长公主，到太和九年去世才十五岁，似还难以婚配，阳平长公主为文成帝（440—465）女较为合理，如果以文成帝十八岁生阳平长公主，到太和九年已经二十九岁，婚配多年了。乙乾归尚景穆帝女亦即文成帝姊（妹），则其子尚文成帝女辈分正合。太和九年正月二日是阳平公主去世或下葬的时间，其婚配时间在献文帝时期，阳平公主于献文帝为姊（妹），故称长公主，铭砖所记为其婚配时的身份。如婚配在孝文帝时，则当称大长公主了。此亦证阳平公主为文成帝女。刘永瑞《北魏乙弗贰虎妻阳平长公主铭记考》推测阳平长公主夫乙弗贰虎大约即乙弗乾归子海。①《魏书·乙瑰传》中载乾归子海，字怀仁。少历侍御中散、散骑侍郎，卒时年四十一。赠散骑常侍、卫将军、济州刺史，谥曰孝。乙海子乙瑷。《魏书》中记载之子嗣往往以袭爵的嫡长子为多，而贰虎即乾归长子，有可能贰虎即海。《唐故壮武将军豳州良社府统军广州都督府番禺府折冲都尉上柱国柳府君（行满）夫人永寿郡君河南乙弗氏（玉）墓志铭》载，乙弗玉高祖魏驸马都尉、散骑常侍、左光禄大夫、西平孝公海；曾祖魏驸马都尉、司空公、西平忠公瑷；祖魏秦豫二州刺史、直阁将军、定陶公子文；父隋唐州刺史、东宫右庶子、定陶公遗恩。而《周故壮武将军豳州良社府统军广州番禺府折冲都尉上柱国柳府君（行满）墓志铭》载柳行满后夫人乙弗氏家族情况时，仅提及乙弗氏父隋唐州刺史、定陶公、东宫右庶子武。②王胜明、张莹莹《〈乙弗玉墓志〉〈刘媚墓志〉辨伪》一文中以为柳行满妻刘媚与乙

---

① 刘永瑞：《北魏乙弗贰虎妻阳平长公主铭记考》，《大众考古》2023 年第 11 期。
② 乙弗玉墓志与柳行满墓志见于周绍良、赵超：《唐代墓志汇编续集》，第 379—381 页，两墓志出土于山西永济县西南，现藏山西省博物馆，拓片收于张希舜：《隋唐五代墓志汇编·山西卷》，天津：天津古籍出版社，1991 年，第 67—68 页。

弗玉的墓志皆为今人伪刻。①《魏书》并未记载乙弗海为驸马都尉，在阳平公主砖铭出土前，未知乙弗乾归有子尚公主，乙弗玉墓志出土远早于阳平公主铭砖的出土，且柳行满墓志中仅记乙弗玉父，所以造伪者何所依凭而言乙弗玉高、曾、祖之名字履历，且还知其高祖为驸马，故难以言乙弗玉墓志为伪刻。结合乙弗玉墓志，乙弗海大约即乙弗贰虎。(6)乙乾归孙乙瑗尚孝文帝第四女淮阳公主。乙瓖、乙瓖子乾归、乾归孙瑗皆尚公主，如果唯有这乾归子这一代没尚公主，那与乙瓖投北魏后北魏对其家族的拉拢不合，哪有孙辈不尚公主了，到曾孙辈又尚公主，乾归子应亦尚公主。乙乾归子贰虎妻阳平长公主铭砖，正印证了这一推测。(7)孝文帝子京兆王愉之子元宝炬初封南阳王纳乙瑗与淮阳公主之女，宝炬入关即帝位即西魏文帝，乙弗氏册为皇后。②(8)景穆帝子城阳王长寿子元鸾纳东宫中庶子乙(弗)延女，元徽墓志中称其母为广川公之孙女，生元显魏、元徽（《元显魏墓志》、《元徽墓志》)③，乙弗氏而为广川公者即乙乌孙，乙乌孙太武帝始光初（424）为安远将军④，则乙延为乙乌孙子，元鸾（468—505）为献文至宣武帝时期人，确实是乙乌孙孙辈的年龄，与其妻为乙乌孙孙女正是同辈。乙乌孙可能是道武帝时未西迁而留在盛乐的乙弗氏之后。

（三）与四方诸姓间的婚姻。

1. 宇文氏（6桩）。宇文氏为鲜卑东部部落，早在平文帝时已与宇文氏通婚。(1)平帝女适宇文部大人普拨子丘不懃。(2)昭帝禄官长女适宇文丘不懃子莫廆之子宇文逊昵延。⑤（3）昭成帝孙常

---

① 王胜明、张莹莹《〈乙弗玉墓志〉〈刘媚墓志〉辨伪》，《西华师范大学学报（哲学社会科学版）》2024年第4期。
② （唐）李延寿：《北史》卷十三《后妃传上》，第506页。
③ 毛远明：《汉魏六朝碑刻校注》，第五册，第340页；第七册，第2页。
④ （北齐）魏收：《魏书》卷五十一《封敕文传》，第1135页。
⑤ （北齐）魏收：《魏书》卷一《序纪》，第5—6页。

· 475 ·

山王遵之孙拓跋陪斤娶宇文氏女为妻（《元昭墓志》）。① 北朝后期及西魏北周时期与宇文氏联姻更多些：（4）文成帝子广川王略孙灵遵娶悬氏侯宇文伯昇女为妻（《元焕墓志》，元焕为元灵遵继子）。② 宇文福一支：（5）平北将军、平州刺史宇文混子金紫光禄大夫、太仆卿、车骑将军、定州刺史、贞惠侯宇文福娶尚书左仆射、卫大将军、司州牧肃公元赞女。宇文福长子字元庆早卒，乃以次子宇文善（字庆孙）为嗣，宇文善拜襄乐县开国男，卒赠使持节车骑将军、都督冀州诸军事、冀州刺史（《宇文善墓志》）③。言善袭爵，可知宇文福赐爵襄乐县开国男，正与《魏书》卷四十四《宇文福传》所载宇文福爵位相合。据《北史》卷一五《魏宗室传·昭成子孙·常山王遵》载，常山王遵孙赞好陈军国之事，除司州刺史，拜太子少师、左仆射，卒赠卫将军、仆射如故，封晋阳县伯。④ 与《宇文善墓志》中所述赞之官职相合，则宇文福妻正为常山王遵孙元赞之女。（6）宇文善侄宇文瑞（字叔鸾）妻常乐郡公主拓跋氏，桑乾公宇文瑞为宇文善弟持节、冠军将军、营州刺史宇文延（字庆寿）子（《宇文延墓志》⑤，《宇文瑞墓志》⑥）。宇文叔鸾当为仲鸾弟（仲鸾见于《魏书·宇文福传》）⑦，仲鸾亦为字，其名未详。《宇文瑞墓志》中载宇文瑞祖父宇文福为使持节、中军将军、瀛豫二州刺史、太仆卿、左卫将军、营州大中正、卫将军、怀朔镇将、襄乐县开国男。正与《魏书》所载合。宇文福一支的婚姻主要在北魏后期至西魏时。元氏与宇文泰家族的婚姻在元氏与外戚权臣的婚

---

① 毛远明：《汉魏六朝碑刻校注》第五册，第254页。
② 毛远明：《汉魏六朝碑刻校注》第五册，第343页。
③ 赵文成、赵君平：《秦晋豫新出墓志蒐佚续编》，第63页。
④ （唐）李延寿：《北史》，第573页。
⑤ 赵文成、赵君平：《秦晋豫新出墓志蒐佚续编》，第64页。
⑥ 张永华、赵文成、赵君平：《秦晋豫新出墓志蒐佚三编》，第85页。
⑦ （北齐）魏收：《魏书》，第1002页。

姻中另外研究。

2. 慕容氏（9桩）：慕容为鲜卑中部部落，拓跋鲜卑与慕容鲜卑同源，但拓跋氏不满慕容氏鲜卑宗主的地位，攻灭后燕后，对慕容氏进行了大屠杀，存活者多被贬成北镇，但是在拓跋氏与慕容氏结交过程中亦曾联姻。（1）昭成帝纳前燕王慕容皝（字元真）妹为后，（2）昭成帝纳慕容皝女为后，（3）道武帝纳后燕慕容宝女为后。① （4）昭成帝孙、清河王纥根子陈留王拓跋虔纳慕容氏，慕容氏事迹未详（《定州刺史元某墓志》，元某为拓跋虔曾孙）。② （5）景穆帝纳慕容氏女，生章武敬王太洛。③ （6）元郁妃为道武帝慕容后之从侄孙女，元郁妃为后燕成武帝慕容垂玄孙女、后燕愍惠帝慕容宝兄弟赵王驎曾孙女、后燕散骑常侍慕容根（从中山归国）孙女、魏平西将军慕容带女（《元郁墓志》）④。元郁妃为道武帝慕容后之从侄孙女。慕容氏祖根大约在北魏围后燕都城中山时归北魏。慕容根一支大约因投诚而免遭杀戮，迁居平城，故其子带得仕于北魏，孙女得为王妃。（7）昭成帝之后常山王曾孙元琮娶慕容氏，父散骑常侍、岐州刺史某（《魏故伏波将军乡郡上党二郡丞元琮墓志铭》）。⑤ 元琮祖、父及慕容氏之父名等未详。北魏灭后燕，鲜有元氏与慕容氏的婚姻，元琮年龄与孝文帝子辈相仿，其妻大约是孝文帝汉化后进入中原的慕容氏，属于北魏中期与慕容氏之间鲜有的婚姻。元琮妻慕容氏之父当亦是投诚北魏的慕容氏之后，不知是否为慕容根之后，姑存疑。 （8）明元帝慕容夫人生乐平戾王丕，（9）明元帝另一慕容夫人生乐安宣王范。⑥ 二位慕容夫人事迹未详。

---

① （北齐）魏收：《魏书》卷一三《皇后传》，第323页。
② 张永华、赵文成、赵君平：《秦晋豫新出墓志蒐佚三编》，第55页。
③ （北齐）魏收：《魏书》卷一九《景穆十二王传上》，第441页。
④ 王连龙：《新见北朝墓志集释》，第6页。
⑤ 吴钢：《全唐文补遗·千唐志斋新藏专辑》，第438页。
⑥ （北齐）魏收：《魏书》卷一七《明元六王传》，第413页。

现可知元氏与慕容氏的九桩婚姻，大多发生于昭成道武与慕容氏前燕、后燕的招纳、征战时期，此后与慕容氏婚姻较少。

3. 纥豆陵氏改姓窦氏（1桩）。神元帝拓跋力微纳没鹿回部大人窦宾女。①

4. 叱干（薛干）氏改姓薛氏（1桩）。平文帝子高凉王孤曾孙乙斤娶薛氏，拓跋乙斤之时，还未有汉化改制，所娶多为胡姓女子，此薛氏当即叱干氏（《元鉴之墓志》）。②

5. 尉迟氏改姓尉氏（8桩）。（1）景穆帝尉椒房生京兆康王子推、济阴王小新成，（2）景穆帝另一尉氏椒房生乐陵康王胡儿。③（3）京兆王子推孙元灵曜妻尉氏，祖元，司徒淮阳景桓王；父诩（《魏书》卷三八《尉元传》作羽，为避孝明帝讳而改）侍中、尚书、博陵顺公（《元灵曜墓志》）。④（4）广阳王嘉曾孙拓跋虎娶鲜卑尉迟将男，尉迟将男为北周仪同三司武凉公右伐女（《拓跋虎墓志》《拓跋虎妻尉迟将男墓志》）⑤。（5）束州侯、定州刺史尉古真弟诺孙多侯妻元氏（支系未详），多侯为元氏所害，（6）尉古诺玄孙尉显业与宣武帝女太原公主通奸，生尉彦，彦东魏武定中为卫将军、南营州刺史。⑥（7）献文帝子咸阳王禧之孙、荆湘二州刺史元昌女元宝适北齐车骑大将军尉某（《齐尉氏故元夫人（宝）墓铭》）。⑦（8）拓跋昇妻尉迟氏，拓跋昇随孝武帝入关，受金紫光录大夫，卒赠光州刺史，当是随西魏北周鲜卑化风俗而复姓拓跋，祖通直散骑常侍某，父上洛郡守某，支系未详，尉迟氏生平亦未详

---

① （北齐）魏收：《魏书》卷一三《皇后传》，第322页。
② 天津人民出版社：《北魏皇家墓志二十品》，第12页。
③ （北齐）魏收：《魏书》卷一九《景穆十二王传》，第441页。
④ 毛远明：《汉魏六朝碑刻校注》第五册，第200—201页。
⑤ 毛远明：《汉魏六朝碑刻校注》第十册，第172，233页。
⑥ （北齐）魏收：《魏书》卷二六《尉古真传》，第658页。
⑦ 安阳市文物考古所、安阳博物馆编著：《安阳墓志选编》，第160—161页。

(《拓跋昇墓志》)。①

6. 费连氏改姓费（2桩）。(1)太武帝弗椒房生临淮王谭。② 弗费为一姓。(2)元飋玄孙元瑛妻费氏，右中郎将洛州刺史之女（《元瑛墓志》）。③

7. 独孤浑氏改姓杜（2桩）。(1)明元帝杜皇后，生太武帝。④ (2)太武帝即位以舅杜超为阳平王，杜超尚明元帝女南安长公主。⑤ 太武帝以杜超与南安长公主女妻太保卢鲁元子卢统。⑥ 卢鲁元本姓豆卢氏（吐伏卢氏），豆卢氏本慕容氏之裔，归魏而改姓豆卢。

8. 纥奚氏改姓嵇（2桩）。(1)嵇根在道武帝皇始年间归北魏，尚昭成帝女（即献明帝姊（妹）、道武帝之姑），(2)嵇根子拔尚道武帝女华阴公主。⑦ 明元帝与华阴公主皆为道武帝刘皇后（刘眷女）所生（已见上文鲜卑刘氏条），称公主，知尚公主在道武帝时，华阴公主在明元帝时改称献怀长公主。⑧

9. 越勤氏改姓越（2桩）。(1)太武帝越椒房生晋王伏罗。⑨ (2)广阳王嘉曾孙拓跋虎长女须摩适高车越勤氏（《拓跋虎妻尉迟将男墓志》）。⑩

10. 乌洛兰氏改姓兰（2桩）。(1)文帝拓跋沙漠汗纳兰氏为妃，生思帝弗立。⑪ (2)汝阴王天赐（景穆帝子）孙元世彦纳寿阳简公

---

① 张永华、赵文成、赵君平：《秦晋豫新出墓志蒐佚三编》，第102页。
② （北齐）魏收：《魏书》卷一八《太武五王传》，第417页。
③ 大同艺术研究院：《大同艺术研究院藏品图录：墓志》，第192页。
④ （北齐）魏收：《魏书》卷一三《皇后传》，第326页。
⑤ （北齐）魏收：《魏书》卷八三《外戚传》，第1815页。
⑥ （北齐）魏收：《魏书》卷三四《卢鲁元传》，第802页。
⑦ （唐）李延寿：《北史》卷三十四《嵇根传》，第919页。
⑧ （北齐）魏收：《魏书》卷三《太宗纪》，第62页。
⑨ （北齐）魏收：《魏书》卷一八《太武五王传》，第417页。
⑩ 毛远明：《汉魏六朝碑刻校注》第十册，第233页。
⑪ （北齐）魏收：《魏书》卷十三《皇后传》，第322页。

孙、赵平太守第二女兰将(《元世彦妻兰将墓志》)。①

(四) 与《魏书·官氏志》之外诸胡姓间的婚姻

1. 鲜卑段氏 (3桩)。辽西段氏,本出段国,东部鲜卑族。② (1) 烈帝曾孙兴都子东阳王元丕妻段氏。③ 段氏事迹未详。西晋末之辽西鲜卑左贤王段匹磾即此段氏人。拓跋氏早年一般与鲜卑及其他胡族通婚,元丕妻当即此鲜卑段氏。(2) 道武帝纳段夫人生广平王连、京兆王黎。④ (3) 昭成帝玄孙、定州使君蒲仁之长女元渠姨适段韶为北齐左丞相、平原王段韶 (《段韶妻元渠姨墓志》)。⑤ 段韶为北齐文宣帝段昭仪之兄。⑥

2. 乌桓祁氏 (1桩)。桓帝皇后祁氏。⑦ 据田馀庆先生考证,广宁即大宁,是西晋护乌桓校尉府所在,桓帝拓跋猗㐌后祁氏为乌桓人。⑧ 北魏前期皇室鲜有与汉人通婚,更别说代国时期了,平文帝后、寿鸠后之广宁王氏,亦为乌桓人。

3. 乌桓广宁王氏 (4桩)。(1) 平文帝以乌桓广宁王氏为后。⑨ (2) 昭成帝为平文帝子,则王氏兄丰为昭成帝舅。昭成帝子寿鸠以平文帝王皇后兄丰之女为后 (《元伴墓志》)。⑩ 王丰女与昭成帝为表兄妹,为寿鸠之表姑。可知鲜卑早期舅甥、姑侄间可以为婚姻。(3) 道武帝王夫人生阳平王熙,(4) 道武帝另一位王夫人生河南王曜。⑪ 鲜卑早年罕与汉人通婚,且道武帝前已有与乌桓王氏

---

① 毛远明:《汉魏六朝碑刻校注》第六册,第247页。
② 姚薇元:《北朝胡姓考》,第262页。
③ (北齐) 魏收:《魏书》卷一四《神元平文诸帝子孙》,第357页。
④ (北齐) 魏收:《魏书》卷一六《道武七王传》,第389页。
⑤ 王其祎、周晓薇:《隋代墓志铭汇考》第二册,第278—279页。
⑥ (唐) 李延寿:《北史》卷一四《后妃传》,第521页。
⑦ (北齐) 魏收:《魏书》卷一三《皇后传》,第322页。
⑧ 田馀庆:《拓跋史探》,北京:三联书店,2003年,第109页。
⑨ (北齐) 魏收:《魏书》卷一三《皇后传》,第323页。
⑩ 毛远明:《汉魏六朝碑刻校注》第四册,第175页。
⑪ (北齐) 魏收:《魏书》卷一六《道武七王传》,第389页。

通婚之例,道武帝二位王夫人约亦为乌桓王氏。

4. 鲜卑万氏(2桩)。鲜卑吐万氏改姓万氏。(1)万振尚高阳长公主。(2)万振子安国尚河南公主。①《魏书·万安国传》中载献文帝对万安国非常亲宠,"与同卧起"。"同卧起"的两人一般年龄相仿、辈分相同。安国承明元年(承明仅一年476)为孝文帝所赐死,年二十三,则生于兴光元年(454),生卒年正巧与献文帝同,所尚河南公主当与其同辈,约为太武帝女、文成帝之姐妹。亦可推知安国父振所尚高阳长公主亦与振同辈,约为太武帝女,文成帝姐妹,称长公主,可知振尚公主在文成帝时,文成帝正为万安国舅。

5. 匈奴赵氏(1桩)。献文帝子赵郡王幹妃赵氏,生元谧。②

6. 匈奴曹氏(1桩)。并州曹氏出自匈奴。③文成帝夫人曹氏,生广川王略。④

7. 高车斛律氏(1桩)。北齐后主以左相斛律光女为后,北齐亡,嫁开府元仁。⑤

8. 匈奴赫连氏(7桩)。(1)匈奴赫连勃勃子赫连昌尚明元帝女始平公主⑥。(2)太武帝以赫连昌妹为后。(3)太武帝纳赫连后妹为贵人。(4)太武帝纳赫连后另一妹为贵人。⑦(5)昭成帝曾孙常山王素纳赫连昌妹(《元侔墓志》)。⑧这五桩元氏与赫连昌的婚姻都是太武帝为招纳安抚赫连昌而安排的政治婚姻。(6)赫连屈孑即赫连勃勃,勃勃弟文陈道武帝时期已投北魏,道武帝以宗室女妻

---

① (北齐)魏收:《魏书》卷三十四《万安国传》,第804页。
② (北齐)魏收:《魏书》卷二一《献文六王传·赵郡王幹》,第543页。
③ 姚薇元:《北朝胡姓考》,第317页。
④ (北齐)魏收:《魏书》卷二一《文成五王传》,第525页。
⑤ (唐)李延寿:《北史》卷一四《后妃传》,第524页。
⑥ (北齐)魏收:《魏书》卷九五《铁弗刘虎传》,第2059页。
⑦ (北齐)魏收:《魏书》卷一三《皇后传》,第327页。
⑧ 毛远明:《汉魏六朝碑刻校注》第四册,第175页。

之,(7)赫连文陈曾孙赫连石尚太武帝女上谷公主。① 上谷公主先适嫁乙瓌,瓌卒,公主改嫁赫连石(其祖父即文陈子若豆根在明元帝时赐姓宿氏,故又称宿石)。则赫连石曾祖归北魏,祖上从征有功。这两桩婚姻也与安抚赫连氏有关。

9. 茹茹郁久闾氏改姓闾(11桩)。(1)闾大肥在道武帝时归魏,尚帝女华阳公主②。(2)太武帝时华阳公主卒,大肥尚道武帝女濩泽公主。③《齐御史中丞赫连公故夫人闾氏(炫)墓志铭》记闾炫曾祖大肥尚陇西长公主,闾炫祖冀州刺史晋阳公菩萨。④ 闾即郁久闾。大约只有在明元帝在位时期道武帝女因是明元帝姐(妹)才称长公主,明元帝时期是华阳公主与闾大肥为夫妻,所以墓志中所记陇西长公主就是华阳公主。明元帝即位后华阳公主作为明元帝姐妹改称长公主,并且封号改为陇西。闾大肥是在与华阳公主婚姻期间赐爵荥阳公,在太武帝时尚濩泽公主,濩泽为太武帝之姑,姑当称大长公主,而且闾氏墓志中闾大肥与陇西公主是有儿子菩萨,而濩泽公主与大肥结婚时约已无生育能力,这些亦可证闾炫墓志中的陇西长公主就是华阳公主。(3)太武帝延和三年二月,茹茹主吴提尚西海公主。(4)太武帝以吴提妹为夫人,又进为左昭仪。⑤ 太武帝以郁久闾氏为左昭仪,生南安王余⑥,则南安王余之母约即吴提妹。(5)郁久闾毗在太武帝时归北魏,其妹适太武帝景穆太子,文成帝遵景穆为恭宗,郁久闾氏亦尊为恭皇后。⑦ (6)景穆帝郁久闾

---

① (北齐)魏收:《魏书》卷三十《宿石传》,第724页。
② 《魏书》卷30《闾大肥传》误作"尚华阳公主",前文已述嵇拔尚道武帝女华阴公主,道武帝不可能有两个女儿称华阴公主,显然《魏书》误,当从《北史·闾大肥传》作"华阳公主"。
③ (唐)李延寿:《北史》卷二十《闾大肥传》,第728页。
④ 毛远明:《汉魏六朝碑刻校注》第九册,第149页。
⑤ 李延寿:《北史》卷九十八《蠕蠕传》,第3254页。
⑥ (北齐)魏收:《魏书》卷一八《太武五王传》,第417页。
⑦ (北齐)魏收:《魏书》卷一三《皇后传》,第327页。

后侄尚景穆帝女乐平公主，(7) 元显恭妻为乐平公主子郁久闾世颖女。显恭妻茹茹主曾孙、景穆帝乐平长公主孙、安固伯（郁久）闾世颖女（《元显恭墓志》）①。可知元显恭之妻郁久闾氏曾祖为景穆帝郁久闾后兄弟，则其祖为景穆帝郁久闾后侄，尚景穆帝女乐平长公主，称长公主，可知这桩婚姻是在文成帝时，郁久闾某与乐平长公主间为表兄妹。乐平长公主生郁久闾世颖。景穆帝子城阳王长寿为郁久闾世颖舅，长寿子元鸾与世颖为表兄弟。元鸾子显恭纳郁久闾世颖女。(8) 献文帝子咸阳王禧女乐安郡公主元仲英适仪同郁久闾君子（《闾伯昇墓志》《闾伯昇妻元仲英墓志》）②，闾伯昇高祖当与大檀子茹茹主吴提为同一家族。(9) 孝文帝子汝南王悦妃郁久闾氏，东海公女。③ (10) 西魏文帝元宝炬妻郁久闾氏，蠕蠕主阿那瑰长女。④ (11) 西魏文帝以元翌女为化政公主适蠕蠕主阿那瑰之弟塔寒。⑤

10. 高丽乐浪王氏（2桩）。乐浪王氏为朝鲜土族。(1) 景穆帝子安定靖王休第二子元愿平娶广阳靖侯王道岷第三女，王氏为冀齐二州刺史、燕郡康公昌黎韩麒麟外孙。永平二年（509）五月卒于洛阳，时年三十（《元愿平妻王夫人墓志》）⑥，王氏生于太和四年（480），则王氏与愿平婚姻是在孝文帝时，这是现可知乐浪王氏与元氏间最早的一桩婚姻。(2) 王弼尚西魏文帝女安乐公主。王珍已仕于北魏，珍子罴居于北魏六镇之一的武川镇，王罴子盟参与破六韩拔陵起事，王盟后随尔朱天光入关，并仕于西魏，封长乐郡公。王盟为燕武邑公、太宰王波六世孙。王盟妹为宇文肱妻（明德皇

---

① 毛远明：《汉魏六朝碑刻校注》，第六册，第400页。
② 毛远明：《汉魏六朝碑刻校注》第七册，第353页。
③ （北齐）魏收：《魏书》卷二十二《孝文五王传·汝南王悦》，第593页。
④ （唐）李延寿：《北史》卷十三《后妃传》，第507页。
⑤ （唐）李延寿：《北史》卷九十八《蠕蠕传》，第3264页。
⑥ 毛远明：《汉魏六朝碑刻校注》第四册，第136页。

后），王盟子劢随宇文泰入关，王劢子大都督、通直散骑常侍王弼[①]。宇文肱亦为武川镇人，肱娶王黑女、王盟妹（北周建立后追尊宇文肱为德皇帝，相应追尊王氏为明德皇后），生宇文泰，王盟子王劢又随表兄宇文泰入关，这些奠定了乐浪王氏在关陇集团的地位。宇文肱妻王氏（明德皇后）与元愿平妻王氏辈分相同，皆为燕武邑公王波六世孙，宇文泰生于正始四年（507），以王氏二十岁适宇文泰记，则王氏约生于太和十二年（488），则与元愿平妻王氏年龄相仿，如是这两桩乐浪王氏与元氏的婚姻时期相近。西魏文帝元宝炬与宇文泰同年生，则王劢子弼比元宝炬小一辈，可知王弼所尚安乐公主为西魏文帝女。与元愿平的婚姻，体现了乐浪王氏居于中原的一支已具有河洛士族特点，在太和间与汉化的北魏宗室结为婚姻。宇文肱与王氏的婚姻，体现了乐浪王氏在六镇中的一支，渐染胡风，王盟、王劢父子受到西魏文帝宠信，王劢子弼又尚西魏文帝女，元宝炬为孝文帝之后，有较深的文化修养，宝炬女嫁王弼除了因王氏与关陇集团的姻亲关系外，亦与王弼本身有一定的文化素养相关，《北史·王盟传》称其"姿度弘雅，仁而泛爱"即是儒家道德的体现，可知乐浪王氏居于六镇后入关的一支在渐染胡风的同时亦渐有汉文化修养。此处是从与元氏的婚姻角度谈乐浪王氏，有关北朝乐浪王氏的具体情况可参见罗新《十六国北朝时期的乐浪王氏》。[②]

11. 匈奴沮渠氏（4桩）。（1）太武帝以沮渠蒙逊女、沮渠牧犍妹为昭仪。（2）沮渠蒙逊子牧犍尚明元帝女、太武帝妹武威公主。[③] 这两桩婚姻与北魏招纳北凉沮渠政权有关。随着沮渠氏融入

[①] （唐）李延寿：《北史》卷六十一《王盟传》，第2164页。
[②] 罗新：《十六国北朝时期的乐浪王氏》，北京大学韩国学研究中心编《韩国学论文集》第6辑，北京：新华出版社，1997年，第15—19页。
[③] （北齐）魏收：《魏书》卷九九《沮渠蒙逊传》，第2206页。

北魏社会，沮渠牧犍下一代也有与拓跋氏结为婚姻者。（3）文成帝拓跋濬纳沮渠牧犍女为夫人，生齐郡王元简（《魏书》卷二十《文成五王·齐郡王简》①，《元简墓志》②）。（4）文成帝弟城阳王长寿纳沮渠时扬烈将军、浇河太守曲宁孙之长女为妃。曲即沮渠氏，宁孙事迹未详（《拓跋长寿妃曲氏墓志》）。③ 约与沮渠牧犍同辈。现可知这四桩与沮渠氏的婚姻，发生在北魏前期太武帝至文成帝时期。

12. 羌人姚氏（4桩）。（1）明元帝以后秦文桓帝姚兴女为后。④（2）刘裕灭后秦，姚兴子姚黄眉投北魏，尚明元帝女阳翟公主。⑤（3）后秦武昭帝姚苌子、姚兴弟姚和都尚明元帝女陇西公主（《宇文绍义（字忠之）妻姚洪姿墓志》，姚洪姿为后秦武昭帝姚苌玄孙女）⑥。（4）道武帝子阳平王熙子拓跋浑娶万年县君南安姚伯次女（《元倪墓志》，元倪为拓跋浑孙）。⑦ 南安姚氏就是姚兴之后，南安郡（治獠道县，今甘肃陇西县东南三台乡）。

13. 鲜卑念氏（1桩）。常山王遵（昭成帝孙）曾孙季海从孝武帝入关，季海子元俭纳金城枹罕念氏，父魏太师金城公贤（《元俭墓志》）。⑧

14. 鲜卑悦氏（1桩）。文成帝悦夫人生安丰匡王猛。⑨《后燕录》云："左仆射悦绾，生寿，南燕尚书。昌黎郡，悦绾，鲜卑人。"⑩

---

① （北齐）魏收：《魏书》，第528页。
② 毛远明：《汉魏六朝碑刻校注》，第三册，第308页。
③ 毛远明：《汉魏六朝碑刻校注》，第四册，第88页。
④ （北齐）魏收：《魏书》卷一三《皇后传》，第325页。
⑤ （北齐）魏收：《魏书》卷八三《外戚传》，第1814页。
⑥ 叶炜、刘秀峰：《墨香阁藏北朝墓志》，第164页。
⑦ 毛远明：《汉魏六朝碑刻校注》，第五册，第191页。
⑧ 齐运通：《洛阳新获七朝墓志》，北京：中华书局，2012年，第43页。
⑨ （北齐）魏收：《魏书》卷二十《文成五王传》，第525页。
⑩ （唐）林宝撰，陶敏校证，李德辉整理：《元和姓纂新校证》卷十，第527页。

15. 鲜卑玄氏（1桩）。鲜卑俟玄氏改姓玄。① 文成帝夫人玄氏生韩哀王安平，王早薨，无传。②

16. 鲜卑阳氏（1桩）。鲜卑莫胡卢氏改姓阳。③ 景穆帝阳椒房生汝阴灵王天赐。④

17. 匈奴成氏（1桩）。开陵侯成娩，以故匈奴介和王将兵击车师，不得封年。⑤ 献文帝以成氏女为夫人，成氏代郡平城人（《献文帝嫔成夫人墓志》）。⑥ 成氏称代郡平城人，是以居住地为籍，称代人当非汉族，约为匈奴成氏之后。

18. 羯人尔朱氏（3桩）。（1）尔朱荣妻北乡郡长公主，⑦ 公主为景穆帝子南安王桢女。⑧（2）孝明帝以尔朱荣女为嫔。⑨（3）昭成帝之后常山王拓跋素孙元老德娶尔朱杜斤真女（《拓跋济墓志》济为老德子）。⑩ 虽无明确说明，但据所处时代，此尔朱氏大约亦尔朱荣家族之后。

19. 氐人苻氏（1桩）。景穆帝子济阴王小新成娶苻氏，生子元郁。王连龙据小新成子元郁墓志文中载元郁母系情况时提及长安、秦主、河南公等文辞，推测元郁母一系当来自前秦，前秦苻坚封其弟双为河南公，墓志中河南公正指苻双。前秦建元元年（365）苻双据上邽叛乱，为苻坚所诛。墓志载苻双河南公之封而止，后未有

---

① （明）凌迪知：《万姓统谱》，《景印文渊阁四库全书》第957册，台北：台湾商务印书馆，1986年，第816页。
② （北齐）魏收：《魏书》卷二十《文成五王传》，第525页。
③ （唐）林宝撰，陶敏校证，李德辉整理：《元和姓纂新校证》，第542页。
④ （北齐）魏收：《魏书》卷一九《景穆十二王传》，第441页。
⑤ （汉）班固：《汉书》卷十七《景武昭宣元成功臣表》，北京：中华书局，1962年，第662页。
⑥ 毛远明：《汉魏六朝碑刻校注》第四册，第273页。
⑦ （北齐）魏收：《魏书》卷七四《尔朱荣传》，第1654页。
⑧ （北齐）魏收：《魏书》卷一九下《景穆十二王·南安王桢》，第506页。
⑨ （唐）李延寿：《北史》卷四八《尔朱荣传》，第1754页。
⑩ 西安市文物稽查队：《西安新获墓志集萃》，第19页。

所详，或缘于提及长安、秦主等文辞，推测元郁母一系当来自前秦，前秦苻坚封其弟双为河南公，墓志中河南公正指苻双。前秦建元元年（365）苻双据上邽叛乱，为苻坚所诛。墓志载苻双河南公之封而止，后未有所详，或缘于此。① 则小新成妃为氐人苻氏。

20. 于阗国（1桩）。文成帝纳西域于阗国主女为夫人（《文成帝于仙姬墓志》）。②

21. 匈奴田氏（1桩）。昭成帝曾孙、清河王纥根孙、陈留王虔子拓跋崇纳田氏，田氏事迹未详（《定州刺史元某墓志》，元某为拓跋崇孙）。③ 拓跋氏早期罕有与汉族通婚，此田氏约即并州一带的匈奴田氏。

22. 谷会氏（1桩）。谷会氏改姓谷。平文帝子高凉王孤曾孙拓跋乙斤娶谷会氏（《元鉴之墓志》）。④

23. 高车有袁纥氏改姓袁（1桩）。景穆帝袁椒房生阳平幽王新成。⑤ 陈郡袁氏多南渡，且拓跋氏早年较少与汉人通婚，此袁氏约为袁纥氏。

24. 姬氏（1桩）。常山王遵之后隋太仆卿元智娶神水郡开国公姬肇女（《大隋故太仆卿夫人姬氏之志》）。⑥ 墓志中未载姬氏籍贯，但从其兄姬威墓志中可知，姬威字永兴，河南洛阳人。⑦ 以河南洛阳为籍，则姬氏约亦为改汉姓之胡人。

现可知北朝元氏家族与约56个胡族通婚约181桩，元氏女出

---

① 王连龙：《新见北朝墓志集释》，第6页。
② 毛远明：《汉魏六朝碑刻校注》第六册，第9页。
③ 张永华、赵文成、赵君平：《秦晋豫新出墓志蒐佚三编》，第55页。
④ 天津人民出版社：《北魏皇家墓志二十品》，第12页。
⑤ （北齐）魏收：《魏书》卷一九《景穆帝十二王传》，第441页。
⑥ 王其祎、周晓薇：《隋代墓志铭汇考》第五册，第220页。
⑦ 王其祎、周晓薇：《隋代墓志铭汇考》第四册，第68页。

嫁的有 71 桩，元氏娶其他胡族者 110 桩。其中与丘穆陵（穆氏24）、步六孤（陆氏 7）、独孤氏（刘氏 11）、贺兰氏（8）、勿忸于（于氏 10）、慕容氏（9）、乙弗氏（8）、尉迟氏（尉氏 8）、赫连氏（7）、郁久闾氏（闾氏 11）等通婚较多，下面再对元氏与这些家族的婚姻作些分析。

鲜卑穆氏早在穆崇就随道武帝征战，封为宜都公，奠定了穆氏成为大家族的基础，此后穆氏与元魏皇室多有通婚，通过婚姻奠定、巩固穆氏家族的地位，元氏也在与穆氏的婚姻中巩固其统治。史料中记载的穆氏尚公主约 12 桩，多未载公主所出，上文已尽可能对这些公主之所出进行考索。穆遂留、穆观一支皆有祖至孙连续三代尚公主，穆观一支还有兄弟间多人尚公主，可知穆氏作为勋臣八姓之一与元魏皇室的密切关系。现可知北朝元氏与穆氏婚姻达 24桩，是北朝元氏与胡族婚姻中通婚数最多的家族，穆氏与元氏的婚姻主要在北魏迁都洛阳前即北魏前期，有婚姻 18 桩。穆泰（穆遂留曾孙）、穆罴（穆观曾孙）反对孝文帝迁都，穆泰伏诛、穆罴被削封降为民。这对穆氏家族打击较大，穆罴弟穆亮助孝文帝迁都改革，穆亮一支在孝文帝时期仍略有婚姻。但孝文帝迁都改革之后，鼓励与汉族通婚，与胡族通婚大为减少，元氏与穆氏婚姻当然属于减少之列。穆亮之子穆绍助灵太后废黜元义，而此后穆氏家族逐渐缺乏有影响的人物，穆氏家族已渐式微。魏分东西后，穆氏入关者罕见，这也失去了穆氏成为后来关陇集团重要成员的机会，亦即失去了此后在隋唐具有影响力的机会，凡此种种，穆氏也就退出了重要世族的行列。

陆俟从道武帝征战，封关内侯，其子陆俟封东平王，从明元帝征伐，多有战功。由此奠定了鲜卑陆氏的家族地位。在孝文帝迁都改革问题上，陆氏亦如穆氏分为两派，陆俟孙陆叡（陆丽子）与穆泰一起反对孝文帝迁都而赐死，陆俟孙陆凯（陆馛子）支持孝文帝迁都，迁都以后，陆氏家族影响力也渐趋衰落，陆氏家族的地位不如穆氏，从陆氏与元氏的婚姻数中亦可看出，现可知北朝元氏与陆氏婚姻约7桩，其中尚公主者仅2桩，陆氏娶诸王女2桩，元氏娶陆氏女3桩，陆氏家族地位本不是特别高，不是元氏特别拉拢的重臣，因此在与胡族通婚为主的北魏前期，元氏与陆氏的婚姻并不多。陆氏的汉化程度较高，其家族更多的是在文化方面的绵延，这反而有助于增加其家族的韧性，故陆氏家族在迁都后，与元氏的婚姻不少于迁都之前，现可知的7桩婚姻大约6桩在迁都后。魏分东西后，陆氏家族也极少入关，同样难以在隋唐具有一定影响力，加之家族地位本不如穆氏，穆氏尚且式微，陆氏的政治地位也就更低了。

元氏与贺兰氏间早在平文帝时期已有合作，元氏与贺氏间现可知的8桩婚姻中6桩发生于平文帝至太武帝时期，平文、献明、道武、太武皆娶贺氏女，平文帝女、昭成帝女皆适贺氏，也就是北魏建国的过程中，与贺氏结盟。道武帝时北魏统治逐渐稳固，要建立强大的统治，则要逐渐离散部落，道武帝离散贺兰部，幽贺夫人，将杀之，道武帝子清河王绍（贺夫人所出，此贺夫人为献明帝贺皇后之胞妹）弑道武帝，道武帝弟拓跋烈（与道武帝皆为献明帝贺皇后所生），拥立明元帝，明元帝杀贺夫人及清河王绍，贺兰势力消除殆尽。太武帝后罕有元氏与贺氏通婚，正是贺氏已不再是强大部落的显现。西魏北周时期贺兰初真娶宇文泰姊建安长公主，提升了贺兰氏的在关内的地位，初真子、宇文泰外甥贺兰祥封凉国公，贺兰祥二女分别适拓跋氏，这两桩约为与西魏皇室或宗室通婚。但总体上道武帝离散部落后，贺兰氏只是零星出些人物，且随着北周的建立，贺兰氏凭借与宇文氏的姻亲关系，也无须与元氏较多通婚了。

铁弗部刘虎从弟刘路孤归北魏，后刘虎子务桓亦归北魏。现可

· 489 ·

知与鲜卑刘氏的婚姻中多为与刘虎、刘路孤家族的婚姻，现可知与刘氏婚姻11桩，大约有9桩在迁都洛阳前。娶公主约5桩。元氏以刘氏女为后约2桩，可见在北魏巩固政权的过程中，对匈奴刘氏的拉拢是重要举措之一。刘氏对拓跋氏也多有挑战，刘显遣其弟刘亢泥迎道武帝季父拓跋窟咄，刘氏加入了拓跋氏的帝位之争，最后为道武帝所败，刘显部落徙中山，刘亢泥部落徙平城，离散部落之后，能与拓跋氏抗衡的力量更为减少，拓跋氏的统治更为坚实。独孤氏在被离散后，较早离开了权力斗争的漩涡，反而获得了较稳定的繁息条件，所以齐、周、隋、唐时独孤人物较盛。[①]匈奴贺氏与刘氏皆曾与拓跋氏争斗过，道武帝复国后，离散贺氏与刘氏部，此后与二氏通婚较少。

于栗䃅早在登国年间已随道武帝征战。于栗䃅子于洛拔随太武帝出征凉州，于洛拔子于烈，支持孝文帝改革，受到重用，相较穆氏和陆氏都有重要成员反对孝文帝迁都，于烈的支持就更为突出，也奠定了于氏在北朝中后期的地位。元氏积极与于氏通婚，于烈娶景穆帝子汝阳王女东阳公主，于烈弟于劲之女为宣武帝后，孝文帝子京兆王元愉纳宣武帝于皇后妹为妃，于氏的外戚身份更加巩固了其家族地位。于烈子于忠拥立孝明帝、保卫灵太后而在孝明帝时成为权臣。现可知于氏家族的10桩婚姻大多发生在迁都洛阳之后，有7桩婚姻在北魏时期，其中元氏嫁2桩，元氏娶于氏5桩（于氏为后1桩，于氏为王妃4桩）。魏分东西后，于劲这一支入邺城，还有部分支系则入关，最有代表性的是于栗䃅六世孙于谨，于谨追随宇文氏，给宇文泰出占据关中之策，成为关陇集团重要成员也奠定了隋唐于氏家族的地位。北周隋代时期元氏与于氏婚姻3桩，元氏娶于氏2桩，元氏嫁于氏1桩。于氏继续与元魏皇室联姻，于谨

---

① 田徐庆:《拓跋史探》，第83、90页。

子于仪尚西魏文帝元宝炬第三女广宁公主。保持与元魏皇室和权臣宇文氏的双重联系，巩固家族地位。

宇文氏为匈奴南单于东部大人，现可知与元氏婚姻约12桩，其中与宇文泰家族通婚6桩（我们在元氏与外戚权臣的婚姻的研究中分析考述），此处研究与宇文泰家族之外的6桩元氏与宇文氏的婚姻。这6桩婚姻中，北魏前期3桩，其中2桩为皇室嫁，1桩为宗室娶；迁都洛阳以后3桩，皆为元氏女嫁宇文氏。从婚姻中也可看出宇文氏部族的发展历程。宇文氏早期与拓跋氏平帝女、昭成帝女通婚，那是部落之间相互拉拢的婚姻。道武帝时宇文氏投北魏，皇始初迁宇文氏于武川，此后宇文氏多与武川酋豪通婚，六镇在北魏边陲，迁都洛阳、汉化改革后与六镇的往来更少，六镇将卒汉化程度很低，所以直至迁都后，武川的宇文氏与元氏通婚率仍很低。元氏主要与宇文氏中少数未迁往武川大约居于平城的宇文石通婚，宇文福已称为洛阳人，可见这一支宇文氏并未迁到武川，在孝文帝汉化改革时寄籍洛阳。宇文福祖宇文活拔初仕后燕慕容垂，在慕容宝时归北魏。宇文福随孝文帝迁都洛阳。元氏与宇文福一支通婚较多，有2桩。昭成帝曾孙拓跋陪斤娶宇文氏女、文成帝子广川王略孙灵遵娶悬氏侯宇文伯昇女，虽不知宇文氏之事迹，但结合宇文福一支的情况，可大致判断这两桩婚姻中的宇文氏也是宇文氏中未迁武川、居于平城后来汉化者。北朝后期元氏与武川宇文氏的婚姻主要是与宇文泰家族间，魏分东西，宇文泰一支挟孝武帝据关中，要达到的挟天子的目的，与皇室的通婚自然是必由之途经。

慕容为鲜卑中部部落，拓跋鲜卑与慕容鲜卑同源，虽然出于拉拢的需要拓跋氏与慕容氏联姻，但拓跋氏不满慕容氏鲜卑宗主的地位，攻灭后燕后，对慕容氏进行了大屠杀，存活者多被贬戍北镇，所以拓跋氏与慕容氏的婚姻，大多发生于昭成道武与慕容氏前燕、后燕的招纳、征战时期，此后与慕容氏婚姻较少。从拓跋氏与元氏的9桩婚姻全部仅是拓跋氏娶慕容氏（其中为后者达5桩），可见慕容氏在婚姻中缺乏主动性，亦可见两个部落间隐含的实际疏离甚至仇恨。

与拓跋氏往来之尉迟氏原本就是鲜卑之一部落还是于阗塞种之一支，学界尚有争议，可知的是道武帝时，尉迟氏为北魏之编户。道武帝在贺兰部时，贺染干遣侯引乙突等曾要加害道武帝，尉古真知道后告知道武帝，后来又从征中原，赐爵束州侯。奠定了尉迟氏的家族地位，此后尉迟氏仍保留尚武之性，在孝文帝时，列为勋臣八姓之一。现可知尉迟氏与元氏婚姻约8桩，其中迁都洛阳前3桩，2桩为元氏娶尉迟氏，1桩为元氏嫁尉迟氏；迁都洛阳后2桩，元氏娶和元氏嫁尉迟氏各1桩；还有1桩在北齐时期，为元氏女嫁尉迟氏；2桩是在西魏北周时期，皆为元氏娶尉迟氏。尉迟氏与元氏婚姻以北朝中后期时为多，尉迟氏保持家族的尚武传统，而在入关后获得重用，入关后尉迟氏亦注重与元魏宗室的通婚。

乙弗氏为鲜卑部族，后依附拓跋氏代国，北魏道武帝时期发生了王位之争，朝政动荡，乙弗氏大部离开盛乐，最后迁徙至青海湖一带，建立乙弗勿敌国。另一部分乙弗氏则留居盛乐。自道武帝登国九年（394）落居青海至太武帝神䴥二年（429）吐谷浑占领青海湖一带吞并乙弗勿敌国，乙弗勿敌国存在近四十年。不久，已成为吐谷浑渠帅的乙弗勿敌国首领匹知投北魏，遣其子乙瓌至平城进贡，太武帝留之。[①] 现可知的元氏与乙弗氏的8桩婚姻中，有7桩是与乙瓌家族联姻。元氏嫁5桩，即自乙瓌至其曾孙乙瑗四代五人尚公主。元氏娶2桩，乙弗氏为后、为夫人。《魏书》《北史》之《乙瓌传》仅述及其曾孙乙瑗辈，乙瑗天平元年在西兖州刺史任上

---

① 聪喆：《乙弗勿敌国始末》，《青海社会科学》1991年第6期。

应樊子鹄军而战死。乙瑗弟乙谐、乙琛在魏分东西时，选择东魏。① 据《柳行满妻乙弗玉墓志》可知乙瑗子魏秦豫二州刺史、直阁将军、定陶公子文，乙子文子隋唐州刺史、东宫右庶子、定陶公遗恩。乙瑗尚孝文帝女淮阳公主，淮阳公主女适公主兄京兆王愉子宝炬，淮阳公主女与子文为兄妹，则元宝炬与妻淮阳公主女乙弗氏和淮阳公主子乙弗子文为表亲。乙弗子文随元宝炬入关，乙弗氏为后，这样乙瑗的后人在关陇持续了家族的影响力。本身不是大部落的乙弗氏在与元氏的婚姻中提高了家族地位。另有一部分乙弗氏未西迁留在了盛乐，《北史》卷四十九《乙弗朗传》："乙弗朗字通照，其先东部人也。世为部落大人，与魏徙代，后因家上乐焉。朗少有侠气，在乡里以善骑射称。孝庄末，北边扰乱，避地居并、肆间。尔朱荣见而重之，甚相接待，以功封莲勺子。后隶贺拔岳，从尔朱天光西讨，为岳左厢都督。孝武帝之御齐神武，授朗合内大都督。及帝西入，诏朗为军司，先驱靖路。至长安，封长安县公。卒于岐州刺史。"② 乙弗朗祖上即是留居盛乐的乙弗氏，元氏与乙瓌家族之外一桩与乙弗氏的婚姻就是与留北魏的乙弗氏间的，为元氏娶。景穆帝子城阳王长寿子元鸾纳广川公乙乌孙孙、东宫中庶子乙（弗）延女，乙弗延女大约与乙弗朗是同一族，乙弗延女大约生活在孝文宣武间，乙弗朗是北魏末人，乙延女或许辈分还大些。由于留居盛乐的乙弗氏本就在北魏统治下，无须笼络，故这一支的影响力远不如投北魏的乙瓌支系。

赫连勃勃为铁弗刘氏之后，现可知与元氏婚姻约7桩，其中5桩为与赫连勃勃子赫连昌之女及昌之妹的婚姻，太武帝将自己的妹妹始平公主（明元帝女）嫁给赫连昌，还以赫连昌妹为后、又以其

---

① （北齐）魏收：《魏书》卷四十四《乙瓌传》，第991—992页。
② （唐）李延寿：《北史》，第1810页。

另外两妹为贵人，对赫连昌多有笼络，另外两桩婚姻是与赫连勃勃弟文陈一支间，赫连文陈早在道武帝时已投靠北魏，显然7桩婚姻都是要拉拢赫连部落。在元氏娶赫连氏的4桩婚姻中，为后1桩，为贵人2桩，为王妃1桩；在元氏嫁赫连氏的3桩婚姻中，赫连氏尚公主2桩。婚姻层级之高，正显现其政治性。随着大夏国的灭亡，赫连氏亦衰落，北魏也就不再对其安抚，此后就罕有与赫连氏的婚姻了。

柔然是北魏在其北境的最大隐患之一，柔然又与南朝结盟，使得北魏亦难以排除后顾之忧集中力量讨伐柔然，随着柔然政局的演变双方时战时和，婚姻成为双方交往的主要方式，茹茹郁久闾氏与元氏婚姻11桩，其中6桩在迁都洛阳前，元氏嫁4桩（皆为郁久闾氏尚公主），元氏娶2桩（1为帝之昭仪，1为诸王夫人，因为两族和亲而婚姻层级高；迁都洛阳后3桩（元氏嫁1桩，元氏娶2桩）；魏分东西后2桩（元氏嫁1桩，元氏娶1桩）。迁都洛阳前，元氏与郁久闾氏，互相皆有结盟之想，元氏对郁久闾氏还有安抚，而在迁都洛阳后，随着汉化元氏对郁久闾氏的拉拢降低，双方也都需要休养生息，元氏主要是诸王子女嫁娶郁久闾氏，已降低了婚姻层级。阿那瓌因元氏的帮助而返回柔然重登汗位，因而感念北魏，又助北魏平定六镇之乱，所以北魏后期与柔然间关系密切，跟元氏之间更为平等交流。至魏分东西后，与郁久闾氏婚姻元氏嫁1桩，元氏娶1桩，重新达到以郁久闾氏为后，郁久闾氏尚公主的层级。

元氏与胡族间的婚姻，主要为融合鲜卑各部族以及招降外族等，汉化改革前，元氏婚姻更主要以与胡族婚姻为主。如果以迁都洛阳为界分前后期，那么北朝前期元氏与胡族婚姻约121桩，其中皇室约92桩（元氏嫁43桩，元氏娶49桩），宗室约29桩（元氏嫁5桩，元氏娶24桩）；北朝后期约60桩，其中皇室约11桩（元氏嫁7桩，元氏娶4桩），宗室约47桩（其中元氏嫁16桩，元氏娶31桩），另有两桩北朝后期元氏娶不知皇室还是宗室婚。可见元氏与胡族通婚以北朝前期为多，婚姻数是北朝后期的近两倍。北朝前期与胡族的婚姻中以皇室为多，婚姻数是北朝前期宗室与胡族婚姻的三倍多，而北朝后期与胡族的婚姻明显宗室比皇室多，婚姻数是皇室的三倍多。就嫁娶比例而言，北朝前期皇室与胡族的婚姻中，元氏嫁娶大致相当，而宗室与胡族的婚姻中，元氏娶胡族是元氏嫁胡族的近六倍；北朝后期皇室与胡族的婚姻中，元氏嫁是元氏娶的一倍半，宗室与胡族的婚姻中，元氏娶是元氏嫁的近两倍。要羁縻、联络胡族，重要的就是和亲，在与胡族的婚姻中，皇族不能仅是主动的嫁，也需要娶胡族女，且胡族也更愿意通过与皇室的婚姻来更巩固两族的关系。这样嫁娶平衡既加强与胡族的感情，亦维护皇族和胡族双方的颜面，而宗室不像皇室那样直接代表元氏政权，胡族更愿意将女子嫁给皇室以加强其与元氏的关系，宗室多是主动嫁女给胡族，以参与联合胡族巩固统治的王业中。

北朝后期皇室主要与汉族士族通婚，彭超指出勋臣八姓为代表的胡族大族主要是因为政治力而成为高门，与汉人世族政治外还因文化积淀而成高门不同，且由于汉化政策，胡门高族的政治地位也在衰落，因此汉族士族还是不大愿意与元氏皇族宗室之外的胡族高门通婚（据彭超对鲜卑穆氏29桩婚姻的统计，其中2桩与冯氏的通婚勉强算与汉姓通婚，按冯氏不是汉族高门，这其实属于与外戚权臣的婚姻。彭超对鲜卑陆氏13桩婚姻的统计中，与汉族通婚5桩，其中只有3桩是与汉族高门。彭超统计的13桩鲜卑于氏婚姻中无一桩与汉族通婚）[①]，而元氏家族迁都后主要与汉族士族通婚，

---

① 彭超：《论北魏"勋臣八姓"由鲜卑勋贵向世家大族的演变》，吉林大学博士论文（2016），第124页、第108—112页。

即可见元氏首先要维持的是自己与汉族士族通婚的联系，还没有那么多精力去过多涉入汉族高门与胡族高门通婚之事，所以北朝后期虽然元氏与胡族通婚已较前期大为减少，但胡族高门主要还是与元氏家族通婚。北朝后期与胡族的通婚数宗室是皇室的四倍多，大约是皇族主要与汉族高门通婚了，而与胡族高门通婚的任务更多地让宗室承担。不论是北朝前期还是后期，元氏家族中皇室总是较宗室更多地承担婚姻的主要使命，北朝前期的婚姻主要是要团结羁縻胡族，皇室与胡族的婚姻即占主导。北朝后期的婚姻主要是要得到汉族士族的支持，北朝后期随着元氏家族主要成员在汉化进程中大幅提高文化水平，随着宗室支系的不断扩大，宗室在北朝后期的婚姻数要比皇室多得多。北朝后期皇室与汉族士族的婚姻即占主导，但也不能过于忽视与胡族的联姻，胡族高门难与汉族高门通婚，元氏出于对胡族的照顾关怀也需与之有一定的婚姻，人数不断扩大的宗室承担更多的与胡族联姻的责任。陈爽指出，北魏太和改制"改降五等"，改降爵位的矛头主要针对上层勋贵，北魏前期由异姓王公所分掌的权位，多为元魏宗室所取代，突出重用宗室的原则，逐步形成以宗室拱卫帝室、汉人士族辅佐其间的王权体制。[1] 北朝后期元魏皇室与胡族的婚姻数约为11桩，皇室与汉族高门的婚姻数约为19桩，已比与胡族间婚姻多近一倍；而北朝后期宗室与胡族通婚数约47桩，与汉族士族通婚约95桩，可见不论与胡族还是与汉族通婚，北朝后期都是宗室的婚姻最多。这也显现太和改制后宗室地位和势力大幅度提升，相应在元氏与胡汉世族的婚姻中也承担更为重要的作用，发挥更大的影响力。而北朝后期与胡族婚姻较少，一方面是要更多与汉族士族通婚，另一方面"改降五等"后异姓王

---

[1] 陈爽：《世家大族与北朝政治》，北京：中国社会科学出版社，1998年，第24—28页。

公的地位亦即重要性大幅降低，元氏自然与之较少通婚。

据《魏书》卷二一《献文六王传·咸阳王》："王国舍人应取八族及清修之门，（咸阳王）禧取任城王隶户为之，深为高祖所责。诏曰：'至于诸王娉合之仪，宗室婚姻之戒，或得贤淑，或乖好逑。自兹以后，其风渐缺，皆人乏窈窕，族非百两，拟匹卑滥，舅氏轻微，违典滞俗，深用为叹。以皇子茂年，宜简令正，前者所纳，可为妾媵。'"①可见孝文帝对北朝前期婚姻不大强调门第不满，强调门第也是汉化的重要内容，孝文帝要求宗室与政治力所定的胡族高门和汉族士族通婚，甚至"前者所纳，可为妾媵"，即为了纳高门女子为正妻，可以将此前所娶降为妾媵。虽然说要求宗室"应取八族及清修之门"，但从上述的统计即可知，相较于胡族，北朝后期宗室更多娶的还是"清修之门"即汉族士族。虽然北朝后期宗室与胡族高门婚姻只是与汉族士族婚姻的约49%，但宗室仍是北朝后期与胡族婚姻的主导力量。可见虽然皇室因其地位为政策主导，但随着宗室人数的不断扩大，在与胡汉通婚的实际操作中宗室已是主要力量。

现可知北朝时期元氏与胡族的婚姻约441桩，约占北朝元氏婚姻的约41%，对胡族的整合是元氏得以立足并统一北方的基础，而这过程中与各胡族的婚姻起了关键作用。对胡族婚姻的探究，为鲜卑民族的形成、北魏前期的政治、胡族间的融合等提供了相应的研究材料。

二、元氏与汉族士族间的婚姻

（一）与北朝世家大族间的婚姻

北方汉族本土世家大族是汉晋文化在北朝的传承者，也是北朝政治经济文化的重要基石，元魏要巩固在北朝的统治，也需要获得北朝本土世家大族的支持，与本土汉族士族通婚是获

---

① （北齐）魏收：《魏书》，第534—535页。

得他们支持的重要途径，与北方士族间的婚姻也成为北朝时期元氏与汉族士族通婚的主要对象。与元氏通婚的北朝汉族士族包括河朔、河东、河淮、关陇、荆楚的主要士族，下文对北朝汉族士族婚姻的考证，正是按这5个地域的顺序对北朝汉族士族进行排序。

甲．与河朔士族间婚姻

目前可知，北朝元氏共与河朔地区22个汉族士族之间有婚姻往来59桩，具体如下：

1. 赵郡李氏（8桩）。（1）宣武帝以固安侯、赵郡李静子殿中将军、领斋师主马左右李续宝之女为嫔（《宣武帝嫔李氏墓志》）。[1]（2）李安世尚沧水公主。《魏书》卷五十三《李祥传》："（李祥子李安世）太和十七年卒于家。安世妻博陵崔氏，生一子玚。崔氏以妒悍见出，又尚沧水公主，生二子，谧、郁。"[2] 李谧卒于延昌四年（515），年三十二，则生于太和八年（484），可知李安世尚沧水公主是在孝文帝时，称公主，则沧水为孝文帝女。（3）元廞（字义兴），中山王元熙异母弟，娶赵郡李氏女，李氏支系未详。[3]（4）据《李宪墓志》，李宪庶长子李长钧娶司空公元孟和女，元孟和事迹未详；（5）又，李宪第四女李季嫔为魏安乐王（鉴）妃。[4] 孝昌三年（527）宪女婿安乐王鉴据相州反，灵太后谓鉴心怀劫胁，遂诏赐宪死。[5] 据《魏故使持节司空公安乐王妃李氏（季嫔）墓志铭》："夫人字季嫔，赵国平棘人也……，年十有四策拜安乐王国妃。"[6]《魏书》卷二十《文成五王传·安乐

---

[1] 毛远明：《汉魏六朝碑刻校注》第六册，第26页。
[2] （北齐）魏收：《魏书》，第1177页。
[3] （北齐）魏收：《魏书》卷一九下《景穆十二王传下·南安王桢》，第508页。
[4] 毛远明：《汉魏六朝碑刻校注》第七册，第220页。
[5] （唐）李延寿：《北史》卷三十三《李灵传》，第1216页。
[6] 赵君平：《秦晋豫新出墓志蒐佚》，北京：国家图书馆出版社，2011年，第57页。

王》:"(元)鉴既庸才,诸弟粗暴,见天下多事,遂谋反,降附葛荣。都督源子邕与裴衍合围鉴,斩首传洛,诏改其元氏。庄帝初,许复本族,又特复鉴王爵,赠司空。"① 可知《李宪墓志》中漫灭的安乐王之名以及《李季嫔墓志》之"司空公安乐王"即元鉴。元鉴为文成帝曾孙。(6)李宪孙李祖牧之长女适魏颍川王元斌之世子世铎(《李祖牧墓志》)②,该墓志中一共记载祖牧四女,而《李宪墓志》中仅提及祖牧女阿范,则元象元年(538)李宪下葬时,其孙祖牧还只有长女阿范出生,阿范即元世铎妻。(7)据《北史》卷十四《后妃传下》"弘德夫人李氏,赵郡李叔让女也。初为魏静帝嫔"③,又《新唐书·宰相世系表》载,李叔让为李孝伯孙、中山太守李豹子之子,④ 则属东祖房李曾一支,李叔让与李宪同辈。(8)李宪子李希宗之长女李祖猗为东魏安乐王元昂妃。《北史》卷七《齐文宣帝纪》:"魏乐安王元昂,后之姊婿,其妻有色,帝数幸之,欲纳为昭仪。"⑤《李宪墓志》:李宪第二子李希宗妻博陵崔氏。希宗女祖猗,适安乐(下残)。可知李祖猗为李希宗长女,为东魏安乐王元昂妃。魏安乐王元鉴娶李宪女,元昂娶李宪孙女,则元昂比元鉴小一辈,大约元昂即元鉴子,孝庄帝时恢复了元鉴身前的爵位,继承安乐王爵者即元昂。结合《李宪墓志》、《魏书·安乐王传》(《北史》卷十九《文成五王传》亦作安乐王)可知上文所引《北史》卷七(《资治通鉴》卷一百六十七《陈纪一》⑥)"魏乐安王元昂"当是"魏安乐王元

---

① (北齐)魏收:《魏书》,第526页。
② 毛远明:《汉魏六朝碑刻校注》第十册,第67页。
③ (唐)李延寿:《北史》,第523页。
④ (宋)欧阳修、宋祁:《新唐书》卷七十二上,第2579页。
⑤ (唐)李延寿:《北史》,第261页。
⑥ 司马光:《资治通鉴》,北京:中华书局,1956年,第5148页。《魏书》卷十《孝庄帝纪》将"安乐王鉴"误作"乐安王鉴",见《魏书》第257页。

昂"之误。元魏有乐安王，是明元帝之后。《李宪墓志》在祖猗后，可能还记载了李希宗第二女祖娥的情况，但此处"安乐"之下文字漫灭，就难以确证了。

2. 顿丘李氏（1桩）。顿丘李氏为陇西李氏之分支。御史中尉李彪女为宣武帝婕妤，宣武帝崩，出为尼。①

3. 赵郡吕氏（2桩）。（1）常山王遵孙元淑夫人吕乃贺浑，相州刺史、相国侯、赵郡吕金安女（《元淑墓志》）。②（2）辽西公意烈玄孙元睿夫人赵郡吕氏，父恒农太守檀（《元睿墓志》）。③ 赵郡吕氏本为河北著姓，元淑、元睿年龄类似、生活时代相同，但元淑妻吕氏不像汉人之名，元淑长年镇守平城一带，大约不像河南一带的元氏经历汉化，有可能吕氏是为了迎合居住地的鲜卑氛围而另取了鲜卑化的名，也有可能吕金安已居于平城一带，故为其女取了鲜卑化的名。

4. 广平程氏（2桩）。（1）明元帝子乐安王范孙元腾夫人广平程法珠（《元腾墓志》）。④（2）南安王桢（景穆帝子）孙元融妻程氏，为后废帝元朗母⑤，《魏书》未言程氏籍贯郡望，迁洛后元氏宗室多与世家大族通婚，估计元朗母为广平程氏。

5. 博陵崔氏（7桩）。崔辩一支：（1）散骑常侍崔辩子仪同三司崔楷女崔瑶适吏部尚书、平原王元子均（《崔楷墓志》）⑥，元子均约为平原武昭王元祉子，袭爵平原王，《元祉墓志》已出土。⑦ 元祉永安二年五月封平原王，是年十一月即卒，大约由于其子元子均

---

① （北齐）魏收：《魏书》卷六十二《李彪传》，第1399页。
② 毛远明：《汉魏六朝碑刻校注》第四册，第115页。
③ 毛远明：《汉魏六朝碑刻校注》第四册，第298页。
④ 毛远明：《汉魏六朝碑刻校注》第五册，第41页。
⑤ （北齐）魏收：《魏书》卷十一《后废帝纪》，第278页。
⑥ 倪润安：《河北曲阳崔楷墓的年代及相关问题》，《中国国家博物馆馆刊》2013年第2期。
⑦ 洛阳市文物考古研究院：《洛阳北魏元祉墓发掘简报》，《洛阳考古》2017年第3期。

袭爵平原王。(2) 任城王云曾孙女适隋邺县公博陵崔弘度（祖魏司空崔楷，父周敷州刺史说）女，元氏父迪已入关，为周骠骑大将军、开府仪同三司、通直散骑常侍（《崔弘度妻元氏墓志》）。① 崔辩从父弟崔挺一支：(3) 孝文帝以光州刺史崔挺女为嫔。② (4) 崔挺子吏部尚书崔孝芬娶安丰王元延明女，永熙三年（534），崔孝芬卒后，元氏再适郑伯猷。③ (5) 崔挺子孝直（崔孝芬弟）之女适梁州刺史元士亮（《崔孝直墓志》）④，元士亮与祖珽交游⑤，当是东魏北齐时人，所属元氏支系未详。(6) 常山王遵玄孙元俭纳周安国公崔宣猷女（《元俭墓志》）⑥。这两条材料皆是魏分东西后，入关的元氏和博陵崔氏间的通婚。元俭父季海随孝武帝入关⑦，崔宣猷为光州刺史崔挺孙（崔孝芬子），孝武帝入关，崔孝芬为高欢所害，崔宣猷间行入关⑧。支系未详：(7) 献文帝子高阳王元雍妃范阳卢氏卒后，纳博陵崔显女为妃（《魏书》卷二一《献文六王传·高阳王雍》）⑨，元雍嫡子元泰墓志中言其母崔氏（《元泰墓志》）⑩，但未载崔氏郡望，结合元雍传所述，可知即博陵崔显妹。

6. 长乐潘氏（2 桩）：晋太康五年（284）改安平郡为长乐国，治信都（治河北冀州市），《元和姓纂》载有广宗潘氏⑪，广宗县（治今河北威县东）属于长乐郡，故长乐潘氏即广宗潘氏。(1) 献文帝妃长乐潘氏，生彭城王勰，潘氏祖青州治中、东来广川二郡太

---

① 西安市文物稽查队：《西安新获墓志集萃》，第 45 页。
② （北齐）魏收：《魏书》卷五十七《崔挺传》，第 1264 页。
③ （唐）李百药：《北齐书》卷十八《孙腾传》，第 235 页。
④ 大同艺术研究院《大同艺术研究院藏品图录：墓志》，第 133 页。
⑤ （唐）李延寿：《北史》卷四十七《祖莹传》，第 1736 页。
⑥ 齐运通：《洛阳新获七朝墓志》，北京：中华书局，2012 年，第 43 页。
⑦ （唐）李延寿：《北史》卷一五《魏宗室传·常山王遵》，第 573 页。
⑧ （唐）李延寿：《北史》卷三二《崔挺传》，第 1173—1174 页。
⑨ （北齐）魏收：《魏书》，第 557 页。
⑩ 齐运通：《洛阳新获墓志百品》，北京：国家图书馆出版社，2020 年，第 13 页。
⑪ （唐）林宝撰，陶敏校证，李德辉整理：《元和姓纂新校证》，第 191 页。

守猛,父平原乐安二郡太守弥(《元飊墓志》)。①(2)宣武帝以潘氏女为嫔。②

7. 渤海高氏(3桩)。(1)元彬女适黄门郎、武卫将军、夏州刺史、抚军将军、金紫光禄大夫渤海高聿,(2)高聿女又为元铮子元举之妻(《元举墓志》)③,即元氏为元举之姑,元举妻高氏为其表妹。高聿,《魏书》、《北史》皆无传,《魏书》卷十一《出帝纪》:"永熙二年春正月丁巳,以骠骑将军、前沧州刺史高聿为骠骑大将军、仪同三司。"④ 不知是否即元氏夫之高聿。(3)献文帝椒房高氏,生北海王详⑤,北海王详与其堂婶安定王燮妻高氏通奸,元详母高氏知后,骂元燮妻为高丽婢⑥,可知高氏非高丽高氏,元详母约为渤海高氏。渤海高氏有高允在朝中颇有影响力,献文帝以渤海高氏女为椒房是可能的。

8. 渤海石氏(1桩)。道武帝子阳平王熙孙元霄之子江阳王元继纳汝阳公渤海南皮石馥女(《元继墓志》⑦、《元继次妃石婉墓志》⑧)。

9. 渤海吴氏(2桩)。(1)景穆帝子京兆王子推娶浮海吴,父南宫子。(2)拓跋推子元坦娶浮海吴,父昌平太守,卒赠征虏将军清州刺史丑,生元液(《元液墓志》)。⑨ 浮海吴约为渤海吴之误,浮 biu 为并母尤韵开口三等平声流摄字,渤 bʰot 为并母没韵合口一等入声臻摄字,二字音相近。文成帝嫔耿寿姬之母即为渤海吴氏,

---

① 毛远明:《汉魏六朝碑刻校注》第四册,第106页。
② (北齐)魏收:《魏书》卷一三《皇后传》,第340页。
③ 毛远明:《汉魏六朝碑刻校注》,第六册,第145页。
④ (北齐)魏收:《魏书》,第287页。
⑤ (北齐)魏收:《魏书》卷二一《献文六王传》,第533页。
⑥ (北齐)魏收:《魏书》卷二一《献文六王传·北海王详》,第563页。
⑦ 毛远明:《汉魏六朝碑刻校注》第六册,第273页。
⑧ 毛远明:《汉魏六朝碑刻校注》第四册,第110页。
⑨ 毛远明:《汉魏六朝碑刻校注》第六册,第305页。

"（吴氏）父临颜（颍）、白马二县令，兄神宝，献文帝时行顺（幸）定州，被旨除弥寇将军、平兴（与）令。父弟息世明，为郡功曹，督护本县令。明息海宾，为郡功曹，复为郡中正。"（《文成帝嫔耿寿姬墓志铭》）①。白马县治今滑县旧县城东，临颍县（治今河南临颍县西北）。定州治卢奴（今河北定州市）在吴氏家乡冀州渤海（治南皮，今河北南皮县北）西北，定州本就从冀州分出。献文帝正是到了吴氏家乡一带。世明、海宾皆为渤海郡功曹，亦可见吴氏居于故乡。从耿寿姬之母渤海吴氏亦可推知京兆王子推妻、子推子元液妻为渤海吴氏。南宫治今河北南宫市西北，昌平郡治昌平县（河北蔚县北），封爵、任官皆在河朔之地，正因吴氏本为河朔士族。

10. 渤海刁氏（1桩）。特进、东安侯刁雍孙、洛州刺史东安惠侯刁遵子刁宣娶景穆帝子南安王桢孙女饶安公主。公主亦为元熙姊。刁雍字淑和，勃海饶安人。高祖刁攸为晋御史中丞，渤海刁氏正为大族，刁雍子协随晋元帝南渡，居于京口，位至尚书令，刁协孙畅为晋安帝右卫将军，刁畅兄逵得罪刘裕，刘裕诛刁氏，刁畅子刁雍逃奔姚兴豫州刺史姚绍，泰始二年与司马休之等归北魏。刁雍归北魏后，为薄骨律镇（治今宁夏吴忠市北）将十几年，又入朝拜特进，与高允等同为耆老，至太和八年以年九十五高寿而终。② 刁雍奠定了刁氏在北朝重振家族的基础，其子刁遵等借着孝文帝汉化改制，重新确立了渤海刁氏在北朝汉族士族中的一席之地。

11. 河间邢氏（3桩）。（1）平文帝之后元贤妻河间邢氏（《元贤墓志》）③，邢氏情况未详。（2）太武帝子临淮王谭子万年县男元孚

---

① 毛远明：《汉魏六朝碑刻校注》第四册，第375页。
② （北齐）魏收：卷三十八《刁雍传》，第865、873—874页。
③ 毛远明：《汉魏六朝碑刻校注》第八册，第265页。

子镇远将军、员外郎元子囧娶沧州刺史邢晏女邢援止（《邢晏墓志》）。①（3）景穆帝子任城王元云之第五女元纯陀原配穆君卒，再适车骑将军、平舒文定公河间邢峦，邢峦初娶博陵崔辩女，崔氏卒，继娶元纯陀，峦卒后纯陀入洛阳大觉寺为尼（《邢峦墓志》②、《邢峦妻元纯陀墓志》③）。

12. 河间（章武）周氏（1桩）。河间郡晋时分出章武郡，亦称章武周氏。任城王云曾孙元迪纳司空文安匡穆公周惠达长女周宣华（《元迪妻周（宇文）宣华墓志》）墓志称周宣华为汝南人，《周书》卷二二《周惠达传》："周惠达字怀文，章武文安人也。父信，少仕州郡，历乐乡、平舒、平成（成平）三县令，皆以廉能称。"④《元和姓纂》载周姓有河间文安之郡望，这一支周氏据说亦为汉汝南侯周仁之后，所举人名正是周惠达。⑤文安（治今河北文安县北）在汉时是属于河间郡，晋泰始元年（265）分河间郡东部为章武国（治东平舒，今河北大成县），周惠达父信仕于本州郡，平舒（即原东平舒县）、成平（治今河北沧县西）皆属章武郡，乐乡（治今河北保定市东南）属于高阳郡，高阳郡就在章武郡西，二郡皆属于瀛州。此亦证周惠达就是河间周氏。

13. 巨鹿孟氏（4桩）。巨鹿孟氏为后汉孟敏之后。⑥（1）景穆帝纳巨鹿孟氏女生任城康王云，据《魏书》卷九二《列女传》："任城国太妃孟氏，巨鹿人，尚书令、任城王澄之母。"⑦（2）景穆帝纳

---

① 田国福：《河间金石遗录》，第194—195页。
② 田国福：《河东金石遗录》，第186—187页。
③ 毛远明：《汉魏六朝碑刻校注》第六册，第276页。
④ （唐）令狐德棻：《周书》，第361页。
⑤ （唐）林宝撰，陶敏校证，李德辉整理：《元和姓纂新校证》，第237页。
⑥ （唐）林宝撰，陶敏校证，李德辉整理：《元和姓纂新校证》，第452页。
⑦ （北齐）魏收：《魏书》，第1983页。

另一孟氏女生安定靖王休①，（3）景穆帝子任城王云纳孟氏为妃，孟氏为元澄母，具体情况未详②，（4）献文帝以孟氏女为椒房，生广陵惠王羽。③

14.巨鹿耿氏（2桩）。（1）文成帝以威远将军、博陵太守巨鹿耿乐女为嫔（《文成帝嫔耿氏墓志铭》）④。（2）文成帝以建中将军、魏郡太守巨鹿耿绍女耿寿姬为嫔（《文成帝嫔耿寿姬墓志铭》）⑤。

15.范阳卢氏（10桩）。（1）孝文帝纳卢玄（卢谌曾孙）曾孙、固安伯卢渊弟议郎卢敏女为嫔；（2）卢渊子道裕尚献文帝女乐浪公主；（3）卢道裕弟道虔尚孝文帝女济南长公主，言长公主，道虔当是在宣武帝时尚公主；（4）卢道裕从弟元聿（卢渊弟太常卿昶之子）尚孝文女义阳长公主，拜驸马都尉，授太尉司马、光禄大夫；（5）献文帝子高阳元雍纳范阳子卢度世从祖弟卢神宝女，这婚姻是孝文帝安排的。⑥（6）江阳王元乂子亮纳卢元聿女，《元乂墓志》中省作卢聿。⑦（7）景穆帝子南安王桢之孙元略纳卢度世子、卢昶弟光禄大夫尚之女卢真心（《元略墓志》）⑧。（8）南安王桢孙元融纳卢贵兰，祖魏建威将军、良乡子巚，父幽州主簿延集（《元融妻卢贵兰墓志》）。⑨卢巚、卢延集皆不见于史籍。（9）景穆帝子城阳王长寿之子元鸾纳范阳卢氏，生元显恭（《元显恭墓志》）⑩，卢氏子显恭墓志未言卢氏父祖情况。（10）孝文帝子清河王怿第二子元邵

---

① （北齐）魏收：《魏书》卷一九《景穆十二王传》，第441页。
② （北齐）魏收：《魏书》卷一九《景穆十二王传·任城王云传》，第473页。
③ （北齐）魏收：《魏书》卷二一《献文六王传》，第533页。
④ 毛远明：《汉魏六朝碑刻校注》第四册，第254页。
⑤ 毛远明：《汉魏六朝碑刻校注》第四册，第375页。
⑥ （北齐）魏收：《魏书》卷四七《卢玄传》，第1053、1051、1060、1063页。
⑦ 毛远明：《汉魏六朝碑刻校注》第六册，第19页。
⑧ 毛远明：《汉魏六朝碑刻校注》第六册，第206页。
⑨ 毛远明：《汉魏六朝碑刻校注》第八册，第42页。
⑩ 毛远明：《汉魏六朝碑刻校注》，第六册，第400页。

之女字季苾适卢氏，元氏为元邵妹（《元邵墓志》）。十桩婚姻是在孝文帝时期及之后，有六桩可知是与卢玄家族通婚，玄为卢氏最早仕于北魏者。

16. 范阳张氏（1桩）。南安王桢孙元彬妻为中山郡功曹张小种女（《元举墓志》举为彬孙）。[①] 范阳张氏为河朔大族，张小种为中山郡功曹，中山郡治卢奴（今河北定州市），可知其当为河朔人，范阳郡治涿县（今河北涿州市），则大约即范阳张氏。

17. 范阳祖氏（1桩）。景穆帝子济阴王小新成曾孙女阿耶适范阳祖子硕（《祖子硕妻元阿耶墓志》）[②]，子硕具体事迹未详。

18. 上谷侯氏（1桩）。文成帝子广川王元略纳平南将军、洛州刺史侯石拔女（《元焕墓志》）。[③]

19. 上谷张氏（2桩）。（1）献文帝以殿中曹给事中张白泽（钟葵）女为嫔，张白泽为临渭侯上谷张衮孙。[④]（2）景穆帝曾孙、京兆王子推孙元灵曜妻上谷张氏，祖殿中尚书、广平简公白泽，父前将军（《魏书》卷二四《张衮传》），司农卿伦（《元灵曜墓志》）。[⑤]

20. 昌黎孙氏（1桩）。元坦娶魏昌平太守昌黎孙僐女，孙氏天保十年六月十二日卒于家，春秋七十八，孙氏墓志中称元坦为平东将军、西荆州刺史（《元坦妻孙氏墓志》）[⑥]，孙僐事迹未详。此元坦与京兆王子推子元坦非一人。

21. 辽东公孙氏（2桩）。（1）常山王素（昭成帝曾孙）孙元晖

---

① 毛远明：《汉魏六朝碑刻校注》，第六册，第145页。
② 毛远明：《汉魏六朝碑刻校注》第七册，第268页。
③ 毛远明：《汉魏六朝碑刻校注》第五册，第343页。
④ （北齐）魏收：《魏书》卷二一《张衮传》，第795页。
⑤ 毛远明：《汉魏六朝碑刻校注》第五册，第200—201页。
⑥ 叶炜、刘秀峰：《墨香阁藏北朝墓志》，第246页。

夫人辽东公孙氏，义平子公孙顺女（《元晖墓志》）。①（2）平文帝子高凉王孤五世孙元鸷娶义平子公孙同女公孙甑生（《元鸷妃公孙曾孙墓志》）。②

22. 辽东李氏（2桩）。（1）昭成帝孙辽西公意烈孙奴瓌（拓跋受洛子）娶常山太守李捶女（《元睿墓志》）。③（2）北周太师弼子真乡公李衍娶元宝炬与妃席晖华所生第三女（《魏文帝妃席晖华墓志》）。④

乙. 与河东士族间的婚姻

结合各种资料，目前可知元氏与河东地区4个士族之间大约有11桩婚姻，具体如下：

1. 河东裴氏（2桩）。（1）闻喜侯裴骏孙询与寡居的宣武帝女太原长公主私通，孝明帝诏裴询尚太原长公主。⑤（2）景穆帝曾孙安定王元超女适魏汾州刺史裴良子北齐骠骑大将军、太中大夫裴子通（《北齐裴子通墓志》）。⑥

2. 河东薛氏（4桩）。薛氏先自蜀徙于河东之汾阴。薛辩先仕姚兴，刘裕灭后秦，辩归北魏。（1）薛辩孙河东康公初古拔尚文成帝女西河长公主，称长公主，可知初古拔尚公主，已是献文帝时。⑦（2）景穆子南安王桢子元诱纳薛伯徽，河东府君初古拔孙，尚书三公郎中长女，初古拔子尚书三公郎中某，史籍未载，《薛伯徽墓志》亦未记其名。⑧（3）南安王孙元谌纳薛慧命，祖河东康公

---

① 毛远明：《汉魏六朝碑刻校注》第五册，第47页。
② 毛远明：《汉魏六朝碑刻校注》第七册，第177页。
③ 毛远明：《汉魏六朝碑刻校注》第四册，第298页。
④ 该墓志见于"黄的貔貅"的微博 https://weibo.com/5580222167/J59MOc9uJ。
⑤ （北齐）魏收：《魏书》卷五四《裴骏传》，第1022页。
⑥ 王其祎、周晓薇：《隋代墓志铭汇考》第二册，第11—14页。
⑦ （唐）李延寿：《北史》卷三八《薛辩传》，第1325页。
⑧ 毛远明：《汉魏六朝碑刻校注》第五册，第361页。

初古拔，父河东敬公胤（《元湛妻薛慧命墓志》）。①（4）景穆帝子城阳王长寿之曾孙元崇智纳南青州刺史河东薛和女，薛和为初古拔弟河东太守薛湖子（《元显魏墓志》元崇智为元显魏子）。②现可知元氏与薛氏婚姻起于宣武帝时，初古拔、其侄女、其孙子、孙女皆于元氏结为婚姻。

3. 太原王氏（4桩）。（1）孝文帝纳王慧龙长子王琼长女为嫔。王慧龙自云太原晋阳人③，（2）文成帝子广川王略子元谐纳中山文宣王王叡女（《元焕墓志》④），王叡自云太原晋阳人⑤，可见《魏书》对王慧龙、王叡出自太原晋阳皆表示怀疑，但元魏宗室与之通婚是认可他们属于太原王氏。（3）道武帝子阳平王熙子拓跋浑之子元霄娶太原王氏，生元倪（《元倪墓志》）。⑥（4）明元帝子乐安范之后周开府仪同三司元慎子隋朝散大夫元祎（北周开府仪同三司元慎子）娶北周开府仪同三司、蒙都二州刺史太原王充女（《元祎墓志》）。⑦

4. 上党尧氏（1桩）。临洮太守赠龙骧将军尧遵长子某娶苌乐王拔孙、襄威将军、白石戍主之女元妙（字辉英），元妙神龟二年五月卒于洛阳，春秋二十八，是年十月葬于洛阳（《魏故尧氏元夫人（妙）墓志》）⑧。尧遵祖魏故振威将军、上党太守显，父散骑常侍、镇南将军、中护军将军、南部尚书、司农太仆二寺卿、赠使

---

① 毛远明：《汉魏六朝碑刻校注》第七册，第377页。
② 毛远明：《汉魏六朝碑刻校注》，第五册，第340页。
③ （北齐）魏收：《魏书》卷三八《王慧龙传》，第875、878页。
④ 毛远明：《汉魏六朝碑刻校注》第五册，第343页。
⑤ （北齐）魏收：《魏书》卷九三《恩幸传·王叡》，第1988页。
⑥ 毛远明：《汉魏六朝碑刻校注》第五册，第191页。
⑦ 王其祎、周晓薇：《隋代墓志铭汇考》第三册，第359—361页。
⑧ 赵君平、赵文成：《秦晋豫墓志搜佚》，第20页。笔者《北朝元氏家族与汉族士族婚姻考》，《陕西师范大学学报（哲学社会科学版）》2023年第4期，一文中笔误将元妙夫写成尧遵，元妙夫当为尧遵长子某，特更正。

第三章　元氏家族婚姻研究

持节、安北将军、相州刺史平阳敬公暄（《尧遵墓志》）[1]。尧遵墓志中未载其子之名，元妙墓志中亦未言其夫之名，故元妙夫即尧遵长子之名与事迹阙如，元妙墓志中未言其夫去世，约是时其夫还在世。

丙. 与河淮士族间的婚姻

据现有史料，元氏与河淮地区 10 个汉族士族有婚姻约 30 桩，具体情况如下：

1. 荥阳郑氏（15 桩）。（1）孝文帝以秘书监郑羲女为嫔。（2）孝文帝以郑胤伯女为嫔，郑胤伯为郑羲弟小白子，则郑胤伯女为郑羲侄孙女，郑羲女为郑胤伯女从姑，孝文帝郑充华生皇子恌，未封，早夭，未知郑充华为郑羲女或郑胤伯女。（3）献文帝子高阳王雍女适郑胤伯子司州别驾幼儒。（4）文成帝孙安丰王元延明女适南青州刺史郑伯猷，伯猷为郑胤伯弟平城子，元氏先为博陵崔孝芬妻，永熙三年（534）崔孝芬卒，再适郑伯猷（《北史》卷五六《郑羲传》）。[2]（5）郑伯猷子郑践娶其妻兄相州刺史元子玄女元孟瑜，元孟瑜与郑践为表兄妹（《魏仪同开府行参军郑践妻元夫人（孟瑜）墓志铭》）。[3]（6）献文帝子北海王详纳郑羲子吏部郎中郑懿女，这婚姻是孝文帝安排的。[4]（7）孝文帝以郑懿女为废太子恂孺子[5]。（8）献文帝子广陵王羽纳郑胤伯弟平城女郑始容，郑始容祖郑羲次兄中书博士小白（《元羽妻郑始容墓志》）。[6]（9）献文帝子高阳王雍之子元诞妃郑氏，豫州刺史郑敬祖女，郑敬祖为秘书监郑羲孙、秘书监郑道昭子。《北史》卷三十五《郑羲传》未言道昭为豫州刺

---

[1] 齐运通：《洛阳新获七朝墓志》，第 12 页。
[2] （唐）李延寿：《北史》卷五六《郑羲传》，第 1303、1309、1310 页。
[3] 赵君平：《邙洛碑志三百种》，北京：中华书局，2004 年，第 32 页。
[4] （北齐）魏收：《魏书》卷二一《献文六王传》，第 535 页。
[5] （北齐）魏收：《魏书》卷二二《孝文五王传》，第 587、589 页。
[6] 毛远明：《汉魏六朝碑刻校注》第九册，第 136 页。

史,《元诞墓志》所载可补史书之阙。① (10) 郑道昭孙女、郑严祖女大车（一作火车）为广平王怀妃,《北史》卷十四《后妃传》："冯翊太妃郑氏,名大车,严祖妹也。（校勘记：郑氏名大车严祖妹也。按本书卷三五《郑羲传》,大车是严祖女,此误。）初为魏广平王妃。迁邺后,神武纳之,宠冠后庭,生冯翊王润。"②《北史》卷三五《郑羲传》："（严祖）庶子仲礼,少轻险,有膂力。齐神武嬖宠其姊火车,以亲戚被昵,擢为帐内都督。"③郑道昭生于太安元年（455）,广平王怀生于太和十一年（487）,高欢生于太和二十年（496）,以郑道昭二十二岁生严祖记,则严祖生于承明元年（476）,严祖妹则比他略小,要之比广平王怀和高欢大十余岁,可见严祖妹不大可能成为他们的妃,而严祖二十余岁生女,其女正好比广平王怀、高欢略小正可成为他们的妃,所以《北史》卷三五《郑羲传》所记是,《北史》卷一四《后妃传》提供了郑大车原为广平王怀妃的史料,亦有其价值。(11) 郑文宽尚宇文泰元后妹平阳公主（孝文帝子广平王怀女）,郑文宽随孝武帝入关,文宽为郑小白弟洞林曾孙,北周郑译（文宽从兄道邕子）从父。④则郑文宽为郑伯猷郑译从父文宽与小白子平城之子伯猷同辈,文宽为郑伯猷的族侄。(12) 郑羲从父兄荥阳太守德玄孙豫州刺史郑祖育之子仪同三司、显亲县开国男郑僧覆娶景穆帝子南安王桢孙安喜县开国伯元诱女,元氏为韦孝宽妻郑毗罗母（《韦孝宽妻安乐郡君郑毗罗墓志》）。⑤ (13) 汝阴王天赐曾孙元范纳齐州使君郑宝女令妃,郑宝史书无载（《元范妻郑令妃墓志》）。⑥ (14) 城阳王长寿孙元徽妹适

---

① 毛远明：《汉魏六朝碑刻校注》第七册,第164页。
② （唐）李延寿：《北史》,第519页。
③ （唐）李延寿：《北史》,第1306页。
④ （唐）李延寿：《北史》,第1310—1315页。
⑤ 戴应新：《长安凤栖园韦氏家族墓地墓志辑考》,第44页。
⑥ 王其祎、周晓薇：《隋代墓志铭汇考》第一册,第330页。

荥阳郑氏，郑氏名未载（《元徽墓志》）。① 十四桩婚姻中前十二可知郑氏世系，皆属郑羲家族，这些婚姻时间在孝文帝时期及之后。(15) 元仲景（支系未详）娶随襄国郡守、开府仪同三司、通义县开国公荥阳郑海第三女郑德范（574—652），元仲景中年早卒，郑氏以永徽三年（652）三月六日终于雍州万年县义里第，春秋七十九，以其年十月二十五日，葬于万年县少陵乡泉原里（《大唐故尚书司门郎中元君（仲景）夫人郑氏（德范）墓志铭》）②。结合郑德范生年，其与元仲景婚姻当在隋代。元仲景约唐武德初为尚书司门郎中，不久就去世了。

2. 河南孟氏（1桩）。昭成帝曾孙常山王素子元淑孙女元氏（荆州刺史元祐女）适东魏镇西将军、光禄大夫孟景邕，孟景邕为冀州刺史孟威子。③ 据《魏书》卷四四《孟威传》："孟威，字能重，河南洛阳人。普泰中，除大鸿胪卿，寻加骠骑大将军、左光禄大夫。天平三年卒。赠使持节、侍中、本将军、都督冀瀛沧三州诸军事、司空公、冀州刺史。子恂嗣。"④《元和姓纂》卷九，孟氏条有河南郡望，并列举了晋之孟钦。⑤ 孟钦《晋书》有传。孟威家族即河南孟氏。孟景邕未详是否即孟威嗣子孟恂。

3. 河南席氏（1桩）。席法友祖上安定人，其祖父晋时南奔，法友与裴叔业一同投北魏，遂居中原，其孙鹍入关。⑥ 河南席氏大约为席法友之后，席鹍入关后一部分席氏居于关中。元宝炬以岐州刺史席某之孙、秦州刺史席器女晖华为妃，河南缑氏人，生燕王元

---

① 毛远明：《汉魏六朝碑刻校注》第七册，第2页。
② 李浩：《榆阳区古代碑刻艺术博物馆藏志》，第40—41页。
③ 赵文成、赵君平：《秦晋豫新出墓志蒐佚续编》，第90页。
④ （北齐）魏收：《魏书》，第1005—1006页。
⑤ （唐）林宝撰，陶敏校证，李德辉整理：《元和姓纂新校证》，第452页。
⑥ （北齐）魏收：《魏书》卷七十一《席法友传》，第1587—1588页。

儒等（《魏文帝嫔席晖华墓志》）①。晋建威将军席衡寓居襄阳，仕于南朝，衡四代孙席固投魏，北周时为昌州刺史，② 席固七世孙席豫徙居河南③，但席豫为武后至天宝初人，显然祖居河南之席晖华并非席固一支的后代，大约其为席法友孙席鸥之后，席鸥入关，故晖华祖、父居于关中（从他们所任刺史地皆在关中陇右即可知），也因此席晖华有机会成为元宝炬妃。

4. 清河崔氏大房（4桩）。据《新唐书宰相世系表》，崔逞少子諲，宋青、冀二州刺史。生灵和，宋员外散骑常侍。生后魏赠清河太守宗伯。生休、寅。休号大房。崔休为北魏殿中尚书、文贞侯，休子悛为北齐七兵尚书，悛子瞻为北齐吏部郎中，悛弟仲文为北齐光禄大夫。仲文子隋内史舍人儦。儦子唐太子洗马世济。④ 清河地区的崔氏因为崔浩被北魏太武帝杀害（魏司空崔林后裔）并夷其族，崔颐（崔逞子）因与崔浩不和睦，又非同祖，崔颐一支而得留存。⑤ 崔琰五世孙崔逞与幼子颐投北魏，令妻携四子毅、諲、祎、严归慕容德于广固（今山东青州市西北）。崔逞（崔林从兄魏尚书崔琰后裔）为道武帝所杀，崔颐虽然在崔浩之难中逃过一劫，但其子崔叡在孝文帝初年被杀，自崔逞被害到崔叡被杀，五十多年，清河崔氏留在北朝的族属几乎覆灭。⑥ 迁往青齐后回投北魏的崔氏家族成员后来逐渐复兴了清河崔氏，但他们已非河朔世族，崔逞少子諲之孙宗伯自青齐投北魏，孝文帝定之为大族。清河大房在北朝时还罕有墓志发现，结合唐代墓志可知其葬地，如崔仲文孙世济之孙唐朝议郎崔逸甫开元四年十二月卒于洛阳，是年闰十二月葬于河南

---

① 该墓志见于"黄的貔貅"的微博 https://weibo.com/5580222167/J59MOc9uJ。
② （唐）林宝撰，陶敏校证，李德辉整理：《元和姓纂新校证》，第549页。
③ （后晋）刘昫等：《旧唐书》卷一百二十八《席豫传》，第4467页。
④ （宋）欧阳修、宋祁：《新唐书》，第2751—2752页。
⑤ （北齐）魏收：《魏书》卷三五《崔浩传》，第826—827页。
⑥ （北齐）魏收：《魏书》卷三二《崔逞传》，第757—759页。

府河南县梓泽乡纳义里原（今河南洛阳市，《唐崔逸甫墓志》）。① 崔世济曾孙邢州南和县令崔涣开成三年戊午之十月葬于河南府河南县平义乡杜翟村之原（《唐崔涣墓志》）②，可推知崔宗伯一支归北魏后即居洛阳并葬于此。献文帝子高阳王元雍纳博陵崔显妹，欲以为妃。宣武帝初以崔氏世号"东崔"，地寒望劣而为难，过了好久才允许。③ 清河东武城在今河北清河县东北，而博陵安平在今河北安平县，东武城在安平东南，怎么会称博陵崔氏为"东崔"呢，正因为崔宗伯等青齐清河崔氏投北魏后居于都城洛阳，安平当然在洛阳东，故称博陵崔氏为"东崔"。亦证崔休之族以洛阳为居葬地。

现可知与清河崔氏大房婚姻大约有4桩。（1）孝文帝纳崔宗伯子崔休之妹为嫔。④ 崔休作为崔逞的后代成为清河大房之祖。（2）江阳王继孙元颖纳尚书仆射清河崔休女（《元乂墓志》）。⑤（3）孝文帝曾孙、清河王怿子元宝建纳徐州刺史崔㥄女，㥄父魏殿中尚书文贞侯崔休（《元宝建墓志》）。⑥（4）献文帝孙女、高阳王元雍女适北齐散骑常侍崔仲文，生崔曜华（《齐故并州刺史吏部尚书王公（基）妻崔夫人（曜华）墓志铭》）。⑦ 崔仲文为魏七兵尚书崔休子、北齐侍中崔㥄弟。

5. 郑州清河崔氏（2桩）。魏司空、安阳孝侯崔林曾孙悦，前赵司徒、左长史、关内侯。三子：浑、潜、湛。湛生颐，后魏平东府咨议参军。生蔚，自宋奔后魏，居荥阳，号郑州崔氏。崔蔚生逞

---

① 周绍良、赵超：《唐代墓志汇编续集》，第462页。
② 周绍良、赵超：《唐代墓志汇编》，第2180页。
③ （北齐）魏收：《魏书》卷二一《献文六王传·高阳王雍》，第557页。
④ （北齐）魏收：《魏书》卷六九《崔休传》，第1525页。
⑤ 毛远明：《汉魏六朝碑刻校注》第六册，第19页。
⑥ 毛远明：《汉魏六朝碑刻校注》第七册，第275页。
⑦ 马忠理、冯小红、崔冠华：《磁县北朝墓群出土碑志集释》，第204—207页。

字元钦,武川镇都督、武津县公。逼子瓒字绍珍,兼尚书左丞。瓒子茂字祖昂,袭武津县公。①则郑州崔氏为崔林之后,亦自南朝投北魏。(1)尚书左丞崔瓒(崔蔚孙)尚孝庄帝妹襄城长公主,崔瓒父崔逼言其本清河东武城人,世家于荥阳、颍川之间。崔逼为怀州刺史,河阴之役中遇害。②(2)孝文帝曾孙、清河王怿子元宝建姊河南长公主适散骑常侍、光禄勋、武津县开国公颍川崔祖昂(《元宝建墓志》)。③崔祖昂即崔瓒子崔茂。

6.陈留蔡氏(1桩)。景穆帝子阳平王新成孙元畅随孝武帝入关,封博陵王,元畅子元敏之女适大将军大利稽祐即蔡祐。④蔡祐,陈留陈留圉人。曾祖绍为夏州镇将,徙居高平,遂定居。祖护,魏景明初,为陈留郡守。父袭,在西州名声显赫。正光中,万俟丑奴在关中叛乱,蔡袭抛下妻子儿女,归洛阳,拜齐安郡守。魏孝武西迁,蔡袭仍在关东。后经艰险才回到关中,赐爵平舒县伯。蔡袭东归洛阳,是时蔡祐只有十四岁,孝顺母亲,长大善于骑射,在原州成为宇文泰的亲信,奠定了他日后在西魏北周的地位。大统十三年迁车骑大将军、仪同三司,加骠骑大将军、开府仪同三司、侍中,赐姓大利稽氏,进爵怀宁郡公。⑤

7.梁国申屠氏(1桩)。汉有申屠嘉梁国人(治睢阳,今河南商丘),东汉有申屠蟠陈留外黄人(治今河南民权西北),《元和姓纂》中申屠氏正列梁国、陈留二地,外黄、睢阳距离挺近,大约陈留申屠与梁国申屠本一系。咸阳王禧纳申屠氏,生元翼、元昌。⑥孝文帝汉化改制,令宗室多与汉族士族通婚,申屠氏多出自

---

① (宋)欧阳修、宋祁:《新唐书》卷七二《宰相世系表》,第2729—2730页。
② (北齐)魏收:《魏书》卷八九《酷吏传·崔逼》,第1924—1925页。
③ 毛远明:《汉魏六朝碑刻校注》第七册,第275页。
④ 李延寿:《北史》卷十七《景穆十二王上传·阳平王》,第631页。
⑤ (唐)令狐德棻:《周书》卷二十七《蔡祐传》,第442—444页。
⑥ (北齐)魏收:《魏书》卷二一《献文六王传·咸阳王禧》,第540页。

梁国，咸阳王禧所娶约即梁国申屠氏。

8. 下邳皮氏（1 桩）。平文帝之后高凉王孤六世孙元龙纳下邳皮氏。皮氏祖豹，侍中、仪同三司、淮阳王；父欣，侍中、豫州刺史、广川公（《元龙墓志》）①，《魏书》卷五十一《皮豹子传》载皮豹子为渔阳人，皮豹子第八子广川公皮喜。② 渔阳当就皮豹子祖上居住地而言。欣为晓母欣韵开口三等平声臻摄字 hin，喜为晓母止韵开口三等上声止摄字 hɨ，二字音义皆近，皮欣即皮喜。

9. 青州房清河崔氏（3 桩）。(1) 崔琰生钦，钦生京，京孙琼，慕容垂车骑属。琼生辑，宋泰山太守，徙居青州，号青州房。修之子刘宋孝武帝尚书郎元孙③，崔元孙为刘宋青州刺史沈文秀所害，元孙子崔亮随母依冀州刺史崔道固于历城，及慕容白曜之平三齐，内徙桑乾，为平齐民。现可知与元氏婚姻约一桩：宣武帝以太常卿崔亮女为嫔。④ 崔亮孙开府参军事崔颁武定六年（548）七月卒于邺城，而于天保四年（553）二月归葬本乡齐城（古临淄城，《崔颁墓志》）⑤，可见崔亮家族早已成为青齐世族。(2) 昭成帝六代孙颍州别驾元英（洪俨）娶青州刺史崔令珍第二女崔麝香，元英年七十一，卒于黄白村；崔麝香年十三归于元英，年三十六，卒于新城。元英和崔麝香至隋开皇五年七月一日合葬（《故颍州刺史元洪俨墓志》）⑥，大同发现"崔令珍（珍）妻韩法容"砖志，崔令珍约为北魏后期人⑦，其妻韩法容或为鲜卑破六韩氏，六镇之乱后，推行鲜卑化，崔令珍与韩氏卒葬平城，结合其曾为青州刺史，其约为青

---
① 毛远明：《汉魏六朝碑刻校注》第四册，第 33 页。
② （北齐）魏收：《魏书》，第 1129、1132 页。
③ （宋）欧阳修、宋祁：《新唐书》卷七二《新唐书宰相世系表》，第 2770—2771 页。
④ （北齐）魏收：《魏书》卷六六《崔亮传》，第 1476—1477 页。
⑤ 毛远明：《汉魏六朝碑刻校注》第八册，第 299 页。
⑥ 王其祎、周晓薇：《隋代墓志铭汇考》第一册，第 147—151 页。
⑦ 大同市考古研究所：《山西大同恒安街北魏墓（11DHAM13）发掘简报》，《文物》2015 年第 1 期。

州房的清河崔氏。大约元英和崔麝香卒后,至隋初才合葬。(3)淮南化明县(治今安徽明光东南)丞元君娶乐安郡太守北海益都崔君孙女崔遅,以大业三年十一月二十七日窆于隋兴县孝信乡(《元君妻崔遅墓志》)[①],墓志题元君为魏郡元氏,元氏本为中央化家族,随都城而迁徙,东魏北齐时迁到邺城的元氏,有部分就称己为魏郡人,且这方墓志本以实际居住地为籍。崔遅这一支崔氏居于北海益都而直接称其北海益都人,称元君为魏郡人,也是一样的规律。据居住地可知崔遅约属于青州房清河崔氏。葬地隋兴县(治今河南卫辉北)属于汲郡(治卫县,今河南浚县西南),此地正靠近魏郡,说明元君这一支仍族居于魏郡周边。

10. 鲁国唐氏(1桩)。《古今姓氏书辩证》卷十五:"舜封尧子丹朱为唐侯。至夏时,丹朱裔孙刘累迁于鲁县,犹守故封。商更号豕韦氏,周复改为唐。成王灭唐,以其地封弟叔虞为晋侯,更封刘累裔孙在鲁者为唐侯,以奉尧祀,唐州方城是也。"[②] 则鲁国唐氏出于尧子丹朱之裔刘累。文成帝子齐郡王简孙元礼之娶鲁国唐氏(《元礼之墓志》)[③]。

丁. 与关陇士族间的婚姻

据现有史料,元氏与关陇地区11个汉族士族有婚姻约35桩,具体情况如下:

1. 弘农杨氏(5桩)。(1)京兆王元愉(孝文帝子)妃弘农杨氏,秦州刺史伯念孙,兰陵太守弘农次德女,生元宝月(《元宝月墓志》)。[④] 据《魏故临洮王(元愉)夫人杨奥妃墓志铭》,杨奥妃(481—509),为西晋太傅杨骏之后,十八岁嫁元愉,杨氏卒于永平

[①] 王其祎、周采薇:《隋代墓志铭汇考》第三册,第305—309页。
[②] (宋)邓名世撰,王力平点校:《古今姓氏书辩证》,南昌:江西人民出版社,2006年,第217页。
[③] 毛远明:《汉魏六朝碑刻校注》第六册,第249页。
[④] 毛远明:《汉魏六朝碑刻校注》第五册,第377页。

二年（509）十一月十二日，葬于正光四年（523）四月二十九日，年二十九。① 正光四年二月元愉追封为临洮王②，则杨氏卒时元愉尚无临洮王之封，葬年二月正有追封，故墓志及之。(2) 道武帝玄孙元和妹适弘农简公杨懿子杨舒。③（3）景穆帝子汝阴王天赐孙娶司空公杨津姊（妹）（《元馗墓志》，元馗为景穆帝玄孙、杨津外甥）④ 杨津与杨舒为兄弟。(4) 彭城王元勰子元劭之子元韶长女适隋温州刺史杨君，杨君和元氏合葬于华阴东原（《隋温州刺史杨使君夫人元氏墓志》）⑤，华阴正是弘农杨氏的族葬地，可见杨君为弘农杨氏。(5) 高柳府君临虑侯元凤皇（支系未详）长女元氏适华阳伯弘农杨泰（字保元），泰为简公杨懿曾孙，南秦州刺史杨逸子（《杨泰妻元氏墓志》）。⑥

2. 杨隋宗室（3桩）。(1) 汝阴王天赐（景穆帝子）曾孙元矩之女适北周隋国公杨坚世子长宁郡公杨勇。⑦（2）隋华阳王杨楷（杨坚孙）娶龙涸县公元岩女⑧，元岩为献文帝子广陵王羽子欣之孙。⑨（3）昭成帝孙常山王遵之后西魏陈郡王元玄曾孙为隋驸马（《大唐故邵州诸军事邵州刺史柳府君（敬则）墓志铭》柳敬则妻元氏即隋驸马元君之女）⑩，则元君娶隋公主，具体情况未详。

3. 京兆韦氏（4桩）。(1) 孝文帝纳韦崇女为充华嫔，东晋末刘义真镇关中，韦崇父肃随刘义真至江南，除豫州刺史，韦崇年十

---

① 大同北朝艺术研究院：《北朝艺术研究院藏品图录：墓志》，第84—85页。
② （北齐）魏收：《魏书》卷九《孝文帝纪》，第234页。
③ （北齐）魏收：《魏书》卷五八《杨播传》，第1292页。
④ 毛远明：《汉魏六朝碑刻校注》第七册，第6页。
⑤ 胡戟、荣新江：《大唐西市博物馆藏墓志》，第48—49页。
⑥ 毛远明：《汉魏六朝碑刻校注》第八册，第219页。
⑦ （唐）李延寿：《北史》卷十七《景穆十二王上·汝阴王天赐》，第642页。
⑧ （唐）魏徵等：《隋书》卷八十《列女传》，第1800页。
⑨ （唐）林宝撰，陶敏校证，李德辉整理：《元和姓纂新校证》，第160页。
⑩ 胡戟：《珍稀墓志百品》，西安：陕西师范大学出版社，2016年，第82—83页。

岁，父韦肃卒，母郑氏（郑羲妹）携韦崇至北朝。崇除南颍州刺史。①（2）安定王休（景穆帝子）孙元琰魏分东西后入关，西魏封宋安王，元琰子隋涪州刺史、贵乡公昊，元昊子虔盖纳京兆韦氏，逍遥公复孙，太子洗马（世）约第三女（《北史》卷六四《韦复传》作世约，《元虔盖墓志》省作约②）。（3）景穆帝子汝阴王天赐曾孙隋集泌二州刺史、顺阳郡公元雅（孝方）女元咳女适北周大司空、郧国公韦孝宽子隋朝请大夫、内史侍郎韦津（《隋韦津妻元咳女墓志》）③。（4）昭成帝曾孙常山王素子元淑孙女元幼娥适北周郧国公韦孝宽（《韦孝宽墓志》《韦孝宽夫人元幼娥墓志》）。④ 韦孝宽即韦津父。

4. 京兆杜氏（2桩）。（1）黄门侍郎，兼度支尚书、卫大将军、西道大行台京兆杜瓒尚孝文帝子广平王怀女、孝武帝妹新丰公主。⑤ 西平王鲜卑乙瓌子太原太守乙虬亦曾尚新丰公主（《京兆杜子达妻乙休墓志》，乙休为乙虬与新丰公主女）⑥，大约新丰公主先与乙虬结合，后再嫁杜瓒，将与乙虬所生之女乙休嫁给了杜瓒的子辈骠骑将军、都水使者杜子达。（2）阳平王拓跋浑曾孙元均纳京兆杜氏⑦，杜氏情况未详。

5. 京兆王氏（1桩）。景穆帝子任城王澄之后隋内史令、博平侯元寿女元英适隋上柱国、信州总管、龙门公京兆王述子王桃（字文楷），元英开皇十四年（594）年十七适王文楷，是时王文楷约为雍州牧功曹从事（《唐故寿州刺史王使君（文楷）夫人元氏（英）

---

① （北齐）魏收：《魏书》卷四五《韦阆传》，第1012页。
② 吴刚：《全唐文补遗》第七辑，第248页。
③ 周晓薇、王其祎：《贞石可凭：新见隋代墓志铭疏证》，第429—430页。
④ 戴应新：《长安凤栖原韦氏家族墓地墓志辑考》，第26—28、54页。
⑤ （唐）令狐德棻：《周书》卷三十九《杜杲传》，第701页。
⑥ 贾振林：《文化安丰》，第305页。
⑦ 毛远明：《汉魏六朝碑刻校注》第七册，第383页。

第三章　元氏家族婚姻研究

墓志铭》、《唐故寿州刺史王府君（文楷）墓志铭》）①。

6. 冯翊仇氏（1桩）。南安王元桢妃为冯翊仇氏，父州别驾牛（《元举墓志》举为元桢曾孙②）。《魏书》卷九四《阉官传·仇洛齐》："仇洛齐，中山人，本姓侯氏。外祖父仇款，始出冯翊重泉。款，石虎末徙邺南枋头，仕慕容晖为乌丸护军、长水校尉。生二子，长曰嵩，小曰腾。嵩仕慕容垂，迁居中山，位殿中侍御史。嵩有二子，长曰广，小曰盆。洛齐生而非男，嵩养为子，因为之姓仇。……（仇洛齐）从平凉州，以功超迁散骑常侍，又加中书令、宁南将军、进爵零陵公。拜侍中、平远将军、冀州刺史，为内都大官。兴安二年卒，谥曰康。广有女孙配南安王桢，生章武王彬，即中山王英弟也。……广、盆并善营产业，家于中山，号为巨富，子孙仕进至州主簿。"③ 早在仇嵩仕慕容垂时已迁居中山，仇洛齐因功拜冀州刺史，也与他家族在冀州有关。则仇牛所作州别驾，当为冀州别驾。则仇氏父名牛，《魏书》失载，墓志可补史书之阙，仇氏祖广为中山巨富。仇氏为南安王桢之妃，生章武王彬。

7. 陇西李氏（12桩）。约十一桩为与李宝之后的婚姻：（1）献文帝子咸阳王禧纳敦煌宣公陇西李宝子颍川太守李辅女。④（2）献文帝子彭城王勰纳司空李冲女媛华，生孝庄帝子攸；（3）彭城王勰子元子讷（李媛华所出）纳李媛华弟休纂女；（4）彭城王勰女、孝庄帝姊丰亭公主元季瑶（李媛华所出）适李媛华兄延寔子李彧（《元勰妻李媛华墓志》）。⑤（5）常山王遵曾孙元季海纳司空李冲女

---

① 故宫博物院、陕西省考古研究院：《新中国出土墓志（陕西肆）》，上册第71页，下册第66页；上册第56页，下册第51—52页。
② 毛远明：《汉魏六朝碑刻校注》第六册，第145页。
③ （北齐）魏收：《魏书》，第2013—2014页。
④ （唐）李延寿：《北史》卷一百《序传》，第3326页。
⑤ 毛远明：《汉魏六朝碑刻校注》第五册，第280页。

稚华（《元季海妃李稚华墓志》）①，李氏为孝庄帝从母。(6) 常山王遵玄孙元弼纳李冲子清渊县开国司徒公延寔之女②，李延寔为司空李冲子，孝庄帝舅。(7) 任城王云子元澄妃李氏，元澄为雍州刺史时，李氏随之在长安，景明二年九月三日卒于此（《元澄妃李氏墓志》）。③ 李氏具体情况未详。李氏卒后，元澄纳冯令华为妃，则李氏为元澄初配。《魏书》卷四十七《卢玄传》："尚书尝奏道虔为国子博士。……道虔外生李彧尚庄帝姊丰亭公主，因相藉托。"④ 逯耀东指出李彧是卢道虔外甥，李彧之父延寔是卢道约之姊丈，而范阳卢道约又娶延寔之妹仲玉。虽元澄为尚书时李氏已死，但元澄念及故情而娶李氏的姻娅并非不可能之事，由此可推，元澄妃李氏与李延寔、李媛华有亲密的关系。⑤ (8) 城阳王长寿孙元徽纳李冲孙女（《元徽墓志》）。⑥ (9) 文成帝子安丰王猛孙元子邃纳散骑常侍、济广二州刺史李该女艳华（《元子邃妻李艳华墓志》）。⑦ (10) 李宝子尚书昭侯佐之子千乘县开国侯李挺（478—541）娶景穆帝子阳平王熙之曾孙江阳王继第三女元阿妙，(11) 元阿妙卒，李挺又娶孝文帝子清河王怿第三女元季聪（510—530）。李挺为荆州刺史，元阿妙卒于北魏荆州之穰城（今河南邓州市），则元阿妙卒于李挺任荆州刺史时。此后李挺入拜大司农卿，授镇军将军、行相州事。尔朱荣入朝拜散骑常侍。则李挺为荆州刺史在建义元年（528）前。元季聪为元善见三姑，孝静帝永安三年（530）

---

① 西安市文物稽查队：《西安新获墓志集萃》，第 20 页。
② （唐）李延寿：《北史》卷十五《魏宗室·常山王传》，第 572 页。
③ 毛远明：《汉魏六朝碑刻校注》第三册，第 345 页。
④ （北齐）魏收：《魏书》，第 1051—1052 页。
⑤ 逯耀东：《从平城到洛阳——拓跋文化转变的历程》，北京：中华书局，2006 年，第 226 页。
⑥ 毛远明：《汉魏六朝碑刻校注》第七册，第 2 页。
⑦ 毛远明：《汉魏六朝碑刻校注》第七册，第 289 页。

八月卒于洛阳，年二十一，殡于覆舟山南麓。李挺卒于兴和三年（541）六月，春秋六十四，是年十二月元季聪与李挺合葬于邺城，元季聪追赠高密长公主（《李挺墓志》、《李挺妻元季聪墓志》）①，元阿妙为李挺继妻，李挺元配刘芳女刘幼妃（479—507），不到一年，刘幼妃卒，刘幼妃正始四年（507）十一月卒于彭城，年二十九，兴和三年葬于邺城李挺墓旁（《李挺妻刘幼妃墓志》）。②刘幼妃、元季聪皆葬在李挺墓旁，三人同时安葬。元阿妙墓志暂未发现。李挺、刘幼妃年龄相近，李挺更娶元阿妙当在正始四年十一月后。元阿妙为元继第三女，则阿妙当小于元继子元义，阿妙约比李挺小约十岁及以上。元季聪小李挺三十二岁。元怿子元邵卒于建义元年，元邵墓志载其妹季苾适卢氏，则是时季聪尚未适李挺。苾、聪同音，元怿不大可能有两个女儿皆名中有体现排行的"季"字，据元季聪墓志其正是元怿第三女，元邵墓志中所载其姊妹情况看，季苾正是排在第三，大约季苾即季聪，季聪先适卢氏，更嫁李挺。
(12) 李贤一支：元季海第三女适北周安武公陇西李穆（《元季海妃李稚华墓志》）。《北史》作者李延寿为陇西李氏，在《北史》卷一百《序传》中有对陇西李氏成员的详细叙述，而未及李贤（李穆兄）家族，并在《北史》卷五十九《李贤传》中称李贤"自云陇西成纪人"③，可知李延寿其实是不承认李贤家族为陇西李氏，李稚华同意其女适李穆，则表明已接受李穆为陇西李氏。

8. 陇西辛氏（3桩）。(1) 常山王遵曾孙元世绪娶彭城侯辛庆之女（《元世绪墓志》）。④ 辛氏为陇右著姓。据《周书》卷三九《辛庆之传》："庆之少以文学征诣洛阳，对策第一，除秘书郎。……庆

---

① 毛远明：《汉魏六朝碑刻校注》第七册，第304—305、310页。
② 毛远明：《汉魏六朝碑刻校注》第七册，第308页。
③ （唐）李延寿：《北史》，第2105页。
④ 胡戟：《大唐西市博物馆藏墓志》，第17页。

之位遇虽隆，而率性俭素，车马衣服，亦不尚华侈。志量渊和，有儒者风度。特为当时所重。又以其经明行修，令与卢诞等教授诸王。魏废帝二年，拜秘书监。寻卒于位。"① 则辛庆之有一定文学才能且明经学，本传未言辛庆之为彭城侯，墓志可补史志之缺，亦有能可为西魏废帝二年卒后所赠。(2) 西魏文帝元宝炬与妃席晖华之长女适枹罕公辛威（《魏文帝妃席晖华墓志》）② (3) 太常卿元斌女 (555—627) 适北周绥化县开国侯辛弁子隋高密郡太守、始新县开国子陇西辛谦（《隋高密郡太守始新县开国子辛府君（谦）墓志铭》）。③

9. 安定梁氏（1桩）。景穆帝孙、京兆王子推子元遥妻安定梁氏，梁氏具体情况未详，梁氏墓志未言其籍，据《元遥墓志》可知其为安定梁氏（《元遥墓志》、《元遥妻梁氏墓志》）。④

10. 天水赵氏（2桩）。(1) 济阴王小新成曾孙女适平东将军、太中大夫天水赵季弼，父岐州刺史、寻阳伯天水赵超宗（《赵超宗妻王氏墓志》）。⑤ (2) 景穆帝子阳平王新成孙元畅随孝武帝入关，封博陵王，元畅子元敏之女适柱国乙弗贵即赵贵⑥，本姓赵，天水南安人，祖仁镇武川，遂居焉。赵贵为西魏八柱国之一，赐姓乙弗氏。⑦

11. 南安谯氏（1桩）献文帝子赵郡王幹纳济南太守南安谯厘头女。谯氏情况未详（《元焕墓志》元略孙元遵无子，以赵郡王幹次孙谌为后，元谌子焕，略为焕继祖）。⑧

---

① （唐）令狐德棻：《周书》第 697、698 页。
② 该墓志见于"黄的魏貅"的微博 https://weibo.com/5580222167/J59MOc9uJ。
③ 赵力光：《西安碑林博物馆新藏墓志集释》，第 88—90 页。
④ 毛远明：《汉魏六朝碑刻校注》第四册，第 351 页；第五册，32 页。
⑤ 毛远明：《汉魏六朝碑刻校注》第八册，第 166 页。
⑥ 李延寿：《北史》卷十七《景穆十二王上传·阳平王》，第 631 页。
⑦ （唐）令狐德棻：《周书》卷十六《赵贵传》，第 261—262 页。
⑧ 毛远明：《汉魏六朝碑刻校注》第五册，第 343 页。

戊. 元氏与荆楚士族间的联姻状况

据现有史料，元氏与荆楚地区 4 个汉族士族有婚姻约 8 桩①，具体情况如下：

1. 南阳韩氏（2 桩）。(1) 韩延之娶道武帝子阳平王熙之子淮南王他女。韩延之子孙居于柏谷坞（在今河南偃师东南）。《魏书》卷三八《韩延之传》："韩延之，字显宗，南阳赭阳人，魏司徒暨之后也。司马德宗平西府录事参军……后奔姚兴。泰常二年，与司马文思来入国，以延之为虎牢镇将，爵鲁阳侯。初延之曾来往柏谷坞，省鲁宗之墓，有终焉之志。因谓子孙云：'河洛三代所都，必有治于此者。我死不劳向北代葬也，即可就此。'及卒，子从其言，遂葬于宗之墓次。延之死后五十馀年而高祖徙都，其孙即居于墓北柏谷坞。延之前妻罗氏生子措，措随父入国。又以淮南王女妻延之，生道仁。措推道仁为嫡，袭父爵，位至殿中尚书。进爵西平公。"② 太和十七年（493）孝文帝迁都洛阳，此前五十年为太平真君四年（443），韩延之约卒于此年或稍前。道武帝子阳平王熙子他改封淮南王，他卒于太和十二年，春秋七十三。他子吐万早卒，吐万子元显袭祖爵淮南王，太和二十四年卒于洛阳，春秋四十四（《元显墓志》）③，太和无二十四年，元显约即卒于景明元年（500），则生于太安三年（457），是时韩延之早已去世，因此可知韩延之妻为淮南王他女。(2) 昭成帝子拓跋遵之玄孙元巋之孙参军元君娶韩华，《元参军妻韩华墓志》中，记元巋为侍中、领军、司徒公、录尚书事、冀州刺史。

---

① 笔者《北朝元氏与汉族士族婚姻考》（《陕西师范大学学报（哲学社会科学版）》2023 年第 4 期）中将南阳韩氏、南阳张氏、南阳员氏、南阳赵氏四个家族与元氏的 8 桩婚姻，归入元氏与河淮家族的婚姻进行考索分析，其实南阳属于荆楚文化区，在汉代就归于荆州，所以与这四个家族的 8 桩婚姻应归于"元氏与荆楚士族间的联姻状况"下更合理，特此说明。

② （北齐）魏收：《魏书》，第 880 页。

③ 毛远明：《汉魏六朝碑刻校注》第七册，第 380 页。

又记元巘第二子司徒府参军事元贞，元贞子参军某即韩华夫。韩华为南阳赭阳人，祖父仪同三司、殿中尚书、北豫州刺史敬达，父特进、侍中、开府仪同三司北豫州刺史、食怀州河内郡干、高平县开国侯、新宁王宝业。韩华北齐武平七年（576）八月十九日卒于邺城，年十九岁，其月二十四日葬于（西门）豹祠三千馀步之垄。据《北史》卷九二《恩幸传·齐诸宦者》，北齐宦者韩宝业，授长秋卿，后封王。则韩华约为宦者韩宝业养女。① 韩华墓志言其为南阳韩氏，东魏、北齐时在今郑州、巩义、荥阳周边置北豫州，柏谷坞一带正属焉，大约韩敬业家族居于此，所以韩宝业贵后授北豫州刺史，有可能韩敬业即韩延之后。

2. 南阳张氏（3桩）。（1）常山王素（昭成帝曾孙）子元德夫人南阳张氏，龙骧将军阜城侯提之孙女（元德孙元伴墓志）。② （2）景穆帝子汝阴王天赐曾孙元叡妻南阳张摩子（532—599），张氏祖魏使持节、抚军大将军、青州刺史靖，父扶风王、东阁祭酒、司徒府主簿威（《元叡妻张摩子墓志》）。③ （3）隋循州总管司士参军元茂妻南阳张氏，元茂祖魏散骑常侍、光禄大夫会，父齐奉朝请、振威将军察，皆未见史书记载，元茂开皇十四年为隋循州总管司士参军。循州治归善县（今广东惠东县西北），岭南障地，未宜名土，开皇十七年（597）正月卒于循州④，年五十四，其年六月还葬洛阳（《元茂墓志》）。⑤ 洛阳正为元氏家族墓地所在。张氏事迹未详。

3. 南阳员氏（1桩）。景穆帝子城阳王长寿孙显魏次女元仲容

---

① 大同北朝艺术研究院：《大同北朝艺术研究藏品图录：墓志》，第41、183页。
② 毛远明：《汉魏六朝碑刻校注》第四册，第175页。
③ 赵君平、赵文成：《秦晋豫新出墓志蒐佚》，第96页。
④ 王连龙《新见隋唐墓志集释》，第23—24页。元茂卒地为循州而非脩（修）州，已见上文359页对元茂之考索中。
⑤ 王连龙：《新见隋唐墓志集释》，第23—24页。

适新安子员欟子员彦。员氏情况未详（《元显魏墓志》）。①

4. 南阳赵氏（2桩）。南阳赵氏自天水徙焉，后魏有太常卿赵鉴。②（1）昭成帝子地干之子毗陵王顺（为道武帝所废）之孙，冠军将军、徐州刺史元永之长子某娶南阳赵光（字容妃），赵氏祖黄门侍郎、镇南将军、相州刺史岩，父宁远将军、盛乐太守定（《元氏妻赵光墓志》）。③ 赵岩、赵定史书未载，或许与赵鉴同族。(2) 孝文帝嫔南阳赵氏，生义阳公主，延昌三年（514）赵氏薨，年四十八，赠充华（《孝文帝赵充华墓志》）④，赵氏父祖情况未详。

在现在可知的51个与元氏通婚的北朝本土世家大族中，赵郡李氏、顿丘李氏、博陵崔氏、长乐潘氏、巨鹿孟氏、范阳卢氏、渤海高氏、上谷张氏、荥阳郑氏、太原王氏、河东薛氏、河东裴氏、清河崔氏大房、河南席氏、京兆韦氏、京兆杜氏、陇西李氏、南阳赵氏、等与元氏皇室有婚姻关系（他们也与宗室诸王支系结为婚姻），河朔士族占22家（梁国李氏、中山李氏、长乐冯氏亦与皇室通婚，其中，中山李氏、长乐李氏亦为河朔家族，但他们的势力形成外戚家族，详见下文），河朔士族是北朝学术文化的根基，上文已述河北士族中赵郡李氏、范阳卢氏这两个家族以经学为代表，文化根底最深。所以与赵郡李氏、范阳卢氏为代表的河朔士族结为婚姻，能扩大北魏鲜卑元氏政权在世家大族中的影响，对于促进鲜卑汉化具有重要意义。荥阳郑氏虽然属于河南士族，但其地在河南北部，且距洛阳较近，其乡里基础为北魏控制河洛地区做出了贡献，

---

① 毛远明：《汉魏六朝碑刻校注》第五册，第340页。
② （唐）林宝撰，陶敏校证，李德辉整理：：《元和姓纂新校证》，第345页。
③ 毛远明：《汉魏六朝碑刻校注》第五册，第76页。
④ 毛远明：《汉魏六朝碑刻校注》第四册，第257页。

与元氏皇室交往密切，也推动了荥阳郑氏的复兴。陇西李氏本非中原高门，李冲凭借冯太后的宠信及孝文帝的信任而大力安排其家族成员与元氏的婚姻，使得陇西李氏尤其是李冲一支与元氏宗室间有着盘根错节的联系。

其馀家族从现可知的材料看，仅与诸王有婚姻关系，毕竟诸王宗室支系更多，相对社会交往面亦更广，诸王与世家大族结为婚姻十分有益于扩大元氏宗室在世家大族间的影响，亦体现了随着元氏的汉化、北朝旧族对元氏家族的接受程度的变化。渤海刁氏自刁雍起归北魏，太原王氏自王慧龙起归北魏，都是几乎整个支系回到北朝，且经过其本人及子孙重振了家族在北朝汉族士族中的地位，与琅邪王氏、河内司马氏、彭城刘氏、兰陵萧氏等家族不同，这些家族主体仍在南朝，只是部分应难投奔北朝，且这些家族早已是南朝士族亦不存在在北朝重建家族地位之问题，故渤海刁氏和太原王氏与元氏的婚姻应归入北朝汉族士族中加以探究。

（二）与北投南朝士族间的婚姻[①]

1. 河内司马氏（9桩）。司马休之一支：司马休之为晋安帝荆州刺史，后为防刘裕所害而投后秦姚兴，后秦为刘裕所灭，休之奔北魏，不久卒。司马休之子文思后封谯王，司马文思子司马弥陀袭爵，文成帝时，司马弥陀选尚临泾公主，弥陀因已娶窦瑾女而拒婚，与窦瑾一同被杀。[②] 故司马弥陀实未尚临泾公主，故不能算一桩与元氏的婚姻。（1）常山王遵孙拓跋忠纳司马文思孙女妙玉（《拓跋忠墓志》）。[③] 司马楚之一支：（2）晋安帝益州刺史司马荣期为刘裕所杀，荣期子司马楚之奔北魏，尚北魏宗室某王女河内公主，生子金龙。（3）司马金龙弟跃尚赵郡公主，拜驸马都尉。代兄

[①] 南来世族的排序主要依据其投北朝的时间先后。
[②] （北齐）魏收：《魏书》卷三七《司马休之传》，第857页。
[③] 大同艺术研究院：《大同艺术研究院藏品图录：墓志》，第12、78页。

为云中镇将、朔州刺史,假安北将军、河内公。(4)司马金龙第三子烈公悦子朏尚宣武帝妹华阳公主。① 赵郡公主具体情况现存史料阙如,司马金龙孙辈与宣武帝妹婚姻,则司马金龙弟所尚公主当为献文帝一辈,司马跃拜云中镇将,可知其居于平城,生活时代也是在迁都前,综合推知,约为文成帝女。(5)司马金龙长子司马延宗之子琅邪公司马裔娶常山王素孙女、太尉公元淑女、冯翊王元季海姊彭城郡公主元华光(《魏彭城郡公主尼元(华光)之墓志》)。② (6)司马金龙次子镇远将军、南青州刺史纂长女适献文帝孙赵郡王元谭(《元谭妻司马氏墓志》)。③ (7)司马纂子季冲纳阳平王熙五世孙女、江阳王继孙女元客女(《元客女墓志》、《司马季冲墓志》)④,道武帝子广平王连无子,以连兄阳平王熙子浑出继连,广平王连弟京兆王黎子江阳王根无子,以广平王元浑子南平王元霄子元继出继元根。⑤ 元客女为江阳王元继孙女。(8)宣武帝纳司马悦第三女显姿为第一贵嫔(《宣武帝第一贵嫔司马显姿墓志》)。⑥ (9)清河王怿女元氏字仲艏适司马氏,元氏为元邵妹(《元邵墓志》)。⑦ 司马休之、司马楚之由于刘裕迫害司马氏,东晋末投北魏,当明元帝时,司马氏与元氏婚姻始于此时,现可知婚姻主要在司马楚之一支,延续至北魏后期。

2.彭城刘氏(7桩)。(1)刘宋文帝子刘昶惧前废帝迫害而投北魏封丹阳王,尚文成帝女武邑公主。(2)武邑公主卒,昶尚文成帝女建兴公主。(3)建兴公主卒,昶复尚文成帝女平阳公主。(4)刘

---

① (北齐)魏收:《魏书》卷三七《司马楚之传》,第857、859页。
② 周晓薇、王其祎:《贞石可凭:新见隋代墓志铭疏证》,第7—9页。
③ 毛远明:《汉魏六朝碑刻校注》第五册,第197页。
④ 大同北朝艺术研究院:《北朝艺术院藏品图录:墓志》,第158、206页。
⑤ (北齐)魏收:《魏书》卷一七《道武七王传》,第400—401页。
⑥ 毛远明:《汉魏六朝碑刻校注》第五册,第106页。
⑦ 毛远明:《汉魏六朝碑刻校注》第六册,第161页。

昶子承绪尚献文帝女、孝文帝妹彭城长公主。(5) 刘昶女为北海王元详妃①。(6) 刘承绪次子刘辉尚孝文帝女、宣武帝二姊兰陵长公主。②（7）刘芳以平齐民身份入北魏（刘芳祖母为崔浩之姑），后拜中书令，刘芳族子鲁郡太守长文女为孝文帝废太子恂孺人。③

3. 东平毕氏（1桩）。东平毕少宾娶元氏女，生二子，祖荣、祖晖。元氏支系未详。毕少宾与父众敬随刘宋徐州刺史薛安都投魏，众敬、少宾先后为兖州刺史。④

4. 义阳朱氏（1桩）。义阳朱氏为汉代朱穆之后，晋有朱序，序孙修之。⑤ 宋文帝司徒从事中郎朱修之守滑台为安颉所擒，太武帝以宗室女妻之，为云中镇将，投冯弘（文通），文通送之至江南。⑥《宋书》卷七六《朱修之传》正记载朱修之为义阳平氏（今河南桐柏县西北）人。⑦

5. 吴兴茹氏（1桩）。元延明女适茹皓弟。《魏书》卷九三《恩幸传·茹皓》："茹皓，字禽奇，旧吴人也。父让之，本名要，随刘骏巴陵王休若为将，至彭城。……皓既官达，自云本出雁门，雁门人谄附者乃因荐皓于司徒，请为肆州大中正。……皓又为弟聘安丰王延明妹，延明耻非旧流，不许。详劝强之云：'欲觅官职，如何不与茹皓婚姻也？'延明乃从焉。"⑧ 茹姓在汉族本非大姓，南朝宋齐时期有吴兴武康人茹法亮，《南齐书》卷五十六《倖臣传·茹法亮》："茹法亮，吴兴武康人也。宋大明世，出身为小史，历斋干

---

① （北齐）魏收：《魏书》卷二一《献文六王传·北海王详》，第561页。
② （北齐）魏收：《魏书》卷五九《刘昶传》，第1307—1308、1311页。
③ （北齐）魏收：《魏书》卷五五《刘芳传》，第1227页。
④ （北齐）魏收：《魏书》卷六一《毕众敬传》，第1361页。
⑤ （唐）林宝撰，陶敏校证，李德辉整理：《元和姓纂新校证》，第99页。
⑥ （北齐）魏收：《魏书》卷四三《毛修之传》，第962页。
⑦ （南朝梁）沈约：《宋书》，北京：中华书局，1974年，第1969页。
⑧ （北齐）魏收：《魏书》，第2001页。

扶。"① 从出身可知则茹法亮为寒族，茹氏大约为江南之士族。故《元和姓纂》收录茹氏，而未言及吴兴之茹氏。茹皓为吴人，约即属此吴兴茹氏。元延明仰慕南朝文化，如果茹氏为江南世族，元延明一开始就会同意与之结为亲家，正因其为寒族而起初不同意。茹皓发达后，要攀附雁门茹氏，雁门茹氏本姓茹茹，为蠕蠕族②，可见吴兴茹氏地位还远不如茹茹人之雁门茹氏。

6. 琅邪王氏（9桩）。（1）南齐尚书左仆射王奂为齐武帝所杀，王奂子肃携兄子诵、翙、衍投北魏，献文帝女彭城公主先适丹阳王刘昶子承绪，承绪早卒（《魏书》卷五九《刘昶传》）③，改封陈留长公主再嫁王肃。④（2）宣武帝纳王肃女普贤（《宣武帝贵华王普贤墓志》）。⑤（3）太武帝子临淮王谭孙元渊纳王肃女，生元湛（《元湛墓志》）。⑥（4）献文帝子彭王勰女、元子攸姊宁陵公主适王肃从子王诵，公主卒于永平三年（510）正月，年二十二（《王诵妻宁陵公主墓志》）。⑦（5）文成帝子安丰王元猛女元贵妃适王诵，元贵妃卒于熙平二年（517），年二十九（《王诵妻元贵妃墓志》）。⑧则王诵先娶宁陵公主，公主卒，继娶元贵妃。（6）景穆帝子任城王云女适王肃从子王翙。（7）元渊子湛纳王肃侄翙女王令媛（《元湛妻王令媛墓志》）。⑨（8）景穆帝子阳平王新成子元飏纳琅邪王氏，由于《元飏妻王氏墓志》多漫灭⑩，但从辈分上

---

① （南朝梁）萧子显：《南齐书》，北京：中华书局，1974年，第976页。
② 姚微元：《北朝胡姓考》，第72页。
③ 魏收：《魏书》，第1311页。
④ 魏收：《魏书》，第1410页。
⑤ 毛远明：《汉魏六朝碑刻校注》第四册，第238页。
⑥ 毛远明：《汉魏六朝碑刻校注》第七册，第373页。
⑦ 毛远明：《汉魏六朝碑刻校注》第四册，第139页。
⑧ 毛远明：《汉魏六朝碑刻校注》第四册，349页。
⑨ 毛远明：《汉魏六朝碑刻校注》第七册，第377页。
⑩ 毛远明：《汉魏六朝碑刻校注》第四册，第294页。

可推测约为王肃女或王肃兄女。(9)孝明帝纳王肃子王绍之女为嫔。① 元氏与琅邪王氏九桩婚姻皆发生在王肃家族中，始于孝文帝时期，延续至北魏末。

7. 兰陵萧氏（6桩）②。(1)南齐明帝第六子萧宝夤，因恐惧梁武帝杀南齐宗室，投北魏，封梁郡开国公，尚孝文帝女、宣武帝妹南阳长公主。(2)萧宝夤长子萧烈尚宣武帝女、孝明帝妹建德公主。(3)萧宝夤兄宝卷子萧赞亦投北魏，尚彭城王勰女、孝庄帝姊寿阳公主。③(4)道武帝子阳平王熙曾孙继出继京兆王根，元继孙德隆纳萧宝夤女（《元爽墓志》）。④(5)孝文帝子京兆王元愉子宝月纳南齐高帝萧道成太子詹事、平乐侯萧子贤女（《元宝月墓志》）。⑤(6)孝文帝子京兆王元愉女明月适南齐高帝萧道成曾孙、临川献王萧映孙、太子詹事平乐侯萧子贤子萧某（《魏故临洮王（元愉）夫人杨奥妃墓志铭》）。⑥萧映为萧道成第三子，终于永明七年，萧映九子，史书提及者有长子子晋和第二子子游，皆梁初被杀⑦，大约子贤即梁初武帝杀齐室子孙时逃往北魏的。由上可见，元氏与萧氏婚姻有4桩是与萧宝夤家族联姻，2桩是与南齐高帝孙、齐临川王映子萧子贤家族。

南来士族是元氏家族与南朝关联的纽带，通过与南朝家族的婚姻，可以加强与南朝社会的联系，学习南朝的文化，且与南朝士族

---

① （北齐）魏收：《魏书》卷六三《王肃传》，第1412页。
② 北朝元氏与兰陵萧氏婚姻现可知约6桩，笔者在《北朝元氏家族与汉族士族婚姻考》（《陕西师范大学学报（哲学社会科学版）》2024年第4期）一文中统计北朝元氏与萧氏婚姻5桩，该文发表后又发现萧氏与元氏间还有京兆王元愉女明月适萧子贤子萧某婚姻一桩，现补上。
③ （北齐）魏收：《魏书》卷五九《萧宝夤传》，第1315、1324、1325页。
④ 毛远明：《汉魏六朝碑刻校注》第七册，第69页。
⑤ 毛远明：《汉魏六朝碑刻校注》第五册，第377页。
⑥ 大同北朝艺术研究院：《北朝艺术院藏品图录：墓志》，第84—85页。
⑦ （南朝梁）萧子显：《南齐书》卷三十五《高祖十二王传·临川献王映》，第621—623页。

第三章　元氏家族婚姻研究

的婚姻中，包括了与东晋至梁各皇族的通婚，元氏与皇族宗室及其他南来士族的婚姻中，虽然多为逃难投降者，但对他们的优待有助于了解南朝社会并吸引更多的南朝士族投北朝。元氏家族为北朝的核心，故元氏包括婚姻在内的对南来士族的态度，可以大体显现北朝社会对南来士族的看法，对元氏与南来士族婚姻的考索，为胡汉融合、南北交流等课题的探究提供相关的研究资料。

通过对相关正史为代表的传世文献和墓志为主体的出土文献的全面梳理考索，现可知北朝时期元氏与北朝士族间婚姻约143桩，其中元氏嫁约45桩，元氏娶约98桩，约占现可知北朝元氏家族婚姻约441桩的32%。元氏与汉族士族的婚姻，盛于北魏孝文帝时期，一直延续到北朝末期。元氏是皇族，经过汉化又融合了更多的汉族士族入朝为官，与汉族通婚本身也是汉化的重要措施，也是汉化姿态的显现，尤其是迁都洛阳后大量与汉族通婚，现可知与约51个汉族士族有过婚姻[①]，汉族士族也更希望与元氏家族通婚。在与汉族士族的婚姻中，元氏娶远远多于元氏嫁。以北魏孝文帝迁都洛阳为界，将北朝分为前后两个时期，北朝前期皇室与北朝汉族士族通婚约13桩（其中，元氏娶10桩，元氏嫁3桩），宗室与北朝汉族士族通婚约16桩（其中，元氏娶15桩，元氏嫁1桩）；北朝后期皇室与北朝汉族士族通婚约19桩（其中，元氏娶12桩，元氏嫁7桩），宗室与北朝汉族士族通婚约95桩（其中，元氏娶61桩，元氏嫁34桩）。北朝前期，元氏皇族和宗室加起来与北朝汉族士族通婚29桩，仅占与北朝汉族士族通婚总数的20%。而北朝后期元氏皇族和宗室加起来与北朝汉族士族通婚数约114桩，占与北朝汉族士族通婚总数的80%。与汉族士族通婚是北朝后期的主导。北朝前

[①] 有些汉族士族长乐冯氏、梁国李氏、中山李氏等，因其外戚身份，将在对元氏与外戚婚姻的研究中加以考析。

· 531 ·

期皇室与北朝汉族士族婚姻中元氏娶是元氏嫁的三倍多，宗室与北朝汉族士族婚姻中元氏嫁更是只有元氏娶的1/15。

就目前所知的婚姻做个大致梳理，大约北朝前期与元氏通婚的主要有：赵郡吕氏、渤海高氏、巨鹿孟氏、巨鹿耿氏、上谷侯氏、冯翊仇氏、南安谯氏、南阳赵氏等8个，虽有部分高门大族，但总体高门不多，且有不少是在孝文帝初期通婚的，只是因为在迁都洛阳前而算入北朝前期。与顿丘李氏、渤海石氏、渤海刁氏、河间邢氏、河间周氏、范阳张氏、范阳祖氏、昌黎孙氏、辽东公孙氏、河东裴氏、上党尧氏、河南孟氏、河南席氏、陈留蔡氏、清河崔氏大房、郑州清河崔氏、梁国申屠氏、弘农杨氏、杨隋宗室、下邳皮氏、青州房清河崔氏、鲁国唐氏、京兆杜氏、京兆王氏、陇西辛氏、安定梁氏、天水赵氏、南阳员氏等28个北朝汉族家族的婚姻现可知仅发生在北朝后期。在北朝前后期都与元氏有婚姻的北朝汉族家族有：赵郡李氏、广平程氏、博陵崔氏、长乐潘氏、渤海吴氏、范阳卢氏、上谷张氏、辽东李氏、河东薛氏、太原王氏、荥阳郑氏、京兆韦氏、陇西李氏、南阳韩氏、南阳张氏等15个家族，包含了河朔、河东、河淮、关陇、荆楚等的主要士族。可见在北朝前期汉族与元氏通婚并不积极，婚姻中皇室和宗室都是娶远多于嫁，元氏在婚姻中主动与汉族结合，且北朝前期与汉族联姻中高门还不多，到了献文和孝文初期即北朝前期之末才有一些。

北朝后期皇室与汉族士族婚姻中娶嫁比例已经相当，而宗室与汉族士族婚姻中娶嫁比例亦在缩小，由15∶1降至2∶1。迁都洛阳及汉化改制让元氏家族更易为汉族士族所接受。皇室因其地位，当然是汉族士族与元氏通婚的首选，宗室亦大量与汉族士族通婚，且在孝文帝定姓族并要求宗室应娶"清修之门"（《魏书》卷21《献文六王传·咸阳王》）即汉族高门的要求下，与汉族士族通婚亦是提升宗室地位的重要途径。随着元氏整体文化水平的提升，宗室亦逐渐为汉族士族所接受,从北朝后期宗室与汉族士族婚姻娶嫁比例差大幅缩小即可见,但宗室与皇室在地位上终有差别,所以相对于皇室会更加主动些。北朝后期随着宗室人数的不断增加,宗室已成为与汉族士族通婚的重要力量。

现可知与元氏通婚的 51 个北方汉族士族中,河朔士族有 22 个、河东士族有 4 个、河淮士族有 10 个、关陇士族有 11 个、荆楚士族有 4 个,其中与元氏通婚较多的有赵郡李氏(8 桩)、博陵崔氏(7 桩)、范阳卢氏(10 桩)、清河崔氏(总 9 桩,其中大房 4 桩、郑州 2 桩、青州 3 桩)、荥阳郑氏(15)、弘农杨氏(5)、陇西李氏(12)。永嘉之乱后,中原士族大都南渡,河朔士族多居旧里,河朔士族成为在北朝延续汉族文化的重要力量,元氏要在北朝稳固统治并加快汉化进程,当然要得到河朔士族的支持,联姻正是很好的方式,河朔士族也可借着与皇族婚姻而进一步提高他们在北朝的地位,清河崔氏和范阳卢氏正是河朔顶级士族。元氏迁都洛阳后,当然会加强与中原士族的联系,荥阳郑氏是少有的主体未南渡的中原士族,在中原士族大都南渡、北朝中原士族势单的情况下,郑氏与元氏联姻,郑氏也有藉此来提高其家族地位、巩固中原士族势力。陇西李氏虽起于陇右,但早已中央化,投北魏后,随都城而迁徙,陇西李氏作为中央化士族无地方根基,只有与皇族更为密切才能生存,从陇西李氏家族是现可知与元氏通婚最多的汉族士家族即可看出。

在目前可知的北朝元氏与南来士族的大约 34 桩婚姻中,占现可知约 441 桩北朝元氏婚姻的约 8%,其中,元氏女嫁约 23 桩,元氏娶约 11 桩。与元氏与胡族、外戚、汉族士族间的婚姻元氏娶要多于嫁的情况不同,元氏与南来士族的婚姻的中,嫁要多于娶,这显然说明元魏皇族要笼络南来士族,孝文帝仰慕南朝文化,南来士族正可将南朝文化传播到北朝,故南来士族尤其是大族被元魏视为上宾，对南来士族的优待又吸引更多南来士族。在 7 个与元氏有婚姻往来的南来士族中，元氏与之通婚较多的是河内司马氏、彭城刘氏、琅邪王氏、兰陵萧氏这 4 个南朝头等世家大族，南朝士族奔赴北朝大多是因为避难。

北朝前期，现可知元氏与南来士族的婚姻约 9 桩，其中皇室与南来士族婚 4 桩（皆为元氏嫁），宗室与南来士族婚姻 5 桩（皆为元氏嫁），可见北朝前期元氏与南来士族的婚姻皆为元氏嫁女，南来士族与元氏通婚意愿低。

北朝后期，现可知元氏与南来士族的婚姻约 25 桩，其中皇室与南来士族婚姻往来 11 桩（元氏娶 4 桩、元氏嫁 7 桩），宗室与南来士族婚姻 14 桩（元氏娶 8 桩、元氏嫁 6 桩）。北朝后期与元氏通婚的南来士族主要是此期间投北朝的吴兴茹氏、琅邪王氏（一流高门）、兰陵萧氏（南朝皇族），北朝后期随着元氏汉化后文化水准大为提升，南来士族亦更易于与元氏结为婚姻。此时与南来士族的婚姻，已不再只是元氏为笼络南来士族而嫁女，南来士族除了政治的投靠外，文化上亦更接受元氏，也愿与宗室联姻。

北朝前期投北朝的河内司马氏和彭城刘氏与元氏的婚姻皆延续至北朝后期，北朝前期河内司马氏与元氏宗室婚姻 3 桩（皆为元氏嫁），北朝后期与皇室婚姻 2 桩（元氏 1 娶 1 嫁），与宗室婚姻 4 桩（元氏 1 娶 3 嫁）。彭城刘氏北朝前期与元氏皇室婚姻 4 桩皆为元氏嫁，北朝后期与元氏皇室婚姻 2 桩（元氏 1 娶 1 嫁），与宗室婚姻 1 桩为元氏娶。琅邪王氏与兰陵萧氏是北朝后期投靠的。琅邪王氏与元氏皇室婚姻 4 桩（元氏 2 娶 2 嫁），与宗室婚姻 5 桩（元氏 3 娶 2 嫁）。兰陵萧氏与元氏皇室婚姻 3 桩（皆元氏嫁），与宗室婚姻 3 桩（元氏 2 娶 1 嫁）。对于萧氏，元氏皇室还是以主动嫁女为主，而宗室则更多通过娶萧氏女以拉拢萧氏。总体上，北朝后期南来士族更能接受北朝元氏，不再仅仅是以北朝为无奈的避难所，婚姻娶嫁平衡亦可见其地位渐趋平等，这更多来源于元氏文化的提升后南来士族对元氏的接受。

元氏与汉族士族的婚姻，也助于元氏学习汉文化提升文化品质，一些元氏文士其母或妻为汉族士族，对其成为文士当有一定影响，有的可能是母族的教化，如献文帝妃平原乐安二郡太守弥长乐潘弥女，潘氏子彭城王元勰有文才（《元勰墓志》）[1]；献文帝子高阳王元雍纳博陵崔氏，崔氏子元泰善属文（《元泰墓志》）[2]；景穆帝子任城王云纳孟氏为妃，孟氏为元澄母，元澄有文才（《魏书》卷十九《景穆十二王传·任城王云传》）[3]；献文帝子彭城王勰纳司空李冲女媛华，生孝庄帝子攸（《元勰妻李媛华墓志》）[4]。有的可能是妻族的熏陶，如元举娶金紫光禄大夫渤海高聿女，元举有文才（《元举墓志》）[5]；献文帝子高阳王雍之子元诞纳豫州刺史郑敬祖女，元诞有文才（《元诞墓志》）[6]；城阳王长寿孙元徽纳李冲孙女，元徽有文才（《元徽墓志》）[7]。与汉族士族婚姻，有助于提升元氏宗室的文化素养，随着家族整体文化水准提高，元氏家族文士渐多。

元氏统一北方后，要稳固统治，首先就要得到汉族士族的认同和支持，与汉族士族通婚正是元氏融入北朝社会、融入汉文化的重要途径，汉族士族也希望通过与皇族的婚姻来提高、稳固其在北朝的地位，对元氏与汉族士族的婚姻的探究，正可为研究北朝元氏政权如何得到汉族士族之认同以稳固其统治、元氏家族为

---

[1] 毛远明：《汉魏六朝碑刻校注》第四册，第106页。
[2] 齐运通：《洛阳新获墓志百品》，第13页。
[3] （北齐）魏收：《魏书》，第473页。
[4] 毛远明：《汉魏六朝碑刻校注》第五册，第280页。
[5] 毛远明：《汉魏六朝碑刻校注》第七册，第145页。
[6] 毛远明：《汉魏六朝碑刻校注》第七册，第33页。
[7] 毛远明：《汉魏六朝碑刻校注》第七册，第2页。

中心的胡族对汉文化的接受、北朝中后期政治史等问题提供重要参考。

三、与外戚权臣间的婚姻[①]

元氏与外戚通过婚姻而建立了盘根错节的关联。元氏强大时期，外戚通过婚姻依附于元氏，并以此扩大自己家族的影响力。当元氏统治衰落时，权臣实际控制了元氏家族，但元氏毕竟还是名义上的皇室，权臣需要通过婚姻彰显家族与皇室的关系，并以此进一步掌控元氏家族。北齐、北周、隋代时期，元氏虽不是皇族，但作为旧皇族，新朝亦愿意与之通婚。和外戚的婚姻，与元魏朝政、民族关系等直接关联，所以对外戚与元氏婚姻的考索，实际是元氏家族研究的重要组成部分，也可为对北朝政治研究提供相关的资料。

1. 辽西常氏（4桩）：文成帝以乳母常氏有保护功，尊为皇太后，常氏弟喜封燕郡公。（1）文成帝子齐郡王元简纳燕郡公常喜女[②]，（2）齐郡王简子元祐纳辽西献公澄曾孙、辽西公常囧之季女常季繁。常太后兄英封辽西公，祖澄封辽西献王，常囧未见史籍记载，约为常英世子袭爵辽西公（《常季繁墓志》）。《魏书》、《北史》皆未言常太后家族为辽西人，据《常季繁墓志》，本河内温县人，永嘉之末，乃祖避地，遂居辽西郡之肥如县。[③]恐为常氏尊贵后伪托。因文成帝追尊常氏，故其子、孙皆有与常氏通婚者。（3）宣武帝时殿中将军常季贤兄朝请常某娶道武帝玄孙、河南王曜曾孙武昌王元鉴妹。（4）殿中将军常季贤娶洛州刺史元拔女。[④]常某郡望未详。疑常季贤与常季繁为兄妹行，元氏，洛州刺史元拔女，明元帝

---

① 对外戚家族之排序，以成为外戚之时间先后为据。
② （北齐）魏收：《魏书》卷二十《文成五王传·齐郡王简》，第528页。
③ 毛远明：《汉魏六朝碑刻校注》，第五册，第185页。
④ （北齐）魏收：《魏书》，第2002页。

孙、乐平王丕子名拔,《魏书》卷一七《明元六王传·乐平王丕》言拔"袭爵。后坐事赐死,国除",大约常季贤妻之父即此元拔。元拔还曾为统军①、彭城镇将②等。

2. 梁国李氏(5桩)。梁国李氏因李方叔、李峻封顿丘王,李氏入魏初居顿丘,顿丘卫国县原有李氏家族等原因而改郡王为顿丘卫国。③ 现可知与元氏通婚的梁国李氏主要有二支:刘宋济阴太守李方叔一支:(1)文成帝以李方叔女为后,即元皇后,李氏兄弟峻、诞、巘、雅、白、永皆归北魏。④(2)献文帝孙(北海王详子)元颢纳李峻孙、顿丘公李奇女元姜(《元颢妻李元姜墓志》)。⑤(3)常山王遵玄孙元逸纳文成李皇后弟巘子彭城文烈公李平女,生元悛(《元悛墓志》)。⑥(4)阳平王熙玄孙元爽纳彭城文烈公顿丘李平女(《元爽墓志》)。⑦ 曾仕于南朝的李超一支:(5)李氏主景穆帝子阳平王拓跋新成纳宋龙骧将军、哲县侯李超女(《拓跋新成妃李氏墓志》)。⑧ 李超与李方叔约为同宗。

3. 中山李氏(2桩)。(1)太武帝妹武威长公主先为沮渠牧犍妻,后又归南郡公中山李盖。⑨(2)献文帝以南郡王李惠(李盖子)女为后。⑩ 中山李氏是赵郡李氏的分支。

4. 长乐冯氏(24桩)。(1)太武帝拓跋焘以北燕王冯弘(字文通)女为昭仪,冯文通即冯跋弟,(2)文成帝拓跋濬以冯弘子辽西

---

① (北齐)魏收:《魏书》卷一九《景穆十二王传·南安王桢》,第496页。
② (北齐)魏收:《魏书》卷二七《穆崇传》,第663页。
③ 陈鹏:《北朝顿丘李氏郡望形成考》,《中国史研究》2021年第2期。
④ (北齐)魏收:《魏书》卷一三《皇后纪》,第331页。
⑤ 毛远明:《汉魏六朝碑刻校注》第四册,第127页。
⑥ 毛远明:《汉魏六朝碑刻校注》第六册,第183页。
⑦ 毛远明:《汉魏六朝碑刻校注》第七册,第69页。
⑧ 毛远明:《汉魏六朝碑刻校注》第四册,第365页。
⑨ (北齐)魏收:《魏书》卷八三《外戚传》,第1824页。
⑩ (北齐)魏收:《魏书》卷一三《皇后传》,第331页。

郡公冯朗之女为后,即文明太后,冯太后为冯昭仪侄女。① (3)冯太后兄扶风武懿公熙尚景穆帝女博陵长公主,(4)冯熙长子诞,与孝文帝同岁,尚孝文帝妹乐安长公主。② (5)冯熙女适孝文帝,即幽皇后大冯,初为昭仪。(6)大冯妹小冯先为孝文帝皇后,后孝文帝废之,以昭仪大冯为皇后。③ 据《元悦妻冯氏季华墓志铭》,冯氏为燕昭文王道鉴(弘)玄孙,宣王朗孙,扶风(此为冯季华墓志所记,《魏书·外戚传》冯熙为京兆郡公)武公熙第八女,兄司徒、长乐元懿公诞(字思政),长姊为南平王妃,第二、三姊为孝文帝后,第四、五姊为孝文帝昭仪,第六姊为安丰王妃,第七姊为任城王妃。④ (7)《冯季华墓志》但言冯熙长女适南平王。南平王元霄与景穆帝同辈,元霄子元纂、元倪与冯熙和景穆帝女博陵长公主夫妇同辈,元纂子伯和袭爵南平王,伯和谥曰哀王可见早卒,且无子,以元纂弟倪子昕(字仲囧)袭爵南平王,《元倪墓志》未言其子情况,且倪卒时昕仅八岁,故更不可能列元昕妻。《元昕墓志》亦未言其妻情况,元昕正与冯熙女同辈,结合《冯令华墓志》其长姊为南平王妃,可知冯熙长女大约适南平王昕。(8)冯熙一女为孝文帝昭仪。(9)冯熙另一女亦为孝文帝昭仪。(10)《冯季华墓志》但言冯熙七女为任城王妃,据《元延明妻冯氏墓志》可知,此冯氏适文成帝孙、安丰王猛子元延明。⑤ (11)冯熙一女适景穆帝孙、任城王云子元澄,元澄妃名令华(《元澄妃冯令华墓志》)。⑥ 元澄纳冯熙女,则与冯诞同辈。(12)景穆帝曾孙、南安王桢孙元融弟琤妻冯

---

① (北齐)魏收:《魏书》卷一三《皇后传》,第328页。
② (北齐)魏收:《魏书》卷八三《外戚传》,第1819、1821页。
③ (北齐)魏收:《魏书》卷一三《皇后传》,第332—335页。
④ 毛远明:《汉魏六朝碑刻校注》第五册,第298页。
⑤ 毛远明:《汉魏六朝碑刻校注》第八册,第88页。
⑥ 毛远明:《汉魏六朝碑刻校注》第八册,第68页。

氏,昌黎王熙女、南平王诞妹(《元举墓志》称冯氏为熙第三女[①],则难以凭信,鲁才全以为元㥆妻之年岁,比冯熙第五女冯令华还小,当并非其第三女。[②])(13)明元帝玄孙、乐安王范曾孙元悦娶冯熙女,季华为冯熙第八女(《元悦妃冯季华墓志》),据其名可知为冯熙最小女。(14)冯熙不止八女,景穆曾孙、南安王桢子元诱纳冯太后兄武懿公熙女(《元诱妻冯氏墓志》)。[③](15)景穆帝曾孙、城阳王长寿孙元显魏纳武懿公冯熙女(《元显魏墓志》)。[④](16)献文帝孙、高阳王雍子元端纳燕州使君第二女长乐冯氏[⑤]。燕州使君约为冯熙兄弟辈。(17)彭献文帝孙、彭城王勰女光城县主元楚华适冯诞子冯颢(《元勰妻李媛华墓志》)。[⑥](18)元澄子元彝亦娶冯氏(《元彝墓志》)[⑦],元彝妻冯氏当与冯诞子冯穆、冯颢等同辈。此冯氏为元澄妻冯令华侄女,元彝、冯氏为表兄妹。鲁才全以为即《北史》卷十四《后妃传》之冯娘,初为任城王妃,后适尔朱隆,之后为高欢所纳。[⑧]今从鲁说。(19)元显魏与冯熙女所生长女元孟容适冯熙孙女冯孝纂(冯诞弟冯聿之子,《元显魏墓志》),冯孝纂与元孟容为表兄妹。(20)景穆帝曾孙、京兆王子推孙元液妻长乐冯氏,冯熙子给事中次兴女(《元液墓志》)。[⑨](21)献文帝孙、赵郡王幹世子元谧纳冯会,祖冯熙,父

---

① 毛远明:《汉魏六朝碑刻校注》第六册,第145页。
② 鲁才全:《长乐冯氏与元魏宗室婚姻关系考——以墓志为中心》,《魏晋南北朝隋唐史资料》,1996年。
③ 毛远明:《汉魏六朝碑刻校注》第四册,第4页。
④ 毛远明:《汉魏六朝碑刻校注》第五册,第340页。
⑤ 毛远明:《汉魏六朝碑刻校注》第六册,第271页。
⑥ 毛远明:《汉魏六朝碑刻校注》第五册,第280页。
⑦ 毛远明:《汉魏六朝碑刻校注》第六册,第171页。
⑧ 鲁才全:《长乐冯氏与元魏宗室婚姻关系考——以墓志为中心》,《魏晋南北朝隋唐史资料》,1996年。
⑨ 毛远明:《汉魏六朝碑刻校注》第六册,第305页。

尚书、东平公冯修，修为诞弟（《元谧妻冯会墓志》）[①]。（22）元延明第三女元智光适安东将军、银青光禄大夫冯昕，冯昕祖父昌黎王熙，父平北将军、相州刺史兴（《冯昕妻元智光墓志》）。[②]（23）昭成帝曾孙、常山康王长孙文献公元晖之女元氏适直阁将军、辅国将军长乐冯邕（《冯邕妻元氏墓志》）。[③] 冯邕当亦为冯太后家族成员，事迹未详。（24）昭成帝子清河王纥根之后晋昌王元翌孙女适周临高县开国公第三子隋开府仪同三司平寇县开国公冯恕（《大唐故随开府仪同三司平寇县开国公冯君（恕）墓志》）。[④] 元氏与冯氏婚姻，始于太武帝时，极盛期是在献文、孝武帝时期。孝文帝赐死冯幽后（大冯）之后，冯氏的势力逐渐衰弱，元氏与冯氏婚姻大致亦衰于此，从年龄上看，只有六桩婚姻（18—24）是在宣武帝及其后。

5. 高丽高氏（8桩）。《魏书》卷八三《外戚传》："高肇，字首文，文昭皇太后之兄也。自云本勃海蓚人，五世祖顾，晋永嘉中避乱入高丽。父飏，字法修。高祖初，与弟乘信及其乡人韩内、冀富等入国，拜厉威将军、河间子，乘信明威将军，俱待以客礼，赐奴婢牛马彩帛。遂纳飏女，是为文昭皇后，生世宗。飏卒。景明初，世宗追思舅氏，征肇兄弟等。录尚书事、北海王详等奏：'飏宜赠左光禄大夫，赐爵勃海公，谥曰敬。其妻盖氏宜追封清河郡君。'诏可。又诏飏嫡孙猛袭勃海公爵，封肇平原郡公，肇弟显澄城郡公。三人同日受封。始世宗未与舅氏相接，将拜爵，乃赐衣帻引见肇、显于华林都亭。皆甚惶惧，举动失仪。数日之间，富贵赫弈。是年，咸阳王禧诛，财物珍宝奴婢田宅多入高氏。未几，肇为尚书

[①] 毛远明：《汉魏六朝碑刻校注》第四册，第303页。
[②] 叶炜、刘秀峰：《墨香阁藏北朝墓志》，第114页。
[③] 毛远明：《汉魏六朝碑刻校注》第五册，第157页。
[④] 赵力光：《西安碑林博物馆新藏墓志续编》，第72—73页。

左仆射、领吏部、冀州大中正,尚世宗姑高平公主,迁尚书令。肇出自夷土,时望轻之。"①"自云本勃海蓨人"、"肇出自夷土,时望轻之"则时人以其为高丽人而轻之,并不相信他自己说的出自渤海高氏高门士族。(1)孝文帝纳高飏女高照容为后,生宣武帝,宣武帝即位追尊文昭皇太后(《魏文昭皇太后山陵志》)②,高氏又生广平王怀、长乐公主瑛③。大约因他们自称是渤海高氏,故宣武帝追赐外祖父高飏渤海公。(2)高飏子肇尚献文帝女、平阳公主,平阳公主卒④。(3)高肇又尚献文帝女、宣武帝姑高平公主。因为宣武帝舅舅的关系,高肇成为宣武一朝的权臣。(4)高飏嫡孙、高皇后兄琨子猛袭爵渤海公,称渤海郡开国公,高猛尚孝文帝女、宣武帝同母妹长乐长公主(《高猛妻元瑛墓志》)⑤,猛与长乐为表兄妹。(5)宣武帝纳孝文帝高皇后兄高偃女为贵嫔,及于顺皇后卒,而立高氏为后⑥,宣武与高氏为表兄妹。(6)齐郡王简子元琛纳宣武帝高皇后妹为妃。⑦(7)献文帝孙、赵郡王幹子元谌纳使持节、镇东将军、幽、瀛二州刺史、卫尉卿惠公渤海高信女,生元焕(《元焕墓志》)⑧。高信史无记载,宣武帝与元谌为从兄弟,据高肇娶孝文姐妹,孝文娶高肇妹,宣武及其妹与舅家子女的婚姻,可推断高信亦为高肇家属,大约是高肇兄弟行,其女与元谌为表兄妹。(8)安定王燮纳高丽高氏,见于《魏书》卷二一《献文六王传·北海王详》:"详又蒸于安定王燮妃高氏,高氏即茹皓妻姊。……详之初禁也,乃以蒸高事告母。母大怒,詈之苦切,曰:'汝自有妻妾

---

① (北齐)魏收:《魏书》,第1829页。
② 毛远明:《汉魏六朝碑刻校注》第五册,第43页。
③ 李延寿:《北史》卷一三《后妃传》,第501页。
④ 魏收:《魏收》卷八二《常景传》,第1801页。
⑤ 毛远明:《汉魏六朝碑刻校注》第六册,第2页。
⑥ (北齐)魏收:《魏书》卷一三《皇后传》,第336页。
⑦ (北齐)魏收:《魏书》卷二十《文成五王传·河间王若》,第529页。
⑧ 毛远明:《汉魏六朝碑刻校注》第五册,第343页。

侍婢，少盛如花，何忽共许高丽婢奸通，令致此罪。我得高丽，当唉其肉。'"①《魏书》卷九三《恩幸传·茹皓》："皓娶仆射高肇从妹，于世宗为从母。"②北海王详曾与安定王燮妻高氏私通，其为高丽高氏。安定王燮为景穆帝孙、北海王详为景穆帝曾孙献文帝子，则高氏为元详堂婶。茹皓妻为高肇从妹、宣武帝从母，则元燮妃高氏亦为高肇从姊（妹）。元氏与高丽高氏的婚姻始于孝文帝时期直至孝武帝时期伴随北魏后期。

6.安定胡氏（8桩）。（1）宣武帝以司徒安定胡国珍女充华为后，生孝明帝。③（2）江阳王继子元乂妃胡充华妹玄辉（《元乂妃胡玄辉墓志》）。④（3）清河王怿女长安县公主（据《元邵建墓志》字孟蕤，长安长公主）适胡国珍子平凉郡公祥。⑤（4）清河王怿子元亶纳胡国珍兄真子临泾孝穆公宁之女，生元宝建（《元宝建墓志》）⑥，生孝静帝元善见。⑦（5）元亶弟元邵妻胡国珍兄真之子濮阳县开国公僧洸女（《元邵墓志》）。⑧（6）孝明帝胡后，胡太后从兄临泾孝穆公宁弟冀州刺史盛女。⑨（7）献文帝子赵郡王幹之子元谧娶胡太后从女。⑩（8）献文帝子北海王详之子元顼娶胡氏女（《元顼墓志》）。⑪元幹、元详为兄弟，元谧、元顼为从兄弟，为了巩固家族地位胡太后多令元氏宗室娶胡氏女，元谧娶胡太后从女，则元顼之胡妃亦为胡太后家族女。

---

① （北齐）魏收：《魏书》，第563页。
② （北齐）魏收：《魏书》，第2001页。
③ （北齐）魏收：《魏书》卷一三《皇后传》，第337页。
④ 大同艺术研究院：《大同艺术研究院藏品图录：墓志》，第27、131页。
⑤ （北齐）魏收：《魏书》卷八三《外戚传·胡国珍传》，第1834页。
⑥ 毛远明：《汉魏六朝碑刻校注》第七册，第275页。
⑦ （北齐）魏收：《魏书》卷一二《孝静帝纪》，第297页。
⑧ 毛远明：《汉魏六朝碑刻校注》第六册，第162页。
⑨ （北齐）魏收：《魏书》卷十三《皇后传》，第340页。
⑩ （北齐）魏收：《魏书》卷二一《献文六王传·赵郡王幹》，第695页。
⑪ 毛远明：《汉魏六朝碑刻校注》第六册，第378页。

7. 鲜卑化的高氏（7桩）。（1）孝武帝元修以高欢长女为后，（2）孝武帝入关，高后改适彭城王勰之孙元韶。① （3）高欢子高澄纳北魏孝武帝元修女、东魏孝静帝元善见姊冯翊长公主为妃（《元宝建墓志》）②，高洋建立北齐，尊高澄为文襄帝、尊元妃为文襄后。（4）高欢弟赵郡王御史中尉高琛（字永宝）以魏孝武帝元修妹华阳长公主元季艳为妃（《高树生墓志》）③、贺铸《题华阳公主碑》④）。（5）孝静帝以高欢第二女为后。⑤ （6）临淮王谭（太武帝子）孙元渊第三女沙弥适高欢从兄子阳州公高永乐（《高永乐墓志》、《高永乐妻元沙弥墓志》）。⑥ （7）昭成帝玄孙常山王陪斤之曾孙元纶纳北齐上党王高宝严女为妻（《元纶墓志》）。⑦

8. 宇文泰家族（6桩）。（1）孝文帝孙女、广平王怀女、孝武帝元修妹为宇文泰妻。(2) 孝文帝孙、京兆王愉子西魏文帝元宝炬第五女胡摩适元修妹之子宇文觉即北周孝闵帝，"初封平原公主，适开府张欢。欢性贪残，遇后无礼。帝杀欢，改封后为冯翊公主，以配周文帝。生孝闵帝。魏大统十七年，薨。恭帝三年十二月，合葬成陵。孝闵践阼，追尊为王后。武成初，又追尊为皇后。孝闵皇后元氏，名胡摩，魏文帝第五女也。初封晋安公主。帝之为略阳公也，尚焉。及践阼，立为王后。"⑧ 元宝炬与宇文泰妻（即元修妹）为从兄妹，宝炬女与宇文觉为从表兄妹。(3) 孝文帝子京兆王愉孙西魏废帝元钦以宇文泰女为后。⑨ （4）景穆帝子汝阴王天赐之孙元均仕于西魏，元

---

① （唐）李延寿：《北史》卷一三《后妃传上》，第506页。
② 毛远明：《汉魏六朝碑刻校注》第七册，第275页。
③ 赵文成、赵君平：《秦晋豫墓志搜佚续编》，第81页。
④ 贺铸：《庆湖遗老诗集》卷二，《景印文渊阁四库全书》第1123册，第212页。
⑤ （北齐）魏收：《魏书》卷一三《皇后传》，第341页。
⑥ 叶炜、刘秀峰：《墨香阁藏北朝墓志》，第46、194页。
⑦ 魏秋萍：《长安新出隋开皇十五年〈元纶墓志〉释读》，《考古与文物》2012年第6期，第100—103页。
⑧ （唐）李延寿：《北史》卷一四《后妃传下》，第527页。
⑨ （唐）李延寿：《北史》卷一三《后妃传上》，第508页。

均子矩西魏时封南平县公,矩妹适宇文泰侄宇文护。①(5)北周宣帝宇文赟以元氏宗室开府元晟女为后。②(6)景穆帝子任城王云曾孙北周济北郡开国公元迪子法力聘北周晋国公宇文护女(《元迪妻周(宇文)宣华墓志》)③。

四、北朝元氏婚姻之族属郡望未详者

1. 尹氏(1桩):明元帝尹夫人生永昌庄王健④。据《元和姓纂》,天水、河间、乐城皆有尹氏⑤,未知明元帝尹夫人是何郡望之尹氏。

2. 舒氏(1桩):太武帝纳舒椒房生东平王翰⑥。

3. 张氏(1桩):昭成帝子清河王纥根曾孙元弼(453—499)娶张氏(《咨议参军元弼墓志》)⑦,张氏族属、郡望未详。

4. 李氏(2桩):(1)文成帝纳李夫人,生安乐王长乐(《魏书》卷一八《太武五王传》)。⑧ (2)广平王怀娶李氏生元修即孝武帝(《北史》卷五《魏孝武帝纪》)⑨。

5. 雷氏(1桩):景穆帝子阳平王新成妻雷氏。《北史》卷十七景穆十二王上《阳平王传》:(元衍)转徐州刺史……后所生母雷氏卒,表请解州。⑩《魏书》卷七《孝文帝纪》:"太和十八年十二月,徐州刺史元衍出钟离。"⑪可知新成侧室为雷氏,雷氏约卒于太和

---

① (唐)李延寿:《北史》卷一七《景穆十二王上·汝阴王天赐》,第642页。
② (唐)李延寿:《北史》卷一四《后妃传下》,第531页。
③ 周宣华墓志见于刘呆运:《咸阳北周拓跋迪夫妇墓发掘简报》,《中原文物》2019年第3期。
④ (北齐)魏收:《魏书》卷一七《明元六王传》,第413页。
⑤ (唐)林宝撰,陶敏校证,李德辉整理:《元和姓纂新校证》,第335页。
⑥ (北齐)魏收:《魏书》卷一八《太武五王传》,第417页。
⑦ 毛远明:《汉魏六朝碑刻校注》第三册,第314页。
⑧ (北齐)魏收:《魏书》卷一八《太武五王传》,第525页。
⑨ (唐)李延寿:《北史》卷五《魏孝武帝纪》,第170页。
⑩ (唐)李延寿:《北史》,第630页。
⑪ (北齐)魏收:《魏书》,第175页。

十八年（494）十二月之后。元衍兄元颐卒于景明元年（500），据《拓跋新成妃李氏墓志》，李氏（438—517）熙平二年（517）十月卒于第，春秋八十。① 因李氏为新成正室，故李氏墓志中称其为阳平惠王即元颐母。雷氏为元颐、元衍兄弟生母。元衍为阳平王新成次子。

6. 曹氏（1桩）：道武帝玄孙、武昌王提孙元和后妻曹氏②，未详元和后妻为汉姓曹氏还是匈奴曹氏。

7. 范氏（1桩）：献文帝子北海王详纳范氏为妾。③

8. 崔氏（2桩）：（1）景穆帝孙、济阴王小新成子元丽妻崔氏，景穆帝孙、阳平王新成子元钦曾奸崔氏，元丽为钦从兄。④ 未详崔氏出自博陵还是清河。（2）隋尚书起部郎元君妻崔氏（《隋尚书起部郎元君妻崔氏墓志》）⑤，元君名以及崔氏之籍贯未详。

9. 王氏（2桩）：（1）元羽娶王氏，生节闵帝元恭（《魏书》卷一一《废出三帝纪》）。⑥（2）拓跋济继妻灵州永丰郡君王氏（《拓跋济墓志》）。⑦

10. 封氏（1桩）：平文帝子高凉王孤之后元贤真（492—552）娶封氏（《元贤真墓志》）。⑧ 未详封氏为胡姓是贲氏所改，还是汉姓之渤海封氏。

11. 马氏（1桩）：景穆帝子章武王太洛曾孙元景哲之女元嬺耶（？—555）适处士马公瑾（《元嬺耶墓志》）。⑨

---

① 毛远明：《汉魏六朝碑刻校注》第四册，第365页。
② 魏收：《魏书》卷一六《道武七王传·河南王曜》，第397页。
③ （北齐）魏收：《魏书》卷二一《献文六王传·北海王详》，第561页。
④ （北齐）魏收：《魏书》卷一九《景穆十二王传·阳平王新成》，第443页。
⑤ 陕西省考古研究院：《陕西省考古研究院新入藏墓志》，第234页。
⑥ （北齐）魏收：《魏书》，第273页。
⑦ 西安市文物稽查队：《西安新获墓志集萃》，第19页。
⑧ 叶炜、刘秀峰：《墨香阁藏北朝墓志》，第102页。
⑨ 叶炜、刘秀峰：《墨香阁藏北朝墓志》，第106页。

12. 杜氏（1桩）：献文帝云孙、广宗王季女元寿（字摩耶）适北周宜州刺史、宜君郡守杜府君（《杜府君妻元寿（摩耶）墓志》）①，未知杜府君为独孤浑氏所改姓之杜氏还是京兆杜氏。

13. 真氏：昭成帝孙常山王遵之玄孙北周吐故县开国侯拓跋济妻恒州鹎武郡君真氏（《拓跋济墓志》）。②

14. 刘（邓）氏（1桩）：明元帝子乐安王范玄孙女、北周东阳王元荣女适刘彦（一作邓彦），元荣为瓜州刺史，元荣卒，瓜州首望表荣子康为刺史，刘彦杀元康而取其位（《北史》卷六九《申徽传》）。③

15. 吴氏（1桩）：平文帝之后建阳公元业孙、亳州刺史元连子晋州府主簿元惠（543—573）娶怀州刺史吴当时女（《元惠墓志》）。④

16. 徐氏（1桩）：景穆帝之后阳平王新成曾孙北周安喜公元谅子隋成都广汉二县令元膺娶徐令王女（《大唐故随益州城都广汉二县令安喜县开国公元君（膺）墓志》）。⑤ 元膺终年四十六，徐氏终于贞观十四年（640），享年六十四，则元膺娶徐氏当在隋代。

元氏家族与主要外戚家族婚姻分析：

与常氏间4桩婚姻元氏娶3桩、嫁1桩，常氏为辽西人，只因为文成帝乳母而尊为太后，在元氏的婚姻中影响有限，但与常氏婚姻还延续到北朝后期（以太和十八年北魏迁都洛阳为界，分北朝前期与后期），北朝前期宗室与常氏婚姻元氏娶1桩，北朝后期宗室

---

① 叶炜、刘秀峰：《墨香阁藏北朝墓志》，第154页。
② 西安市文物稽查队：《西安新获墓志集萃》，第19页。
③ （唐）李延寿：《北史》，第2390页。
④ 王其祎、周晓薇：《隋代墓志铭汇考》第四册，第395页。
⑤ 毛远明：《西南大学新藏墓志集释》，第178—181页。

与常氏婚姻3桩，元氏2娶1嫁。与梁郡李氏间婚姻5桩，皆为李氏嫁元氏，其中北朝前期皇室、宗室各娶李氏女1桩，北朝后期宗室娶李氏3桩。据《魏书》卷一三《皇后传》，太武帝南侵，永昌王拓跋仁将在寿春的李氏与其家人送至平城宫，太武帝子即后来的文成帝拓跋濬登白楼望见李氏，遂幸之，生拓跋弘即献文帝，拜贵人。文成帝即位，拓跋宏被立为太子后，常太后依子贵母死之故事，太安二年（456）将李氏赐死。① 梁国李氏东晋时南渡，本非汉晋旧族，在北朝亦无根基，只因为文成帝所幸，生太子，成为文成帝妻族、献文帝舅族而贵，李氏被赐死，故其家族更需攀附元氏。李氏与元氏的婚姻能延续到北朝后期，可显现梁国李氏在成为外戚后，家族地位有提升。

中山李氏与元氏的婚姻2桩，元氏嫁娶各1桩，皆为北朝前期与皇室间的婚姻。据《魏书》卷八三上《外戚传上》，李盖在太武帝时期就尚公主，卒赠中山王，子李惠袭爵，李惠女适献文帝，生孝文帝，冯太后忌恨李惠，诬惠将南叛，害死李惠父子及其兄弟，并杀害李后，直至太和十二年孝文帝欲封爵舅氏，诏访存者，一些李氏后人还心有馀悸，部分虽封侯但并未重用，朝野以为孝文帝待冯氏厚，而待李氏薄，宣武帝时期对李氏略有任用。② 冯太后对李氏的迫害是残酷的，虽然孝武帝后期、宣武帝时略有封爵任用，但李氏可以作为外戚发挥影响的时代早已过去，故中山李氏在北魏产生影响较小，从中山李氏作为北朝前期的外戚，其家族与元氏婚姻未能延续到北朝后期即可见。

与冯氏间的婚姻24桩，元氏嫁有7桩，元氏娶达17桩，冯氏是北魏最大的外戚，在太武帝时冯弘女已为昭仪，冯昭仪侄女又为

---

① （北齐）魏收：《魏书》，第331页。
② （北齐）魏收：《魏书》，第1824—1826页。

文成帝后，献文帝母李氏被赐死，献文帝皇后中山李氏生孝文帝被冯太后害死，这样冯太后成为献文帝母、孝文帝祖母，掌控了献文及孝文前期的朝政，冯太后得以安排冯氏与元氏的婚姻以巩固其家族地位，仅孝文帝兄冯熙女嫁给孝文帝为后为昭仪、嫁诸王为妃者就达11桩，冯熙孙女辈亦嫁元氏，又让表兄妹间通婚。虽然孝文帝赐死冯熙女之后，冯氏地位渐渐衰弱，但冯氏在北魏有一定根基，其与元氏婚姻一直延续到北魏末。长乐冯氏作为北朝前期的外戚，前期与皇室婚姻6桩，元氏4娶2嫁。北朝后期冯氏更多与宗室通婚，与宗室通婚18桩其中元氏娶13桩，元氏嫁5桩。冯氏是与元氏通婚最多的外戚家族。

高丽高氏，因为宣武帝母而地位提高，但影响远不如冯氏，与元氏间的8桩婚姻是元氏嫁3桩、元氏娶5桩，高氏攀附当然娶元氏略多，比例大致协调。北朝前期高丽高氏与皇室婚姻3桩，元氏2嫁1娶；北朝后期高丽高氏与元氏婚姻5桩，其中与皇室婚姻2桩，元氏1嫁1娶，与宗室婚姻3桩，皆元氏娶。高丽高氏在北魏本无根基，虽然宣武帝之后亦有与高氏的婚姻，但元氏与高氏的婚姻主要在宣武帝时期。

安定胡氏因为孝明帝生母而地位提高，与元氏间的7起婚姻是元氏嫁1桩、元氏娶6桩。安定胡氏与元氏婚姻皆在北朝后来，与皇室婚姻2桩，皆元氏娶；与宗室婚姻6桩，元氏1嫁5娶。胡太后为巩固家族地位，尽力安排元氏成员娶胡氏女，但胡氏在朝廷本无根基，元氏与胡氏联姻基本仅发生于孝明帝期间。

元氏与鲜卑化高氏间的婚姻主要在北魏末东魏时期，7桩婚姻中元氏嫁4桩、元氏娶3桩，其中与皇室婚姻4桩，元氏2嫁2娶，与宗室婚姻3桩，元氏1嫁2娶。东魏时期元氏统治已是名义上，此时作为权臣的鲜卑化高氏，将高氏女嫁于元氏，更多是为了控制元氏，也借元氏提高鲜卑化高氏的地位。

现可知元氏与宇文泰一支的婚姻，大都出现于北魏末、西魏、北周时期，是先后入关的孝武帝和西魏文帝亲属与宇文泰家族之间。6桩婚姻中元氏嫁4桩、元氏娶2桩，其中元氏皇室与元氏宗室嫁宇文泰家族各2桩，元氏皇室与元氏宗室娶宇文泰家族女各1桩。可见宇文氏要通过元氏巩固地位，所以婚姻中宇文泰家族更主动，西魏时元氏尚为皇族，宇文泰家族虽然是权臣，但需要通过与皇族的婚姻来抬高其地位，同时又控制元氏。北周时，宇文泰家族为皇族，与元氏作为北朝统治时间最长、最大的皇族通婚，有助于抬高宇文泰家族的地位，维系宇文氏的统治。元氏与鲜卑化高氏和宇文泰家族间的婚姻皆元氏娶外戚已低于元氏嫁外戚，亦是元氏地位渐衰的体现。

现可知与外戚权臣间的64桩婚姻中，占现可知元氏家族441桩婚姻的14%，其中元氏女出嫁的有19桩，元氏娶外戚家族的有45桩。元氏为皇族，外戚需要通过婚姻攀附巩固其家族地位，故外戚嫁元氏者是远多于元氏女出嫁者。共有八个较大的外戚家族与元氏有婚姻，除了中山李氏被冯太后迫害而衰败，故与元氏婚姻只在北朝前期，安定胡氏、鲜卑化高氏、宇文泰家族本来就是北朝后期的外戚，其他四个家族与元氏的婚姻皆从北朝前期持续到北朝后期。

当元氏统治稳固时，外戚嫁元氏者多于元氏出嫁者。当元氏地位衰落时，权臣借婚姻成为外戚，进一步掌控元氏，亦提高其家族地位，外戚权臣在婚姻中居主动。东魏的鲜卑化高氏和西魏的宇文氏，就是权臣控制元氏，再通过婚姻进一步掌控元氏，最终取元氏而代之。但高氏建立北齐后、宇文氏建立北周后，仍与元氏通婚，也可显现元氏作为北朝最大的皇族，仍有其家族地位存在。元氏婚姻中现可知还有19桩对象的姓氏郡望或族属未详。其中与皇室婚姻3桩，皆元氏娶。皆在北朝前期。与宗室婚姻16桩，元氏娶13

桩，元氏嫁 3 桩，与宗室婚姻 3 桩在北朝前期，13 桩在北朝后期，这正与元氏婚姻中北朝后期宗室婚姻数大为增多的整体情况相合。与皇室间的婚姻易被详细记载，而与宗室间的婚姻数量多、族属多，比较驳杂，易于在记载时忽略对郡望族属的记述。与宗室间的婚姻元氏娶远多于元氏嫁，这些婚姻大多是在元氏统治的稳固时期。

第二节　唐代元氏家族婚姻考

唐代元氏家族婚姻表

姓名	支　　系	配偶	配偶所出	出　　处	备注
元氏	神元帝之后右率府中郎将元世伦女	赵郡李元确	刑部郎中大理正李善愿第四子	《大唐故国子明经吏部常选赠赵州长史赵郡李府君（元确）墓志铭》	
元仁惠	昭成帝孙常山王遵之后隋武陵公元胄子	安定梁氏		张说《唐故凉州长史元君（仁惠）石柱铭》	
元怀景	昭成帝孙常山王遵之后凉州长史元仁惠子	京兆韦氏	逍遥公敬远玄孙	张说《唐故左庶子赠幽州都督元府君（怀景）墓志铭》	
元氏	元怀景女	范阳张说	刑部尚书张骘季子	张九龄《唐故尚书左丞相燕国公赠太师张公（说）墓志铭》	

续 表

姓名	支系	配偶	配偶所出	出处	备注
元子长	元怀景孙、银青光禄大夫元彦冲子	陇西李真		《唐故河中府户曹参军河南元府君（子长）墓志铭》《唐故河中府户曹元府君（子长）夫人陇西李氏（真）墓志铭》	
元氏	元怀景曾孙、郑州司马元待聘子尚书左丞元琇女	高平徐放	检校礼部员外郎徐揖子	元佑《唐故朝散大夫守衢州刺史上柱国徐君（放）墓志铭》、杨发《唐故衢州刺史徐公（放）夫人晋陵县君河南元氏墓志》	
元某	元怀景曾孙元侗子（女）	河东卫某	福建观察使卫中行子（女）	崔岘撰《唐故河南元君（侗）墓志铭》	元侗与卫中行有姻亲关系，具体情况未详
元慈	昭成帝孙常山王遵之后朝议大夫元善庆子	京兆韦氏	司农卿京兆韦机女	《旧唐书·元行冲传》	处士
元氏	昭成帝孙常山王遵之后醴泉尉元好古女	渤海李元雄	新昌郡公李安仁孙	《大唐故忠王府录事参军李府君（元雄）墓志铭》《唐故桥陵李丞（元雄）夫人元氏墓志铭》	

续　表

姓名	支　系	配偶	配偶所出	出　　处	备　注
元殆庶	昭成帝孙常山王遵之后醴泉尉元好古子	河东裴氏	武邑主簿武臣之中女	《大唐故通川郡永穆县丞河南元君（殆庶）墓志铭》	
元禧	昭成帝孙常山王遵之后檀州刺史元远子	王氏		《大唐故襄州都督府长史常山县男元公（禧）墓志铭》	
元基	昭成帝孙常山王遵之后常山县男元禧子	安定张氏		《大唐元氏（基）墓志铭》	
元万子	昭成帝孙常山王遵之后洋州刺史元务整女	晋昌唐河上	内史侍郎唐俭子	《唐尚衣奉御唐君妻故河南县君元氏（万子）墓志铭》《大唐故殿中少监上柱国唐府君（河上）墓志铭》	
元氏	昭成帝孙常山王遵之后太仆卿元文豪女	河东柳怀素	隋尚书令柳昂子	《大周故河东柳府君（怀素）墓志》	
元氏	昭成帝孙常山王遵曾孙西魏乐平王元寔玄孙女	天水赵知俭	左屯卫郎将赵杰子	《大唐故抱德幽栖举□部常选天水赵君（知俭）墓志铭》	
元大宝	昭成帝孙常山王遵七代孙、朔方县开国子元武幹第二子、元大简弟	陇西李氏		《大唐故元公（大宝）墓志铭》	

第三章 元氏家族婚姻研究

续 表

姓名	支系	配偶	配偶所出	出处	备注
元大谦	昭成帝孙常山王遵七代孙、朔方县开国子元武幹第八子、元大宝弟	鲜卑罗婉顺	朝散大夫行嘉州司仓参军鲜卑罗暕女	外侄孙李珊撰《大唐故朝议郎行绛州龙门县令上护军元府君(大谦)墓志铭》《大唐故朝议郎行绛州龙门县令上护军元府君(大谦)夫人罗氏(婉顺)墓志铭》	
元自觉	昭成帝昭成帝孙常山王遵八代孙、陕州长史元大简子	博陵崔氏	尚书主客员外郎崔潜女	外甥汝阳郡王李淳撰《大唐故游击将军左司御率元府君(自觉)墓志铭》	
元遐观	昭成帝孙常山王遵八代孙、元大宝长子	许氏		《大唐故元公(遐观)墓志铭》	
元氏	昭成帝孙常山王遵八代孙、陕州长史元大简女	唐宁王李宪	唐睿宗子、唐玄宗兄	《元和姓纂》《大唐故元公(遐观)墓志铭》	元氏为元遐观堂妹
元氏	荆王府典签元大方女,大方约为元武幹子、元大谦兄弟行	南阳张承敬	淄州司户参军事张知礼子	《大唐故吏部常选骑都尉张府君(承敬)墓志铭记》	

553

续表

姓名	支系	配偶	配偶所出	出处	备注
元氏	昭成帝孙常山王遵九代孙	武公苏僖		堂侄女聱前弘文生武功苏僖撰、堂侄豫书《大唐故宣义郎前南郊斋郎吏部常选元府君（不器）墓志铭》	武功苏僖妻元氏约为元自觉或元遐观子，正为元不器之从侄女
元氏	昭成帝孙常山王遵之后散骑侍郎元弘度女	太原王德倩	随安始县开国公王崇子	《大唐故朝散大夫、密王咨议参军王府君（德倩）墓志铭》	
元重华	昭成帝孙常山王遵之后仪王府骑曹参军元苊子	河东裴氏	监察御史裴滉女	从叔之子元翱撰《故太原府太谷县尉元府君（重华）墓志铭》、裴俭撰《唐故太原府太谷县尉元府君（重华）亡夫人河东裴氏墓志铭》	
元克修	昭成帝孙常山王遵之后西台侍郎元大士六世孙	京兆杜内仪	郑州录事参军虞曾孙、鸿胪少卿杜柔立第二女	叔父将仕郎守京兆府参军思立撰《唐绛州司功参军元君（克修）夫人京兆杜氏（内仪）墓志铭》	
元温	昭成帝孙常山王遵之后青州刺史元神霁子	太原王氏	冀州长史王炽	《大唐故吏部常选元府君（温）墓志铭》	

续表

姓名	支　系	配偶	配偶所出	出　　处	备　注
元正思	昭成帝孙常山王遵之后严道县令元涉孙	鲜卑独孤氏		《唐故处士河南元府君（正思）墓志铭》	
元郎	昭成帝孙常山王遵之后青州刺史元神霁子	温县司马氏		《大唐元府君（郎）与夫人司马氏合葬墓志铭》	
元氏	昭成帝孙常山王遵之后淮南道按察使元光谦女	河东薛倗		子柳方叔撰《有唐同州司户参军事先府君（柳鋋）墓志》	薛倗女为同州司户参军事河东柳鋋妻
元氏	昭成帝孙常山王遵之后元谊女	卢龙田季安	魏博节度使田承嗣孙、田绪子	《旧唐书》卷一百四十《田承嗣传》	
元氏	昭成帝孙常山王遵之后	河东柳敬则		《大唐故邠州诸军事邠州刺史柳府君（敬则）墓志铭》	柳敬则为唐太宗文德皇后长孙氏之甥，柳敬则妻为昭成帝孙常山王遵之后西魏陈郡王元玄曾孙隋驸马元某女

续表

姓名	支系	配偶	配偶所出	出处	备注
元庭坚	昭成帝孙常山王遵之后上柱国元述古子	武功苏氏	中书侍郎武功苏璥侄孙女、潭府司马武功苏恪长女	中散大夫检校尚书驾部郎中兼侍御史陈翃撰《□□□行义王友上柱国翰林内供奉河南元公（庭坚）墓志铭》	
		太原温氏	礼部尚书黎国公太原温大雅之玄孙女、河州绵竹令温绍先之次女		
元履清	昭成帝十一代孙、陈留王虔之后、集州司马元崇敏子	鲜卑穆氏		穆员《河南兵曹元公（盛）墓志铭》	元履清穆氏为元履清子元盛墓志撰者穆员之伯姑
元盛	昭成帝十二代孙、陈留王虔之后、处士元履清子	河东柳氏			
元氏	昭成帝子力真之后隋昌平公元弘女	独孤卿云（本陇西李氏）	隋汝阳县独孤楷子	《大唐故豹韬卫大将军检校左羽林军乾陵留守上柱国汝阳郡开国公赠梁州都督独孤府君（卿云）墓志铭》	
元氏	昭成帝子力真之后魏州刺史元义端女	鲜卑独孤氏	大理少卿独孤元恺子	《大周定王椽独孤公（思敬）故夫人元氏墓志铭》《大唐故朝散大夫行定王府椽独孤府君（思敬）墓志铭》	元义端为元弘子

第三章 元氏家族婚姻研究

续 表

姓名	支系	配偶	配偶所出	出处	备注
元氏	昭成帝子力真之后寿州刺史元从女	陇西李则		李翱《故歙州长史陇西李府君（则）墓志铭》	
元悱	昭成帝子力真之后岐州参军延景子	晋昌唐氏		元稹《告赠皇祖皇妣文》	
元宽	昭成帝子力真之后南顿丞悱子	荥阳郑氏	睦州刺史郑济女	白居易《唐河南元府君（宽）夫人荥阳郑氏墓志铭》	元宽为比部郎中
元氏	昭成帝子力真之后比部郎中元宽女	吴郡陆翰	临汝令陆泌子	元稹《夏阳县令陆翰妻河南元氏墓志铭》	
元秬	昭成帝子力真之后比部郎中元宽子	清河崔氏	崔邠女	元稹《唐故朝议郎侍御史内供奉盐铁转运河阴留后河南元君（秬）墓志铭》	
元氏	元秬长女	刘中孚			
元氏	元秬第三女	苏京			
元氏	元秬第四女	李殊			
元稹	昭成帝子力真之后比部郎中元宽子	安仙嫔		元稹《葬安氏志》《哭子十首》《哭女樊》《哭女樊四十韵》《哭小女降真》	生子荆及女樊、降真，皆夭
		京兆韦丛	太子少保韦夏卿女	白居易《唐故武昌军节度处置等使正议大夫检校户部尚书鄂州刺史兼	

续 表

姓名	支 系	配 偶	配偶所出	出 处	备 注
元积	昭成帝子力真之后比部郎中元宽子	河东裴淑	滁州永阳令裴好古女	御史大夫赐紫金鱼袋赠尚书右仆射河南元公（积）墓志铭》、韩愈《监察御史元君（积）妻京兆韦氏夫人（丛）墓志铭》、韦绚《唐故武昌军节度使丞相元公（积）夫人河东郡君裴氏（淑）墓志铭》	
		李氏			生子道护
元保子	昭成帝子力真之后检校户部尚书元积与妻韦丛女	京兆韦绚	中书侍郎韦执谊子		
元氏	元积与继妻裴淑女	李枳			
元氏	昭成帝子力真之后归州刺史元偕女	河东裴某		乐安县公弼《唐故右卫率府胄曹裴府君夫人河南元氏墓志铭》	墓志撰者为元氏从母兄
元氏	昭成帝子力真之后绵州长史元平叔子元攉女	李辅国		《旧唐书》卷一百八十四《宦官传·李辅国》	
元蘋	昭成帝子力真之后吏部员外元挹女	京兆韦应物	宣州司法参军韦銮子	韦应物《故夫人河南元氏墓志》	
元扔	昭成帝子力真之后绵州长史元平叔子	唐皇室李氏	晋国公李林甫（长平王李叔良曾孙）女	《旧唐书》卷一百六《李林甫传》	

第三章 元氏家族婚姻研究

续 表

姓名	支 系	配 偶	配偶所出	出 处	备 注
元持	昭成帝子力真之后绵州长史元平叔子元抛弟	阎氏		元稹《唐故京兆府盩厔县尉元府君（洪）墓志铭》	
元洪	昭成帝子力真之后都官郎中元持子	陇西李氏			
元氏	昭成帝子力真之后盩厔县尉元洪女	广平刘义玄	中书侍郎、同中书门下平章事刘从一子	《唐故陕州硖石县令刘府君（尚质）墓志铭》	元洪女适大理少卿刘义玄，生刘尚质
元氏	昭成帝子力真之后司议郎元延祚玄孙女	韩乂		杜牧《荐韩乂启》	元氏为元洪子元晦同高祖妹
元复礼	昭成帝子力真之后吏部员外元挹孙监察御史元复礼（宣歙观察使、秘书监元锡子）	京兆韦氏	楚州刺史韦瓘女	山南西道节度判官庐江何扶撰、季弟承郎前左春坊太子内直局丞琯书《河南元愚公真宅铭》	元复礼（字愚公）为元藇侄
元寿	昭成帝子力真之后吏部员外元挹孙、秘书监元锡子	高平徐氏	兵部尚书徐君女	乡贡进士路启撰《唐故进士元府君（温）墓志铭》	元温字彬之为元寿与徐氏子
		京兆韦氏	中书侍郎韦执谊女、秘书监韦绚妹		元温称韦绚为舅，而元温母徐氏早卒，大约其父元寿又继娶韦绚妹
元温	元寿子	京兆韦氏	秘书监韦绚女		

· 559 ·

续 表

姓名	支　系	配偶	配偶所出	出　处	备　注
元婉	昭成帝十一代孙、亳州城父县令元玄祐女	晋阳郭某		左武卫仓曹毕宏《大唐故通议大夫上柱国剑州刺史晋阳县开国男郭府君夫人新郑郡君河南元氏（婉）权殡墓志》	元婉适郭某时郭为监察御史
元淑	昭成帝之后太原府法曹元庭女	范阳张某	陇州刺史张季友子	族兄明经常选元不器撰《唐故陇州刺史男吏部常选张君故夫人河南元氏（淑）墓志铭》，《唐故范阳（张）氏女墓志》	
元氏	昭成帝之后秘书郎元逵（元庭弟）长女	赵郡李希敳	兰、鄯二州司马李虔惠孙	《大唐故通直郎行巴州司法参军李府君（希敳）墓志铭》	
元罕	昭成帝之后隋密州巫山县长元叡子	南阳张氏	汾州司户参军事张某女	《唐遂州方义县主簿河南元府君（罕）墓志铭》	
元谷	昭成帝十四代孙、兵部员外郎元诸第二子	唐宗室李氏	唐高祖第十三子郑王李元懿玄孙左散骑侍郎李翶之女	《唐故朝散大夫使持节嘉州诸军事守嘉州刺史充本州经略使上柱国河南元公府君（谷）墓志铭》《亡室河南元夫人（仲光）墓志铭》，《唐故河南尹赠兵部尚书柳公（喜）墓志铭》	李氏为文宗朝宰相李宗闵姊（妹）
元仲光	昭成帝十五代孙、上柱国元谷子	河东柳喜			元谷和元仲光墓志由柳喜撰

续　表

姓名	支　系	配偶	配偶所出	出　　处	备　注
元君	昭成帝十七代孙	渤海封氏		元稹《唐故建州浦城县尉元君（莫之）墓志铭》	生元莫之
元莫之	昭成帝十八代孙、元某与渤海封氏之子	濮阳吴氏			
元瑛	明元帝子乐安王范之后左卫勋一府勋卫元瑛子	朱氏	儒林郎通之女	《周故左勋卫一府勋卫上柱国元思亮墓志》	元瑛与其父同名，墓志题中以字思亮称之，约正是为与其父相区别
元舒温	明元帝子乐安王范之后登州司马元德珉子	河东裴氏		《大唐故元府君（舒温）墓志铭》	
元氏	处士元舒温子安丘县丞元询女	河东薛迅	中大夫、淄川上洛淮安清河四郡太守薛融子	《大唐故河南府密县丞薛府君（迅）夫人河南元氏墓志铭》《唐故河南府密县丞河东薛府君（迅）墓志铭》	
元氏	明元帝子乐安王范之后朝议大夫、晋州司马莹女	广平刘遵素	吏部郎中刘献臣子	《大唐故朝请大夫交城县令广平刘公（遵素）夫人河南县君元氏墓志铭》《唐故朝请大夫太原府交城县令刘府君（遵素）墓志铭》	刘遵素为刘义玄从祖

561

续表

姓名	支系	配偶	配偶所出	出处	备注
元氏	明元帝八代孙唐金州刺史元衡第二女	天水姜毅	朝散大夫、黎州长史、上柱国天水姜道子	《大唐故游击将军姜公（义）志铭及序》	
元景	明元帝八代孙、太清府统军元叔明子	天水赵氏		太原令裴朓《大唐故荆王府库真元公（景）石志铭》	
元方劭	明元帝十二代孙、京兆府华原县尉元寅子	河东柳氏		从侄应书判拔萃前崇文馆明经蒍撰并书《唐故右监门卫率府录事参军河南元公（子美）墓志》	元方劭为秘书丞，生右监门卫率府录事参军元子美
元太液	太武帝临淮王谭之后、都官员外郎元巽子	鲜卑于氏		《唐故太子校书元府君（太液）墓志》	于氏即墓志作者于莼之从祖父之姊
元复业	太武帝子广阳王建八代孙、侍御史元思庄子	权氏	屯田郎中权崇基孙女	《大唐京兆府美原县丞元府君（复业）墓志铭》	
元思忠	景穆帝子阳平王新成之后叠州刺史元仁虔子	唐皇室信安县主李氏		《大唐故信安县主元府君（思忠）墓志铭》	唐高祖李渊曾孙女、太宗第三子吴王恪女
元二娘	景穆帝子阳平王新成之后庐州刺史元瓘子钱唐县尉元真女	侯氏		《唐故杭州钱唐县尉元公（真）墓志铭》	

续 表

姓名	支系	配偶	配偶所出	出　　处	备注
元袞	景穆帝子阳平王新成之后庐州刺史元瓘子河阴令元潮子	南阳张氏	吏部尚书张献恭女	《唐故鄂岳观察推官监察御史里行上柱国元公（袞）墓铭》《大唐故监察侍御史河南元府君（袞）夫人南阳张氏墓志》	元袞为元二娘从兄（弟）
元氏	景穆帝子阳平王新成之后监察御史元袞女	唐歙		《大唐故监察侍御史河南元府君（袞）夫人南阳张氏墓志》	唐歙为襄阳县丞
元濬	景穆帝子阳平王新成之后庐州刺史元瓘子河阴令元潮弟	博陵崔氏	兴平县令崔通长女	《唐故处士河南元公（濬）墓志铭》	
元瓌	景穆帝子阳平王新成之后叠州刺史元仁虔孙、灵昌令元思忠子、庐州刺史元瓘弟	唐皇室新平县主李氏		《唐故金紫光禄大夫颖王府司马上柱国元府君（瓌）墓志铭》	
元铦	元瓌子	武功苏氏	岐国忠懿公苏震女	《唐故河南元府君（公瑾）墓志铭》	元铦为王屋县令，苏震尚唐玄宗女真阳公主
元宗简	元铦子	高阳许氏	吏部尚书东都留守许孟容女	朝议郎、行尚书司勋员外郎周复撰《唐故杨州高邮县（尉）河南元君（邈）墓志铭》	元邈为元宗简子
元膺	景穆帝子阳平王新成曾孙北周安喜公元谅子	徐氏	徐令王女	《大唐故随益州城都广汉二县令安喜县开国公元君（膺）墓志》	

563

续　表

姓名	支　系	配　偶	配偶所出	出　处	备　注
元氏	景穆帝子阳平王新成之后叠州刺史元仁虔孙、宋州司马元守道女	天水赵恽		《唐故赵氏元夫人墓志铭》	赵恽为江陵县丞
元令仲	景穆帝子京兆王子推之八代孙、颍州刺史元怀式女	参军刘某		《(上泐)曹参军刘君故妻元氏墓志铭》	
元正（止）	景穆帝子京兆王子推八代孙、凤阁侍郎万顷孙	河东柳氏		《唐故怀州嘉获县令姚府君（鋆）夫人河南元氏墓志铭》《唐故怀州获嘉县令姚府君（鋆）墓志铭》	
元氏	景穆帝子京兆王子推九代孙、赠秘书监督正（止）女	吴兴姚鋆	朝议大夫、晋州洪洞县令孝先子		元氏为柳氏所出
元氏	景穆帝子京兆王子推九代孙、虢州刺史元义方女	京兆韦孟明	阆州刺史韦澣第四子	柳涧《唐故同州澄县主簿韦府君（孟明）墓志铭》	
元惟义	景穆帝子京兆王子推之后主簿元晟子	范阳卢氏		《唐（蓝田县主簿）元惟义墓志》	元晟约为元义方子
		京兆韦氏			
元琰	景穆帝子汝阴王天赐之后北周小冢宰元则曾孙	京兆韦金	北周上柱国韦孝宽曾孙女、唐故成州刺史寿光男韦琬女	《大唐前安州都督府参军元琰妻韦（金）志铭》	

续 表

姓名	支 系	配 偶	配偶所出	出 处	备 注
元氏	景穆帝子汝阴王天赐曾孙元雅（孝方）孙唐夏县令元思哲第二女	陇西李延喜	绛州万泉县令李成务子	《大唐故陈州司兵李公（延喜）墓志铭》	
元淑姿	景穆帝子乐陵王胡儿继子元思誉之后定襄公元利贞女	京兆韦某		《大唐前幽州参军韦君故妻元氏纪年铭》	韦某为幽州参军
元氏	景穆帝子任城王云之后河阳三城节度使元韶姊（妹）	荥阳郑氏		《唐故昭仪节度衙前先锋兵马使荥阳郑府君（仲连）墓志铭》	
元氏	景穆帝子南安王桢七代孙、右骁卫郎将元备女	荥阳郑玄果	同安郡开国公郑仁泰子	《大唐故右卫中郎将兼右金吾将军同安郡开国公郑府君（玄果）墓志铭》	
元谏	景穆帝之后朝议郎元承裕子	陇西李氏		守京兆府蓝田县令李速撰《唐故朝散大夫守泾王府长史元府君（谏）墓志铭》	李氏为李速季妹
元氏	景穆帝之后绵州司马元行敏女	陇西李志览	永康公陇西李正明子，卫国公赐陪葬昭陵李靖侄	奉义郎行雍州长安县尉上柱国沛国刘谭撰《大周故朝议大夫上柱国前赵州司马李府君（志览）墓志铭》	

续 表

姓名	支 系	配 偶	配偶所出	出　　处	备　注
元氏	景穆帝九世孙（赠太子少保元某孙）	鲜卑贺若璲		独孤及《唐太府少卿兼万州刺史贺若公（璿）故夫人河南郡君元氏墓志铭》	
元洞灵	景穆帝之后元晟女	太原王淮		外甥朝议大夫守中书舍人上柱国赐紫金鱼袋沈传师撰《唐故元夫人（洞灵）墓志铭》	沈传师为元洞灵外甥，传师父沈既济，可知沈既济娶元洞灵姊
元氏	景穆帝之后元晟女、元洞灵姊	吴兴沈既济	婺州武义主簿朝宗子		
元氏	景穆帝之后河中府参军元濯女	上谷侯钊	秘书省著作郎侯璬节子	《唐故进士侯君（云亮）墓志铭》	元濯女适美原县令侯钊，生侯云亮
元师奖	文成帝子安乐王长乐之后、稷山县令元庆子	魏郡柏氏	魏府骑曹柏文惠女	《大唐故通议大夫使持节都督鄂河兰廓缘淳丽津超罕永定等一十二州诸军事守鄂州刺史上柱国新蔡县开国男河源道经略副使元府君（师奖）之墓志铭》	

第三章 元氏家族婚姻研究

续　表

姓名	支　系	配偶	配偶所出	出　处	备注
元大亮	文成帝子安乐王长乐之后、鄯州刺史元师奖子	鲜卑尉迟氏	隋左武卫大将军尉迟安孙女	朝散大夫、行抚州司马清河潘行臣撰《大唐故兴教府左果毅都尉上柱国河南元公（大亮）墓志铭》	
元智威	献文帝子广陵王羽之子西魏恭帝时大丞相元欣之玄孙、唐中山男元德操子	河东薛氏		《大唐韩王府记室参军元君（智威）墓志铭》	
元份	孝文帝子广平王怀孙北周韩国公元谦之后陈王府咨议参军韩国公元伯明子	太原王氏		乡贡进士崔埴撰《唐故袭三恪嗣韩国公食邑三千户元公（份）墓志铭》	
元建	孝文帝子广平王怀孙北周韩国公元谦之后	陆氏		乡贡进士李鸾撰《河南府偃师县令元建故夫人颍川陈氏墓志铭》	
		张氏			
		颍川陈氏	检校右仆射陈赏女		
元道	孝文帝之后北周雍州刺史元挺孙	南阳张氏		《唐故扬州江都县令元君（道）墓志铭》	
元守骘	孝文帝之后朝散大夫守果州朗池县令元泰子	平阳霍氏		《大唐故宁王府记室上柱国元府君（守骘）墓志铭》	宁王指睿宗长子、唐玄宗长兄李宪
元氏	孝文帝之后	上谷燕明		《大唐故燕君（明）墓志铭》	

· 567 ·

续 表

姓名	支系	配偶	配偶所出	出处	备注
元氏	支系未详	太原王敏	隋恒安府鹰扬郎将太原王穆子	《大唐故王君（敏）墓志铭》	
元氏	支系未详	西河任续	北齐西河郡功曹任托子	《唐太古令任绪墓志》	
元某	支系未详	高齐皇族	北齐乐安王高励孙、唐义兴郡开国公高士宁女	《大唐右戎卫将军元君故妻渤海郡夫人高氏墓志铭》	
元氏	支系未详	皇室李俭	唐高祖李渊从弟淮安王李神通第八子	《大唐故容州都督李府君（俭）墓志铭》	
元妃娘	支系未详 陵州贵平县令	渤海（高丽）高安期	隋左仆射高颎曾孙、唐安德县开国男高昱子	《大唐故朝散大夫行洛州偃师县令高安期故妻千乘县君元氏（妃娘）墓志铭》《唐故朝散大夫行洛州偃师县令高氏（安期）墓志铭》	高颎自言渤海高氏，实为高丽高氏
元氏	支系未详	陇西李知玄	随信州都督府仓曹李操子	《大周故扬州大都督府法曹参军李君（知玄）墓志铭》	
元氏	支系未详	辽西公孙道育	沔阳县开国公公孙武达子	《大唐故银青光禄大夫蔚州刺史公孙府君（道）墓志铭》	徙居雍州栎阳（治今陕西西安临潼区北）

· 568 ·

第三章　元氏家族婚姻研究

续　表

姓名	支　系	配偶	配偶所出	出　处	备注
元氏	支系未详	博陵崔景训	果州司马崔知德子	《武州司马博陵崔府君（景训）墓志铭》	
元氏	支系未详	齐郡衡义整	长山县开国公衡长孙子	《大周朝议大夫使持节伊州诸军事伊州刺史上柱国衡府君（义整）墓志铭》	衡氏之郡望在汝南（治汝阳，今河南汝南），衡义整墓志题义整为齐州全节（今山东章丘西龙山镇），大概是后来迁过去的
元善	支系未详	辽西公孙氏	东南道行台左丞公孙虞女	《大唐慈州□□□元善妻公孙氏墓志》	
元氏	支系未详河内侯元为子	冯翊冯琼	隋兖州别驾冯菁子	《大唐故齐王府队正冯公（琼）及夫人元氏墓志》	
元君	支系未详	陇西李氏	宁州录事参军陇西李嗣本女	《唐故处士陇西李君（延祯）墓志铭》	元某娶李氏生元道，元道为其舅处士李延祯撰墓志
元扬	支系未详	宋氏	隋温县丞	《唐故元君（扬）墓志之铭》	
元智方	支系未详元扬子	郭氏			

569

续　表

姓名	支　系	配　偶	配偶所出	出　　处	备　注
元君	支系未详	朱氏		元玄贵兄弟为母亲朱氏造药师佛像记	元君娶朱氏生元玄贵、元玄藏、元玄瓒三兄弟
元氏	支系未详	陇西李匪躬	盐官县令李争臣弟	《大唐故隆州新政县尉李府君（匪躬）墓志铭》	
元氏	支系未详	太原郭仁	隋募团校尉郭举子	《大唐故郭府君（仁）墓志铭》	郭仁为处士
元氏	支系未详	陇西董师		《唐故隰州司马董君（师）志铭》	
元氏	支系未详	西郡汲奉一	壮武将会府振冲都尉无隐子	《大唐故淄州淄川县主簿汲府君（奉一）墓志铭》	
元氏	支系未详	清河宋曜	处士宋宽孙	《唐故宋府君（曜）墓志铭》	处士宋曜祖上徙居潞州
元氏	支系未详	太原郭思谟	举唐幽素科之高第处士郭敬同第三子	进士吴郡孙翌撰《大唐故苏州常熟县令孝子太原郭府君（思谟）墓志铭》	
元氏	支系未详	申屠公	申屠备之后	《唐故申屠府君（公）墓志之铭》	
元氏	支系未详	丹阳纪茂重	隋朝散大夫纪仁卿子	《大唐故雍州明堂县丞纪君（茂重）墓志铭》	

续　表

姓名	支　系	配　偶	配偶所出	出　处	备　注
元知古	支系未详 通议大夫、莱州别驾元守节子	安陆郝氏	开府仪同三司、中书令、甄山公郝处俊女	《大唐故太中大夫邕府都督陆府君（思本）故夫人河南元氏墓志铭》	元知古为朝议郎、资州录事参军，郝处俊为陆思本妻元氏外祖父
元氏	支系未详 元知古第三女	吴郡陆思本			
元氏	支系未详	京兆韦鏊	银青光禄大夫袭扶阳公韦令仪子	《大唐故陇州司仓参军京兆韦公（鏊）墓志铭》	
元氏	支系未详	晋昌唐思慎	散骑常侍、安富郡食邑二千户唐历（宪）子	《唐安富郡开国公唐公（思慎）墓砖志》	
元氏	支系未详	鲜卑于氏	银青光禄大夫于辩机孙女、泾州司马于克诚女	《杭州於潜县主簿元氏于夫人墓志铭》	
元氏	支系未详	裴君		《大唐京兆府好畤县尉裴故夫人河南元氏权殡墓铭》	裴君为好畤县尉
元氏	支系未详	汝南衡守直		元份书《大唐通事舍人邓君故夫人衡氏（喜）墓志铭》	衡喜为衡守直女
元俌	支系未详	衡氏	汴州尉氏县令衡君女	朝散郎行梁王府骑曹外甥元份文《大唐故汴州尉氏县令衡公前夫人范阳卢氏墓志铭》	衡喜之母为元份之表姨，大约衡喜、衡氏本同族姊妹

续 表

姓名	支系	配偶	配偶所出	出处	备注
元有邻	支系未详 洺州司马元彝宪子、元有邻弟	颍川韩氏	剡县主簿韩友直女	《大唐濮阳郡临濮县令元有邻夫人韩氏墓志》	
元乘宝	支系未详	太原郭氏	临邛县令郭袭志之女	《大唐故处士河南元府君（乘宝）墓志铭》	
元氏	支系未详 元彝宪女	范阳张待问	丰州司马张凑子	《唐故右威将军兼朔州刺史大同军使张君（待问）墓志铭》	
元氏	支系未详 元有邻女	唐宗室李鹓	高祖从弟李神符玄孙、银青光禄大夫李柏次子	《唐故太中大夫守泽州刺史李公府君（鹓）夫人河南元氏墓志铭》《唐故中大夫泽州刺史赠光禄卿工部尚书太子少傅李府君（鹓）墓志铭》	
元某	支系未详	渤海李娍	前郑县令李居心女	《大唐故渤海郡李夫人（娍）墓志铭》	
元某	支系未详	南阳来香儿	卫县丞来贞女	《大唐元府君故夫人来氏（香儿）墓志铭》	
元氏	支系未详	扶风窦展	荆州大都督府长史、兼御史中丞窦庭芝子	《唐故右卫兵曹参军摄卫尉寺主簿充军器判官扶风窦府君（展）墓志》	

续　表

姓名	支　系	配偶	配偶所出	出　　处	备　注
元某	支系未详	荥阳郑氏	青州刺史荥阳郑谌女	元光济书《唐故大中大夫使持节青州诸军事青州刺史上柱国荥阳郑公（谌）墓志铭》	元光济即郑谌女与元某之子
元君	支系未详	杨隋宗室杨娥	左补阙、集贤殿待制杨冲第二女	《大唐弘农杨氏女（娥）之墓志铭》	杨娥与元君订婚五礼已备，在成婚前杨娥病卒，杨娥祖行敦之祖为隋宗正卿，可知其为隋宗室之后
元镜远	支系未详	荥阳郑氏	陕州平陆县令荥阳郑岳长女	陆浑县丞郑溁撰《唐故武卫郎将河南元府君（镜远）夫人荥阳郑氏墓志铭》	
元氏	支系未详彭州录事元恂女	赵郡李琼	虞部员外郎、颍利二州刺史思礼长子	《唐故银青光禄大夫行盛王府长史上柱国赵郡李府君（琼）墓志铭》	
元叔言	支系未详	长乐贾氏		《大唐故元府君（怀晖）墓志铭》	
元怀晖	支系未详汾州开远府折冲元叔言子	清河张氏			元怀晖为绛州汾阳府别将

· 573 ·

续 表

姓名	支 系	配 偶	配偶所出	出 处	备 注
元氏	支系未详	琅邪王伷		友人安定梁宁撰、从父兄质书《有唐故蓝田县尉王君（素）墓志铭》	吏部郎中琅邪王伷娶元氏，生蓝田县尉王素，王素与河南少尹元志为中表亲
元氏	支系未详	弘农杨遗直	邠州三水丞杨藏器子	《旧唐书》卷一百七十七《杨收传》	隋越国公杨素之后
元氏	支系未详 旌德县丞元彬女	河东裴谊	河南县□赐绯鱼袋裴胜子	《唐故朝请郎行太原府文水县尉裴府君（谊）墓志铭》	
元卓	支系未详	陇西李氏	兴州刺史李守宗孙女	《大唐故兴州刺史李公（守宗）夫人范阳卢氏墓志铭》	天宝间乡贡进士元卓为李守宗孙女婿，李守宗有璠、璘、瑛三子，未知元卓妻为其中何子之女
元素	支系未详 资州银山令元师本子	颍川陈氏	陈叔宝曾孙、蒲州录事参军陈寿义女	《大唐故朝议郎前行魏州司法参军事上柱国元府君（素）墓志铭》	

第三章　元氏家族婚姻研究

续　表

姓名	支　系	配　偶	配偶所出	出　处	备注
元氏	支系未详 元牟女	吴郡张玠		《大唐故苏州长洲县令孙府君夫人吴郡张氏墓志铭》	吴郡张氏即张玠女
元氏	支系未详	陇西李丕	陈留县丞李怀璧孙	《故莫州长丰县令李君（丕）墓志铭》	
元仁表	支系未详	陇西李氏	上柱国李鼎长女	《唐故朝散大夫临晋县令上柱国李府君（鼎）墓志》	
元氏	支系未详	敦煌张季巩	襄州刺史、凌烟阁功臣张公谨孙，海陵县令敦煌张协第二子	《有唐故敦煌张公（季巩）并河南元氏墓志》	
元子建	支系未详 西河郡开国公元玄德曾孙、处士元希仙子	渤海高氏		《唐故河南元府君（子建）墓志铭》	元子建伟忻州高城府别将
元曲	支系未详 元子建弟	张氏			元曲为果毅都尉
		武氏			
元氏	支系未详	江夏李正卿	李善曾孙、北海太守李邕孙、大理评事李翘子	《唐故绵州刺史江夏李公（正卿）墓志铭》	

· 575 ·

续表

姓名	支系	配偶	配偶所出	出处	备注
元晊	支系未详	京兆杜氏	中书令杜正伦五世孙、郑州录事参军杜廣女	京兆府盩厔县尉房直温撰《唐故元府君（晊）夫人杜氏墓志铭》	
元君	支系未详	京兆杜氏	郑州录事参军杜廣孙、河南尹杜兼女，鸿胪少卿杜柔立姊（妹）	叔父将仕郎守京兆府参军思立撰《唐绛州司功参军元君（克修）夫人京兆杜氏（内仪）墓志铭》	元君与杜氏生元克修，克修舅杜柔立以女内仪妻之
元氏	支系未详	崔君			杜内仪称元克修妹为崔氏姑，则可知克修妹适崔氏，未详崔氏望贯
元氏	支系未详	皇室李怡	唐景帝六代孙、仪王府咨议李芳子	《大唐故皇五从曾叔祖太中大夫虢王府长史府君（怡）墓志铭》	
元氏	支系未详 涿州范阳县丞元志宽女	康居康志达	兵部尚书康日知子	《唐故幽州卢龙军节度衙前兵马使朝散大夫检校光禄卿兼监察御史赠莫州刺史会稽康公（志达）墓志铭》	康日知为康居人，粟特族，康志达墓志言其本会稽人，则为学中土人立郡望

第三章 元氏家族婚姻研究

续 表

姓名	支 系	配 偶	配偶所出	出 处	备 注
元系	支系未详	荥阳郑氏	郑悙女	《唐元氏亡幼女墓铭》	生女元选
元莐莱	支系未详	弘农杨氏	安陆郡守杨淬女	《唐故右领军卫大将军元莐莱妻杨氏墓志铭》	
元氏	支系未详	鲜卑房氏			
元氏	支系未详	彭城刘公赏	上党府折冲都尉刘晖子	《唐故彭城刘都尉（晖）墓志铭》	
元氏	支系未详 鲁王府长史元雄女	陇西李鼎	兴、宿二州长史李诚子	从侄乡贡进士李容撰《唐故李府君（鼎）墓志铭》	
元某	支系未详	陈国陈恭和		元某侄乡贡进士元绘撰《唐故河南元府君夫人陈国陈氏（恭和）墓志》	
元氏	支系未详	安定梁澄清	梁遗孙	《唐使宅副将云麾将军上柱国安定故梁公（澄清）墓志铭》	
元氏	支系未详	广平程金		乡贡五经皇甫儒撰《唐故广平程府君及夫人墓志》	程金及其祖、父皆处士
元氏	支系未详	吴郡陆逯	石埭县令陆畅子	《唐前德州刺史陆公（逯）逆修墓志铭》	

· 577 ·

续表

姓名	支　系	配偶	配偶所出	出　　处	备　注
元氏	支系未详	李君		子婿前湖南团练判官检校尚书户部郎中兼侍御史赐绯鱼袋卢陟撰《唐朝议郎使持节泽州诸军事前守泽州刺史柱国赐绯鱼袋李愉太夫人河南元氏墓志铭》	李愉为元氏长子
元某	支系未详	博陵崔氏	湖州司马崔昶女、处州刺史博陵崔周衡之妹、	元璐为崔周衡子崔文龟撰《唐故乡贡进士博陵崔君（文龟）墓志铭》	元某和崔氏生元璐
元郇	支系未详	太原王氏	将仕郎、守潞州司仓参军元运子	《唐故河阳节度押衙泽州高平镇遏兵马使银青光禄大夫检校太子宾客兼监察御史上柱国元公（郇）墓志》	
元氏	支系未详	冯翊雷况	雷行孙	《唐故雷府君（况）墓志铭》	
元氏	支系未详	王实		《（后）周通议大夫守太子少保上柱国太原县开国伯食邑七百户赐紫金鱼袋赠太子少师王公（仁裕）墓志铭》	王仁裕为王实与元氏子

续 表

姓名	支 系	配 偶	配偶所出	出 处	备 注
元璋	支系未详 元惠进孙	尹氏		《唐故元府君（璋）墓志铭》	居潞州上党县为处士
元弘审	支系未详 元璋子	吴氏			元弘审为节度衙前十将、兼通判官
元弘实	元璋子	陈氏			
元弘绍	元璋子	孙氏			
元氏	支系未详	贾令宗		《唐故陇西李氏夫人墓志铭》	陇西李氏为贾令宗母
元氏	支系未详	西河宋仏进	宋荣曾孙	《唐故宋府君（仏进）墓志铭记》	
元氏	支系未详	上党秦君		《（后）唐故秦府君（进举）墓志铭》	元氏为秦进举祖母
元氏	支系未详	沙陀石金俊		朝散大夫行左拾遗直石馆赵逢撰《大周故北京飞胜五军都指挥使银青光禄大夫检校司空兼御史大夫上柱国赠左骁卫将军石公（金俊）妻河南郡太夫人元氏合祔墓志铭》	

现可知的 201 桩婚姻中，神元帝之后 1 桩；昭成帝孙常山王遵之后 33 桩，昭成帝子陈留王虔之后 2 桩，昭成帝子力真之后 28 桩，但言为昭成帝之后 8 桩；明元帝子乐安王范之后 4 桩，但言为明元帝之后 3 桩；太武帝子临淮王谭之后 1 桩，太武帝子广阳王建之后 1 桩；景穆帝子阳平王新成之后 10 桩，景穆帝子京兆王子推之后 5 桩，景穆帝子汝阴王天赐之后 2 桩，景穆帝子乐陵王胡儿之后 1 桩，景穆帝子任城王云之后 1 桩，景穆帝子南安王桢之后 1 桩，但言景穆帝之后 6 桩；文成帝子安乐王长乐之后 2 桩；献文帝子广陵王羽之后 1 桩；孝文帝子广平王怀之后 4 桩，但言孝文帝之后 3 桩；支系未详者 84 桩。

较之北朝，唐代元氏婚姻仍以昭成帝、景穆帝子孙为多，昭成子孙、景穆帝子孙在唐代元氏家族中人物最多的。昭成帝一支仍以常山王遵一系为多，但增加了力真之后一系，与出了元稹一系相关。而景穆帝一系则转为以阳平王新成、京兆王子推一系为多，这与阳平王新成之后出了元宗简一系，京兆王子推之后出了元万顷家族有一系相关。

一、与汉族士族间的婚姻

1. 河内司马氏（1 桩）：昭成帝孙常山王遵之后元宝藏孙、元神霁（卓）子元郎娶司马氏，合葬于龙门乡平原（《大唐元府君（郎）与夫人司马氏合葬墓志铭》）。[①]

2. 荥阳郑氏（6 桩）：（1）景穆帝子南安王桢七代孙元氏（630—682，右骁卫郎将元备女）适右金吾将军袭爵同安郡公荥阳郑玄果，玄果祖德通，隋平州诸军事平州刺史；父右武卫将军、进爵同安郡开国公仁泰。合葬于（长安县）承平里之原（《大唐故右

---

① 赵君平、赵文成：《秦晋豫墓志蒐佚》，第 445 页。

卫中郎将兼右金吾将军同安郡开国公郑府君（玄果）墓志铭》）。①（2）青州刺史荥阳郑谌（651—734）女适元某，生元光济，元光济即郑谌之外孙，权窆于洛阳县平阴乡之原（元光济书《唐故大中大夫使持节青州诸军事青州刺史上柱国荥阳郑公（谌）墓志铭》）②，元光济生平未详。（3）元镜远（支系未详）娶陕州平陆县令荥阳郑岳长女，郑氏大历四年（769）八月十六日遇疾，终于缑氏之别业。春秋六十三以其年十一月二十一日安厝于龙门东山南原（陆浑县丞郑溁撰《唐故武卫郎将河南元府君（镜远）夫人荥阳郑氏墓志铭》）③。（4）昭成帝子力真之后南顿丞元悱子元宽（？—786）娶睦州刺史荥阳郑济次女（747—806），权祔于咸阳县奉贤乡洪渎原，从先姑之茔（白居易《唐河南元府君（宽）夫人荥阳郑氏墓志铭》）④（5）景穆帝子任城王云之后河阳三城节度使元韶姊（妹）适杞王府司马郑楚卿，元韶乃郑楚卿子郑仲连之舅（《唐故昭仪节度衙前先锋兵马使荥阳郑府君（仲连）墓志铭》）⑤（6）元系娶荥阳郑氏，生女元选，元选贞元廿年（804）七月十三日卒，年十七（堂舅太常寺协律郎式中述《唐元氏亡幼女墓铭》）⑥

3. 濮阳吴氏（1桩）：昭成帝十八代孙元莫之（763—820）娶濮阳吴氏（元稹《唐故建州浦城县尉元君（莫之）墓志铭》）⑦，濮阳吴氏为大族，唐肃宗章景皇后吴氏即濮阳吴氏。

4. 颍川陈氏（3桩）：（1）资州银山令元师本子行魏州司法参军

---

① 周绍良、赵超：《唐代墓志汇编》，第1157—1158页。
② 周绍良、赵超：《唐代墓志汇编》，第1441页。
③ 周绍良、赵超：《唐代墓志汇编》，第1770页。
④ 白居易著，谢思炜校注：《白居易文集校注》，第224—225页。
⑤ 周绍良、赵超：《唐代墓志汇编》，第2092—2093页。
⑥ 赵文成、赵君平：《秦晋豫新出墓志蒐佚续编》，第996页。
⑦ （唐）元稹撰，周相禄校注：《元稹集校注》，第1372—1373页。

事元素（646—719）娶颍川陈氏，陈氏为陈叔宝曾孙、蒲州录事参军寿义之女，葬于河南梓泽乡之北原（《大唐故朝议郎前行魏州司法参军事上柱国元府君（素）墓志铭》）。① （2）河南县尉元某（？—842）娶颍川陈恭和（795—844），会昌四年（甲子）九月二十三日陈恭和与元君合葬于龙门乡南王村。元某侄乡贡进士元绘撰《唐故河南元府君夫人陈国陈氏（恭和）墓志》。② （3）孝文帝子广平王怀孙北周韩国公元谦之后唐偃师令元建第三任妻检校右仆射颍川陈赏女，陈氏卒于咸通三年（862）六年，年三十，是年十一月陈氏与元建合葬于宣武帝陵之西（乡贡进士李鸾撰《河南府偃师县令元建故夫人颍川陈氏墓志铭》）。③

5. 颍川韩氏（1桩）：临濮县令元有邻娶颍川韩氏，韩氏为剡县主簿韩友直女，天宝元年（742）七月四日，葬于平阴之原，出土于洛阳（秘书省校书郎北海王弼撰并书《大唐濮阳郡临濮县令元有邻夫人韩氏墓志》）。④

6. 汝南衡氏（3桩）：（1）汝南衡守直娶河南元氏生女儿衡喜，衡喜适通事舍人邓某，衡喜开元十一年□月五日，终于长安私第。开元十二年十二月五日祔窆于先茔（《大唐通事舍人邓君故夫人衡氏（喜）墓志铭》）。⑤ （2）汴州尉氏县令衡君女适前广平郡邯郸尉河南元俌（朝散郎行梁王府骑曹外甥元份文《大唐故汴州尉氏县令衡公前夫人范阳卢氏墓志铭》）⑥，衡喜之母为元份之表姨，元份、元俌据名，像兄弟行，元俌娶衡君女衡氏，衡喜墓志由元份书，衡

---

① 周绍良、赵超：《唐代墓志汇编》，第1215页。
② 齐运通：《洛阳新获七朝墓志》，北京：中华书局，2012年，第342页。
③ 毛阳光：《洛阳流散唐代墓志汇编续集》，第744—745页。
④ 周绍良、赵超：《唐代墓志汇编续集》，第582页。
⑤ 赵文成、赵君平：《秦晋豫新出墓志蒐佚续编》，第576页。
⑥ 310国道孟津考古队：《洛阳孟津西山头唐墓发掘报告》，《华夏考古》1993年第1期。

氏母卢氏墓志为元份撰，衡喜、衡氏应为本同族姊妹。(3) 元氏适长山县开国公衡长孙子伊州刺史衡义整，衡义整卒于永昌元年（689）四月，天授二年（691）二月与元氏合葬于洛阳清风乡之原（《大周朝议大夫、使持节、伊州诸军事、伊州刺史、上柱国衡府君（义整）墓志铭》)①，衡氏之郡望在汝南（治汝阳，今河南汝南），衡义整墓志题义整为齐州全节（今山东章丘西龙山镇）人，大概是后来迁过去的。

7. 琅邪王氏（1桩）：吏部郎中琅邪王伷娶元氏，生蓝田县尉王素，王素与河南少尹元志为中表亲，即舅表亲，元氏兄即王素舅生元志，贞元元年（785）八月王素终于洛阳审教里之所第，春秋三十五，以其月二十二日旋葬于洛阳三川嘉禾里之原，近其先茔，此时元志已去世（友人安定梁宁撰、从父兄质书《有唐故蓝田县尉王君（素）墓志铭》)②。王素葬在洛阳族葬地，可知王伷与元氏合葬于此，王伷娶元氏约在开元间。

8. 彭城刘氏（1桩）：潞州大都督府、上党府折冲都尉彭城刘晖子刘公赏娶元氏，刘晖元和四年六月卒于陕县私第，享年七十四，其年七月八日权窆于陕府东门之外（《唐故彭城刘都尉（晖）墓志铭》)③，则刘公赏与元氏婚姻应在中唐，具体不详。

以上与河淮八家族间婚姻17桩。

9. 赵郡李氏（3桩）：(1) 神元帝之后右率府中郎将元世伦女（612—665）适刑部郎中大理正赵郡李善愿第四子李元确，合葬于洛阳县清风乡之原（《大唐故国子明经吏部常选赠赵州长史赵郡李府君（元确）墓志铭》）。墓志云"力微皇帝之灵苗"④，则元世伦

---

① 周绍良、赵超：《唐代墓志汇编》，第802页。
② 毛阳光：《洛阳流散唐代墓志汇编续集》，第454—455页。
③ 中国文物考古研究所、河南省文物考古研究所：《新中国出土墓志（河南贰）》，北京：文物出版社，2002年，上册291页，下册第302—303页。
④ 周绍良、赵超：《唐代墓志汇编》，第1224—1225页。

为北魏神元帝力微之后。元世伦约为隋唐之际人。（2）昭成帝之后西台侍郎元大士孙女、秘书郎元逯长女适兰、鄫二州司马赵郡李虔惠孙通直郎行巴州司法参军李希皎，李希皎天宝元年七月廿六日终于颍川郡，天宝三载二月六日归葬于京兆府万年县龙首原（《大唐故通直郎行巴州司法参军李府君（希皎）墓志铭》）①，万年县龙首原约为李希皎家族葬地，元氏卒后当与李希皎合葬。（3）虞部员外郎、颍利二州刺史赵郡李思礼长子银青光禄大夫行盛王府长史上柱国李琼娶彭州录事元恂女，李思礼天宝十三载十月二十九日葬于洛阳龙门山之北（《唐故银青光禄大夫行盛王府长史上柱国赵郡李府君（琼）墓志铭》）②。元恂支系及事迹未详，元氏早卒，当先葬于龙门山李氏祖茔。

10. 顿丘李氏（1桩）：顿丘李氏为陇西李氏之分支。庐州刺史元瓘子处士元潽长女适顿丘李德全（《唐故处士河南元公（潽）墓志铭》）③。

11. 高平徐氏（2桩）：（1）常山王遵之后左庶子元怀景曾孙尚书左丞元琇女适衢州刺史高平徐放，大和八年（834）元氏病笃，大和九年七月与徐放合葬于洛阳万安山南旧茔（元佑《唐故朝散大夫守衢州刺史上柱国徐君（放）墓志铭》、杨发《唐故衢州刺史徐公（放）夫人晋陵县君河南元氏墓志》）。④（2）昭成帝子力真之后吏部员外元挹孙、秘书监元锡子汉州刺史元寿娶兵部尚书高平徐君女，元温咸通十四年（873）四月二日，终招国里第，年四十二。以其年八月二十八日，归咸阳世茔（乡贡进士路启撰《唐故进士元府君（温）墓志铭》，元温字彬之为元寿与

---

① 赵君平、赵文成：《秦晋豫新出墓志蒐佚》，第652页。
② 毛阳光：《洛阳流散唐代墓志汇编三集》，第356—357页。
③ 吴钢：《全唐文补遗》第一辑，第253页。
④ 吴钢：《全唐文补遗（千唐志斋新藏专辑）》，第327—328、359—360页。

徐氏子)。①

12. 广平程氏（1桩）：元氏适处士广平程金，程金祖、父皆处士。程金四十即终，元氏享年八十五，大中六年（852）十月二十八日合祔于邺县东南芳林乡石桥村内平原（乡贡五经皇甫儒撰《唐故广平程府君及夫人墓志铭》)②，广平郡即洺州治永年（今河北永年东南），而邺县（治今河北临漳西南邺城镇）就在永年南，可见程金家族三代处士，他们就居于故乡一带。

13. 广平宋氏（1桩）：元氏适广平宋仏进，宋荣曾孙，宋仏进天祐三年九月八日卒，年七十二。先娶王氏，王氏卒，又娶元氏，元氏天祐三年十月十日卒，年四十九。天祐三年十月二十九日合祔于禅窟村西南一里本营前（《唐故宋府君（仏进）墓志铭记》)。③

14. 广平刘氏（2桩）：《元和姓纂》卷五刘氏广平阴城条："汉景帝子赵敬肃王彭祖，生阴城思侯苍，始居广平。十一代孙邵，字孔才，魏散骑常侍。十六代孙藻，自宋入后魏，居顿丘；生羚，兖州刺史、城阳公。"④ 则广平刘氏为汉景帝孙阴城思侯刘苍之后，永嘉之际，有家族成员南渡，至十六世孙刘藻于刘宋时投北魏而居于顿丘。(1) 明元帝子乐安王范之后邛州刺史元纯曾孙女、金寿二州刺史玄敬孙女、晋州司马元莹第二女元氏适吏部、中书二侍郎广平易阳（治今河北邯郸市永年区临洺关镇）刘林甫曾孙、吏部郎中应道孙、吏部郎中刘献臣子交城县令刘遵素，元氏大历二年（767）七月终于泗州临淮县，享年六十六，以大历七年七月廿三日归葬万

---

① 故宫博物院、陕西省考古研究院：《新中国出土墓志（陕西肆）》，上册第255页，下册第232—233页。
② 毛远明：《西南大学新藏墓志集释》，第642—643页。
③ 赵力光：《西安碑林博物馆新藏墓志汇编》，第927—928页。
④ （唐）林宝撰，陶敏校证，李德辉整理：《元和姓纂新校证》，第244页。

年县少陵原。刘遵素宝应元年（762）五月二十五日终于太原府晋阳里私馆，享年七十七，以宝应二年闰正月五日返葬于少陵原先茔（《大唐故朝请大夫交城县令广平刘公（遵素）夫人河南县君元氏墓志铭》《唐故朝请大夫太原府交城县令刘府君（遵素）墓志铭》）[1]。（2）广平易阳（治今河北邯郸市永年区临洺关镇）人、中书侍郎、同中书门下平章事刘从一子大理少卿刘义玄娶泗州刺史、兼御史中丞元洪女，生硖石县令刘尚质。刘尚质咸通七年十月二十八日寝疾，终于三原别墅，享年五十二。咸通八年（867）正月二十八日，葬于京兆府万年县洪原乡曹赵里，祔于先茔（《唐故陕州硖石县令刘府君（尚质）墓志铭》）[2]，则刘义玄与元洪女亦葬于洪原乡曹赵里。此元洪为昭成帝力真之后都官郎中、岳州刺史元持子，具体考证已见上文。

15. 上谷侯氏（1桩）：景穆帝之后河中府参军元濯女适秘书省著作郎侯璥节子京兆府美原县（治今陕西富平县薛镇乡土木坊）令上谷侯钊，生侯云亮，侯云亮终于贞元十五年八月一日，享年十八岁，元和六年十月二十四日葬于少陵原其父墓旁，其母即元濯女亦葬于此（《唐故进士侯君（云亮）墓志铭》）[3]。

16. 上谷燕氏（1桩）：处士燕胡子处士燕明娶孝文帝之后元氏，燕明终于贞观二十二年（648）七月，春秋六十五，元氏终于贞观二十三年八月，春秋六十四，以贞观二十三年八月合葬于河南县寇村西南之左（《大唐故燕君（明）墓志铭》）[4]。燕氏之郡望正在上谷郡（治沮阳，今河北怀来东南），燕明墓志言其家族为邵公之后，邵公封于燕，其后以国为氏。虽未明言，但这一叙述正指其出于上

---

[1] 李浩：《榆阳区古代碑刻艺术博物馆藏志》，第188—189、180—181页。
[2] 李浩：《榆阳区古代碑刻艺术博物馆藏志》，第294—295页。
[3] 李浩：《榆阳区古代碑刻艺术博物馆藏志》，第220—221页。
[4] 周绍良、赵超：《唐代墓志汇编续集》，第48—49页。

谷燕氏。又言燕明为河南人,大约就其家族现居河南而言,燕明葬于洛阳一带之河南县亦是其家族居河南之证。还有明确记载上谷燕氏而居于河南者,《大唐故苏州嘉兴县令燕君(秀)墓志铭》载,燕秀,其先上谷人,后因从宦而寓居河南偃师。燕秀永淳元年(682)十月终于洛阳,享年六十一,其年十一月葬于邙山。[1]燕秀之族正为上谷人而居葬于洛阳。疑燕秀与燕明同族,约为燕明子侄辈。

17. 渤海李氏(2桩):(1)昭成帝孙常山王遵之后魏州录事参军元仁楚子醴泉尉元好古女元氏(693—723)适桥陵丞渤海李元雄(677—727),合祔于少陵原之先茔(《唐故桥陵李丞(元雄)夫人元氏墓志铭》、《大唐故忠王府录事参军李府君(元雄)墓□志铭》)。[2](2)元君娶前郑县令渤海李居心女李娍,以开元二十九年(741)十月十七日,权窆于首阳原(《大唐故渤海郡李夫人(娍)墓志铭》)。[3]

18. 渤海封氏(1桩):昭成帝十六代孙某娶渤海封氏女,封氏女生元莫之(元稹《唐故建州浦城县尉元君(莫之)墓志铭》)。[4]

19. 渤海高氏(3桩):唐代渤海高氏较为复杂,包括冒姓的北齐皇族高氏及高丽高氏。冒姓的北齐皇族高氏在唐代成为渤海高氏影响最大的支系。[5](1)右戎卫将军元君,娶北齐乐安王高劢孙、唐义兴郡开国公高士宁女,乾封二年(667)十一月五日迁窆于雍州万年县洪原乡邑阳里少陵之原(《大唐右戎卫将军元君故妻渤海郡夫人高氏墓志铭》)[6]。墓志漏刻高氏祖之名,但从

---

[1] 周绍良、赵超:《唐代墓志汇编》,第699页。
[2] 胡戟、荣新江:《大唐西市博物馆藏墓志》,第416—417、460—461页。
[3] 乔栋、李献奇、史家珍:《洛阳新获墓志续编》,第404—405页。
[4] 元稹撰,周相禄校注:《元稹集校注》,第1372—1373页。
[5] 仇鹿鸣:《"攀附先世"与"伪冒士籍"——以渤海高氏为中心的研究》,《历史研究》2008年第2期。
[6] 赵力光:《西安碑林博物馆新藏墓志续编》,第136—138页。

墓志所载"随光楚洮杨四州刺史,皇朝赠定恒赵并四州诸军事、定州刺史"结合《新唐书·宰相世系表》可知高氏祖正是高励。(2)隋左仆射高颎曾孙、唐安德县开国男高昱偃师县令高安期娶贵平县令元洪则女元妃娘,垂拱二年(686)二月十四日元妃娘与高安期合葬于洛州洛阳县平阴乡北邙山(《唐故朝散大夫行洛州偃师县令高君(安期)墓志铭》《大唐故朝散大夫行洛州偃师县令高安期故妻千乘县君元氏墓志铭》)①。高家族实为高丽高氏。(3)忻州高城府别将元子建(支系未详)娶渤海高氏,元子建高祖隋殿中侍御改并州刺史孝通;曾祖唐西河郡开国公玄德,居于太原文水县,自此归籍于此。元子建祖贵敬,父希仙,皆不仕。元子建开成二年(837)十月终于汶水武劳私第,享年六十九。元子建初婚张氏,早卒,继娶武氏,三娶高氏,高氏太和八年(834)十月终于武劳,开成二年十一月元子建葬于文水县孝义村(《唐故河南元府君(子建)墓志铭》)。②

20. **博陵崔氏**(4桩):(1)昭成帝孙常山王遵八代孙、陕州长史元大简(朔方县开国子元武榦子、朝议郎行绛州龙门县令元大谦兄)子游击将军元自觉娶尚书主客员外郎博陵崔潜女,以开元二十一年(733)八月八日,合葬于京兆咸阳县武安乡毕原(外甥汝阳郡王李淳撰《大唐故游击将军左司御率元府君(自觉)墓志铭》)。③(2)元氏适果州司马博陵崔知德子武州司马崔景训,开元三年(715)十月二十五日合葬于河南府洛阳之北原(《武州司马博陵崔府君(景训)墓志铭》)。④(3)景穆帝子阳平王新成之后、庐州刺史元瑾子河阴令元潮弟处士庐州刺史元瑾之子处士元潜(747—805)娶博陵崔氏,崔氏

---

① 陈长安:《隋唐五代墓志汇编·洛阳卷》第六册,第110、129页。
② 王仲璋:《汾阳市博物馆藏墓志选编》,第72—73页。
③ 许卫红:《陕西西安唐元不器墓、元自觉夫妇发掘简报》,《文博》2021年第4期。
④ 齐运通:《洛阳新获七朝墓志》,第160页。

为前京兆府兴平县令通之长女，贞元二十一年（805）三月四日葬于河南县金谷乡焦故里（《唐故处士河南元公（潛）墓志铭》）。①
（4）处州刺史博陵崔周衡之妹崔氏适元某生元璐，崔周衡为元璐舅，崔文龟曾祖太子洗马崳；祖湖州司马、赠亳州刺史昶；父尚书都官员外郎、处州刺史周衡。大中十三年（859）三月，崔文龟卒于长安新昌里第，年二十七，是年四月葬于京兆府万年县洪原乡曹村少陵原。元璐为崔周衡子崔文龟撰《唐故乡贡进士博陵崔君（文龟）墓志铭》。②据文林郎守太守博士段瓌撰《唐故尚书都官员外郎处州刺史博陵崔君（周衡）墓志铭》，崔周衡字可权，曾祖□□长史先事，祖太子洗马崳，父湖州司马、赠亳州刺史昶。崔周衡母为宣城令京兆韦□□女③。而《新唐书·宰相世系表》言崔先事生崔昶，崔昶生崔瑜、崔瑜生崔周衡④。则《新唐书·宰相世系表》颠倒了崔昶与崔瑜的辈分，墓志可补史书之讹。

21. 高阳许氏（1桩）：景穆帝子阳平王新成之后王屋县令元铦子京兆少尹元宗简娶吏部尚书东都留守高阳许孟容女，元宗简子元邈葬于河南县龙门乡，祔先茔，可知元宗简夫妇亦葬于此（朝议郎、行尚书司勋员外郎周复撰《唐故扬州高邮县（尉）河南元君（邈）墓志铭》）。⑤

22. 清河崔氏（1桩）：昭成帝子力真之后比部郎中元宽子朝议郎元秬娶清河崔邻女，合葬于咸阳县之洪渎川（元稹《唐故朝议郎侍御史内供奉盐铁转运河阴留后河南元君（秬）墓志铭》）。⑥

23. 清河张氏（1桩）：汾州开远府折冲元叔言子绛州汾阳府别

---

① 吴钢：《全唐文补遗》第一辑，第253页。
② 胡戟、荣新江：《大唐西市博物馆藏墓志》，第948—949页。
③ 刘文、杜镇：《陕西新见唐朝墓志》，西安：三秦出版社，2022年，第392—393页。
④ （宋）欧阳修、宋祁：《新唐书》，第2806页。
⑤ 吴钢：《全唐文补遗·千唐志斋新藏专辑》，第373页。
⑥ 元稹著，周相录校注：《元稹集校注》，第1367—1372页。

将元怀晖妻清河郡君夫人张氏，合祔于豳州泾北原（《大唐故元府君（怀晖）墓志铭》）泾北原在关中，元怀晖墓志出土于今陕西彬县。①

24. 清河宋氏（1桩）：元氏适处士清河宋曜，宋曜祖宋宽即为处士，迁居潞州，宋曜卒于开元七年，元氏终于开元九年，元和三年四月宋曜与元氏合葬于潞州城东南四十七里之原（《唐故宋府君（曜）墓志铭》）。②

25. 魏郡柏氏（1桩）：文成帝子安乐王长乐之后、稷山县令元庆子鄯州刺史元师奖（621—686）娶魏府骑曹魏郡柏文惠女（《大唐故通议大夫使持节都督鄯河兰廓缘淳丽津超罕永定等一十二州诸军事守鄯州刺史、上柱国、新蔡县开国男、河源道经略副使元府君（师奖）之墓志铭》）。③

26. 长乐贾氏（1桩）：汾州开远府折冲，赠贝州刺史元叔言娶长乐贾君之女，赠郡君夫人（《大唐故元府君（怀晖）墓志铭》）④，绛州汾阳府别将元怀晖为元叔言子。

27. 范阳卢氏（1桩）：景穆帝子京兆王子推之后主簿元晟子蓝田县主簿元惟乂前娶范阳卢氏，早世。元惟乂窆于凤栖之壤毕，出土于西安长安区（《唐元惟乂墓志》）。⑤

28. 范阳张氏（3桩）：（1）昭成帝孙常山王遵之后元怀景以女适燕国公范阳张说，张说与元氏合葬于洛阳万安山南（张九龄《唐故尚书左丞相燕国公赠太师张公（说）墓志铭》）。⑥（2）昭成帝之

---

① 吴钢：《隋唐五代墓志汇编：陕西卷》第四册，天津：天津古籍出版社，1991年，第45页。
② 赵力光：《西安碑林博物馆新藏墓志汇编》，第621—622页。
③ 吴钢：《全唐文补遗》第三辑，第468—469页。
④ 周绍良、赵超：《唐代墓志铭汇编续集》，第724页。
⑤ 张永华、赵文成、赵君平：《秦晋豫新出墓志蒐佚三编》，第937页。
⑥ 李献奇：《唐张说墓志考释》，《文物》2000年第10其，第91—96页。张说著，熊飞校注：《张说集校注》，第996—997页。

后太原府法曹元庭女元淑适吏部常选范阳张君,张君名未详,为陇州刺史张季友子,开元五年,终于京师延福里第,春秋二十有三。六年三月葬于长安城南五里毕原先茔(族兄明经常选元不器撰《唐故陇州刺史男吏部常选张君故夫人河南元氏(淑)墓志铭》①,《唐故范阳(张)氏女墓志》②)。(3)元彝宪女适丰州司马范阳张凑子范阳县伯张待问,元氏先张待问而卒,开元十五年三月二十九日张待问与夫人元氏及后夫人裴氏合葬于邙山之旧茔(《唐故右威将军兼朔州刺史大同军使张君(待问)墓志铭》)。③

29. 卢龙田氏(1桩):昭成帝孙常山王遵之后昭义行军司马元谊女适魏博节度使田承嗣孙田季安,生子田怀谏。魏博节度使田承嗣传位从子田悦,田承嗣第六子田绪杀田悦,田绪为魏博节度使,田绪以第三子季安为世子(《旧唐书》卷一百四十《田承嗣传》)。④

30. 辽西公孙氏(2桩):(1)元氏适沔阳县开国公公孙武达子蔚州刺史公孙道育,本辽西人后移居雍州栎阳(治今陕西西安临潼区北),遂为此地人。公孙武达陪葬昭陵,两《唐书》有传。公孙道育神龙元年(705)二月卒,十一月及与夫人元氏合葬,出土于洛阳(《大唐故银青光禄大夫、蔚州刺史公孙府君(道)墓志铭》)⑤,大约元氏先公孙道育而卒,元氏生平未详。(2)元善夫人公孙氏,辽东人。东南道行台左丞公孙虞女。墓志云"(元善)既鲜兄弟,傍无近属,琴瑟相合,二人而已"(《大唐慈州□□□元善

---

① 西安市文物保护考古研究院:《西安唐代元淑墓发掘简报》,《中原文物》2020年第5期。
② 西安市文物保护考古研究院:《西安南郊唐代张夫人墓发掘简报》,《文博》2013年第1期。
③ 毛阳光:《洛阳流散唐代墓志汇编三集》,第196—197页。
④ (后晋)刘昫等:《旧唐书》,第380、383、3845—3847页。
⑤ 毛阳光、余扶危:《洛阳流散唐代墓志汇编》,第130—131页。

妻公孙氏墓志》）①。元善夫人公孙氏（627—678）仪凤三年卒时，已归元善三十八年，则公孙氏贞观十四年（640）十四岁时归元善，公孙氏卒时元善还在世。元善生平未详。

以上与河朔二十二家族间婚姻35桩（高氏有不同来源，但不易区分，姑以所述郡望算一个家族）。

31. 河东裴氏（7桩）：（1）永穆县丞元殆庶（704—754）娶河东裴氏，冀州武邑主簿武臣之中女，大历十年（775）十月十三日合祔于少陵原先君宅兆西南（《大唐故通川郡永穆县丞河南元君（殆庶）墓志铭》）。②（2）元氏适好畤县尉裴某，开元二十六年（738）九月十一日掩坎（《大唐京兆府好畤县尉裴故夫人河南元氏权殡墓铭》）。③（3）明元帝乐安王范乐安王范之后登州司马元德珉子处士元舒温娶河东裴氏，天宝十二载（753）十月与舒温合葬并迁窆于洛阳北原（《大唐故元府君（舒温）墓志铭》）。④（4）昭成帝孙常山王遵之后仪王府骑曹参军元苤子太谷县尉元重华娶河东裴氏，裴氏为监察御史裴滉第二女，元重华早卒，重华贞元十一年（795）卒时，其妻裴氏仅十八岁，估计裴氏归元重华不久，重华即卒。裴氏卒于元和十五年（820），元重华夫妇葬于京兆府万年县洪原乡邑阳里少陵原（从叔之子元翶撰《故太原府太谷县尉元君（重华）墓志铭》、征事郎前左武卫兵曹参军裴俭撰《唐故太原府太谷县尉元府君（重华）亡夫人河东裴氏墓志铭》）。⑤（5）昭成帝子力真之后元义端子延福孙元偕之女适右卫率府胄曹裴某（乐安县公弼撰《唐故右卫率府胄曹裴府君夫人河南元氏墓志铭》墓志撰者为元

---

① 周绍良、赵超：《唐代墓志汇编》，第648页。
② 张永华、赵文成、赵君平：《秦晋豫新出墓志蒐佚三编》，第734页。
③ 周绍良、赵超：《唐代墓志汇编》，第1482页。
④ 周绍良、赵超：《唐代墓志汇编》，第1688—1689页。
⑤ 周绍良、赵超：《唐代墓志汇编续集》，第759、856—857页。

氏从母兄)。① (6) 旌德县丞元彬女适河南县□赐绯鱼袋裴胜子文水县尉河东裴誼,葬于河南府河南县梓泽乡宣武里(《唐故朝请郎行太原府文水县尉裴府君(誼)墓志铭》)。② (7) 昭成帝子力真之后比部郎中元宽子元稹继妻滁州永阳令裴好古女裴淑字柔之,元稹大和六年七月十二日祔葬于咸阳县奉贤乡洪渎原祖茔,咸通五年(864)八月裴淑葬于咸阳北原元稹家族墓地,距元稹之墓数步(白居易《唐故武昌军节度处置等使、正议大夫、检校户部尚书、鄂州刺史兼御史大夫、赐紫金鱼袋、赠尚书右仆射河南元公(稹)墓志铭》)③,韦绚撰《唐故武昌军节度使丞相元公(稹)夫人河东郡君裴氏(淑)墓志铭》④)。

32. 河东柳氏 (6桩):(1) 常山王遵之后太仆卿元文豪女适河东柳怀素,隋尚书令柳昂子。"近奉恩敕,从雍州移贯属洛州洛阳县。旧墓田先在始平,兄弟所移,□神都坟墓不可更依,旧所亦□形胜。府君夫人并迁神改葬于洛阳县清风乡张方里"(《大周故河东柳府君(怀素)墓志》)⑤,则河东柳氏隋唐时已是中央化的居于关陇的家族,家族墓在始平(今陕西兴平),武周时政治中心在洛阳,柳氏又移籍洛阳亦葬于是,元氏适柳怀素时,柳氏尚居关中。(2) 隋驸马元某女适邵州刺史河东柳敬则,合葬于雍州乾封县之高阳原。柳敬则为太宗文德皇后长孙氏之外甥,柳敬则妻为昭成帝孙常山王遵之后西魏陈郡王元玄曾孙隋驸马元某女(《大唐故邵州诸军事邵州刺史柳府君(敬则)墓志铭》)。⑥ (3) 景穆帝子京兆王子推八代孙、凤阁侍郎元万顷孙赠秘书监元正(止)约大历间娶河东

---

① 周绍良、赵超:《唐代墓志汇编续集》,第768—769页。
② 周绍良、赵超:《唐代墓志汇编》,第2113—2114页。
③ 白居易著,谢思炜校注:《白居易文集校注》,第1927—1930页。
④ 裴淑墓志拓片见于"xhpei的微博"https://weibo.com/n/xhpei。
⑤ 周绍良、赵超:《唐代墓志铭汇编续集》,第331—332页。
⑥ 胡戟:《珍稀墓志百品》,第82—83页。

593

柳氏，贞元十五年十一月元氏终于芮城县私第，享年四十九。贞元十六年二月与姚轸合葬。元氏墓志存于陕县（则约出土于这一带，第二弟监察御史季方撰《唐故怀州嘉获县令姚府君（轸）夫人河南元氏墓志铭》）。①（4）昭成帝十二代孙河南兵曹元盛（处士元履清季子）约大历间娶河东柳氏，贞元十一年（795）十月四日葬于偃师首阳山之北原（穆员《河南兵曹元公（盛）墓志铭》）。②（5）昭成帝十四代孙、兵部员外郎赠刑部尚书元诸子上柱国、嘉州刺史元谷女元仲光适上柱国分司东都柳喜。元谷会昌四年（844）二月八日终于嘉州治所，年六十三。二十二天后，元仲光亦卒，年三十二。是年七月，元谷与夫人李氏葬于京兆府万年县洪原乡丰仁里元氏祖茔。是年十月，元仲光葬于万年县灞城乡。元仲光为柳喜继妻，生子二人，柳喜官至河南尹，以大中十一年十一月终于东都洛阳利仁坊私第，年六十，以大中十二年五月十二日归葬于万年县灞城县新店原祖茔。此地当为柳喜家族在关中之祖茔（柳喜撰《唐故朝散大夫使持节嘉州诸军事守嘉州刺史充本州经略使上柱国河南元公府君（谷）墓志铭》《亡室河南元氏夫人（仲光）墓志铭》，《唐故河南尹赠兵部尚书柳公（喜）墓志铭》）。③（6）明元帝十二代孙秘书丞元方劭（京兆府华原县尉元寅子）约大和间娶河东柳氏，生右监门卫率府录事参军元子美（847—871），先茔在京兆府□□县界（从侄应书判拔萃前崇文馆明经蔼撰并书《唐故右监门卫率府录事参军河南元公（子美）墓志》）。④

33. 河东薛氏（3桩）：（1）常山王遵之后监察御史元光谦女适左羽林仓曹河东薛偁，薛偁女为同州司户参军事河东柳铤妻（《有

---

① 中国文物考古研究所、河南省文物考古研究所：《新中国出土墓志（河南贰）》，北京：文物出版社，2002年，上册第289页，下册第300—301页。
② （清）董诰等编，孙映逵等点校：《全唐文》卷七八五，第4837页。
③ 刘文、杜镇：《陕西新见唐朝墓志》，第372—375，418—419页。
④ 赵力光：《西安碑林博物馆新藏墓志续编》，第647—649页。

唐同州司户参军事先府君（柳鋋）墓志》子柳方叔撰)①，则武周时柳氏迁往洛阳后，此后即族居族葬于此。(2)献文帝子广陵王羽之子西魏恭帝时大丞相元欣之玄孙、唐中山男元德操子元智威娶薛氏女，元智威以载初（689）元年十一月五日葬于洛州洛阳县平阴乡崔知温墓东北一百步邙山（《大唐韩王府记室参军元君（智威）墓志铭》）。②(3)明元帝子乐安王范之后处士元舒温子安丘县丞元询女适河东薛氏，元和八年（813）十月三日，元氏终于汜水县里之私第，以十年八月四日，与薛迅合葬（《大唐故河南府密县丞薛府君夫人河南元氏墓志铭》）。③虽未能确知薛某葬于何处，但其夫人元氏之汜水县（治今河南荥阳西北汜水镇）私第当在薛氏之族居地。时薛氏已是河南世族。

34. 河东卫氏（1桩）：昭成帝孙常山王遵之后中府户曹参军子元佩与福建观察使卫中行有姻亲关系（乡贡进士崔岘撰《唐故河南元君（佩）墓志铭》）。④未知是元氏嫁卫氏，还是元氏娶卫氏。

35. 太原王氏（6桩）：(1)隋相国元华女元氏（598—661）适隋恒安府鹰扬郎将王穆子唐永嘉府队正太原王敏，显庆六年（661）二月十九日葬于邙岭之阳（《大唐故王君（敏）墓志铭》）⑤。(2)昭成帝孙常山王之后，魏冯翊王元季海孙、唐散骑常侍元弘度女适随安始县开国公太原王崇子唐朝散大夫王德倩，元氏以咸亨三年十月七日终于私第，年五十六。开元三年八月二十三日祔于少陵原大茔（《大唐故朝散大夫、密王咨议参军王府君（德倩）墓志铭》）⑥。(3)昭成帝孙常山王遵之后武阳郡开国公元宝藏孙、袭封

---

① 齐运通：《洛阳新获七朝墓志》，第311页。
② 周绍良、赵超：《唐代墓志汇编》，第787页。
③ 周绍良、赵超：《唐代墓志汇编》，第2008—2009页。
④ 毛阳光：《洛阳流散唐代墓志汇编续集》，第660—661页。
⑤ 周绍良、赵超：《唐代墓志汇编》，第335页。
⑥ 刘文、杜镇：《陕西新见唐朝墓志》，第154—155页。

武阳郡公元神霁（卓）子元温（647—683）娶太原王氏，冀州长史王炽女，葬于河阳县东廿五里鞠政村西北平原（《大唐故吏部常选元府君（温）墓志铭》）。①（4）景穆帝之后元晟女元洞灵（762—822）适处州丽水县令太原王淮，因王淮无才能，洞灵携子还家（外甥朝议大夫守中书舍人上柱国赐紫金鱼袋沈传师撰《唐故元夫人（洞灵）墓志铭》）②。（5）孝文帝子广平王怀孙北周韩国公元谦之后陈王府咨议参军、韩国公元伯明子袭韩国公元份娶太原王氏，王氏先元份而卒。元和三年（808）十月元份卒，是年十一月与王氏合葬于万年县凤栖原（乡贡进士崔埴撰《唐故袭三恪嗣韩国公食邑三千户元公（份）墓志铭》）。③（6）将仕郎、守潞州司仓参军元运子上柱国元公郇（支系未详）娶太原王氏。王氏为将门之后，咸通十年（869）七月十二日，元郇以疾终于泽州高平县镇廨署之所，享年四十四。王氏先元郇卒，是年同殡于泽州晋城县五门之私第，以咸通十二年七月二十九日祔葬于孟州河阳县丰平乡赵村北原（《唐故河阳节度押衙泽州高平镇遏兵马使银青光禄大夫检校太子宾客兼监察御史上柱国元公（郇）墓志》）④。（7）元氏，适阶州（治皋兰，今甘肃康县西）军事判官、正太子少傅王实，王氏本太原人，后世徙家天水。王仁裕终于后周显德三年（956），享年七十七，生于唐广明元年（880），则王仁裕父王实与其母元氏之婚姻在唐代。封河南郡太夫人，则其为河南元氏。王仁裕葬于秦州长道县汉阳里，此地正为王氏祖茔，王实与元氏亦葬于此（《（后）周通议大夫守太子少保上柱国太原县开国伯食邑七百户赐紫金鱼袋赠太子

---

① 周绍良、赵超：《唐代墓志汇编》，第1178页。
② 中国文物考古研究所、河南省文物考古研究所：《新中国出土墓志（河南贰）》，北京：文物出版社，2002年，上册第2页，下册第1—2页。
③ 陕西历史博物馆：《风引薤歌：陕西历史博物馆藏墓志萃编》，第111—113页。
④ 周绍良、赵超：《唐代墓志汇编续集》，第1095页。

少师王公（仁裕）墓志铭》）。①

36. 太原郭氏（4桩）：（1）昭成帝十一代孙、亳州城父县令元玄祐女元婉适监察御史晋阳郭君，开元七年郭某卒，葬于河清县亲仁乡原，天宝五载正月元氏终于洛阳里第，二月殡于郭某墓旁，拟于次年十月合葬（左武卫仓曹毕宏撰《大唐故通议大夫上柱国剑州刺史晋阳县开国男郭府君夫人新郑郡君河南元氏（婉）权殡墓志》）。②元氏墓出土于洛阳，则后来与郭君迁葬于洛阳，此地当即郭氏祖茔所在。（2）元氏适隋募团校尉郭举子唐处士太原郭仁，景云三年（712）正月□三日合葬于长子城东八里平原（《大唐故郭府君（仁）墓志铭》）。③（3）洺州司马元彝宪子处士元乘宝娶临邛县令太原郭袭志女，以天宝三载（744）七月十二日合葬于平乐原（《大唐故处士河南元府君（乘宝）墓志铭》）。④（4）元氏适太原郭思谟，思谟为隋光禄大夫郭则孙，处士郭敬同子，开元九年十一月十七日祔葬于洛阳东门平川。元氏为郭思谟第二任妻，亦早逝（进士吴郡孙翌撰《大唐故苏州常熟县令孝子太原郭府君（思谟）墓志铭》）。⑤元氏生平未详。

37. 太原温氏（1桩）：昭成帝孙常山王遵之后上柱国元述古子翰林内供奉元庭坚续娶礼部尚书黎国公太原温大雅之玄孙女、河州绵竹令温绍先之次女，祔于万年县义善乡□里先茔之侧（中散大夫检校尚书驾部郎中兼侍御史陈翊撰《□□□行义王友上柱国翰林内供奉河南元公（庭坚）墓志铭》）。⑥

38. 西河任氏（1桩）：元氏适西河郡功曹西河任托子太谷令任

---

① 仇鹿鸣、夏婧：《五代十国墓志汇编》，第708—710页。
② 周绍良、赵超：《唐代墓志汇编续集》，第600—601页。
③ 赵力光：《西安碑林博物馆新藏墓志汇编》，第294—295页。
④ 毛阳光：《洛阳流散唐代墓志汇编续集》，第320—321页。
⑤ 周绍良、赵超：《唐代墓志汇编》，第1250—1251页。
⑥ 赵力光：《西安碑林博物馆新藏墓志续编》，第400—402页。

绪，麟德元年（664）十一月二十八日合葬于西河城南十里（《唐太谷令任绪墓志》）。①

39.平阳霍氏（1桩）：孝文帝之后朝散大夫元泰子宁王府记室元守鹥娶平阳霍氏，以开元十九年正月二十二日合葬于偃师县邙山平原（《大唐故宁王府记室上柱国元府君（守鹥）墓志铭》）。② 宁王指睿宗长子、唐玄宗长兄李宪。

40.上党秦氏（1桩）：元氏适上党秦君，元氏孙秦进举（《（后）唐故秦府君（进举）墓志铭》）③，秦进举享年六十二岁，葬于后唐元兴元年（930）十一月，则其生于咸通十年（869），其祖之婚姻更在中唐时期。

以上与河东十家族间婚姻32桩。

41.京兆韦氏（13桩）：（1）景穆帝子汝阴王天赐之后北周小冢宰元则曾孙唐安州都督府参军元琰娶成州刺史、寿光男韦琬女韦金，韦金为韦孝宽曾孙，殡于雍州明堂县之毕原，元琰为韦金撰墓志（元琰《大唐前安州都督府参军元琰妻韦（金）志铭》）。④ 称"前"则永淳二年（683）撰韦金墓志时，元琰已卸任安州都督府参军。（2）景穆帝子乐陵王胡儿继子元思誉之后定襄公元利贞女元淑姿适幽州参军京兆韦某，开元九年十二月二十九日殡于万年县义善乡少陵原（《大唐前幽州参军韦君故妻元氏纪年铭》）。⑤（3）唐初丞相扶阳公韦待价孙、银青光禄大夫袭扶阳公韦令仪子陇州司仓参军韦銮娶元氏，开元二十年正月十七日，窆于城南少陵原（《大唐故陇州司仓参军京兆韦公（銮）墓

---

① 王仲璋：《汾阳市博物馆藏墓志选编》，第15页。
② 赵文成、赵君平：《秦晋豫新出墓志蒐佚续编》，第647页。
③ 赵力光：《西安碑林博物馆新藏墓志汇编》，第948—949页。
④ 周绍良、赵超：《唐代墓志汇编续集》，第262页。
⑤ 赵文成、赵君平：《秦晋豫新出墓志蒐佚续编》，第551页。

第三章　元氏家族婚姻研究

志铭》）。① （4）昭成帝孙常山王遵之后凉州长史元仁惠子左庶子元怀景夫人韦氏，韦氏为逍遥公敬远玄孙，中常侍希仲之叔姊。元怀景开元十一年二月葬于咸阳旧茔（张说《唐故左庶子赠幽州都督元府君（怀景）墓志铭》）。② （5）昭成帝孙常山王遵之后朝议大夫元善庆子处士元慈（元行冲父）娶司农卿京兆韦机女（《旧唐书·元行冲传》③ 和《元和姓纂》④）。（6）昭成帝子力真之后比部郎中元宽子元积妻、太子少保卒赠左仆射京兆韦夏卿女韦丛，元积葬于咸阳县奉贤乡洪渎原，从先宅兆（白居易《唐故武昌军节度处置等使、正议大夫、检校户部尚书、鄂州刺史兼御史大夫、赐紫金鱼袋、尚书右仆射河南元公（积）墓志铭》⑤、韩愈《监察御史元君（稹）妻京兆韦氏夫人（丛）墓志铭》⑥）。（7）元积女保子（韦丛所出）适中书侍郎韦执谊子校书郎保韦绚。⑦ （8）昭成帝子力真之后吏部员外郎元挹女元蘋为京兆府功曹参军韦应物妻，窆于万年县义善乡少陵原先茔外东之直南三百六十余步（韦应物《故夫人河南元氏墓志》）。⑧ （9）昭成帝子力真之后吏部员外郎元挹孙摄监察御史元复礼（宣歙观察使、秘书监元锡子）娶楚州刺史京兆韦瑄女，大中元年（847）祔葬于咸阳（山南西道节度判官庐江何扶撰、季弟承务郎前左春坊太子内直局丞琯书《河南元愚公真宅铭》）。⑨ 元复礼为元蘋侄，《新唐书·宰相世系表》：龙门公韦遵子上谷太守韦善嗣

---

① 毛远明：《西南大学新藏墓志集释》，第396—400页。
② 张说著，熊飞校注：《张说集校注》，第996—997页。
③ （后晋）刘昫等：《旧唐书》，第3176—3182页。
④ 林宝撰，陶敏校证，李德辉整理：《元和姓纂新校证》，第150页。
⑤ 白居易著，谢思炜校注：《白居易文集校注》，第1927—1930页。
⑥ 韩愈著，刘真伦、岳珍校注：《韩愈文集汇校笺注》，第1599—1600页。
⑦ 白居易著，谢思炜校注：《白居易文集校注》，第1927—1930页。
⑧ 胡可先、杨琼：《唐代诗人墓志汇编（出土文献卷）》，第243—244页。
⑨ 故宫博物院、陕西省考古研究院：《新中国出土墓志（陕西肆）》，上册第232页，下册第212页。

· 599 ·

六代孙（不包括善嗣己身）韦瑾字茂弘①，根据年代推算，此韦瑾即元复礼妻韦氏之父。(10) 昭成帝子力真之后秘书监元锡子汉州刺史元寿娶韦绚女，元寿子元温（彬之）墓志中载元寿娶高平徐氏生彬之，徐氏早卒，又载彬之称韦绚为舅，则大约徐氏卒后，元寿又娶韦绚妹为妻，韦绚妻元保子正与元寿同辈（乡贡进士路启撰《唐故进士元府君（温）墓志铭》）。② (11) 昭成帝子力真之后秘书监元锡孙、汉州刺史元寿子元温（彬之）娶秘书监韦绚女（乡贡进士路启撰《唐故进士元府君（温）墓志铭》）。③ (12) 京兆王子推九代孙元氏（奉先县令元义方女）适同州澄城县主簿京兆韦孟明，以贞元二十一年二月二十日，归祔于京兆府万年县白鹿原，从韦氏之先茔（柳涧《唐故同州澄县主簿韦府君（孟明）墓志铭》④、元□运《唐同州澄城县主簿韦公（孟明）故夫人河南元氏墓志铭》⑤）。(13) 京兆王子推之后主簿元晟子蓝田县主簿元惟乂继夫人京兆韦氏，元惟乂墓出土于西安长安区（《唐元惟乂墓志》）。⑥

42. 京兆杜氏（3 桩）：(1) 郑州参军元晊娶中书令杜正伦五世孙、郑州录事参军杜廙女，元晊建中二年（781）卒，殡于太原，杜氏以长庆四年（824）六月终于长安永宁里之私第，是年八月葬于元氏少陵原曹赵村祖茔。元晊随后迁葬祖茔与杜氏合葬（京兆府盩厔县尉房直温撰《唐故元府君（晊）夫人杜氏墓志铭》）。⑦ (2) 鸿胪少卿杜柔立之姊（妹）适昭成帝孙常山王遵之后唐西台侍

---

① （宋）欧阳修、宋祁：《新唐书》，第 3107—3109 页。
② 故宫博物院、陕西省考古研究院：《新中国出土墓志（陕西肆）》，上册第 255 页，下册 232—233 页。
③ 故宫博物院、陕西省考古研究院：《新中国出土墓志（陕西肆）》，北京：文物出版社，2021 年，上册第 255 页，下册第 232—233 页。
④ 周绍良、赵超：《唐代墓志汇编续集》，第 813 页。
⑤ 吴钢：《全唐文补遗》第三辑，第 141 页。
⑥ 张永华、赵文成、赵君平：《秦晋豫新出墓志蒐佚三编》，第 937 页。
⑦ 该墓志见于"黄的貔貅"的微博 https://weibo.com/5580222167/J59MOc9uJ。

郎摄左丞相元大士之五代孙元君,生元克修;(3)郑州录事参军杜廙曾孙、鸿胪少卿杜柔立第二女杜内仪适绛州司功参军元克修,元克修母为杜柔立姊(妹),克修为杜柔立外甥,即克修与内仪为表兄妹。大中二年(848)四月二十九日,内仪终于升道里之私第,享年三十五,先元克修而终,其年八月三日葬于京兆洪源乡曹赵村少陵原元氏祖茔(叔父将仕郎守京兆府参军思立撰《唐绛州司功参军元君(克修)夫人京兆杜氏(内仪)墓志铭》)①。

43. 京兆冯氏(1桩):京兆冯氏为长乐冯氏之后。隋兖州别驾京兆冯菁子唐齐王府队正冯琼娶河内侯元为女,元氏授沁阳郡君,冯琼显庆元年(656)七月五日,终于甲第,春秋六十有二。元氏永淳元年(682)四月十日终于本第,享年八十三。其年十月,与冯琼合葬于黎城(《大唐故齐王府队正冯公(琼)及夫人元氏墓志》)②。

44. 冯翊雷氏(1桩):元氏适处士雷况,乾宁三年丙辰(896)十一月八日葬于县北长原,墓志出土于陕西韩城苏东赵村西(《唐故雷府君(况)墓志铭》)。③

45. 扶风窦氏(1桩):元氏,适荆州大都督府长史、兼御史中丞扶风窦庭芝子右卫兵曹参军窦展,乾元元年郭子仪率众收复两京,举荐窦展,是年九月郭子仪等九节度合力征讨安庆绪于相州(治今河南安阳),窦展阵亡。窦展大历十四年(779)二月五日葬于洛阳北原,当是与夫人元氏合葬,元氏约即卒于是年初或大历十三年末(《唐故右卫兵曹参军摄卫尉寺主簿充军器判官扶风窦府君(展)墓志》)。④

---

① 该墓志见于"黄的貔貅"的微博 https://weibo.com/5580222167/J59MOc9uJ。
② 周绍良、赵超:《唐代墓志汇编续集》,第257—258页。
③ 故宫博物院、陕西省古籍整理办公室:《新中国出土墓志(陕西叁)》,北京:文物出版社,2015年,上册第105页,下册70—71页。
④ 乔栋、李献奇、史家珍:《洛阳新获墓志续编》,第438—439页。

46. 武功苏氏（3桩）：（1）昭成帝孙常山王遵九代孙元氏适武功苏僖，（堂侄女壻前弘文生武功苏僖撰、堂侄豫书《大唐故宣义郎前南郊斋郎吏部常选元府君（不器）墓志铭》）①，苏僖为元不器堂侄女婿，元豫为元不器堂侄，则元氏和元豫分别为元自觉或元遐观女和子，也可能为元不器其他兄弟之女和子。元不器以开元二十二年（734）四月二十日终于云阳县庄第，年三十。开元二十七年八月廿四日葬于咸阳县武安乡肺浮原。则苏僖与元氏婚姻约在开元间。（2）昭成帝孙常山王遵之后上柱国元述古子翰林内供奉元庭坚娶中书侍郎武功苏瓌侄孙女、潭府司马武功苏恪长女（中散大夫检校尚书驾部郎中兼侍御史陈翃撰《□□□行义王友上柱国翰林内供奉河南元公（庭坚）墓志铭》）。②（3）景穆帝子阳平王新成之后曲周县令元瓌子王屋县令元铦娶岐国忠懿公武功苏震女，葬于龙门大茔之侧（《唐故河南元府君（公瑾）墓志铭》）。③

47. 陇西李氏（15桩）：（1）随信州都督府仓曹陇西李操子唐大都督府法曹参军李知玄娶元氏，以万岁通天元年（696）五月二十日李知玄与元氏合葬于偃师县首阳乡之西原（《大周故扬州大都督府法曹参军李君（知玄）墓志铭》）④，元氏事迹、支系未详。（2）隋昌平公元弘女适隋汝阳县公独孤（李）楷子唐汝阳郡公独孤（李）卿云，永昌元年（689）独孤卿云陪葬乾陵，证圣元年（695）一月四日，与独孤卿云合葬于乾陵司马门外神道边（《大唐故豹韬卫大将军检校左羽林军乾陵留守上柱国汝阳郡开国公赠梁州都督独

---

① 墓志出自陕西省考古研究院：《陕西西安唐元不器墓、元自觉夫妇墓发掘简报》，《文博》2021年第4期。
② 赵力光：《西安碑林博物馆新藏墓志续编》，第400—402页。
③ 赵君平：《邙洛碑志三百种》，第285页。
④ 中国文物研究所、千唐志斋博物馆：《新中国出土墓志（河南·千唐志斋）》，北京：文物出版社，2008年，上册第62页，下册第44—45页。

孤府君（卿云）墓志铭》）。① 独孤楷本为陇西李氏，因其父屯随高欢与北周战于沙苑时为独孤信所擒，后得到信用，而赐姓独孤②，到独孤楷子独孤腾云孙琬即复姓李氏、独孤卿云来孙珍亦复姓李氏③，可见此家族多恢复了李姓。故此处依此家族固有种族郡望，将此婚姻归入陇西李氏下。独孤卿云墓志中记载元氏父为隋昌平公志，隋昌平公为元弘，大概是避唐高宗子孝敬皇帝李弘（652—675）讳，而改"弘"为"志"。(3) 元某娶宁州录事参军陇西李嗣本女，生河内司马元道（元道《唐故处士陇西李君（延祯）墓志铭》）④，李延祯为元道舅。(4) 隆州新政县（今四川仪陇西南新政镇）尉陇西李匦躬娶元氏，元氏支系及事迹未详，神龙二年（706）十一月九日元氏与李躬匦合葬于成周邙山上（《大唐故隆州新政县尉李府君（匦躬）墓志铭》）⑤。(5) 景穆帝之后绵州司马元行敏女适金紫光禄大夫、上柱国、永康公陇西李正明子上柱国、袭永康公李志览，圣历三年二月十六日李志览与元氏合葬于长安县细柳原之旧茔（奉义郎行雍州长安县尉上柱国沛国刘谭撰《大周故朝议大夫上柱国前赵州司马李府君（志览）墓志铭》）⑥，李志览为凌烟阁功臣赐陪葬昭陵卫国公李靖侄。(6) 昭成帝孙常山王遵之后左监门卫中郎将元武斡第二子、龙门县令元大谦兄元大宝娶陇西李氏，元大宝春秋五十，夫人陇西李氏终年四十五，二人皆终于华州华阴县之第，开元二十七年十月十四日大宝侄女宁王妃将李氏与元大宝合葬于华州华阴县琼岳乡之原（《大唐故元公（大宝）墓志

---

① 张永强：《张海书法艺术馆馆藏石刻选》下册，第308—309页。
② 魏徵等：《隋书》卷五十五，第1377页。
③ 林宝撰，陶敏校证，李德辉整理：《元和姓纂新校证》，第499—501页。
④ 陈尚君：《全唐文补编》，北京：中华书局，2005年，第276—277页。
⑤ 毛阳光：《洛阳流散唐代墓志汇编三集》，第132—133页。
⑥ 陕西历史博物馆：《风引薤歌：陕西历史博物馆藏墓志萃编》，第46—49页。

铭》）①。（7）景穆帝子汝阴王天赐曾孙元雅（孝方）孙唐夏县令元思哲第二女适绛州万泉县令陇西李成务子陈州司兵李延喜，天宝元年七月七日，李延喜和元氏合祔于长安南郊凤栖原先茔之侧（《大唐故陈州司兵李公（延喜）墓志铭》）。②（8）天宝间乡贡进士元卓娶兴州刺史陇西李守宗孙女（孙女婿前乡贡进士元卓撰、季子瑛书并篆盖《大唐故兴州刺史李公（守宗）夫人范阳卢氏墓志铭》）③，李守宗有璠、璘、瑛三子，未知元卓妻为其中何子之女，元卓支系未详。（9）景穆帝之后朝议郎元承裕子泾王府长史元谏（716—779）娶陇西李氏，以建中元年（780）八月十一日厝于神禾原，在今西安长安区西南（守京兆府蓝田县令李速撰《唐故朝散大夫守泾王府长史元府君（谏）墓志铭》，李氏为李速季妹）。④（10）元氏适陈留县丞陇西李怀璧孙莫州长丰县令陇西李丕，李丕贞元三年建子月葬于县之南三里潞水之右。元氏还在世，长女适河东柳氏名岘，试太常寺奉礼郎。"感深仁之厚恩，尽半子之礼节"（《故莫州长丰县令李君（丕）墓志铭》）⑤，则李丕无子，其女将其葬于潞县（今北京通州东）。元氏生平未详。（11）昭成帝孙常山王遵之后元怀景孙银青光禄大夫元彦冲子河中府户曹参军元子长（735—786）娶陇西李真，以贞元二年六月三日迁窆于河南龙门乡（守殿中侍御史赐绯鱼袋韦夏卿撰《唐故河中府户曹参军河南元府君（子长）墓志铭》、李真弟守监察御史虚中撰《唐故河中府户曹元府君（子长）夫人陇西李氏（真）墓志铭》）。⑥（12）昭成帝子力真之后元从（元希声兄元通理子）女适歙州长史陇西李则，元氏先李则而终，

---

① 该墓志见于"黄的魏狱"的微博 https://weibo.com/5580222167/J59MOc9uJ。
② 毛远明：《西南大学新藏墓志集释》，第453—456页。
③ 毛阳光：《洛阳流散唐代墓志汇编三集》，第360—361页。
④ 胡戟：《珍稀墓志百品》，第156—157页。
⑤ 周绍良、赵超：《唐代墓志汇编》，第1847—1848页。
⑥ 胡戟、荣新江：《大唐西市博物馆藏墓志》，第664—665、763—764页。

宝历三年（827）三月李则与元氏归葬于郑州某县冈原（李翱《故歙州长史陇西李府君（则）墓志铭》）。① （13）昭成帝子力真之后绵州长史元平叔子元持（元挹弟）子元洪娶陇西李氏，元和十五年四月某日，归祔于咸阳县之某乡某里（元稹《唐故京兆府盩厔县尉元府君（洪）墓志铭》）。② 墓志中未言志主之名，但载志主二子一女，其中一子名晦，结合《元和姓纂》元晦为元洪子，则墓志主应是元洪。据墓志可知元洪父都官尚书为元持，而今所见《元和姓纂》以元洪为元挹子，当为倒误。（14）兴、宿二州长史陇西李诚子李鼎（797—856）娶鲁王府长史元雄女，大中十年七月十日，李鼎终于滑州钦政里之私第，享年六十。以其年十二月二十八日葬于河南府洛阳县三川乡杨魏村，祔先茔（据从侄乡贡进士李容撰《唐故李府君（鼎）墓志铭》）。③ （15）随县尉元仁表娶临晋县令上柱国陇西李鼎（唐昌令李耸子）长女（《唐故朝散大夫临晋县令上柱国李府君（鼎）墓志》）。④

48. 李唐皇室（8桩）：（1）元氏（？—680）适容州刺史李俭，李俭为唐太祖景帝李虎曾孙、唐高祖李渊从弟淮安王李神通第八子，光宅元年（684）十一月十九日合葬于洛州河南县之龙门乡华苑原（《大唐故容州都督李府君（俭）墓志铭》）。⑤ （2）景穆帝子阳平王新成之后叠州刺史元仁虔子灵昌令元思忠妻信安县主李氏，为神尧皇帝唐高祖李渊曾孙女，祖为文武圣皇帝唐太宗李世民，父太宗第三子吴王恪，信安县主为唐玄宗堂姑，以开元五年八月五日，合葬于河南县金谷乡石城里之原（《大唐故

---

① （清）董诰等编，孙映逵等点校：《全唐文》，第3811页。
② （清）董诰等编，孙映逵等点校：《全唐文》第5册，第3925页。
③ 毛阳光：《洛阳流散唐代墓志汇编三集》，第636—637页。
④ 周绍良、赵超：《唐代墓志汇编》，第2098页。
⑤ 毛阳光、余扶危：《洛阳流散唐代墓志汇编》，第68—69页。

信安县主元府君（思忠）墓志铭》）。①（3）昭成帝子力真之后绵州刺史元平叔子元挩（元挹弟）娶长平王李叔良曾孙晋国公李林甫女（《旧唐书》卷一百六《李林甫传》）。②（4）景穆帝子阳平王新成之后灵昌令元思忠子庐州刺史元瓘弟金紫光禄大夫元璥尚新平县主，以大历四年二月十日，合葬于京兆府长安县龙首乡岐村南（《唐故金紫光禄大夫颖王府司马上柱国元府君（璥）墓志铭》）③。（5）昭成帝孙常山王遵八代孙、朔方县开国子元武斡子元大谦兄陕州长史元大简（龙门县令元大谦兄）女为宁王（让皇帝）李宪妃（《元和姓纂》卷四）④，李宪与元氏陪葬睿宗桥陵。（6）元氏适唐景帝六代孙、仪王府咨议李芳子太中大夫李怡，以贞元十四年（798）十一月四日安厝于长安县高阳原（博陵崔茂实撰《大唐故皇五从曾叔祖太中大夫虔王府长史府君（怡）墓志铭》）。⑤（7）昭成帝十四代孙、兵部员外郎赠刑部尚书元诸子上柱国、嘉州刺史元谷娶唐高祖第十三子郑王李元懿玄孙左散骑侍郎李翱第二女，李氏为文宗朝宰相李宗闵姊（妹）（柳喜撰《唐故朝散大夫使持节嘉州诸军事守嘉州刺史充本州经略使上柱国河南元公府君（谷）墓志铭》，《大唐陈留公（李翱）玄堂记》）⑥。（8）临濮县令元有邻女适唐高祖从弟李神符玄孙、银青光禄大夫李柏次子泽州刺史李鹬，大和八年（834）五月十六日李鹬与继妻元氏合葬于东周伊芮乡万安山南原先茔（《唐故太中大夫守泽州刺史李公府君（鹬）夫人河

---

① 周绍良、赵超：《唐代墓志汇编》，第1192—1193页。
② （后晋）刘昫等：《旧唐书》，第3224、3241页。
③ 周绍良、赵超：《唐代墓志汇编续集》，第719页。
④ （唐）林宝撰，陶敏校证，李德辉整理：《元和姓纂新校证》，第151页。
⑤ 齐运通：《洛阳新获七朝墓志》，第305页。
⑥ 刘文、杜镇：《陕西新见唐朝墓志》，第374—375、338—339页。

南元氏墓志铭》①、《唐故中大夫泽州刺史赠光禄卿工部尚书太子少傅李府君（鹔）墓志铭》②）。

49. 陇西董氏（1桩）：元氏适隰州司马董师，以开元三年十二月十八日，葬于州城南廿里平原（《唐故隰州司马董君（师）志铭》）③，元氏生平未详。

50. 弘农杨氏（2桩）：（1）左补阙、集贤殿待制弘农杨冲女杨娥字叔妌将适河南元君，五礼已备，而于天宝十三载十一月夭于长安宣阳里，享年二十，由于未正式成婚礼，杨娥未葬于元氏祖茔，其年闰十一月权葬于长安延兴门外龙首原，杨娥曾祖霍王府司马行敦，祖滕王府户曹参军师丘（《大唐弘农杨氏女（娥）之墓志铭》）④，则婚姻之礼已备，杨娥在婚礼前病逝，元君生平未详。杨娥祖行敦之祖杨初为隋宗正卿（卫尉少卿兼修国史弘文馆学士长垣县开国男陈留吴兢撰《大唐故右威卫将军、银青光禄大夫、定州刺史、上柱国杨公（献）墓志铭》，杨献父行敦，则杨献为杨娥伯祖或叔祖）⑤。杨初为隋宗正卿，宗正卿一般由宗室担任，可知杨献、杨娥之族为隋宗室之后。杨献葬于华阴仙坛乡之灵仙原，华阴为弘农杨氏的族葬地，则杨献其家族已为弘农杨氏所接纳。（2）右领军卫大将军元莃莱妻娶工部尚书赠司空休明孙、安陆郡守杨淬女，元莃莱先杨氏而终，元和十四年十一月杨氏与葬于京兆之南十八里地（从侄乡贡进士祐之纂《唐故右领军卫大将军元莃莱妻杨氏

---

① 中国文物研究所、千唐志斋博物馆：《新中国出土墓志（河南·千唐志斋）》，北京：文物出版社，2008年，上册第255页，下册第188页。
② 中国文物研究所、千唐志斋博物馆：《新中国出土墓志（河南·千唐志斋）》，上册第293页，下册第217—218页。
③ 周绍良、赵超：《唐代墓志汇编续集》，第460—461页。
④ 刘文、杜镇：《陕西新见唐朝墓志》，第207—208页。
⑤ 胡戟、荣新江：《大唐西市博物馆藏墓志》，第399页。

墓志铭》)①。杨休明为河西节度使镇沙州防守吐蕃而遇难，未知其家族为原本的弘农杨氏还是杨隋宗室而称弘农杨氏。

51. 安定梁氏（2桩）：(1)昭成帝孙常山王遵之后隋武陵公元胄子凉州长史元仁惠夫人安定梁氏，以圣历二年（698）合葬于咸阳县肺浮原（张说《唐故凉州长史元君（仁惠）石柱铭》)。②(2)元氏适上柱国安定梁澄清，祖梁遗，梁澄清幼随父迁至长安咸阳，元氏先梁君而卒，继室南阳韩氏，梁澄清大和七年（833）十月十七日卒，年九十一（《唐使宅副将云麾将军上柱国安定故梁公（澄清）墓志铭》)。③

52. 安定张氏（1桩）：昭成帝子常山王遵之后元禧（善祎）子豫州襃信县令元基娶安定张氏，垂拱三年（687）十一月二十四日，与夫人安定张氏合殡于洛阳万安山之阳其原（《大唐元氏（基）墓志铭》)。④

53. 天水赵氏（3桩）：(1)昭成帝孙常山王遵曾孙西魏乐平王元寯玄孙女元氏适左屯卫郎将天水赵杰子赵知俭（《大唐故抱德幽栖举□部常选天水赵君（知俭）墓志铭》)⑤，因墓志中元氏祖父所作为某州刺史前文字漫灭，而难以知其祖父作何州刺史，相应亦难以考知其祖父为何人。(2)明元帝七世孙、太清府统军元叔明子荆州王府库真元景娶天水赵氏，以天宝四载（745）二月二十一日，会葬于金谷原（太原令裴朓撰《大唐故荆王府库真元公（景）石志铭》)⑥。(3)景穆帝子阳平王新成之后叠州刺史元仁虔子宋州司马元守道女适江陵县丞天水赵君。天宝十三载十一月二十一日迁窆于

---

① 赵文成、赵君平：《秦晋豫新出墓志蒐佚续编》，第1073页。
② (唐)张说著，熊飞校注：《张说集校注》，第986—988页。
③ 赵君平、赵文成：《秦晋豫新出墓志蒐佚》，第950—951页。
④ 吴钢：《全唐文补遗·千唐志斋新藏专辑》，第58—59页。
⑤ 周绍良、赵超：《唐代墓志汇编续集》，第511页。
⑥ 周绍良、赵超：《唐代墓志汇编》，第1572页。

河洛之阳,邙山之原平乐乡旧茔(《唐故赵氏(恽)元夫人墓志铭》)。①

54. 天水姜氏(1桩):明元帝八代孙唐金州刺史元衡,据逸人天水赵僎《大唐故游击将军姜公(义)志铭及序》,元衡第二女元氏(631—714)适唐朝散大夫、黎州长史、上柱国天水姜道子左果毅都尉姜义。调露二年(680)八月十八日,姜义在碎叶城一带与胡人战斗中阵亡,赠游击将军。元氏开元二年(714)十一月十五日终于私舍,享年八十四。开元五年二月一日,元氏与姜义合葬于长安高阳原长沙里姜氏三代坟茔之后。②

55. 天水权氏(1桩):太武帝子广阳王建八代孙、侍御史元思庄子美原县丞元复业夫人权氏,屯田郎中崇基孙女,广德元年(763)八月葬于三原县落泉乡长平原先茔旁(《大唐京兆府美原县丞元府君(复业)墓志铭》)③,据《新唐书》卷七五《宰相世系表》,涪常二州刺史、平凉公权文诞生屯田员外郎崇基④,元复业所娶即平凉公权文诞曾孙女。

56. 敦煌张氏(1桩):元氏适处士敦煌张季巩,襄州刺史、凌烟阁功臣张公谨孙、海陵县令敦煌张协第二子。元和十五年十一月四日张季巩与夫人元氏迁葬于汜川之阳(《有唐故敦煌张公(季巩)并河南元氏墓志》)⑤,即葬于汜水县(治今河南荥阳西北汜水镇)一带。

57. 晋昌唐氏(3桩):晋昌(治今甘肃安西东南锁阳城)。(1)元务整第二女元万子适莒国公唐俭子殿中少监上柱国晋昌唐河

---

① 赵君平:《邙洛碑志三百种》,第230页。
② 李浩:《榆林区古代碑刻艺术博物馆藏志》,第116—117页。
③ 周绍良、赵超:《唐代墓志汇编》,第1756页。
④ 欧阳修、宋祁:《新唐书》,第3392—3393页。
⑤ 周绍良、赵超:《唐代墓志汇编》,第2056页。

上，显庆二年（657）十二月三日卒于万年之安仁里第，元氏先唐河上而卒。唐河上仪凤三年正月六日终于西都大宁里之官舍，春秋六十五。仪凤三年二月十四日与夫人元氏合葬于昭陵莒公之旧茔。《唐河上墓志》载，河上贞观廿三年为殿中省尚衣奉御，而《元万子墓志》题中唐君为"尚衣奉御"，可见唐君即唐河上，元万子为唐河上妻（《唐尚衣奉御唐君（河上）妻故河南县君元氏（万子）墓志铭》《大唐故殿中少监上柱国唐府君（河上）墓志铭》）。① 唐俭陪葬昭陵，唐俭子唐河上与夫人元氏亦葬于昭陵旁的唐俭墓边。（2）散骑常侍、安富郡食邑二千户唐历（宪）子安富郡开国公唐思慎娶元氏，开元二十七年十月十四日合葬于陕州硖石县（《唐安富郡开国公唐公（思慎）墓砖志》）。②（3）昭成帝子力真之后元悱要晋昌唐氏，悱即元稹祖父（元稹《告赠皇祖皇妣文》）。③

58. 西郡汲氏（1桩）：元氏适淄川县主簿汲奉一，汲奉一西郡人，汲黯之后，壮武将会府振冲都尉无隐子。夫人元氏先卒，开元二十八年（740）冬十一月一日，卒于河南永丰坊客舍，春秋四十有七。十九日，葬于北邙南原。汲母为之送葬（《大唐故淄州淄川县主簿汲府君（奉一）墓志铭》）。④ 汲奉一为汲黯之后，则其先本为濮阳（治今河南濮阳南）人，约其先后来迁徙至西郡（治湟水，今青海乐都），而为此地人。

以上与关陇十八家族间婚姻61桩。

59. 南阳张氏（4桩）：（1）孝文帝之后北周雍州刺史元挺孙元道娶南阳张氏，乾封元年（666）八月二十七日，合葬于河南乐平

---

① 张沛：《昭陵碑石》，西安：三秦出版社，1993年，第134、195—196页。
② 中国文物考古研究所、河南省文物考古研究所：《新中国出土墓志（河南贰）》，北京：文物出版社，2002年，上册第370页，下册第376页。
③ （唐）元稹撰，周相禄校注：《元稹集校注》，第1390页。
④ 周绍良、赵超：《唐代墓志汇编续集》，第576—577页。

乡（《唐故扬州江都县令元君（道）墓志铭》）。①（2）昭成帝之后元罕（隋故冠军司录元钟孙、隋密州巫山县长元叡子）娶汾州司户参军事南阳张公之女，以天授二年十月合葬于邙山之原（《唐遂州方义县主簿河南元府君（罕）墓志铭》）。②（3）淄州司户参军事南阳张知礼子吏部常选骑都尉张承敬娶荆王府典签元大方第二女，景云二年（710）二月二十七日元氏与张承敬合葬于虢州阌乡县桃林乡游龙岗之原（大唐故吏部常选骑都尉张府君（承敬）墓志铭记》）。③张承敬墓志未言元大方支系，根据元大方年龄及其名字，约为朔方县公元武斡子、陕州长史元大简兄弟行，元大方为荆王府典签，元大简女尚宁王女，可见这一支元氏与唐宗室联系较密切，这也是元大方为元大简兄弟行的旁证。《隋书》卷七十一《诚节传·张须陀》称张须陀（承敬曾祖）为弘农阌乡人④，而墓志载张承敬为南阳西鄂（河南南阳北鄂城寺）人，葬于阌乡县（治今河南灵宝西北），则张承敬家族本南阳张氏大族，后迁往阌乡县，此地成为族居地，故还葬于此，《隋书》称其为阌乡人，正就其家族居住地而言。（4）景穆帝子阳平王新成之后庐州刺史元瓘孙、河阴令元潮子监察侍御史元衮（758—809）娶吏部尚书南阳张献恭女（《唐故鄂岳观察推官监察御史里行上柱国元公（衮）墓铭》⑤、《大唐故监察侍御史河南元府君（衮）夫人南阳张氏墓志》⑥）。

60. 南阳来氏（1桩）：元君娶卫县丞南阳来贞女来香儿，生元晷，天宝六载（747）四月四日，迁窆于邙山南原（《大唐元府君故

---

① 中国文物研究所、千唐志斋博物馆：《新中国出土墓志（河南叁·千唐志斋）》，上册第32页，下册第21页。
② 周绍良、赵超：《唐代墓志汇编》，第818—819页。
③ 毛阳光：《洛阳流散唐代墓志汇编三集》，第146—147页。
④ （唐）魏徵等：《隋书》，第1645页。
⑤ 周绍良、赵超：《唐代墓志铭汇编续集》，第816—817页。
⑥ 周绍良、赵超：《唐代墓志汇编》，第2539页。

夫人来氏（香儿）墓志铭》）。①

61. 安陆郝氏（1桩）：中大夫邕府都督陆思本娶朝议郎、资州录事参军元知古女（该婚姻详见下文），元氏外祖父为开府仪同三司、中书令、甑山公郝处俊女（《大唐故太中大夫邕府都督陆府君（思本）故夫人河南元氏墓志铭》）②，则元知古娶郝处俊女，《旧唐书》卷八十四《郝处俊传》："郝处俊，安州安陆人也。父相贵，隋末，与妻父许绍据硖州，归国，以功授滁州刺史，封甑山县公。……贞观中，本州进士举，吏部尚书高士廉甚奇之，解褐授著作佐郎，袭爵甑山县公。……处俊迁太子少保。开耀元年薨，年七十五，赠开府仪同三司、荆州大都督。高宗甚伤悼之。"③《元和姓纂》卷十郝姓安陆郡"梁江夏太守郝回，自丹阳居安；陆生破敌，后周沔州刺史、新吴伯。敌孙相贵，唐滁州刺史，生处俊、处杰。处俊，中书令、甑山公；子北叟，司议郎；南容，秘书郎。处杰，鄜州刺史。"④则郝处俊属安陆郝氏，为唐高宗时重臣，安陆郝氏为南朝入北朝之家族，元知古娶郝处俊女，亦可见唐初元氏在世族中犹有较高地位。

62. 江夏李氏（1桩）：江夏李氏出自赵郡李氏。元氏适江夏李正卿（771—844），李正卿为弘文馆学士李善曾孙、北海太守李邕孙、大理评事李翘子，元氏为李正卿发妻，早卒，后李正卿又娶卢氏，合祔于河南县金谷原（《唐故绵州刺史江夏李公（正卿）墓志铭》）。⑤

以上与荆楚四家族间婚姻7桩。

---

① 周绍良、赵超：《唐代墓志汇编》，第1606页。
② 周绍良、赵超：《唐代墓志汇编》，第1566页。
③ （后晋）刘昫：《旧唐书》，第2797、2800页。
④ （唐）林宝撰，陶敏校证，李德辉整理：《元和姓纂新校证》，第538页。
⑤ 周绍良、赵超：《唐代墓志汇编》，第2239—2240页。

63. 吴郡陆氏（3桩）：（1）朝议郎、资州录事参军元知古第三女适太中大夫邕府都督吴郡陆思本，元氏卒年四十六，以天宝三载（744）八月十二日葬于河南县平洛乡之北原（《大唐故太中大夫邕府都督陆府君（思本）故夫人河南元氏墓志铭》）①。（2）昭成帝子力真之后比部郎中元宽女元氏（元稹大姐）适临汝令吴郡陆泌子夏阳令陆翰（元稹《夏阳县令陆翰妻河南元氏墓志铭》）②。（2）元氏适石埭县令吴郡陆畅子陆遝，为河南郡君，咸通二年（861）元氏先陆遝而卒，陆遝咸通七年五月即预修墓志，欲与元氏合葬，九月陆遝卒，八年正月陆遝与元氏合葬于京兆府长安县义阳乡平原里（从侄乡贡进士陆洸撰并书，《唐前德州刺史陆公（遝）逆修墓志铭》）③，因元氏墓志无存，元氏生平无从考证。

64. 吴郡张氏（1桩）：元牟女适江陵节度巡官吴郡张玠（《大唐故苏州长洲县令孙府君夫人吴郡张氏墓志铭》，张氏为张玠女）。④

65. 丹阳纪氏（1桩）：元氏适隋朝散大夫纪仁卿子明堂县（治今陕西西安南）丞纪茂重，以开元十二年十一月二十八日合葬于河南府洛阳县清风乡故都城北十一里平原（《大唐故雍州明堂县丞纪君（茂重）墓志铭》）。⑤ 元氏卒年未详述，结合葬年，约卒于开元十二年（724），则约生于贞观十九年（645）。元氏生平未详。

66. 吴兴姚氏（1桩）：景穆帝子京兆王子推九代孙、赠秘书监元正（止）女（河东柳氏所出）适朝议大夫、晋州洪洞县令姚孝先子怀州获嘉县令姚轸，姚轸、元氏夫妇约贞元十五年五月葬于陕州（《唐故怀州嘉获县令姚府君（轸）夫人河南元氏墓志铭》《唐故怀州

---

① 周绍良、赵超：《唐代墓志汇编》，第1566页。墓志中古今地名对照：泽州（治晋城，今山西晋城市），莱州（治掖县，今山东掖县），资州（治盘石，今四川资中县）。
② 元稹著，周相录校注：《元稹集校注》，第1367—1372页。
③ 李明、刘呆运、李举纲：《长安高阳原新出隋唐墓志》，第275—277页。
④ 周绍良、赵超：《唐代墓志汇编》，第2280—2281页。
⑤ 周绍良、赵超：《唐代墓志汇编》，第1301页。

获嘉县令姚府君（轸）墓志铭》）。①

67. 吴兴沈氏（1桩）：景穆帝之后元洞灵墓志由其外甥朝议大夫守中书舍人上柱国赐紫金鱼袋沈传师撰，沈洞灵父元晟（《唐故元夫人（洞灵）墓志铭》）②，沈传师字子言，其父即德宗时左拾遗、史馆修撰、礼部员外郎吴兴沈既济③，沈既济即《枕中记》撰者，则元晟有女即元洞灵姊适沈既济，生子传师。据《元和姓纂》卷七，沈既济出自吴兴沈氏，父为婺州武义主簿沈朝宗。④ 如果《旧唐书》所记沈传师卒年（大和元年卒，年五十九）不误，则沈传师仅比元洞灵小七岁，洞灵应为元晟小女，与沈传师母年龄相差较大。

以上与江东五家族间婚姻7桩。

二、与胡族间的婚姻

1. 鲜卑尉迟氏（1桩）：文成帝子安乐王长乐之后元大亮娶隋左武卫大将军尉迟安孙女，景龙二年（708）八月二十四日，合葬于岐州三畤原（朝散大夫、行抚州司马清河潘行臣撰《大唐故兴教府左果毅都尉上柱国河南元公（大亮）墓志铭》）。⑤

2. 鲜卑罗氏（1桩）：叱啰氏改姓罗。昭成帝孙常山王遵七代孙、朔方县开国子元武斡子朝议郎行绛州龙门县令元大谦娶穆帝叱啰皇后之裔朝散大夫行嘉州司仓参军鲜卑罗暕女罗婉顺，开元廿七年八月祔于京兆府咸阳县武安乡原先茔之侧（外侄孙李班撰《大唐故朝议郎行绛州龙门县令上护军元府君（大谦）墓志铭》《大唐故朝

---

① 中国文物考古研究所、河南省文物考古研究所：《新中国出土墓志（河南贰）》，北京：文物出版社，2002年，上册第288—289页，下册第300—301页。
② 中国文物考古研究所、河南省文物考古研究所：《新中国出土墓志（河南贰）》，上册第2页，下册第1—2页。
③ （后晋）刘昫等：《旧唐书》卷一百四十九《沈传师传》，第2034—2037页。
④ （唐）林宝撰，陶敏校证，李德辉整理：《元和姓纂新校证》，第391页。
⑤ 吴钢：《全唐文补遗》第三辑，第468—469，第42—43页。

议郎行绛州龙门县令上护军元府君（大谦）夫人罗氏（婉顺）墓志铭》）。① 元大谦兄陕州长史大简女为宁王（让皇帝）李宪妃，李宪子李琎为元大谦外侄孙。

3. 鲜卑于氏（2桩）：(1) 杭州於潜县主簿元某娶银青光禄大夫于辩机孙女、泾州司马于克诚女（《杭州於潜县主簿元氏于夫人墓志铭》）。② (2) 太武帝子临淮王谭之后都官员外元巽子元太液妻河南于氏，即墓志作者于莼之从祖父之姊，贞元十八年十一月二日窆于洛阳县阴平乡张村（于莼《唐故太子校书元府君（太液）墓志》）。③

4. 鲜卑贺若氏（1桩）：景穆帝九世孙元氏（赠太子少保元某孙）适太府少卿兼万州刺史贺若璿，永泰元年（765）三月卒，大历二年（767）二月二十二日返葬于京兆鄠县之某原（独孤及《唐太府少卿兼万州刺史贺若公（璿）故夫人河南郡君元氏墓志铭》）。④

5. 鲜卑独孤氏（2桩）：(1) 昭成帝子力真之后，隋昌平公元弘孙女、唐魏州刺史元义端女适大理少卿独孤元恺子朝散大夫行定王府掾独孤思敬，元氏长安三年（703）二月十七日窆于独孤氏旧茔，独孤思敬景龙三年（709）十月二十六日合葬于雍州万年县铜人乡之旧茔（《大周定王掾独孤公（思敬）故夫人元氏墓志铭》《大唐故朝散大夫行定王府掾独孤府君（思敬）墓志铭》）。⑤ (2) 昭成帝孙常山王遵之后严道县（治今四川雅安）令元涉孙处士元正思娶太子左谕德独孤良佐女，长庆四年（824）十一月二十七日合祔御京城之南原先茔（宣德郎试太子正字房首温撰《唐故处士河南元府君

---

① 陕西省考古研究院：《陕西咸阳元大谦、罗婉顺夫妇墓发掘简报》，张杨力铮：《唐代元大谦、罗婉顺夫妇墓志考》，二文同时发表于《考古与文物》2021年第2期。
② 赵力光：《西安碑林博物馆新藏墓志续编》，第267—268页。
③ 毛阳光、余扶危：《洛阳流散唐代墓志汇编》，第484页。
④ （清）董诰等编，孙映逵等点校：《全唐文》第3册，第2356页。
⑤ 周绍良、赵超：《唐代墓志汇编》，第1005、1102页。

(正思）墓志铭》)。① 据元正思墓出土地，可知此"京城"指洛阳。

6. 鲜卑穆氏（1桩）：昭成帝十一代孙处士元履清（集州司马元崇敏子）娶安阳令穆元休女穆婉，元履清子元威、元成、元盛（741—795），穆婉为穆员伯姑，穆员为穆婉第三侄（穆员《河南元履清夫人同郡穆氏（婉）墓志铭》②、穆员《河南兵曹元公（盛）墓志铭》③)。

7. 鲜卑房氏（1桩）：右领军卫大将军元莑莱（支系未详）与妻弘农杨氏之女适河南房氏（从侄乡贡进士祐之纂《唐故右领军卫大将军元莑莱妻杨氏墓志铭》)④。

8. 康居康氏（1桩）：涿州范阳县丞元志宽女适兵部尚书康日知子检校光禄卿康志达，康氏本会稽人。自曾祖左威卫大将军延庆，徙居京兆长安。元氏早逝，康志达以长庆元年五月葬于长安县龙首乡兴台里先茔之东北（《唐故幽州卢龙军节度衙前兵马使朝散大夫检校光禄卿兼监察御史赠莫州刺史会稽康公（志达）墓志铭》)。⑤ 康日知为康居人，粟特族，康志达墓志言其本会稽人，与中古时一些粟特康居人来中土经商居住，也学中土人立郡望相关，出现了会稽康氏的郡望。

9. 沙陀石氏（1桩）：元氏适石金俊（朝散大夫行左拾遗直石馆赵逢撰《大周故北京飞胜五军都指挥使银青光禄大夫检校司空兼御史大夫上柱国赠左骁卫将军石公（金俊）妻河南郡太夫人元氏合祔墓志铭》)⑥，墓志载元氏为怀州（治野王，今河南沁阳）人，是

---

① 齐运通：《洛阳新获墓志（二〇一五）》，第282页。
② "黄的魏狒"的微博 https://weibo.com/5580222167/J59MOc9uJ。
③ （清）董诰等编，孙映逵等点校：《全唐文》卷七八五，第六册，第4837页。
④ 赵文成、赵君平：《秦晋豫新出墓志蒐佚续编》，第1073页。
⑤ 周绍良、赵超：《唐代墓志汇编续集》，第895页。
⑥ 仇鹿鸣、夏婧：《五代十国墓志汇编》，第406—408页。

据所居地而言，此地离洛阳不远。元氏被封为河南郡夫人，正是据其郡望河南元氏而来。经过唐末丧乱，元氏家族亦进一步没落，"族谱世系，与家俱丧"，其他世族也是如此。石金俊为朔州神武川人，幼善骑射，世为强族，早年投与沙陀人李克用（后唐建立遵为武皇帝），后参与李克用子李存勖建立后唐，后唐庄宗李存勖养子明宗李嗣源称石金俊为丰沛故人，综合来看可知石金俊亦为沙陀人。石金俊在明宗时辞官归田，长兴七年即清泰三年（936）终于太原。元氏广顺三年（953）终于义州（治今甘肃华亭）官舍，春秋八十三，则生于咸通十二年（871），及笄之年约光启元年（885）或稍后归于石金俊，则元氏与石氏婚姻在唐代。元氏与石金俊合葬于洛阳。

三、唐代元氏婚姻之族属郡望未详者

1. 徐氏（1桩）：景穆帝之后阳平王新成曾孙北周安喜公元谅子隋成都广汉二县令元膺娶徐令王女，元膺终年四十，夫人卒年六十四，以贞观十四年（640）十一月合葬于万年县杜陵原（《大唐故随益州城都广汉二县令安喜县开国公元君（膺）墓志》）。[①]

2. 王氏（1桩）：元禧（善祎）娶王氏，以咸亨四年（673）十月十六日合葬于洛州伊阙县之万安原（《大唐故襄州都督府长史常山县男元公（禧）墓志铭》）。[②]

3. 朱氏（2桩）：（1）明元帝子乐安王范之后武周左卫勋一府勋卫元瑛子亦名元瑛（字思亮）为上柱国、左卫勋一府勋卫，夫人朱氏，儒林郎通之女，长安三年（703）八月祔葬于北邙山合宫县平原乡之原（《周故左勋卫一府勋卫上柱国元思亮墓

[①] 毛远明：《西南大学新藏墓志集释》，南京：凤凰出版社，2018年，第178—181页。
[②] 胡戟、荣新江：《大唐西市博物馆藏墓志》，第182—183页。

志》)。① (2) 元君娶朱氏，生子元玄贵、元玄藏、元玄瓒，元玄贵兄弟三人神龙三年（707）四月二日为母亲朱氏造药师佛石像，出土于陕西铜川市耀州区柳林镇柏树塬村（元玄贵兄弟为母亲朱氏造药师佛像记）。②

4. 刘氏（2桩）：(1) 景穆帝子京兆王子推之八代孙元令仲（颍州刺史元怀式女）适参军刘某，以调露元年（679）十月十四日，葬于洛州洛阳县平阴乡北芒原（《（上浏）曹参军刘君故妻元氏墓志铭》）。③ (2) 昭成帝子力真之后朝议郎元秬（元稹兄）长女适刘中孚，中孚早卒（元稹《唐故朝议郎侍御史内供奉盐铁转运河阴留后河南元君（秬）墓志铭》）。④

5. 宋氏（1桩）：隋温县丞元乐孙元扬娶宋氏，元扬春秋八十，卒于私第。夫人宋氏，年六十八，卒于私第。景云二年（711）十一月十四日合葬于洛阳元村西北一里之平原（《唐故元君（扬）墓志之铭》）⑤。

6. 郭氏（1桩）：隋温县丞元乐曾孙、元扬子元智方娶郭氏，元智方卒年四十馀，妻郭氏卒年四十八，景云二年（711）十一月十四日元智方、郭氏夫妇与父母元扬、宋氏合葬于洛阳元村西北一里之平原（《唐故元君（扬）墓志之铭》）⑥。

7. 申屠氏（1桩）：元氏适申屠公，申屠备之后，元氏为申屠公第二位妻子。申屠公开元十年（722）八月终于私室，年五十七。开元十年九月十六日迁奉于崇道村北百步之原，元氏生平未详

---

① 周绍良、赵超：《唐代墓志汇编》，第1019—1020页。
② 吴敏霞、党斌：《铜川碑刻》，西安：三秦出版社，2019年，第30页。
③ 周绍良、赵超：《唐代墓志汇编续集》，第242页。
④ （唐）元稹著，周相录校注：《元稹集校注》，第1367—1372页。
⑤ 胡戟、荣新江：《大唐西市博物馆藏墓志》，第360—361页。
⑥ 胡戟、荣新江：《大唐西市博物馆藏墓志》，第360—361页。

(《唐故申屠府君（公）墓志之铭》）。① 该墓志是录自罗振玉所编《山右金石志》，则申屠公墓志出土于山西，崇都村当在晋地。

8. 许氏（1桩）：昭成帝孙常山王遵之后朔方县开国子元武幹孙、元大宝长子元遐观娶许氏，元大宝以疾终于华州华阴县之第，年三十二。夫人许氏，春秋二十八卒于华州华阴县之第。以开元二十七年十月十四日，元遐观与许氏合葬于华州华阴县琼岳乡之原。元遐观无嗣（《大唐故元公（遐观）墓志铭》）②。

9. 侯氏（1桩）：景穆帝子阳平王新成之后庐州刺史元瑾子钱唐县尉元真（718—757）女二娘适侯氏（《唐故杭州钱唐县尉元公（真）墓志铭》）。③

10. 李氏（5桩）：（1）昭成帝子力真之后绵州长史元擢（吏部侍郎元希声侄）女适郕国公李辅国（籍贯未详），元擢因之为梁州长史。④（2）昭成帝子力真之后朝议郎元秬（元稹兄）第四女适李殊，元氏早卒（元稹《唐故朝议郎侍御史内供奉盐铁转运河阴留后河南元君（秬）墓志铭》）。⑤（3）元氏适李君，生朝议郎使持节泽州诸军事前守泽州刺史柱国赐绯鱼袋李愉，中和二年（882）二月十七日，归窆于洛阳县清风乡大阳里（子婿前湖南团练判官、捡校尚书户部郎中、兼侍御史、赐绯袋卢陟撰《唐朝议郎使持节泽州诸军事前守泽州刺史柱国赐绯鱼袋李愉太夫人河南元氏墓志铭》）。⑥（4）昭成帝子力真之后元稹在武昌时纳侍妾李氏，生子道护（韦绚撰《唐故武昌军节度使丞相元公（稹）夫人河东郡君裴

---

① 周绍良、赵超：《唐代墓志汇编》，第1262—1263页。
② 毛远明、李海峰：《西南大学新藏石刻拓本汇释》，上册第203页；下册第220页。
③ 周绍良、赵超：《唐代墓志汇编》，第1767—1768页。
④ （后晋）刘昫等：《旧唐书》，第4760页。
⑤ （唐）元稹著，周相录校注：《元稹集校注》，第1367—1372页。
⑥ 乔栋、李献奇、史家珍：《洛阳新获墓志续编》，第278、525页。

氏（淑）墓志铭》）①。(5)裴淑三女二女夭折，一女本预适进士李枢，因二人不合，李枢未亲迎，最终未能正式成婚（亦见于《裴淑墓志》）。

11. 安氏（1桩）元稹在江陵纳侍妾安仙嫔，生子荆，生女樊、降真，皆夭。安仙嫔元和九年卒，葬于江陵（元稹《葬安氏志》《哭子十首》《哭女樊》《哭女樊四十韵》《哭女降真》）②。

12. 唐氏（1桩）：景穆帝子阳平王新成之后庐州刺史元瓘子河阴令元潮子监察御史元衮长女适襄阳县丞唐歊（《大唐故监察侍御史河南元府君（衮）夫人南阳张氏墓志》）。③

13. 阎氏（1桩）：昭成帝子力真之后都官郎中元持娶阎氏，生元洪，元洪享年五十五，终于衢州。元和十五年四月归葬咸阳县之某乡某里（元稹《唐故京兆府盩厔县尉元府君（洪）墓志铭》）④，则咸阳县之某乡某里为先茔所在，元持夫妇大约亦葬于此。

14. 苏氏（1桩）：昭成帝子力真之后朝议郎元秬（元稹兄）第三女适进士苏京（元稹《唐故朝议郎侍御史内供奉盐铁转运河阴留后河南元君（秬）墓志铭》）。⑤

15. 韩氏（1桩）：谏议大夫元晦同高祖妹适韩乂（杜牧《荐韩乂启》）。⑥ 元晦与元氏之高祖同为昭成帝子力真之后司议郎元延祚，韩乂约大和间人。

16. 武氏（1桩）：忻州高城府别将元子建弟果毅都尉元咄，续

---

① 裴淑墓志拓片见于"xhpei 的微博"https://weibo.com/n/xhpei。
② 元稹著，周相录校注：《元稹集校注》，上海：上海古籍出版社，2011年，第1384、263、264、269页。
③ 周绍良、赵超：《唐代墓志汇编》，第2539页。
④ （清）董诰等编，孙映逵等点校：《全唐文》，第3925页。
⑤ （唐）元稹著，周相录校注：《元稹集校注》，第1367—1372页。
⑥ （宋）李昉等：《文苑英华》卷六百五十二，第3353页。

娶武氏（《唐故河南元府君（子建）墓志铭》）。①

17. 崔氏：昭成帝孙常山王遵之后西台侍郎元大士六代孙元克修之妹适元氏（叔父将仕郎守京兆府参军思立撰《唐绛州司功参军元君（克修）夫人京兆杜氏（内仪）墓志铭》）②，墓志中言元克修妻杜内仪之崔氏姑生病要买药，内仪将首饰给崔氏姑，可知元克修有妹嫁崔氏，未知为博陵崔氏还是清河崔氏。

18. 陆氏（1桩）：孝文帝子广平王怀孙北周韩国公元谦之后唐偃师令元建先娶陆氏，生一男三女，元建三娶检校右仆射颍川陈赏女，陈氏咸通三年（862）六月卒于洛阳履信坊之私第，享年三十，是年十一月葬于宣武帝陵西，可知此为元建家族族葬地，陆氏卒当亦葬于此（乡贡进士李鸾撰《河南府偃师县令元建故夫人颍川陈氏墓志铭》）③，不知此陆氏为吴郡陆氏还是鲜卑陆氏。

19. 张氏（2桩）：（1）孝文帝子广平王怀孙北周韩国公元谦之后唐偃师令元建再娶张氏，元建三娶检校右仆射颍川陈赏女，葬于宣武帝陵西，可知此为元建家族族葬地，张氏卒当亦葬于此（乡贡进士李鸾撰《河南府偃师县令元建故夫人颍川陈氏墓志铭》）。④（2）忻州高城府别将元子建弟果毅都尉元㟹，先娶张氏，张氏卒（《唐故河南元府君（子建）墓志铭》）。⑤

20. 贾氏（1桩）：元氏，适贾令宗，贾令宗母陇西李氏，李氏以大中十三年（859）四月二十八日殁于室，享年七十三（《唐故陇西李氏夫人墓志铭》）。⑥贾令宗籍贯未详，娶元氏，元氏支系未详。

---

① 王仲璋：《汾阳市博物馆藏墓志选编》，第72—73页。
② 该墓志见于"黄的貔貅"的微博 https://weibo.com/5580222167/J59MOc9uJ。
③ 毛阳光：《洛阳流散唐代墓志汇编续集》，第744—745页。
④ 毛阳光：《洛阳流散唐代墓志汇编续集》，第744—745页。
⑤ 王仲璋：《汾阳市博物馆藏墓志选编》，第72—73页。
⑥ 赵力光：《西安碑林博物馆新藏墓志汇编》，第800—801页。

21. 尹氏（1桩）：元璋娶尹氏，元璋为处士，祖父元惠进，居潞州上党县（今山西长治），以天祐十六年（918）十月二十七日合葬于府城西南五里大营之野（《唐故元府君（璋）墓志铭》）。① 安葬时已为后梁贞明四年，但仍用唐之年号，称天祐十六年。

22. 吴氏（1桩）：处士元璋子节度衙前十将、兼通判官元弘审娶吴氏女（《唐故元府君（璋）墓志铭》）。②

23. 陈氏（1桩）：处士元璋子元弘实娶陈氏女（《唐故元府君（璋）墓志铭》）。③

24. 孙氏（1桩）：处士元璋子元弘绍娶孙氏女（《唐故元府君（璋）墓志铭》）。④

四、唐代元氏家族婚姻分析

（一）唐代元氏家族婚姻总体情况

现可知唐代元氏家族婚姻约201桩，与汉族士族婚姻约159桩（其中与李唐皇室约8桩）⑤，与胡族婚姻为11桩，族属支系未详者约31桩。元氏嫁约104桩（其中与李唐皇族约4桩，与其他汉族士族约81桩，与胡族约5桩，族属支系未详约14桩）。元氏娶约96桩（其中与李唐皇室约4桩，与其他汉族士族约69桩，与胡族约6桩，族属支系未详17桩）。

从元氏家族女子所嫁对象的墓志中可知其婚姻对象的族居族葬地，在元氏嫁的104桩婚姻中，通过墓志等可知其婚姻对象族居族葬地的有79桩，除了1桩葬于幽州、1桩葬于邺城、5桩葬于晋

---

① 赵文成、赵君平：《秦晋豫新出墓志蒐佚续编》，第1340页。
② 仇鹿鸣、夏婧：《五代十国墓志汇编》，第81—82页。
③ 仇鹿鸣、夏婧：《五代十国墓志汇编》，第81—82页。
④ 仇鹿鸣、夏婧：《五代十国墓志汇编》，第81—82页。
⑤ 其中一桩单知有婚姻，嫁娶情况未详：昭成帝孙常山王遵之后中府户曹参军子元侗与福建观察使卫中行有姻亲关系（乡贡进士崔岘撰《唐故河南元君（侗）墓志铭》），未知是元氏嫁卫氏，还是元氏娶卫氏。

地、1桩葬于秦陇，其馀 71 桩中葬于长安及附近即关中地区的有 35 桩，而葬于洛阳及周边地区即河南一带者有 36 桩。其婚姻对象亦主要是关中化的家族和河南家族，从墓志中看，葬于长安周边与葬于洛阳一带大致相当。

在元氏娶的 96 桩婚姻中，通过墓志可知元氏葬地的有约 71 桩，除了 4 桩葬于晋地、1 桩葬于江陵外，其馀 66 桩中葬于长安及附近即关中地区的有 38 桩，而葬于洛阳及周边地区即河南一带者有 28 桩。可见唐代元氏家族成员居葬于长安周边多于洛阳周边者。

唐代时元氏家族虽还有一定影响力，但毕竟不是皇族了，到中晚唐间随着世族社会的衰弱，元氏的影响力进一步减弱，加之去北朝时代渐远，部分元氏家族家谱失传或许也因此不清楚其祖上所属支系，凡此种种，因此墓志中不一定都记载元氏成员的支系来源（尤其是元氏为妻时），以致现可知元氏婚姻中，有 43% 不知元氏成员之所属支系。

北朝时，世家大族虽在京城为官，但其家族根基多仍在原籍，其族人和族墓仍在原籍地。元氏家族本非有根基的世家大族，所以北魏汉化改革后即中央化，都城在洛阳，元氏家族成员族葬于洛阳，魏分东西，迁邺城者葬于此，入关者葬于关中。唐代时世家大族大多已中央化，居葬于京师长安或东都洛阳及其周边。元氏家族早已失去皇族地位，已完成汉化，但又缺乏汉族大族那样几朝几代积累下来的政治文化根基，所以元氏家族在唐代就更是中央化了。

通过对传世与出土文献的考索，现可知北朝元氏家族婚姻约 441 桩，其中与胡族婚姻约 181 桩婚姻中，元氏女出嫁的有 71 桩，元氏娶其他胡族者 110 桩。与外戚权臣及其他帝室间的 64 桩婚姻中，元氏女出嫁的有 19 桩，元氏娶外戚家族的有 45 桩。与汉族世族间婚姻约 143 桩，其中元氏嫁约 45 桩，元氏娶约 98 桩。与南来世族间约 34 桩婚姻中，元氏女嫁约 23 桩，元氏娶约 11 桩。族属支系未详者约19桩（其中元氏出嫁3桩，元氏娶16桩）。

在441桩婚姻中，元氏出嫁约161桩，元氏娶约280桩，元氏娶远多于元氏出嫁。一方面北魏东魏、西魏时元氏是皇族，皇族女子不轻易下嫁，另一方面，元氏作为鲜卑族入主中原，也需要同有影响力的其他胡族和汉族世家大族通婚，扩大其支持度、稳固其统治地位。北朝前期，元氏更主要的是与其他有影响力的胡族通婚，形成统治联盟，汉化后北朝后期更多的是与北方传统汉族世家大族通婚，在政治、文化等多方面得到汉族世家大族的影响与支持。元氏家族在北方的统治并未达到极致，相应胡族尤其是汉族世族与元氏通婚的积极性没有那么大，求娶元氏女子的并不多，所以为了笼络这些家族，元氏家族多娶这些家族的女子。只有与南来世族间的通婚中元氏家族的嫁超过元氏娶，因为这些南来世家成员多是逃难、被俘而到北朝的，元氏家族希望通过优待他们而吸引更多的南朝世族降魏。元氏要进行汉化也特别仰慕南朝文化。综合这些原因，元氏家族乐于将皇族女子赐给南来世族成员作为恩赏。而南来世族成员多为孤身或少数几人来到北朝，他们家族主要成员仍在南朝，所以南来世族在人数上终是少数，逃难与俘虏的身份使得他们与元氏的地位亦相差较大，所以元氏家族娶南来世族终究不多。

而在唐代，元氏家族已没有其统治地位，经过汉化，已和一般汉族世族差不多，但又没有那些老牌大族地位高、文化深，所以元氏家族在唐代的婚姻绝大多数是与传统汉族士族的通婚，嫁娶比例亦大致相当。现可知与约67个汉族世族通婚，另有9个世族虽原本是胡族，但也早已汉化。还有31桩婚姻未详姓氏族属望贯，但据材料推测也多属于汉族世族。唐代时元氏已非皇族，而与其是皇族地位时与汉族士族的通婚数仅减少20%，且与元氏通婚的汉族士族还增加了14%，可见元氏家族被汉族士族的普遍接受。元氏家族与众多汉族士族通婚，一方面是失去了皇族地位又汉化的元氏家族已逐渐成为普通世族,另一方面也是汉族家族对元氏家族的接受,已以同类家族视之。

北朝时期元氏与河朔二十二家族间婚59桩,与河东四家族间11桩婚姻,与河淮地区的十家族间婚姻30桩,与关陇地区十一家族间通婚35桩,与荆楚地区四家族间通婚8桩。唐代时期与河淮八家族间婚姻17桩,与河朔二十二家族间婚姻35桩,与河东十家族间婚姻32桩,与关陇十八家族间婚姻61桩,与荆楚四家族间婚姻7桩,与江东五家族间婚姻7桩。可见北朝时期元氏与河朔家族通婚最多,其次是与关陇地区及河西地区家族的通婚,河朔是未南渡的北朝本土士族最集中的地区,元氏需要与他们通婚以加强汉族士族的支持。到唐代,元氏与关陇地区家族通婚最多,其次是与河东地区、河朔地区及河淮地区士族,关陇地区是唐代统治的中心,此地的士族作为关陇集团是唐代统治的重要力量,关中也已是元氏除了洛阳一带外另一个族居地,所以与关中士族通婚自然大为增加而成为元氏通婚最多的区域。河东、河朔、河淮是传统世家大族的集中地,自然成为关陇士族之外重要的通婚区域。其实河东、荆楚、江东等士族在唐代大多已中央化,他们的居住地也多在关中或洛阳一带。与元氏家族的通婚的汉族世族基本是居于长安周边及洛阳周边的中央化的世家大族。

(二)唐代元氏家族与主要汉族世族婚姻探究

北朝时期与元氏家族通婚较多的汉族世族有:赵郡李氏(8),博陵崔氏(7),范阳卢氏(10),清河崔氏(总9,其中大房4,郑州2,青州3),荥阳郑氏(15),弘农杨氏(5),陇西李氏(12)等。唐代与元氏家族通婚较多者:荥阳郑氏(6),太原王氏(7),河东裴氏(7),河东柳氏(6),京兆韦氏(13),陇西李氏(15),李唐皇室(8)。

韦氏作为关陇世族与元氏联姻明显增加,北朝时期与韦氏婚姻仅四桩，其中三桩发生在西魏北周时期即元氏入关后，一桩为孝文帝纳韦崇女为充华嫔，东晋末刘义真镇关中，韦崇父肃随刘义真至江南，除豫州刺史，韦崇年十岁，父韦肃卒，母郑氏（郑羲妹）携韦崇至北朝。此韦氏已非关陇本土世族。北魏时期都城在平城、洛阳，韦氏在关中，又非一等世族，故与元氏通婚机会较少，孝武帝入关后，随其入关的元氏成为居于关陇的世族，与作为关陇大族的韦氏乐于与元氏通婚以进一步提高其家族地位，元氏也要借韦氏家族的声望，来巩固在关中的统治。西魏北周的3桩婚姻中元氏嫁2桩、元氏娶1桩。相对而言，韦氏在与元氏的婚姻中更主动。唐代与京兆韦氏的13桩婚姻中，元氏嫁5桩，其中4桩知韦氏葬地，皆葬于长安一带；元氏娶8桩，其中6桩知道葬地，皆葬于长安一带。元氏娶多于元氏嫁，可见唐代时元氏与韦氏的婚姻中，元氏的积极性更高。唐代元氏与中央本土世族的韦氏通婚是承继了西魏北周时形成的传统，唐代时元氏更是中央化的世族了，与韦氏的婚姻更是大为增加，成为现可知与元氏通婚最多的家族。

荥阳郑氏在北魏时有意攀附作为皇室的元氏家族，与元氏婚姻达15桩，其中元氏娶9桩，元氏嫁6桩。而到了唐代元氏已是普通的世族，加之郑氏家族部分中央化，元氏与郑氏的婚姻在唐代较少于北朝时。从通婚情况看，与荥阳郑氏的6桩婚姻中，元氏嫁2桩，其中可知葬地1桩，葬于长安一带；元氏娶4桩，其中可知葬地2桩，葬于长安一带1桩，葬于洛阳一带1桩。作为河南世族的荥阳郑氏，在唐代时也已有不少家族成员居葬于关中。居于长安的元氏家族成员与居于此地荥阳郑氏成员通婚。

北朝时期元氏与太原王氏婚姻约4桩，皆为元氏娶，可见在与太原王氏的婚姻中元氏更主动。唐代时元氏与太原王氏婚姻约7桩，3桩在初盛唐，4桩在中晚唐。7桩婚姻中，元氏嫁4桩，3桩可知夫家葬地，其中葬于洛阳一带和关中一带各1桩，还有1桩葬于秦陇。元氏娶 3 桩，亦皆知葬地，洛阳一带 2 桩、长安一带 1 桩。可见太原王氏与元氏皆已中央化，他们的居葬地主要在长安与洛阳两都附近。北朝时期与裴氏家族婚姻只有 2 桩，一桩还是因为闻喜侯裴骏孙裴询与寡居的宣武帝女太原长公主私通，孝明帝只好认可而让裴询尚公主。另一桩也是元氏嫁裴氏。唐代时元氏与裴氏的婚姻大为增加，河东裴氏的 7 桩婚姻中，元氏嫁 3 桩，其中 1 桩可知婚姻对象葬于洛阳；元氏娶 4 桩，其中 3 桩葬于长安一带，1 桩葬于洛阳一带。则裴氏家族中央化后有的成员葬于洛阳。元氏本为中央化家族，而裴氏在唐代中央化后也有助于元氏与裴氏通婚。北朝时期未有现可知元氏与河东柳氏婚姻，而唐代时现可知元氏与柳氏婚姻约 6 桩，元氏嫁 3 桩，皆葬于关中；元氏娶 3 桩，2 桩可知葬地，1 桩葬于关中，1 桩葬于洛阳一带。从元氏嫁柳氏葬于关中，可知河东柳氏中央化，关中成为柳氏主要葬地。而柳氏嫁元氏葬于洛阳和关中各一桩，亦显示元氏作为中央化士族，关中和洛阳一带都是他们的重要居葬地。

北朝时元氏与弘农杨氏（隋宗室为冒姓弘农杨氏，故此处不包括隋宗室）婚姻约 5 桩，元氏娶 2 桩，元氏嫁 3 桩。弘农杨氏更希望攀附作为皇室的元氏。唐代时现可知元氏与称弘农杨氏的婚姻有 2 桩，其中可知为隋杨宗室的婚姻 1 桩，五礼已备，婚礼前杨氏女病逝。还有 1 桩不知是原本的弘农杨氏还是杨隋宗室之后而称弘农杨氏。陇西李氏与元氏的婚姻北朝与唐代时数量差别不大，陇西李氏在北朝时就是中央化的世族，北朝时元氏与陇西李氏的 11 桩婚姻中，元氏嫁 4 桩，元氏娶 7 桩。在婚姻中元氏更为主动，是要与大家族联姻以巩固统治。唐代时元氏与陇西李氏的 15 桩婚姻中，元氏嫁 8 桩，3 桩葬于关中，4 桩葬于洛阳一带，1 桩葬于幽州一带；元氏娶 7 桩，其中 4 桩可知葬地，葬于洛阳一带 1 桩，葬于长安一带 3 桩。唐代时陇西李氏与元氏仍都是中央化的世族，主要居葬于关中和河南一带。陇西李氏在关陇集团中有一定地位，元氏也乐于继续与之通婚。元氏嫁还多于元氏娶，可见婚姻中陇西李氏有一定的主动性，元氏虽然早已失去皇族地位，但其汉化后的文化世家大族地位受到陇西李氏等大族的认同。

与李唐皇室的 8 桩婚姻中，元氏嫁 5 桩，3 桩葬于长安一带，2 桩葬于洛阳一带；元氏娶 3 桩，1 桩葬于洛阳一带，2 桩葬于长安一带。作王妃 1 桩，尚县主（诸王之女）2 桩，与宗室 5 桩（皆适唐景帝李虎之后）。从这 8 桩婚姻看，元氏与李唐皇室的婚姻从唐初一直持续到中晚唐，可见唐代皇室对元氏大族地位的承认。初盛唐时期元氏与唐皇室婚姻的层级更高（8 桩婚姻中，与诸王、县主的婚姻主要在该时期），大约此时离北朝还不太远，元氏曾为皇族的影响力还有馀波。

北朝时元氏与范阳卢氏婚姻有 10 桩，其中元氏嫁 4 桩，元氏娶 6 桩，可见在与卢氏的婚姻中，元氏更为积极，卢氏为河朔大族，元氏需要团结卢氏以巩固其在河朔的统治。而唐代时与范阳卢氏婚姻现可知仅 1 桩。北朝时元氏与清河崔氏婚姻有 9 桩，其中元氏嫁 3 桩，元氏娶 6 桩，与清河崔氏婚姻中亦元氏更为主动，清河崔氏作为高门大族，是元氏巩固统治需要获得支持的代表家族。而现可知唐代时元氏与崔氏婚姻仅 2 桩，皆元氏娶崔氏。北朝时元氏与博陵崔氏婚姻有 7 桩，元氏娶 4 桩，元氏嫁 3 桩。而唐代元氏与博陵崔氏婚姻仅 3 桩，元氏娶 2 桩、嫁 1 桩。元氏家族与范阳卢氏、清河崔氏、博陵崔氏的婚姻皆北朝多而唐代大为减少，这与唐初关陇集团打击山东世族，山东世族地位大为降低，唐代实行科举制，相较九品官人法不利于世族地位的巩固延续，而元氏失去了皇族地位，又并无精深的家族根基，故老牌世族也不像北朝时那么积极要与元氏通婚，通婚数量大为减少。

五、结语

元氏家族与李唐皇室的 8 桩婚姻中，在初盛唐时期有 6 桩，在中唐有 2 桩。与其他汉族士族的 151 桩婚姻中，在初盛唐时期的有 90 桩，在中晚唐时期 61 桩（中唐 56 桩，晚唐 5 桩）。[①] 与胡族的 11 桩婚姻中，在初盛唐时期 6 桩，在中晚唐时期 5 桩（中唐 4 桩，晚唐 1 桩）。在元氏与李唐皇室之外的其他 66 个汉族士族的婚姻中，有 34 个家族婚姻只在初盛唐时期，有 21 个家族只在中晚唐时期，有 11 个家族的婚姻从初盛唐持续到中晚唐，如荥阳郑氏、颍川陈氏、南阳张氏、博陵崔氏、河东薛氏、河东裴氏、河东柳氏、太原王氏、京兆韦氏、武功苏氏、陇西李氏。其中只有荥阳郑氏、颍川陈氏、京兆韦氏、河东裴氏、河东柳氏五个家族与元氏的婚姻是中唐时期多于初盛唐，尤其是京兆韦氏与元氏婚姻，初盛唐 5 桩，中唐时达到 8 桩，远高于初盛唐，这与韦氏在中唐依旧家族兴盛，作为关陇大族与已经中央化的元氏在关陇的族属关系一直密切等相关。在与九个胡族的 11 桩婚姻中，只有鲜卑于氏的婚姻从初盛唐延续到中唐。族属郡望未详的 31 桩婚姻中，在初盛唐时期 10 桩，在中晚唐时期 21 桩（中唐 14 桩，晚唐 4 桩）。现可知元氏婚姻总体上初盛唐远多于中晚唐，而族属郡望未详的 31 桩婚姻却是中晚唐时期远多于初盛唐，这与元氏家族到中晚唐已随社会的变化由世族转向普通文化家族，相应亦与普通家族结为婚姻，普通家族往往或没有郡望或不为墓志所载，故而不知其族属望贯，中晚唐时期这类婚姻大为增加，因而族属郡望未详的婚姻以中晚唐时期为多。

[①] 四唐采用高棅《唐诗品汇》之说，即从高祖武德元年至武后长安四年（618—704），共八十六年，是为初唐；从中宗神龙元年至代宗大历五年（705—770），共六十五年，是为盛唐；从大历六年至文宗大和末（771—835），共六十四年，是为中唐；从文宗开成元年至哀帝天祐四年（836—907）七十一年，是为晚唐。下同。

初盛唐时期还是世族社会，元氏和其他世族都还有较高的政治和社会影响力，元氏和汉族士族的婚姻以初盛唐为多（达60%），那是与世族地位和社会政治相关的。元氏与李唐皇室及其他汉族士族间中晚唐63桩婚姻中，58桩在中唐，只有5桩在晚唐。宋仏进祖、父皆未载，已是普通家族，元氏为宋第二位夫人，天祐三年九月宋卒，十月元氏亦卒，元氏支系未详。雷况、秦进举都是处士。与胡族的1桩晚唐婚姻是与武人沙陀石金俊结合，是时元氏如其他世族那样已是"族谱世系，与家俱丧"。在族属郡望未详的4桩晚唐婚姻，是处士元璋一人的四次婚姻，不仅四次婚姻对象不知家族情况，元璋自身也未载属于元氏哪个支系。晚唐元氏墓志发现相对少，由于元氏家族已是平民化的普通家族，其通婚对象也已往往是平民家族。元氏家族的学术文化发展过程也是类似的，到了晚唐时期只有一、二位可知的文士了。大致初盛唐时期元氏是世家大族，中唐时随着世族社会的解体，元氏家族由世家大族逐渐转变为文化仕宦家族（此时元氏家族文化上达到了唐代时的第二个高峰，出现了元氏在唐代最杰出的文士元稹和元宗简）。昭文帝之后，元谷娶牛党李宗闵姊（妹），元宗简与牛党的白居易友善，亦可见中唐时期元氏家族更接近于通过科举仕进的文化士族。到了晚唐，元氏家族进一步衰落，逐渐成为平民化的普通家族。

第四章
元氏家族文学与学术研究

第一节 北朝元氏家族文学与学术研究

一、北朝元氏家族文士考

根据元氏家族的情况,大约符合以下标准之一即为文士:1.可知有文集。2.有诗赋留存或者据现有文献资料可知其作有诗赋。诗赋是中古最有代表性亦最有文学性的文体,可知有这类作品,当属于有文才。3.正史的文苑传中有其传记。不管这些文士有没有可知的诗赋或别集,能入正史的文苑传至少说明这些传主在当时看来是能文者,当然属于文士。4.虽然没有可知的诗赋或别集,但史书中有善属文、有文才或其他体现其能文的表述。5.根据墓志等石刻文献可知其能文。6.可知有著作。

首先结合出土和传世文献对北朝元氏(拓跋氏)家族文士做系统的勾稽考索,以下按支系统计:

平文帝子孙:高凉王孤一支可知文士二人:元贤真、元伏和。

烈帝子孙中可知文士二人：元丕，元志。

昭成帝子孙：献明帝一支可知文士一人：元寿（女）。常山王遵一支可知文士十三人：元颢、元晖、元晖女（冯邕妻）、元伟、元囧、元纶、元季海妻李稚华、元亨（元季海子）、元世绪、元智、元智妻姬氏、元文遥、元行恭。清河王纥根一支可知文士：元弼、元翌，元翙姑附于此①。支系未详元祉、元威。

道武帝子孙：阳平王熙一支可知文士八人：元显、元昕、元广、元乂、元乂妻胡玄辉、元继妻石婉、元客女、元广等。支系未详道武帝玄孙元维。

明元帝子孙：乐安王范一支可知文士二人：元弼、元尚之。

太武帝子孙：临淮王谭一支可知文士五人：元彧、元秀、元渊、元湛、元良。

景穆帝子孙：阳平王一支可知文士四人：元飏、元钦、元崇业、元诞业。京兆王子推一支可知文士三人：元袭、元斌、元睟。济阴王小新成一支可知文士四人：元郁、元钻远、元晖业、元孝辅。汝阴王天赐一支可知文士五人：元修义、元始和、元馗及过继给乐陵王胡儿的元思誉之后元世彦、元茂。任城王云一支可知文士八人：元澄、元顺、元迪、元彝、元朗、元世儁、元叡（世哲）、元瞻。南安王桢一支现可知有文士七人：元熙、元诱、元略、元晫、元诱继妻薛伯徽、元湛、元举。城阳王长寿一支现可知的文士有，元恭、元徽、元显儁。

文成帝子孙：文成帝后冯氏（文明太后），齐郡王一支可知文士一人：元祐。安丰王猛一支可知文士二人：元延明、元子邃父子。

---

① 普泰元年（531）正月元翌曾参与节闵帝元恭、中书舍人元翙、薛孝通等的联句（《北史》卷三六《薛孝通传》，北京：中华书局，1974年，第1335页），则元翌、元翙亦能诗。元翙事迹未详，"翌（翊）"与"翙"二字皆从羽，且皆与飞相关，颇疑元翙为元翌兄弟行。

第四章 元氏家族文学与学术研究

```
                                                ┌─乐城侯元丕
                      ┌─烈帝翳槐─谓─乌真─兴都─┤       ┌─元陵
                      │                        └─河间公齐─┤
                      │                                  └─元兰─元志
                      │                                      ┌─京兆王元愉─元宝月
                      │                              ┌─孝文帝─┼─清河王元怿─元砠
                      │                              │  元宏  └─广平王怀─元海
                      │                              │       ┌─赵郡王幹─元谭
                      │                              │       ├─高阳王雍─元端
                      │                         ┌─献文帝─────┼─北海王详─元琬
                      │                         │            └─彭城王勰─元子攸
                      │                         │       ┌─齐郡王简─元祐
                      │                     ┌─文成帝────┤
                      │                     │            └─安丰王猛─元延明
                      │                     │            ┌─阳平王新成─元颺
                      │                     │            ├─京兆王子推─子─元袭
                      │                     │            ├─济阴王小新成─元郁
                      │                ┌─景穆帝───────┼─汝阴王天赐─元修义
                      │                │                ├─任城王云─元澄
                      │                │                ├─南安王桢─子─元熙
                      │                │                └─城阳王长寿─鸾─元恭
                      │           ┌─太武帝────臨淮王谭─子─元渊
           ┌─平文帝──┤            │                ┌─静王某─元弼
           │         │            │       ┌─乐安王范─良─┤
           │         │       ┌─明元─┤            └─仙─元尚之
           │         │       │       └─阳平王熙─子─孙─元显
           │    ┌─道武─┤
           │    │     └─子─孙─曾孙─玄孙─来孙─晜孙─广宗王─元寿
      ┌─昭成帝─┤
      │        │  ├─清河王纥根─蒲城侯颐─子─元弼
      │        │  │                     ┌─可悉陵─某─晞─元文遥─行恭
      │        └─寿鸠─常山王遵─素─┤
      │                             └─德─元晖
      └─高凉王孤─子─孙─曾孙─玄孙─来孙─元伏和①
```

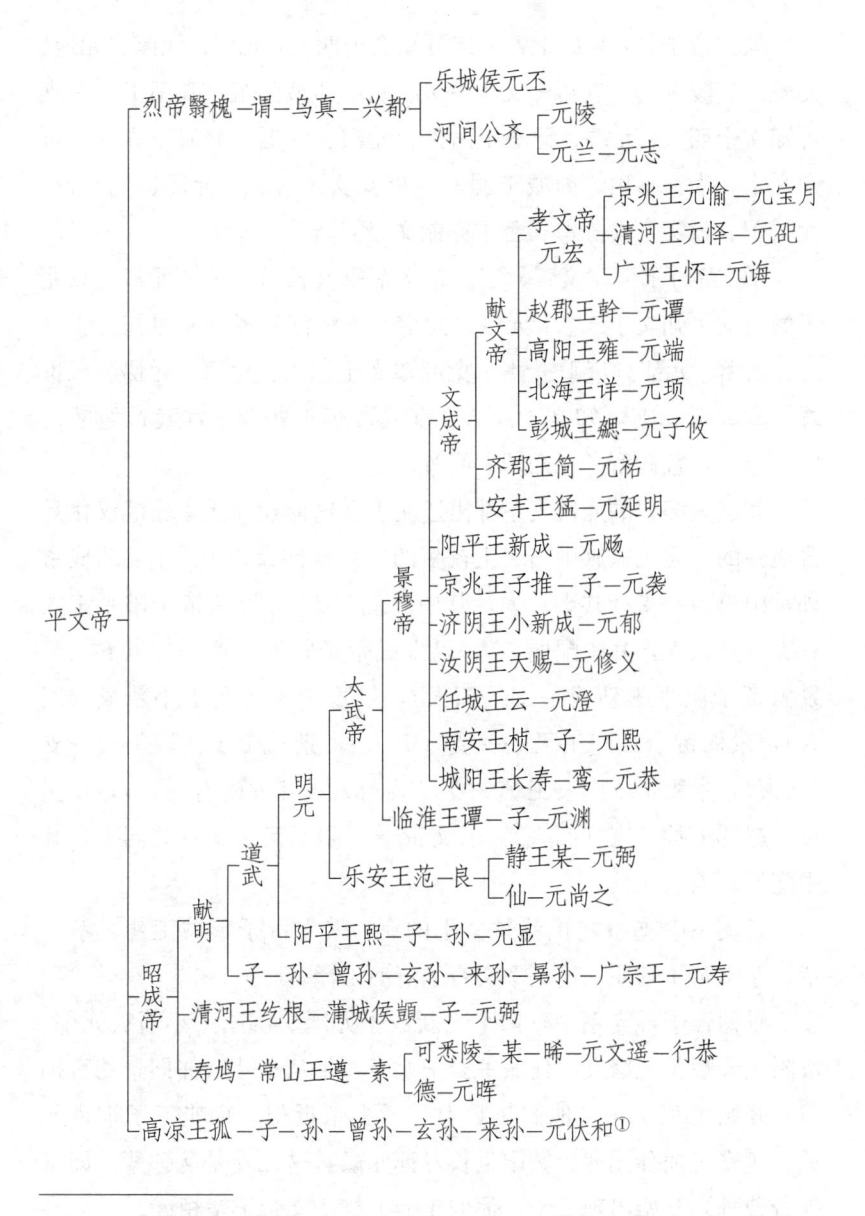

① 此表所列为北朝元氏家族各支中现可知最早的文士(没有可知文士的支系不在范围内),为易于辨认写出姓氏元的为文士。

献文帝子孙：赵郡王幹一支可知文士四人：元谭、元谳、元焕、元毓。广陵王羽一支可知文士一人：元恭即节闵帝。高阳王雍一支可知文士四人：元端、元端妃冯氏、元叡、元诞。北海王详一支可知文士一人：元顼。彭城王勰一支可知文士三人：元勰、元子攸、元子正。献文帝女陈留长公主亦能文。

孝文帝子孙：孝文帝元宏、孝文帝季女长乐长公主元瑛。京兆王愉一支可知文士二人：元愉、元宝月。清河王怿一支可知文士二人：元怿、元䵮。广平王怀一支可知文士三人：元海、元悌、元世寿。宣武帝一支可知文士三人：宣武帝嫔王普贤，宣武帝妃胡氏（胡太后），宣武帝子元翊即孝明帝。

几乎大多数的元氏支系都出过文士，这体现元氏家族的汉化是普遍性的。元氏家族中出文士较多的支系（四人以上）有：昭成帝孙常山王遵一支（共十三人，其中配偶二人），道武帝子阳平王熙一支（共八人，其中配偶二人），太武帝子临淮王谭一支（五人），景穆帝子阳平王新成一支（四人），景穆帝子济阴王小新成（四人），景穆帝子汝阴王天赐一支（五人），景穆帝子任城王云一支（八人），景穆帝子南安王桢一支（共七人，其中配有一人），献文帝子赵郡王幹一支（四人），献文帝子高阳王雍一支（共四人，其中配偶一人）。

各支系中支系之祖就是文士的有：献文帝子彭城王勰、孝文帝、孝文帝子京兆王愉、孝文帝子清河王怿。

景穆帝子各支系中，阳平王新成子元飏、济阴王小新成元郁、汝阴王天赐子元修义、任城王云子元澄，是从子辈（亦即景穆帝孙辈）开始出现文士，他们年龄上与孝文帝近似。京兆王子推孙元斌、南安王桢孙元熙、城阳王长寿孙元徽，这几支是从孙辈（即景穆帝曾孙）开始出现文士，他们年龄上与孝文帝子辈相近。

文成帝子各支系中，齐郡王简子元祐、安丰王猛子元延明，是从子辈（亦即文成帝孙辈）开始出现文士，他们年龄上与孝文帝子辈近似。

献文帝子各支系中，高阳王雍子元端、北海王详子元顼，是从子辈（即献文帝孙）开始出现文士，他们年龄上与孝文帝子辈近似。孝文帝子辈中，京兆王愉、清河王怿本人即是文士，广平王怀子元诲是从子辈（即孝文帝孙）开始出现文士。

平文帝子孙到其七世孙（其子高凉王孤的六世孙）才出现文士，上表可知元伏和（528—594）年龄与孝文帝曾孙辈类似。从辈分上烈帝玄孙元丕是现可知元氏家族中最早的文士，但元丕对汉化本无兴趣，元丕曾作歌述志，希望孝文帝不要迁都洛阳，元丕所作当为鲜卑旧歌，元丕还不是接受了汉文化后产生的文士，亦即文学史意义上的文士。元丕（422—503）与太武帝同辈，但比太武帝（408—452）小十几岁，与景穆帝（428—451）年龄接近。可以推知与元丕年龄相近的元氏家族成员中还有一些会唱鲜卑旧歌的，但史料缺乏，无从考知。烈帝六世孙元志似与文成帝等同辈，而据《魏书》卷十四对元志身平的描述，孝文帝称元志"此儿竟可"，正光五年莫折念生自称天子，元志前往镇压，后为贼所害，结合上述史料，可推知元志大约与孝文帝子辈年龄相仿。昭成帝子孙中最早的文士是昭成帝玄孙（昭成帝子清河王纥根曾孙）元弼（453—499），元弼也是元氏家族中现可知最早的真正意义上的文士，辈分上与太武帝同，但要比太武帝小四十五岁，年龄上与献文帝（454—476）类似。元弼从侄元晖（465—519）与景穆帝（428—451）同辈，但年龄上与孝文帝（467—499）类似。

由此可知元氏家族文士最早出现于孝文帝初期（元弼虽与献文帝年龄类似，但达到其具有一定文学素养的年龄已是孝文帝初期），孝文帝中后期伴随着汉化的推进，在其同辈（有年龄相仿而辈分不同)以及子侄辈中出现大批文士。《魏书》卷八五《文苑传》:"逮高祖驭天,锐情文学,盖以颉颃汉彻,掩踔曹丕,气韵高艳,才藻独构。衣冠仰止,咸慕新风。肃宗历位,文雅大盛,学者如牛毛,成者如麟角。"[1] 孝文帝、宣武帝正是北魏文学学术的鼎盛时期。以汉武帝、魏文帝比孝文帝,亦见其文学功力之深。

现可知北朝元氏文士约94人,其中女性元氏文士约5人,另有元氏配偶文士9人。其中景穆帝子孙文士最多,有33人,另有配偶1人。昭成帝子孙文士17人,另有配偶2人。献文帝子孙文士约13人,另配偶1人。孝文帝子孙中文士约10人,另有配偶2人。[2] 献文帝、孝文帝处于北魏鼎盛时期,推行汉化改革,皇室子孙受到良好的教育,且由于汉化政策而使得北魏政权得到更多世族接受,元氏子孙也更有机会接近更多的世族文士,亦有助于提升元氏家族的总体文化水平,相应这一时期元氏文士数量大大增加。景穆帝子孙中的文士亦主要出现在献文、孝文宣武时代。

五位元氏女性文士是:

1. 元寿(533—555),字摩耶,魏献明帝云孙(八世孙,从自身算起为九世孙),广宗王之季女(广宗王未见史籍记载,或为西魏北周时所封),适宜君郡守杜府君,元寿墓出土于陕西西安长安区杜曲附近。墓志云"蔡氏愧其能文,曹家惭其识礼"[3],则元寿有些文学才能。

2. 陈留长公主元氏,孝文帝第六妹,王肃投北魏后,孝文帝以为王肃妻。《洛阳伽蓝记》卷三:"劝学里东有延贤里,里内有正觉

---

[1] (北齐)魏收:《魏书》,第1869页。
[2] 笔者《北朝元氏家族文学与学术考论》,《学术月刊》2023年第12期发表后,又有新的北朝元氏文士发现,有关北朝元氏家族文学与学术的研究,如本书与笔者此前所发论文有不同处或文中无而本书有处,以本书为准。
[3] 胡戟:《珍稀墓志百品》,第22页。

寺，尚书令王肃所立也。"注曰："肃在江南之日，聘谢氏女为妻，及至京师，复尚公主其后谢氏入道为尼，亦来奔肃；见肃尚主，谢作五言诗以赠之。其诗曰：'本为箔上蚕，今作机上丝。得路逐胜去，颇忆缠绵时。'公主代肃答谢云：'针是贯线物，目中恒任丝。得帛缝新去，何能衲故时。'肃甚有愧谢之色，遂造正觉寺以憩之。"①

3. 元瑛，北魏孝文帝季女长乐长公主，适渤海郡开国公高猛。《元瑛墓志铭》："披图问史，好学罔倦，该柱下之妙说，核七篇之幽旨。驰法轮于金阇，开灵光于宝树。绡縠风靡，爷藻川流，所著辞诔，有闻于世。兰芝之雕篆富丽，远未相拟；曹家之謦欬淹通，将何以匹。"② 则元瑛明老庄、擅佛学，且有文才。

4. 元晖女，适直阁将军、辅国将军长乐冯邕，据《冯邕妻元氏墓志》，其"少好讽诵，颇说诗书"③，可见有出色的文化才能。

5. 元客女（534—567），祖江阳王元继、父东魏仪同三司左光禄大夫元蛮，适河间太守司马季冲。《元客女墓志》云："织纤蘋藻之能，无待因习；虫篆图书之业，触类冥通。"④ 这些女性文士基本出现于汉化改革迁都洛阳之后，女性文士的出现，亦体现元氏家族整体文化底蕴的提升。

元氏家族重文化亦影响其配偶，且元氏好以世家大族为姻亲，世家大族本有一定的文化底蕴，因其影响元氏家族配偶中亦出现一些文士：

1. 文明太后冯氏太后作有诗歌并著《皇诰》十八篇（详见下文）。

---

① （北魏）杨衒之撰，杨勇校笺：《洛阳伽蓝记校笺》，北京：中华书局，2006年，第135页。
② 毛远明：《汉魏六朝碑刻校注》第六册，第2页。
③ 毛远明：《汉魏六朝碑刻校注》第五册，第157页。
④ 大同北朝艺术研究院：《北朝艺术院藏品图录：墓志》，第159页。

2. 宣武帝妃孝明帝生母胡氏能诗（详见下文）。

3. 献文帝孙、赵郡王元幹子元谧妻冯会，据其墓志，冯会为太师冯熙孙女，尚书冯修女，墓志又言其"善于书记，涉览文史"①。则冯会为文明冯太后侄孙女，有一定文才。

4. 江阳王元继次妃渤海石婉能文，据《石婉墓志》："禀气妍华，资性聪哲，学涉九流，则靡渊不测，才关诗笔，触物能赋。又归心至圣，信慕玄宗，东被遗教，无文不揽。是以道俗瞻望，内外佥敬……委毂徐步，望若游霞，陈王羞赋，齐女惭华。学既采玄，才亦成篇，心怀巨宝，口吐芳烟。豪端流璧，素上题琁，阮姬格笔，昭君谢贤。"② 石婉父为汝阳公馥，渤海石氏亦为世族，有其家族文化传统影响。

5. 元端（献文帝孙、高阳王雍子）夫人冯氏，据其墓志，冯氏为燕王朗孙，燕州使君第二女，墓志又云"好读诸义，巧于辞令"③，则有一定文学才能。冯氏为冯太后侄女。

6. 江阳王继子元乂与夫人胡玄辉，《元乂墓志》言乂"思极来往，学贯隐深，奇文异制，雕龙未爽，枢机暂吐，讵越谈天。杨叶棘刺之妙，基卫未之逾，蛇形鸟迹之术，张蔡孰能比……至于异流并会，文墨成山，言若循环，笔无停运，商较用舍，曲有章条。文若之奇策密谋，清尘未远；伯师之匪躬亮直，独亦何人？……公少好黄老，尤精释义，招集缁徒，日盈数百。讲论疑滞，研赜是非，以烛嗣日，怡然自得。"④ 胡玄辉为胡太后妹，其墓志云："且谓生如泡沫，世同幻想，贤愚无二，终化一棺。而宅火常燃，危城易毁，体悟真觉，悟彼幽空。至于金口实谛之言，马鸣龙树之说，凡

---

① 毛远明：《汉魏六朝碑刻校注》第四册，第303页。
② 毛远明：《汉魏六朝碑刻校注》第四册，第110页。
③ 毛远明：《汉魏六朝碑刻校注》第六册，第271页。
④ 毛远明：《汉魏六朝碑刻校注》第六册，第19页。

诸历览，数迎围陀。一闻受持，摩耶未之匹，径目辄诵，胜鬘弗能逾。是以七宝皆倾，八珍无爱，酬金易地，藏竭招提。"① 则夫妇二人皆通佛学，元义并有文才。

7. 元诱继妻薛伯徽，元诱为景穆帝曾孙、南安王桢孙、献武王英第三子、元熙弟，《元诱墓志》言其"公文辞内美，雄姿外烈。……栖息琴文，流连道术，若彼春芳，同兹秋实。"② 则元诱能文且有名士气。据《薛伯徽墓志》，薛伯徽属河东薛氏，为河东府君初古拔孙女，墓志又云："先考授以《礼》经，一闻记赏，四辨居质，瞥见必妙。及长，于吉凶礼仪，靡不观综焉。虽班氏闲通，蔡女多识，讵足比也。"③ 薛伯徽通礼学，与元氏所长之学亦合（元氏学术之分析见下文），以班婕妤、蔡文姬比薛伯徽，可知薛伯徽有文才、有学识。则元诱夫妇皆能文。

8. 元季海（常山王素孙）元季海妻陇西李冲女李稚华，据《李稚华墓志》言其"才兼四德，学苞六艺"④，可知李稚华具有家学渊源，有一定才学。

9. 城阳王忠曾孙元智与夫人姬氏，据《元智墓志》言智"登柏梁而赋诗，出上林而奉誊。"据《元智妻姬氏墓志》，姬氏为北周光禄大夫神水郡开国公肇女，墓志又言姬氏"既闲习于诗书，又流连于笔砚"⑤，则夫妇皆有文才。姬氏父姬肇史书无传，其兄弟姬威有墓志，言其为河南洛阳人⑥，则约为与元氏等鲜卑大族一同改汉姓之胡族。

现可知元氏配偶能文者，主要来自长乐冯氏（有3人）、安定

---

① 大同艺术研究院：《大同艺术研究院藏品图录：墓志》，第131页。
② 毛远明：《汉魏六朝碑刻校注》第五册，第355页。
③ 毛远明：《汉魏六朝碑刻校注》第五册，第361页。
④ 胡戟：《大唐西市博物馆藏墓志》，第11页。
⑤ 王其祎、周晓薇：《隋代墓志铭汇考》第五册，第201、220页。
⑥ 王其祎、周晓薇：《隋代墓志铭汇考》第四册，第68页。

胡氏（2人），其次有渤海石氏，河东薛氏、鲜卑姬氏。冯、胡二氏本为北魏中后期最有影响的外戚。他们对文化的重视，亦有助于推动元氏宗室文化的提升。

二、北朝元氏家族文士的传承性

元氏家族文士间有一定的传承性，有的是祖孙间传承，如常山王一支，元颢、元晖、元囧为祖孙，济阴王小新成一支，元郁与元钴远、元晖业是祖孙。汝阴王天赐一支，元修义、元馗为祖孙。

有的是父子（女）间传承。如，常山王一支，元晖与元氏（冯邕妻）为父女。阳平熙一支，元显、元均为父子。临淮王谭一支，元渊、元湛为父子。阳平王新成一支，元钦与元崇业、元诞业为父子。任城王云一支，元澄与元顺、元彝为父子。元顺与元迪、元朗为父子。南安王桢一支，元熙、元晫为父子。安丰王猛一支，元延明、元子邃为父子。彭城王勰一支，元勰与元子攸、元子正为父子。孝文帝子孙中，孝文帝与元愉、元怿、元怀为父子，孝文帝与元瑛为父女。京兆王愉一支，元愉、元宝月为父子。清河王怿一支，元怿、元祀为父子。

有的是诸父与子侄间传承。如常山王一支，元颢、元世绪为伯侄。任城王云一支，元澄与元世儁、元叡（世哲）为伯侄。南安王桢一支，元湛、元举为叔侄。赵郡王幹一支，元谭、元焕为叔侄，元谭、元毓为叔侄。清河王怿一支，元祀、元善见为叔侄。

有的是兄弟间传承。如阳平王新成一支，元飏、元钦为兄弟。阳平王新成一支，元崇业、元诞业为兄弟。济阴王小新成一支，元钴远、元晖业为兄弟。汝阴王天赐一支，元世彦、元茂为兄弟。任城王云一支，元澄与元瞻为兄弟，元迪、元朗为兄弟，元顺、元彝为兄弟。南安王桢一支，元熙、元诱、元略为兄弟。城阳王长寿一支，元显恭、元徽、元显儁为兄弟。献文帝子孙中，赵郡王幹一支，元谭、元谳为兄弟。高阳王雍一支，元端、元叡、元端为兄弟。彭城王勰一支，元子攸、元子正为兄弟。广平王怀一支，元诲、元悌为兄弟。

有的是从兄弟间传承。京兆王子推一支，元斌、元袭为从兄弟。南安王桢一支，元熙、元湛为从兄弟。赵郡王幹一支，元焕与元毓为从兄弟。

以上例子，可见元氏家族文化主要在父子、兄弟、叔侄间传承，其中祖孙间 3 例，父子间 16 例，伯（叔）侄间 7 例，兄弟间 13 例，从兄弟间 3 例。可见文化传承最多的是父子、兄弟、伯（叔）侄间，这与家族中血缘的亲疏相合。家族文化的传承更多是在直系血亲和兄弟间。亦可见在汉化过程中，元氏亦接受了汉文化的家族观念。结合他们的年龄可知这种传承也主要始于孝文帝时期。

三、北朝元氏家族的文学与学术活动

（一）元氏文士的文学活动

元氏及其配偶之文士中，可知作有诗歌者约 15 人：元丕、元澄、孝文帝元宏、元勰、孝文帝女陈留长公主、孝明帝元诩、中山王元熙、孝庄帝元子攸、节闵帝元恭、元亨、元伟、元晖业、元行恭、文明冯太后、胡太后。

元丕《歌》（已佚），《魏书》卷一四《神武平文诸帝子孙传·东阳王丕》："及高祖还代，丕请作歌，诏许之。歌讫，高祖曰：'公倾朕还车，故亲歌述志。今经构既有次第，故暂还旧京，愿后时亦同兹适。'……丕雅爱本风，不达新式，至于变俗迁洛，改官制服，禁绝旧言，皆所不愿。"[1] 则元丕曾作歌劝孝文帝不要迁都洛阳，元丕反对汉化，其所作当为鲜卑旧歌。

---

[1] （北齐）魏收：《魏书》，第 359 页。

文明冯太后《劝戒歌》(已佚)、冯太后《(灵泉池)歌》(已佚)、元宏《和(灵泉池)歌》(已佚),《魏书》卷一三《皇后传·文成文明皇后冯氏》:"太后以高祖富于春秋,乃作《劝戒歌》三百馀章,又作《皇诰》十八篇。……后曾与高祖幸灵泉池,燕群臣及藩国使人、诸方渠帅,各令为其方舞。高祖帅群臣上寿,太后忻然作歌,帝亦和歌,遂命群臣各言其志,于是和歌者九十人。"①《魏书》卷七《高祖纪》:"太和十三年秋七月丙寅,幸灵泉池,与群臣御龙舟,赋诗而罢。"② 则冯太后曾作有《劝戒歌》三百馀章,大约太和十三年在灵泉池与群臣唱和,孝文帝亦作歌和之。则冯太后有诗才,太和初平城已有大规模的君臣唱和,可见此时鲜卑君臣已有一定的文学修养。冯太后作《青台歌》,《太平御览》卷一七八《居处部六·台》引《郡国志》:"金河府青台方山北五里,文明太后于六宫游戏,因歌曰:'青台雀。青台雀。绿山采花额颈著。'"③ 则是诗约为乐府,冯太后游青台(在平城方山北)时作。

孝文帝的诗歌基本承汉魏传统,其与弟彭城王勰、郑懿、郑昭道在悬瓠方丈竹堂连句作诗,表现了一统天下的情怀,采用的是柏梁体的风格,七言句句押韵。元宏《洪池感怀》(已佚),《魏书》卷一九中《任城王传》:

> 既至代都,众闻迁诏,莫不惊骇。澄援引今古,徐以晓之,众乃开伏。澄遂南驰还报,会车驾于滑台。高祖大悦曰:"若非任城,朕事业不得就也。"从幸邺宫,除吏部尚书。及幸代,车驾北巡,留澄铨简旧臣。初,魏自公侯以下,迄于选臣,动有万数,冗散无事。澄品为三等,量其优劣,尽其能否

---

① (北齐)魏收:《魏书》,第329页。
② (北齐)魏收:《魏书》,第165页。
③ (宋)李昉等:《太平御览》,北京:中华书局,1960年,第868页。

之用,咸无怨者。驾还洛京,复兼右仆射。高祖至北邙,遂幸洪池,命澄侍升龙舟,因赋诗以序怀。高祖曰:"朕昨夜梦一老公,头鬓皓白,正理冠服,拜立路左。朕怪而问之,自云晋侍中嵇绍,故此奉迎。神爽卑惧,似有求焉。"澄对曰:"晋世之乱,嵇绍以身卫主,殒命御侧,亦是晋之忠臣;比干遭纣凶虐,忠谏剖心,可谓殷之良士。二人俱死于王事,坟茔并在于道周。然陛下徒御瀍洛,经殷墟而吊比干,至洛阳而遗嵇绍,当是希恩而感梦。"高祖曰:"朕何德,能幽感达士也。然实思追礼先贤,标扬忠懿,比干、嵇绍皆是古之诚烈,而朕务浓于比干,礼略于嵇绍,情有愧然。既有此梦,或如任城所言。"于是求其兆域,遣使吊祭焉。①

孝文帝太和十七年七月离开平城名为南伐,至肆州、并州、怀州、九月抵达洛州,在群臣劝谏下才停止南行,于是拟迁都洛阳,十月抵达滑台(结合上引《任城王传》,到达洛阳后派任城王澄到平城晓谕诸臣迁都之事,十月元澄与孝文帝在滑台相会,此后元澄陪同孝文帝),之后至邺城。南伐初想过定都邺城,后来改变了想法,定都洛阳。太和十八年正月,孝文帝在邺城朝见群臣。而后南巡,至河阴。二月孝文帝又北巡至平城,三月昭告天下迁都洛阳,七月孝文帝北巡朔州以及怀朔、武川等边镇,留下元澄挑选旧日臣僚,八月回到平城。十月从平城正式迁都,十一月又至邺城,继续南行,甲申(494年十一月十四日)经比干墓(在今河南卫辉市)亲作吊文,十一月己丑抵达洛阳,十二月辛亥(495年十二月十一日)孝文帝离开洛阳南伐(《魏书》卷七《高祖纪下》)②,则孝文帝上北芒,泛舟洪池(《文选》卷三张衡《东京赋》:"于东则洪池

---

① (北齐)魏收:《魏书》,第465页。
② (北齐)魏收:《魏书》,第173—176页。

清籞，渌水淡淡。"薛综注：洪池，池名也。在洛阳东三十里。①），在到达洛阳和离开洛阳南伐间，泛舟时孝文帝跟元澄谈到昨晚梦见嵇绍，元澄回答孝文帝是因为吊比干墓而未悼嵇绍之故，到洛阳前五天，孝文帝刚经过比干墓并作吊文，元澄故有此说。这亦证孝文帝在洪池泛舟并作诗感怀（已佚）是在太和十八年十一月十九至十二月十日间。元宏《别任城王澄》（已佚），太和十八年十二月十一日孝文帝南伐，任城王元澄虽然反对孝文帝定都不久即南伐，但孝文帝决议南伐后还是随行。太和十八年十二月戊辰（495年十二月二十八日）到达悬瓠后，太和十九年正月辛未（正月初一）在悬瓠朝飨群臣（《魏书》卷七《高祖纪下》）②。此后元澄因病回洛阳，离开悬瓠前孝文帝在汝水边为元澄作诗送别。

太和十九年（495）冬十月，南安王元桢出为相州刺史，出发前孝文帝在洛阳华林都亭为之饯行，诏群臣作送别诗（诸诗皆佚）。《魏书》卷十九载《景穆十二王传·南安王桢》："后高祖南伐，桢从至洛，及议迁都，首从大计，高祖甚悦。桢母刘太妃薨，高祖亲幸临慰。及葬，赠布帛彩五百段。又以桢议定迁都，复封南安王，食邑一千户。出为镇北大将军、相州刺史。高祖饯桢于华林都亭。诏曰：'从祖南安，既之蕃任，将旷违千里，豫怀惆恋。然今者之集，虽曰分歧，实为曲宴，并可赋诗申意。射者可以观德，不能赋诗者，可听射也。当使武士弯弓，文人下笔。'高祖送桢于阶下，流涕而别。"③《魏书》卷七下《孝文帝纪下》："太和十九年冬十月辛酉，前南安王桢复本封……二十年八月丁巳，南安王桢薨。"④ 则元桢为相

---

① （南朝梁）萧统编，（唐）李善等注，俞绍初等点校：《新校订六家注文选》，郑州：郑州大学出版社，2013年，第147页。
② （北齐）魏收：《魏书》，第176页。
③ （北齐）魏收：《魏书》，第494页。
④ （北齐）魏收：《魏书》，第494页。

州刺史,在太和十九年冬十月复封南安王后。桢为相州刺史直至二十年八月去世。

元宏有《悬瓠方丈竹堂飨侍臣联句》,《北史》卷三五《郑道昭传》记曰:

> 懿弟道昭,字僖伯,少好学,综览群言。兼中书侍郎,从征沔北。孝文飨侍臣于县瓠方丈竹堂,道昭与兄懿俱侍坐。乐作酒酣,孝文歌曰:"白日光天兮无不曜,江左一隅独未照。"彭城王勰续曰:"愿从圣明兮登衡、会,万国驰诚混日外。"郑懿歌曰:"云雷大振兮天门辟,率土来宾一正历。"邢峦歌曰:"舜舞干戚兮天下归,文德远被莫不思。"道昭歌曰:"皇风一鼓兮九地匝,戴日依天清六合。"孝文又歌曰:"遵彼汝坟兮昔化贞,未若今日道风明。"宋弁歌曰:"文王政教兮晖江沼,宁如大化光四表。"孝文谓道昭曰:"自比迁务虽猥,与诸才俊不废咏缀,未若今日。"遂命邢峦总集叙记。"当尔之年,卿频丁艰私,每眷文席,常用慨然。"寻正除中书郎,累迁国子祭酒。①

《魏书》卷一九中《任城王传》:"车驾南伐,留澄居守,复兼右仆射。……萧宝卷遣其太尉陈显达入寇汉阳。是时高祖不豫,引澄入见清徽堂。诏曰:'显达侵乱,沔阳不安,朕不亲行,莫攘此贼。朕疾患淹年,气力惙弊,如有非常,委任城大事。是段任城必须从朕。'澄涕泣对曰:'臣谨当竭股肱之力,以命上报。'遂从驾南伐。高祖崩,澄受顾命。"② 太和二十一年八月孝文帝南伐,九月至新野,其后一直在汉沔一带,太和二十二年正月朝飨群臣于新野行宫,三月至悬瓠,七月萧鸾卒,礼不伐丧,而于九月离开悬瓠,班

---

① (唐)李延寿:《北史》,第1304页。
② (北齐)魏收:《魏书》,第469页。

师（《魏书》卷七下《孝文帝纪下》）。① 孝文帝与彭城王勰、郑道昭、邢峦、宋弁等连句赋诗约即作于此时，因元澄留守洛阳并未随行，而不在连句之列。诗中有一统江左的豪情，似非作于九月丙午南征未成班师时，故连句大约在太和二十二年（498）春夏之交。《元和郡县志》卷九："汝阳县，本汉旧县也，属汝南郡。晋属汝南国，宋属汝阳郡。隋开皇二年罢郡，县属豫州。仁寿四年改豫州为溱州，以县属焉。大业二年，又移于今理，属蔡州。州理城，古悬瓠城也。汝水屈曲形若垂瓠，故城取名焉。"② 汝阳县即今河南驻马店市汝南县。悬瓠古城正在此。太和二十三年（499）三月陈显达侵占马圈戍（今河南镇平县南），三月初一孝文帝带病南伐，四月初一在谷塘原（在今河南邓州市东南）病逝（《魏书》卷七下《孝文帝纪下》）。③ 此次南伐元澄随行，但并非至悬瓠一带，且孝文帝病重也不大可能连句，亦证此连句诗作于元澄留守洛阳之太和二十二年南伐至悬瓠时。

元勰作《应制赋铜鞮山松》，有民歌特色。《魏书》卷二十一《彭城王勰传》："后（孝文帝）幸代都，次于上党之铜鞮山。路旁有大松树十数根。时高祖进伞，遂行而赋诗，令人示勰曰：'吾始作此诗，虽不七步，亦不言远。汝可作之，比至吾所，令就之也。'时勰去帝十馀步，遂且行且作，未至帝所而就。诗曰：'问松林，松林经几冬？山川何如昔，风云与古同。'高祖大笑曰：'汝此诗亦调责吾耳。'诏曰：'弟勰所生母潘早龄谢世，显号未加，勰祸与身具，痛随形起，今因其展思，有足悲矜，可赠彭城国太妃，以慰存亡。'又除中书监，侍中如故。"④ 铜鞮山在铜鞮县，在今山西沁县

---

① （北齐）魏收：《魏书》，第182—184页。
② （唐）李吉甫撰，贺次君点校：《元和郡县图志》，第238页。
③ （北齐）魏收：《魏书》，第185页。
④ （北齐）魏收：《魏书》，第572页。

册村乡乌苏村。既云车驾幸代都,则当已经迁都洛阳,《魏书》卷七下《高祖纪下》:"太和二十有一年二月癸酉,车驾至平城。甲戌,谒永固陵。癸未,行幸云中。"① 太和十八年(494)正式迁都洛阳后,孝文帝北巡前往平城者,见于史书记载就是这一次,且这一年彭城王勰已二十五岁可以写诗了,则是诗大约太和二十一年二月孝文帝北巡平城途经上党铜鞮山令彭城王勰作。

元勰《暮春应诏》(已佚),《魏书》卷二一下《献文六王传·彭城王勰》:"高祖与侍臣升金墉城,……令黄门侍郎崔光读暮春群臣应诏诗。至勰诗,高祖仍为之改一字,曰:'昔祁奚举子,天下谓之至公,今见勰诗,始知中令之举非私也。'勰对曰:'臣露此拙,方见圣朝之私,赖蒙神笔赐刊,得有令誉。'高祖曰:'虽琢一字,犹是玉之本体。'勰曰:'臣闻诗三百,一言可蔽。今陛下赐刊一字,足以价等连城。'"②《魏书》卷七下《孝文帝纪下》:"太和二十年春二月丙午,诏畿内七十以上暮春赴京师,将行养老之礼。三月丙寅,宴群臣及国老、庶老于华林园。"③ 大约群臣暮春应诏即太和二十年三月行养老之礼时作,元勰也参与赋诗,诸臣诗皆佚。

元澄与孝文帝七言连句(已佚)。《魏书》卷一九中《任城王传》:"后征为中书令,改授尚书令。萧赜使庾荜来朝,荜见澄音韵遒雅,风仪秀逸,谓主客郎张彝曰:'往魏任城以武著称,今魏任城乃以文见美也。'时诏延四庙之子,下逮玄孙之胄,申宗宴于皇信堂,不以爵秩为列,悉序昭穆为次,用家人之礼。高祖曰:'行礼已毕,欲令宗室各言其志,可率赋诗。'特令澄为七言连韵,与高祖往复赌赛,遂至极欢,际夜乃罢。后高祖外示南讨,意在谋迁,斋于明堂左个,诏太常卿王谌,亲令龟卜,易筮南伐之事,其

---

① (北齐)魏收:《魏书》第181页。
② (北齐)魏收:《魏书》,第572页。
③ (北齐)魏收:《魏书》,第179页。

兆遇革。……高祖至北邙，遂幸洪池，命澄侍升龙舟，因赋诗以序怀……后从征至悬瓠，以笃疾还京。驾饯之汝濆，赋诗而别……澄表上《皇诰宗制》并《训诂》各一卷，意欲皇太后览之，思劝戒之益。"①《魏书》卷七上《孝文帝纪上》："太和七年冬十月戊午，皇信堂成。……十二年九月丁酉，起宣文堂、经武殿。……十七年五月壬戌，宴四庙子孙于宣文堂，帝亲与之齿，行家人之礼。"② 则北魏平城有皇信堂、宣文堂、经武殿等。据《任城王传》孝文帝宴四庙子孙后，准备迁都洛阳。则在宗室宴上命元澄联句作诗正是在平城，是诗的下限是太和十七年。或许就是太和十七年这次，孝文帝宴寺庙子孙时，宗室子孙部分在皇信堂，部分在宣文堂。连南朝的特使都称赞元澄之文采，亦可想见元澄很有文才。孝文帝喜好七言联句，先后与任城王澄在平城、与彭城王勰等在悬瓠方丈竹堂联句。虽然七言联句继承柏梁体，但这类创作实践对北朝七言诗的成熟具有一定推动性。

孝文帝孙孝明帝元诩亦好联句，大约正光（520—524）孝昌（525—527）间元诩、胡太后与群臣联句，有《幸华林园宴群臣于都亭曲水赋七言诗》，华林园在北魏都城洛阳宫中。《魏书》卷一三《皇后列传·宣武灵皇后胡氏》："太后与肃宗幸华林园，宴群臣于都亭曲水，令王公已下各赋七言诗。太后诗曰：'化光造物含气贞。'帝诗曰：'恭己无为赖慈英。'王公已下赐帛有差。"③ 该诗具体创作时间为详，孝明帝元诩即位时只有六岁，在位十三年（515—528），卒年十九岁，即位初几年大约还不能作诗，故是诗大约作于正光（520—524）孝昌（525—527）间。该诗残句中"贞"为清韵、"英"为庚韵可通押，可知该诗仍为柏梁体七言诗，句句

---

① （北齐）魏收：《魏书》，第464页。
② （北齐）魏收：《魏书》，第153、164、171页。
③ （北齐）魏收：《魏书》，第1722页。

押韵。太后指宣武帝皇后孝明帝生母胡氏,帝即指孝明帝。孝文帝、孝明帝祖孙皆好联句,宗室、群臣、太后亦加入,或许有模仿汉武帝柏梁君臣联句之意,这也是汉化了的鲜卑皇室可以模拟的宫廷文学范本。胡太后还作有《杨白花》:"阳春二三月,杨柳齐作花。春风一夜入闺闼,杨花飘荡落南家。含情出户脚无力,拾得杨花泪沾臆。秋去春还双燕子,愿衔杨花入窠里。"① 怀念南奔梁朝的情郎杨华(本名白花),该诗受到南朝民歌影响柔情缱绻地表达对杨华的思念,用谐声以杨花谐杨华,以杨花落南家喻杨华南奔,以春来双燕衔杨花入窠里寄寓对杨华的归来期盼。

元熙有《绝命诗》二首,《魏书》卷一九《景穆十二王传·中山王熙》:"(熙)好学,俊爽有文才,声著于世……熙既蕃王之贵,加有文学,好奇爱异,交结伟俊,风气甚高,名美当世,先达后进,多造其门。始熙之镇邺也,知友才学之士袁翻、李琰、李神儁、王诵兄弟、裴敬宪等咸饯于河梁,赋诗告别……熙临刑为五言诗,示其僚吏曰:'义实动君子,主辱死忠臣。何以明是节,将解七尺身。'与知友别曰:'平生方寸心,殷勤属知己。从今一销化,悲伤无极已。'"②《魏书》卷九《肃宗纪》:"正光元年八月甲寅,相州刺史、中山王熙举兵欲诛叉、腾,不果见杀。"③ 二诗作于正光元年八月元熙被杀前,体现了北朝诗歌质朴慷慨的特点。

元熙还曾与袁翻、李琰、李神儁、王诵兄弟、裴敬宪等交游唱和。《元熙墓志》亦有对元熙能文的记载:"好学博通,善言理义,文藻富赡,雅有儁才……文艺之美,领袖东观。……熙平元年,入为秘书监。区分百氏,九流粲然,刘向司籍,如斯而已。"可知元熙博学能文,并曾整理典籍,故以刘向比之。又云:"王性不偶时,

---

① (宋)郭茂倩:《乐府诗集》,北京:中华书局,1979年,第1040页。
② (北齐)魏收:《魏书》,第504页。
③ (北齐)魏收:《魏书》,第231页。

凝贞独秀，得其人，重之如山，非其意也，忽之如草。"犹如阮籍以青眼对其所好，以白眼对其所恶，这是对元熙风神的描写，可见熙亦为性情中人、耿介之人，又言："是以门无杂宾，冰清玉洁，有若月皎云间，松茂孤岭。见者羡其高风，望者人怀景慕。"①继续描写元熙风神，六朝品评人物重视风神，以松、月等描述人物风神在六朝常见，可见重视人物风神在墓志中亦有体现。

北魏末期何逊等新体诗人的文集传到北朝，并受到文士的赏爱学习。《北史》卷五五《元文遥传》："文遥敏慧夙成，济阴王晖业每云：'此子王佐才也。'晖业常大会宾客，时有人将《何逊集》初入洛，诸贤皆赞赏之。河间邢卲试命文遥诵之，几遍可得。文遥一览便诵，时年始十馀岁。济阴王曰：'我家千里驹，今定如何？'邢云：'此殆古来未有。'"②元氏文士亦受到新体诗影响，孝庄帝元子攸、节闵帝元恭的现所见诗歌即以五言四韵八句或五韵十句为主。元子攸《临终诗》："权去生道促，忧来死路长。怀恨出国门，含悲入鬼乡。隧门一时闭，幽庭岂复光。思鸟吟青松，哀风吹白杨。昔来闻死苦，何言身自当。"（《洛阳伽蓝记》卷一）③形式上是新体诗，质朴的语言、反映人命危浅具有汉魏五古的特点，别有特色。大约因为元氏文人在汉化时首先受到汉魏五古的影响，后来齐梁新体诗传入北魏，有一部分诗未学其内容，而习其形式，故出现了以新体诗而具有汉魏五古的风格、内容的诗歌。

连句亦由柏梁体变成以五言诗连句，如普泰二年正月，节闵帝元恭与薛孝通连句即以五言新体诗为之。《北史》卷三六《薛孝通传》："普泰二年正月乙酉，中书舍人元翙献酒肴，帝因与元翌及孝通等宴，兼奏弦管，命翙吹笛，帝亦亲以和之。因使元翌等嘲，以

---

① 毛远明：《汉魏六朝碑刻校注》第五册，第351页。
② （唐）李延寿：《北史》，第2004页。
③ （北魏）杨衒之撰，杨勇校笺：《洛阳伽蓝记校笺》，第17页。

酒为韵。孝通曰：'既逢尧舜君，愿上万年寿。'帝曰：'平生好玄默，惭为万国首。'帝曰：'卿所谓寿，岂容徒然！'便命酌酒赐孝通，仍命更嘲，不得中绝。孝通即竖忠为韵。帝曰：'卿不忘忠臣之心。'翙曰：'圣主临万机，享世永无穷。'孝通曰：'岂唯被草木，方亦及昆虫。'翙曰：'朝贤既济济，野苗又芃芃。'帝曰：'君臣体鱼水，书轨一华戎。'孝通曰：'微臣信庆渥，何以答华嵩？'"① 这或许受到南朝以五言连句之风的影响，谢朓较多连句诗，皆为五言。元恭《〈失位咏怀〉诗》，普泰二年夏四月，废帝广陵王元恭失位而咏怀赋诗，《魏书》卷一一一《废出三帝纪·前废帝广陵王恭》："（普泰二年夏四月）帝既失位，乃赋诗曰：'朱门久可患，紫极非情玩。颠覆立可待，一年三易换。时运正如此，唯有修真观。'"② 亦有质朴之韵痛思人生。直抒胸臆，激昂酸楚，读来有汉末蔡琰《悲愤诗》之风。

元晖业（景穆帝玄孙、济阴王小新成曾孙）作有《感遇诗》，《魏书》卷一九上《景穆十二王传·济阴王小新成》："晖业，少险薄，多与寇盗交通。长乃变节，涉子史，亦颇属文，而慷慨有志节。历位司空、太尉，加特进，领中书监，录尚书事。齐文襄尝问之曰：'比何所披览？'对曰：'数寻伊霍之传，不读曹马之书。'晖业以时运渐谢，不复图全，唯事饮啖，一日三羊，三日一犊。又尝赋诗云：'昔居王道泰，济济富群英。今逢世路阻，狐兔郁纵横。'齐初，降封美阳县公，开府仪同三司、特进。晖业之在晋阳也，无所交通，居常闲暇，乃撰魏藩王家世，号为《辨宗室录》，四十卷，行于世。"③ 元晖业讽刺高澄（高洋建立北齐后，追尊兄澄为文襄帝）为曹氏、司马氏，意指高氏有篡位图谋，诗中感叹元氏家族的衰弱，苍凉凄怆。《魏书》

---

① （唐）李延寿：《北史》，第1335页。
② （北齐）魏收：《魏书》，第278页。
③ （北齐）魏收：《魏书》，第448页。

卷十二《孝静帝纪》："武定五年春正月丙午，齐献武王薨于晋阳……秋七月戊戌，以齐文襄王为使持节、大丞相、都督中外诸军事、录尚书事、大行台、勃海王。"① 元晖业与高澄的对话大约即在武定五年高澄为大丞相后，高澄卒于武定七年，武定八年五月即禅位北齐，据上引《魏书》本传，元晖业后居于高氏之霸府晋阳，诗中感慨元氏衰弱，而权臣当道，当时作于北齐建立前，该诗大约武定五年至七年间作于晋阳（今山西太原晋源区）。

昭成帝之后元亨亦有诗才，元亨为元季海子西魏时封平凉王，入北周，降为平凉公。弘执恭作《和平凉公〈观赵郡王妓〉》："小堂罗荐陈，妙妓命燕秦。翠质疑假黛，红脸自含春。合舞俱回雪，分歌共落尘。齐筝不可厕，空愿上龙津。"② 则平凉公元亨作有《观赵郡王妓》（已佚）。赵郡王即北周赵王宇文招。从弘执恭的诗作来看，元亨的原作大概也是宫体诗。则西魏、北周的元氏文士在庾信等南朝诗人的影响下，亦如赵王宇文招等那样，有作宫体诗者。

昭成帝之后，西魏北周淮南公、小司寇元伟曾与庾信唱和，庾信作有《和淮南公〈听琴闻弦断〉》，大统十六年（550）元伟以魏宗室封淮南王，魏恭帝三年六官建，元伟即是年降爵淮南县公，建德二年迁小司寇③，庾信另有诗《谨赠司寇淮南公》，而此处未称元伟为司寇，约作为小司寇前，和诗中可感受到元伟《听琴闻弦断》（已佚）中以琴断抒发对自己命运的担忧，约作于魏恭帝三年，此时元氏西魏已岌岌可危。④ 元伟建德六年春回长安途中经过洛州，与庾信赠答作诗，庾信作《谨赠司寇淮南公》，元伟答庾信诗已佚。

元行恭，魏昭成帝七世孙，在北齐后主待诏文林馆。仕隋除尚

---

① （北齐）魏收：《魏书》，第 309、310 页。
② （唐）徐坚等：《初学记》卷十五，第 375 页。
③ （唐）令狐德棻：《周书》卷三十八《元伟传》，第 688 页。
④ 赵以武：《唱和诗研究》，兰州：甘肃文化出版社，1997 年，第 251 页。

书郎。有诗二首。开皇九年至十一年间,元行恭、薛道衡、江总同游长安昆明池,皆作有《秋日游昆明池》。江总在开皇九年隋平陈后入长安,开皇十四年卒于江都,大约开皇十三年南还。《隋书》卷五十七《薛道衡传》:"后坐抽擢人物,有言其党苏威,任人有意故者,除名,配防岭表。"①《资治通鉴》卷一百七十八《隋纪二》:"开皇十二年春,国子博士何妥与尚书右仆射邳公苏威争议事,积不相能。威子夔为太子通事舍人,少敏辩,有盛名,士大夫多附之。及议乐,夔与妥各有所持;诏百僚署其所同,百僚以威故,同夔者什八九。妥恚曰:'吾席间函丈四十馀年,反为昨暮儿之所屈邪!'遂奏:'威与礼部尚书卢恺、吏部侍郎薛道衡、尚书右丞王弘、考功侍郎李同和等共为朋党。省中呼弘为世子,同和为叔,言二人如威之子弟也。'复言威以曲道任其从父弟彻、肃罔冒为官等数事。上命蜀王秀、上柱国虞庆则等杂案之,事颇有状。上大怒,秋七月乙巳,威坐免官爵,以开府仪同三司就第;卢恺除名,知名之士坐威得罪者百馀人。"②薛道衡配防岭表,正是因为开皇十二年何妥之弹劾,而平陈之后至开皇十一年薛道衡和江总皆在长安,元行恭由周入隋,开皇间亦在长安,故元、薛、江三人之诗大约开皇九年至十一年间某年秋在长安同游昆明湖时作。

元行恭作《过故宅》,诗云:"颓城百战后,荒邑四邻通。将军戟已折,步兵途转穷。吹台有山鸟,歌庭聒野虫。草深斜径灭,水尽曲池空。林中满明月,是处来春风。唯馀一废井,尚夹两株桐。"③《周书》卷八《敬帝纪》:"大象二年六月甲子,相州总管尉迟迥举兵不受代。诏发关中兵,即以(韦)孝宽为行军元帅,率军讨之……八月庚午,韦孝宽破尉迟迥于邺城,迥自杀,相州平。移

---

① (唐)魏徵等:《隋书》,第1407页。
② (宋)司马光:《资治通鉴》,第5536页。
③ (唐)徐坚等:《初学记》卷二四,第580页。

相州于安阳,其邺城及邑居皆毁废之。分相州阳平郡置毛州,昌黎郡置魏州。"① 诗中所写衰败之景正与杨坚令韦孝宽进攻尉迟迥而毁废邺城之史实相合。元行恭在北齐时待诏文林馆,建德六年周武帝灭齐后入关。大约大象二年(580)八月闻之邺城被焚毁,元行恭深感痛心,大约开皇间某年春经过邺城故居作是诗,大象二年(580)八月,杨坚令韦孝宽焚毁邺城。

元氏文士中可知作有赋者有元勰、元顺。据《魏书》卷十九中《景穆王十二王传中·任城王》元顺疾元徽等间之,遂为《蝇赋》,则元顺是以苍蝇比喻城阳王元徽等对他的诬陷谗构。元勰《蝇赋》已佚,从写作目的上看,很可能元顺同名之作,是受到元勰《蝇赋》的启发。北朝文士重文学的实用性,这也是北朝咏物赋较少为咏物而咏物、以咏物骋才,而主要是以咏物赋述志、讽刺的原因,这类咏物赋在北朝赋中较有特色,比较著名的还有李玄盛《槐树赋》、卢元明《剧鼠赋》等。孝文帝《吊殷比干墓文》虽不以赋名,但该文模仿楚骚凭吊比干墓,具有骚体赋的性质。《魏书》卷五五《刘芳传》:"高祖迁洛,路由朝歌,见殷比干墓,怆然悼怀,为文以吊之。芳为注解,表上之。诏曰:'览卿注,殊为富博。但文非屈宋,理惭张贾。既有雅致,便可付之集书。'"② 刘芳为吊文作注,从孝文帝自谦其文不如屈原、宋玉、张衡、贾谊的话中,亦证该文正是模仿了这些楚骚代表作家。

还有七位元氏文士虽然没有可知的诗赋,亦无从事诗赋创作的记载,但据史志可知他们曾作有诗赋,如:

1. 昭成帝什翼健五世孙元弼(字扶皇),其墓志云:"临风致咏,藻思清流。郁若相如之美上林,子云之赋云阳。"司马相如写

---
① (唐)令狐德棻等:《周书》第132页。
② (北齐)魏收:《魏书》,第1221页。

《上林赋》、扬雄作《甘泉赋》比元弼,可见元弼擅长辞赋创作。

2. 元诞业,其墓志云:"辞翰卓荦之奇,上林无以比其况。"① 以司马相如创作《上林赋》比元诞业,可见其长于辞赋。

3. 元湛,其墓志云"嘉辰节庆,光风囧月,必延王孙,命公子,曲燕竹林,赋诗畅志。性笃学,尤好文藻,善笔迹,遍长诗咏。祖孝武,爱谢庄,博读经史,朋旧名之书海……诏策优文,下笔雨流……貂珰紫殿,鸣玉云阁,优游秘苑,仍赏文艺。"② 元湛亦如三国时曹丕、曹植般于公宴之际赋诗。惜其诗皆散佚。《魏书》、《北史》本传皆未言元湛能文,墓志可补史志之阙。

4. 元延明,《魏书》卷二十《文成五王传·安丰王》:"所著诗、赋、赞、颂、铭、诔三百馀篇。"③ 则元延明作有诗赋。

5. 元愉,《魏书》卷二十二《孝文五王传·京兆王愉》:"愉好文章,颇著诗赋。"④ 可知元愉曾作有诗赋。

6. 元瑛,其墓志云:"绡縠风靡,斧藻川流,所著辞诔,有闻于世。兰芝之雕篆富丽,远未相拟;曹家之謦欬淹通,将何以匹。"⑤ 以班昭、左芬(字兰芝)比元瑛,可见其能文。"所著辞诔,有闻于世"则元瑛尤长于辞赋、哀诔之文创作。

7. 元威,其墓志云"清才俊举,拟赋兰台"⑥,则元威有一定的辞赋创作才能。

(二)元氏文士的名士化

元氏文士还有不少具有玄学修养、有名士气。《魏书》卷七下

---

① 毛远明:《汉魏六朝碑刻校注》第六册,第243页。
② 毛远明:《汉魏六朝碑刻校注》第六册,第210页。
③ (北齐)魏收:《魏书》,第530页。
④ (北齐)魏收:《魏书》,第590页。
⑤ 毛远明:《汉魏六朝碑刻校注》第六册,第2页。
⑥ 陕西省考古研究院、咸阳市文物考古研究所:《隋元威夫妇墓发掘简报》,《考古与文物》2012年第1期,第24—34页。

《高祖孝文帝纪下》:"雅好读书,手不释卷。五经之义,览之便讲,学不师受,探其精奥。史传百家,无不该涉。善谈庄老,尤精释义。才藻富赡,好为文章,诗赋铭颂,任兴而作。有大文笔,马上口授,及其成也,不改一字。自太和十年已后诏册,皆帝之文也。自馀文章,百有馀篇。"①则孝文帝善为文,长于老庄、玄学,接受的正是洛阳新学的学术传统。道武帝玄孙、阳平熙王曾孙元显,据元显墓志:

> 工名理,好清言,善草隶,爱篇什。及春日停郊,秋月临牖,庭吟蟋蟀,援响绵蛮,籍兹赏会,良朋萃止。式敦燕醑,载言行乐,江南既唱,豫北且行。诗赋去来,高谈往复,萧然自得,忘情彼我。②

可知元显善谈玄理、喜赏月赋诗,具有魏晋名士风度。而《魏书》、《北史》皆未提及元显有文才,因墓志的发现而知元显生平及其能文。景穆帝孙、阳平王新成第六子元飏墓志云:

> 君高枕华轩之下,安情琴书之室,命贤友,赋篇章,引渌酒,奏清弦,追嵇、阮以为俦,望异代而同侣,古由今也,何以别诸。③

元飏为景穆帝孙、阳平王新成第六子好饮酒、抚琴、作诗,墓志中以之为嵇康、阮籍之异代同侣,可知其名士风度。

阳平王新成季子元钦墓志云:

> 至于秋台引月,春帐来风,琴吐新声,觞流芳味,高谈天人之初,清言万物之际;虽林下七子,不足称奇;岩里四公,

---

① (北齐)魏收:《魏书》,第187页。
② 毛远明:《汉魏六朝碑刻校注》第七册,第380页。
③ 毛远明:《汉魏六朝碑刻校注》第四册,第263页。

曷云能上。①

阳平王新成季子元钦亦好饮酒、弹琴，墓志以竹林七贤比之，元钦亦有名士气。景穆帝曾孙、京兆王子推孙元袭墓志云：

> 藻思绮合，摛文锦烂，信足方驾应、徐，连横潘、左。又工名理，善占谢（射），机转若流，酬应如响，虽郭象之辨类悬河，彦国之言如璧玉，在君见之。②

以应玚、徐幹、潘岳、左思比元袭，可见其能文，以名士郭象、胡毋辅之（字彦国）喻元袭，可知其善谈玄理。《元斌墓志》云：

> 虽名拘朝员，而心栖事外，恒角巾私圃，偃卧林潮，望秋月而赋篇，临春风而举酌，流连谈赏，左右琴书。性简贵，慎交从，门寮杂游，庭盈卉木，虽山阳之相知少，颍阴之莫逆希，以斯准古，千载共情也。③

饮酒、赋诗、赏月、弹琴俨然隐逸之士。

景穆帝玄孙、济阴王小新成曾孙元钻远墓志云：

> 学贯儒林，博窥文苑。九流百氏之书，莫不该揽；登高夹池之赋，下笔成章。风流闲起，谈论锋出，时观鱼鸟以咏怀，望山川而卒岁。④

博学、能文、善辩，亦有名士风度。

景穆帝曾孙，南安惠王桢孙元湛墓志云：

> 美姿貌，好洁净，望之俨然，状若仙客。爱山水，玩园

---

① 毛远明：《汉魏六朝碑刻校注》第六册，第239页。
② 毛远明：《汉魏六朝碑刻校注》第六册，第395页。
③ 毛远明：《汉魏六朝碑刻校注》第五册，第237页。
④ 毛远明：《汉魏六朝碑刻校注》第七册，第72页。

> 池,奇花异果,莫不集之。嘉辰节庆,光风同月,必延王孙,命公子,曲燕竹林,赋诗畅志。性笃学,尤好文藻,善笔迹,遍长诗咏。①

文中对人物风神的描写,突显元湛的名士气。文成帝孙、安丰王猛子元延明"与中山王熙,东平王略,竹林为志,艺尚相欢"(《元延明墓志》)②。可知元延明、元熙、元略皆为名士。道武帝玄孙、江阳王继子元乂亦有名士气。

长于玄学也是名士气的重要特征,元彝为文宣王元澄第四子,亦长于玄学,有名士风,"性乐闲静,不趣荣利,爱黄老之术,尚恬素之志,清思参玄,高谈自远,宾延雅胜,交远游杂"(《元彝墓志》)③。孝文帝季女长乐长公主元瑛亦通玄学"该柱下之妙说,核七篇之幽旨"(《元瑛墓志》)④。景穆帝之后元世彦,"文蔼游夏,策猛张韩。超然寰外,则扇翮于云峰;卓尔俗表,则志陵于星壑……逍遥逸趣,散诞庄周,气秀五峰,风波四浮。鉴今洞典,识峻古丘。"(《元世彦墓志》)⑤ 以子游、子夏比之,以张良、韩信喻之,可知元世彦博学能文有谋略,且有庄子之散诞之风。《元焕墓志》云:"味道入玄,精若垂帏,置骸出馆,欢同林下……悦文出俗,爱古入微,仪形梁孝,景行陈思。"⑥ 则元焕有一定玄学修养,将其喻为梁孝王和陈思王曹植,可见他亦有文学才能。《元翃墓志》:"文情婉丽,琴性虚闲。射不出征,辞参辩囿……赋山咏水,辞暖三春之光;诔丧褒往,文凄九秋之色。至于西园命友,东阁延宾,怀道盈阶,专经满席。临风释卷,步月弦琴,目晒五行,

---
① 毛远明:《汉魏六朝碑刻校注》第六册,第210页。
② 毛远明:《汉魏六朝碑刻校注》第六册,第373页。
③ 毛远明:《汉魏六朝碑刻校注》第六册,第171页。
④ 毛远明:《汉魏六朝碑刻校注》第六册,第2页。
⑤ 毛远明:《汉魏六朝碑刻校注》第四册,第315页。
⑥ 毛远明:《汉魏六朝碑刻校注》第五册,第343页。

指穷三调。布素之怀必尽，风流之貌悠然。"① 亦有名士风采。《元诞墓志》："学不章句，涉猎经史；笔非潭（覃）思，吟咏成文。"② 可见元氏学术的路数不是河北世族两汉章句之学的传统，而是河洛地区的玄学化的经学。

元怿孙东魏孝静帝元善见曾与杜弼谈玄，《北齐书》卷二四《杜弼传》：

> 奉使诣阙，魏帝见之于九龙殿，曰："朕始读《庄子》，便值秦名，定是体道得真，玄同齐物。闻卿精学，聊有所问。经中佛性、法性为一为异？"弼对曰："佛性、法性，止是一理。"诏又问曰："佛性既非法性，何得为一？"对曰："性无不在，故不说二。"诏又问曰："说者皆言法性宽，佛性狭，宽狭既别，非二如何？"弼又对曰："在宽成宽，在狭成狭，若论性体，非宽非狭。"诏问曰："既言成宽成狭，何得非宽非狭？若定是狭，亦不能成宽。"对曰："以非宽狭，故能成宽狭，宽狭所成虽异，能成恒一。"上悦称善。③

杜弼以为玄、佛相通，元善见认同，可见元善见亦持此观点，亦显现元善见擅清谈，具有名士气质，这也是清河王元怿家学风气之传承。

工书亦是元氏名士化的重要特征。景穆帝玄孙元举："龀而小学，师心功倍，冥讯迅捷，卓尔殊佚，坟经于是乎宝轴，百家由此兮金箱。洞兼释氏，备练五明，六书八体，画妙超群，章勾小术，研精出俗，山水其性，左右琴诗。"（《元举墓志》）④ 南安王霄子

---

① 毛远明：《汉魏六朝碑刻校注》第六册，第161页。
② 毛远明：《汉魏六朝碑刻校注》第七册，第164页。
③ （唐）李百药：《北齐书》，第348页。
④ 毛远明：《汉魏六朝碑刻校注》第六册，第145页。

元昕"学涉坟史,雅好诗文,草隶之工,迈于钟索"(《元昕墓志》)①。则元昕博学能文工书。刘涛指出:"草隶是自公元4世纪以来一直盛行于东晋南朝,北方书家则拙于此道,北魏后期,一批投北的南方书家把草隶新法带到了北方,北魏后期书家热衷南方流便的草隶书法,也是北魏倾向南方新书风的重要表征。"②上文所引墓志中有一些提及志主善草隶,则写南朝流行的新书法草隶,正是元氏文士名士化的表征之一。

清谈、抚琴、赋诗、饮酒、工书,是洛阳元氏文士较普遍的名士风度,这在河北文士中是少有的。洛阳是魏晋玄学的中心地带,河淮地区是魏晋玄学的兴盛地,虽然琅邪王氏、陈郡谢氏等名士家族基本南渡,但洛阳一带玄学的流风馀韵仍然续存,加之孝文帝仰慕南朝文化,孝文帝知道南朝是汉文化正统的延续,所以元氏在汉化过程中,接受的主要不是河北儒学家族的影响(河北儒家世族,继承汉代学术传统,通经同时长于阴阳五行,精通小学、医术等),而主要是源于河南一带,又被南渡文士带到江南的玄学和具有玄学特点的新儒家的影响。十六国时期一些中原文士流寓关陇河西,此地保有一定的玄学风尚,在前秦、后秦、前凉、北凉都先后出现一些有玄学风尚的文士③。随着关中、河西归于北魏,此玄风多少有一些影响北魏文化,但北魏迁洛后文士的名士化,主要还是来自从南朝学习玄学及文学的新变。河南玄学并未因为河淮士族的南渡而出现长期的真空,拓跋氏本无深厚的文化传统,汉化过程中直接接受新学影响,并向南朝文化学习,迁洛的元氏文士成为河南玄学的继承者。《周书》卷二二《柳庆传》:"尚书苏绰谓庆曰:'近代以

---

① 毛远明:《汉魏六朝碑刻校注》第六册,第148页。
② 刘涛:《中国书法史·魏晋南北朝卷》,南京:江苏教育出版社,2002年,第446页。
③ 王永平:《论十六国北朝之玄学清谈及其相关文化风尚》,《人文杂志》2010年第6期。

来，文章华靡，逮于江左，弥复轻薄。洛阳后进，祖述不已。相公柄民轨物，君职典文房，宜制此表，以革前弊。'"① 苏绰之言可见当时人清楚孝文帝汉化有从江左学习的成分。

世家大族要以礼维护其家族地位和秩序，尤重《丧服》、《孝经》，深受中原新学影响的鲜卑元氏亦重礼。《魏书》卷七《孝文帝纪》："太和二十一年秋七月甲寅，帝亲为群臣讲丧服于清徽堂。"②《魏书》卷二一《献文六王下·彭城王勰传》："高祖亲讲丧服于清徽堂，从容谓群臣曰：'彦和、季豫等年在蒙稚，早登缨绂，失过庭之训，并未习礼，每欲令我一解丧服。自审义解浮疏，抑而不许。顷因酒醉坐，脱尔言从，故屈朝彦，遂亲传说。将临讲坐，惭战交情。'御史中尉李彪对曰：'自古及今，未有天子讲礼。陛下圣叡渊明，事超百代，臣得亲承音旨，千载一时。'"③《隋书》卷三二《经籍志》中《孝经》类著录《国语孝经》一卷，《孝经》类小序云："魏氏迁洛，未达华语，孝文帝命侯伏侯可悉陵，以夷言译孝经之旨，教于国人，谓之国语孝经。今取以附此篇之末。"④ 孝文帝为群臣和宗室讲解《丧服》，又以鲜卑语译《孝经》让初迁洛阳，尚未熟练掌握汉语的鲜卑贵族学习《孝经》，《孝经》维护家族秩序的作用正是与礼相配合的。可见其本人对礼学的熟稔以及对其家族和朝臣礼学素养提升的重视。《魏书》卷八《宣武帝纪》："正始三年十有一月甲子，帝为京兆王愉、清河王怿、广平王怀、汝南王悦讲《孝经》于式乾殿。"⑤《魏书》卷九《孝明帝纪》："正光二年癸亥，车驾幸国子学，讲《孝经》。"⑥ 孝文帝第四子清

---

① （北齐）魏收：《魏书》，第370页。
② （北齐）魏收：《魏书》，第182页。
③ （北齐）魏收：《魏书》，第573页。
④ （唐）魏徵等：《隋书》，第934—935页。
⑤ （北齐）魏收：《魏书》，第203页。
⑥ （北齐）魏收：《魏书》，第231页。

河王怿著有《孝经解诂》①。《北史》卷三三《李灵传》:"魏静帝于显阳殿讲《孝经》《礼记》,(李)绘与从弟骞、裴伯茂、魏收、卢元明等俱为录议,简举可观。"② 宣武帝为孝文帝次子,孝明帝为宣武帝子,孝静帝为孝文帝曾孙、清河王怿孙,他们为宗室、国子生、群臣讲《孝经》,或著《孝经》类著作,是对孝文帝重《孝经》、礼学的继承,他们自身亦在重礼的文化氛围中成长。东晋后名士一般礼玄双修③,元氏文士身上亦有体现,这正是学习南朝文化的产物。

(三) 元氏文士的学术活动

元氏文士中可知有著作者约 11 位。按四部分类法大致有:

1. 经部之学:主要有元延明和元怿。《魏书》卷二十《文成五王传·安丰王猛》:"(元延明)所著诗、赋、赞、颂、铭、诔三百馀篇,又撰《五经宗略》、《诗礼别义》,注《帝王世纪》及《列仙传》。又以河间人信都芳工算术,引之在馆。其撰《古今乐事》,《九章》十二图,又集《器准》九篇,芳别为之注,皆行于世。"④《元延明墓志》:"其诗、赋、铭、诔,咸(箴)、颂、书、奏,凡三百馀篇,著《五经宗略》,《诗礼别义》,注《帝皇世纪》及《列仙传》,合一百卷,大行于世。"⑤《隋书·经籍志》(以下简称《隋志》) 经部诗类著录《毛诗谊府》三卷,该书墓志、《魏书》《北史》本传、《隋志》皆未提及,《旧唐志》始著录。礼类著录《三礼宗略》二十卷,该书据书名是三礼综合研究。《诗礼别义》亦属经部,是对诗礼的综合研究。经部五经总义类著录《五经宗略》

---

① (北齐) 魏收:《魏书》,第 766 页。
② (北齐) 魏收:《魏书》,第 1207 页。
③ 唐长孺:《读〈抱朴子〉推论南北学风的异同》,氏著《魏晋南北朝文论丛》,石家庄:河北教育出版社,2007 年,第 346 页。
④ (北齐) 魏收:《魏书》,第 530 页。
⑤ 毛远明:《汉魏六朝碑刻校注》第六册,第 373 页。

二十三卷。①《古今乐事》为乐类著作。元怿通《孝经》,著有《孝经解诂》(《魏书》卷三二《封懿传》)②。徐崇《补南北史艺文志》经部礼类著录元怿《孝经解诂》③。元延明对五经有综合性研究,尤精诗礼之学。元怿通孝经。这些著作与上文所论及的元氏家族的经学强项相合。

2. 史部之学。(1) 杂史类:有元顺、元延明、元勰。《魏书》一九《景穆十二王传·任城王澄》"(元) 顺撰《帝录》二十卷,诗、赋、表、颂数十篇,今多亡失。"④ 元顺《帝录》大约为杂史性质的著作。《隋志》史部杂史类著录晋皇甫谧《帝王世纪》十卷⑤,则元延明《帝王世纪注》(见上文所引《魏书·安丰王猛传》) 即为是书作注,亦为杂史类著作。《魏书》卷二一《献文六王传·彭城王勰传》:"勰敦尚文史,物务之暇,披览不辍。撰自古帝王贤达至于魏世子孙,三十卷,名曰《要略》。"⑥《隋志》史部杂史类著录汉卫飒《史要》十卷、南朝梁张缅《后汉略》二十五卷,分别类似《史记》、《后汉书》的简编本,元勰《要略》,大约是对上古至北魏史事的简编,亦为杂史类著作。(2) 杂传类。有元孚、元怿、元延明。《魏书》卷一八《太武五王传·临淮王谭》:"灵太后临朝,宦者干政,孚乃总括古今名妃贤后,凡为四卷,奏之。"⑦ 则元孚著有《古今名妃贤后》四卷,约为编选古今名妃贤后事迹,为杂传类著作。徐崇《补南北史艺文

---

① (唐) 魏徵等:《隋书》,第 917、924、938 页。
② (北齐) 魏收:《魏书》,第 766 页。
③ 徐崇:《补南北史艺文志》,王承略,刘心明:《二十五史艺文经籍志考补萃编》第 12 卷,北京:清华大学出版社,2012 年,第 496 页。
④ (北齐) 魏收:《魏书》,第 485 页。
⑤ (唐) 魏徵等:《隋书》,第 639 页。
⑥ (北齐) 魏收:《魏书》,第 582 页。
⑦ (北齐) 魏收:《魏书》,第 424 页。

志》史部杂传类著录元孚《古今名妃贤后》四卷。①《魏书》卷二二《孝文五王传·清河王怿》:"博涉经史,兼综群言,有文才,善谈理……怿以忠而获谤,乃鸠集昔忠烈之士,为《显忠录》二十卷,以见意焉。"②《显忠录》二十卷约即忠烈之士的传记,《隋志》史部杂传类著录《显忠录》二十卷。《北史》卷二七《李先传》:"李先字容仁,中山卢奴人。……太和中,以儒学博通,有才华,补清河王怿府记室。笺书表疏,文不加点,清典赡速,当世称之。又为怿撰《舆地图》及《显忠录》。"③河朔文士李先曾协助元怿著《显忠录》。《隋志》史部杂传类录刘向《列仙传》三卷④,则元延明《列仙传注》(见上文所引《魏书·安丰王猛传》)即为是书作注,亦为杂传类著作。(3)地理类。元怿《舆地图》为史地理类著作。徐崇《补南北史艺文志》即将元顺《帝录》、元延明《帝王世纪注》、元飇《要略》列于史部杂史类,将元孚《古今名妃贤后》、元怿《显忠录》、元延明《列仙传注》列于史部杂传类,将元怿《舆地图》列于史部地志类。⑤(4)谱牒类。有元晖业。《魏书》卷一九《景穆十二王传·济阴王小新成》:"晖业之在晋阳也,无所交通,居常闲暇,乃撰魏藩王家世,号为《辨宗室录》,四十卷,行于世。"⑥《隋志》史部谱系类著录元晔(晖)业《后魏辨宗录》二卷。⑦ 则是书隋唐之际仅剩二卷。则元氏史部之学主要长于杂史、杂传类,随着拓跋氏的汉化,而重门第,元氏家族亦如汉人之世家

---

① 徐崇:《补南北史艺文志》,王承略,刘心明:《二十五史艺文经籍志考补萃编》第12卷,第531页。
② (北齐)魏收:《魏书》,第591页。
③ (北齐)魏收:《魏书》,第977、979页。
④ (唐)魏徵等:《隋书》,第979页。
⑤ 徐崇:《补南北史艺文志》,王承略,刘心明:《二十五史艺文经籍志考补萃编》第12卷,第508、530、532页。
⑥ (北齐)魏收:《魏书》,第475页。
⑦ (唐)魏徵等:《隋书》,第989页。

大族编谱牒。

3. 子部之学：(1) 儒家类。有拓跋嗣。《魏书》卷三《明元帝纪》："帝礼爱儒生，好览史传，以刘向所撰《新序》、《说苑》于经典正义多有所阙，乃撰《新集》三十篇，采诸经史，该洽古义，兼资文武焉。"① 据此拓跋嗣《新集》与刘向《新序》、《说苑》体例正同，二书《隋志》列于子部儒家类，则《新集》亦当入儒家类，徐崇《补南北史艺文志》即将该书归入子部儒家类。② (2) 杂家类（包括类书）。有元澄、文明冯太后、元宝炬、元晖。《魏书》卷一九《景穆十二王传·任城王云》："澄表上《皇诰宗制》并《训诂》各一卷，意欲皇太后览之，思劝戒之益。"③ 文明冯太后有《皇诰》十八篇（《魏书》卷一三《皇后传·文成文明皇后》)④《北史》卷五《西魏文帝纪》："大统七年十二月，御凭云观，引见诸王，叙家人之礼，手诏为《宗诫》十条以赐之。"⑤ 西魏文帝元宝炬《宗诫》据书名，其性质大约与《皇诰》等类似，徐崇《补南北史艺文志》将三书列入子部杂家类。⑥《魏书》卷一五《元晖传》："晖颇爱文学，招集儒士崔鸿等撰录百家要事，以类相从，名为《科录》。凡二百七十卷，上起伏羲，迄于晋、宋，凡十四代。"⑦《隋志》子部杂家类著录《科录》二百七十卷。⑧《史通·六家·史记篇》："至梁武帝，又敕群臣，上自太初，下终齐室，撰成《通史》六百二十卷。其后元魏济阴王晖业，又著《科录》二百七十卷，其断限亦起

---

① （北齐）魏收：《魏书》，第64页。
② 徐崇：《补南北史艺文志》，王承略，刘心明：《二十五史艺文经籍志考补萃编》第12卷，第537页。
③ （北齐）魏收：《魏书》，第475页。
④ （北齐）魏收：《魏书》，第329页。
⑤ （唐）李延寿：《北史》，第178页。
⑥ 徐崇：《补南北史艺文志》，王承略，刘心明：《二十五史艺文经籍志考补萃编》第12卷，第539、542页。
⑦ （北齐）魏收：《魏书》，第380页。
⑧ （唐）魏徵等：《隋书》，第1009页。

来自上古,而终于宋年。其编次多依放《通史》,而取其行事尤相似者,共为一科,故以《科录》为号(浦起龙注:元晖贪慕《史记》之为,亦著此辽阔之篇也。)。"①《史通》误以为作者为济阴王元晖业。则《科录》有通史性质,又以类相从,大约是类书。颇疑即如后世《册府元龟》之类。《隋志》不设类书类,类书正列于杂家。(3)历数类。有元延明。据上文所引《魏书·安丰王猛传》:"(元延明)又以河间人信都芳工算术,引之在馆。其撰《古今乐事》,《九章》十二图,又集《器准》九篇,芳别为之注,皆行于世。"②《北史》卷八九《艺术传·信都芳》:"延明家有群书,欲抄集五经算事为五经宗,及古今乐事为乐书,又聚浑天、欹器、地动、铜乌、漏刻、候风诸巧事,并图画为《器准》,并令芳算之。会延明南奔,芳乃自撰注。"③则元延明原著《器准》未完而前往南朝,信都芳为之作注,《隋志》子部小说家类著录信都芳《器准图》三卷,大约元延明有《器准》九篇,信都芳为之注将其编为《器准图》三卷。《新唐志》子部历数类录信都芳《器准图》三卷④,信都芳本长于五行、历数者,结合史传中对该书之描绘,似乎列入历数类更合适。《隋志》子部历数类著刘徽《九章算术》十卷⑤,则元延明《九章》十二图亦为历数类著作。正因所撰《古今乐事》,《九章》十二图,又集《器准》九篇,元延明南奔后,乃由信都芳撰注完成,故墓志未以之为元延明著作。

4. 集部之学:明元帝拓跋嗣、孝文帝元宏、元延明、元顺等有文集。《旧唐书·经籍志》集部别集类著录《后魏明(元)帝集》

---

① (唐)刘知幾著,浦起龙通释,王煦华整理:《史通通释》,上海:上海古籍出版社,2009年,第17页。
② (北齐)魏收:《魏书》,第530页。
③ (唐)李延寿:《北史》,第2933页。
④ (宋)欧阳修、宋祁:《新唐书》,第1546页。
⑤ (唐)魏徵等:《隋书》,第1025页。

一卷。孝文帝善为诗赋，虽诏册亦常自为之。《隋志》著录《后魏孝文帝集》三十九卷，《魏书》卷五七《崔挺传》："高祖甚悦，谓挺曰：'别卿已来，倏焉二载，吾所缀文，已成一集，今当给卿副本，时可观之。'"①《魏书》卷五九《刘昶传》："（太和）十八年，除使持节、都督吴越楚彭城诸军事、大将军，固辞，诏不许，又赐布千匹。及发，高祖亲饯之，命百僚赋诗赠昶，又以其文集一部赐昶。"②则孝文帝生前已编定文集。得到孝文帝的文集，成为大臣的荣耀。据上文所引，《魏书·元延明传》言其"所著诗、赋、赞、颂、铭、诔三百馀篇。"《魏书·元顺》"诗、赋、表、颂数十篇"皆具有别集性质，徐崇《补南北史艺文志》集部别集类即录《元延明集》、《元顺集》。③

元氏家族文士中经部之学主要长于五经综合研究，尤其是诗礼之学。从书名中的"宗略""别义""谊府"等看，这些为义理研究，可见元氏文士受到源于河南为南朝继承发扬的玄学化经学的影响，重视义理阐释。史部之学中主要长于杂史、杂传、谱牒之学。尤其是杂传、谱牒之学在南朝颇为兴盛，这也体现元氏家族文化颇受南朝文化影响。子部之学主要长于儒家、杂家，偶有历数之学，历数之学约相当于《七略》中的术数略，传统的汉代经学与术数相关，比如汉代易学讲象数，就与术数之学相涉。而河朔世族继承汉代儒学，颇有长于术数者。说明元氏家族在主要接受河南新学的同时，亦兼接触河朔世家大族保留的汉代儒学。集部中四位元氏文士著有文集。可惜元氏家族现可知的著作都已失传。

还有些北朝元氏文士据现有史料虽无可知的著作，但可知对学

---

① （北齐）魏收：《魏书》，第1264页。
② （北齐）魏收：《魏书》，第1310页。
③ 徐崇：《补南北史艺文志》，王承略，刘心明：《二十五史艺文经籍志考补萃编》第12卷，第539、555页。

术有一定贡献，如，元颢"迁鲁郡太守，剖厘庶政，物议攸归，共治之难，实当斯举。时孔迹久沦，洙风凤坠，典章坟籍，阙而无闻。公躬修道学，以训后生，文义粲然，化迹大美"（《元颢墓志》）①。则元颢对鲁地儒学复兴贡献很大。元囧曾整理典籍，《元囧墓志》："永安之季，国步多岨，石渠残缺，延阁榛芜。君鸠集群言，锐精坟史，补阙文之奥美，增夏五之绝篇。"② 昭成帝六世孙元纶，据《元纶墓志》早年以才学闻名，保定三年（563）十五岁时就为宇文护命为东馆学士，又先后为北周莒国公、蔡王侍读。③ 莒国公指宇文至（宇文泰兄宇文洛生封莒国公，洛生子菩提袭爵，菩提以宇文护子至为子，菩提为高欢所害），蔡王指周武帝子蔡王兑（宇文兑建德六年封王，此处为追述）。元纶早慧，墓志中以曹操子曹冲（仓舒）作比，又以曹植、应场、刘桢为喻，虽或有夸饰，但元纶确实有较高的文学和学术才能是可以肯定的，从其三十岁前为侍读、学士即可知。

四、馀论

随着孝文帝大张旗鼓的汉化改革，以及有意学习南朝文化，以元氏家族为首的鲜卑世族整体文化功底大幅度提高。一些元氏文士的文才，已经得到了南朝君臣的叹服，《洛阳伽蓝记·追先寺》：

> （元）略生而岐嶷，幼则老成，博洽群书，好道不倦。神龟中，为黄门侍郎。元义专政，虐加宰辅，略密与其兄相州刺史中山王熙欲起义兵，问罪君侧。雄规不就，蚌起同谋。略兄弟四人，并罹涂炭。唯略一身逃命江左。萧衍素闻略名，见其器度宽雅，文学优赡，甚敬重之。谓曰："洛中如王者几人？"

---

① 叶炜、刘秀峰：《墨香阁藏北朝墓志》，第44页。
② 大同北朝艺术研究院《北朝艺术院藏品图录：墓志》，第108页。
③ 魏秋萍：《长安新出隋开皇十五年〈元纶墓志〉释读》，《考古与文物》2012年第6期，第100—103页。

略对曰:"臣在本朝之日,承乏摄官;至于宗庙之美,百官之富,鸳鸾接翼,杞梓成阴;如臣之比,赵咨所云车载斗量,不可数尽。"衍大笑,乃封略为中山王,食邑千户,仪比王子。……孝昌元年,明帝宥吴人江革,请略归国。江革者,萧衍之大将也。萧衍谓曰:"朕宁失江革,不得无王。"略曰:"臣遭家祸难,白骨未收,乞还本朝,叙录存没。"因即悲泣。衍哀而遣之,乃赐钱五百万,金二百斤,银五百斤,锦绣宝玩之物不可称数。亲帅百官送于江上,作五言诗赠者百馀人。凡见礼敬如此。①

元略的器度文才能让自身亦是文学家的梁武帝称美敬重,甚至宁可舍其爱将也要留下元略,可见元略器宇轩昂、文才之美,已是南朝人眼中的名士。临别时百馀人赠诗给元略,元略自身之诗才可知。亦有南朝外交使臣见到洛阳元氏文士而赞之,如《元叡墓志》:

操翰成章,悬非宿构。发言为论,何关倩人。绝迹园门,既符董子;不知马足,还类朱生。是以钟会贵其清通,裴颜称其高韵……当世称其廉直,时人号为文辨……又属梁使来聘,即馆有期,应接行人,义归美秀,乃以君兼通直散骑常侍,往宣梼旨。君折旋以礼,顾盼生光,口笔兼清,华实俱美。缀词瑰丽,如阅河宗;高论雄奇,似观游猎。莫不听言结舌,庇宇忘时。写缟带以申诚,赋羔裘以言志。咸谓卫多君子,比德未殊;汉号神仙,校美何异。②

以钟会、裴颜比元叡可见其长于玄理,被朝廷委派接待梁使,正因叡博学有文才。元叡博雅善论,连来自衣冠文物所在的南朝梁的使

---

① (北魏)杨衒之撰,杨勇校笺:《洛阳伽蓝记校笺》,第193页。
② 叶炜、刘秀峰:《墨香阁藏北朝墓志》,第94页。

者亦叹服。

元氏家族文士学术文化还体现多面性的特点,比如《拓跋迪墓志》云:"惟公黄中内敏,分邓林之一枝,赤伏外彰,挺荆山之片玉。实望古之清高,信当今之独步。禀性中和,体兹上德,孝于惟孝,信于朋友。乃文乃武,多才多艺,留心五礼,则号曰儒林;属意六诗,则称为文苑。妙谙律历,无异子长之书;刑法偏能,不殊孟坚之志。其诸小技,曾何足云。"① 则拓跋迪有礼、律历、刑法等学术才能,还有一定的文才。

随着汉化的深入普泛,迁洛诸王、大臣的游宴生活,已与西晋名士无异,如《洛阳伽蓝记·冲觉寺》:

> (元)怿,亲王之中,最有名行,世宗爱之,特隆诸弟。延昌四年,世宗崩,怿与高阳王雍、广平王怀,并受遗诏,辅翼孝明。时帝始年六岁,太后代总万机,以怿名德茂亲,体道居正,事无大小,多咨询之。是以熙平、神龟之际,势倾人主,第宅丰大,逾于高阳。西北有楼,出凌云台,俯临朝市,目极京师。古诗所谓"西北有高楼,上与浮云齐"者也。楼下有儒林馆、延宾堂,形制并如清暑殿。土山钓台,冠于当世。斜峰入牖,曲沼环堂。树响飞嘤,阶丛花药。怿爱宾客,重文藻,海内才子莫不辐辏,府僚臣佐,并选隽民。至于清晨明景,骋望南台,珍羞具设,琴笙并奏,芳醴盈罍,佳宾满席,使梁王愧兔园之游,陈思惭雀台之燕。②

元怿宅第如石崇之金谷园,其本人善为文,而游宴雅集又是极佳的唱和场所,可想见其周围当亦有"二十四友"般的文学集团。游宴

---

① 故宫博物院、陕西省考古研究院:《新中国出土墓志(陕西肆)》,北京:文物出版社,2021年,上册第20页,下册第16页。
② (北魏)杨衒之撰,杨勇校笺:《洛阳伽蓝记校笺》,第163页。

赋诗者还有元彧集团,《洛阳伽蓝记·法云寺》:

> (元)彧博通典籍,辨慧清悟,风仪详审,容止可观。至三元肇庆,万国齐珍,金蝉曜首,宝玉鸣腰,负荷执笏,逶迤复道,观者忘疲,莫不叹服。彧性爱林泉,又重宾客。至于春风扇扬,花树如锦,晨食南馆,夜游后园,僚宷成群,俊民满席,丝桐发响,羽觞流行,诗赋并陈,清言乍起,莫不饮其玄奥,忘其褊郄焉。是以入彧室者,谓登仙也。荆州秀才张裴常为五言,有清拔之句,云:"异秋花共色,别树鸟同声。"彧以蛟龙锦赐之,亦有得绯绸绯绫者。唯河东裴子明为诗不工,罚酒一石,子明八斗而醉眠,时人譬之山涛。①

赋诗而奖励,受南朝之风影响,亦远开唐人宫廷、王府赛诗之风。

大臣间已开始比富,元怿之宅超过了元雍,但之间还未有意斗富。更多的只是奢靡的生活,粗鄙的斗富,比如,元融与琛斗富,心目中已以西晋石崇、王凯斗富自比,元融竟然由于在与元琛的斗富中占下风而气得病倒(《洛阳伽蓝记·法云寺》)②。他们虽然自比西晋石崇、王凯,其实还没有石崇的文化高度。元琛婢朝能唱南朝《团扇歌》、元琛向西域波斯国求名马,(《洛阳伽蓝记·法云寺》)③,可见南朝文学艺术对北朝影响之深广以及是时北朝与西域交流已较频繁。据上文描述,宣明、孝明时期北魏洛阳是繁盛达到顶峰,同时宗室贵胄亦奢靡之甚,已隐含了危机,终暴发尔朱荣之乱,河阴之役对元氏和世家大族都是灭顶之灾,从此元氏家族走向衰落。

元氏家族是汉化的鲜卑家族,本不像汉族世家大族那样有其原

---

① (北魏)杨衒之撰,杨勇校笺:《洛阳伽蓝记校笺》,第176页。
② (北魏)杨衒之撰,杨勇校笺:《洛阳伽蓝记校笺》,第179页。
③ (北魏)杨衒之撰,杨勇校笺:《洛阳伽蓝记校笺》,第179页。

籍地的根基，故一开始就是中央化的家族，从其葬地随着都城的迁徙而变化即可看出，汉族世家大族去世后会葬回原籍家族墓地。而元氏迁洛后，主要葬于洛阳，而魏分东西后，东魏的元氏家族即葬于邺城。如元晖孙元囧随东魏迁至邺城，后入北齐，卒葬邺城（《元囧墓志》）①；元顺子元朗随迁邺城，卒葬于此（《元朗墓志》）②；元贤真即葬于邺城（《元贤真墓志》）③。西魏的元氏家族葬于长安一带。如，常山王素连曾孙元世绪仕于西魏，卒葬于关中（《元世绪墓志》）④；元智随迁长安，卒葬于此（《元智墓志》）⑤。正由于其家族缺乏根基，故随着元氏统治的结束，其家族亦逐渐衰落。

第二节　唐代元氏家族文学与学术研究

元氏家族作为北朝皇族，经过汉化成为世家大族，到唐代仍有影响力，伴随着唐代社会的演变，元氏家族由世家大族演变为普通文化仕宦之族。通过对唐代元氏家族文士的梳理统计，对元氏家族从初唐到中晚唐文学创作学术研究的分析，可探究元氏家族的文学学术状况，亦关乎其家族形态的变迁。

结合唐代文学和元氏家族实际，符合以下标准之一可算是文士：1. 可知作有诗或赋；2. 有可知的体现文才又唐人常用的如记、序、铭、墓志等文体的作品；3. 传世或出土文献中言其有文才；4. 可知有文集；5. 可知有著作；6. 进士及第，唐代进士科首重诗

---

① 大同北朝艺术研究院《北朝艺术院藏品图录：墓志》，第108页。
② 王连龙：《新见北朝墓志集释》，第91页。
③ 叶炜、刘秀峰：《墨香阁藏北朝墓志》，第102页。
④ 胡戟：《大唐西市博物馆藏墓志》，第17页。
⑤ 王其祎、周晓薇：《隋代墓志铭汇考》第五册，第201页。

赋，所以中进士者亦一般有文才。

一、唐代元氏家族的文学成就

（一）初盛唐元氏文士的文学活动

初唐最重要的元氏文士有元希声、元万顷、元兢等，他们的诗歌以应制之作为主，是初唐诗风的显现。元希声为昭成帝子力真之后，是元氏在唐初最重要的文士之一。元希声七岁善属文，举进士。累官司礼博士，预修《三教珠英》。景龙初，进吏部侍郎。集三十卷，今存诗九首，《全唐诗》卷一百一存有《赠皇甫侍御赴都八首》，为四言诗，每章八句，此所谓八首其实即八章，继承雅颂类四言赠答诗传统，歌颂会稽人皇甫侍御之才德。元希声另有补遗一首，《宴卢十四南园得园韵》："超遥乘暇景，洒散绝浮喧。写望峰云出，开襟夏木紧。野人怜狎鸟，游子爱芳荪。卧筱低临席，惊流注满园。□然林下意，琴酌坐忘言。"[①] 宴饮之作中，融入出尘之想，与崔湜在《故吏部侍郎元公（希声）碑》中载希声"于鼓琴尤工，幽居绿水之操。常抵傲纵恣，不求闻达"[②] 的名士气正合。

元万顷为景穆帝子京兆王子推之后，高宗、武后时期颇受重用，高宗时曾为北门学士，武后临朝又为凤阁舍人、凤阁侍郎。元万顷存诗四首《奉和〈太子纳妃太平公主出降〉》（五律）、《奉和〈春日池台〉》（五绝）、《奉和〈春日〉二首》（七绝），皆为应制之作。沈佺期曾与元万顷唱和，作有《和元舍人万顷〈临池玩月戏为新体〉》，元万顷原诗已佚。通过沈佺期诗及元万顷所存诗，可知二人诗风相近，基本为宫廷应制风格。

初唐的著名元氏文士还有元兢。元兢，字思敬，未详所属元氏家族支系，龙朔元年（661）为周王（李显）府参军，与文学刘祯

---
① 陈尚君：《全唐诗补编》，北京：中华书局，1992年，第18页。
② （清）董诰等编，孙映逵等点校：《全唐文》，第1689—1690页。

(祎)之、典签范履冰在王府十馀年,总章中为协律郎,预修《芳林要览》,元兢是诗人、诗论家。《新唐书》卷六十《艺文志》:集部总集类录《芳林要览》三百卷许敬宗、顾胤、许圉师、上官仪、杨思俭、孟利贞、姚璹、窦德玄、郭瑜、董思恭、元思敬集。又录元思敬《诗人秀句》二卷,《宋(沈)约诗格》一卷。① 《诗人秀句》又称《古今诗人秀句》,摘录汉至初唐上官仪四百名诗人的秀句。《日本国见在书目》小学类著作有元兢《诗髓脑》一卷,还有《诗髓脑注》一卷。《沈约诗格》即《诗髓脑》。卢盛江以为,《诗髓脑》之成书晚于《文笔式》以及《古今诗人秀句》。《古今诗人秀句》约成书于咸亨二年(671)前后,故《诗髓脑》之成书当在咸亨二年或永隆元年(680)之后。孙猛以为《文镜秘府论》之架构即据《诗髓脑》②。元兢诗歌理论著作《诗髓脑》是齐梁体至律诗形成过程中的诗歌理论总结,对律诗的定型具有重要推动作用,目前可靠大致有声调、属对、文病三部分,在论声调时元兢还时以己作为例。空海将此书带回日本,并将其辑入《文镜秘府论》,对日本文士的诗歌声律学如藤原忠宗的《作文大体》、藤原公任的《新撰髓脑》、源俊赖的《俊赖髓脑》等多有影响。③ 在论声调时元兢还时以己作为例,可见元兢不仅为批评家,也是一位重要诗人。《文镜秘府论》南卷,载有元兢《诗人秀句序》,据序文,褚亮《古文章巧言语》,已有摘句品评,元兢与褚亮诗学观有异,故在摘句方面有不同的偏好,《诗人秀句》并且完善了摘句品评的体例。元兢在龙朔元年(661)编《芳林要览》的基础上历时十年约咸亨二年(671)前后编成《诗人秀句》。摘句品评导源于钟嵘《诗品》,成立于元兢《诗人秀句》。摘句不仅是将佳句提供给读者,也是通

---

① (宋)欧阳修、宋祁:《新唐书》,第1622、1623、1625页。
② 孙猛:《日本国见在书目详考》,第518—519页。
③ 张伯伟:《全唐五代诗格汇考》,南京:江苏古籍出版社,2002年,第112—113页。

第四章 元氏家族文学与学术研究

过选择佳句来传播编者的诗学思想。在序言中，元兢提出"以情绪为先，直置为本；以物色留后，绮错为末。助之以质气，润之以流华，穷之以形似，开之以振跃。"（《文镜秘府论》南卷《集论》引）[1]，强调以抒发真情、直置为本，但又要以声律、辞藻等表现之。"开之以振跃"亦可见元兢对风骨之重视。元兢的诗学思想近开"四杰"、陈子昂，远启声律风骨始备的开元之音。元兢存诗一首《于蓬州野望》："飘飘宕渠域，旷望蜀门限。水共三巴远，山随八阵开。桥形疑汉接，石势似烟回。欲下他乡泪，猿声几处催。"元兢《诗髓脑》中正以这首己作讨论换头："此篇第一句头两字平，次句头两字去上入；次句头两字去上入，次句头两字平；次句头两字又平，次句头两字去上入；次句头两字又去上入，次句头两字又平。如此轮转，自初以终篇，名为双换头，是最善也。"[2] 元兢该诗作于蓬州（治大寅，今四川仪陇东南）时，颔联颇为壮阔，尾联有馀味，听猿啼而思乡，表现回到京城的愿望，亦诗之主旨。用典自然，不影响诗歌之理解。一改初唐绮错婉媚的诗风，确实实践了"以情绪为先，直置为本，开之以振跃"等诗学观。越僧元鉴有《续古今诗人秀句》二卷（《宋史》卷二〇九《艺文志》）[3]，则是元兢《古今诗人秀句》的续编。皎然《诗式》卷一："畴昔国朝协律郎元兢与越僧元鉴集秀句。二子天机素少，选又不精。多采浮浅之言，以诱蒙俗。特与薋夫偷语之便，何异借贼兵而资盗粮？无益于诗教矣。"[4] 对元兢、元鉴编秀句多有批评，这是诗学观之异。而所谓"以诱蒙俗"的不满之词中，亦可见秀句对初学诗者的影响力尤大。元鉴与元兢约时代相近。但元鉴为法名，其并非元氏

---

[1] ［日］遍照金刚撰，卢胜江校考：《文镜秘府论汇校汇考》，北京：中华书局，2015年，第1472页。
[2] 张伯伟：《全唐五代诗格汇考》，第114—115页。
[3] （元）脱脱等：《宋史》，北京：中华书局，1977年，第5409页。
[4] （唐）皎然著，李壮鹰校注：《诗式》，北京：人民文学出版社，2003年，第42页。

文士。

仪凤四年（679）四月，元善亲自为妻公孙氏撰写墓志，则元善有文才。据《大唐慈州□□□元善妻公孙氏墓志》，公孙氏（627—678）仪凤三年卒时，已归元善三十八年。元善缺乏亲属，全靠爱妻的扶持①。则公孙氏贞观十四年（640）十四岁时归元善，墓志中叙述公孙氏生平细节非常感人。景穆帝子汝阴王天赐之后元琰为其妻京兆韦金（659—683）撰墓志（《大唐前安州都督府参军元琰妻韦（金）志铭》）②，妻子疾病时，元琰不在身边，去世时才归来，非常内疚痛心，表达对亡妻的怀念，真挚感人。

武周证圣（695）中有宣德郎、行幽州司户参军昭成帝孙常山王遵之后元思叡，其文存有造像记一篇。③《元和姓纂》卷四："（元）文豪，太仆少卿，生思齐、思哲、思玄。思齐，郑州刺史。思哲，舒州刺史。思玄，右领军。思玄，生直，南州刺史。"④ 据《大周故河东柳府君（怀素）墓志》，柳怀素卒于延载元年（694）七月，其妻元氏为太仆少卿元文豪女。⑤ 元文豪子元思玄陪葬昭陵。⑥ 则元思叡与思齐、思哲、思玄生活于同时期，约为从兄弟族人。景龙间河内司马元道为其舅颇有名士气的处士陇西李延桢撰墓志（《唐故处士陇西李君（延祯）墓志铭》）⑦，则元道亦有一定文才。元莹有文才，现可知撰《唐斛律都水夫人范阳县君卢氏（廉贞）墓志》⑧、《大唐故朝散大夫、并州大都督府榆次县令上柱国萧

---

① 周绍良、赵超：《唐代墓志汇编》，第648页。
② 周绍良、赵超：《唐代墓志汇编续集》，第262页。
③ 陆心源：《唐文续拾》，《全唐文》，太原：山西教育出版社，2002年，第6687页。
④ 林宝撰，陶敏校证，李德辉整理：《元和姓纂新校证》，第150页。
⑤ 周绍良、赵超：《唐代墓志铭汇编续集》，第331—332页。
⑥ 王溥：《唐会要》卷二十一，北京：中华书局，1955年，第414页。
⑦ 陈尚君：《全唐文补编》，北京：中华书局，2005年，第276—277页。
⑧ 中国文物研究所、千唐志斋博物馆：《新中国出土墓志（河南叁·千唐志斋）》，北京：文物出版社，2008年，上册第86页，下册第63—64页。

公（袥）墓志铭》①，两方墓志分别撰于景龙三年（709）和开元三年（715），则元莹为初盛唐之间文士。

盛唐著名元氏文士有元行冲，元行冲为昭成帝孙常山王遵之后，元行冲不仅是文士，也是元氏家族在唐代最有名的学者之一。元行冲、元庭坚的成就主要在学术上，将在下文"唐代元氏家族的学术研究"中详述。

明元帝之后开元间的神童元豹蔚，八岁诵《孝经》《论语》，九岁诵《周易》《老子》，十岁诵《左氏传》。"年十五通两经大义。稚龄工书，风骨峻净，侪夷莫拟。每怀翰赋像，自会文意"。开元五年，英年早逝，元豹蔚父元福将，以骚体诗为之铭："漆沮之右兮嵯峨东，霜松萧瑟兮多悲风。龟既叶兮筮复同，埋尔骨兮在此中。千秋万岁兮恨难穷。"② 深情痛惜儿子之早逝，为唐代诗歌之佚诗，则元福将亦有一定的诗才。从墓志中的描述看，元豹蔚亦有文才。

昭成帝子力真之后绵州长史元平叔子李林甫女婿元拟（元挹弟）曾与岑参唱和，天宝八九载间岑参在安西幕府时作《岁暮碛外寄元拟》："西风传戍鼓，南望见前军。沙碛人愁月，山城犬吠云。别家逢逼岁，出塞独离群。发到阳关白，书今远报君。"③ 描写西域景象、表达对好友元拟的思念，元拟约有答诗（已佚）。

元通理（元希声兄）有文才，先天二年为随州刺史时撰《大唐故左卫郎将杨府君（楚锐）墓志文》④。开元间有元海，《新唐书》卷六十《艺文志四》集部别集类录《元海集》十卷注：字休则，开

---

① 胡戟、荣新江：《大唐西市博物馆藏墓志》，第384—385页。
② 胡戟：《珍稀墓志百品》，第118—119页。
③ （唐）岑参撰，廖立笺注：《岑参诗笺注》，北京：中华书局，2018年，第462页。
④ 刘文、杜镇：《陕西新见唐朝墓志》，第145—146页。

元临河尉①。则元海开元间曾为临河县（治今河南浚县东北）尉，既然有别集，当亦为能文者，诗歌是唐人最基本的文体，别集中自然是诗歌，惜元海作品皆佚，具体事迹未详。孝文帝之后元守鹥（658—730）为睿宗长子、玄宗长兄宁王记室，据《大唐故宁王府记室上柱国元府君（守鹥）墓志铭》："授宁王府记室，西园飞盖，宴公子之清谈；东阁延宾，接王侯之雅论。"② 墓志中以曹丕和其侍从邺城西园游宴赋诗比喻宁王府的游宴活动，大约元守鹥作为记室亦有文才，常参与宁王府的游宴清谈赋诗等活动。

明元帝子孙乐安王范之后元德秀是名重当世的儒者，亦是古文运动的先驱，据李华《元鲁山墓碣铭》，元德秀字紫芝，进士及第，终身未娶，居于陆浑。曾任鲁山令，天宝十二载九月二十九日，终于陆浑草堂，十月十二日葬于所居南冈。墓碣还记载了元德秀淡泊的人生态度和著作"居无扃钥墙藩之禁，达生齐物，从其所好。时属歉岁，涉旬无烟，弹琴读书，不改其乐。好事者携酒食以馈之，陶陶然脱遗身世。涵泳道德，拔清尘而栖颢气，中古以降，公无比焉。知我或希，晦而不耀故也。是宜为国老，更论道佐世，而羔雁不至，殁于空山，可胜恸耶。所著文章，根玄极则《道演》，寄情性则《于蔫于》，思善人则《礼咏》，多能而深则《广吴公子观乐》，旷达而妙则《现题》，穷于性命则《蹇士赋》。可谓与古同辙，自为名家者也。又其恶万金之藏，鄙十卿之禄，富贵之辨，吾得其真。至哉元公！越轶古今，冲邃冥冥，纯朗朴浑，范于生灵。凡与门人，吟慕遗风，谥曰'文行先生'，从古也。"③ 卢载《元德秀诔》："谁为府君，犬必啗肉。谁为府僚，马必食粟。谁死元公，馁死空腹。"④ 亦言元德秀卒于贫

---

① （宋）欧阳修、宋祁：《新唐书》，第1602页。
② 赵文成、赵君平：《秦晋豫新出墓志蒐佚续编》，第647页。
③ （清）董诰等编，孙映逵等点校：《全唐文》，第1932页。
④ （清）董诰等编，孙映逵等点校：《全唐文》，第2630页。

困中。元德秀现存诗一首《归隐》:"缓步巾车出鲁山,陆浑佳处恣安闲。家无仆妾饥忘馔,自有琴书兴不阑。"① 作于其归隐陆浑时,描述的正是琴书自娱的生存状态。

萧颖士与元德秀有交游,元德秀为鲁山令时,萧颖士曾至鲁山县(治今河南鲁山)拜访德秀,萧颖士作《重阳日陪元鲁山德秀登北城瞩对新霁因以赠别》:

山县绕古堞,悠悠快登望。雨馀秋天高,目尽无隐状。绵连滍川回,杳渺鸦路深。彭泽兴不浅,临风动归心。赖兹琴堂暇,傲睨倾菊酒。人和岁已登,从政复何有。远山十里碧,一道衔长云。青霞半落日,混合疑晴曛。渐闻惊栖羽,坐叹清夜月。中欢怆有违,行子念明发。仅能泯宠辱,未免伤别离。江湖不可忘,风雨劳相思。明时当盛才,短伎安所设。何日谢百里,从君汉之滋。②

当时正为天宝承平之岁,但元德秀已有挂冠之意,该诗四句一转韵,平仄韵交替,韵律悠扬。萧颖士、元德秀是古文运动的先驱,两人文学观念相近,又皆为耿介之士,两人重阳登高而抒归隐之怀和离别之思(萧颖士明天就要出发),元德秀答诗已佚。

太武帝子临淮王谭之后元黄中(682—744)有文才,据《元黄中墓志》:"公明经擢第,解褐眉州参军。历河间县丞、睢阳县录事参军、冯翊郡司户参军,所莅皆以清白进。除大理寺丞。节比朱丝,钦恤为务。手持丹笔,小大以情。况负邹牧(枚)之文章,范张之言信。"③ 以邹阳、枚乘之文章,范雎、张仪之言辞比元黄中,则元黄中有一定的文学和论辩才能。开元中元承徽,作《上符瑞封

---

① 陈尚君:《全唐诗补编》,第353页。
② (清)彭定求等编:《全唐诗》,北京:中华书局,1960年,第1595—1596页。
③ 毛阳光:《洛阳流散唐代墓志汇编续集》,第318—319页。

事》。① 元承先开元时擢书判拔萃科,作《对无夫修堤堰判》。② 二人约为兄弟行。

天宝间元明、元份、元习、元卓(乡贡进士)亦有文才,元明撰《为宁王谢亡兄赠太子太师表》,让皇帝宁王李宪子李琳嗣宁王,李琳兄汝阳王李琎为宁王长子,天宝初加特进,天宝九载(750)卒,赠太子太师。元明为李琳作谢表。安史之乱李琳从玄宗幸蜀,终于至德二载(757)。元明不可能如《全唐文》所言为唐德宗时人,元明约为玄宗、肃宗时人③。宗室李琳请元明为文,元明当有文名。元份撰《大唐故汴州尉氏县令衡公前夫人范阳卢氏墓志铭》④,元习撰《大唐故朝议郎行白水军兵曹参军段君(俊之)志铭》⑤,元卓撰《大唐故兴州刺史李公(守宗)夫人范阳卢氏墓志铭》⑥。四人支系未详。

(二)中晚唐元氏文士的文学活动

1. 盛中唐间元氏文士的文学活动

盛中唐间的元氏文士主要有元结、元季川、元友直、元友让、元友谅、元晟、元诜、元昱、元子求、元子贡、元翱等。

元结为昭成帝孙常山王遵之后,元结与其宗兄元德秀同为古文运动的先驱,元结现存诗歌98首,全部是古体诗,其系乐府"引起义以名之"(系乐府序)即就意名题,根据诗歌内容以命题,而非咏旧乐府题,亦非以古体写时事,内容主旨上是"上感于上,下化于下",也就是《诗大序》的"上以风化下,下以风刺上",系乐

---

① 董诰等编,孙映逵等点校:《全唐文》,第1836页。
② 董诰等编,孙映逵等点校:《全唐文》,第2404页。
③ 李德辉:《全唐文作者小传正补》,沈阳:辽海出版社,2010年,第672—673页。
④ 310国道孟津考古队:《洛阳孟津西山头唐墓发掘报告》,《华夏考古》1993年第1期。
⑤ 周绍良、赵超:《唐代墓志汇编续集》,上海:上海古籍出版社,2001年,第644页。
⑥ 毛阳光:《洛阳流散唐代墓志汇编三集》,第360—361页。

府继承了乐府诗"感于哀乐,缘事而发"的传统,又开"即事名篇"的新乐府之先河。元结之文以古文为主,其文"危苦激切"(李商隐《元结文集后序》中语),忧时伤乱,关心民瘼,启古文运动之先声,元结不像后来的古文家那样明确提出尊经、明道的古文创作目的,他的古文更多的是直接对现实社会的反映。积极用世,关心时政,实现了其祖利贞以儒学立家的愿望。但元结也时有全身远害之心,除了儒道互补的传统外,也与其父延祖早年对他的影响有些关系。只是其父以隐逸为主,兼有家国情怀,而元结人生过多处于乱世,其以儒家用世之心为主,辅以山林之怀。如元结的《说洄溪招退者》《游潓泉示泉上学者》《石鱼湖上作》《宿丹崖翁宅》等即体现其思想中的隐逸情怀。元结的文中一些讽刺现实的杂文小品与其关心现实的诗歌相呼应(一些刺史小品甚至影响到晚唐杜荀鹤、皮日休的讽世小品)。他的一些山水小品将自己的人格投影到山水中,已开柳宗元山水游记风格之先河,如《右溪记》言右溪"置州以来无人赏爱,徘徊溪上,为之怅然",也是对自己失意的感慨。

元结的诗歌除了系乐府等直面现实、关心民瘼的题材外,还有山水诗、民歌等。总体上受其文学思想影响,元结的诗歌内容充实而形式上则相对薄弱,缺乏精深的艺术锤炼。如其山水诗缺乏空灵之境,就与元结的诗学观及其诗体选择等相关。元结的诗歌可谓风骨有余而声律不足。《箧中集》是元结表达其文学思想的诗歌选本,《箧中集》选友人沈千运、王季友、于逖、孟云卿、张彪、赵微明、从弟元季川七人的诗歌凡二十四首,皆为古体诗。七人大多"以正直无禄位,皆以忠信而久贫贱,皆以仁让而致丧亡"(元结《箧中集》序)。与初唐陈子昂等提倡风骨的复古诗风不同,元结选编《箧中集》又有更多的寒士的失意不平、贫士的困顿哀鸣,与大历诗人在这些情境上又有相通处。对韩、孟诗风亦有启发。

元结子元友直作有《小苑春望宫池柳色》:"柳色新池遍,春光御苑晴。叶依青阁密,条向碧流倾。路暗阴初重,波摇影转清。风从垂处度,烟就望中生。断续游蜂聚,飘飘戏蝶轻。怡然变芳节,愿及一枝荣。"元结子、元友直弟元友让作有《复游浯溪》:"昔到才三岁,今来鬓已苍。剥苔看篆字,薙草觅书堂。引客登台上,呼童扫树旁。石渠疏拥水,门径厮丛篁。田地潜更主,林园尽废荒。悲凉问耆耋,疆界指垂杨。"[1] 浯溪在湘水之南(在今湖南祁阳西南),元友直诗描绘小苑宫池的旖旎风光,文笔清新,元友让诗描写浯溪的萧瑟,笔调凄凉。元结爱作朴拙的古体诗,其子元友直、元友让则亦作清丽的近体诗。二人在诗体选择上与元结有一定差别,亦是文学观、生活观不尽相同。元结从子元友谅作有《汶川县唐威戎军制造天王殿记》[2],文中对天王殿的描写颇有文采,文章还表达了守护边防的决心。

元季川为元结从弟,是大历贞元间诗人,有四首留存,即元结《箧中集》所收之《泉上雨后作》《登云中》《山中晓兴》《古远行》,多抒发贫士隐逸之怀。

元结是盛唐至元白间的过渡。这一时期的元氏诗人还有元晟等。元晟曾与萧颖士交游,元晟亦有诗才,天宝十二载(753)进士元晟作有《送萧夫子赴东府得引字》:"吾见夫子德,谁云习相近。数仞不可窥,言味终难尽。处喧虑常澹,作吏心亦隐。更有嵩少峰,东南为胜引。"同时赋诗的还有刘太冲、姚发、郑愕、殷少野、邬载。《全唐诗》卷二百九作者小传中载四人为天宝十二载(753)进士,而元晟小传则称其为河南府进士。[3] 既然同时赋诗,

---

[1] 二诗见于(清)彭定求等编:《全唐诗》卷二百八十八,第3291页;卷二百五十八,第2882页。
[2] 董诰等编,孙映逵等点校:《全唐文》卷六百二十,第3700页。
[3] (清)彭定求等编:《全唐诗》,第2176—2178页。

则元晟与刘太冲、姚发、郑愕、殷少野、邬载一样为天宝十二载进士。《新唐书》卷二百二《文苑传·萧颖士》："史官韦述荐颖士自代，召诣史馆待制，颖士乘传诣京师。而林甫方威福自擅，颖士遂不屈，愈见疾，俄免官，往来鄂、杜间。林甫死，更调河南府参军事。倭国遣使入朝，自陈国人愿得萧夫子为师者，中书舍人张渐等谏不可而止。"① 萧颖士本为史官，正与刘太冲诗中的"吾师继微言，赞述在坟典"、姚发诗中的"天生良史笔，浪迹擅文藻"相合，诸人的诗中歌颂萧颖士卓尔不群的才智、耿介拔俗人格以及表达对萧颖士教诲的感激。大约天宝十二载李林甫卒，萧颖士更调河南府参军事（刘太冲诗中的"逶迟东周路，春草深复浅。"、姚发诗中的"中夏授参谋"正指此），在出发前新进士元晟、刘太冲等为之送行赋诗赠别。当时倭国使者说要拜萧夫子为师，姚发诗中的"东夷愿闻道"即指此。

皇甫冉、李端亦与元晟交游，皇甫冉作有《送元晟归潜山所居》、李端作有《送元晟归江东旧居》。② 描述了元晟论诗作赋、讲学修道的闲居生活。皎然作《对陆迅饮天目山茶因寄元居士晟》："喜见幽人会，初开野客茶。日成东井叶，露采北山芽。文火香偏胜，寒泉味转嘉。投铛涌作沫，著椀聚生花。稍与禅经近，聊将睡网赊。知君在天目，此意日无涯。"③ 据诗意元晟居士居于天目山，元惟义（771—827）父元晟在年龄上与皎然（730—799）是同时代人，大约元晟一度居于天目山，后居江东。

大历间有诗人元诜，韩翃有《送元诜还江东》（一作《送太常元博士归润州》）：

---

① （宋）欧阳修、宋祁：《新唐书》，第5768页。
② （清）彭定求等编：《全唐诗》，第2825、3259页。
③ （清）彭定求等编：《全唐诗》，第9225页。

> 过江秋色在，诗兴与归心。客路随枫岸，人家扫橘林。潮声当昼起，山翠近南深。几日华阳洞，寒花引独寻。

郎士元有《送元诜还丹阳别业》：

> 已知成傲吏，复见解朝衣。应向丹阳郭，秋山独掩扉。草堂连古寺，江日动晴辉。一别沧洲远，兰桡几岁归。①

似元诜曾为太常博士，耿介辞官而归润州（丹阳正属于润州），与韩、郎同时，当亦为大历间人，具体事迹未详。《（嘉定）镇江志》卷十八："元诜，居丹阳，处士，有诗名。"② 则元诜并非一开始就是处士，是后来辞官而为处士居润州，元诜有诗名，惜其诗皆佚。

元昱出为义兴县（治今江苏宜兴）尉，卢纶、李端为之送别，卢纶作《送元昱尉义兴》："欲成云海别，一夜梦天涯。白浪缘江雨，青山绕县花。风标当剧部，冠带称儒家。去矣谢亲爱，知予发已华。"李端作《送义兴元少府》："逢君惠连第，初命更光辉。已得群公祖，终妨太傅讥。路长人反顾，草断燕回飞。本是江南客，还同衣锦归。"③ 则元昱为大历间人，元昱当有诗酬答卢纶、李端，惜其诗皆佚。

女道士元淳亦能诗，《瑶池新咏》所收元淳诗次于李季兰之后、吉中孚妻张夫人前，约亦大历前后人。④ 据俄藏敦煌文献《瑶池新咏集》残卷，可知元淳存诗七首，《秦中春望》："凤城春望好，宫阙一重重。上苑云中树，终南雪后峰。落花行处遍，佳气晚来浓。喜见休明代，霓裳蹑道踪。"《寄洛中姊妹》："旧国经年别，关河万

---

① 二诗见于（清）彭定求等编：《全唐诗》，第 2739、2783 页。
② （宋）卢宪：《（嘉定）镇江志》，中华书局编辑部《宋元方志丛刊》，北京：中华书局，1990 年，第 2527 页。
③ （清）彭定求等编：《全唐诗》，第 3185、3255 页。
④ 陈尚君：《唐女诗人甄辨》，北京：海豚出版社，2014 年，第 83 页。

里思。题书凭雁足,望月想蛾眉。白发愁偏觉,乡心梦独知。谁堪离乱处,掩泪向南枝。"《感兴》:"废业无遗迹,仙都寄此身。弟兄俱已尽,松柏问何人。"《闲居寄杨女冠》:"仙府寥寥殊未传,白云尽日对纱轩。只将沉静思真理,且喜人间事不喧。青冥鹤唳时闻过,杏蔼瑶台谁与言。闻道武陵山水好,碧溪东去有桃源。"《送霍□□(师妹)游天台》:"暂别万□□□□,□□□□□天台。霞城峭壁无人(到),丹灶芝田有鹤来。上元金胜何□在,阿母桃花几度开。日暮曲江相处望,翠屏要职白云隈。"《寓言》:"三千宫女露娥眉,笑煮黄金日月迟。鸾隔云攀不及,空山惆怅夕阳时。"《感春》:"□□□□钱,莺飞□扑地。燕□□□□,□□怨心事。不道芳□□,□□□□□。"[1] 据以上诗歌,元淳诗有五律、七律、五绝、七绝,可谓兼备众体。

有女道士元淳一,据《故上都至德观主女道士元尊师(淳一)墓志文》:"尊师法名淳一,河南人也。系□后魏,郁为令族,惟□虵祖,弈叶□萦□茂□□州河内县丞;才足干时,位不充量,□尊□大开□晤神假词华,龀岁而日诵万言;□□□过览三教,□驰山俗之虑,独蕴登真之想,乃怃然而叹曰:'修短存亡,曾何有常!与其劳主于此世,岂若轻举于殊方。与其兰堂之粉壁,岂若琼圃之霞床。与其鱼轩而象服,岂若驾鹤而蜕裳。与其朝荣兮暮落,岂若地久兮天长。'于是深入道门,大弘法要。天宝初,度为女道士,补至德观主。闲机丹灶,养德玄坛,人仰宗师,□高令问,优游恬旷,三纪于兹。大历中,竭来河洛,载抱沉痼。粤以□□年七月三日返真于东都开元观,春秋六十□□终,谓门弟子曰:'吾方欲撷三芝,练五石,干白日,升青天。虽事将志违,而道与心叶。适去

---

[1] (唐)蔡省风编,徐俊辑校:《瑶池新咏集》,傅璇琮、陈尚君、徐俊编《唐人选唐诗新编(增订本)》,北京:中华书局,2014年,第905—907页。

顺也，归夫自然。'言已如□□而不辞。是月十八日迁窆于龙门之北原。"① 墓志中元淳一卒年未有年号，当是从前而省，而前文提及大历，则其卒年当在大历间，由于墓志漫灭未知其具体卒年，但可知其卒年当为两位数，则元淳一卒年至晚在大历十四年（779）。据"河南人也。系□后魏，郁为令族，惟□弛祖，弈叶□紫□茂□□州河内县丞"，可知元淳一为元魏之后，墓志未言其所属支系，其祖上曾为河内县（治今河南沁阳）丞。元淳一、元淳为同时期人。元淳一天宝初度为女道士，为都城长安的至德观观主（岑文本作有《京师至德观法王孟法师（静素）碑铭》②，可知至德观在长安），元淳《秦中春望》正作于长安，元淳一后来又返回洛阳开元观，且葬于洛阳，洛阳为其家族根基所在，在此自然有同好，元淳作《寄洛中姊妹》正是对洛阳同好的思念，诗中"乡心梦独知"可见洛阳为其故乡。结合元淳诗歌，与元淳一在生平上有相似处，其诗时显其道士心迹，疑元淳即元淳一，"淳"约为"淳一"之省称。元淳一墓志中未提及其能诗，大约宗教主之墓志以述其得道为主，且又为女性，作诗终非其首业，故略之。

昭成帝孙常山王遵之后唐尚书右丞元怀景孙元子求亦能诗，元子求曾为主簿与皎然交游，皎然有诗《酬元主簿子球别赠》③岑仲勉即以为元子球和元子求"时代相当，当即一人"④。大约元子求远行前作诗赠别皎然（已佚），皎然作是诗酬答，皎然诗中以"清玉瑛"喻元子求诗，亦可见子求有诗才。又有元子贡，与史藏用、魏季龙、成贵、李昕、于邵、宇文赏、杨归俗同作《对夷攻蛮假道判》，诸人皆玄、肃、代、德间人，元子贡与子求同时代人，名中皆有"子"

---

① 周绍良、赵超：《唐代墓志汇编续集》，第729—730页。
② （清）董诰等编，孙映逵等点校：《全唐文》卷一百五十，第921—922页。
③ （清）彭定求等编：《全唐诗》，第9214页。
④ （唐）林宝撰，陶敏校证，李德辉整理：《元和姓纂新校证》，第149页。

字，约为同族人。① 昭成帝孙常山王遵之后元翺撰《故太原府太谷县尉元君（重华）墓志铭》，元翺为元重华从叔子，元重华为龙朔间为详刑寺（大理寺）少卿元大士（大士详见下文）玄孙。②

大历间有诗人元歕，元歕作《与老丈》："捧吟清句倍伤情，莫把乡心比杳冥，有水有山堪养性，得娱世授岂趋福。溪川秀气晴再合，画阁香烟动夜馨。留取红笺别番夜，忍教憔悴到天明。"诗前有启："丈人不以拙词钝口，嘱奉侍什，搜思穷心，容易率乐，但凭酒兴，勿嗤狂气。河南人元歕上。"元歕另有状，据文中之意，元歕与老丈多次诗歌书信往还，并称赞老丈之诗。老丈指独孤播，播曾官朔方，衔命至沙州，为河西道宣谕告幕使馆驿官。存诗一首："不厌穷途值九秋，得陪樽俎告此愁。□常亲略情允在，摘落文星未肯休。多病岂辞逢酒友，乏才宁免慕诗流。闻君壮志安边境，即日功成画词酬。"③ 称河南人元歕，则歕为元魏之后。状中落款"从侄元歕再拜老丈"，则元歕约为晚辈。

2. 中唐时期元氏文士的文学活动

中唐是唐代文学的第二个高峰，元氏文士中创作诗歌最多者、最有名者正出于此期间。中唐重要的元氏文士有元季友、元衮、元宽、元稹、元集虚、元宗简、元公瑾、元杰、元持、元锡、元洪、元繇等。京兆王子推之后元万顷曾孙元季方，永贞元年（805）以兵部尚书出使新罗，新罗文人崔致远《孤云先生文集》卷一《谢嗣位表》引元季方《纪鹤林政事》"但美诗书教，曾无鼙鼓喧"④，元季方诗赖此而存残句。

---

① 李德辉：《全唐文作者小传正补》，沈阳：辽海出版社，2010年，第1284页。
② 周绍良、赵超：《唐代墓志汇编续集》，第759页。
③ 陈尚君：《唐五代诗全编》第十六册，上海：上海古籍出版社，2024年，第338—339页。
④ 陈尚君：《唐五代诗全编》第二十一册，第3—4页。

元衮（758—809）为阳平王新成之后，武元衡（758—815）曾与之交游唱和，武元衡作《酬元十二》："偶寻乌府客，同醉习家池。积雪初迷径，孤云遂失期。风前劳引领，月下重相思。何必因尊酒，幽心两自知。"① 武元衡与元衮年岁相近，乌府正指御史台，习家池在襄阳为东汉襄阳侯习郁之宅前池，据《唐故鄂岳观察推官监察御史里行上柱国元公（衮）墓铭》："元和二年，高平公自黔南归阙，公亦随之，策勋上柱国。又高平公作尹□神州，诏授万年主簿。未旬日，高平公廉察江夏，又表公复授监察御史里行、鄂岳观察推官。"② 元衮受到鄂岳观察使高平公郗士美赏识为其推官并为监察御史里行，襄阳正是在鄂岳观察使的管辖范围内，元衮又为御史，在御史府和襄阳皆曾与武元衡交游，大约元衮在江夏一带作诗表达对武元衡的思念（已佚），武元衡在长安作是诗酬答以表达与元衮的两地思念。可知元衮在家族中排行十二。据元衮墓志，其父元潮卒于贞元己巳（贞元五年789），元衮为墓志撰写者弟仲容之元兄，可知元衮为元潮长子。据元衮子元襄墓志，元潮有五子，长子衮，次子处士襄，三子充，四子京（还有幼子未记载），还有幼女未笄而入佛门。③ 充有大、长、满之义，而容有盛之义，意义有关联处，大约仲容即充之字，因元襄（771—801）早卒，而充成为老二，而称仲。元仲容为元衮撰墓志，亦有一定文才。元京为其叔（元潮弟）元潜（747—805）撰墓志，作《唐故处士河南元公（潜）墓志铭》，墓志由元潜侄元章书写。④ 则元章当即元衮幼子。元充（仲容）、元京为元襄、元潜撰写墓志，可知有文才。景穆帝子京兆王子推九代孙、凤阁舍人元万顷曾孙、赠秘书监元正（止）子监察

---

① （清）彭定求等编：《全唐诗》，第 3555 页。
② 周绍良、赵超：《唐代墓志铭汇编续集》，第 816—817 页。
③ 周绍良、赵超：《唐代墓志汇编》，第 1915—1916 页。
④ 吴钢：《全唐文补遗》第一辑，西安：三秦出版社，1994 年，第 253 页。

御史元季方有文才，为其姊撰墓志，作《唐故怀州嘉获县令姚府君（鋆）夫人河南元氏墓志铭》①。

元稹为昭成帝子力真之后，是元氏在中唐乃至整个唐代最著名的文士，有元稹已足以使元氏家族文士在唐代文学中具有重要影响力。元稹的诗歌深于情，抒情大胆用词艳丽，如其艳诗、悼亡诗，元稹文学亦多开创性，其以小说、叙事体入诗，开创了以闲适短章和次韵相酬的长篇排律为主的元和体诗风。深于情和创新性是元稹诗歌主要特色，除了与当时的社会风尚有一定关系外，似与元稹血液深处鲜卑皇族的文化基因、文化积淀有一定关系。元稹研究已是汗牛充栋，兹不赘述。

元稹、白居易的好友景穆帝子孙阳平王熙之后元宗简是元和时期的重要诗人，他的诗歌以近体诗为主，从诗体的选择上，已显现与其同族前辈元结不同的诗学思想和创作风格，元宗简有诗歌近七百首，惜未留存，亦是元和体的代表诗人。从白居易为元宗简文集所作序中可以大致了解其诗文创作情况。元宗简为景穆帝子孙阳平王新成之后，白居易宝历元年（825）冬十二月在苏州所作之《故京兆元少尹文集序》言及元宗简诗文创作情况：

> 天地间有粹灵气焉，万类皆得之，而人居多。就人中，文人得之又居多。盖是气凝为性，发为志，散为文，粹胜灵者，其文冲以恬。灵胜粹者，其文宣以秀。粹灵均者，其文蔚温雅渊，疏朗丽利，检不扼，达不放，古常而不鄙，新奇而不怪。吾友居敬之文，其殆庶几乎！居敬姓元，名宗简，河南人。自举进士，历御史府，尚书郎，讫京亚尹，凡二十年，著格诗一百八十五，律诗五百九，赋述铭记书碣赞序七十五，总七百六

---

① 中国文物考古研究所、河南省文物考古研究所：《新中国出土墓志（河南贰）》，北京：文物出版社，2002年，上册第288—289页，下册第300—301页。

十九章，合三十卷。长庆三年冬，疾弥留，将启手足，无他语。语其子途云：'吾平生酷嗜诗，白乐天知我者，我殁，其遗文得乐天为之序，无恨矣。'既而途奉理命，号而告予。无几何，会予自中书舍人出牧杭州，岁馀改右庶子，移疾东洛。明年，复刺苏州。四年间三换官，往复奔命，不啻万里。席不遑暖，矧笔砚乎？故所托文，久未果就。及刺苏州，又剧郡。治数月，政方暇。因发阅箧襞，睹居敬所著文，其间与予唱和者数十首。烛下讽读，憯恻久之，怳然疑居敬在傍，不知其一生一死也。遂援笔草序，序成复视，涕与翰俱。悲且吟曰：'黄壤讵知我，白头徒念君。唯将老年泪，一洒故人文。'重曰：'遗文三十轴，轴轴金玉声。龙门原上土，埋骨不埋名。'呜呼居敬！若职业之恭慎，居处之庄洁，操行之贞端，襟灵之旷淡，骨肉之敦爱，丘园之安乐，山水风月之趣，琴酒啸咏之态，与人久要，遇物多情，皆布在章句中，开卷而尽可知也。故不序。时宝历元年冬十二月乙酉夕，在吴郡西园北斋东牖下作序。①

元宗简字居敬，据白居易序文可知，其有诗六百九十四首，文七十五篇，诗文总七百六十九章，合三十卷。则元宗简是元氏在唐代除元稹外最重要的文士了。但今所见唐诗无元宗简作品，"著格诗一百八十五，律诗五百九"，格诗即古体诗，律诗即近体诗，则元宗简以作近体诗为主。元宗简诗虽皆散佚，但通过白居易等与元宗简的唱和赠答之作，大体可推测元宗简的诗风特点。

先看元宗简与白居易的交游唱和。

贞元十九年（803）至永贞元年（805）白居易为校书郎间②，

---

① （唐）白居易著，谢思炜校注：《白居易文集校注》，第1823—1826页。
② 本书有关白居易的生平依据朱金城：《白居易年谱》，上海：上海古籍出版社，1982年。

曾与元宗简同游曲江，白居易作《答元八宗简同游曲江后明日见赠》："长安千万人，出门各有营。唯我与夫子，信马悠悠行。行到曲江头，反照草树明。……归来经一宿，世虑稍复生。赖闻瑶华唱，再得尘襟清。"（闲适，实亦为格诗）① 曲江可濯缨，体现了白居易大隐隐于市的情怀，元宗简与之心性相近，且此诗为答元宗简诗而作，可见元宗简诗中约亦表达这样的思想。

元和三年（808）至六年白居易为翰林学士时，与奉礼郎元宗简交游唱和，白居易《答元奉礼同宿见赠》："相逢俱叹不闲身，直日常多斋日频。晓鼓一声分散去，明朝风景属何人。"（律诗）② 元宗简与白居易同宿而赠诗，为明朝各分散而惆怅，可见与元宗简之心有戚戚的情谊。

元和五年白居易、张籍为元宗简归凤翔（治今陕西凤翔）送行，白居易作《送元八归凤翔》："莫道岐州三日程，其如风雪一身行。与君况是经年别，暂到城来又出城。"（律诗）③ "与君况是经年别"可知元宗简元和四年离长安至凤翔。张籍作《送元宗简》："貂帽垂肩窄皂裘，雪深骑马向西州。暂时相见还相送，却闭闲门依旧愁。"④ 据诗中所述，送行约在元和五年冬。大约此期间元宗简大约一度居于凤翔，短暂来长安后又回凤翔，好友白居易、张籍为之送行。

元和六年白居易遭母丧，至下邽（治今陕西渭南市下吉镇）服丧，元和八年服除，仍居下邽，元和九年回长安，授太子左赞善大夫，在下邽期间某年秋，白居易在东陂（金氏陂）想念元宗简，作《东陂秋

---

① （唐）白居易著，谢思炜校注：《白居易诗集校注》，北京：中华书局，2006年，第451页。
② （唐）白居易著，谢思炜校注：《白居易诗集校注》，第1093页。
③ （唐）白居易著，谢思炜校注：《白居易诗集校注》，第1078页。
④ （唐）张籍著，徐礼节、余恕诚校注：《张籍集系年校注》，北京：中华书局，2011年，第656—657页。

意寄元八》:"寥落野陂畔,独行思有殊。秋荷病叶上,白露大如珠。忽忆同赏地,曲江东北隅。秋池少游客,唯我与君俱。……唯有人分散,经年不得书。"(闲适,实亦为格诗)① 回忆同游曲江的情景,感叹因服丧下邽已多年与元宗简往来,虽书信亦乏。

元和十年元宗简从蓝田山移居昇平里。白居易作《欲与元八卜邻先有是赠》:"平生心迹最相亲,欲隐墙东不为身。明月好同三径夜,绿杨宜作两家春。每因暂出犹思伴,岂得安居不择邻。可独终身数相见,子孙长作隔墙人。"(律诗)② 两人心性相近而最相亲,白居易想与元宗简做邻居,且希望子孙亦为邻。元宗简当有答诗。

白居易作《和元八侍御〈昇平新居四绝句〉》(时方与元八卜邻):

《看花屋》:"忽惊映树新开屋,却似当檐故种花。可惜年年红似火,今春始得属元家。"

《累土山》:"堆土渐高山意出,终南移入户庭间。玉峰蓝水应惆怅,恐见新山忘旧山"(自注:元旧居在蓝田山)。

《高亭》:"亭脊太高君莫圻,东家留取当西山。好看落日斜衔处,一片春岚映半环。"

《松树》:"白金换得青松树,君既先栽我不栽。幸有西风易凭仗,夜深偷送好声来。"(律诗)③

则元宗简原作有《昇平新居四绝句》,花屋、土山、高亭、松树等当是昇平里元家花园中所有。元宗简至晚和十年春迁御史,白居易在为元宗简文集所作序中提及其"历御史府"即指此。

元宗简迁至昇平里,与白居易更近了,二人多有赠答唱和。白

---

① (唐)白居易著,谢思炜校注:《白居易诗集校注》,第550—551页。
② (唐)白居易著,谢思炜校注:《白居易诗集校注》,第1172页。
③ (唐)白居易著,谢思炜校注:《白居易诗集校注》,第1189—1190页。

居易作《朝归书事寄元八》："进入阁前拜，退就廊下餐。归来昭国里，人卧马歇鞍。却睡至日午，起坐心浩然。况当好时节，雨后清和天。柿树绿阴合，王家庭院宽。瓶中鄠县酒，墙上终南山。独眠仍独坐，开衿当风前。禅僧与诗客，次第来相看。要语连夜语，须眠终日眠。除非奉朝谒，此外无别牵。年长身且健，官贫心甚安。幸无急病痛，不至苦饥寒。以此聊自适，外缘不能干。唯应静者信，难为动者言。台中元侍御，早晚作郎官。未作郎官际，无人相伴闲。"（闲适，实亦为格诗）[1] 是时白居易为太子左赞善大夫，比较清闲，诗中正描述了朝归后的闲适生活，而为御史的元宗简颇为繁忙，白居易也期盼与元宗简再同享悠游之趣。

白居易又作《曲江夜归闻元八见访》："自入台来见面稀，班中遥得揖容辉。早知相忆来相访，悔待江头明月归。"（律诗）[2] 自元宗简为御史以来，公务繁忙，与白居易较少见面。元宗简来访而恰好白居易未归，白居易为此后悔自曲江晚归，可见二人友情深厚。白居易带着元稹的诗作拜访元宗简，作《雨中携元九诗访元八侍御》："微之诗卷忆同开，假日多应不入台。好句无人堪共咏，冲泥踏水就君来。"（律诗）[3] 只有与元宗简才能一起欣赏好句，则白居易、元宗简、元稹三人的诗风、诗歌思想多有相通之处。

元和十年秋，白居易贬江州司马，在长安至江州途中，白居易也收到元宗简寄赠的诗歌，白居易作《江上吟元八绝句》："大江深处月明时，一夜吟君小律诗。应有水仙潜出听，翻将唱作步虚词。"（律诗）[4]，白居易在江上吟诵元宗简的绝句（小律诗），水中仙子也要出来欣赏，将这美诗翻唱成道家之步虚词了，并沉醉于其中。

---

[1] （唐）白居易著，谢思炜校注：《白居易诗集校注》，第 577 页。
[2] （唐）白居易著，谢思炜校注：《白居易诗集校注》，第 1202 页。
[3] （唐）白居易著，谢思炜校注：《白居易诗集校注》，第 1197 页。
[4] （唐）白居易著，谢思炜校注：《白居易诗集校注》，第 1218 页。

元和十一年，闻元宗简改官，白居易作《夜宿江浦闻元八改官因寄此什》："君游丹陛已三迁，我泛沧浪欲二年。剑珮晓趋双凤阙，烟波夜宿一渔船。交亲尽在青云上，乡国遥抛白日边。若报生涯应笑杀，结茅栽芋种畲田。"（律诗）① "交亲"二句尤显二人此时虽居两地，而心灵相通。"改官"大约指元宗简由御史转金部员外郎。

元和十二年，白居易在江州继续与元宗简遥相唱和。白居易作《酬元员外三月三十日慈恩寺相忆见寄》："怅望慈恩三月尽，紫桐花落鸟关关。诚知曲水春相忆，其奈长沙老未还。赤岭猿声催白首，黄茅瘴色换朱颜。谁言南国无霜雪，尽在愁人鬓发间。"（律诗）② 金部员外郎元宗简在慈恩寺作诗赠远在江州的白居易，表达相忆之情，白居易作是诗答之，感叹鬓已霜而不知何时能回到长安与宗简相见。

元和十二年冬，白居易作《十二年冬江西温暖喜元八寄金石凌到因题此诗》："今冬腊候不严凝，暖雾温风气上腾。山脚崦中才有雪，江流慢处亦无冰。欲将何药防春瘴，只有元家金石凌。"（律诗）③ 元宗简自长安寄来了其家所制的金石凌，亦证宗简儒而知医。岁末白居易作《浔阳岁晚寄元八郎中庾三十三员外》："春深旧乡梦，岁晚故交情。一别浮云散，双瞻列宿荣。……可怜白司马，老大在浔城。"（律诗）④ 时值岁末，人亦到暮年，仍未能回到长安，衰老而不忍照镜，寄诗给左司郎中元宗简、礼部员外郎庾敬休，回忆长安宫中情景，表达对友人的思念、被贬江州的悲凉。结合张籍《和左司元郎中〈秋居〉十首》（详见下文），知是年秋元宗简已为左司郎中，则是年元宗简由金部员外郎历仓部郎中而转左司郎中。

---

① （唐）白居易著，谢思炜校注：《白居易诗集校注》，第1290页。
② （唐）白居易著，谢思炜校注：《白居易诗集校注》，第1322—1323页。
③ （唐）白居易著，谢思炜校注：《白居易诗集校注》，第1369页。
④ （唐）白居易著，谢思炜校注：《白居易诗集校注》，第1343页。

元和十二年岁末，白居易寄诗给元宗简、庾敬休表示内心的落寞后，为宽慰白居易，元和十三年，元宗简与白居易当有多次的诗歌赠答。其中有一次元宗简、庾敬休作《喜乌》盼他早归（唐人以为乌能占吉凶），白居易作《答元郎中杨员外〈喜乌〉见寄》："南宫鸳鸯地，何忽乌来止。故人锦帐郎，闻乌笑相视。疑乌报消息，望我归乡里。我归应待乌头白，惭愧元郎误欢喜。"（感伤，实亦为格诗）[1] 悲叹大概乌鸦头白才能回来，即难以回长安了。是年左司郎中元宗简还与太常博士杨巨源一起作诗慰问白居易，白居易作《答元八郎中杨十二博士》："身觉浮云无所著，心同止水有何情。但知潇洒疏朝市，不要崎岖隐姓名。尽日观鱼临涧坐，有时随鹿上山行。谁能抛得人间事，来共腾腾过此生。"（律诗）[2] 看似"身觉浮云、心同止水"，实际潜在地表现了白居易贬谪江州内心的落寞。自己内心深处的苦痛，只会向真正的朋友诉说，可见元宗简是白居易心目中的知己。

元和十三年岁末，白居易迁忠州刺史。元和十四年春，自江州前往忠州（治忠县，今重庆忠县）。在忠州也与元宗简异地唱和。白居易作《画木莲花图寄元郎中》："花房腻似红莲朵，艳色鲜如紫牡丹。唯有诗人应解爱，丹青写出与君看。"（律诗）[3] 抒写对好友元宗简的思念。

元和十五年，白居易在忠州作《哭诸故人因寄元八》："昨日哭寝门，今日哭寝门。借问所哭谁，无非故交亲。伟卿既长往，质夫亦幽沦。屈指数年世，收涕自思身。彼皆少我，先为泉下人。我今头半白，焉得身久存。好在元郎中，相识二十春。昔见君生子，今闻君抱孙。存者尽老大，逝者已成尘。早晚昇平宅，开眉一见

---

[1] （唐）白居易著，谢思炜校注：《白居易诗集校注》，第843页。
[2] （唐）白居易著，谢思炜校注：《白居易诗集校注》，第1390页。
[3] （唐）白居易著，谢思炜校注：《白居易诗集校注》，第1447页。

君。"(感伤，实亦为格诗)① 悲叹好多友人的离世，有所安慰的是，相识二十年的挚友元宗简还在世，且是时元宗简已有孙辈，白居易期待能回长安与宗简相见。

元和十五年夏，白居易自忠州召还，回长安后，除尚书司门员外郎，元宗简作《白须诗》以示，白居易作《吟元郎中〈白须诗〉兼饮雪水茶因题壁上》："冷咏霜毛句，闲尝雪水茶。城中展眉处，只是有元家。"(律诗)② 元宗简《白须诗》大约感叹自己亦已衰老，白居易感慨只有元宗简让他感到舒心。十二月，白居易改授主客郎中、知制诰。

长庆元年（821）春，白居易移居青龙冈作《题新居寄元八》："青龙冈北近西边，移入新居便泰然。冷巷闭门无客到，暖檐移榻向阳眠。阶庭宽窄才容足，墙壁高低粗及肩。莫羡昇平元八宅，自思买用几多钱。"(律诗)③ 自道新居窄小，自嘲莫羡元宗简宅。移新居后，白居易还作诗寄右司郎中元宗简、国子博士张籍，白居易作《新昌新居书事四十韵因寄元郎中张博士》："大底宗庄叟，私心事竺干。浮荣水划字，真谛火生莲。梵部经十二，玄书字五千。是非都付梦，语默不妨禅。博士官犹冷，郎中病已痊。"(律诗)④ 是诗长达八十句，是现存白居易与元宗简唱和赠答中唯一的长诗。白居易表达其信奉释、道。"郎中病已痊"，则长庆元年春元宗简已经生病，一度有恢复。原仅通过张籍《和左司元郎中〈秋居〉十首》(详见下文)，知元宗简在元和十二年转左司郎中，据元宗简为其兄元公瑾所作迁葬墓志及元宗简子元途为元公瑾子元玄休所书墓志(已见第二章元氏家族各支系详考下第一节景穆子孙支系考之阳平王新成一支的考索中)，元

---

① （唐）白居易著，谢思炜校注：《白居易诗集校注》，第872—873页。
② （唐）白居易著，谢思炜校注：《白居易诗集校注》，第1501页。
③ （唐）白居易著，谢思炜校注：《白居易诗集校注》，第1519页。
④ （唐）白居易著，谢思炜校注：《白居易诗集校注》，第1543—1544页。

和十五年时元宗简为右司郎中,此可补元宗简仕历之阙。结合白居易《新昌新居书事四十韵因寄元郎中张博士》诗题及所写初春景象,可知长庆元年初春,元宗简仍为右司郎中。

长庆元年元稹作《元宗简权知京兆少尹刘约行尚书司门员外郎制》,据《唐尚书省郎官石柱题名考》卷二十一引元稹《承旨翰林学士院记》所附题名:元稹,长庆元年二月十六日自祠部郎中、知制诰,行中书舍人、翰林学士、仍赐紫金鱼袋。丁居晦《重修承旨学士壁记》则指出元稹充翰林学士是在二月十六日,拜中书舍人是在二月十七日①。则元稹正是在长庆元年二月为翰林学士、中书舍人后作元宗简为京兆少尹之制。元宗简大约长庆元年二或三月由右司郎中迁京兆少尹。元宗简作《新授官》诗,白居易作《和元少尹〈新授官〉》:"官稳身应泰,春风信马行。纵忙无苦事,虽病有心情。厚禄儿孙饱,前驱道路荣。花时八十直,无暇贺元兄。"白居易朝回亦与元宗简唱和,作《朝回和元少尹绝句》:"朝客朝回回望好,尽纡朱紫佩金银。此时独与君为伴,马上青袍唯两人。"白居易又作《重和元少尹》:"凤阁舍人京亚尹,白头俱未着绯衫。南宫起请无消息,朝散何时得入衔。"(律诗)② 感叹两人都还穿青袍,已向尚书省申请朝散大夫之衔以获得穿绯衫之荣耀,但还没有消息。元宗简好作绝句,白居易亦以绝句和之。两人为官闲适两不误,同时白居易在诗中再次表达此前常说的以元宗简为知己。

长庆元年夏,元宗简与白居易同加朝散大夫。元宗简作诗赠白居易,白居易作《酬元郎中同制加朝散大夫书怀见赠》:"命服虽同黄纸上,官班不共紫垣前。青衫脱早差三日,白发生迟校九年。曩者定交非势利,老来同病是诗篇。终身拟作卧云伴,逐月须收烧药

---

① (清)劳格、赵钺著,徐敏霞等点校:《唐尚书省郎官石柱题名考》,第876页。
② 三诗见于(唐)白居易著,谢思炜校注:《白居易诗集校注》,第1510—1511页。

钱。五品足为婚嫁主，绯袍着了好归田。"（律诗）① 对总算获得朝散大夫之衔可以穿绯衫非常兴奋，亦为这天来得迟而感慨（是年白居易五十岁），表达元宗简因志趣相合而成为好友，不是势利之交，年老仍以诗歌来抒发相同的意趣。期盼今后共同归田。

长庆元年秋，白居易想念元宗简而作《新秋早起有怀元少尹》："秋来转觉此身衰，晨起临阶盥漱时。漆匣镜明头尽白，铜瓶水冷齿先知。光阴纵惜留难住，官职虽荣得已迟。老去相逢无别计，强开笑口展愁眉。"（律诗）② 悲慨虽穿绯之荣耀但已衰老，想念老友元宗简，只有遇老友才能有所慰藉。是年秋，白居易还作有《慈恩寺有感》（时杓直初逝，居敬方病）："自问有何惆怅事，寺门临入却迟回。李家哭泣元家病，柿叶红时独自来。"（律诗）③ 则是时白居易好友李建（杓直）刚去世，元宗简生病。

长庆二年（821）春，元宗简去世。白居易多有诗作怀念，白居易作《晚归有感》："朝吊李家孤，暮问崔家疾（自注：时李十一侍郎诸子尚居忧。崔二十二员外三年卧病）。回马独归来，低眉心郁郁。平生所善者，多不过六七。如何十年间，零落三无一。刘曾梦中见，元向花前失（自注：刘三十二校书殁后，尝梦见之。元八少尹今春樱桃花时长逝）。渐老与谁游，春城好风日。"（感伤，实亦为格诗）④ 怀念逝世的好友李建、刘敦质、元宗简，慰问好友崔韶，是诗为好友去世当年所写，记忆应该不错，而《故京兆少尹文集序》为宝历元年（825）作，则元宗简终于长庆二年春，而非文集序中载的长庆三年冬。白居易怀念故友作《予与故刑部李侍郎早结道友，以药术为事，与故京兆元尹晚为诗侣，有林泉之期，周岁

---

① （唐）白居易著，谢思炜校注：《白居易诗集校注》，第 1525—1526 页。
② （唐）白居易著，谢思炜校注：《白居易诗集校注》，第 1531—1532 页。
③ （唐）白居易著，谢思炜校注：《白居易诗集校注》，第 1538 页。
④ （唐）白居易著，谢思炜校注：《白居易诗集校注》，第 893 页。

之间二君长逝,李住曲江北,元居昇平西,追感旧游,因贻同志》:"从哭李来伤道气,自亡元后减诗情。金丹同学都无益,水竹邻居竟不成。月夜若为游曲水,花时那忍到昇平。如年七十身犹在,但恐伤心无处行。"(律诗)① 是诗怀念李建、元宗简,"水竹邻居竟不成"感叹终未能与元宗简成邻居。元家的花还是依然盛开,但主人已经去世,睹物思人,白居易又作《元家花》:"今日元家宅,樱桃发几枝。稀稠与颜色,一似去年时。失却东园主,春风可得知。"(律诗)② 樱桃花开而斯人已逝,亦证元宗简终于长庆二年春。

长庆三年春,白居易于杭州刺史任上见张籍所寄诗二十五首,颇有感怀,转寄元稹,作《张十八员外以新诗二十五首见寄郡楼月下吟玩通夕因题卷后封寄微之》:"秦城南省清秋夜,江郡东楼明月时。去我三千六百里,得君二十五篇诗。阳春曲调高难和,淡水交情老始知。坐到天明吟未足,重封转寄与微之。"③ 元稹作《酬乐天吟张员外诗见寄因思上京每与乐天于居敬兄昇平里咏张新诗》:"乐天书内重封到,居敬堂前共读时。四友一为泉路客,三人两咏浙江诗。别无远近皆难见,老减心情各自知。杯酒与他年少隔,不相酬赠欲何之。"④ 可见元宗简、白居易、元稹、张籍为心性相近的友人,元宗简去世后,白居易只剩下与元稹、张籍唱和了。上文提及元和十年白居易带着元稹的诗作拜访元宗简,而此时又将张籍诗转寄元稹,可见他们之间确实常唱和、论诗。元稹、白居易、张籍常到元宗简在昇平里的家论道谈诗。如今元宗简已去世,元稹、白居易一在浙东、一在浙西都不易见,更别说在京城的水部员外郎张籍了,元稹诗表达友朋间或阴阳相隔,或南北相离的落寞,亦抒

---

① (唐)白居易著,谢思炜校注:《白居易诗集校注》,第1551页。
② (唐)白居易著,谢思炜校注:《白居易诗集校注》,第1554页。
③ (唐)白居易著,谢思炜校注:《白居易诗集校注》,第1799页。
④ (唐)元稹撰,周相禄校注:《元稹集校注》,第653页。

发对元宗简的怀念。宝历元年白居易在苏州编元宗简集并作序,在序中有《题故元少尹集后二首》:"黄壤讵知我,白头徒忆君。唯将老年泪,一洒故人文。""遗文三十轴,轴轴金玉声。龙门原上土,埋骨不埋名。"(格诗)①

再看元宗简与张籍、王建、杨巨源、姚合等的唱和。

张籍亦与元宗简唱和,元和四年元宗简离长安至凤翔,张籍作《送元八》:"百神斋祭相随遍,寻竹看山亦共行。明日城西送君去,旧游重到独题名。"②则是送行前一天所作,并想像友人离开后,再至曾同游之地,只有自己作诗题名了,何其孤独。元和五年元宗简短暂至长安又回凤翔,白居易、张籍一同为元宗简送行,二人皆作诗,张籍作《送元宗简》(已见上文)。张籍作《病中酬元宗简》:"东风渐暖满城春,独占幽居养病身。莫说樱桃花已发,今年不作看花人。"张籍元和六年春夏间患眼疾,至十一间春方愈。则该诗约作于此期间。③元宗简约有诗赠张籍慰问其疾。

元和十一年至十二年春间,张籍作《寄元员外》:"外郎直罢无馀事,扫洒书堂试药炉。门巷不教当要闹,诗篇转觉足功夫。月明台上唯僧到,夜静坊中有酒沽。朝省入频闲日少,可能同作旧游无。"④描述了金部员外郎元宗简闲适的居家生活。元和十二年秋,张籍作五律《和左司元郎中〈秋居〉十首》:

> 其一:选得闲坊住,秋来树木肥。风前卷筒簟,雨里脱荷衣。野客留方去,山童取药归。非因入朝省,过此出门稀。

> 其二:有地唯栽竹,无池亦养鹅。学书求墨迹,酿酒爱乾和。古镜铭文浅,神方谜语多。居贫闲自乐,豪客莫相过。

---

① (唐)白居易著,谢思炜校注:《白居易诗集校注》,第1686页。
② (唐)张籍撰,徐礼节、余恕诚校注:《张籍集系年校注》,第771页。
③ (唐)张籍撰,徐礼节、余恕诚校注:《张籍集系年校注》,第777页。
④ (唐)张籍撰,徐礼节、余恕诚校注:《张籍集系年校注》,第424页。

其三：闲来松菊地，未省有埃尘。直去多将药，朝回不访人。见僧收酒器，迎客换纱巾。更恐登清要，难成自在身。

其四：自知清净好，不要问时豪。就石安琴枕，穿松厌酒槽。山情因月甚，诗语入秋高。身外无馀事，唯应笔砚劳。

其五：闲堂新扫洒，称是早秋天。书客多呈帖，琴僧与合弦。莎台乘晚上，竹院就凉眠。终日无忙事，还应似得仙。

其六：醉倚班藤杖，闲眠瘦木床。案头行气诀，炉里降真香。尚俭经营少，居闲意思长。秋茶莫夜饮，新自作松浆。

其七：每忆旧山居，新教上墨图。晚花回地种，好酒问人沽。夜后开朝簿，申前发省符。为郎凡几岁，已见白髭须。

其八：菊地才通展，茶房不垒阶。凭医看蜀药，寄信觅吴鞋。尽得仙家法，多随道客斋。本无荣辱意，不是学安排。

其九：林下无拘束，闲吟放性灵。好时闲药灶，高处置琴亭。更撰居山记，唯寻相鹤经。初当授衣假，无吏挽门铃。

其十：客散高斋晚，东园景象偏。晴明犹有蝶，凉冷渐无蝉。藤折霜来子，蜗行雨后涎。新诗才上卷，已得满城传。①

则元宗简原作有《秋居》十首，张籍诗中正是描写元宗简的生活，是考察元宗简闲居生活及生活态度的重要文献。据张籍和诗的形式和内容，元宗简原唱大约也是采用五律的形式。正值九月的官员授衣之假（官员准备冬衣的假期），元宗简闲居作诗，抒写秋日闲居赋诗、弹琴、饮酒、品茶的闲适生活。和诗往往与原唱风格有相近处，这一组十首和诗风格古淡，大约元宗简原诗大是这样的风格。张籍和诗其十"新诗才上卷，已得满城传"虽为和诗中惯用的对原唱的赞美，但也体现了元宗简工诗且其诗颇受欢迎的状况。元宗简亦是元和闲适诗风的重要代表诗人，惜其诗皆佚，我们只能通过其

---

① （唐）张籍撰，徐礼节、余恕诚校注：《张籍集系年校注》，第355—372页。

友人的和诗答诗来想见其诗风。

张籍还曾作《雨中寄元宗简》："秋堂羸病起，盥漱风雨朝。竹影冷疏涩，榆叶暗飘萧。街径多坠果，墙隅有蜕蜩。延瞻游步阻，独坐闲思饶。君居应如此，恨言相去遥。"①表达对元宗简的思念，元宗简当有答诗。元和十五年冬或长庆元年春，张籍作《书怀寄元郎中》："转觉人间无气味，常思身外省因缘。经过独爱游山客，计校唯求买药钱。重作学官闲尽日，一离江坞病多年。吟君钓客词中说，便欲南归榜小船。"②张籍读了元宗简诗，更生归隐之怀，可知元宗简诗中时有隐逸之趣。

长庆元年张籍移居长安之靖安坊，元宗简作诗赠张籍，张籍作《移居靖安坊答元八郎中》："长安寺后多时住，虽守卑官不差贫。作活每常嫌费力，移居只是贵容身。初开井浅偏宜树，渐觉街闲省踏尘。更喜往还相去近，门前减却送书人。"张籍所居靖安坊距元宗简所居昇平坊仅隔了永崇坊，张籍为移居后临近好友而愉悦。③元宗简曾送纱帽给张籍，张籍作《答元八遗纱帽》："黑纱方帽君边得，称到山前坐竹床。唯恐被人偷剪样，不曾闲戴出书堂。"④元宗简送纱给张籍的同时，似亦有赠诗，张籍爱此纱帽而不敢轻易带，显现其对元宗简友情的珍惜。赠送衣帽布匹在唐人交往中常见，如元稹曾自越州赠张籍绫，大和三年春张籍作《酬浙东元尚书见寄绫素》。⑤

长庆二年春，元宗简去世，张籍作《哭元九（八）少尹》："平生志业独相知，早结云山老去期。初作学官常对宿，晚登朝列暂同时。闲来各数经过地，醉后齐吟唱和诗。今日春风花满宅，入门行

---

① （唐）张籍撰，徐礼节、余恕诚校注：《张籍集系年校注》，第910—911页。
② （唐）张籍撰，徐礼节、余恕诚校注：《张籍集系年校注》，第445—447页。
③ （唐）张籍撰，徐礼节、余恕诚校注：《张籍集系年校注》，第481—482页。
④ （唐）张籍撰，徐礼节、余恕诚校注：《张籍集系年校注》，第769页。
⑤ （唐）张籍撰，徐礼节、余恕诚校注：《张籍集系年校注》，第936—938页。

哭见灵帏。"张籍元和十一年至十二年任国子助教，元宗简为金部员外郎，二人曾同宿，元和十五年冬张籍为国子博士，始入朝班，而元宗简长庆二年春即卒，二人同朝的时间短暂①。据诗中回忆可知，张籍常与元宗简作诗唱和，二人作诗旨趣亦有相似处。

元和十一年，元宗简由御史转金部员外郎，大约元和十二年春，元宗简作《题昇平里新斋》，好友杨巨源作《和元员外〈题昇平里新斋〉》："因知休沐诸幽胜，遂肯高斋枕广衢。旧地已开新玉圃，春山仍展绿云图。心源邀得闲诗证，肺气宜将慢酒扶。此外唯应任真宰，同尘最是道门枢。"②据杨巨源和诗，元宗简原诗中大约抒发了逍遥任真的自然之性。

元和十二年至十五年元宗简为左司郎中期间，王建作有《题元郎中新宅》："近移松树初栽药，经帙书签一切新。铺设暖房迎道士，支分闲院著医人。买来高石虽然贵，入得朱门未免贫。虽有好诗名字出，倍教年少损心神。"③王建诗中的描述，体现了元宗简崇道知医的家学传承。

姚合亦与元宗简唱和，姚合作《和元八郎中〈秋居〉》："圣代无为化，郎中似散仙。晚眠随客醉，夜坐学僧禅。酒用林花酿，茶将野水煎。人生知此味，独恨少因缘。"④亦抒写元宗简闲适生活，此当为与张籍《和左司元郎中〈秋居〉十首》同时和元宗简《秋居》之作。

结合元宗简与白居易、张籍等的唱和以及相关墓志，可以大致梳理元宗简的仕历，大约元和三年至六年白居易为翰林学士时元宗简正为奉礼郎（从九品上，元宗简具体为奉礼郎的时间则未详），

---

① （唐）张籍撰，徐礼节、余恕诚校注：《张籍集系年校注》，第495页。
② （宋）李昉等：《文苑英华》卷三一七，北京：中华书局，1966年，第1637页。
③ （唐）王建著，尹占华校注：《王建诗集校注》，上海：上海古籍出版社，2020年，第360—361页。
④ （清）彭定求等编：《全唐诗》，第5695页。

至晚在元和十年转御史（《因话录》卷五："御史台三院，一曰台院，其僚曰侍御史，众呼为端公……二曰殿院，其僚曰殿中侍御史，众呼为侍御……三曰察院，其僚曰监察御忠，众呼亦曰侍御。"[①] 侍御史（正七品上）称端公，而殿中侍御史（从七品下）和监察御史（正八品下）皆简称侍御，元宗简称"侍御"当是任后两者其中之一，未知任其中哪一职。元宗简在奉礼郎后、任御史前，是否还转过别的职，史料阙如），元和十一年转金部员外郎（从六品上），元和十二年历仓部郎中（从五品上）转左司郎中（从五品上），其后至元和十五年间，转右司郎中（从五品上），至长庆元年春迁京兆少尹（从四品下），同年又授朝散大夫（文散阶从五品下），长庆二年春去世。

现存白居易与元宗简唱和赠答之作约二十九首，其中格诗（古体诗）五首，律诗（近体诗）二十四首，还有六首诗为白居易悼念元宗简，其中古体诗和律诗各三首。据此大致可以推知元宗简写给白居易诗亦以近体诗为主，与白居易在元宗简文集序中提到的，元宗简以作近体诗为主正相合。白居易与元宗简的赠答唱和诗，内容上以表现闲适生活最多，其次为感伤、抒发友情等内容，可推测元宗简与白居易诗的赠答唱和诗亦应主要表现这些内容，可见二人在诗体选择、生活志趣、思想情感、诗风好尚上相近。白居易在人生低谷时如被贬江州即愿向元宗简抒发内心的凄怆，以期在好友处得到安慰。

张籍与元宗简唱和赠答现可知约十八首，皆为近体诗。张籍怀念元宗简诗一首亦为近体。张籍与元宗简的唱和赠答之作亦以抒写闲适生活、抒发友情为主。王建、杨巨源、姚合三人与元宗简诗各

[①] （唐）赵璘撰，陶敏整理：《因话录》，陶敏主编《全唐五代笔记》，西安：三秦出版社，2012年，第1927页。

存一首，皆为近体诗。

元宗简、白居易、张籍等的唱和赠答正构成陈寅恪先生概括的元和体的重要内容之一为杯酒光景间之小碎篇章。① 元稹《见人咏韩舍人新律诗因有戏赠》云："七字排居敬，千词敌乐天"自注：侍御八兄能为七言绝句，赞善白君好作百韵律诗。② 则元宗简善于七言绝句，白居易好作长篇排律。白居易《与元九书》云："当此之时，足下兴有余力，且欲与仆悉索还往中诗，取其尤长者，如张十八（籍）古乐府，李二十（绅）新歌行，卢（拱）、杨（巨源）二秘书律诗，窦七（巩）、元八（宗简）绝句，博搜精掇，编而次之，号为《元白往还诗集》。"③ 亦言元宗简长于七绝。惜元宗简诗皆佚，否则我们可以欣赏到这位中唐七绝圣手的锦绣佳作，幸运的是元稹这句自注让我们知道中唐元和诗人中有元宗简这位李白、王昌龄以来又一位以七绝闻名的诗人。

就文章而言，据白居易《元宗简文集序》，元宗简有赋述铭、记、书、碣、赞、序等七十五篇，而现仅剩元公瑾墓志及迁葬墓志两篇（已见第二章考述景穆帝子阳平王一系中），还是因元公瑾墓出土而知晓。这两篇墓志中，元宗简受到当时古文运动的影响，文中以散句为多，且多有对人物生活化的描写，情感纯挚。

元宗简的诗歌内容上多抒写仕宦及闲适生活。时而与友朋论诗谈道，时而描绘弹琴、饮酒、品茶等文士风雅生活。抒发隐逸情怀，格调平易自然、流丽清新。从元宗简交游唱和对象亦可见，其属于白居易一派的诗人，与白居易、元稹、张籍、王建等同为元和诗坛的代表。元宗简子元邈墓志中称"（元宗简）诗句精丽，传咏

---

① 陈寅恪：《元白诗笺证稿》，《陈寅恪集》，北京：三联书店，2001年，第346—347页。
② （唐）元稹撰，周相禄校注：《元稹集校注》，第361页。
③ （唐）白居易著，谢思炜校注：《白居易文集校注》，第328页。

当代。虽步台阁，播流芬芳"①，亦可见元宗简诗精工流丽，成就之大，影响之巨，传播之广。缺乏对元宗简的关注，则对元和诗坛的理解是不完整的。像元宗简这样著名且多产的文士诗文皆佚，是一种值得思索的现象。试做推测，元宗简去世较早，未能亲自整理自己的诗文、编辑成集，这是其诗文散佚的重要原因。而风格内容上与白居易接近但又不如白居易作品流传广等或许也是原因之一。当然还有文士的境遇，社会状况，作品的传播途径等等影响了作品存佚的命运。

元和时期元氏文士还有元集虚，与白居易、韩愈等、柳宗元等有交游，元集虚诗已佚。白居易在庐山所作《草堂记》、《游大林寺序》皆提及与河南元集虚等同游②，岑仲勉《唐人行第录》："元十八集虚，不详原籍，总由北方南迁。柳宗元《送元十八山人南游序》（河东集二五）称曰河南先生，白居易《游大林寺序》（白氏集二六）曰河南元集虚，皆指其郡望也。初卜居庐山，约元和九年南游赴桂，有所干谒。柳序云：'及至是邦，……今又将去余而南历营道，观九疑，下潇水。'作序时柳氏尚在永州任内，否则柳以十年春追赴都，三月徙柳州，后此皆不能与序之记事相合。韩愈《赠别元十八协律》云：'吾未识子时，已览赠子篇。于今已三年。'盖就韩本人而言，非谓柳氏送序至元和十三始为三年也。白氏以十年改江州司马，其相识集虚应在彼南游返旆之后。白以十三年十二月奉敕转忠州，其未离江州时有《元十八从事南海欲出庐山临别旧居有恋泉声之什因以报和兼伸别情》（居易十七），诗云：'贤侯辟士礼从容，……雨露初承黄纸诏，……我正退藏君变化，……'韩集同卷又有《初南食贻元十八协律》诗，初入仕途多从协律郎起，所谓

---

① 吴钢：《全唐文补遗·千唐志斋新藏专辑》，西安：三秦出版社，2006年，第373页。
② （唐）白居易著，谢思炜校注：《白居易文集校注》，第255、277页。

'初承黄纸诏'也,其主人则韩诗所言'英英桂林伯',裴行立也。集虚离庐山应在十三年十二月以前,故白氏能写别诗,韩氏则与之道上相遇也。"① 下文结合白居易等有关元集虚的诗作,对元集虚的交游和生平作进一步探究。

白居易在江州时与元集虚交往较多,是时元集虚在庐山。元和十一年白居易作《题元十八溪居》:"溪岚漠漠树重重,水槛山窗次第逢。晚叶尚开红踯躅,秋房初结白芙蓉。声来枕上千年鹤,影落杯中五老峰。更愧殷勤留客意,鱼鲜饭细酒香浓。"(律诗)白居易元和十二年作《题元十八溪亭》(亭在庐山东南五老峰下):"怪君不喜仕,又不游州里。今日到幽居,了然知所以。宿君石溪亭,潺湲声满耳。饮君螺杯酒,醉卧不能起。见君五老峰,益悔居城市。爱君三男儿,始叹身无子。余方炉峰下,结室为居士。山北与山东,往来从此始。"(闲适,实亦为格诗)② 描绘了元集虚在庐山的闲居生活和二人的友情。同时可知是时元集虚已有三子。元集虚当有与白居易的唱和、赠答之作,惜诗已佚。

元和十二年白居易作《雨夜赠元十八》:"卑湿沙头宅,连阴雨夜天。共听檐溜滴,心事两悠然。把酒循环饮,移床曲尺眠。莫言非故旧,相识已三年。"(律诗)③ "卑湿沙头宅"与白居易《琵琶行》中"住近湓江地低湿"正合,在孤独的雨夜,白居易想念好友元集虚,这已是他们相识的第三个年头。元和十三年元集虚离庐山至南海,白居易作《元十八从事南海欲出庐山临别旧居有恋泉声之什因以投和兼伸别情》赠别,可见元集虚也不是完全不仕,亦有干谒之心。

韩愈在贬潮州的路上,遇到同样将赴岭南入桂管观察使裴行立

---

① 岑仲勉:《唐人行第录》,上海:上海古籍出版社,1978年,第5页。
② (唐)白居易著,谢思炜校注:《白居易诗集校注》,第1286—1288、619—620页。
③ (唐)白居易著,谢思炜校注:《白居易诗集校注》,第1303—1304页。

幕府的元集虚，短暂相聚又歧路分别，韩愈作《赠别元十八协律》六首，表达对元集虚的称赞及惜别之情。第三首云："吾友柳子厚，其人艺且贤。吾未认子时，已览赠子篇。……瘴疠想风采，于今已三年。"赠子篇正指柳宗元《送元十八山人南游序》。到潮州后，元和十四年，韩愈又作《初南食贻元十八协律》，向元集虚描述潮州一带的风物。① 元集虚当有赠答韩愈之作，皆佚。柳宗元作《送元十八山人南游序》，韩醇指出，柳宗元《送僧浩初序》云："退之寓书罪予曰：见《送元生序》，不斥浮图。"而《浩初序》作于元和六年间，此当在其前。尹占华以为元和五年元集虚南游，至永州与柳宗元相会，柳宗元作该序②。送序中柳宗元以坚守儒道会通来勉励元集虚。

元公瑾与柳宗元（773—819）交游，约贞元十四年柳宗元作《答贡士元公瑾论仕进书》③，元公瑾与柳宗元书已佚，从柳宗元答书中可知元公瑾感叹其文响应者少，希望能推荐到有司，而柳宗元从博陵崔宗（淙）、汝南周颖客（君巢）已响应其文，来称赞元公瑾之文受重视。又以为虽然王林国、韩长孺这样善于推举贤才者再生，亦难以配得上推荐元公瑾，何况柳宗元。柳宗元在此自谦，当然也能体现出元公瑾的才华。

约贞元十八九年柳宗元作《送元秀才下第东归序》。元秀才即元公瑾，元公瑾下第而归乡，柳宗元作送序安慰勉励之。④ 元宗简兄亦名公瑾（759—798），但元宗简兄之元公瑾贞元十四年已经去世了（《唐元故河南元府君（公瑾）墓志铭》）⑤。柳宗元贞元十八年还在作文送元公瑾下第东归。显然与柳宗元交游之元公瑾与元宗

---

① （唐）韩愈著，钱仲联集释：《韩昌黎诗系年集释》，第 1123—1133 页。
② （唐）柳宗元撰，尹占华、韩文奇校注：《柳宗元集校注》，第 1657 页。
③ 柳宗元撰，尹占华、韩文奇校注：《柳宗元集校注》，第 2191—2195 页。
④ 柳宗元撰，尹占华、韩文奇校注：《柳宗元集校注》，1559—1562 页。
⑤ 赵君平：《邙洛碑志三百种》，第 285 页。

简兄元公瑾非同一人。柳宗元文中言此元公瑾"欲退家殷墟"大约其家居于殷墟（今河南安阳西北小屯村）一带。

元和间有文士元杰，元和十一年丙申岁（816）元杰作有《浈阳果业寺开东岭洞谷铭并序》①，据序文元杰处困境而寓居浈阳县（治今广东英德）果业寺，其再从兄元昭肃是时亦在浈阳一带，则元杰曾至岭南浈阳一带，该文颇有文采，铭文就是一首骚体诗，可知元杰有文才。元昭肃、元杰具体事迹及支系未详。元万顷曾孙元□运亦有文才，为其姊同州澄城县（治今陕西澄县）主簿京兆韦孟明妻（776—804）撰写墓志，作《唐同州澄城县主簿韦公（孟明）故夫人河南元氏墓志铭》。②

韦应物妻元蘋（昭成帝子力真之后）兄弟元锡、元锡子元繇、元锡从兄弟元洪等亦有诗才。大历十三年春，韦应物出为鄠县（治今陕西西安鄠邑区）令，与李儋（字幼遐）、元锡（字君贶）分别，作《宴别幼遐与君贶兄弟》③。大历十四年韦应物居长安郊外之澧上，亦与李儋、元锡交游，作《月溪与幼遐君贶同游》（时二子还城），又作《与幼遐、君贶兄弟同游白家竹潭》："清赏非素期，偶游方自得。前登绝岭险，下视深潭黑。密竹已成暮，归云殊未极。春鸟依谷暄，紫兰含幽色。已将芳景遇，复款平生忆。终念一欢别，临风还默默。"④描绘澧上清幽景象、与好友同游的乐趣及欢游之后离别的落寞。

建中三年（782），韦应物出为滁州刺史，是年秋元锡、杨凌至滁州探望韦应物，韦应物作《郡中对雨赠元锡兼简杨凌》⑤。在滁州遇秋雨萧瑟而感凄凉，幸有友人来访。元锡、杨凌将要回程，韦

---

① 董诰等编，孙映逵等点校：《全唐文》卷七百十七，第4346页。
② 周绍良、赵超：《唐代墓志汇编续集》，第813页。
③ （唐）韦应物著，陶敏、王友胜校注：《韦应物集校注》，第249页。
④ （唐）韦应物著，陶敏、王友胜校注：《韦应物集校注》，第444—445页。
⑤ （唐）韦应物著，陶敏、王友胜校注：《韦应物集校注》，第151页。

应物作《送元锡杨凌》①,离别前夜,韦应物还与元锡宴会,作有《滁州园池燕元氏亲属》。②

建中四年春夏,元锡等又至滁州,韦应物作《同元锡题琅邪寺》:"情虚澹泊生,境寂尘妄灭。经世岂非道,无为厌车辙。"③入佛寺而感淡泊、空境,但终有经世之怀。韦应物又作《南塘泛舟会元六昆季》,元六大约指元锡兄弟。④分别一年后,兴元元年(784),李儋、元锡将要到滁州探访韦应物,韦应物作《寄李儋元锡》:"去年花里逢君别,今日花开又一年。世事茫茫难自料,春愁黯黯独成眠。身多疾病思田里,邑有流亡愧俸钱。闻道欲来相问讯,西楼望月几回圆。"⑤元锡与韦应物诗皆佚。

元锡子元繇、元复礼有文才。陶敏先生《晚唐诗人周繇及其作品考辨》指出,元繇字为宪,大中末以检校御史中丞参山南东道节度使徐商幕,段成式等亦在徐商幕,共预《汉上题襟》,又曾为殿中侍御史内供奉,会昌五年(845)二月曾至少林寺。《嘲段成式》、《看牡丹赠段成式》、《以人参遗段成式》、《和段成式二首》当为元繇之作,而《全唐诗》误列入周繇名下,而周繇开成四年(839)方出生,主要仕于咸通、乾符、中和间,与元繇显非一人⑥。五诗皆为与段成式的唱和赠答之作,除《嘲段成式》为六韵十二句的五排外,其馀四首皆为七绝,风格上以游戏、闲适为主。元复礼(799—847)字愚公,据文林郎殿中侍御史内供奉山南西道节度判官庐江何扶撰、季弟承务郎前左春坊太子内直局丞瑄书《河南元愚公真宅铭》,元复礼能读书,但未能考上进士,取门荫告敕于郓州

---

① (唐)韦应物著,陶敏、王友胜校注:《韦应物集校注》,第264页。
② (唐)韦应物著,陶敏、王友胜校注:《韦应物集校注》,第53页。
③ (唐)韦应物著,陶敏、王友胜校注:《韦应物集校注》,第482页。
④ (唐)韦应物著,陶敏、王友胜校注:《韦应物集校注》,第54页。
⑤ (唐)韦应物著,陶敏、王友胜校注:《韦应物集校注》,第166页。
⑥ 陶敏:《唐代文学与文献论集》,北京:中华书局,2010年,第375—384页。

第四章　元氏家族文学与学术研究

节度奏支使，摄监察御史，随军撰写文书，文思敏捷。①则元复礼亦善属文。元锡有从兄弟元注、元洪，韦应物作《过扶风精舍旧居简朝宗巨川兄弟》，陶敏先生以为朝宗、巨川即元注、元洪兄弟，盖名与字相应。②

韦应物还与元锡从叔元伟有交游，大历七年韦应物罢河南府兵曹参军，闲居于洛阳同德寺。大历八年冬在洛阳作《酬元伟过洛阳夜燕》："三载寄关东，所欢皆远违。思怀方耿耿，忽得觏容辉。亲燕在良夜，欢携辟中闱。问我犹杜门，不能奋高飞。明灯照四隅，炎炭正可依。清觞虽云酌，所愧乏珍肥。晨装复当行，寥落星已稀。何以慰心曲，伫子西还归。"③韦应物与元伟欢宴，元伟明早就要离开洛阳了，诗中表现了对好友元伟早日回到洛阳的期盼。此诗为对元伟诗的酬答，元伟原诗已佚。耿湋亦与元伟交游，作《荐福寺送元伟》："送客攀花后，寻僧坐竹时。明朝莫回望，青草马行迟。"④荐福寺在长安，为唐中宗旧宅。宋之问有《奉和幸大荐福寺应制》。⑤

韦应物交游的文士还有元侍御，大历初在洛阳闲居时作《早春对雪寄前殿中元侍御》，大历八年夏韦应物在洛阳作《同德寺雨后寄元侍御李博士》⑥、《同德阁期元侍御李博士不至各投赠二首》。⑦大历初罢洛阳丞，闲居长安时作《陪元侍御春游》："何处醉春风，长安西复东。不因俱罢职，岂得此时同。贳酒宣平里，寻

---

① 故宫博物院、陕西省考古研究院：《新中国出土墓志（陕西肆）》，上册第232页，下册第212页。
② （唐）韦应物著，陶敏、王友胜校注：《韦应物集校注》，第100页。
③ （唐）韦应物著，陶敏、王友胜校注：《韦应物集校注》，第298页。
④ （清）彭定求等编：《全唐诗》，第3005页。
⑤ （唐）沈佺期、宋之问撰，陶敏、易淑琼校注：《沈佺期宋之问集校注》，北京：中华书局，2001年，第471页。
⑥ （唐）韦应物著，陶敏、王友胜校注：《韦应物集校注》，第77、95页。
⑦ （唐）韦应物著，陶敏、王友胜校注：《韦应物集校注》，第97—98页。

· 711 ·

芳下苑中。往来杨柳陌，犹避昔年骢。"① 元侍御亦被罢官，两人结伴饮酒赏春。以上诗歌元侍御当有答诗，惜皆佚。从韦应物数诗风格的淡雅闲适、内容上抒写文士友朋间的邀约游赏及对友朋间的思念等来看，元侍御的赠答唱和诗也应是类似的风格。

韦应物交游又有元仓曹，大历三年韦应物作《送元仓曹归广陵》："官闲得去住，告别恋音徽。旧国应无业，他乡到是归。楚山明月满，淮甸夜钟微。何处孤舟泊，遥遥心曲违。"② 亦抒发诗人闲居落寞的心绪，元仓曹寄居广陵。韦应物在天宝丙申（天宝十五载即至德元载）与元蘋结婚（韦应物《故夫人河南元氏（蘋）墓志铭》)③，元侍御、元仓曹名与事迹未详，大约亦为元蘋家族成员。与韦应物赠答，元侍御当亦能诗者，其诗皆佚。

大约元锡叔元持曾与独孤及交游，独孤及《清明日司封元员外宅登台燕集序》④，序中述独孤及与元员外等四人交游，优游卒岁，欢宴唱和。元持曾为大历间人，且现可知在这一时期曾为司封员外郎者仅元持。独孤及亦为大历间人，故该文之司封元员外约指元持。据序中"顾谓满坐，展诗以赠，亦命夫四子者志之"，元持、独孤及大约有诗赠答，惜皆佚。元持子元洪亦能诗"能为五言、七言近体诗"（元稹《唐故京兆府盩厔县尉元府君（洪）墓志铭》)⑤，则元洪亦有诗才，惜洪诗皆佚。

元锡孙元温（彬之）有文才，据乡贡进士路启撰《唐故进士元府君（温）墓志铭》："诵五经书，拟班固为文，尤长于有司试诗赋。先中丞器爱甚，时时仿省中程以奇题，率夜未半，属写丽谨，

---

① （唐）韦应物著，陶敏、王友胜校注：《韦应物集校注》，第436—437页。
② （唐）韦应物著，陶敏、王友胜校注：《韦应物集校注》，第217页。
③ 胡可先、杨琼：《唐代诗人墓志汇编·出土文献卷》，第243页。
④ （清）董诰等编，孙映逵等点校：《全唐文》卷三八七，第2331页。
⑤ （清）董诰等编，孙映逵等点校：《全唐文》第5册，第3925页。

誉传于人。连十年举进士。喜退嗜闲，稀踵卿大夫门。……往往与兄弟友朋置酒大醉，殊不尚俗，所为饮，只取陶陶，真贤趣也。"① 则元温（彬之）善于诗赋，惜其作品皆佚，且有名士气。

刑部郎中元沛子贞元元和间国子司业元固作有《为郑相请朝觐表》，文中云"百越殊风，庶甿失业，流庸未复于田里，逋赋仍积于岁时。邕管防虞，尚劳师旅，海南馈饟，犹资费用，军府屡空，物力将竭。……伏乞圣慈矜念，天鉴照临，察臣审分之诚，哀臣沥恳之意。傥获言旋京国，重睹天颜，则汲黯无恨于淮阳，马援不辞于瘴海矣。"② 郑相大约指郑絪，据《旧唐书》卷一百五十九《郑絪传》，郑絪善属文，进士及第，登宏词科。拜中书侍郎、平章事，元和初贬秩为太子宾客。出为岭南节度观察等使、广州刺史、检校礼部尚书。③ 郑絪为中书侍郎、平章事正为相，曾出为岭南节度观察等使、广州刺史，正与元固文中所述郑相外放岭南请求回到京城相合。元固支系未详，郑絪本善属文，而请固为文，则元固亦有文才。元固文中言其弟元察，元察子元充皆进士及第，则元察、元充亦善为文。

昭成帝孙常山王遵之后元谊为邢州刺史时，王建曾至邢州，从元谊游，王建作《从元太守夏宴西楼》："六月晨亦热，卑居多烦昏。五马游西城，几杖随朱轮。西楼临方塘，嘉木当华轩。凫鹥满中流，有酒复盈樽。山东地无山，平视大海垠。高风凉气来，灏景沉清源。青衿俨坐傍，礼容益存存。愿为颜氏徒，歌咏夫子门。"④ 在华北平原上从邢州太守元谊登楼，距海较近，而感凉风习习，学子俨坐其旁，愿如颜回侍夫子般从太守学习。虽为从游之

---

① 故宫博物院、陕西省考古研究院：《新中国出土墓志（陕西肆）》，上册第255页，下册第232—233页。
② （清）董诰等编，孙映逵等点校：《全唐文》卷六百二十二，第3711页。
③ （后晋）刘昫等：《旧唐书》，第4181页。
④ （唐）王建著，尹占华校注：《王建诗集校注》，第150—151页。

作诗未常有的称颂，但亦体现元谊具才学有一定的名声。在邢州期间，王建还作有《元太守同游七泉寺》："盘磴回廊古塔深，紫芝红药入云寻。晚吹箫管秋山里，引得猕猴出象林。"① 但王建与元谊同游而作诗，可知元谊亦能诗，元谊诗歌已佚。

昭成帝孙常山王遵之后雅州严道县（治今四川雅安）令元正思性格不偶俗，遂为处士，他时常作五言诗抒发情性（《唐故处士河南元府君（正思）墓志铭》）②，则元正思善为诗，惜其诗皆佚。乡贡进士元绘（支系未详）有文才，据会昌四年（844）乡贡进士元绘撰《唐故河南元府君夫人陈国陈氏（恭和）墓志》，元绘为河南县尉元某之侄。③

3. 晚唐时期元氏文士的文学活动

昭成帝子力真之后元晦亦有诗才，会昌二年至五年元晦为桂管观察使，莫休符《桂林风土记》："会昌初，前使元常侍名晦，搜达金貂，翱翔翰林，扬历台省，从此府除浙东，留题越亭。"④《越亭二十韵》正作于离开桂林赴任浙东观察使时，诗云：

> 乏才叨八使，徇禄非三顾。南服颁诏条，东林证迷误。未闻述职效，偶脱嚣烦趣。激水潨坳塘，缘崖欹磴步。西岩焕朝旭，深壑囊宿雾。影气爽衣巾，凉飔轻杖履。临高神虑寂，远眺川原布。孤帆逗汀烟，翻鸦集江树。独探洞府静，恍若偓佺遇。一瞬契真宗，百年成妄故。屏颜石户启，杳霭溪云度。松籁韵宫商，鸳鹥势翔溯。津梁危约架，济物虚舟渡。环流驰羽觞，金英妒妆娪。蛰吟寒垒迥，鸟噪空山暮。怅望麋鹿心，低回车马路。悬冠谢陶令，褫佩怀疏傅。遐想蜕缨緌，徒惭恤襦

---

① （唐）王建著，尹占华校注：《王建诗集校注》，第503页。
② 齐运通：《洛阳新获墓志（二〇一五）》，第282页。
③ 齐运通：《洛阳新获七朝墓志》，北京：中华书局，2012年，第342页。
④ （清）劳格、赵钺著，徐敏霞等点校：《唐尚书省郎官石柱题名考》，第184页。

裤。福盈祸之倚,权胜道所恶。何必栖禅关,无言自冥悟。

以五古的铺叙手法,描绘越亭所见之萧索之景,表达归隐之想。元晦《除浙东留题桂郡林亭》:

> 紫泥远自金銮降,朱旆翻驰镜水头。陶令风光偏畏夜,子牟衰鬓暗惊秋。西邻月色何时见,南国春光岂再游。莫遣艳歌催客醉,不堪回首翠蛾愁。

该诗约亦作于元晦离开桂州前,以七律表达对桂州一带的留恋。桂管观察副使路贯作《和元常侍除浙东留题》:"谢安致理逾三载,黄霸清声彻九重。犹辍佩环归凤阙,且将仁政到稽峰。林间立马罗千骑,池上开筵醉一钟。共喜甘棠有新咏,独惭霜鬓又攀龙。"以和之,路贯与元晦同登第,作为元晦的副手,赞颂元晦之政绩。元晦另有残句"石静如开镜,山高若耸莲。笋竿抽玉管,花蔓缀金钿。"(以上四诗见于《全唐诗》卷五四七)① 亦写山景,具体创作时地未详。

元晦还善为文,元晦为桂管观察使期间,作《四望山记》,又作《叠彩山记》:"按《图经》:'山以石文横布,彩翠相间,若叠彩然,故以为名。'东至二里许,枕压桂水,其西岩有石门,中有石像,故曰'福庭'。又门阴构齐云亭,迥在西北,旷视天表,想望归途,北人游此,多轸乡思。会昌三年六月蒇功,南自曲沼,上极山椒,四年七月功既。"② 表达对中原家乡的思念,这也是柳宗元山水游记中常透露的情怀。据《(雍正)广西通志》卷十三,叠彩山、四望山在桂林。③ 二文正作于元晦为桂管观察使时。元晦在桂林还作有《于越山记》:"直渚之北,有虚楹钓榭,由此三径各趋所

---

① (清)彭定求等编:《全唐诗》,第6315—6316页。
② (清)董诰等编,孙映逵等点校:《全唐文》,第4377页。
③ (清)金𫓧、钱元昌:《(雍正)广西通志》,《景印文渊阁四库全书》第565册,台北:台湾商务印书馆,1986年,第289、294、296、298页。

抵。左指山隈，右向之僧舍为写真堂。北凿山径，由东崖茅斋经栖真洞而北。《史记》云：'秦并诸侯，以百越之地为桂林郡。'吴遣步隲征南，克有于越。"[1] 亦受柳宗元散文影响，写自开新路而游。

晚唐元璐有文才，元璐与崔文龟为表兄弟。崔文龟善属文，崔文龟临终将整理文集的事交给元璐，崔文龟季弟又请元璐撰写《唐故乡贡进士博陵崔君（文龟）墓志铭》[2]，这篇墓志又不像通常墓志那样只是叙述志主生平，而是将自己带入其中，记叙了崔文龟生平诸多细节，写得深情感人，颇受中唐古文影响，凡此种种皆可见元璐亦有文才。晚唐崇文馆明经元蔼为其从叔明元帝十三代孙元子美（847—871）撰墓志并书写，作《唐故右监门卫率府录事参军河南元公（子美）墓志》[3]。

晚唐诗僧齐己曾与元员外交游，齐己作《酬元员外见寄》《酬元员外见寄八韵》：以及《酬元员外》："清洛碧嵩根，寒流白照门。园林经难别，桃李几株存。衰老江南日，凄凉海上村。闲来晒朱绂，泪滴旧朝恩。"据诗意元员外为河洛人，流落江南。[4] 诗中多表现乱离之后的悲怆凄凉，元员外名与事迹未详，既为河洛人，当是元魏之后，元员外赠答齐己诗皆佚，元员外当亦为善诗者。

总体上晚唐时缺乏较有影响的元氏文士，随着中唐之后世族的逐渐衰退，以及元氏作为曾经皇族的效应也在进一步消退，元氏家族亦如其他世族，影响力也在进一步式微。晚唐时可知的元氏家族的婚姻数为各时期中最少，婚姻的级别亦大为降低，随着家族地位的衰弱，元氏家族的文化氛围亦受影响，相应缺乏有影响力的文士。

---

[1] （明）张鸣凤：《桂胜》，《景印文渊阁四库全书》第585册，台北：台湾商务印书馆，1986年，第695页。
[2] 胡戟、荣新江：《大唐西市博物馆藏墓志》，第948—949页。
[3] 赵力光：《西安碑林博物馆新藏墓志续编》，第647—649页。
[4] （唐）齐己撰，王秀林校注：《齐己诗集校注》，北京：中国社会科学出版社，2011年，第55、119、227页。

还有些诗僧,如宣城开元寺僧元孚,许浑作《冬日宣城开元寺赠元孚上人》,女道士元淳作有《感怀诗》,上都僧元础等,他们名中的"元"可能是其法名中字,而非姓氏,如诗僧元浩(字广成,俗姓秦),就可确认"元"只是法名中一字,故在无确证其姓元德情况下,不把这类诗僧归为元氏文士。

二、唐代元氏家族的学术研究

(一)以四部分类总述元氏文士著述

1. 经部之学:(1)孝经类:《旧唐书·经籍志》(以下简称《旧唐志》)甲部经录孝经类录元行冲《孝经疏》三卷。① 《新唐书·艺文志》(以下简称《新唐志》)甲部经录孝经类录元行冲《御注孝经疏》二卷。② 该书正是为唐玄宗御注《孝经》所作的疏。(2)礼类:《新唐志》礼类录元行冲《类礼义疏》五十卷。③ 是为魏徵《类礼》所作之疏。(3)乐类:元万顷参撰《乐书》(《旧唐志》卷一百五《文苑传·元万顷》)④《旧唐志》甲部经录乐类录《乐书要录》十卷,大圣天后撰。⑤ 该书为武后命编。(4)小学类:元万顷参撰《字海》(《旧唐书·文苑传·元万顷》),《旧唐志》甲部经录小学类录《字海》一百卷大圣天后撰⑥,《新唐志》甲部经录小学类录《武后字海》一百卷,并说明:"凡武后所著书,皆元万顷、范履冰、苗神客、周思茂、胡楚宾、卫业等撰。"⑦ 昭成帝孙常山王遵之后正议大夫、郓州别驾、上柱国述古之子翰林内供奉元庭坚(686—756)亦长于小学,据中散大夫检校尚书驾部郎中兼侍御史

---

① (后晋)刘昫等:《旧唐书》,第1981页。
② (宋)欧阳修、宋祁:《新唐书》,第1443页。
③ (宋)欧阳修、宋祁:《新唐书》,第1434、1443页。
④ (后晋)刘昫等:《旧唐书》,第5011—5012页。
⑤ (后晋)刘昫等:《旧唐书》,第1975页。
⑥ (后晋)刘昫等:《旧唐书》,第1984页。
⑦ (宋)欧阳修、宋祁:《新唐书》,第1450页。

陈翊撰《□□□行义王友上柱国翰林内供奉河南元公（庭坚）墓志铭》："公纂承休绪，博综多艺，明曩篇文字，工丞相古篆。……天宝中，玄宗以文字舛错，诏公直翰林院。乘以厩马，供以善膳，俾刊而正之，成卅卷，传于秘阁。"① 墓志所载天宝中元庭坚刊正之三十卷小学类著作，即《新唐志》甲部经录小学类所录"《玄宗韵英》五卷，天宝十四载撰，诏集贤院写付诸道采访使，传布天下"②。则《玄英韵英》为元庭坚主撰，原有三十卷，欧阳修、宋祁撰《新唐书》时该书存五卷。

  2. 史部之学：（1）正史类。《新唐志》乙部史录正史类录元怀景《汉书议苑》卷亡。开元右庶子，武陵县男。谥曰文。③ 则元怀景通《汉书》学。（2）杂史类。《新唐志》乙部史录杂史类录元行冲《魏典》三十卷。④（3）杂传类。元万顷参撰《列女传》(《旧唐书·文苑传·元万顷》)，《旧唐志》乙部史录杂传类录《列女传》一百卷大圣天后传⑤，该书武后命编。（4）故事类。《宋史》卷二百三《艺文志二》史部故事类著录元稹《承旨翰林学士院记》一卷。⑥（5）刑法类。《新唐志》史部刑法类录元泳《式苑》四卷⑦，该书列于裴光庭《唐开元格令科要》一卷前，则元泳大约与裴光庭同时期亦开元间人，长于律令之学，具体事迹及支系未详。（6）地理类。据元稹长庆元年所上《进西北边图经状》《进西北边图状》，元稹撰《京西京北图经》四卷，绘制《京西京北图》一面、《京西京北州镇烽戍道路等图》一面、《圣唐西极图》三面。⑧ 则元稹关

---

① 赵力光：《西安碑林博物馆新藏墓志续编》，第400—402页。
② （宋）欧阳修、宋祁：《新唐书》，第1451页。
③ （宋）欧阳修、宋祁：《新唐书》，第1457页。
④ （宋）欧阳修、宋祁：《新唐书》，第1466页。
⑤ （后晋）刘昫等：《旧唐书》，第2006页。
⑥ （元）脱脱等：《宋史》，北京：中华书局，1977年，第5101页。
⑦ （宋）欧阳修、宋祁：《新唐书》，第1497页。
⑧ （唐）元稹撰，周相禄校注：《元稹集校注》，第955—957页。

注西北边疆地理、防卫形势,并对道路、烽火戍卫等有细致的考索。(7)目录类。《旧唐志》乙部史录目录类录元行冲《群书四录》二百卷。①《新唐志》史录目录类录《群书四录》二百卷,殷践猷、王惬、韦述、余钦、毋煚、刘彦直、王湾、王仲丘撰,元行冲上之。②

3.子部之学:(1)儒家类。元万顷参撰《臣轨》、《百僚新诫》(《旧唐书·文苑传·元万顷》),《旧唐志》丙部子录儒家类录天后《臣轨》二卷、《百僚新诫》四卷(《新唐志》中《百僚新诫》作五卷)③,二书正是武后命编。《新唐志》丙部子录儒家类录元结《元子》十卷,又《浪说》七篇,《漫说》七篇。④(2)道家类。《新唐志》丙部子录道家类录元伟《真门圣胄集》五卷。⑤ 则元伟作诗外,还明道家之学。(3)杂家类。《新唐志》丙部子录杂家类录元怀景《属文要义》十卷。⑥ 该书虽然列于杂家,但从书名来看,当是指导作文的文章学著作。(4)类书类。元稹父元宽"尝著《百叶书要》以萃群言,秘牒一开,则万卷皆废,由阙惧夫百氏之徒,一归于我囷,所不乐也,故世莫得传焉"(元稹《夏阳县令陆翰妻河南元氏墓志铭》)⑦,则约是一种类书,惜流传未广。《旧唐书》卷一百六十六《元稹传》:(元稹)著古今刑政书三百卷,号《类集》。⑧《新唐志》子部类书类著录元稹《元氏类集》三百卷。⑨《玉

---

① (后晋)刘昫等:《旧唐书》,第2011页。
② (宋)欧阳修、宋祁:《新唐书》,第1489页。
③ (后晋)刘昫等:《旧唐书》,第2026页。
④ (宋)欧阳修、宋祁:《新唐书》,第1514页。
⑤ (宋)欧阳修、宋祁:《新唐书》,第1529页。
⑥ (宋)欧阳修、宋祁:《新唐书》,第1536页。
⑦ (唐)元稹著,周相录校注:《元稹集校注》,第1375—1377页。
⑧ (后晋)刘昫等:《旧唐书》,第4336页。
⑨ (宋)欧阳修、宋祁:《新唐书》,第1564页。

海·艺文类》录元稹《类集》三百卷有小注：集古今刑政之书。①则元稹该书是刑政之书汇编，是专门性的类书，则元稹亦明刑法之学。

4. 集部之学：(1) 别集类。《新唐志》丁部集录总集类著录元结《箧中集》一卷。②《新唐志》丁部集录总集类著录元稹、白居易《元白继和集》一卷，元稹、白居易、崔玄亮《三州唱和集》一卷，元稹、独孤郁、白居易《元和制策》三卷。③《旧唐书》卷一百六十六《元稹传》：所著诗赋、诏册、铭诔、论议等杂文一百卷，号曰《元氏长庆集》。④《新唐志》丁部集录别集类著录元稹《元氏长庆集》一百卷，又《小集》十卷。⑤白居易宝历元年（825）冬十二月在苏州所作之《故京兆元少尹文集序》："著格诗一百八十五，律诗五百九，赋、述、铭、记、书、碣、赞、序七十五，总七百六十九章，合三十卷。"⑥则元宗简有文集三十卷。(2) 总集类。《新唐志》丁部集录总集类著录元兢（思敬）《宋（沈）约诗格》一卷，古今诗人秀句二卷。⑦《新唐志》丁部集录总集类著录《芳林要览》三百卷，许敬宗、顾胤、许圉师、上官仪、杨思俭、孟利贞、姚璹、窦德玄、郭瑜、董思恭、元思敬集。⑧

（二）唐代元氏家族学术特点

据《旧唐书》卷一百九十《文苑传·元万顷》："时天后讽高宗广召文词之士入禁中修撰，万顷与左史范履冰、苗神客，右史周思

---

① （宋）王应麟撰，武秀成、赵庶洋校证：《玉海艺文校证》，南京：凤凰出版社，2013年，第384页。
② （宋）欧阳修、宋祁：《新唐书》，第1623页。
③ （宋）欧阳修、宋祁：《新唐书》，第1624—1625页。
④ （后晋）刘昫等：《旧唐书》，第4336页。
⑤ （宋）欧阳修、宋祁：《新唐书》，第1606页。
⑥ （唐）白居易著，谢思炜校注：《白居易文集校注》，第1823—1826页。
⑦ （宋）欧阳修、宋祁：《新唐书》，第1625—1626页。
⑧ （宋）欧阳修、宋祁：《新唐书》，第1621页。

第四章　元氏家族文学与学术研究

茂、胡楚宾咸预其选,前后撰《列女传》、《臣轨》、《百僚新诫》、《乐书》等凡千余卷。朝廷疑议及百司表疏,皆密令万顷等参决,以分宰相之权,时人谓之'北门学士'。万顷属文敏速,然性疏旷,不拘细节,无儒者之风。则天临朝,迁凤阁舍人。无几,擢拜凤阁侍郎。万顷素与徐敬业兄弟友善,永昌元年为酷吏所陷,配流岭南而死。时神客、楚宾已卒,履冰、思茂相次为酷吏所杀。"① 则元万顷善诗有多方面的学问,是以才子加学者的身份得到武后的重用成为御用词臣,而不是一位儒者。

昭成帝孙常山王遵之后元怀景也是因文学而于武后时期见拔擢,据张说《唐故左庶子赠幽州都督元府君(怀景)墓志铭》:"学综群艺,词擅精微。夫其结言以信,导物以德,清俭足以轨俗,真厉足以矫邪,故美畅于中,名扬于外。弱冠以国子进士高第,补相府典签。藩邸择贤,妙尽时选。"② 元怀景以文采学识被选为武后子相王李旦典签。《汉书》是初盛唐的显学,元怀景随潮流而研究之并著《汉书议苑》,从书名来看,当是史论为主,而非章句训诂。武后开始特重进士,进士科重诗文,元怀景《属文要义》十卷指导作文也是有助于新兴士族以文采显贵。

元怀景子彦冲,元彦冲族人昭成帝孙常山王遵之后元行冲亦有文才和学识。元行冲举进士、为狄仁杰所重,亦可见其兴起于武后时期。③ 元行冲博学,尤善音律及诂训之书,为弘文馆学士,从可知的著述中可知。元行冲长于经学。据《旧唐书》卷一百九十二《隐逸传·李元恺》"景龙中,元行冲为洺州刺史,邀元恺至州,问以经义"④ 亦可见元行冲长于经学。据《旧唐书》卷一百二《元行

---

① (后晋)刘昫等:《旧唐书》,第5011页。
② (唐)张说著,熊飞校注:《张说集校注》,第996—997页。
③ (宋)欧阳修、宋祁:《新唐书》,第1434、1443、1466页。
④ (后晋)刘昫等:《旧唐书》,第5122页。

· 721 ·

冲传》，元行冲博学尤善音律及诂训之书，为弘文馆学士，元行冲为唐玄宗御注《孝经》作疏，为魏徵所注《类礼》作义疏五十卷，作编年体魏史《魏典》三十卷，书中重新解释"牛继马后"："初魏明帝时，河西柳谷瑞石有牛继马后之象，魏收旧史以为晋元帝是牛氏之子，冒姓司马，以应石文。行冲推寻事迹，以后魏昭成帝名犍，继晋受命，考校谣谶，特著论以明之。"又曾领衔编纂《群书四录》二百卷。元行冲恚诸儒排己，退而著论以自释，名曰《释疑》。① 元行冲长于经部之礼学和《孝经》，这两类书，正是南北朝以来，世家大族为维护家族门第所尤其看中的学问，成为世家大族重要家学。元行冲恚诸儒排己，退而著论以自释，名曰《释疑》，元行冲之著述皆佚，但从《旧唐书》本传所录《释疑》中可略知其学术路径。《释疑》文中论及变易章句之五难，元行冲正是不大守章句之学，多有创获，而为诸儒排斥，深感孤独，故退而著《释疑》以自释。唐人疏不破注，稍后于元行冲的啖助（生活于开元至大历间），不守章句及先儒旧说，开中唐疑古之学乃至宋学之先河，而元行冲在啖助之前已导其源。元行冲在《魏典》中结合史料重新解释"牛继马后"，虽有为元魏继晋室为中原正统张目之目的，但亦显现其不盲信前人之说的怀疑精神，与其经学中的不守章句，在学术路径上有相通处。元行冲亦能文，太极元年（712）为银青光禄大夫行左庶子时撰《大唐故宁州襄乐县令荥阳郑府君（元昭）墓志铭》。②

也有元氏文士将学术与治国理政相结合。昭成帝孙常山王遵之后元大士龙朔间（661—663）为详刑寺（大理寺）少卿，参与讨论沙

---

① （后晋）刘昫等：《旧唐书》，第 3176—3182 页。
② 刘文、杜镇：《陕西新见唐朝墓志》，第 143—144 页。

第四章　元氏家族文学与学术研究

门是否拜俗（君王、父母）的问题，作有《议沙门不应拜俗状》[1]，表示沙门应敬君王、父母，但不需拜之。这既是一个佛学问题，也是一个沙门面对世俗世界君父的礼仪律令问题，元大士作为详刑寺（大理寺）少卿参与讨论，既与其官职相关，又综合了多方面学问。长庆三年元稹为同州刺史，看到不少田地荒芜或被水冲成沙碛地，但仍按原来地亩纳税，而豪富之家却"广占阡陌，十分田地，才税二三"，元稹重新计量同州土地，除去逃户荒地及被水冲淹之土地，将同州两税税额按现有耕地分配，减轻农民负担，豪富之家亦难以逃税，作《同州奏均田》[2]，并绘《均田图》。《玉海·艺文类》图类著录元稹《均田图》。[3] 可见元稹以学施政的才能。

昭成帝子力真之后元洪，不仅长于作诗，还有学术功力，为饶州刺史时曾与柳宗元、刘禹锡论学，通过柳宗元《答元饶州论春秋书》、柳宗元《答元饶州论政理书》[4] 和刘禹锡《答饶州元使君书》[5]，大致可知元洪还长于《春秋》学，其学问讲究通经以致用，为政方略是便民利民的。元洪的为政主张是减轻民众的赋税，而改善穷人的生活境遇不是靠任意增加富人的税赋来实现，这反而会打击富人的生产积极性。元洪的主张有其合理性，北宋王安石变法时，司马光、三苏等旧党的主张与其接近。柳宗元在这方面点持相反观点。韩晔、柳宗元因二王八司马事件受到迫害，元洪并未疏远他们，而是仍然与之热情交往。元洪还积极任用韩晔、甚至要荐其为刺史，可见元洪为人之刚正仗义。

---

[1]　（唐）释彦悰：《集沙门不应拜俗等事》卷五，台北：财团法人佛陀教育基金会《大正新修大藏经》第52册，1990年，第467页。
[2]　（唐）元稹著，周相录校注：《元稹集校注》，第996—999页。
[3]　（宋）王应麟撰，武秀成、赵庶洋校证：《玉海艺文校证》，第1057页。
[4]　（唐）柳宗元撰，尹占华、韩文奇校注：《柳宗元集校注》，第2057—2064、2087—2092页。
[5]　（唐）刘禹锡撰，陶敏、陶红雨校注：《刘禹锡全集编年校注》，第1608—1610页。

陈寅恪先生指出，武后为了创业垂统，改变李唐皇室自高祖、太宗至高宗前期，大抵承西魏、北周及隋以来之"关中本为政策"，拉拢新兴阶级，多以擅文学而见拔擢，直至玄宗开元时期，名臣多为武后所奖用。① 元氏家族不是老牌世家大族，他是胡人皇族经过汉化而为汉族士族所接受，失去地位后虽然还有一定影响力，但毕竟不是汉晋以来的老牌世家大族，所以唐初元氏更接近新兴的士族。元万顷为武后所信任，正是与许敬宗等长于辞藻的新兴士族相同。元彦冲、元怀景皆兴起于武后时期，元怀景女婿张说为开元名相，亦为武后所拔擢。

除了新兴阶级与关陇集团有不同，汉晋以来形成的山东世族与新兴阶层在学术上亦复不同，陈寅恪先生指出："唐代士大夫中其主张经学为正宗、薄进士为浮冶者，大抵出于北朝以来山东士族之旧家也。其由进士出身而以浮华放浪著称者，多为高宗、武后以来君主所提拔之新兴统治阶级者也。"② 中唐时期的李党、牛党分别是二者的代表。陈寅恪先生指出，元稹幼年家庭苦寒，正是属于新兴阶级，即高宗武后所任用的以文学贵显的寒门，以进士科而致身通显。③ 到了元稹时代，元氏家族进一步衰落，逐渐从文化士族转变为普通家族，从元稹祖悱仅为南顿丞，其父宽为比部郎中，幼年由母亲郑氏茹苦养育即可知。元氏比初盛唐时更属于以文词通显之新兴阶级。元稹以文辞知名，元稹行为上的缺失及其作艳诗、开元和体等诗文创作是其新兴阶级浮华的一面，但元稹也注重将文学与学术运用于现世治道的一面。元稹创作讽喻诗，他的西北边疆地理、防卫形势，他集古今刑政之书为《类集》有助于律令的修订实施，是新兴阶级特性的另一方

---

① 陈寅恪：《陈寅恪集·唐代政治史述论稿》，北京：三联书店，2001年，第202、205页。
② 陈寅恪：《陈寅恪集·唐代政治史述论稿》，第261页。
③ 陈寅恪：《陈寅恪集·元白诗笺证稿》，第89页。

面。元宗简与元稹同族，与白居易为好友，虽然没有专门说他是牛党还是李党，但从其交游和其与白居易相近的为人为文特点及所属进士科新兴阶级看，与白居易等一样属牛党。

三、唐代元氏文士统计与分析

现可知唐代元氏文士主要有：（1）初盛唐文士：昭成帝孙常山王遵之后元行冲、元希古、元庭坚（元希古族侄）、元大士、元思叡、元怀景、元不器；昭成帝子力真之后元通理、元希声（元通理弟）；明元帝子乐安王范之后元德秀；明元帝之后元福将、元豹蔚；太武帝孙广阳王嘉之后元黄中；景穆帝子京兆王子推之后元万顷；景穆帝子汝阴王天赐之后元琰；孝文帝子广平王怀之后元宝琳；孝文帝之后元守骘；支系未详元则、元兢、元求仁、元善、元道、元莹、元泳、元海、元承徽、元承先、元明、元份、元习、元卓。（2）中晚唐文士：昭成帝孙常山王遵之后元结、元友直、元友让、元友谅、元季川、元佑、元翶、元侗（元子长子、元怀景曾孙）、元子求、元谊；昭成帝子力真之后元伟、元宽、元稹、元挚、元持、元锡、元繇、元复礼、元洪、元温（彬之）、元晦；昭成帝之后元莫之；明元帝之后元蔼；景穆帝子京兆王子推之后元昱；景穆帝子阳平王新成之后元袞、元充（仲容，元袞弟）、元京（元充弟）、元宗简、元途（元宗简子）；景穆帝子京兆王子推之后元季方（元万顷曾孙）、元□运；景穆帝之后元晟、元仲经；支系未详元诜、元季友、元淳、元歆、元子贡、元杰、元集虚、元公瑾（与柳宗元交游）、元侍御（与韦应物唱和）、元祐之、元修、元璐、元绘、元洸、元固、元察（元固弟）、元充（元察子），元员外（与齐己唱和）。元泳、元海皆为开元间人，二人之名泳、海皆从水部，约为兄弟。

唐代元氏家族出文士较多的支系有：自昭成帝孙常山王遵之后

（17人）、昭成帝子力真之后（13人），景穆帝子阳平王新成之后（5人），景穆帝子京兆王子推之后（3人）。另有支系未详者32人。元氏文士间常有传承性：有父子间传承，如，元结与友直、友让，元宽与元積，元锡与元繇、元复礼，元洪与元晦，元察与元充。有祖孙间传承，如元怀景与元子求，元锡与元温（彬之）。有叔侄间传承，如元结与友谅。有兄弟间传承，如元通理与元希声，元友直与友让，元扔与元持，元繇与元复礼，元袞与元充（仲容）、元京。有从兄弟间传承，如元结与元季川，元友直、友让兄弟与友谅，元洪与元锡。

元氏文士中进士有：昭成帝孙常山王遵之后元行冲、元希古、元怀景、元佑、元侗、元结、元友直；昭成帝子力真之后元希声；昭成帝之后元莫之；明元帝子乐安王范之后元德秀；景穆帝子阳平王新成之后元宗简、元途（乡贡进士），景穆帝之后元仲经，支系未详者：元则、元求仁（乡贡进士）、元卓（乡贡进士）、元季友、元祐之（乡贡进士）、元绘（乡贡进士）、元洸（乡贡进士）、元察（元沛子）、元充（元察子）。明经有：景穆帝子京兆王子推之后元季方，太武帝孙广阳王嘉之后元黄中，昭成帝孙常山王遵之后元不器，昭成帝子力真之后元積，景穆帝子阳平王新成之后元袞，明元帝之后元蔼。应制举者：元结、元積、元友直、元晦。

唐代时元氏家族文士现可知约82人[①]，其中进士23人，明经及第者6人，应制举者4人（其中2人进士及第、1人明经及第）。[②] 唐代科举制确立，元氏家族入仕也是首要走科举之路，元

[①] 《全唐文》卷一百三十九有元弼《鱼跃龙门赋》，此"元弼"约为善属文之"徐元弼"之夺（徐元弼另作有《灵囿赋》），参见李德辉《全唐文作者小传正补》，沈阳：辽海出版社，2010年，第1283—1284页。
[②] 笔者《唐代元氏家族文学与学术考论》，《复旦学报（社会科学版）》2023年第12期发表后，又有新的唐代元氏文士发现，有关唐代元氏家族文学与学术的研究，如本书与笔者此前所发论文有不同处或文中无而本书有处，以本书为准。

氏家族成员更重进士科，这与唐人更重视进士科是一致的。伴随着科举取士元氏家族从高门大族逐渐转变为仕宦家族，进士科以诗赋取士和重文的社会风尚又促进元氏家族进一步成为文化家族。

四、结语

现可知唐代元氏文士总数略少于北朝时期（是北朝时期约94位文士的八成多），这与史传、墓志中提到元氏成员能文者不如北朝时期多有一定关系。伴随着唐代社会政治、经济、文化等大环境的转变，元氏家族经历了由高门大族到普通官宦、文化家族的变迁，墓志的发现远少于北朝时期，就墓志中对元氏文化的记载而言，一方面已不是皇族，自然吹捧、夸饰在墓志中已少见，和其他大族墓志中的记载情况已差不多；另一方面随着元氏接受汉文化、融入汉民族，其文化水平已整体提高，也不需要对其文化层次进行吹捧。此外，唐代墓志和北朝时期墓志的书写方式也有差别，对文才的夸饰铺叙在减少，拥有一般文才者，已较少在史传和墓志中提及，故通过墓志而知其能文者，远少于北朝时期。

现可知唐代元氏文士总数虽少于北朝时期，但文士的文学水平总体上远高于北朝时期。随着唐代诗歌的繁荣和元氏家族文化水平的整体提高，通过文学创作活动及文士的交游而知其能文者多于北朝。元行冲、元万顷、元稹、元宗简这样的著名元氏文士的出现，本身就是元氏家族文化在唐代达到高峰的显现。正因为整体文化的提升，普通能文者已难以受到关注，故而不易留下记载。也就是说，元氏的家族地位、能文的标准和墓志的记载方式等发生了变化，是导致唐代元氏墓志中较少加载志主能文情况的原因。至于唐代元氏墓志中较少见到对元氏文士之名士气的记载，那与社会风尚发生变化相关，六朝时期重名士气，在唐代已逐渐衰落。

初盛唐时可知元氏文士31人，中晚唐时元氏文士51人。可见一如唐代中晚期文士最多，元氏家族也是在中晚唐文士最多（51人中，13人在盛中唐间，33人在贞元至长庆前后的中唐文学高峰期，2人跨越中晚唐，3人属晚唐），初盛唐元氏作为由皇室转变而来的世家家族，还颇有名士气，从元希声、元万顷诗多有华贵之气，元兢颇为高傲摘句品评前人诗作等即可感知。盛中唐之际，元氏家族随着唐代社会的变迁，像其他世族那样，由世家大族逐渐转变为普通文化仕宦家族，这一时期元氏出现以元结为代表的文士群，元结与稍早的元德秀成为古文运动的先驱，皆提倡关怀世事，批判现实，这与同时期的大历诗人不同，而抒发隐逸情怀又与大历诗风有相通处，而他们诗中的寒士不平之气，又远开韩、孟诗风，这也是元氏家族转为普通文士仕宦家族的显现。中唐是元氏家族出文士最多的时期，也是唐代元氏家族文化的鼎盛期，唐代元氏家族最著名的、最多产的文士元稹、元宗简皆出于该时期。平易晓畅的诗风，闲适恬淡的情怀，仕宦之馀谈道论诗，又深于友朋之情，体现的是中下层平民文士的生活情趣，与白居易、张籍等共同构成了元和诗风。元氏家族及其文化也随着中唐社会这个"古今百代之中"而发生转变。

馀 论

鲜卑属于东胡。公元前 206 年，匈奴大举进攻东胡，东胡大败，馀部向北退败，越过西拉木伦河分为两支，一支退到乌桓山，称为乌桓人；一支退到鲜卑山，称鲜卑人。鲜卑此后即世居鲜卑山（今大兴安岭以北地区）一带，至公元 1 世纪中叶，鲜卑人趁北匈奴西迁，徙据匈奴故地，匈奴馀部尚有十万馀众，与鲜卑融合，皆自号鲜卑，鲜卑由此渐盛。其首领檀石槐建立鲜卑汗国，取代匈奴称雄于蒙古草原，其汗国分东、中、西三部，此后形成宇文氏、拓跋氏、慕容氏这三个较大的鲜卑部落。经两次南迁，至阴山一带。

鲜卑拓跋氏原居嘎仙洞（今大兴安岭北段内蒙古呼伦贝尔鄂伦春自治旗阿里河镇）一带，洞内有太平真君四年（443）北魏太武帝派中书侍郎李敞来此祭祖时的祝文。公元 1 世纪初第一推寅时期迁至大泽，约即今呼伦湖一带，此为第一次南迁。公元 167 年，第二推寅邻时期南迁至阴山（今大青山）一带，汉五原郡境内，此为第二次南迁。258 年，鲜卑拓跋部始祖力微率 20 万人马，移居汉定襄郡治所成乐县（今内蒙古和林格尔县土城子古城），将其改称

"盛乐"。310年，猗卢（力微子文帝沙漠汗之子）助晋攻打白部大人有功，被晋怀帝封为代公。313年，猗卢重修盛乐故城。315年，晋封猗卢为代王，建立代国。猗卢以盛乐为北都，平城为南都。316年，拓跋部内乱，猗卢死，拓跋部衰。338年，猗卢侄孙拓跋什翼犍即位代王，改元建国，都盛乐，拓跋部内乱终，置百官，定法律。376年，前秦苻坚灭代。386年，趁着前秦淝水战败，什翼犍孙拓跋珪结束流寓生活，收拾拓跋残部，在牛川（今内蒙古呼和浩特市东南）即代王位，建元"登国"，不久改称魏王，都盛乐。398年，迁都平城，399年称皇帝，正式建立北魏政权。拉开了融入中原的序幕。494年，孝文帝迁都洛阳，初步融入中原。

拓跋本身就是鲜卑父匈奴母产生的族名，在拓跋氏迁徙和兼并部落的过程中，原来是外部落的各族，被兼并后，成为内姓，《魏书·官氏志》所列七十五内入诸姓，都是神元帝力微时以及力微以前外部诸姓内入者。后来按照他们原来是否是部落首领以及内入后的功绩，分出"勋臣八姓"。到了拓跋珪时期，吞并的部落越来越多，原来的四方诸部（《魏书·官氏志》记东方二部，南方七部，西方十六部，北方十部，共三十五部）的姓氏大都转化成拓跋的内入诸姓。四方诸姓不断向内入诸姓转化，而内入诸姓又跟宗室关系日益密切，这一过程一方面加强了拓跋部的实力，另一方面部落间地域关系逐渐代替血缘关系。[1] 可见鲜卑拓跋部在迁徙和兼并其他部落的同时，民族交流和融合也在进行着。这在元氏家族的婚姻中亦得到印证。元氏家族在北朝前期与胡族通婚为多，实际通婚的胡族不局限于勋臣八姓、内入诸姓、四方诸侯，在此之外还与二十四个胡族有婚姻。与大多数胡族有婚姻，可见与胡族融合之广。迁都洛阳后，元氏家族以与汉族士族通婚为多，皇室之外人口众多的宗

---

[1] 马长寿：《乌桓与鲜卑》，桂林：广西师范大学出版社，2006年，第238—239页。

室亦成为通婚的重要对象，这也扩大了元氏与汉族士族通婚的范围，元氏积极学习汉晋旧制以及南朝文化，元魏进一步获得汉族大族的认同，正式成为中原王朝。

本书结合出土文献与《魏书》所列帝系，从始祖平文帝拓跋力微开始至孝文帝子孙（宣武帝列入孝文帝子孙中）对拓跋氏各支系北魏直至唐代时的世系进行详细考辨。其中平文帝子孙之高凉王孤一支，昭成帝子孙之常山王遵一支、清河王纥根一支、力真一支，道武帝子孙之阳平王熙一支，明元帝子孙之乐安王范一支，景穆帝子孙之阳平王新成一支、京兆王子推一支、汝阴王天赐一支、任城王云一支、南安王桢一支后裔较多。除了平文帝子孙之高凉王孤一支、道武帝子孙之阳平王熙一支，馀皆延续至唐代。以上支系除了平文帝子孙之高凉王孤一支、昭成帝子孙之清河王纥根一支以外，其馀北朝时皆有可知的文士，昭成帝子孙之常山王遵一支和力真一支，明元帝子孙之乐安王范一支，景穆帝子孙之阳平王新成一支和京兆王子推一支唐代仍有可知文士。

文成帝子孙之安乐王长乐一支、献文帝子孙之广陵王羽一支、孝文帝子孙之广平王怀一支，虽支系人数不多，但唐代时现可知亦有后裔。孝文帝子孙之京兆王愉一支、清河王怿一支、广平王怀一支，虽人数不多，但北朝时有可知文士，广平王怀一支唐代时仍有可知文士。

那些人数较多、延续至唐代的支系大多其祖先距孝文至孝明帝时期已远，多为疏族，在北魏末的河阴之役等内乱中受到的打击程度相对低一些，被杀戮者亦少，这样其支系可以有较大的繁衍发展机会。像唐代出元氏家族诗人中诗歌创作第二多的元宗简所属的景穆帝子孙之阳平王新成一支，在孝文至孝明时期早已是疏族。出元行冲、元怀景、元结等唐代著名文士的昭成帝子孙之常山王遵一支及出元氏最著名文士元稹的昭成帝子孙之力真一支，那更早已是疏族了。可见支系人物的多寡,在一定时期内,与其支系和皇室的密切程度是相关的。但从元氏家族发展的历程来看,并不一定是与皇室密切的支系人数就多。一些支系还因在变乱时期离皇室远而免难。离洛阳皇室最近的支系不一定出文士最多、出文士的年代最长。孝文帝的兄弟赵郡王幹一支出文士四人、广陵王羽一支出文士一人、高阳王雍一支出文士四人(包括配偶一人)、北海王详一支出文士一人、彭城王勰一支出文士三人,总共是十三人,应该说不算少,他们离孝文帝皇室也是比较近,但这几个支系在唐代皆无可知文士。孝文帝子孙则是离皇室的汉化最近的,但他的子孙中北朝至唐代现可知京兆王愉一支、清河王怿一支、广平王怀一支共有文士八位,但其中唐代时只有一人。而疏族昭成帝子孙之常山王遵一支北朝时就有文士十人(包括配偶一人),唐代时有文士十五人。昭成帝子孙之力真一支北朝时无可知文士,而唐代时有十二人,且一直延续到晚唐。可见迁都洛阳后的汉化改革,提高了元氏家族整体的文化水准,有利于文士的产生,但并非离皇室近的必然因汉化最深而出文士最多。到了唐代元氏已经是一个为大族所承认的有一定文化根基的世族,像昭成帝子孙之力真一支那样在北朝时没有出过文士,遇到了社会文化氛围诱发其家族的文化积累,而迸发出文明的火花。这些现象值得我们在研究胡族汉化进程时深入细致地思考。

参考文献

一、基本典籍

（汉）班固：《汉书》，北京：中华书局，1962年。
（南朝宋）范晔：《后汉书》，北京：中华书局，1965年。
（南朝梁）沈约：《宋书》，北京：中华书局，1974年。
（南朝梁）萧子显：《南齐书》，北京：中华书局，1972年。
（唐）姚思廉：《梁书》，北京，中华书局，1973年。
（北齐）魏收：《魏书》，北京：中华书局，1974年。
（唐）李百药：《北齐书》，北京：中华书局，1972年。
（唐）令狐德棻：《周书》，北京：中华书局，1971年。
（唐）魏徵等：《隋书》，北京：中华书局，1973年。
（唐）李延寿：《北史》，北京：中华书局，1974年。
（后晋）刘昫等：《旧唐书》，北京：中华书局，1975年。
（宋）欧阳修、宋祁：《新唐书》，北京：中华书局，1975年。
（元）脱脱等：《宋史》，北京：中华书局，1977年。
（宋）司马光：《资治通鉴》，北京：中华书局，1956年。

（唐）王方庆：《魏郑公谏录》，《景印文渊阁四库全书》第 446 册，台北：台湾商务印书馆，1986 年，第 169 页。

（清）徐松撰，孟二冬补正：《登科记考补正》，北京：北京燕山出版社，2003 年。

（北魏）杨衒之撰，杨勇校笺：《洛阳伽蓝记校笺》，北京：中华书局，2006 年。

（唐）李吉甫撰，贺次君点校：《元和郡县图志》，北京：中华书局，1983 年。

（宋）乐史撰，王文楚等点校：《太平寰宇记》，北京：中华书局，2007 年。

（宋）卢宪：《（嘉定）镇江志》，中华书局编辑部《宋元方志丛刊》，北京：中华书局，1990 年。

（宋）王象之著，李勇先校点：《舆地纪胜》，成都：四川大学出版社，2005 年。

（宋）陈公亮修，刘文富纂：《（淳熙）严州图经》，中华书局编辑部：《宋元方志丛刊》，北京：中华书局，1990 年。

（宋）陈耆卿：《（嘉定）赤城志》，中华书局编辑部《宋元方志丛刊》，北京：中华书局，1990 年。

（明）张鸣凤：《桂胜》，《景印文渊阁四库全书》第 585 册，台北：台湾商务印书馆，1986 年。

（清）金鉷、钱元昌：《（雍正）广西通志》，《景印文渊阁四库全书》第 565 册，台北：台湾商务印书馆，1986 年。

（宋）王溥：《唐会要》，北京：中华书局，1955 年。

（清）嵇璜：《续通志》，《景印文渊阁四库全书》，台北：台湾商务印书馆，1986 年。

徐崇：《补南北史艺文志》，王承略，刘心明：《二十五史艺文经籍志考补萃编》第 12 卷，北京：清华大学出版社，2012 年。

孙猛：《日本国见在书目详考》，上海：上海古籍出版社，2015年。

（唐）刘知幾著，浦起龙通释，王煦华整理：《史通通释》，上海：上海古籍出版社，2009年。

（唐）徐坚等：《初学记》，北京：中华书局，1962年。

（唐）林宝撰，陶敏校证，李德辉整理：《元和姓纂新校证》，沈阳：辽海出版社，2015年。

（宋）李昉等：《太平御览》，北京：中华书局，1960年。

（宋）王钦若等编纂，周勋初等校订：《册府元龟》（校订本），南京：凤凰出版社，2006年。

（宋）邓名世撰，王力平点校：《古今姓氏书辩证》，南昌：江西人民出版社，2006年。

（宋）王应麟撰，武秀成、赵庶洋校证：《玉海艺文校证》，南京：凤凰出版社，2013年。

（明）凌迪知：《万姓统谱》，《景印文渊阁四库全书》第957册，台北：台湾商务印书馆，1986年。

（唐）赵璘撰，陶敏整理：《因话录》，陶敏主编《全唐五代笔记》，西安：三秦出版社，2012年。

（宋）李昉等：《太平广记》，北京：中华书局，1961年。

（唐）释彦悰：《集沙门不应拜俗等事》，台北：财团法人佛陀教育基金会《大正新修大藏经》第52册，1990年。

（宋）释志盘：《佛祖统纪》，台北：财团法人佛陀教育基金会《大正新修大藏经》第49册，1990年。

（唐）沈佺期、宋之问撰，陶敏、易淑琼校注：《沈佺期宋之问集校注》，北京：中华书局，2001年。

（唐）张说著，熊飞校注：《张说集校注》，北京：中华书局，2013年。

（唐）岑参撰，廖立笺注：《岑参诗笺注》，北京：中华书局，

735

2018年。

（唐）元结撰，聂文郁注解：《元结诗解》，西安：陕西人民出版社，1984年。

（唐）刘长卿著，杨世明校注：《刘长卿集编年校注》，北京：人民文学出版社，1999年。

（唐）韦应物著，陶敏、王友胜校注：《韦应物集校注》，上海：上海古籍出版社，1998年。

（唐）刘禹锡撰，陶敏、陶红雨校注：《刘禹锡全集编年校注》，北京：中华书局，2019年。

（唐）韩愈著，钱仲联集释：《韩昌黎诗系年集释》，上海：上海古籍出版社，1984年。

（唐）韩愈著，刘真伦、岳珍校注：《韩愈文集汇校笺注》，北京：中华书局，2010年。

（唐）柳宗元撰，尹占华、韩文奇校注：《柳宗元集校注》，北京：中华书局，2013年。

（唐）元稹撰，周相禄校注：《元稹集校注》，上海：上海古籍出版社，2011年。

（唐）白居易著，谢思炜校注：《白居易诗集校注》，北京：中华书局，2006年。

（唐）白居易著，谢思炜校注：《白居易文集校注》，北京：中华书局，2011年。

（唐）权德舆撰，郭广伟校点：《权德舆诗文集》，上海：上海古籍出版社，2008年。

（唐）张籍著，徐礼节、余恕诚校注：《张籍集系年校注》，北京：中华书局，2011年。

（唐）王建著，尹占华校注：《王建诗集校注》，上海：上海古籍出版社，2020年。

（唐）齐己撰，王秀林校注：《齐己诗集校注》，北京：中国社会科学出版社，2011年。

（宋）刘敞：《公是集》，《景印文渊阁四库全书》第1095册，台北：台湾商务印书馆，1986年。

（宋）贺铸：《庆湖遗老诗集》，《景印文渊阁四库全书》第1123册，台北：台湾商务印书馆，1986年。

（南朝梁）萧统编，（唐）李善等注，俞绍初等点校：《新校订六家注文选》，郑州：郑州大学出版社，2013年。

（宋）李昉等：《文苑英华》，北京：中华书局，1966年。

（宋）郭茂倩：《乐府诗集》，北京：中华书局，1979年。

（清）彭定求等：《全唐诗》，北京：中华书局，1960年。

陈尚君：《全唐诗补编》，北京：中华书局，1992年。

陈尚君：《唐五代诗全编》，上海：上海古籍出版社，2024年。

（唐）蔡省风编，徐俊辑校：《瑶池新咏集》，傅璇琮、陈尚君、徐俊编：《唐人选唐诗新编（增订本）》，北京：中华书局，2014年。

（清）董诰等编，孙映逵等点校：《全唐文》，太原：山西教育出版社，2002年。

吴钢：《全唐文补遗》（1—9辑），西安：三秦出版社，1994—2005年。

吴钢：《全唐文补遗·千唐志斋新藏专辑》，西安：三秦出版社，2006年。

陈尚君：《全唐文补编》，北京：中华书局，2005年。

[日]遍照金刚撰，卢盛江校考：《文镜秘府论汇校汇考》，北京：中华书局，2015年。

（唐）皎然著，李壮鹰校注：《诗式》，北京：人民文学出版社，2003年。

张伯伟：《全唐五代诗格汇考》，南京：江苏古籍出版社，2002年。

（宋）阮阅编，周本淳校点：《诗话总龟》，北京：人民文学出版社，1987年。

（清）劳格、赵钺著，徐敏霞等点校：《唐尚书省郎官石柱题名考》，北京：中华书局，1992年。

张忱石：《唐尚书省右司郎官考》，北京：中华书局，2020年。

（清）赵钺、劳格撰，张忱石点校：《唐御史台精舍题名考》，北京：中华书局，1997年。

（宋）赵明诚撰，金文明校证：《金石录校证》，上海：上海书画出版社，1985年。

（宋）陈思：《宝刻丛编》，《石刻史料新编》第一辑第24册，台北：新文丰出版社，1982年。

（宋）佚名：《宝刻类编》，《石刻史料新编》第一辑第24册，台北：新文丰出版社，1982年。

（清）王昶：《金石萃编》，《石刻史料新编》第一辑第2册，台北：新文丰出版公司，1982年。

（清）陆增祥：《八琼室金石补正》，《石刻史料新编》第一辑第7册，台北：新文丰出版公司，1982年。

赵万里：《汉魏南北朝墓志集释》，《石刻史料新编》第三辑第3册，新文丰出版公司，1986年。

河南省文物研究所、河南省洛阳地区文管处：《千唐志斋藏志》，北京：文物出版社，1983年。

毛远明：《汉魏六朝碑刻校注》，北京：线装书局，2009年。

罗新：《新出魏晋南北朝墓志疏证》，北京：中华书局，2005年。

叶炜、刘秀峰：《墨香阁藏北朝墓志》，上海：上海古籍出版社，

2016年。

天津人民美术出版社:《北魏皇家墓志二十品》,天津:天津人民美术出版社,2003年。

大同艺术研究院:《大同艺术研究院藏品图录:墓志》,北京:文物出版社,2016年。

王连龙:《新见北朝墓志集释》,北京:中国书籍出版社,2012年。

王连龙:《新见隋唐墓志集释》,沈阳:辽海出版社,2013年。

王其祎、周晓薇:《隋代墓志铭汇考》,北京:线装书局,2007年。

周晓薇、王其祎:《贞石可凭:新见隋代墓志铭疏证》,北京:科学出版社,2019年。

周绍良、赵超:《唐代墓志汇编》,上海:上海古籍出版社,1992年。

周绍良、赵超:《唐代墓志汇编续集》,上海:上海古籍出版社,2001年。

陈长安:《隋唐五代墓志汇编·洛阳卷》,天津:天津古籍出版社,1991年。

吴钢:《隋唐五代墓志汇编·陕西卷》,天津:天津古籍出版社,1991年。

张希舜:《隋唐五代墓志汇编·山西卷》,天津:天津古籍出版社,1991年。

胡戟、荣新江:《大唐西市博物馆藏墓志》,北京:北京大学出版社,2012年。

胡戟:《珍品墓志百种》,西安:陕西师范大学出版社,2016年。

赵君平:《邙洛碑志三百种》,北京:中华书局,2004年。

赵君平、赵文成：《河洛墓刻拾零》，北京：北京图书馆出版社，2007年。

赵君平、赵文成：《秦晋豫新出墓志蒐佚》，北京：国家图书馆出版社，2012年。

赵文成、赵君平：《秦晋豫新出墓志蒐佚续编》，北京：国家图书馆出版社，2015年。

张永华、赵文成、赵君平：《秦晋豫新出墓志蒐佚三编》，北京：国家图书馆出版社，2020年。

张永强：《张海书法艺术馆馆藏石刻选》，杭州：西泠印社出版社，2023年。

乔栋、李献奇、史家珍：《洛阳新获墓志续编》，北京：科学出版社，2008年。

齐运通：《洛阳新获七朝墓志》，北京：中华书局，2012年。

齐运通、杨建锋：《洛阳新获墓志（二〇一五）》，北京：中华书局，2017年。

齐运通：《洛阳新出墓志百品》，北京：国家图书馆出版社，2020年。

毛阳光、余扶危：《洛阳流散唐代墓志汇编》，北京：国家图书馆出版社，2013年。

毛阳光：《洛阳流散唐代墓志汇编续集》，北京：国家图书馆出版社，2018年。

毛阳光：《洛阳流散唐代墓志汇编三集》，北京：国家图书馆出版社，2023年。

中国文物考古研究所、河南省文物考古研究所：《新中国出土墓志（河南贰）》，北京：文物出版社，2002年。

中国文物研究所、千唐志斋博物馆：《新中国出土墓志（河南叁·千唐志斋）》，北京：文物出版社，2008年。

西安市长安博物馆：《长安新出墓志》，北京：文物出版社，2011年。

刘文：《陕西新见隋朝墓志》，西安：三秦出版社，2018年。

刘文、杜镇：《陕西新见唐朝墓志》，西安：三秦出版社，2022年。

西安市文物稽查队：《西安新获墓志集萃》，北京：文物出版社，2016年。

赵力光：《西安碑林博物馆新藏墓志汇编》，北京：线装书局，2007年。

赵力光：《西安碑林博物馆新藏墓志续编》，西安：陕西师范大学出版社，2014年。

中国文物研究所、陕西省古籍整理办公室：《新中国出土墓志（陕西壹）》，北京：文物出版社，2000年。

中国文物研究所、陕西省古籍整理办公室：《新中国出土墓志（陕西贰）》，北京：文物出版社，2003年。

故宫博物院、陕西省古籍整理办公室：《新中国出土墓志（陕西叁）》，北京：文物出版社，2015年。

故宫博物院、陕西省考古研究院：《新中国出土墓志（陕西肆）》，北京：文物出版社，2021年。

陕西历史博物馆：《风引薤歌：陕西历史博物馆藏墓志萃编》，西安：陕西师范大学出版社，2017年。

陕西省考古研究院：《陕西省考古研究院新入藏墓志》，上海：上海古籍出版社，2019年。

西安市文物稽查队：《西安新获墓志集萃》，北京：文物出版社，2016年。

李明、刘呆运、李举纲：《长安高阳原新出隋唐墓志》，北京：文物出版社，2016年。

张沛：《昭陵碑石》，西安：三秦出版社，1993年。

戴应新：《长安凤栖园韦氏家族墓地墓志辑考》，西安：三秦出版社，2020年。

李浩：《榆阳区古代碑刻艺术博物馆藏志》，北京：中华书局，2024年。

吴敏霞、党斌：《铜川碑刻》，西安：三秦出版社，2019年。

马忠理、冯小红、崔冠华：《磁县北朝墓群出土碑志集释》，北京：文物出版社，2021年。

贾振林：《文化安丰》，郑州：大象出版社，2011年。

田国福：《河间金石遗录》，石家庄：河北教育出版社，2008年。

安阳市文物考古研究所、安阳博物馆：《安阳墓志选编》，北京：科学出版社，2015年。

王仲璋：《汾阳市博物馆藏墓志选编》，太原：三晋出版社，2010年。

毛远明：《西南大学新藏墓志集释》，南京：凤凰出版社，2018年。

毛远明、李海峰：《西南大学新藏石刻拓本汇释》，北京：中华书局，2019年。

胡可先、杨琼：《唐代诗人墓志汇编（出土文献卷）》，上海：上海古籍出版社，2021年。

仇鹿鸣、夏婧：《五代十国墓志汇编》，上海：上海古籍出版社，2022年。

二、学术论著

陈寅恪：《陈寅恪集·唐代政治史述论稿》，北京：三联书店，2001年。

陈寅恪：《陈寅恪集·元白诗笺证稿》，北京：三联书店，2001年。

严耕望：《唐仆尚丞郎表》，上海：上海古籍出版社，2007年。

岑仲勉：《唐人行第录》，上海：上海古籍出版社，1978年。

岑仲勉著，向群、万毅编：《岑仲勉文集》，广州：中山大学出版社，2004年。

姚薇元：《北朝胡姓考（修订本）》，北京：中华书局，2007年。

郁贤皓：《唐刺史考全编》，合肥：安徽大学出版社，2000年。

缪钺：《读史存稿》，北京：三联书店，1963年。

唐长孺：《魏晋南北朝文论丛》，石家庄：河北教育出版社，2007年。

马长寿：《乌桓与鲜卑》，桂林：广西师范大学出版社，2006年。

田馀庆：《拓跋史探》，北京：三联书店，2003年。

逯耀东：《从平城到洛阳——拓跋文化转变的历程》，北京：中华书局，2006年。

陈爽：《世家大族与北朝政治》，北京：中国社会科学出版社，1998年。

朱金城：《白居易年谱》，上海：上海古籍出版社，1982年。

陶敏：《全唐诗人名汇考》，沈阳：辽海出版社，2006年。

陶敏：《唐代文学与文献论集》，北京：中华书局，2010年。

陈尚君：《唐女诗人甄辨》，北京：海豚出版社，2014年。

李德辉：《全唐文作者小传正补》，沈阳：辽海出版社，2010年。

赵以武：《唱和诗研究》，兰州：甘肃文化出版社，1997年。

马立军：《北朝墓志与北朝文化》，北京：中国社会科学出版社，2015年。

刘涛：《中国书法史·魏晋南北朝卷》，南京：江苏教育出版社，2002年。

三、学术论文

刘安志：《大祥、中祥、小祥》，《文献》1992年第2期。

罗新：《十六国北朝时期的乐浪王氏》，北京大学韩国学研究中心编《韩国学论文集》第6辑，北京：新华出版社，1997年。

荣新江：《阚氏高昌王国与柔然、西域的关系》，《历史研究》2007年第2期。

聪喆：《乙弗勿敌国始末》，《青海社会科学》1991年第6期。

胡玉春：《贺兰部考略》，《内蒙古社会科学（汉文版）》2015年第5期。

陈鹏：《北朝顿丘李氏郡望形成考》，《中国史研究》2021年第2期。

刘莲香、蔡运章：《北魏元苌墓志考略》，《中国历史文物》2006年第2期。

刘军：《北魏元苌墓志补释探究》，《郑州大学学报（哲学社会科学版）》2013年第5期。

洛阳市文物考古研究院：《洛阳北魏元祉墓发掘简报》，《洛阳考古》2017年第3期。

洛阳文物考古研究所：《北魏淮南王元遵墓志发掘简报》，《洛阳考古》2013年第2期。

鲁才全：《长乐冯氏与北魏宗室婚姻关系考——以墓志为中心》，《魏晋南北朝隋唐史资料》第14辑（1996年）。

鲁才全：《北魏〈元伯阳墓志〉辨伪》，《魏晋南北朝隋唐史资料》第15辑（1997年）。

大同市考古研究所：《山西大同恒安街北魏墓（11DHAM13）发掘简报》，《文物》2015年第1期。

倪润安：《河北曲阳崔楷墓的年代及相关问题》，《中国国家博物馆馆刊》2013年第2期。

张淮智:《北齐段荣墓志的史料价值》,《河北民族师范学院学报》2014年第4期。

陕西省考古研究院:《咸阳北周拓跋迪夫妇墓发掘简报》,《中原文物》2019年第3期。

赵海燕:《新出北周拓跋迪夫妇墓志相关问题探微》,《中原文物》2019年第5期。

陕西省考古研究院、咸阳市文物考古研究所:《隋元威夫妇墓发掘简报》,《考古与文物》2012年第1期。

李献奇:《唐张说墓志考释》,《文物》2000年第10期。

西安市文物保护考古研究院:《西安唐代元淑墓发掘简报》,《中原文物》2020年第5期。

西安市文物保护考古研究院:《西安南郊唐代张夫人墓发掘简报》,《文博》2013年第1期。

魏秋萍:《长安新出隋开皇十五年〈元纶墓志〉释读》,《考古与文物》2012年第6期。

陕西省考古研究院:《陕西咸阳唐代元大谦、罗婉顺夫妇墓发掘简报》,《考古与文物》2021年第2期。

陕西省考古研究院:《陕西西安唐元不器墓、元自觉夫妇墓发掘简报》,《文博》2021年第4期。

张杨力铮:《唐代元大谦、罗婉顺夫妇墓志考》,《考古与文物》2021年第2期。

310国道孟津考古队:《洛阳孟津西山头唐墓发掘报告》,《华夏考古》1993年第1期。

仇鹿鸣:《"攀附先世"与"伪冒士籍"——以渤海高氏为中心的研究》,《历史研究》2008年第2期。

王永平:《论十六国北朝之玄学清谈及其相关文化风尚》,《人文杂志》2010年第6期。

刘永瑞:《北魏乙弗贰虎妻阳平长公主铭记考》,《大众考古》2023年第11期。

王胜明、张莹莹《〈乙弗玉墓志〉〈刘媚墓志〉辨伪》,《西华师范大学学报(哲学社会科学版)》2024年第4期。

彭超:《论北魏"勋臣八姓"由鲜卑勋贵向世家大族的演变》,吉林大学博士论文(2016)。

后　记

2018年秋，我以"北朝元氏文学家族研究"为题，申请到上海市哲学社会科学项目。在项目进行过程中，随着研究的深入，发现元氏家族虽在北朝末失去皇族地位，但在唐代仍有一定影响力，仍是重要的文化士族。要弄清元氏家族在中古的变迁过程，需要结合元氏家族的实际一直研究到唐代，于是将研究的内容改为"北朝唐代元氏家族研究"。

元氏是东胡族裔，作为皇族其要拉拢胡族与汉族士族以巩固其统治，而婚姻本就是中古士族社会维持期家族门第的重要途径，元氏对汉晋及南朝文化的继承接受，就是其汉化成为文化士族的根基。胡族的汉化加上原有胡族文化，为汉文化注入了新鲜血液，民族文化的融合正是唐代文化形成的重要基础。故而在详细考析北朝至唐代元氏家族各支系的基础上，以元氏婚姻、文学与学术为研究重点。

在研究过程中，凡是新发现的或以前未见的北朝唐代墓志等出土文献皆逐一查阅，发现其中有与元氏相关的文献，再进一步精研。不光对文献竭泽而渔的研读，笔者还多次远赴与元氏相关的史迹实地考察，先后考察了内蒙古和林格尔北魏盛乐城遗址；大同鹿野苑遗址、方山冯太后陵、孝文帝虚室、北魏明堂遗址、云冈石窟；洛阳龙门石窟、孝文帝长陵、宣武帝景陵、孝明帝定陵以及元义、元怿等宗室墓；巩义石窟寺帝后礼佛图；新乡比干庙孝文帝吊比干文碑；磁县东魏孝静帝陵；富平西魏文帝永陵等，并到西安碑林博物馆、陕西省博物馆、陕西考古博物馆、河南省博物馆、洛阳博物馆等藏元氏墓志等文物较多的博物馆近距离考察。

2023年，本研究课题有幸纳入"中华典籍与国家文明研究丛书"，感谢主编查清华先生的支持。纳入丛书以后，经过近两年的后续研究、修改，现将要付梓，内心有兴奋，也有正式接受学界检验的惶恐，敬请前辈时贤不吝赐教。

感谢业师陈尚君先生、曹旭先生的培育，感谢卢盛江、吴承学、傅刚、刘跃进、查屏球、胡可先、徐正英、张金龙等先生的关心指教。感谢墓志研究专家赵君平先生，墓志拓片中遇到不明之处，赵老师及其女儿赵文成女士常给予指教解惑。本书承蒙陈尚君先生、张金龙先生赐序，曹旭先生题签，荣幸之至，亦是对笔者的极大勉励。感谢上海古籍出版社总编奚彤云女士、副总编辑刘赛先生、本书责编黄亚卓女士等诸位老师的指导。

妈妈孙雅芳女士独自将我养育成人，其间之艰辛非当事人难以形容。我又从小喜欢文史这非但不易赚钱还耗资较多的学问，这样更是增加了妈妈的负担。妈妈是播音员、记者，文字功底挺强，我对文史的兴趣，也许与妈妈长于文科有一定遗传关系吧。妈妈看我那么痴迷文史，多年来一直默默支持着我。与妈妈交流对历史社会人生的思考于我多有启示。每当我发表论文，妈妈都特别欣慰，我未有涓埃报答妈妈，深感惭愧。这第一本学术著作，权当向妈妈汇报我新的学术成绩，期望能带给她一份慰藉和满心欢喜。

图书在版编目(CIP)数据

北朝唐代元氏家族研究 / 陆路著. -- 上海：上海古籍出版社, 2025.5. -- (中华典籍与国家文明研究丛书). -- ISBN 978-7-5732-1644-1
Ⅰ. K820.9
中国国家版本馆 CIP 数据核字第 2025CL0279 号

中华典籍与国家文明研究丛书
北朝唐代元氏家族研究
陆　路　著
上海古籍出版社出版发行
(上海市闵行区号景路 159 弄 1-5 号 A 座 5F　邮政编码 201101)
(1) 网址：www.guji.com.cn
(2) E-mail: guji1@guji.com.cn
(3) 易文网网址：www.ewen.co
上海展强印刷有限公司印刷
开本 890×1240　1/32　印张 24　插页 5　字数 601,000
2025 年 5 月第 1 版　2025 年 5 月第 1 次印刷
印数：1—1,500
ISBN 978-7-5732-1644-1
K·3878　定价：118.00 元
如有质量问题，请与承印公司联系
电话：021-66366565